Urs Bitterli
Die ›Wilden‹
und die ›Zivilisierten‹

URS BITTERLI

Die ›Wilden‹ und die ›Zivilisierten‹

Grundzüge einer Geistes- und Kulturgeschichte
der europäisch-überseeischen Begegnung

VERLAG C.H.BECK MÜNCHEN

Mit 29 Abbildungen

Die Deutsche Bibliothek – CIP-Einheitsaufnahme

Bitterli, Urs:
Die ›Wilden‹ und die ›Zivilisierten‹ : Grundzüge einer
Geistes- und Kulturgeschichte der europäisch-überseeischen
Begegnung / Urs Bitterli. – 2., durchges. und um einen
bibliogr. Nachtr. erw. Aufl. – München : Beck, 1991
ISBN 3 406 35583 8

ISBN 3 406 35583 8

Zweite, durchgesehene und um einen bibliographischen Nachtrag
erweiterte Auflage. 1991
Umschlagentwurf: Bruno Schachtner, Dachau
Umschlagbild: Theodor de Bry, ›Die Spanier reizen die Indianer
auf der Insel Cubagua durch einen Trick gegen die Franzosen‹.
Kolorierter Kupferstich (Archiv für Kunst und Geschichte, Berlin)
© C. H. Beck'sche Verlagsbuchhandlung (Oscar Beck), München 1976
Druck: C.H.Beck'sche Buchdruckerei, Nördlingen
Gedruckt auf alterungsbeständigem (säurefreiem) Papier
gemäß der ANSI-Norm für Bibliotheken
Printed in Germany

Vorwort

Die Geschichte der europäisch-überseeischen Beziehungen ist bisher fast ausschließlich aus politischer und wirtschaftlicher Sicht dargestellt worden. Und dies mit guten Gründen: in der Tat stellt sich die »europäische Ausbreitung über die Erde« seit ihren Anfängen im fünfzehnten Jahrhundert bis zum imperialistischen Zeitalter und darüber hinaus als ein monumentaler Prozeß menschlicher Machtentfaltung und Bereicherung dar. Daß die Haupttriebkräfte kolonialer Aktivität handfest materieller Natur waren, ist von den Beteiligten nicht geleugnet oder auch nur verschleiert worden; das Streben nach tatsächlichen oder gemutmaßten, offen zugänglichen oder zu erschließenden Schätzen erschien den Kolonisten in der Regel als natürliches und durchaus ehrenwertes Ziel nationalen Expansionsdranges und individueller Unternehmungslust. Spätestens im achtzehnten Jahrhundert, mit der Herausbildung der modernen Weltwirtschaft, begannen wirtschaftspolitische Überlegungen in weitausgreifender Verästelung die Entwicklung in und außerhalb von Europa zu beherrschen; globale Interdependenzen spielten sich ein und wurden durch Handels- und Zollabkommen international geregelt, während innenpolitisch diese Verflechtung im Bank-, Börsen- und Steuerwesen und in Gewerbe und Industrie sowohl im Mutterland wie in der Kolonie einen bestimmenden Ausdruck fand.

Aber Kolonialgeschichte darf, will sie umfassend orientieren, nicht einzig und allein von Macht- und Interessenverlagerungen und den daraus resultierenden politischen, administrativen und ökonomischen Veränderungen handeln. Kolonialgeschichte ist auch die Geschichte vom Zusammentreffen von Völkern sehr verschiedener Kultur und Lebensform, von den inneren Spannungen, welche dieses Zusammentreffen ausgelöst hat, und von den Versuchen, diese Spannungen intellektuell zu bewältigen. Die Begegnung Europas mit der überseeischen Welt bedeutete zugleich immer auch eine gewaltige Herausforderung an den abendländischen Geist, an seine Aufnahmefähigkeit wie an seine ethische Substanz. Es ist Aufgabe dieses Buches zu zeigen, wie Europa auf diese Herausforderung bis zum Ende des achtzehnten Jahrhunderts geantwortet hat.

Eine solche Darstellung der geistesgeschichtlichen Hintergründe der europäischen Kolonisation läßt sich auf verschiedene Art und Weise durchführen. Man könnte lediglich einen Teilaspekt, etwa die Frage der Beurteilung anderer Rassen durch die Gelehrten der Aufklärungszeit, einer detaillierten Prüfung unterziehen, und von daher vielleicht allgemeine Einsichten freilegen. Denkbar wäre auch, daß man von einer bestimmten These ausginge: so könnte man etwa am speziellen Beispiel der Mission zu zeigen suchen, ob, wie der Engländer Hobson bereits um 1900 vermutete, die kommerzielle Absicht im nachhinein die philanthropische überlagert; oder man könnte, gestützt auf das umfangreiche Quellenmaterial zur ersten Kulturberührung in Übersee, fragen, ob Margaret Mead mit ihren Theorien zum friedlichen Verhalten archaischer Völker Recht behält. Diesen Möglichkeiten des wissenschaftlichen Vorgehens wird hier eine weitere gegenübergestellt: die Synthese. Meine Absicht ist es, dem Phänomen der überseeischen Kulturbegegnung in möglichst vielen Bereichen der geistigen Auseinandersetzung nachzuspüren, bei den direkt Beteiligten und Betroffenen jenseits der Meere wie bei den Daheimgebliebenen, die darüber nachdachten. Diese Absicht zu verwirklichen ist ohne eine über den spezifisch historischen Bereich hinauszielende Betrachtungsweise nicht denkbar. So wurde es für mich unumgänglich, einerseits die politisch-wirtschaftlichen Voraussetzungen und Bedingungen jener Auseinandersetzung im Auge zu behalten und ihr andererseits auf den verschiedensten Wissensgebieten, so etwa in der Geographie, der Völkerkunde, der philosophischen Anthropologie oder der Belletristik, zu folgen. Daß ich in den von mir jeweils berührten Fachgebieten nicht mit der vollen Kompetenz des Spezialisten arbeiten konnte, war kaum zu vermeiden; demgegenüber möchte ich jedoch hoffen, daß es mir gelungen ist, die Vielschichtigkeit und das Nebeneinander, zugleich aber auch die interdisziplinäre Kohärenz der europäischen Stellungnahme zur überseeischen Kulturbegegnung zu verdeutlichen, jene Totalität des intellektuellen Verhaltens also, die dem Gebildeten früherer Jahrhunderte weit bewußter war als dem hochspezialisierten Fachgelehrten unserer Zeit.

Dem andern Anspruch, ein isoliertes Teilproblem oder den Nachweis einer These zum Gegenstand einer systematischen Untersuchung zu machen, war im Rahmen einer solchen Synthese nicht zu genügen; ich bemühte mich jedoch soweit irgend möglich, auf Fragen, wie die neueste Kolonialgeschichtsschreibung sie stellt, jeweils hinzuweisen. Gerade im gegenwärtigen Zeitpunkt zeigen sich in diesem bislang so vernachlässigten Teilbereich der Geistesgeschichte interessante Forschungsinitiativen: so hat man sich etwa seit dem Erscheinen von Henri Baudets »Paradise on Earth« (London, 1965) vermehrt mit der Frage nach der stimulierenden Auswirkung des utopischen Denkens auf die Überseeexpansion befaßt, und ein besonderer Wissenschaftszweig, die sogenannte »Imagologie«, beschäftigt sich seit kurzem damit, das »Eingeborenenbild« des Europäers in verschiedenen Epochen zu studieren. Zu meinem Bedauern habe ich vereinzelte wichtige Werke dieser Art nicht mehr berücksichtigen können; ich nenne hier zur Information des geneigten Lesers Elemire Zollas »Le chamanisme indien dans la littérature américaine« und das reichhaltige Werk »The Exploration of North America 1630–1776« von W. P. Cummings und seinen Mitarbeitern.

Wer als Europäer über Kolonialgeschichte schreibt, wird sich im klaren sein müssen, daß er dabei von einer Vergangenheit handelt, die noch zu »bewältigen« ist – und nicht vom Europäer allein. Die vielerorts seit Jahrhunderten andauernden und oft sehr engen und tiefgreifenden Beziehungen zwischen Europa und seinen Kolonien haben archaische Kulturtraditionen zerbrochen oder modifiziert, Entwicklungstrends bestimmt, umwälzende Veränderungen ausgelöst, und wie auch immer dieser Prozeß bisher verlief – der Europäer ist an ihm beteiligt gewesen, hat Mitverantwortung zu tragen und wird von den zumindest im völkerrechtlichen Sinne unabhängig gewordenen Staaten der »Dritten Welt« zur Rechenschaft gezogen. Die »koloniale Situation« ist, wie der Tunesier Albert Memmi gezeigt hat, mit der »Dekolonisation« nicht aus der Welt geschafft worden; das Spannungsverhältnis dauert an. Und auch der europäische Historiker bleibt diesem Spannungsverhältnis ausgesetzt. Von den Intellektuellen der ehemaligen Kolonialgebiete mit der Schuldfrage konfrontiert und zur Überprüfung seiner „europazentrischen Perspektive« aufgefordert, zugleich aber außerstande, über den eigenen Schatten zu springen, und verpflichtet, sich seiner eigenen Geschichtlichkeit zu stellen, sieht sich der Geschichtsschreiber bei der Sichtung und Wertung von Tatbeständen beständig zwei gegensätzlichen Gefahren ausgesetzt: der Selbstbezichtigung und der Selbstrechtfertigung. Wie delikat die Aufgabe des europäischen Historikers geworden ist, zeigt sich allein schon darin, daß viele Begriffe, die noch vor zwei Jahrzehnten zur Charakterisierung außereuropäischer Völker und Kulturen durchaus üblich waren, »Eingeborene«, »Neger«, »Stämme«, »Häuptling«, »primitiv«, »unterentwickelt« etc., für das heutige Verständnis subtil diskriminierend wirken.

Dieser Schwierigkeiten, die zwar Schwierigkeiten der historischen Erkenntnissuche überhaupt sind, bei einer Thematik wie der vorliegenden aber besonders akut in Erscheinung treten, bin ich mir bewußt gewesen. So war es mir etwa nicht möglich, eine »wertfreie Terminologie« zu entwickeln; ich habe gewisse Sammelbegriffe wie »Eingeborene« oder »Neger«, die in den Quellentexten vom fünfzehnten zum achtzehnten Jahrhundert übrigens oft ohne jede pejorative Absicht Verwendung fanden, wieder übernommen; und ich konnte nicht umhin, Wörter wie »archaisch«, »zivilisiert«, »natürlich«, »künstlich« zu verwenden, obwohl mir klar ist, daß dadurch Dichotomien impliziert werden, die von der modernen Ethnologie zu Recht kritisch gesehen werden. Ich bitte also, manche der von mir zum Teil aus rein stilistischen Erwägungen benutzten Begriffe als gleichsam behelfsmäßig akzeptieren zu wollen; im übrigen kann man ja auch derartig äußerliche Rücksichten zu weit treiben, und indem man die Juden als Israeliten und die Neger als Afrikaner bezeichnet, wird für das Verständnis der nationalsozialistischen Verfolgungen und des Sklavenhandels noch wenig gewonnen. Entscheidend ist doch wohl, daß es möglich wird, die Annäherung an bestimmte historische Tatbestände in einem Geist ideologiefreier Offenheit und Liberalität zu vollziehen, Proportion und Gewichtigkeit der jeweiligen Erscheinungen zur Evidenz zu bringen und dem Leser anhand der Vergangenheit eine Erfahrung zu vermitteln, die ihm vielleicht auch für seine Gegenwart noch hilfreich sein mag. Ob mir dies im Rahmen meiner thematischen Beschränkung einigermaßen gelungen ist, werden andere beurteilen müssen.

Im September 1975   Urs Bitterli

Vorwort zur Neuauflage

Das Buch, das hier in unveränderter Form wieder aufgelegt wird, ist erstmals vor fünfzehn Jahren erschienen. Es ging mir damals darum, die Geschichte der europäisch-überseeischen Expansion vom 15. zum 18. Jahrhundert als den Vorgang der Wahrnehmung fremder Kulturen durch die eigene in seinen Grundzügen darzustellen. Als Quellenmaterial dienten mir europäische Reiseberichte sowie das zeitgenössische wissenschaftliche Schrifttum, in welchem die Beziehung zu Übersee reflektiert worden ist. Der politisch-wirtschaftliche und der chronologisch-ereignisgeschichtliche Aspekt traten dabei in den Hintergrund; wichtig wurde für mich dagegen die Frage, wie die gewaltige Herausforderung, welche die Entdeckung und Besiedlung neuer Welten für Europa bedeutete, geistig bewältigt worden ist.

Das Buch hat seinerzeit sowohl bei Fachleuten als auch bei Studierenden und interessierten Laien eine erfreulich günstige Aufnahme gefunden. Nachdem die gebundene Erstauflage und eine nachfolgende Taschenbuchausgabe vergriffen waren, hielt die Nachfrage an, was den Verlag nun zu einer Neuauflage veranlaßt hat. Dazu habe ich gern mein Einverständnis gegeben, wenn auch nicht ohne Bedenken; denn seit der Erstauflage sind vor allem im angelsächsischen Kulturbereich zahlreiche Publikationen zum Thema erschienen, welche unsere Kenntnis erweitert haben. Diese neuen Erkenntnisse in die ursprüngliche Fassung einzuarbeiten, hätte mehr Raum und einen kostspieligen Neudruck erfordert. Ich habe mich deshalb damit begnügen müssen, dieser Neuauflage einen bibliographischen Anhang beizufügen, der in knapper Form über ausgewählte Werke seither erschienener Fachliteratur orientiert und den Leser zu weiterführenden Studien anregen soll. Im übrigen hoffe ich, daß das Buch der ihm zugedachten Aufgabe, einen ungewohnten und interdisziplinär angelegten Zugang zur Überseegeschichte zu vermitteln, weiterhin wird gerecht werden können.

Zürich, im Frühjahr 1991   Urs Bitterli

Inhalt

Erster Teil. Der überseeische Schauplatz

I. Welterfahrung und Weltkenntnis

1. Die Seereisen 19
   a) *Das erste und das zweite Entdeckungszeitalter* 19
      Die Portugiesen. Weltumsegelungen. Das Problem der Nord-West-Passage und der »Terra australis«
   b) *Allgemeine Bedingungen des Lebens an Bord* 21
      Entwicklung im Schiffsbau. Krankheiten. Moral und intellektuelles Niveau der Besatzungen
   c) *Frühe Formen der Berichterstattung* 24
      Individueller Reisebericht und Chronik
   d) *Entwicklung der Berichterstattung* 28
      Empirismus gegen Systemgläubigkeit. Wissenschaftliche Instruktionen. Universaler Erkenntnisanspruch

2. Die Binnenreisen 35
   a) *Mittel- und Südamerika* 36
      Die spanischen Konquistadoren. Bedeutung der geistlichen Chronistik
   b) *Nordamerika* 39
      Von den Wikingern zu den »Pilgervätern«. Die Berichte der »Long Hunters«
   c) *Kanada* 41
      Die ersten französischen Entdeckungsreisen. Jesuitenmönche am Mississippi
   d) *Nordafrika* 43
      Antike Berichterstatter. Informationen aus arabischer Hand
   e) *Das afrikanische Küstengebiet und Südafrika* 47
      Das Faktoreisystem der portugiesischen Kaufleute. Holländische, französische und englische Vorstöße
   f) *Die »African Association«* 49
      Ein erster Versuch zur systematischen Erkundung des afrikanischen Hinterlandes
   g) *Der Nahe Osten* 51
      Die Kreuzfahrerstaaten in Syrien
   h) *Der Mittlere Osten und China* 54
      Europäische Reisende am Hof der Tataren. Marco Polo. Der Chronist und Kompilator John Mandeville. Die russische Expansion in Sibirien

i) *Asien – Gegenstand des Interesses und der Schwärmerei* 60
Die Jesuitenmissionare. Die Rezeption der Berichte in Europa: Leibniz, Wolff, Voltaire

k) *Japan* 65
Die Holländer. Die Reiseberichte von Engelbert Kaempfer und Karl Peter von Thunberg

l) *Schlußbemerkung*. 72
Zur Problematik des Begriffs der »Entdeckungsreise«. Die Begegnung mit anderen Kulturen

II. Europäer und Eingeborene: Formen der Begegnung

1. Die Kulturberührung 81

a) *Die Ungewißheit des ersten Zusammentreffens* 81
Die Guineaküste als Beispiel

b) *Die Politik der Stärke* 84
Herausbildung von Beurteilungsklischees. Das Moment der technisch-militärischen Überlegenheit

c) *Faszinationskraft archaischer Kultur* 86
Das Phänomen der »Überläufer«

d) *Absurdität des Zusammentreffens* 88
Das Zeremoniell der Kontaktaufnahme. Das Verhalten der Vertreter archaischer Kultur im Zeugnis der Reisenden

e) *Erste Feindseligkeit* 91
Das Beispiel Ozeanien

2. Der Kulturkontakt 95

a) *Der Sklavenhandel* 96
Das Haussklaventum in Afrika und Europa. Verkehr mit den Negerfürsten und Probleme der Kommunikation. Verhandlungstaktik. Das Fehlen einer Kritik am Sklavenhandel vor 1750. Erste kritische Stimmen

b) *Die Mission* 106
Portugal im Kongo. Die theologische Motivation. Die Franzosen in Kanada: Askese und Anpassung von seiten der Jesuiten; Probleme der sprachlichen Kommunikation; Fragwürdigkeit der »Bekehrungen«; Verlockendes Martyrium; Beurteilung des Indianers. Missionsprojekte in Südamerika

3. Der Kulturzusammenstoß 130

a) *Die Vernichtung* 130
Der Umschlag von der Kulturberührung zum Kulturzusammenstoß am Beispiel Santo Domingos. Der Protest der Missionare

b) *Die Vertreibung* 137
Anfänge der englischen Kolonisation in Virginia. Die europäisch-indianischen Beziehungen in der Frühphase. Der West-Vorstoß der Trapper und Farmer: das Frontier-Problem. Jenseits des Mississippi: die indianische Katastrophe

c) *Die Versklavung* 146
Die Plantagensklaverei in Westindien. Die wirtschaftliche Rolle des Sklaven innerhalb des Merkantilsystems. Der Alltag des Sklaven auf der Zuckerfarm. Formen psychischer Korruption. Versuche zur Sklavenmission. Sklaverei und die Folgen. Die Schuldfrage

4. Akkulturation und Kulturverflechtung 161

a) *Die Akkulturation* 161
Die Problematik der Akkulturation an ausgewählten Beispielen. Rigidität und Flexibilität betroffener Kulturen. Kulturelle Mischformen, Umdeutung, Überanpassung, »Gegen-Akkulturation«

b) *Die Kulturverflechtung* 167
Anfänge der Kolonisation in Brasilien. Aussichten einer brasilianischen Mischkultur

5. Schlußbemerkung 173

Haupttriebkräfte europäischer Dominanz. Frühe, aber wirkungslose Zeugen des Antikolonialismus

III. Eingeborene auf Besuch

1. Das exotische Kuriosum 180

a) *Die ersten überseeischen Besucher* 180
Auf der iberischen Halbinsel. In Frankreich und England

b) *Der Reiz des Fremdartigen* 182
Montesquieus »Lettres Persanes«. Unterschiedliches Interesse für afrikanische und indianische Gäste

c) *Der Auftritt des Südseeinsulaners* 185
Aotourou und Omai

2. Der eingeborene Besucher als Studienobjekt 187

a) *Das Interesse der Gelehrten* 187
Kritik an der Verpflanzung der Überseebewohner

b) *Anatomische Untersuchungen* 188
Ansätze zu einer metrischen Rassenklassifikation

c) *Versuche zur Eingliederung des Eingeborenen* 190
Gesellschaftliche Stellung der Besucher. Legendenbildung über ihr Vorleben

d) *Verständigungsprobleme* 195
   Kontroversen über Sprachbegabung und Erziehungsaussichten beim Eingeborenen

e) *Erziehungsprobleme* 197
   Die Gelehrigkeit afrikanischer Besucher. Ethnozentrische Bildungsvorstellung der Europäer. Rückkehr einzelner überseeischer Reisender in ihr Herkunftsland und »Rückfall in die Barbarei«

Zweiter Teil. Der europäische Schauplatz

I. Die Weltläufigkeit aufgeklärter Wissenschaft

1. Naturbegriff und Wissenshorizont 207

a) *Vorbemerkung* 207
   Der Wechsel zum achtzehnten Jahrhundert. Amerikanischer Unabhängigkeitskrieg und Französische Revolution als Zäsur in der Geistesgeschichte der europäisch-überseeischen Beziehungen

b) *Die natürliche Ordnung* 211
   Carl von Linné und Isaac Newton. Blumenbachs Versuche zur Rassenklassifikation. Die »Kette der Lebewesen«

c) *Die Vermehrung des Wissens* 217
   Die Arbeit der »Naturalisten« in aller Welt; die agrarwirtschaftlichen Auswirkungen ihrer Tätigkeit. Die Entstehung der »learned societies«

d) *Die Idee der Enzyklopädie* 223
   D'Alembert und Diderot; Vorläufer und Nachahmer

2. Ansätze zur kritischen Durchdringung des Stoffes 226

a) *Theologie und Erkenntniskritik* 226
   Emanzipationsbewegung naturwissenschaftlicher Forschungen gegenüber der Theologie. Überprüfung der biblischen Offenbarung anhand völkerkundlichen und geographischen Materials

b) *Ansätze zum historischen Verständnis* 229
   Die Entwicklung in Frankreich: Pierre Bayle, Montaigne, Montesquieu, Voltaire. Die Möglichkeit des kulturkritischen Dialogs zwischen »Wildem« und Zivilisationsgeschöpf. Rousseaus »Discours sur l'inégalité«

II. Die Summe des Wissens

1. Die Kollektionen 239
a) *England* 239
Richard Hakluyts Sammlung von Reiseberichten. Hakluyts Nachfolger. Editorische und quellenkritische Bemühungen
b) *Die Niederlande* 246
Hoher Stand des Druckerei- und Verlagswesens nach 1600. Olfert Dapper
c) *Frankreich* 248
Vorläufer der französischen Reiseberichterstattung. Jean-Baptiste Labats Werk über Westindien; Abbé Prévosts berühmte Kompilation »Histoire générale des voyages«
d) *Deutschland* 255
Vorläufer der deutschen Reiseberichterstattung. Theodor de Bry. Aufschwung der Völker- und Erdkunde an der Universität Göttingen

2. Karten und Kosmographien 258
a) *Die Karten* 258
Die Entwicklung der karthographischen Wissenschaften in Italien, Spanien, Deutschland, Frankreich und England
b) *Die Kosmographien* 261
Die »Imago Mundi« des Pierre d'Ailly. Pedro Martyr und Sebastian Münster

3. Christliche Weltsysteme 265
Die englischen Vorläufer. Christian Wolff. Die Kritik Voltaires

4. Kulturgeschichtliche Betrachtungsweise 269
a) *Voltaire* 270
Von Bossuets Sicht der überseeischen Welt zu jener Voltaires. Universalität und Relativismus im »Essai sur les moeurs«. Voltaires skeptischer Fortschrittsglaube. Seine Kolonialismuskritik
b) *Rousseau* 280
Rousseaus Idee des »Homme naturel«. Der Verlust der natürlichen Lebensform und die Korruptibilität des Menschen. Die Bedeutung des »Discours sur l'inégalité« für die Beurteilung außereuropäischer Kulturen
c) *Condorcet* 289
Der unbedingte Perfektibilitätsglaube in seiner Auswirkung auf das Verhältnis zu den archaischen Kulturen. Ethisch motivierte Kolonisationsprojekte. Turgot und Carl Berns Wadström

5. Schlußbemerkung 297

a) *Wechselbeziehungen zwischen »ökonomischer Basis« und »Überbau«* . 297
Die politischen und wirtschaftlichen Bedingungen. Die technologische Entwicklung. Soziale und demographische Faktoren und ihre Auswirkung auf das Verständnis der archaischen Kulturen

b) *Die Summe des Wissens: der quantitative Ertrag* 303
Spiegelungen der Übersee-Erfahrung in der schönen Literatur, der Kunst und Musik

c) *Der qualitative Ertrag: vom Hörensagen zur Feldforschung* 309
Anfänge der Geschichte der Ethnologie. Versachlichung des Verhältnisses zu Übersee. Fragebögen. Relativierung des Kulturbegriffs

d) *Der qualitative Ertrag: Fortschritte und Befangenheiten* 315

III. Die anthropologische Diskussion

1. Für und wider die Einheit des Menschengeschlechtes 325

a) *Naturbegriff und Weltvorstellung J. G. Herders* 325
Die Schöpfungsordnung in Herders »Ideen«

b) *Monogenisten und Polygenisten* 327
Die Monogenisten: Buffon, Montesquieu, Kant, Voltaire. Deren Gegner: Peyrère, David Hume, Edward Long. Die Stellungnahme Georg Forsters

2. Das fehlende Glied 332

a) *Die Systematik der menschlichen Gattung bei Carl von Linné* 332
Die Spärlichkeit seiner Angaben über die menschliche Gattung

b) *Die Diskussion um das Mittelgeschöpf* 333
Riesen, Zwerge und wilde Männer. Edward Tysons Abhandlung über den OrangUtan. Die Meinung der europäischen Anthropologen: Buffon, Blumenbach, Sömmering, Winterbottom

3. Vom Ursprung der Rassen 339

a) *Biblische Abstammungstheorien* 339
Kain und Abel. Die Nachkommen aus Noahs Geschlecht. Die Heiligen drei Könige. Klischeebildung im Urteil über andere Rassen. Die Berufung auf die »schmerzlose Niederkunft« der farbigen Frauen

b) *Archaische Schöpfungsmythen* 343
Bei den Cherokee-Indianern. In Westafrika

c) *Der Begriff der Rasse* 345
Die Leistung Immanuel Kants. Die Haltung Blumenbachs

d) *Das Problem der Hautfarbe und die Wanderungstheorien* 349
Die Theorie der äußeren Einwirkung bei Buffon. Wanderungstheorien bei Des

Brosses, Lafitau und Iselin. Über die physischen Ursachen der Hautfärbung: Barrère, Maupertuis, Blumenbach

e) *Weitere physische Unterscheidungsmerkmale* 354
Die Schädelformstudien von Camper. Messungen am menschlichen Körper durch White. Kausalistische Erklärungsversuche zur Physiognomik fremder Rassen

4. Erscheinung und sittlicher Charakter 356

a) *Der abendländische Idealtypus* 356
J. C. Lavater und Christoph Meiners

b) *Der wertende Vergleich von Erscheinungsformen* 358
Die relative Benachteiligung des schwarzen Afrikaners. Ästhetische Beurteilung des Indianers. Die physische Vorbildlichkeit der Südseeinsulaner

c) *Kritische Stimmen zur physiognomischen Betrachtungsweise* 364
Georg Christoph Lichtenberg

IV. Der Überseebewohner als Vorbild und Herausforderung

1. Der »edle Wilde« 367

a) *»Barbar« und »edler Wilder«* 367
Die Herausbildung stereotypischer Begriffe. Die innere Verwandtschaft von »Barbar« und »edlem Wilden«. Gegner und Freunde des »edlen Wilden«

b) *Archaismus und Futurismus* 376
Paradiesessehnsucht als geistiges Motiv der frühen Kolonialgeschichte

c) *Porträt des »edlen Wilden«* 381
Das Beispiel Tahiti. Die Darstellungen von Bougainville, Vater und Sohn Forster, James Cook

d) *Die Utopie* 392
Thomas Morus. Weitere Utopienschriftsteller des siebzehnten und achtzehnten Jahrhunderts und ihre Bezugnahme auf die kolonialgeschichtliche Realität. Die Utopie wird Wirklichkeit: Siedlungsprojekte in Nordamerika, Afrika und Australien

e) *Die Robinsonaden* 401
Der »Abenteuerliche Simplicissimus« und »Robinson Crusoe«

f) *Die phantastischen Reisebeschreibungen* 405
Formen phantastischer Reisebeschreibung. Das klassische Beispiel: »Gulliver's Travels«. Chateaubriands »Voyage en Amérique«

2. Die Infragestellung der eigenen Kulturposition 411

a) *Voltaires »L'ingénu«* 411
Der »Überseebewohner auf Besuch« als literarisches Motiv

b) Diderots »Supplément au voyage de Bougainville« 415
   Der Südseeinsulaner im Dialog
c) La Hontans »Voyage dans l'Amérique septentrionale« 420
   Der Hurone im Dialog

V. Schlußwort

Bilanz und Ausblick 426

Anmerkungen 441
Bibliographie 473
Bibliographischer Nachtrag zur Neuauflage 485
Zu den Abbildungen 490
Personenregister 491

Erster Teil

Der überseeische Schauplatz

»Wer über die Meere herrscht, herrscht über den Handel; wer über den Handel herrscht, beherrscht die Reichtümer der Welt und folglich die Welt überhaupt.« *Walter Raleigh, History of the World (1617)*

»In Tat und Wahrheit haben sich die Begründer dieser Kolonien in ihrer überwiegenden Mehrzahl weit stärker von der Idee leiten lassen, den Glauben unter den Barbaren zu verbreiten, als sich zu bereichern...«
Père de Charlevoix,
Histoire et description générale de la Nouvelle France (1744)

»Die Entdeckung Amerikas und die Entdeckung des Weges um das Vorgebirge des Kaps der Guten Hoffnung nach Ostindien sind die beiden wichtigsten und größten Begebenheiten, welche die Geschichte der Menschheit aufzuzeichnen hat.« *Adam Smith,*
An Inquiry into the Nature and Causes of the Wealth of Nations (1776)

»Erlauben Sie mir, meine Herren, Ihnen zu sagen, daß derjenige Kolonist, der frei von Belastungen und Verpflichtungen inmitten aller Reichtümer, welche die Weltmeere ihm zutragen, eine so fruchtbare Erde bewohnt und der es nicht verstanden hat, das erhoffte Glück zu finden, dieses Glück auch in Frankreich nicht finden wird.«
Pierre Poivre, Rede vor französischen Kolonisten (1768)

I. Welterfahrung und Weltkenntnis

1. Die Seereisen

a) Das erste und das zweite Entdeckungszeitalter

Dem aufgeklärten Gelehrten, der sich gegen das Ende des achtzehnten Jahrhunderts über die Atlanten zeitgenössischer Kupferstecher beugte, präsentierte sich das Bild der Welt, was Anordnung und Umriß der kontinentalen Landmassen betraf, in einer uns heute vertrauten Gestalt. Während über drei Jahrhunderten hatten europäische Seeleute, zuerst Portugiesen und Spanier, dann Holländer, Franzosen und Engländer, die Weltmeere befahren, entfernte Küstenstriche aufgesucht, geographische Daten gesammelt. In den kartographischen Ateliers und Verlagshäusern der Metropolen war die verwirrende Fülle an Material kritisch gesichtet und in ständig sich verfeinernden Kartenwerken und Erdbeschreibungen verarbeitet worden. Allerdings vollzog sich dieser Prozeß wissenschaftlicher Welteroberung nicht immer mit der wünschenswerten Kontinuität und Planmäßigkeit. Rivalitäten zwischen den beteiligten Nationen hemmten den Fortschritt gelegentlich mehr, als daß sie ihn förderten; die technologische Entwicklung hielt mit dem wachsenden Bedürfnis nach wissenschaftlicher Präzision nicht immer Schritt. Aber die Summe geographischer Kenntnis, die das vielfältige Bestreben der verschiedenen Seemächte schließlich anhäufte, war eindrücklich genug gerade im Bereich der Kartographie, wo selbst zweifelhafte Information, sauber aufs Kartenbild übertragen, leicht den Anschein gesicherter Erkenntnis gewann.

Das Pionierverdienst an der Erkundung der überseeischen Welt fällt, wie man weiß, Portugal und Spanien zu. Hier führte der wirtschaftliche, missionarische und wissenschaftliche Impetus, den Heinrich der Seefahrer und Christoph Kolumbus geweckt, den Staat und Kirche begünstigt hatten, zwischen 1492 und 1540 zu einem beispiellosen Aufschwung der Entdeckertätigkeit. Im Jahre 1497 umschiffte Vasco da Gama das Kap der Guten Hoffnung und erschloß Portugal den Zugang zu den Handelsräumen Ostasiens; fast gleichzeitig erschienen spanische Karavellen vor der mexikanischen Küste und bereiteten die Durchdringung des Festlandes vor; zwischen 1519 und 1522 demonstrierte die Weltumsegelung Magellans selbst dem zweifelnden Laien die Kugelgestalt der Erde. Pierre Chaunu hat von einer »planetarischen Explosion« gesprochen[1], um den unerwarteten und eruptiven Charakter dieser ersten Phase maritimer Expansion zu benennen, in deren Verlauf die iberische Halbinsel nach Brasilien, Florida, Peru, Kalifornien und den Inseln des malaiischen Archipels hinausgriff und sich ins Zentrum eines globalen Handelssystems stellte.

Allerdings machten Portugiesen und Spanier bald die Erfahrung, daß es geringerer Anstrengung bedurfte, neue Territorien zu entdecken, als den durch Finderecht und päpstliche Zusprechung scheinbar legitimierten Besitz zu halten. Nach dem Abfall der Vereinigten Niederlande (1581) und dem Untergang der Armada (1588) begannen holländische Kauffahrer die Monopolstellung der Portugiesen in Ostindien zu durchbrechen, während französische und englische Freibeuter, die auf eigene Faust und oft im Widerspruch zu völkerrechtlichen Gepflogenheiten und geltenden Friedensregelungen operierten, den spanischen Transatlantikhandel immer empfindlicher störten. Diese Vorstöße hielten sich vorerst an die Handelsrouten der iberischen Kolonialpioniere, von deren technischen, navigatorischen und kartographischen Leistungen man profitierte. Nur zögernd und ohne zureichende staatliche oder private Unterstützung wagten sich zu Beginn des siebzehnten Jahrhunderts Engländer und Franzosen auch zur nordamerikanischen Ostküste vor, um vereinzelte Handelsstationen und mühsam sich entwickelnde Siedlungskolonien anzulegen. Der Elan des ersten Entdeckungszeitalters aber war gebrochen; Reichtümer, so schien es, waren in Virginia und Kanada nicht zu holen, und das Gerücht von der Existenz einer Nord-West-Passage, die es den Seefahrern erlaubt hätte, direkt zu den Schätzen Chinas vorzustoßen, bewahrheitete sich nicht.

Auch im pazifischen Raum ereignete sich vorerst wenig. Erst in den Jahren 1577–1580 wiederholte Francis Drake die Leistung Magellans, wählte jedoch, von Beutezügen abgelenkt, bei der Überquerung des Stillen Ozeans die wissenschaftlich wenig ergiebige Nordroute. Die geographischen Ergebnisse, welche die Spanier Quiros und Torres aus den südlichen Regionen dieses Meeres zurückbrachten, waren zwar interessanter, fanden indessen nicht die gebührende Beachtung und gerieten zum Teil in Vergessenheit. Auch die Unternehmung des Holländers Tasman, der im Jahre 1643 über die Südspitze Australiens hinaus ostwärts vorstieß, Neuseeland aber nur flüchtig streifte, weckte mehr Resignation als Hoffnung; insbesondere konnte nicht geklärt werden, ob sich, wie man in Europa seit Ptolemäus glaubte annehmen zu dürfen, nördlich der Antarktis ein weiterer Kontinent, eine sogenannte »Terra australis«, befand.[2]

Die zweite Phase der großen maritimen Entdeckungsreisen, an der sich vor allem Engländer und Franzosen beteiligten, fällt ins achtzehnte Jahrhundert. Sie unterschied sich von der portugiesisch-spanischen Periode sowohl durch veränderte Forschungsziele als auch durch den technischen Stand der Schiffahrt, die Motivation und Organisation der Reisen und den methodischen Ansatz wissenschaftlichen Fragens.

Zuerst wurde das Problem der Nord-West-Passage wieder aufgegriffen und durch die Reisen von Bering, Pickersgill und später Cook insofern geklärt, als man die Umschiffbarkeit Nordamerikas zwar nicht zu demonstrieren, wohl aber mit guten Gründen zu behaupten vermochte; den empirischen Nachweis für die Richtigkeit der damaligen Theorien sollten erst die schwedischen Polarforscher Nordenskiöld und Amundsen leisten. Der Schwerpunkt der europäischen Entdeckungsfahrten aber verlagerte sich unmittelbar nach dem Ende des Siebenjährigen Krieges (1763) und über die Zeit des Amerikanischen Unabhängigkeitskrieges (1775–1783) hinaus auf den pazifischen Raum. Wenn diese Weltgegend bisher nur selten aufgesucht worden war, dann aus drei Gründen: einmal, weil besonders bei einer Fahrt von der südamerikanischen Westküste her schwierige Wind- und Strömungsverhältnisse die Annäherung erschwerten; dann, weil von Indonesien aus, wie besonders Tasman hatte erfahren müssen, der Zugang durch Untiefen und Korallenriffe sehr behindert war; und schließlich, weil Reisen in diese von unzähligen Inseln durchsetzten Meeresgebiete, sollten sie kartographisch erfolgreich sein, einen Aufwand an Zeit und finanziellen Mitteln erforderten, den die anderweitig engagierten europäischen Seemächte lange Zeit nicht zu leisten vermochten.

Nach 1763 jedoch folgten sich Entdeckungsfahrten im Südpazifik in verhältnismäßig kurzen Abständen und überschnitten sich sogar zeitweise. Im Jahre 1767 kam Samuel Wallis als erster Europäer in den Genuß eines Aufenthaltes auf Tahiti, und Carteret, der ihm auf einem Begleitschiff folgte, entdeckte die Pitcairn-Insel, die durch die Meuterei auf der »Bounty« bekannt werden sollte. Wenig später traf Louis Antoine de Bougainville auf Tahiti ein und segelte durch die wenig bekannte melanesische Inselwelt nach Batavia weiter; sein Landsmann La Pérouse sollte zwanzig Jahre später in diesen Gewässern ein von Geheimnis umwittertes Ende finden. Zwischen 1768 und 1779 kartographierte James Cook, der größte unter diesen bedeutenden Seeleuten, Neuseeland, lokalisierte eine Anzahl wenig bekannter oder in Vergessenheit geratener Inseln, gewann erstmals einen klaren Begriff von der australischen Ostküste und stellte, bis ins antarktische Meer vorstoßend, fest, daß es den legendären Südkontinent, die »Terra australis«, gar nicht gab, es sei denn als vereistes Land.[3]

b) Allgemeine Bedingungen des Lebens an Bord

Die Schiffe, mit denen Cook und seine Zeitgenossen ausfuhren, hatten sich, trotz zeitweiliger Stagnation in der technischen Entwicklung, gegenüber den kleinen und unkomfortablen Karavellen entscheidend verändert. Die Karavellen, die Kolumbus benutzte, waren zwar von robuster Bauart und dabei wendig und dank ihrer großen Segelfläche erstaunlich schnell gewesen; aber sie hatten ihren Besatzungen nur den allernötigsten Bewegungsraum geboten. Das Flaggschiff des Admirals, die »Santa Maria«, hatte man bei einem Ladevolumen von bloß 100 Tonnen und einer Länge von kaum zwanzig Metern derart mit Vorräten vollstopfen müssen, daß die Mannschaft eine Neigung zur Klaustrophobie geradezu entwickeln mußte. Bei sonnigem Wetter schlief man auf Deck und sonst im übelriechenden, feuchten, von Ratten belebten Schiffsrumpf; die Nahrung war wenig abwechslungsreich, das Tagewerk äußerst monoton.

Im achtzehnten Jahrhundert konnte ein kriegstüchtiges Linienschiff über sechshundert Mann Besatzung aufnehmen und bot als Dreimaster mit festungsartigem Rumpf und ausladendem Takelwerk einen imposanten Anblick. Die Ostindienfahrer standen den Linienschiffen, da ihnen oft auch militärische Aufgaben übertragen wurden, an Größe kaum nach; sie waren schwächer bemannt, besaßen jedoch ein Ladevolumen von über 600 Tonnen. Für Forschungsreisen benutzte man indessen kleinere, besonders robust gebaute Handelsschiffe, wie sie im Transatlantikverkehr zum Einsatz kamen; die Franzosen wählten als mittleren Schiffstyp gern die schnelle und wendige Fregatte. Wesentliche Fortschritte wurden dank der Verwendung verfeinerter Instrumente auch in der Navigation möglich, besonders seit der Erfindung eines exakten Chronometers durch John Harrison, der es erstmals gestattete, den geographischen Längengrad genau zu bestimmen.[4]

Ferner gelang es, die Lebensverhältnisse an Bord in hygienischer und gesundheitlicher Hinsicht wenn nicht befriedigend, so doch erträglich zu gestalten. Die Hängematte, welche man von den mittelamerikanischen Indianern übernommen hatte, brachte eine Ahnung von Komfort in die engen Schlafquartiere der Matrosen; durch sorgfältigere Abdichtung der Decks, bessere Belüftung sowie Einrichtung sanitärer Anlagen und geschützter Feuerstellen konnten objektive Verbesserungen erreicht werden – allerdings hingen Wohlergehen und Moral der Mannschaft nicht nur davon, sondern auch weitgehend von der Führung des Schiffes ab.

Krankheiten an Bord blieben bis ins achtzehnte Jahrhundert häufig; und beim niedrigen Stand der damaligen Schiffsmedizin war es nicht erstaunlich, wenn viele Seeleute ihre Heilung ganz den wirkenden Kräften ihrer robusten Natur und der Vorsehung anvertrauten und dem Schiffsarzt, dessen Kunst über Klistier und Aderlaß kaum hinausging, mit Mißtrauen begegneten. Neben Rheumatismus und Geschlechtskrankheit, zwei typischen Seemannsübeln, war vor allem mit tropischen Infektionskrankheiten wie Malaria, Flecktyphus und Gelbfieber zu rechnen.

Am meisten Todesopfer aber forderte auf längeren Fahrten eine Vitaminmangelkrankheit, der Skorbut. Die Mehrzahl der Begleiter Magellans, der mit 265 Seeleuten ausgefahren und dessen Stellvertreter del Cano mit deren 15 nach Sevilla zurückgekehrt war, starb an Skorbut, und auf den englischen Kriegsschiffen noch der elisabethanischen Zeit waren weit mehr Verluste dieser Krankheit als kriegerischen Aktionen zuzuschreiben. Erst allmählich gab man sich über die Ursachen des Skorbut Rechenschaft. Jacques Cartier, der französische Entdeckungsreisende, ließ 1535 am Sankt-Lorenzstrom die Leiche eines seiner Begleiter sezieren, um dem Leiden auf den Grund zu kommen; nützlicher war freilich, daß er, dem Ratschlag kanadischer Indianer folgend, die Mannschaft anwies, die Rinde eines bestimmten Baumes zu essen.[5] Auf holländischen Ostindienfahrern wurden bereits im siebzehnten Jahrhundert zur Verpflegung Zitrusfrüchte und Sauerkraut mitgeführt, und französische Schiffe nahmen Fässer mit zermahlenen Sauerkleeblättern an Bord; doch fehlte es bei richtiger Einsicht allgemein an der langfristigen Durchführung solcher Diät. Im Jahre 1754 publizierte der britische Schiffsarzt James Lind seinen »Treatise of Scurvey«, ein medizinisches Handbuch, das inskünftig auf vielen Schiffen mitgeführt wurde. Auch das Interesse der Kapitäne am Gesundheitszustand der Besatzung begann sich zu schärfen. Als James Cook von seiner zweiten Weltumsegelung zurückgekehrt war, ohne auch nur einen

Mann wegen Skorbut verloren zu haben, empfand er dies zu Recht als persönlichen Triumph.[6]

Die Führung der Mannschaft verlangte vom Kapitän und den Schiffsoffizieren zu Kolumbus' wie zu Cooks Zeiten einen hohen Grad von Fachkenntnis, Einfühlungsvermögen und persönlicher Entschiedenheit. Die Matrosen kamen aus den niedrigsten sozialen Verhältnissen und wurden, besonders bei der Kriegsmarine, häufig zum Seedienst gepreßt; sie waren für ihre Arbeit ungenügend ausgebildet, verrichteten den Dienst meist unwillig und neigten zu Trunksucht, Schlägereien und Aufruhr. Mit Meuterei war, trotz Androhung schwerster Strafen, selbst unter Kommandanten zu rechnen, deren Führerqualitäten außer Frage standen. Auch im allgemeinen beliebte und fähige Kapitäne wie John Hawkins, Drake, Anson und Cook hatten sich zumindest mit schweren Fällen von Insubordination auseinanderzusetzen.

Das Bildungsniveau war unter Seeleuten äußerst niedrig, und kaum jemand konnte lesen, weshalb Weisungen und Disziplinarbestimmungen auch bei jeder sich bietenden Gelegenheit vor versammelter Mannschaft aufs neue verlesen werden mußten. Klagen über die Unverläßlichkeit, Dummheit und Rüpelhaftigkeit der Matrosen wurden vonseiten mitreisender Missionare, Kaufleute und Naturforscher immer wieder geäußert. Jan Snoep, ein calvinistischer Schiffsgeistlicher der holländischen Kriegsmarine, zeigt sich gegen Ende des siebzehnten Jahrhunderts empört von der Grobschlächtigkeit, Ignoranz, Streitsüchtigkeit und Gottlosigkeit der seiner Seelsorge anvertrauten Besatzung; es sei äußerst schwierig, schreibt er, solchen Leuten, deren Verehrung vorzüglich Bacchus und Venus vorbehalten sei, die Grundlagen des wahren reformierten Christentums beizubringen.[7] Vom berühmten englischen Sklavenkapitän und späteren Sklavereigegner John Newton wissen wir, daß er sich, weil er den Umgang mit seinen Berufskollegen mied, um sich mit der Lösung arithmetischer Probleme, mit autodidaktischem Sprachstudium und Bibelmeditation zu befassen, den Ruf eines verrückten Sonderlings zuzog – derartig ungewöhnlich war derlei Beschäftigung in diesen Kreisen.[8] Dem deutschen Naturforscher Georg Forster, der Cook auf dessen zweiter Reise begleitete, verdanken wir die folgende treffende Charakterisierung der Seeleute seiner Zeit: »Ihre Gewohnheit ans Seeleben hatte sie längst gegen alle Gefahren, schwere Arbeit, rauhes Wetter und andere Widerwärtigkeiten abgehärtet, ihre Muskeln steif, ihre Nerven stumpf, kurz, ihre Gemütsart ganz unempfindlich gemacht. Da sie für die eigene Erhaltung keine große Sorge tragen, so ist leicht zu erachten, daß sie für andre noch weniger Gefühl haben. Strengem Befehl unterworfen, üben sie tyrannische Herrschaft über diejenigen aus, die das Unglück haben, in ihre Gewalt zu geraten... Ohnerachtet sie Mitglieder gesitteter Nationen sind, so machen sie doch gleichsam eine besondere Klasse von Menschen aus, die ohne Gefühl, voll Leidenschaft, rachsüchtig, zugleich aber auch tapfer, aufrichtig und treu gegen einander sind.«[9]

c) Frühe Formen der Berichterstattung

Dem geringen Bildungsgrad des Berufstandes und den Umständen des Lebens zur See, insbesondere auch der Tatsache, daß Landaufenthalte in der Regel von kurzer Dauer waren und mehr der Zerstreuung als der Forschung dienten, entsprach weitgehend der Charakter der Berichterstattung. Bereits im ersten Entdeckungszeitalter lassen sich zwei Formen der Darstellung unterscheiden: individueller Reisebericht und Chronik.

Der lombardische Edelmann Antonio Pigafetta, der Magellan auf dessen Weltumsegelung begleitete und sich Tag für Tag notierte, was an Außerordentlichem vorfiel, darf als Musterbeispiel eines frühen Reiseberichterstatters gelten. Daß Pigafetta, der weitaus wichtigste Zeuge dieser Unternehmung, selbst kein Seemann war, ist bezeichnend: bis ins Zeitalter der Aufklärung sind es nicht so sehr Seeleute als vielmehr Ärzte, Geistliche und Naturforscher gewesen, die am zuverlässigsten über Seereisen zu berichten wußten. Pigafetta trieb die Neugierde, nicht Besitzgier auf seine Reise um die Welt; er hatte genügend Zeit, um zu beobachten, verfügte über genügend Aufnahmebereitschaft, um zu staunen, und er konnte schreiben. Sein Interesse entzündete sich am unerwarteten Vorfall, bei der Betrachtung ungewohnter Erscheinungen der Pflanzen- und Tierwelt, am Kontakt mit so merkwürdigen Menschen wie den brasilianischen Kannibalen, den patagonischen Riesen und den diebischen Bewohnern der Marianen-Inseln. Pigafettas Bericht ist, selbst wenn man nicht nach heutigen ethnographischen Maßstäben urteilt, keineswegs frei von Mängeln: die Schilderung wirkt zuweilen weitschweifig; die Phantasie des Autors zeigt sich allzu legendengläubig; der Bezug zum persönlichen Erleben fehlt vielfach. Aber dieses Reisejournal gibt doch einen eigentümlichen und im Wesentlichen exakten, gerade durch Naivität und Einfachheit des Stils reizvollen Augenzeugenbericht eines historisch bedeutungsvollen Ereignisses; es stellt eine Pionierleistung der Überseeberichterstattung dar und hat in der Folgezeit manchen Reisenden angeregt, sich seine eigenen Erfahrungen aufzuzeichnen.[10]

Als Beispiel chronistischer Darstellung sei der Bericht erwähnt, den der Hofhistoriograph Heinrichs des Seefahrers, Azurara, über die Entdeckung und Eroberung der Guineaküste durch die Portugiesen verfaßte.[11] Azurara berichtete nicht aus eigener Erfahrung, sondern hielt sich an mündliche und schriftliche Informationen der Reisenden, die er, zusammen mit allem, was er aus Bibliotheken und Archiven zum Thema beibringen konnte, zu einer Ruhmesgeschichte seines Herrschers verarbeitete. Sein ausgedehntes Wissen, das sich von Homer zu Herodot, Ptolemäus und Marco Polo erstreckte, erlaubte es Azurara, die Taten der Portugiesen im weiteren historischen und kosmologischen Zusammenhang zu sehen und Motivation und Aussichten dieser Unternehmungen aus dem Geiste christlich-nationalen Sendungsbewußtseins darzustellen. Das Werk des Portugiesen gewinnt seine Bedeutung dadurch, daß sich in ihm die ideellen Triebkräfte der frühen Kolonialexpansion, kaufmännischer Unternehmergeist, Kreuzzugspathos und Wissensdrang, wie sie von der Krone bewußt gefördert wurden, anschaulich

1. Es gibt keine Porträts von Heinrich dem Seefahrer, deren Authentizität zuverlässig bezeugt wäre. Die Abbildung zeigt eine Darstellung aus der berühmten portugiesischen Reisekompilation von De Barros über Asien, deren zweite Auflage aus dem Jahre 1778 in graphischer Hinsicht besonders ansprechend gestaltet wurde.

und glaubwürdig widerspiegeln; die kulturanthropologische Problematik des Kontakts mit Afrika aber entgeht Azurara weitgehend, ist er doch bestrebt, die lusitanischen Helden, deren Taten er schildert, in fragloser Übereinstimmung mit den Zielen der Monarchie, und nur diesen verpflichtet, handeln zu lassen. Während zuweilen in den Berichten Antonio Pigafettas ein Gefühl der Hilflosigkeit zutage tritt, das den Reisenden beschleicht, der eine Überfülle von flüchtigen Eindrücken intellektuell nicht mehr bewältigen kann, urteilt Azurara mit der Souveränität des offizellen Sprechers, dem die Einzelzeugnisse oft nur Reflexe der absolutistischen Autorität sind.

Diese beiden Formen der Berichterstattung, wie wir sie bereits für das erste Entdeckungszeitalter glauben auseinanderhalten zu können, besaßen ihre spezifischen Vor-und Nachteile. Der reisende Schriftsteller hatte zwar Gelegenheit, sich auf persönliche Anschauung an Ort und Stelle zu stützen; aber er verfiel leicht der Gefahr, die Einzelbeobachtung vom Hintergrund prinzipieller naturwissenschaftlicher und historischer Überlegung loszulösen, was um so begreiflicher war, als ihm die wissenschaftliche Allgemeinbildung meist fehlte, welche es gestattet hätte, das Sonderphänomen in einem übergreifenderen Zusammenhang zu sehen. Konfrontiert mit dem Ungewohnten und oft unfähig, dieses sinnvoll Bekanntem zuzuordnen, neigte dieser Autor dazu, die Andersartigkeit des beobachteten Gegenstandes zu überschätzen und sich vom Reiz des Absonderlichen und dem Zufall des Episodischen verführen zu lassen. Das Bewußtsein, sich in der Ausnahmesituation des Weitgereisten zu befinden und der Ehrgeiz, den Leser mit besonders pittoresken Details zu unterhalten, verleiteten manchen Reisenden dazu, ein Gemisch von persönlicher Erfahrung, unüberprüfbarer Information aus zweiter Hand und allerlei Legenden im Selbstgefühl der eigenen Kompetenz vorzutragen und all dies zu einem exotischen Kranz von Ausgefallenheiten zu verflechten.

So entwickelte sich im Laufe der Zeit das literarische Genre des phantastischen Reiseberichts, das zur wissenschaftlichen Erforschung der überseeischen Welt wenig mehr beitrug.[12] Auf den holländischen Ostindienfahrern scheint es bereits um die Mitte des siebzehnten Jahrhunderts Mode geworden zu sein, daß sich irgendein mehr oder weniger origineller Kopf der Mannschaft mit Reiseaufzeichnungen befaßte; doch diese Berichte waren häufig entweder fabulös, oder sie wiederholten nur, was längst bekannt war, und dienten damit mehr der Bildung gewisser Klischeevorstellungen, als daß sie die wissenschaftliche Erkenntnis bereichert hätten.[13] So konnte es beispielsweise geschehen, daß sich, nachdem die »abscheuliche Häßlichkeit« der Hottentotten einmal apodiktisch festgestellt war, Dutzende von Reisenden darin überboten, dieses Volk in Erscheinung und Sitten boshaft zu verzeichnen, wodurch ernst zu nehmende Studien über eine der interessantesten Völkergruppen Schwarzafrikas sehr verzögert wurden.

Der Chronist hatte demgegenüber den Vorteil, in aller Ruhe die Zeugnisse verschiedener Reisender vergleichen und die kritisch gesichtete Information am Stand der zeitgenössischen Forschung messen zu können, auch wenn es ihm versagt bleiben mußte, strittige Fragen durch persönlichen Augenschein abzuklären. Der Einseitigkeit subjektiven Urteilens war der Chronist weit weniger ausgesetzt. Während es dem Reisenden des ersten Entdeckungszeitalters vordringlich um die Frage nach der kommerziellen Auswertbarkeit seiner Beobachtungen ging, wodurch sein Blickfeld eingeschränkt wurde, fiel es dem Chronisten in der Regel leichter, den Standort desinteressierter Wissenschaftlichkeit zu vertreten. Auch durfte der Chronist von sich behaupten, einen größeren Überblick zu besitzen, zumindest insoweit, als Geheimhaltungsvorschriften den Austausch des Wissens über die Grenzen hinweg nicht behinderten. Allerdings blieb er in der Regel stärker als der Reisende der herrschenden politischen Doktrin verpflichtet; während jener bei der Leserschaft eine gewisse Freiheit genoß, zeigen die zeitgenössischen Auseinandersetzungen um das Werk von zwei führenden Chronisten der spanischen Conquista, Fernández de Oviedo und Bartolomé de Las Casas, daß man ihre Darstellungen als offiziöse politische Stellungnahme sehr ernst nahm.[14]

Die Gefahr, die dem Chronisten drohte, bestand überhaupt darin, daß bei ihm weltanschauliche und formale Überlegungen die Priorität vor der unvoreingenommenen Prüfung des Faktenmaterials gewannen; dadurch, daß er sich meist entschloß, die Darstellungsform einer dem geschlossenen mittelalterlichen Weltbild entspringenden Heilsgeschichte zu wählen, sollte er bereits die Leser des achtzehnten Jahrhunderts zur kritischen Frage anregen, ob ein zureichendes Verständnis außereuropäischer Kulturen von solchem Standort aus noch zu gewinnen sei. Schließlich führte der universalistische und ganzheitliche Anspruch der mittelalterlichen Chronistik, der sich bis gegen Ende des siebzehnten Jahrhunderts geltend machte, die Verfasser nicht selten dazu, Lücken und Ungereimtheiten der Information unter Bezugnahme auf biblische Überlieferung zu verdecken oder gar Zuflucht zu eigener Erfindung und sophistischen Hilfskonstruktionen zu nehmen.

Es versteht sich, daß Reisebericht und Chronik sich nicht immer deutlich gegeneinander abheben lassen. So erlaubte es etwa das geistliche Amt durchaus, daß man, in der Eigenschaft eines Missionars und Seelsorgers, an Eroberungs- und Entdeckungsfahrten teilnahm und anschließend in klösterlicher Abgeschiedenheit persönliche Erlebnisse in den Rahmen einer umfassenderen gelehrten Abhandlung einbezog. Gerade Darstellungen dieser Art erweisen sich oft als besonders wertvoll: als Beispiel seien hier das ethnographisch bedeutsame Werk des Franziskaners Sahagún über die Aztekenkultur oder der Bericht des Bernal Díaz über den Mexiko-Feldzug des Cortés genannt. Freilich entwickelten diese Verfasser den Vorzug ihrer Doppelsituation als Beteiligte und Betrachter nicht konsequent zum wissenschaftlichen Prinzip, wodurch vielleicht ermöglicht worden wäre, den methodischen Dualismus von Erfahrung und Systematik, Anschauung und Theorie im überpersönlichen Bereich einer internationalen und interdisziplinären Forschung wirksam werden zu lassen. Diesen wichtigen Schritt sollte, nach dem geistesgeschichtlichen Wandel, den Descartes und Newton vollzogen hatten, erst das zweite Entdeckungszeitalter zu leisten imstande sein.[15]

d) Entwicklung der Berichterstattung

In der Betrachtungsweise der wissenschaftlich ausgebildeten Seefahrer der zweiten Hälfte des achtzehnten Jahrhunderts gewann die genauestens vollzogene und exakt beschriebene Einzelbeobachtung jenen eigenständigen Wert, der es ihr erlaubte, als Herausforderung gegen Systemgläubigkeit und Vorurteil aufzutreten. Nicht daß man nun plötzlich den Gedanken einer einheitlichen Ordnung des Schöpfungsganzen aufgegeben hätte: diese Prämisse blieb bestehen und verlor höchstens ihren religiösen Absolutheitsanspruch. Entscheidend aber war, daß dadurch, daß man bewußt vom Besonderen ausging, um auf das Allgemeine zu schließen, fraglos übernommene Theorien wieder in ihrem hypothetischen Charakter restituiert und die erstarrten Fronten von Theorie und Praxis durch wechselseitigen Austausch und Infragestellung neu belebt werden konnten. Indem man die Vorläufigkeit jeder Erkenntnis betonte und sich darüber Rechenschaft gab, daß endgültige Gewißheit sich dem Forscher genauso beharrlich entzog wie die Horizontlinie dem vordringenden Entdecker, befreite man die Wissenschaft von der quälenden Frage nach der religiösen und sittlichen Vertretbarkeit ihrer Ergebnisse und legte das Hauptgewicht auf die wissenschaftliche Aktivität an sich. »Nicht die Wahrheit, in deren Besitz irgendein Mensch ist oder zu sein vermeinet, sondern die aufrichtige Mühe, die er angewandt hat, hinter die Wahrheit zu kommen, macht den Wert des Menschen« – dieses Wort Lessings bezeichnet treffend den Geist, der auch den aufgeklärten Entdeckungsreisenden vom Range Bougainvilles oder Cooks prägte.[16]

Die Forschungsaufträge und Instruktionen, welche wissenschaftliche Gesellschaften und Regierungen den Pazifikfahrern vom Ende des achtzehnten Jahrhunderts auf den Weg mitgaben, unterscheiden sich von den weit undifferenzierteren Anweisungen des ersten Entdeckungszeitalters in dreifacher Hinsicht: einmal legte man ausgeprägtes Gewicht darauf, die Kontakte mit der Eingeborenenbevölkerung friedlich zu gestalten, um die Erforschung fremder Weltgegenden nicht unnötig zu erschweren; dann befaßte man sich gezielt mit der Klärung ungelöster geographischer und naturwissenschaftlicher Probleme; und schließlich versuchte man, sich auf allen Wissensbereichen, insbesondere auch auf dem Gebiet der Völkerkunde, neuen Eindrücken und Erkenntnissen offenzuhalten.

Die relative Friedlichkeit der internationalen Beziehungen sowohl zwischen den Kolonialmächten als auch zwischen diesen und den außereuropäischen Völkern ist in der Tat ein Hauptkennzeichen des zweiten Entdeckungszeitalters. Die spanischen Eroberer in Westindien, Mittel- und Südamerika hatten sich wenig um das Wohlergehen der indianischen Urbevölkerung gekümmert und von ihrer technisch-militärischen Überlegenheit ohne Zögern Gebrauch gemacht, selbst dann, wenn eine Politik wirklicher Zusammenarbeit und Toleranz auf die Dauer größeren Erfolg versprochen hätte; die Kritik an dieser brutalen Expansionspolitik, wie sie besonders Las Casas übte, kam spät und war eine polemische Abrechnung mit den Greueltaten eines Terrorregimes, das, solid installiert, solche Kritik nicht mehr zu fürchten hatte.[17] Dem beherzten Dominikaner blieb wenig mehr übrig, als sein Bedauern über eine verscherzte Möglichkeit menschlicher Begegnung auszudrücken, wenn er schrieb: »Wenn jene Eingeborenen seit ihrer Entdeckung mit Liebe und Gerechtigkeit behandelt worden wären, wie es die natürliche Vernunft gebietet, und man im Umgang mit ihnen immer den Weg eines friedlichen und maßvollen Handelns und dazu noch im christlichen Geiste eingeschlagen hätte, wie gerecht würden wir im Austausch mit unseren wertlosen Sächelchen alles haben, was an Gold und anderen Reichtümern im Überfluß vorhanden war und wieviel Friede und Liebe gäbe es zwischen uns und wie sicher und leicht wäre folglich ihre Bekehrung zu Christus und wie sehr würde die allgemeine Kirche sich freuen, so unendlich viele Kinder zu haben.«[18] Daß die Bedrohung des spanischen Herrschaftsanspruchs über Lateinamerika durch andere europäische Seemächte die Unduldsamkeit der Eingeborenenpolitik im Imperium Karls V. eher verstärkte als milderte, versteht sich von selbst.

Diese Rivalität zwischen den großen Seemächten dauerte zwar auch im achtzehnten Jahrhundert und im Zusammenhang mit der Entdeckung der pazifischen Gebiete fort, aber sie übertrug sich zunehmend auf den wissenschaftlichen und wirtschaftlichen Sektor, vor allem darum, weil sich die Erkenntnis durchgesetzt hatte, daß in abgelegenen Weltgegenden ständige militärische Präsenz nicht aufrechtzuhalten war. Daß Wissen, wie Francis Bacon gesagt hatte, Macht bedeute, war den Staatsmännern der Aufklärungszeit ein vertrauter Gedanke, und man neigte dazu, diese Macht im freien und unblutigen Kräftespiel der wissenschaftlichen und wirtschaftlichen Auseinandersetzung zur Geltung zu bringen. »Weil die Kenntnis dieser Inseln und Kontinente«, heißt es in den königlichen Instruktionen an Bougainville, »noch sehr unvollkommen ist, scheint es höchst verlockend, sie zu vervollständigen. Da sich bisher keine europäische Nation dort etabliert und ein Besitzrecht über jene Gegenden erworben hat, wäre es sehr vorteilhaft für Frankreich, diese kennenzulernen und in Besitz zu nehmen, wenn sie dem Handel und der Schiffahrt nützlich sein können ... Herr Bougainville soll das Land, die Bäume und die hauptsächlichen Naturprodukte studieren; er soll von allem, was Aufmerksamkeit verdient, Muster und Zeichnungen zurückbringen und, soweit ihm dies möglich, günstige Ankerplätze und alles der Navigation Dienliche auskundschaften. Seine Majestät setzt in dieser Hinsicht ihr Vertrauen in den erprobten Fleiß des Herrn Bougainville.«[19]

Sehr ähnlich lauteten die Anweisungen der englischen Krone an Captain Cook. Die Entdeckung bisher unbekannter Länder und die Vervollständigung des Wissens über entlegene Teile dieser Welt, hieß es darin, würden erheblich zur Ehre der nationalen Seemacht, zum Ansehen der Krone und zum Fortschritt von Handel und Navigation beitragen.[20] Beide Instruktionen enthielten keine Anweisungen über das Verhalten im militärischen Konfliktsfall; die Schiffe, mit denen die Entdecker ausfuhren, waren nur schwach bewaffnet, und beide Seefahrer achteten mit größter Sorgfalt auf die friedliche Abwicklung aller Kontakte mit den Insulanern. Die naturrechtlichen Geistesströmungen im Vorfeld der Französischen Revolution, die Kritik der englischen Sklavereigegner, der Abfall der nordamerikanischen Besitzungen und das Aufkommen freihändlerischer Tendenzen hatten den Sinn für die persönlichen Freiheiten auch des Überseebewohners derart geschärft, daß die Seefahrer des zweiten Entdeckungszeitalters es sich in der Regel zur Ehre anrechneten, wenn es ihnen gelungen war, kriegerische Auseinandersetzungen mit den Eingeborenen zu vermeiden. Cooks Instruktionen enthielten denn auch die folgende Anweisung: »Sie haben sich mit allen geeigneten Mitteln zu bemühen, mit den Eingeborenen in freundschaftliche Beziehungen zu treten ... und ihnen jede Art von Zuvorkommenheit und Rücksichtnahme zu beweisen.«[21]

Daß von solchem Verhalten eine sehr günstige Wirkung auf die Forschungsarbeit zu erwarten war, geht aus einer Bemerkung des Deutschen Georg Forster, frühere Entdeckungsreisende betreffend, hervor. »Ältere Südseefahrer«, schreibt Forster, »scheuten gleichsam den Anblick des Landes; wo sie Küsten fanden, eilten sie schnell vorüber, oftmals ohne nur den Fuß darauf zu setzen, ohne den Umfang, die Gestalt und den Zusammenhang ihrer Entdeckungen zu untersuchen. Landeten sie irgendwo, so nahmen sie sich selten Zeit, den Endzweck einer Landung zu erreichen und von den vorgefundenen Produkten einigen Vorteil zu ziehen. Ihr Betragen gegen die Eingeborenen machte gewöhnlich einen schleunigen Abzug nötig, ehe sie noch die Beschaffenheit der Gegend und ihrer Erzeugnisse erforschen und mit den Eigentümlichkeiten der dortigen Menschengattung bekannt werden konnten.«[22]

Neben diesen Bemühungen um freundschaftliche Beziehungen zu den Eingeborenen und um ein wenn nicht herzliches, so doch korrektes Verhältnis zum europäischen Rivalen zeichnete sich der Forschungsstil des zweiten Entdeckungszeitalters durch die Zielstrebigkeit aus, mit der man sich genau umschriebenen Problemen zuwandte. In umfangreichen Sammelwerken waren, wie später noch eingehender gezeigt werden soll, bereits im sechzehnten Jahrhundert die Ergebnisse früher Überseereisen vereinigt und publiziert worden, zuerst in der Kollektion des Venezianers Ramusio, die unter dem Titel »Delle navigationi e viaggi« um 1550 erschien, ein halbes Jahrhundert später in der berühmten englischen Sammlung von Richard Hakluyt mit dem Titel »The Principall Navigations, Voiages, Traffiques and Discoveries of the English Nation«. Um die Mitte des achtzehnten Jahrhunderts war Hakluyts Werk in England durch mindestens drei weitere solche »Kollektionen« ergänzt worden, und auf dem Kontinent gehörten entsprechende Werke in französischer, holländischer und deutscher Sprache, die sich inhaltlich freilich stark an englische Vorbilder anlehnten, zum festen Bestand einer wohldotierten Privatbibliothek.[23] Gelehrte verschiedenster Forschungsrichtungen, Philosophen, Physiker, Naturalisten und Geographen, erwarteten ungeduldig die Edition neuer Berichte, verglichen diese mit den bisherigen, wiesen auf Widersprüche oder Lückenhaftigkeit hin und regten an, auf welche Weise ein strittiges Problem gelöst werden könne.

In England war es beispielsweise der Hydrograph Alexander Dalrymple, der sich in der kontroversen Literatur über den Südpazifik am besten auskannte und dem, obwohl er auf seinem Irrtum über die Existenz einer »Terra australis« mit sonderbarer Starrköpfigkeit beharrte, doch das Verdienst zufällt, sich um die Entsendung der Cook'schen Expedition vom Jahre 1768 bemüht zu haben.

2. *Von James Cook, dem ebenso berühmten wie bescheidenen Seefahrer des zweiten Entdeckungszeitalters, gibt es nur zwei zuverlässige Porträts: das eine stammt von Nathaniel Dance und befindet sich im National Maritime Museum zu Greenwich; das andere, nach welchem der obenstehende Stich gearbeitet worden ist, stammt von William Hodges, der auch durch Landschaftsdarstellungen von Tahiti hervorgetreten ist.*

Sowohl Bougainville als Cook und später La Pérouse waren recht gut über die Leistungen des ersten Entdeckungszeitalters und die Theorien der Geographen unterrichtet, ohne sich allerdings früheren wissenschaftlichen Ergebnissen und Mutmaßungen unkritisch zu unterwerfen. Ausschlaggebend blieb für diese Generation von Reisenden der persönliche Augenschein, die Nachprüfung an Ort und

Stelle – so zog zum Beispiel Captain Wallis mit dem Zollstab aus, um die unglaubhafte Größe der Patagonier, von der Pigafetta berichtet hatte, genau nachzuprüfen: er stellte deren durchschnittliche Körperlänge mit 1.82 m fest.[24] »Ich bin damit einverstanden«, schrieb Bougainville im Hinblick auf das Problem des Südkontinents, »daß man sich nur mit Mühe eine so große Zahl niedriger Inseln und halb überfluteter Landstriche vorstellen kann, ohne einen benachbarten Kontinent anzunehmen. Aber die Geographie ist eine Wissenschaft, die es mit Tatsachen zu tun hat; man kann sich in seinem Studierzimmer nicht dem Geist der Systematik überlassen, ohne die größten Irrtümer riskieren zu müssen, die sich oft nur auf Kosten der Seefahrer berichtigen lassen.«[25]

Cook gelang es dann tatsächlich, durch persönlichen Augenschein nicht nur das Problem des Südkontinents zu lösen, sondern auch eine Reihe anderer Fragen, über welche widersprüchliche Beobachtungen und Theorien zirkulierten, endgültig zu klären. So stellte er fest, daß das Meer im Umkreis der beiden Pole mit einer dicken Eisschicht bedeckt ist, und widerlegte dadurch Theorien, die behaupteten, daß Meerwasser nicht gefrieren könne; er erkannte ferner, wenn nicht als erster, so doch mit einer durch die Autorität seiner Person gestützten Glaubwürdigkeit, daß man aus dem Eis der Eisberge Süßwasser gewinnen konnte, und er beschrieb erstmals genau die Natur der Korallenriffe, die bisher Gegenstand phantastischer Vermutungen gewesen waren. Allein die Tatsache, daß eines der Hauptobjekte von Cooks erster Weltumsegelung darin bestand, den Venusdurchgang vor der Sonne von einem geeigneten Standort aus zu verfolgen – eine Beobachtung, die übrigens gleichzeitig von einem französischen Forscherteam in Kalifornien ausgeführt wurde – zeigt, wie planmäßig man vorging.

Neben dem Studium solcher Einzelfragen beschäftigte man sich auch mit der Klärung weitgespannterer Hypothesen, die sich durch Analogieschluß aus bekannten Erscheinungen schienen ableiten zu lassen. Wenn Cook feststellte, daß es einen eigentlichen Südkontinent nicht gab, so korrigierte er die zumindest teilweise plausiblen Theorien, wonach eine Vielzahl von Inseln auf das Vorhandensein einer größeren Landmasse hindeute und ferner aus Gründen der Symmetrie und eines gewissen globalen Gleichgewichts die südliche Halbkugel der Erde, gemessen an der nördlichen, gleichsam als Gegengewicht einen weiteren Kontinent enthalten müsse. Weiter legten Cooks Reisen die Richtigkeit der damals vieldiskutierten Thesen von der Einheit des Menschengeschlechts nahe, da nach des Seefahrers Beobachtungen die verschiedenen Inselvölker grundsätzliche, über klimatisch und entwicklungsgeschichtlich zu erklärende Verschiedenheiten hinausgehende Unterschiede nicht aufwiesen. Weitgehend geklärt wurde schon damals, trotz des Fehlens präziser linguistischer, archäologischer und ethnologischer Untersuchungsmethoden, die Frage nach der Herkunft der polynesischen Inselbevölkerung, und zwar in dem Sinne, daß man aus Erscheinung, Sprache und mündlicher Überlieferung richtig auf eine Einwanderung von Asien her schloß.[26]

Andere Probleme freilich konnten nicht gelöst werden, blieben aber durch die Fragestellung, mit der man sie anging, interessant. So wurde Cook etwa von der »Royal Society« damit beauftragt abzuklären, ob, wie man vermutete, zwischen

Bevölkerungsdichte und Zivilisationsstand fremder Völker ein Zusammenhang bestehe.[27]

Aber auch in den Fällen, da eine zufriedenstellende Antwort nicht gefunden werden konnte, beeindruckt gerade James Cook durch die Redlichkeit, mit der er seine unzureichende Kenntnis eines bestimmten Tatbestandes eingesteht. Besonders schwierig war es etwa, bei den verhältnismäßig kurzen Aufenthalten an Land und ohne Kenntnis der Eingeborenensprache zum Verständnis der religiösen Vorstellungen eines Volkes zu gelangen und davon eine Beschreibung zu geben, die vom europäischen Leser zweifellos mit brennendem Interesse zur Kenntnis genommen worden wäre. Statt sich, wie noch der Jesuitenpater Lafitau zu Beginn des achtzehnten Jahrhunderts, ins weite Feld religionsgeschichtlicher Spekulationen zu flüchten, bekennt sich Cook freimütig zur Spärlichkeit seiner diesbezüglichen Feststellungen: »Nachdem ich die bestmögliche Beschreibung von Benehmen und Sitte dieses Volkes gegeben habe«, schreibt er, »wird erwartet werden, daß ich auch noch eine Schilderung seiner Religion geben solle, worüber ich indessen so wenig erfahren habe, daß ich es kaum wagen würde, das Thema zu berühren, und es auch mit Stillschweigen übergangen hätte, wenn es nicht sowohl meiner Pflicht als meiner Neigung entspräche, die geringste Beobachtung in dieses Tagebuch aufzunehmen.«[28]

Das detaillierteste Arbeitsprogramm einer See-Expedition zur Zeit der Aufklärung wurde indessen nicht für Cook, sondern für den Franzosen La Pérouse ausgearbeitet, der im Jahre 1785 den Hafen von Brest verließ und dessen Spuren sich drei Jahre später irgendwo in Melanesien verlieren sollten. Die von Ludwig XVI. handschriftlich ergänzten Instruktionen an La Pérouse stimmten weitgehend mit denjenigen Bougainvilles und Cooks überein; insbesondere wurde auch hier die Notwendigkeit freundschaftlicher Kontakte mit den Eingeborenen betont. Zusätzlich aber lieferten die »Académie des Sciences« und die »Académie de Médecine« einen eigentlichen Fragenkatalog, der die Wissensbereiche von Geographie, Physik, Chemie, Botanik, Zoologie, Medizin und Völkerkunde gleicherweise betraf.

Im Gebiet der physischen Anthropologie wurde eine exaktere Beschreibung der äußeren Erscheinung verschiedener Menschenrassen gefordert, wobei es gelte, sich endlich von den Phantasmagorien einiger voreingenommener und unwissender Reisender über Riesen- und Zwergvölker freizumachen; weitere Fragen dieses »Questionnaire« betrafen die Beschaffenheit der Sinnesorgane beim Eingeborenen, dessen Ernährung, seine Krankheiten und die Heilmethoden seiner Ärzte und Priester.[29] Ferner zeigten sich die Pariser Gelehrten begierig, Genaueres über Initiationsriten und Tätowierung zu erfahren, und man wünschte sich exakte Angaben über das durchschnittliche Pubertätsalter Jugendlicher beiderlei Geschlechts und die Kindersterblichkeit. In Fortsetzung ähnlicher Bestrebungen von Bougainville und Cook war schließlich auch geplant, daß La Pérouse den Insulanern europäische Sämereien übergeben und sie im Pflanzenanbau unterweisen sollte, womit sich das reichhaltige Forschungsprogramm noch um eine experimentelle Komponente bereicherte. Diese und eine Reihe anderer Anweisungen sowie ein Teil von La Pérouses Tagebuch sind uns glücklicherweise erhalten geblieben; welchen wissenschaftlichen Ertrag der Seefahrer aus seinen Beobachtungen hätte ziehen können, wissen wir nicht.

Bezeichnend für den Forschungsstil des zweiten Entdeckungszeitalters war schließlich der universale Erkenntnisanspruch, den man sämtlichen Erscheinungen der Natur gegenüber geltend machte. Diese Tendenz spiegelt sich am sichtbarsten in der Tatsache, daß man die Seefahrer von verschiedenen Fachgelehrten begleiten ließ, die keinen andern Auftrag hatten als den, bei sich bietender Gelegenheit ihren Spezialforschungen zu obliegen. Bougainville, selber sehr vielseitig begabt, war der erste Seefahrer, der ein solches Forschungsteam, dem der Botaniker Commerson und der Astronom Véron angehörten[30], an Bord seiner beiden Schiffe nahm. Während sich unter den gelehrten Begleitern Bougainvilles und zwischen diesen und der Mannschaft freilich bald unliebsame Spannungen bemerkbar machten, so hatte Cook, zumindest auf seiner ersten Reise, das Glück, Fachleute um sich zu wissen, die sich in ihren Untersuchungen gegenseitig vortrefflich ergänzten. Die dominierende Gestalt unter den Begleitern Cooks war der Naturforscher Joseph Banks; zum wissenschaftlichen Personal gehörten ferner ein Schüler Linnés, Dr. Solander, der sich besonders bei der Erforschung der reichen Flora in Botany-Bay hervortat, der Astronom Charles Green, welcher mit der Beobachtung des Venus-Durchganges betraut worden war, sowie mehrere Zeichner und naturwissenschaftlich ausgebildete Hilfskräfte. Nie zuvor sei eine wissenschaftliche Expedition besser ausgerüstet gewesen, schrieb ein zeitgenössischer Kommentator über die Unternehmung Cooks: »Sie führen eine vortreffliche naturkundliche Bibliothek mit sich, allerlei Geräte, um Insekten einzufangen und aufzubewahren, verschiedene Netze und Haken für die Korallenfischerei und einen merkwürdigen, einem Teleskop vergleichbaren Apparat, bei klarem Wasser bis in große Tiefe zum Meeresgrund zu blicken ...«[31]

Unmittelbar nach Abschluß von Cooks Reisen wurden die wissenschaftlichen Ergebnisse im Kreis gelehrter Gremien bekanntgemacht und diskutiert. Die »Royal Society«, die 1660 gegründet worden war und seither selbst die abseitigsten wissenschaftlichen Bemühungen koordinierte und zahlreiche Kontakte mit Korrespondenten in Europa und Übersee unterhielt, erwies sich als das geeignete Forum zu solchen Gesprächen. Der Umstand, daß dieser Gesellschaft vermögende und hochgestellte Persönlichkeiten des öffentlichen Lebens angehörten und sie sich der besonderen Gunst des Königshauses erfreute, verlieh den Unternehmungen, welche die »Royal Society« förderte, auch eine kulturpolitische Ausstrahlungskraft.

Es wäre freilich übertrieben, wollte man behaupten, es sei allen wissenschaftlichen Ergebnissen solcher Reisen mit dem gleichen Interesse begegnet worden. Geographischen und botanischen Untersuchungen kam Priorität zu, und sie waren auch so ergiebig, daß die Sichtung ihrer Resultate Jahrzehnte in Anspruch nahm. Unzureichend blieb demgegenüber die ethnologische Deutung der gewonnenen Information; die archaischen Gerätschaften, Waffen und Schnitzereien, die Cook und seine Begleiter gesammelt hatten, wurden zwar mit jener amüsierten

Neugierde bestaunt, die man dem Kuriosum zu schenken gewillt ist; niemandem aber fiel es ein, und kaum jemand wäre fähig gewesen, Funktion und kultische Bedeutung solcher Gegenstände aus dem Zusammenhang des sozialen und kulturellen Lebens der Eingeborenengesellschaft zu deuten.

Unzweifelhaft aber ist, daß die Reisen Cooks, wie zuvor vielleicht nur die Leistung Newtons, eine internationale Publizität und Anerkennung erhielten, welche sich, wenn auch mit unterschiedlicher Intensität, auf fast alle Wissenschaftsbereiche stimulierend auswirkte. Der Weg zur internationalen wissenschaftlichen Zusammenarbeit war geöffnet. Im Vorwort zu den Aufzeichnungen von La Pérouse wurde vielleicht zum ersten Male vom Plan eines wissenschaftlichen Weltkongresses gesprochen, bei dem sich Gelehrte verschiedener Fachrichtungen aus allen Ländern mit überseeischen Besitzungen, einschließlich der Vereinigten Staaten und Rußlands, treffen sollten; Ergebnis dieser Gespräche sollte die Ausrüstung einer gemeinsamen Expedition sein, deren Aufgabe es sein würde, die Forschungen Cooks und seiner Zeitgenossen abzuschließen und das kartographische Bild der Welt endgültig zu klären. Dafür, daß es zu einem solchen Kongreß nicht kam, sollte indessen ein Ereignis sorgen, welches vorauszusehen die Naturforscher weniger geeignet waren: die Französische Revolution.

Es wird eines der Hauptziele dieser Darstellung sein, die Entwicklung der überseeischen Berichterstattung, wie wir sie eben am Beispiel der Seereisen skizziert haben, in ihrer Bedeutung für die europäische Geistesgeschichte begreiflich zu machen.

2. Die Binnenreisen

Nach dem amerikanischen Unabhängigkeitskrieg, der die erste Periode der englischen Überseekolonisation in für viele Beobachter überraschender Weise abschloß, stand der Küstenverlauf der großen kontinentalen Landmassen der Erde fest, und die Weltmeere galten, von den arktischen und antarktischen Gewässern abgesehen, als zureichend erforscht. Von den ausgedehnten Binnenräumen Amerikas, vor allem aber Afrikas, Asiens und Australiens hingegen wußte man noch recht wenig. Ungesunde klimatische Bedingungen, die natürlichen Hindernisse der jeweiligen Landschaftsgestalt sowie der Mangel an technischer Ausrüstung und ausgebildetem Personal verhinderten zu Lande jene imponierenden entdeckerischen Leistungen, welche die beiden maritimen Entdeckungszeitalter gekennzeichnet hatten. Zur Abschreckung durch bestimmte geographisch-klimatische Gegebenheiten (physical deterrent) kam mancherorts, zum Beispiel in Mauretanien, das von wilden Reiternomaden bevölkert war, die Angst vor den Inlandbewohnern (human deterrent). Was an Informationen über die Binnenregionen der überseeischen Kontinente bis zum Ende des achtzehnten Jahrhunderts vorlag, war daher oft von zweifelhaftem Wert und stützte sich entweder auf das mancherlei Fehlinterpretation ausgesetzte Zeugnis eingeborener Gewährsleute oder aber auf die gewagten Spekulationen der geographischen Theoretiker, auf das Gerücht und reine Mutmaßung.

a) Mittel- und Südamerika

Den portugiesischen Seefahrern des ersten Entdeckungszeitalters war es nicht darum gegangen, sich neues Siedlungsgebiet zu erwerben, sondern möglichst mühelos reich zu werden; man hatte sich deshalb auf die Erstellung eines weitgespannten Netzes von Handels- oder Faktoreistationen längs der afrikanischen und indischen Küste beschränkt und die kommerziellen Beziehungen auf eine Schicht farbiger Mittelsleute abgestützt, die ihrerseits wieder Kontakte zu den Warenlieferanten des Hinterlandes unterhielten. Dieses portugiesische Imperium, das von der Guineaküste bis zu den Molukken und nach China reichte und sich im wesentlichen zwischen 1480 und 1515 ausbildete, verdankte seine stabile Prosperität der maritimen Monopolstellung des Mutterlandes, die von einer verhältnismäßig geringen Zahl von Beamten, Garnisonsoldaten und Seeleuten und durch die jährliche Entsendung von fünfzehn bis zwanzig Schiffen aufrechterhalten wurde.[32] Der Umstand, daß die fernöstlichen Völker unter sich und auf dem Landweg mit den Häfen der Levante seit langem in Handelsbeziehungen gestanden hatten, mit den europäischen Bedürfnissen vertraut waren und über gesicherte Transportwege verfügten, erleichterte es den Portugiesen, sich einzuschalten und auf die bisherige Mittlerrolle der arabischen Kaufleute zu verzichten. Erstaunlich schnell spielten sich zwischen den Portugiesen und ihren asiatischen Partnern Beziehungen der gegenseitigen Duldung und des Interessengleichgewichts ein, und der Versuch, weiter ins Hinterland vorzudringen und etwa die Gewürzproduktion in eigener Regie zu betreiben, hätte, wie einsichtige Gouverneure klar erkannten, das lukrative Geschäft unnötig gefährdet. So unterblieb in der Regel innerhalb dieses Kolonialsystems die wissenschaftliche Erkundung des Festlandes gänzlich, und die Reiseberichterstattung der portugiesischen Seefahrer und der in ihrem Dienst stehenden italienischen Kollegen beschränkte sich meist auf eine knappe Darstellung der recht oberflächlichen Begegnung mit einer Küstenbevölkerung, die sich zunehmend europäischen Gepflogenheiten anpaßte und die Lebensformen und Traditionen der angestammten Kultur nicht mehr rein vertrat.[33]

Das »thalassokratische« Kolonialsystem der Portugiesen beruhte also ganz auf der Beherrschung der maritimen Verbindungswege nach Übersee und dem dadurch gesicherten Handelsmonopol. Die befestigten portugiesischen Faktoreien von Marokko bis Macao repräsentierten eine ganz bestimmte Form des frühen Kulturkontakts, der primär auf den Austausch von Waren und keineswegs auf ein tieferes Verstehen des Partners abzielte. Die Portugiesen glichen, wie eine chinesische Redewendung besagte, Fischen, welche verendeten, sobald man ihnen ihr Lebenselement, das Wasser wegnahm;[34] ihre Forts an der westafrikanischen Küste oder in Indien hatten, ähnlich wie zuvor das in der Bucht ankernde Schiff, weit eher die Funktion von Außenstationen als von Brückenköpfen. Erst gegen Ende des sechzehnten Jahrhunderts begannen sich – vor allem in Brasilien – Portugiesen auch als Siedler zu betätigen.

Anders verhielt es sich mit den spanischen Konquistadoren, die nach den

Entdeckungsreisen des Kolumbus erst die westindischen Inseln, dann unter der Führung des Cortés das mexikanische Hochland und schließlich unter Pizarro Peru in schnellen Feld- und Beutezügen durchquerten. Von der klugen und berechnenden Rücksichtnahme gegenüber der Eingeborenenbevölkerung, welche die portugiesischen Faktoreibeamten wenn nicht aus humanen, so doch aus kommerziellen Beweggründen hatten walten lassen, war bei den Spaniern der Pionierzeit nichts zu spüren. Zwar drangen sie tief ins Landinnere vor; aber weder ihr ruheloses, hitziges und hochtrabendes Temperament, noch die Lebensweise, die sich viele von ihnen in den Maurenkriegen angewöhnt hatten, machten die Konquistadoren geeignet, ein vertrauensvolles und friedliches Verhältnis zur Eingeborenenbevölkerung herzustellen. Die hauptsächlichste Triebkraft dieser Leute der Pioniergeneration war das Verlangen nach Gold, und da sich zeigte, daß die Goldvorräte einer Region jeweils rasch erschöpft waren, da auch die Einwohner, um die unerbetenen Eindringlinge loszuwerden, immer wieder auf mysteriöse und fernabgelegene Goldvorkommen hinwiesen, denen man nachjagte, gewann diese Eroberung den Charakter eines planlosen, hektischen und wissenschaftlich recht unergiebigen Vorprellens in alle Richtungen der Windrose.

Wohl fehlte es auch hier nicht an aufsehenerregenden Großtaten: im Norden durchstreifte Hernando de Soto um 1540 Florida und drang bis ins Mündungsgebiet des Mississippi vor, während Vasquez de Coronado auf der Suche nach den sagenhaften »sieben goldenen Städten« von Cibola das Siedlungsgebiet der Pueblo-Indianer im heutigen Bundesstaat New Mexico erreichte; im Süden dagegen griff Almagro nach Chile über, man gelangte in mühseligen Irrfahrten auf die Hochebene von Bogotà, begann mit der Ausbeutung der Silberminen von Potosí und gründete schließlich, von der La Plata-Mündung ausgehend, am Ufer des Paraguay die Militärstation Asunción. Von allen diesen Expeditionen sind zum Teil höchst anschauliche Berichte erhalten geblieben. So verdanken wir einem einfachen Fußsoldaten, dem bereits erwähnten Bernal Díaz aus der Gefolgschaft des Hernán Cortés, dessen Ergebenheit für seinen Führer nie auf Kosten einer wachen Neugierde und Intelligenz ging, einen literarisch ansprechenden, an Detailbeobachtungen äußerst reichen Augenzeugenbericht von der Eroberung Mexikos, und von der Expedition de Sotos sind nicht weniger als vier Schilderungen erhalten, deren Inhalt dank der Editorentätigkeit Richard Hakluyts in England früh bekanntgeworden ist. Alle diese Konquistadorenzeugnisse aber geben zwar eine Schilderung der vorfallenden staunenswerten Begebenheiten, jedoch nur lückenhafte und schwer lokalisierbare Beschreibungen von Land und Leuten. Es sind Heldensagen mittelalterlicher Prägung; ihr Gegenstand ist der Sieg des unerschrockenen Christenmenschen über die Gefahren einer Reise in unbekanntem Land, über heimtückische Heidenvölker und über sich selbst; ihr Wert besteht vor allem in der oft naiv enthüllenden Deutung europäischer Verhaltensweise in der Auseinandersetzung mit einer archaischen Kultur.

Erst in der Periode der Kolonisation, als die Vizekönigreiche von Neu-Spanien und Peru sich organisierten und der Landbesitz nach dem System der »encomiendas« verteilt wurde, fanden vereinzelte Persönlichkeiten, vor allem Geistliche, die nötige Muße, um sich umfassenderen wissenschaftlichen Darstellungen bestimmter Regionen zu widmen. Von der veränderten Sinnesart solcher Betrachter gibt die Gestalt des Bartolomé de Las Casas ein eindrückliches Beispiel, weil sich dieser Spanier zuerst an der Eroberung von Kuba beteiligt hatte, dann aber von der Rücksichtslosigkeit der Konquistadoren derart abgestoßen wurde, daß er in der Folge zum vehementesten und ausdauerndsten Kritiker des kolonialen Herrschaftssystems in Lateinamerika wurde. In der Forschung ist Las Casas noch heute eine äußerst umstrittene Figur, was, wie immer man Stellung nehme, für seine Bedeutung spricht. Es gibt Historiker, die seine Darstellung der spanischen Greueltaten als übertrieben, seine Sympathie für die Indianer als schwärmerisch, seine Geistesverfassung als pathologisch bezeichnen; und es gibt andere, die in ihm den ersten Europäer sehen, der das Phänomen der Kolonisation in seiner tiefen Fragwürdigkeit begriff und sich, völkerrechtliche Überlegungen der Aufklärungszeit kühn antizipierend, um juristische Regelungen bemühte, die jedem Menschen die Ausübung seiner im Naturrecht verankerten Freiheit zusichern sollten.[35] Neben seinen polemischen Traktaten aber verfaßte Las Casas mit seiner umfangreichen »Historia de las Indias« eine auf genauester Kenntnis basierende Gesamtdarstellung, die, erst in neuester Zeit gebührend gewürdigt, für Ethnologen, Naturwissenschaftler und Geographen von größtem Interesse ist.

In ethnographischer Hinsicht ebenfalls wertvoll sind die zahlreichen, zum Teil bis heute ungedruckten Darstellungen des Aztekenreiches, die wir Franziskanermönchen verdanken, vor allem Sahagúns in aztektischer Sprache verfaßter »Florentinischer Kodex«, der eine Fülle von Informationen über indianische Herrschaftsordnung, soziale Verhältnisse, Religion und Gebräuche enthält, die mit modern anmutenden Methoden der Feldforschung gewonnen worden sind.[36]

Von besonderer Wichtigkeit sind schließlich auch die Zeugnisse der Jesuitenmissionare, die nach 1607 im heutigen Paraguay und weiter nördlich Indianerschutzgebiete, sogenannte »reducciones«, begründeten, in denen – ein nicht allzu häufiger Fall in den Annalen der Kolonialgeschichte – Europäer und Eingeborene in einem zumindest scheinbar befriedigenden Einvernehmen lebten. Diese Gemeinschaften, welche im agrarwirtschaftlichen Bereich einigen Grundgedanken der marxistisch-leninistischen Besitz- und Gesellschaftsordnung vorgriffen, freilich die naturrechtliche Gleichheitsidee durch die Vorstellung von der kindlichen Unreife des Indianers und die daraus sich herleitende erzieherische Verantwortung des Christen ersetzten, boten den Missionaren die außerordentliche Gelegenheit, zahlreiche Indianerstämme über einen längeren Zeitraum aus nächster Nähe zu beobachten. Die »Jesuitenstaaten« am Paraná, am Amazonas und am Orinoko wurden von den führenden Köpfen der Aufklärungszeit zwar sehr verschieden beurteilt; Bougainville zollte ihnen hohes Lob, Montesquieu suchte sie gegen ungerechte Kritik zu verteidigen, Humboldt stand der Heidenbekehrung überhaupt sehr skeptisch gegenüber; aber alle Kommentatoren erkannten den hohen wissenschaftlichen Wert der »Lettres édifiantes«, in denen die Jesuiten ihre Beobachtungen aufzeichneten.[37] Eine auch nur annähernd befriedigende Geographie des Hinterlandes freilich gaben auch diese Aufzeichnungen nicht; es fehlte an der

Koordination und umsichtigen Planung der Forschertätigkeit, an ergiebigen Untersuchungsmethoden und an den technischen Möglichkeiten, die orale Tradition dieser Bevölkerung aufzuzeichnen und auszuwerten. Noch um 1780 stellt der Franzose Pierre-Victor Malouet in seiner »Voyage de Surinam« fest: »Eine Geschichte der Indianer, wie man sie zu schreiben mich eingeladen hat, könnte nur ein Roman sein; denn es gibt weder Denkschriften, noch fortdauernde Traditionen, die uns über die verschiedenen Völker aufklären würden, welche Guyana zur Zeit der Ankunft der ersten Europäer bewohnten ... Wie hoch schätzte man die Eingeborenenbevölkerung Guyanas vor zwei oder drei Jahrhunderten? Wie setzten sich diese Nationen zusammen, von denen man heute noch spricht? Über all das gibt es kein einziges authentisches Dokument in den frühesten Korrespondenzen der Kolonialgouverneure und der führenden Missionare.«[38] Die Reisen von La Condamine (1701-1774) und Alexander von Humboldt (1769-1859) im Amazonas- und Orinokogebiet trugen denn auch noch durchaus den Charakter von pionierhaften Vorstößen in geographisches und wissenschaftliches Neuland, und man begann mit einer sorgfältigen Auswertung ihrer Berichte erst, nachdem die südamerikanischen Kolonien sich von ihren Mutterländern losgelöst und ein neues Bewußtsein ihrer nationalen Geschichte gefunden hatten.

b) Nordamerika

Die Erforschung des nordamerikanischen Festlandes verschob sich, gegenüber den spanischen Erkundungsversuchen im Süden, um ein volles Jahrhundert und gelangte selbst dann nur allmählich und in wissenschaftlich mangelhaft vorbereiteten und sporadischen Vorstößen über die Siedlungszentren an der Ostküste hinaus. Von den wagemutigen Fahrten irischer Mönche im achten Jahrhundert nach Island und Grönland, von den Kolumbus vorgreifenden Expeditionen der Wikinger, die ums Jahr 1000 in Labrador und Neu-Schottland den amerikanischen Kontinent berührten, und von andern weniger sicheren Transatlantikfahrten vor der Entdeckungsreise des John Cabot im Jahre 1497 kann in unserem Zusammenhang nicht die Rede sein; der amerikanische Historiker Samuel E. Morison hat über diese Unternehmungen erschöpfend berichtet.[39] Die Geschichte der nordamerikanischen Binnenreisen begann erst nach der Entstehung der neuenglischen Kolonien.

Im Jahre 1609 wurde in Virginia Jamestown gegründet. Die Kolonisation entwickelte sich nur mühselig und unter Widerständen, an denen die Siedler selbst größere Schuld als die Indianer hatten; im Jahre 1620, als die »Pilgerväter« an der Küste von Massachusetts landeten, lebten in Nordamerika kaum mehr als 2000 Europäer. In den folgenden Jahrzehnten stieg indessen die Zahl der Einwanderer sprunghaft an: im Norden sicherten sich die Neu-England-Staaten auf agrar- und forstwirtschaftlicher Grundlage eine vorerst bescheidene, aber stabile Prosperität, und in Virginia und weiter südlich begann der Plantagenbau solche Gewinne abzuwerfen, daß selbst Engländer, die weder unter konfessioneller Intoleranz noch unter finanziellen Schwierigkeiten litten, der Verlockung zur Auswanderung nachgaben. Neue Kolonien von eigenständigem Charakter, Maryland und Pennsylvania etwa, wurden begründet, und im Jahre 1664 nahm man den Holländern Neu-Niederland ab und verstärkte dadurch die Landverbindung zwischen den Küstenstaaten. Die Urbarmachung des Landes und die Ausbildung einer eigentümlichen, in der Praxis weitgehend souveränen Lokalverwaltung, absorbierten allerdings die Energien der amerikanischen Siedler in solchem Maße, daß an eine systematische Erkundung des Hinterlandes und an eine ausgreifende Expansionsbewegung landeinwärts vorerst nicht zu denken war. Beredte Aufrufe englischer Kolonisationsenthusiasten wie Humphrey Gilbert, Walter Raleigh und Richard Hakluyt änderten an dieser anfänglichen Inmobilität der Siedler in Neu-England wenig. Noch am Vorabend des Unabhängigkeitskrieges blickten die Bürger der dreizehn Kolonien mehrheitlich über den Atlantik nach England zurück statt westwärts, und im Vordergrund des Gesprächs stand die Regelung der wirtschaftlichen und politischen Beziehung zum Mutterland. Das Grenzland östlich des Mississippi entfaltete noch nicht jene Faszinationskraft, welche die große Binnenkolonisation des neunzehnten Jahrhunderts auslösen sollte; es war schwach besiedelt und erhielt erst durch den Vorstoß der Franzosen über die Großen Seen hinaus eine gewisse strategische Bedeutung.

Immerhin gab es auch jenseits der Appalachen eine Anzahl von Kolonisten, die bei den derben Genüssen einer bäurisch-seßhaften Lebensweise nicht verweilen mochten, sondern in sich den Anreiz fühlten, in Neuland vorzustoßen, und auch befähigt waren, von ihren Erfahrungen schriftlichen Bericht zu geben. Diese Fallensteller und »Long Hunters« kehrten oft jahrelang nicht zu den Ausgangspunkten ihrer Streifzüge zurück; sie bewegten sich mit der Sicherheit indianischer Eingeborener, mit denen sie häufig in freundschaftlicher Beziehung standen, in den weiten Wald- und Präriegebieten des Hinterlandes und priesen in ihren Berichten die Fruchtbarkeit des Bodens, den Wildreichtum der Wälder und die idyllische Schönheit der Landschaften. Die Geschichte dieser Frühphase der Binnenwanderung nennt viele Namen, die mit solchen Einzelunternehmungen verbunden sind: James Adair, der von Südwesten her ins Gebiet der gastfreundlichen Cherokee-Indianer vorstieß; George Croghan, der sich die Irokesen nördlich des Ontario-Sees freundschaftlich zu verpflichten wußte; Christopher Gist, der um 1750 in drei Inlandreisen das Ohio-Tal erforschte; und Daniel Boone, das Vorbild von Coopers Lederstrumpfroman, der bis nach Kentucky vordrang und als ausgezeichneter Kenner des Hinterlandes und seiner Bewohner bereits zu Lebzeiten legendären Ruf genoß.[40]

Die Berichte solcher Einzelgänger sind zwar nicht ohne ethnographischen Wert und bleiben wichtig als Zeugnisse für die Möglichkeit zumindest einer individuellen Verständigung zwischen Weißen und Indianern vor den großen Indianerkriegen zu Beginn des folgenden Jahrhunderts und abseits jener kulturellen Kontaktzone, in welcher europäische Krankheiten, Alkohol und Schießpulver ihre verheerende Wirkung entfalten konnten; aber es waren Erlebnisschilderungen, deren wissenschaftlicher Rang sich mit den Studien spanischer Geistlicher in Süd- und Mittelamerika nicht vergleichen läßt. »Die Beurteilung der Eingeborenen Nordamerikas durch die Engländer der Kolonialzeit . . .«, sagt der deutsche Historiker Friederici zu Recht, »ist zumeist ganz oberflächlich gewesen, ohne tiefere Kenntnis ihrer Eigenart, von einseitigem, voreingenommenem Standpunkte ausgehend und, alles in allem, niemals wohlwollend, häufig übelwollend und gehässig, zumal vonseiten der puritanischen Geistlichkeit Neu-Englands.«[41]

Nicht selten überantworteten sich solche Inlandreisende auch der Lust des Fabulierens, stützten sich aufs bloße Hörensagen oder kopierten mehr oder minder genau Passagen aus den Aufzeichnungen anderer; vieles wurde auch verschwiegen, da die Trappers die Kenntnis ihrer Jagdgründe begreiflicherweise nicht ihren Konkurrenten verraten mochten. Manche Dokumente wurden erst im folgenden Jahrhundert oder gar erst in unserer Zeit veröffentlicht, und die spärlichen Angaben, welche die europäischen Enzyklopädien der Aufklärungszeit über die Indianervölker östlich des Mississippi und nördlich der Großen Seen zu geben imstande sind, beweisen, wie wenig man in den gelehrten Zirkeln Europas von ihnen wußte.[42] Der Umstand schließlich, daß der Missionstätigkeit der Protestanten in Nordamerika nur geringe Bedeutung zukam, daß folglich die Bildungselite der Geistlichkeit, die besonders geeignet gewesen wäre, geographische und völkerkundliche Studien voranzutreiben, mit der Indianerbevölkerung selten dauernden Kontakt hatte, erklärt weitgehend die vergleichsweise geringe Ausbeute dieses Kulturkontaktes in ethnographischer Hinsicht.

Immerhin wurde auf die Initiative von Benjamin Franklin hin im Jahre 1743 in Philadelphia eine »Philosophical Society for the Promotion of Useful Knowledge« begründet, die, nach dem Vorbild ähnlicher europäischer Gesellschaften, besonders auf dem Gebiet der Naturwissenschaften tätig war und den wissenschaftlichen Austausch mit den gelehrten Zirkeln in London und Paris pflegen sollte. Die bedeutendste Leistung in diesem Bereich vollbrachte der schwedische Botaniker Peter Kalm, ein Schüler Linnés, der in den Jahren 1748 und 1749 Nordamerika und Kanada bereiste, eine Fülle naturwissenschaftlichen und ethnologischen Materials sammelte und gute Verbindungen zu den »learned societies« des damaligen Europas unterhielt.

c) Kanada

Günstiger lagen die Verhältnisse in Kanada, wo die Franzosen unter der Führung von Jacques Cartier im Jahre 1534 das Mündungsgebiet des Sankt-Lorenzstromes erkundet hatten, im Jahre 1608 unter Champlain Quebec gründeten und in den folgenden Jahrzehnten, als Missionare und Waldläufer in engem Kontakt mit den Indianern lebend, ins Gebiet der Großen Seen und der Hudson-Bay vordrangen.

Während die Berichte der »coureurs de bois« spärlich flossen und auch hier nicht immer frei von Übertreibung waren, stellen die Relationen der Missionare, zuerst der Franziskaner, dann der Jesuiten, Zeugnisse von großer wissenschaftlicher Bedeutung dar. Recht viele Missionare suchten die Eingeborenen, etwa die seßhaften Huronen, in ihren Wohnquartieren auf, paßten sich, sowohl dem

Gebot der Zweckmäßigkeit als ihrer persönlichen asketischen Neigung folgend, deren Stammessitten an und blieben im Hinterland selbst dann noch tätig, als sich die Engländer gegen Ende des achtzehnten Jahrhunderts in Kanada festzusetzen begannen. Die Diskussion um den Eingeborenen, der wir im zweiten Teil dieser Darstellung folgen werden, stützte sich in Europa, was den Indianer anbetraf, weitgehend auf die Berichte der Jesuiten, und die Figur des exotischen Helden, die in der Oper, auf dem Theater und in gesellschaftskritischen und utopischen Romanen der Aufklärungsepoche aufzutreten begann, schmückte sich nicht selten mit sonderbaren und pittoresken Eigentümlichkeiten der kanadischen Urbevölkerung.[43]

Die größten Entdeckerleistungen der Franzosen in diesem Teil der Erde verbinden sich mit den Namen Marquette, Jolliet und Cavelier de La Salle. Im Gegensatz zu den phantasiebegabten englischen Inlandreisenden, die bereits davon sprachen, man könne, bei guter Sicht, von der Höhe der Appalachen den Pazifik erblicken, zeigte sich der Jesuitenpater Jacques Marquette als ein Mann von nüchternem Sinn und systematischer Methode. Gestützt auf die Aussagen von Indianern, mit denen er im kanadischen Missionsstützpunkt Trois-Rivières regen Umgang hatte, gewann Marquette eine ungefähre Vorstellung von der endlosen Weite des amerikanischen Hinterlandes und der Existenz des Mississippi. »Wir suchten«, schreibt Marquette, »soviele Kenntnisse als möglich von den Eingeborenen zu gewinnen, welche jene entfernten Gebiete bewohnten. Ihre Informationen über dieses neue Land zeichneten wir auf eine Karte ein.«[44] Im Jahre 1673 brach Marquette mit seinem Ordensbruder Jolliet unter kluger Ausnutzung der Wasserwege landeinwärts auf; man erreichte den Südzipfel des Michigan-Sees, gelangte zum Mississippi, dem man stromabwärts folgte, begegnete Indianerstämmen, die von den Engländern bereits mit Feuerwaffen versehen worden waren und entschloß sich schließlich, aus Furcht vor spanischen Kolonisten, bei der Einmündung des Arkansas-River zur Umkehr. Marquette starb auf der Rückreise an den Ufern des Michigan-Sees; Jolliet blieb es vergönnt, von der Unternehmung Bericht zu geben und Colbert in einer Denkschrift über die Möglichkeiten einer Binnenkolonisation zu unterrichten.

Die Reisen von Cavelier de La Salle entsprangen derselben vorwiegend wissenschaftlichen Motivation wie die Expedition seiner Vorgänger. Kolonialgeschichtlich interessant ist die Tatsache, daß La Salle bei seinen Vorbereitungen auf den Widerstand offizieller Stellen stieß, die davon abrieten, Neuland zu entdecken, und die Anstregungen der Kolonisten auf die Urbarmachung der bereits bekannten Regionen konzentrieren wollten. Nach einem ersten kühnen Vorstoß zum Ohio-River und einer an Wechselfällen reichen Periode der Planung und Vorbereitung brach La Salle im Jahre 1682, diesmal unterstützt zumindest von den guten Wünschen Ludwigs XIV., zu seiner wichtigsten Reise auf und erreichte, die Erkundung des Mississippi durch Marquette und Jolliet fortsetzend, den Golf von Mexiko.[45]

d) Nordafrika

Über das Innere des afrikanischen Kontinents war man zu Beginn des aufgeklärten Zeitalters noch mangelhafter unterrichtet als über die Landmassen der westlichen Hemisphäre. Der Geograph des siebzehnten und achtzehnten Jahrhunderts blieb, was die Binnenräume Afrikas anbetraf, zur Hauptsache auf Nachrichten angewiesen, wie sie die Reisenden der Antike, Herodot, Plinius der Ältere oder Claudius Ptolemäus gesammelt hatten. Seine Forschungstätigkeit erschöpfte sich meist darin, daß er die verschiedenen Darstellungen untereinander verglich, Übereinstimmung und Diskrepanz feststellte und auszumachen suchte, was Wahrheit, was Legende war, ein Unterfangen, das bei der Unmöglichkeit, die Richtigkeit der Information an Ort und Stelle nachzuprüfen, wenig Aussicht auf Erfolg haben konnte. Waren die Fachleute schon derart unzulänglich orientiert, so mußte die Unkenntnis der Laien als vollständig gelten. Dem Großteil der europäischen Bevölkerung, allen jenen Schichten, die in weiter Entfernung von den Hafenstädten lebten und keine Bücher lasen, war der Name »Afrika« kaum mehr als ein Synonym für das Unbekannte schlechthin: hier bezeichnete dieses Wort weniger eine Realität als ein entlegenes Fabelreich, das man mit den Ausgeburten einer zügellosen Phantasie besiedelte und dessen Existenz nur selten, bald bedrohlich, bald verführerisch, ins Bewußtsein drang.

Für die Geographen und einen weiteren Kreis von Gebildeten der Aufklärung war Herodot ein Gewährsmann, an dessen Glaubwürdigkeit niemand zu zweifeln wagte; das zweite Buch seines Geschichtswerks mit den Nachrichten aus Ägypten und Libyen war um 1700 in mehrere europäische Sprachen übersetzt und wurde allgemein mit höchstem Respekt zitiert.[46] Dem griechischen Historiker, der Ägypten im fünften Jahrhundert vor Christi Geburt bereist hatte, verdankte man eine große Zahl von verstreuten Beobachtungen geographischer und ethnographischer Natur, die der Sichtung und des Kommentars bedurften. Er hatte sich als erster einen genaueren Begriff von der gewaltigen Ausdehnung des afrikanischen Erdteils zu verschaffen gewußt; ihm war, lange vor Bartolomeo Diaz, bekannt gewesen, daß die Grenzen dieses Kontinents von allen Seiten her vom Meere bespült wurden. Lebhaftes Interesse fand Herodot bei seinen aufgeklärten Lesern mit spärlichen, aber eindeutigen Hinweisen darauf, daß sich jenseits der saharischen Einöde, in der Gegend des Niger-Beckens, fruchtbare und bewohnte Landstriche hinzögen. Die Vorfahren einer in Libyen beheimateten Völkerschaft, erzählte Herodot, hätten in grauer Vorzeit die große Wüste in südlicher Richtung durchquert. Diese Menschen, die sogenannten Nasomonier, seien nach mühseligen Tagesreisen auf merkwürdige Erdbewohner von kleiner Gestalt und von schwarzer Hautfarbe gestoßen; auch seien sie in eine große und blühende Stadt gelangt und hätten einen Fluß erreicht, der seinen Lauf, wie es in einer deutschen Übersetzung vom Jahre 1748 heißt, »von Abend gegen den Aufgang der Sonne« nähme.[47] An anderer Stelle sprach Herodot von den »Garamanten«, einem Berberstamm im südlichen Libyen, dessen Gewohnheit es sei, mit Roß und Wagen Jagd auf die »äthiopischen Troglodyten«, ein südlich der Sahara siedelndes

Negervolk, zu machen. Solchen Nachrichten begegnete der europäische Gelehrte noch des siebzehnten Jahrhunderts mit gläubigem Staunen und geringem kritischem Sinn; erst moderne Nachforschungen, insbesondere die Untersuchungen von Henri Lhote, haben bewiesen, daß es tatsächlich Jahrhunderte vor Herodot, sowohl von Marokko als vom Fezzan aus Handelsrouten ins Nigergebiet gegeben haben muß.[48]

Plinius der Ältere holte in seiner Beschreibung der innerafrikanischen Völkerschaften weiter aus und zeichnete ein phantastischeres Bild. Wahrscheinlich konnte er sich dabei auf die Aussagen römischer Legionäre stützen, die verschiedentlich weit in die Wüste vorgedrungen waren und diese möglicherweise durchquert hatten; auch ein Bericht des Numidierkönigs Juba II., den Augustus mit der Verwaltung Mauretaniens betraut hatte, stand ihm zur Verfügung. Dennoch übertraf Plinius das Maß an sachlicher Information, das bereits Herodot geboten hatte, kaum, und seine Schilderung fremdartiger Eingeborenenstämme stiftete unter den Gelehrten eher Verwirrung und führte zu den seltsamsten und abwegigsten Vorstellungen. Immerhin läßt sich zum Lob des römischen Naturforschers sagen, daß er die Unterscheidung zwischen weißen und schwarzen Afrikanern, die bereits Herodot gemacht hatte, insofern noch verfeinerte, als er unter den »Äthiopiern«, den Negern, noch eine beachtliche Zahl verschiedener Völker glaubte beschreiben zu können, so etwa die Atlanten, die Blemmyer, die Gamphasanter, sowie einige der bereits vorher bekannten Stämme.[49]

Wenn Herodot den Wissensdurst der aufgeklärten Forscher und Plinius deren Phantasie anstachelte, so war es Claudius Ptolemäus, der ihnen die größten Rätsel aufgab. Ptolemäus, der im zweiten nachchristlichen Jahrhundert in Alexandrien lebte, war es gelungen, die Forschungsergebnisse seiner griechischen Fachgenossen und eine große Zahl von Angaben zeitgenössischer Reisender zu einer neuen Weltschau, der vollständigsten seiner Epoche, zu verarbeiten. Sein Afrikabild überrascht noch heute durch seine Genauigkeit: die Umrißlinie des Kontinents ist, zumindest was den Verlauf der Mittelmeerküste und der Ostküste betrifft, vorzüglich erfaßt; gegen den Äquator hin freilich bläht sich der Erdteil zusehends in die Breite und erreicht mit seiner Südspitze das chinesische Festland, so daß der Indische Ozean zum Binnenmeer wird.[50] Ptolemäus arbeitete ohne Kompaß und ohne ein zuverlässiges Koordinatensystem; er war bei der Lokalisierung von Örtlichkeiten auf ungefähre Richtungs- und Distanzangaben, welche ihm seine Gewährsleute machten, angewiesen, und so waren bedeutende Fehler nicht zu vermeiden. Aber er wußte über das Innere Afrikas, insbesondere über Ägypten und den Sudan, detailliertere Angaben zu machen als seine Vorgänger; eine große Zahl von Flüssen, Städten und Gebirgen ist auf seiner Karte erstmals eingetragen,

3. *Titelblatt der deutschsprachigen Ausgabe von Olfert Dappers Afrika-Band. Alles, was die Bewunderung und das Erstaunen der Zeitgenossen erweckte, ist auf diesem Stich festgehalten; der Reichtum des Kontinents an Gold und Elfenbein, die exotischen Tiere, die Pyramiden, der Nil in allegorischer Darstellung, aber auch die Hottentottenfrau, die, um ihr Kind zu stillen, ihre Brust über die Schulter zurückwirft.*

In Amsterdam
Gedruckt und verlegt durch Jacob Mörs Buch und Kunst handlern alda. 1671.

und das Quellgebiet des Nils wird zumindest mit einem täuschenden Anschein von Akkuratesse verzeichnet. Für die Kartographie der Aufklärungszeit waren die Informationen, welche Ptolemäus bot, von unvergleichlicher, freilich auch von recht problematischer Bedeutung. Denn viele der Angaben, die er gemacht hatte, waren im Laufe der Zeit von Kopisten verfälscht worden, und die Spur von Siedlungen oder Völkerschaften, die er genannt hatte, war ausgelöscht, so daß darüber, was Ptolemäus mit manchen seiner Bezeichnungen eigentlich gemeint hatte, vielfach Ungewißheit herrschte. Kein Werk wurde denn auch häufiger und verschiedenartiger kommentiert als das seinige, und man wird mit einiger Berechtigung feststellen können, die ptolemäische Kosmologie habe mehr Fragen aufgeworfen als geklärt.

Die überragende Bedeutung, welche die europäischen Gelehrten den Berichten dieser antiken Reisenden und Geographen beimaßen, wird am besten dadurch dokumentiert, daß noch im Jahre 1800 in England unter dem Titel »The Geographical System of Herodotus, Examined, and Explained by a Comparison with those of other Ancient Authors, and with Modern Geography« ein sehr ausführlicher Kommentar zu den Aussagen der alten Autoren erschien.[51] Der Verfasser dieses Buches, Major James Rennell, der führende englische Geograph jener Zeit, befleißigte sich zwar im allgemeinen einer zurückhaltenden und kritischen Betrachtungsweise; einige seiner Fehlschlüsse aber wären ohne eine grundsätzliche Überschätzung des Wahrheitsgehaltes dieser antiken Dokumente nicht möglich gewesen.

Mit dem Niedergang des Römischen Reiches schwand das Interesse des Abendlandes am fremden Kontinent, und die Ergebnisse der Studien, wie sie arabische Gelehrte weiterführten, wurden in Europa selten bekannt. Die Arbeiten zweier Geographen indessen, nämlich die Berichte von Sherif el Idrisi und Leo Africanus, verdienen in diesem Zusammenhang Erwähnung; denn beide Texte waren den Gelehrten der Aufklärungszeit bereits zugänglich: der erste war, ins Englische übersetzt, als Anhang den »Travels into the Interior Parts of Africa« von Francis Moore beigefügt worden; vom zweiten gab es eine hervorragende französische Übertragung.[52]

El Idrisi schrieb zur Zeit der Kreuzzüge im Auftrag des normannischen Königs von Sizilien, Roger II. In seiner Beschreibung des Sudan, dem originalsten Teil seines Werkes, wurden erstmals acht größere Negerstaaten namentlich erwähnt: Tekrur, Ghana, Wangara, Kaugha, Kuku, Kanem, Zaghawa und Nubia. El Idrisi rühmte die Fruchtbarkeit und den Handelsreichtum dieser Gegenden, die Geschäftigkeit der Städte, den Glanz der Fürstenhöfe und die Unerschöpflichkeit der Goldvorkommen am Nigerlauf.[53]

Der Bericht des Leo Africanus, der als Diplomat um 1510 Persien, Ägypten und den westlichen Sudan bereiste, erschien erstmals in der bereits erwähnten Sammlung des Venezianers Ramusio. Es war indessen nicht die italienische, sondern die französische Fassung, der das Verdienst zukommt, Leos »Beschreibung Afrikas« in Europa bekannt gemacht zu haben. Diese Version wurde während drei Jahrhunderten als die wesentlichste Ergänzung zu den Berichten der Antike betrachtet. Als besonders aufschlußreich erwiesen sich Leos Nachrichten aus dem Sudan, die an Genauigkeit und Anschaulichkeit der Schilderung weit über die Hinweise eines Plinius hinausgingen. Nach seinen eigenen Angaben hatte Leo nicht weniger als fünfzehn Negerstaaten persönlich aufgesucht und deren gesellschaftliche Organisation, deren wirtschaftliche Bedeutung, die Lebensform ihrer Bürger in knappen Schilderungen von großer Authentizität festgehalten. Offenbar waren seine beiden Aufenthalte in Timbuktu dem arabischen Reisenden zum besonderen Erlebnis geworden: er hatte diese Stadt besucht, als der Aufenthalt Askias des Großen, seines Gefolges und seiner Leibwache der ohnehin glänzenden Kapitale eine zusätzliche Anziehungskraft verlieh. Der Handel zwischen der Berberei und den Negerstaaten am Niger-Bogen war zu jener Zeit besonders lebhaft; die stabile Ordnung des Songhai-Reiches ermöglichte den Aufschwung von Handwerk und Industrie und brachte das kulturelle Leben Timbuktus zu einmaliger Blüte. Die Beschreibung, die Leo Africanus von dieser Stadt gab, bildet einen der berühmtesten Abschnitte in seinem Werk; die europäischen Geographen des achtzehnten Jahrhunderts wurden nicht müde, die Stelle zu zitieren, und die Handelsleute führten sie, freilich ohne großen Erfolg, an, um für ihre kommerziellen Projekte zu werben. Weite Kreise von Gebildeten inspirierte die Lektüre von Leos Schilderung zu phantastischen Vorstellungen von einem afrikanischen »El Dorado« – zu einem Wahnbild, das noch wirksam blieb, als die Blüte des westlichen Sudans längst zerfallen war.

Neben El Idrisi und Leo Africanus gab es eine Reihe von Gelehrten, die sich in arabischer Sprache über die Gegenden südlich der Sahara äußerten. Unter ihnen wäre El Bekri zu nennen, der um 1065 eine vorzügliche Schilderung vom Leben am Hofe des Herrschers von Ghana verfaßte; man müßte Ibn Khaldun, den großen arabischen Historiker des vierzehnten Jahrhunderts erwähnen, oder Ibn Battuta, der, um dieselbe Zeit lebend, die Durchquerung der Sahara wagte und das Mali-Reich beschrieb. Aber die Berichte dieser Gelehrten waren dem Zeitalter der europäischen Aufklärung unbekannt; sie sind erst im Verlaufe des vorigen Jahrhunderts entdeckt und von deutschen, französischen und englischen Islamkundigen in zuverlässigen Editionen und Übersetzungen zugänglich gemacht worden.

e) Das afrikanische Küstengebiet und Südafrika

Während vom afrikanischen Hinterland um 1700 wenig mehr bekannt war als das, was die antiken Autoren, El Idrisi und Leo Africanus in Erfahrung gebracht hatten, konnte um dieselbe Zeit die Küstenlinie des ganzen Kontinents als erforscht gelten. Auf der Afrika-Karte, die der holländische Verleger Jacob de Meurs im Jahre 1668 der Originalausgabe von Olfert Dappers »Beschreibung Afrikas« beigab, wirkt die Umrißzeichnung des schwarzen Kontinents äußerst exakt, und eine gewisse Verzerrung des Kartenbildes in die Breite ist der Tatsache zuzuschreiben, daß zur genauen Bestimmung der geographischen Länge zuverlässige Hilfsmittel noch immer fehlten. Doch der holländische Kartograph sah sich durchaus in der Lage, Flußeinmündungen, Buchten und vorgelagerte Inseln korrekt einzutragen und die portugiesischen Faktoreistationen, die längs der afrikanischen Küste die Indienroute der Kauffahrer absicherten, die Versorgung der Seeleute ermöglichten und den Lokalhandel in Pfeffer, Elfenbein und Sklaven besorgten, am richtigen Ort einzuzeichnen. Das rückwärtige Gebiet aber war für ihn »Terra incognita«; und da er nicht augenfällig machen wollte, wie wenig er davon wußte, blieb ihm nichts anderes, als die wissenschaftliche Verlegenheit durch den Reiz künstlerischer Erfindung zu überdecken, indem er das geographische Niemandsland mit allerlei Tierfiguren und sonderbar verlaufenden Strom- und Gebirgssystemen belebte – eine Praxis, die sich bis um die Mitte des achtzehnten Jahrhunderts in der europäischen Kartographie halten konnte.[54]

Zu Vorstößen über einen Landstreifen von etwa zwanzig Meilen hinaus kam es während des ersten Entdeckungszeitalters in Afrika nur selten und zu einer bleibenden Landnahme größeren Umfangs fast nie. Die ersten Reiseberichte der Portugiesen sprechen von kurzen Streifzügen längs der mauretanischen Küste, von feindlichen Hinterhalten, vom zögernden Beginn der Handelskontakte und von der erschreckend hohen Sterblichkeit unter den Weißen. Expeditionen ins Hinterland, wie sie im Jahre 1486 Joao Afonso d'Aveiro an den Hof des Benin-Königreiches unternahm, blieben Ausnahmeerscheinungen und führten nicht zu permanenten Beziehungen. Nur im Gebiet des heutigen Nordangola gelang es den Portugiesen, mit den Herrschern des Bantustaates von Bakongo eine länger-währende Verbindung herzustellen, die, von missionarischen Absichten getragen, zu partnerschaftlichen Formen des diplomatischen Verkehrs und der gegenseitigen Hilfeleistung gedieh; einmal mehr sind es auch hier Berichte europäischer Missionare, die zu den wichtigsten völkerkundlichen Dokumenten der kolonialen Frühzeit gehören.[55]

Neben den Portugiesen drangen in den folgenden Jahrhunderten gelegentlich auch Vertreter anderer Kolonialmächte in sporadischen Erkundungsfahrten landeinwärts vor. Um 1750 bereiste der Naturforscher Michel Adanson den Unterlauf des Senegalflusses und bezeugte in reizvollen Schilderungen seinen Sinn für die landschaftliche Idylle und die gastfreundliche und ungezwungene Art der Inlandbewohner; Xavier de Golbéry, ein Militäringenieur aus Colmar, suchte sich, wenn das Garnisonsleben in Saint Louis ihn zu langweilen begann, Zerstreuung und anregende Belehrung im Umgang mit der unkorrumpierten Eingeborenenbevölkerung abgelegener Siedlungen; und der Abbé Demanet, dessen missionarisches Pflichtgefühl sich gegenüber seinen ausgesprochenen kommerziellen Interessen nicht immer geziemend Geltung zu verschaffen wußte, hoffte in ausgedehnten Streifzügen gemutmaßten Reichtümern des Hinterlandes auf die Spur zu kommen und dadurch seine These zu erhärten, wonach ein gesteigertes wirtschaftliches Engagement des Mutterlandes in diesen Weltgegenden dem Gebot der historischen Stunde entspreche.

Der englische Handelsmann Richard Jobson folgte bereits um 1620 dem Gambiafluß landeinwärts, um zuverlässigere Nachrichten über das sagenhafte Goldland im Nigerbecken zu erhalten, und sein Landsmann Thomas Winterbottom bereiste in den neunziger Jahren des achtzehnten Jahrhunderts das Hinterland von Sierra Leone und trug dazu bei, neue Methoden der ethnologischen Forschung zu entwickeln; eine beachtliche Anzahl von Engländern standen zudem als Konsularbeamte in den arabischen Mittelmeerländern im Dienst und unterhielten gute Kontakte zur ansässigen Kaufmannschaft.[56]

Von der Südspitze Afrikas aus, wo sich – ein Sonderfall – nach 1652 eine holländische Kolonie gebildet und zu bescheidener Blüte entwickelt hatte, drangen im siebzehnten Jahrhundert kleine Gruppen von Siedlern und Entdeckungsreisenden ins Gebiet des heutigen Oranje-Freistaates vor und setzten sich, ihrer anpassungsfähigen Wesensart wegen, dem Vorwurf aus, ein Dasein nach Hottentottenart zu führen; hier wirkten auch die Schweden Sparrmann und Thunberg, beide Schüler Linnés, denen wir interessante Reiseberichte verdanken.[57]

Auch Teile Ägyptens und Äthiopiens waren in kühnen Unternehmungen von Europäern erreicht worden. Bereits zu Beginn des sechzehnten Jahrhunderts tauchten portugiesische Missionare auf der Suche nach dem legendären urchristlichen Priesterkönig Johannes am Hofe des Kaisers von Abessinien auf, gewannen sich hohes Ansehen als höfische Ratgeber und eröffneten eine Verbindung zum Herzen Afrikas, die ein volles Jahrhundert Bestand hatte. Um 1740 stießen ein dänischer Schiffsoffizier und ein englischer Pastor unabhängig voneinander von Kairo aus nach Nubien vor und bewiesen lange vor Napoleons Ägyptenfeldzug ihr Interesse für pharaonische Altertümer, und drei Jahrzehnte später erkundete der Schotte James Bruce, eine Pioniergestalt im wahrsten Sinne des Wortes, in jahrelangen Bemühungen das Quellgebiet des Blauen Nils und bereitete die sensationellen Expeditionen vor, welche die Afrikaforscher des Viktorianischen Zeitalters in dieses Gebiet führen sollten.[58]

f) Die »African Association«

Eine systematische, von wissenschaftlichen Institutionen geförderte Erforschung des Innern Afrikas setzte erst ein, als sich im Jahre 1788 in London eine Gruppe hochgestellter Persönlichkeiten zusammenfand, um eine Gesellschaft zu begründen, die sich, mit einer für den Zeitstil typischen Umständlichkeit, »Association for Promoting the Discovery of the Interior Parts of Africa« nannte. »Im Verlangen, unsere Zeit von der Last einer Unkenntnis zu befreien, die so wenig ihrem Charakter entspricht«, hieß es in der Denkschrift des ersten Sekretärs dieser Vereinigung, »haben einige Persönlichkeiten, aufs stärkste ergriffen von der Überzeugung der Möglichkeit und Nützlichkeit einer Erweiterung des menschlichen Wissens, den Plan entworfen, eine Gesellschaft zur Förderung der Entdeckung des Innern Afrikas zu gründen.«[59]

Wissenschaftliche Neugierde also war ein Hauptbeweggrund bei der Schaffung der »African Association«. Die Vereinigung hatte rein privaten Charakter, und alle finanziellen Aufwendungen zur Verwirklichung ihrer Forschungsprojekte sollten aus Mitgliederbeiträgen bestritten werden. Freunde und Gönner der Gesellschaft waren in loser Form assoziiert, und die interessierte Öffentlichkeit sollte durch geeignete Publikationen laufend über die Bemühungen der Gruppe ins Bild gesetzt werden. Die Gesellschaft war ein Musterbeispiel für jene gelehrten Zirkel, die »learned societies«, die im achtzehnten Jahrhundert nicht nur der Erörterung von Forschungsprojekten und -ergebnissen, sondern auch der geselligen Unterhaltung und geistreichen Kontroverse dienten. Man entschied sich, die Forschung auf die Gegenden am Niger, auf das Gebiet der heutigen Republik Mali und Ober-Volta zu konzentrieren. Doch sollten sich die Bemühungen der »African Association« nicht in Planung und Durchführung geographischer Entdeckungsreisen erschöpfen. Die neuen Erkenntnisse sollten nutzbringend angewandt werden können; das Wissen, das man sich erwarb, war Investitionskapital, welches man arbeiten lassen mußte; die kartographische Erfassung bislang unbekannter Gebiete bedeutete den ersten Schritt zur wirtschaftlichen Erschließung einer Gegend. Dem Entdecker hatte der Händler, je nach Umständen auch der Siedler, auf dem Fuße zu folgen. Mit dem Handel sollte sich ferner auf ganz selbstverständliche Weise eine Sendung von humaner Natur verbinden. Der Handelsverkehr mit den Eingeborenen, so betonte Henry Beaufoy, der Sekretär, würde sich in einer friedlichen Atmosphäre abwickeln und wenn nötig eine friedliche Atmosphäre schaffen.

Solches Denken war ganz durchdrungen vom Geiste des aufgeklärten Wirtschaftstheoretikers Adam Smith, der den liberalen Handelsbeziehungen eine weit stärker pazifizierende Wirkung zutraute als aller politischen Vormachtstellung. Nirgends findet sich in den Akten der »African Association« auch nur ein Hinweis darauf, daß irgendeine staatlich unterstützte Intervention militanten Charakters geplant gewesen wäre, um die innerafrikanischen Gebiete dem Handel zu öffnen; darin unterschied sich diese Vereinigung sehr von den Kolonialgesellschaften, welche das Zeitalter des Imperialismus entstehen lassen sollte.

Die ersten Einmannunternehmungen, welche die »African Association« anregte und unterstützte, scheiterten zwar entweder an der mangelnden Eignung der ausgewählten Persönlichkeiten oder an den fast unüberwindlichen Hindernissen einer Durchquerung unerschlossenen afrikanischen Gebiets; doch im Jahre 1795 gelang es dem schottischen Arzt Mungo Park im Auftrag der Gesellschaft von der Gambia-Mündung aus in abenteuerlichen und mühseligen Tagemärschen zum Niger vorzustoßen und über eine Gegend recht anschaulichen Bericht zu geben, die bisher Gegenstand bloßer Spekulationen gewesen war.[60]

Parks Reise hatte ihren eigentümlichen, für die Entdeckertätigkeit des folgenden Jahrhunderts wegweisenden Charakter. Die überwiegende Mehrzahl der bisherigen Afrikareisenden hatte ihre berufliche Tätigkeit an die Westküste geführt; als Verwaltungsbeamten, Handelsleuten, Militärs oder Missionaren war ihnen ein besonderes Aktionsfeld zugewiesen worden, und ihr beruflicher Auftrag hatte irgendeine Verpflichtung zum Studium von Land und Leuten nie ausdrücklich in sich geschlossen. Die kleine Zahl besonders aufgeschlossener Reisender, die sich ihre Beobachtungen notierten und ihre Kenntnisse zu vertiefen suchten, tat dies ganz aus persönlichem Antrieb. Mungo Park dagegen reiste mit einem klar umschriebenen Forschungsprogramm nach Afrika; man hatte zuvor geprüft, ob seine Fähigkeiten den Erfolg des Unternehmens zu gewährleisten vermochten, und er hatte sich bindend verpflichten müssen. Seine Instruktionen hielten ihn zum Studium von Geographie, Bevölkerung und Produktion der innerafrikanischen Regionen an; im übrigen reiste er in eigener Verantwortung und war keiner Handelsgesellschaft oder sonstigen kolonialen Organisation unterstellt. Seine Reise stand von allem Anfang an als ein persönliches Wagnis zwischen Gelingen und Scheitern, und über ihren Erfolg entschied, neben den inkalkulablen Faktoren von Glück und Zufall, einzig er selbst, die Widerstandskraft seiner physischen Konstitution, die Wachheit seines Geistes, die Sorgfalt seiner Beobachtungen.

g) Der Nahe Osten

Die früheste intensivere Berührung Europas mit Asien, die wir aus nachantiker Zeit kennen, die Gründung der Kreuzfahrerstaaten im Nahen Osten, entsprang primär nicht dem Verlangen nach einer Erweiterung der geographischen Kenntnis, sondern einem religiösen Antrieb, der sich in der Folge mit persönlicher Machtaspiration und Besitzgierde vermischte. Zur Zeit der Kreuzzüge begann man im Abendland erstmals von »Übersee« zu sprechen, und in den lateinischen und französischen Quellen ist davon die Rede, wie die Ritter »in ultramarinis partibus« oder »outremer« tätiges Zeugnis ihrer christlichen Gesinnung ablegten, wobei das Mittelmeer in antikem Sinne als Meer schlechthin galt.[61] Die fränkische Herrschaft im Heiligen Lande dauerte zu kurze Zeit, von 1098–1291, als daß sich eine bleibende Tradition europäisch-orientalischer Beziehungen hätte bilden können; aber diese Zeitspanne genügte doch, um den Kreuzrittern eine Ahnung von der Problematik jedes Kulturkontakts und aller Kolonialherrschaft zu geben. Die Eroberung, Besiedlung und Bewirtschaftung fremden Gebietes, jener Vorgang, den wir mit dem Begriff »Kolonisation« bezeichnen, erwies sich schon damals als ein äußerst schwieriges Vorhaben, denn mit militärischer Überlegenheit allein war auf die Dauer nichts zu leisten, und entscheidend blieb, daß es dem Kolonisator gelang, sich anderer Umgebung, anderem Klima und ungewohnten Lebensformen anzupassen, das Vertrauen der Einheimischen zu gewinnen, die Eintracht in den eigenen Reihen zu erhalten und die Verbindung zum Mutterland nicht abbrechen zu lassen. Wenn manche Europäer geglaubt hatten, sich im Nahen Osten mühelos Landbesitz und Reichtum erwerben und durch die Bekehrung der Mohammedaner gleichzeitig ein gottgefälliges Werk verrichten zu können, sahen sie sich getäuscht. Jerusalem war nicht, wie das Gerücht es verbreitete, eine Stadt, deren Straßen mit Gold gepflastert waren, und Syrien war kein irdisches Paradies, in dem Milch und Honig floß, reichten doch seine Bodenschätze und Naturprodukte kaum aus, die Selbstversorgung sicherzustellen. Wenn die innenpolitischen Verhältnisse es gestatteten, so zur Zeit Sultan Saladins, entwickelte sich der Vordere Orient freilich zur Drehscheibe eines lebhaften Transitverkehrs: Gewürze, Färbemittel, Seide, Balsam, Edelsteine, Porzellan und ähnliche Luxusgüter gelangten auf dem Seeweg aus Indien, dem malaiischen Archipel und China nach dem Persischen Golf und von dort über Bagdad, Damaskus und Aleppo nach den

Kreuzfahrerhäfen, in denen italienische Handelsleute den Warenumschlag nach Europa besorgten.[62]

Höchst bedeutsam für die Begegnung des christlichen Europäers mit der Welt des Islams war die Tatsache, daß der abendländische Mensch sich in diesem Falle eingestehen mußte, daß die Kultur des Arabers der seinigen in manchen Bereichen der Wissenschaft wie der geistigen und praktischen Lebensbewältigung überlegen war oder doch eine bedenkenswerte Alternative zum europäischen Standard bot. Es gilt nun allerdings, diesen Begriff der Überlegenheit, bzw. Unterlegenheit mit der größten Vorsicht zu benutzen. So wäre entschieden abzulehnen, Überlegenheit aus einem allgemeinen, qualitativ wertenden Vergleich von zwei oder mehreren in sich geschlossenen Kulturen abzuleiten. Wer etwa behauptet, die europäische Kultur sei der schwarzafrikanischen überlegen, urteilt nicht nur zu wenig differenziert, sondern unterschlägt das Faktum der geschichtlich gewachsenen Eigentümlichkeit jeder Kultur. Dieser Charakter einer bestimmten kulturellen Totalität ist von außen her schwer zu bewerten, weil ein entsprechendes Urteil sich notwendig an Maßstäben des eigenen kulturellen Hintergrundes orientieren müßte; eine Wertung scheint höchstens dann in beschränktem Grade möglich, wenn einzelne Kulturelemente einer Fremdkultur im Hinblick auf ihren Sinn und ihre Nützlichkeit im spezifischen Kontext der betreffenden Kultur geprüft werden. So wäre es auch etwa falsch, das Fehlen der Schrift bei den Völkern Schwarzafrikas als Mangel oder gar, unter Einbezug einer spezifisch europäischen Zeitvorstellung, als Rückständigkeit zu bezeichnen, wie dies leider oft geschieht; denn mit guten Gründen könnte nachgewiesen werden, daß gerade ein solches Fehlen innerhalb der betreffenden Kultur so eigentümliche Qualitäten wie eine besonderes lebendige und umfassende orale Überlieferung der Geschichte oder den hohen moralischen Wert der mündlichen Abmachung zu sichern vermag.

Wenn wir, besonders im Falle der europäischen Begegnung mit dem Islam und später mit China und Japan, die Dimension von Überlegenheit und Unterlegenheit ins Spiel bringen, so meinen wir damit, daß der Europäer bei diesen Völkern einen Zivilisationsstand konstatierte, der seinem rationalen Verstehen zugänglich und seiner eigenen Kultur zu integrieren war. Mit »Zivilisation« bezeichnen wir jene Leistungen primär technischer und wissenschaftlicher Natur etwa auf den Gebieten der Architektur, der Kartographie oder der Medizin, die sich unter bestimmten Modifikationen vom Hintergrund einer bestimmten Kultur lösen und auf eine andere übertragen lassen.[63]

Im Heiligen Land trafen die Kreuzfahrer nun auf zivilisatorische Leistungen, die den europäischen im entsprechenden Wissens- und Lebensbereich überlegen waren und mit Gewinn übernommen werden konnten. Das galt etwa von der militärischen Baukunst, die weit höher entwickelt war als im Westen und sofort integriert wurde. In Handelsgeschäften waren die Mohammedaner erfahrener als die Christen, und ihre geschäftlichen Kontakte zu Ägypten, dem Irak und Persien erwiesen sich als so solide, daß eine kriegerische Verwicklung in Syrien die

4. Titelblatt der holländischen Originalausgabe von Olfert Dappers Asien-Band.

ASIA

T' AMSTERDAM
By Jacob van Meurs, Plaetsnyder en Boeckverkooper op de Keysers graft inde Stadt Meurs 1672.

wirtschaftliche Lage der Kreuzritter mehr belastete als jene ihrer Gegner. Die brutalen Methoden, mit denen die Europäer ihre Kranken zu heilen suchten, erschreckten und erstaunten die Araber, deren wichtigste urbane Zentren wie Córdoba, Kairo, Damaskus und Bagdad über besteingerichtete Hospitäler verfügten; der »Kanon der Medizin« des arabischen Arztes Avicenna, der im zwölften Jahrhundert ins Lateinische übersetzt wurde, setzte für Europa neue Maßstäbe. In der Philosophie wäre auf die Schriften des Averroës hinzuweisen, der von Aristoteles ausging und bedeutsamen Einfluß auf die Entwicklung der europäischen Scholastik nahm. Und ähnlich wegweisend waren die arabischen Leistungen auf den Gebieten der Mathematik, der sphärischen Geometrie, der Astronomie und Kartographie.[64]

Diese wissenschaftlichen und technischen Errungenschaften der Araber wurden vonseiten der europäischen Gelehrten mit bemerkenswerter Bereitwilligkeit anerkannt und von manchen Fürsten mit Nachdruck gefördert: in der Zusammenarbeit Rogers II. von Sizilien mit dem bereits erwähnten Geographen El Idrisi und in den vielfältigen Kontakten Friedrichs II. zur islamischen Welt wird der Einfluß arabischer Zivilisation, bis in Nuancen des persönlichen Lebensstils hinein, vielleicht am deutlichsten.[65]

h) Der Mittlere Osten und China

Die Expansion des Mongolenreiches unter Dschingis Khan und dessen Nachfolgern öffnete im dreizehnten Jahrhundert auch die Binnenhandelswege nach dem Fernen Osten, und die Karawanenrouten durch Südrußland und die Türkei sowie die Seidenstraße über das Persische Hochland bis nach Karakorum und Peking begannen sich zu beleben. Um 1250 reiste man mit bemerkenswerter Sicherheit über Land, ohne Räuberhorden und den Ausbruch von Stammesfehden befürchten zu müssen.

Das christliche Abendland war aus zwei Gründen daran interessiert, mit den Mongolen in Beziehung zu treten: zuerst sah man in der Eröffnung solcher Handelskontakte eine Möglichkeit, den arabischen Zwischenhandel im Indischen Ozean zu umgehen und gewisse fernöstliche Produkte günstiger einkaufen zu können; dann hoffte man, den Groß-Khan im Kampf gegen den Islam, der für die Christen fatal zu werden begann, als neuen mächtigen Verbündeten gewinnen zu können. In solcher Absicht entsandte Papst Innozenz IV. einige Dominikaner- und Franziskanermönche in die Tatarei; diese sollten, hieß es, um das Wohlwollen der mongolischen Stammesfürsten werben, deren Haltung gegenüber dem Islam sondieren und sich über das Los der nestorianischen Christen, die unter tatarischer Herrschaft lebten, unterrichten lassen. Durch den Bericht des Franziskaners Johannes von Pian del Carpine, der um 1250 unter dem Titel »Historia Mongolorum« erschien, wissen wir von dieser Unternehmung.[66]

Im Jahre 1253 traf ein Sendbote Ludwigs des Heiligen, der Franziskanermönch Wilhelm von Rubruk, von Konstantinopel herkommend in Karakorum ein, der mongolischen Residenzstadt, die zum Mittelpunkt der östlichen Welt geworden war. Rubruk berichtet mit Verwunderung von den zahlreichen diplomatischen Vertretern aus Rußland, Indien, dem Seldschukenreich und dem Kalifat von Bagdad, die sich am Hofe des Groß-Khans tummelten, vom geschäftigen Treiben der Handelsleute und Soldaten aus allen Teilen des Reiches in den Gassen der Stadt, von europäischen Handwerkern und christlichen Sklavinnen im Dienst der Mongolenfürsten.[67] Wie sein Vorgänger Pian del Carpine blieb auch Rubruk beim Versuch, den Groß-Khan für eine Allianz gegen den Islam zu gewinnen, erfolglos; dieser gab zwar höflich zu verstehen, daß er den Christen gegenüber wohlgesinnt und von religiösen Vorurteilen überhaupt frei sei, aber er ging mit einer Selbstverständlichkeit von der Idee einer zukünftigen mongolischen Weltherrschaft aus, die der Vertreter Ludwigs des Heiligen unmöglich teilen konnte.

Blieben solche und ähnliche Kontakte zwischen abendländischen und asiatischen Potentaten auch in politischer Hinsicht folgenlos, so waren die Reiseberichte, welche die christlichen Abgesandten hinterließen, doch geeignet, den Weltbegriff ihrer europäischen Leser zu erweitern. Nicht daß der geographische und naturwissenschaftliche Ertrag dieser Schilderungen besonderen Wert hätte beanspruchen können: die reisenden Mönche waren weit davon entfernt gewesen, eine systematische Erkundung des innerasiatischen Territoriums durchführen zu können, und ermangelten wohl auch der entsprechenden Begabung und der nötigen Hilfsmittel. Aber höchst bedeutsam war die Feststellung dieser Morgenlandfahrer, daß es außerhalb Europas mächtige, traditionsbewußte und völlig autonome Herrschafts- und Kulturbereiche gab, deren gesellschaftliche und sittliche Ordnung eigentümlichen Gesetzen gehorchte. Beide Reisenden, Pian del Carpine wie Rubruk, standen den mongolischen Heiden recht skeptisch gegenüber. Der Vergleich beider Berichte zeigt bereits zwei Grundformen des europäischen Verhaltens gegenüber den »ungläubigen« Vertretern eines andern Kulturkreises: mitleidige Herablassung und unduldsame Verteufelung. Del Carpine findet sehr wenig Rühmenswertes an den wilden Steppenkriegern und leitet ihre Herkunft von den barbarischen Völkern der Bibel Gog und Magog ab; immerhin erscheinen sie ihm als von Gott erschaffene Wesen und können dessen Gnade teilhaftig werden. Rubruk zeigt sich völlig intolerant und sieht in der militärischen Unterwerfung ein weit geeigneteres Mittel, mit Mongolen zu verkehren, als in geduldiger Missionsarbeit.[68]

Der Gedanke, daß neben Rom, Byzanz und Jerusalem noch andere Zentren regen geistigen Lebens existierten, deren Rang sich auf sehr andersartige Lebens- und Denkvorstellungen gründete, mußte für den abendländischen Gelehrten des Mittelalters nicht immer leicht zu fassen sein. Noch weniger war der ungebildete Europäer des dreizehnten Jahrhunderts darauf vorbereitet, mit andern Weltkulturen wie der arabischen oder der chinesischen in geistigen Austausch zu treten, und allein das ungläubige Erstaunen, mit dem man den Nachrichten aus dem Orient begegnete, verriet einen Mangel an Weltläufigkeit und Aufnahmebereitschaft, der den zivilisierten Araber oder Chinesen jener Zeit zweifellos hätte überraschen müssen.

Der Bericht seines fast zwei Jahrzehnte dauernden Aufenthalts im Fernen

Osten, den der Venezianer Marco Polo hinterließ, ist das wichtigste Dokument europäisch-asiatischer Beziehungen im dreizehnten Jahrhundert. Marco Polo reiste um 1270 von Syrien aus zum Persischen Golf, durchquerte Persien und das Hochland von Pamir, hielt sich während eines Jahres in Kant-schou, dem wichtigsten Handelsplatz des westlichen China auf und gelangte schließlich in die Sommerresidenz Kublai-Khans, vierzig Kilometer nördlich von Peking, wo man ihn und seine Begleiter mit allen Ehren empfing. »Der Groß-Khan aber geruhte«, heißt es im Bericht des Venezianers, der unter dem Titel »Livre des Merveilles du Monde« in französischer Sprache erschien und sogleich vielfach kopiert, übersetzt und imitiert wurde, »Marco in seinen besonderen Schutz zu nehmen und ernannte ihn zu einem seiner Ehrenbegleiter. So wurde Marco nun mit den Sitten der Tataren bekannt, wußte sie sich in kurzer Zeit zu eigen zu machen und lernte die verschiedenen tatarischen Sprachen nicht allein verstehen, sondern auch schreiben und lesen. Als der Groß-Khan seine Fähigkeiten erkannte, beschloß er, ihn in geschäftlichen Angelegenheiten zu erproben und sandte ihn in einer wichtigen Staatsmission in die Stadt Karazan, die sechs Monate von der kaiserlichen Residenz entfernt lag. Bei dieser Gelegenheit führte Marco den ihm anvertrauten Auftrag mit solcher Geschicklichkeit aus, daß er in der Gunst des Kaisers noch höher stieg. Als er nun feststellte, daß dieser seine Berichte über die Verhältnisse der Völker in den entfernten Ländern mit Vergnügen anhörte, begann er, sich auf seinen weiteren Reisen noch genauer zu informieren und notierte sich alles, was er sah und hörte, um die Wißbegierde des Kaisers zu befriedigen. Kurz, er bewährte sich während der siebzehn Jahre, die er in dessen Diensten zubrachte so, daß er in vertraulichen Missionen in alle Teile des Reiches entsandt wurde. Auf diese Weise bekam Marco Polo Gelegenheit, durch eigene Beobachtungen sowie durch Mitteilungen von anderer Seite die östliche Welt viel näher kennen zu lernen, als sie zu seiner Zeit irgend einem anderen bekannt war...«[69]

Marco Polos Schilderung Chinas und jener Länder, die er auf der Heimfahrt aufsuchte oder aus Informantenberichten kannte, war von der größten Wirkung auf die Entdeckungsreisenden der Renaissance und gehörte bis zur Aufklärung zu den beliebtesten Reisedokumenten. Die geographischen Hinweise, welche Polo gegeben hatte, wurden auf die Portolan-Karten übertragen, Heinrich der Seefahrer kannte das Manuskript, Kolumbus besaß eine gedruckte Kopie davon, und die Seeleute, die diesen auf seinen Entdeckungsreisen begleiteten, standen lange Zeit unter dem Eindruck, das Land Marco Polos und dessen Reichtümer wiederentdeckt zu haben.[70] Die modische Begeisterung für alles Chinesische, wie das achtzehnte Jahrhundert sie kennen sollte, stützte sich auf bestimmte Einzelheiten dieser Darstellung: man wurde nicht müde, im Tatarenstaat ein Musterbeispiel aufgeklärter Despotie, in seinem Wirtschafts- und Steuersystem den Inbegriff weiser ökonomischer Verwaltung, in der Höflichkeit und Tugendhaftigkeit seiner Bürger das Musterbeispiel gesellschaftlichen Verhaltens zu sehen.

Es wäre natürlich sehr interessant, die Begegnung von Europäern mit Vertretern anderer hochzivilisierter Kulturen, die über eine eigene schriftliche Geschichtstradition verfügten, aus der Perspektive des Gastlandes zu betrachten;

doch wichtige Vorarbeiten editorischer Art bleiben hier noch zu leisten. Nicht immer verspricht die Ausbeute sehr fruchtbar zu werden. Während es über die islamische Reaktion auf die Kreuzfahrten ein recht umfangreiches Quellenmaterial gibt, scheinen entsprechende Aufzeichnungen in der chinesischen und japanischen Geschichtsschreibung spärlich zu fließen. In chinesischen Dokumenten ist beispielsweise bis heute der Name des Marco Polo trotz der unzweifelhaften Bedeutung seiner amtlichen Funktionen nicht aufgefunden worden; auch von andern europäischen Besuchern ist nur ganz selten die Rede. So finden sich etwa in der hauptsächlichsten chinesischen Quelle, einer offiziellen Dynastiegeschichte aus dem vierzehnten Jahrhundert, nur einige Hinweise auf die Existenz einer russischen Leibgarde am kaiserlichen Hof, und vermerkt wird im selben Dokument der Besuch eines päpstlichen Legaten vom Jahre 1342, der vor allem durch das kräftige europäische Pferd, das er als Präsent mitbrachte, in Peking Aufsehen erregte.[71]

Die Summe des Wissens über die östlichen Weltgegenden, wie sie um die Mitte des dreizehnten Jahrhunderts vorlag, ist in den Bericht über die »Reisen des Ritters John Mandeville durch das Gelobte Land, Indien und China« eingegangen, der um 1360 niedergeschrieben wurde und in mehr als 250 Handschriften – dreimal mehr als Marco Polos Aufzeichnungen – überliefert ist.[72] Der Engländer John Mandeville, über dessen Biographie wenig Sicheres bekannt ist, war, ähnlich wie Ptolemäus, ein Kompilator; er sammelte, was ihm an Nachrichten aus fernen Ländern zuging, reiste möglicherweise als junger Mann ins Heilige Land, besaß offenbar Zugang zu einer reichen Bibliothek und verstand es, mit einigem schriftstellerischem Geschick die bunte und disparate Fülle der Informationen fast nahtlos zu verarbeiten. Im Gegensatz zu Ptolemäus ging es Mandeville freilich vorrangig nicht um die Mehrung wissenschaftlicher Erkenntnis, sondern um die Gunst des Publikums; er wollte nicht so sehr belehren als vielmehr Erstaunen wecken. Seine Stärke bestand darin, biblische Tradition, phantastisches Gerücht und unsichere Mutmaßung zur einprägsamen Legende umzubilden.

Besonderes Interesse brachte Mandeville der Figur des Priesters Johannes entgegen, den portugiesische Missionare später in Äthiopien vermuten sollten und von dem manche meinten, daß er seine Residenz in Indien aufgeschlagen habe. Bereits in den Quellen der Kreuzzugsepoche war von Johannes die Rede gewesen: Otto von Freising hatte ihn mit einem der drei Heiligen Könige, dem dunkelhäutigen Kaspar in Verbindung gebracht; es ging das Gerücht, Papst Alexander III. und der byzantinische Kaiser hätten mit ihm in brieflicher Verbindung gestanden – begegnet freilich war ihm niemand.[73] Marco Polo hatte bereits die Vermutung geäußert, die Mongolen seien in der Frühzeit ihrer Geschichte dem Priester Johannes untertan gewesen; später hätten sie sich von ihm losgelöst und sich seine Nachfolger zu Vasallen gemacht. John Mandeville lokalisierte den christlichen Herrschaftsbereich in Ober-Indien, in einer Landschaft mit Namen Pentexorien, deren Residenz er eine bombastische Schilderung widmet.

Auch vom irdischen Paradies ist in Mandevilles Bericht die Rede. Bereits in den »mappae mundi« aus dem achten Jahrhundert, welche Benediktinermönche, allein ihrer Bibelkenntnis vertrauend, aufgezeichnet hatten, war dem Paradies ein bestimmter Raum zugemessen worden. Im Zentrum dieser Karten lag meistens die Stadt Jerusalem; ging man in östlicher Richtung weiter, so gelangte man zum Garten Eden, der durch eine bildliche Darstellung von Adam und Eva gekennzeichnet war.[74] John Mandeville verlegte das Paradies ebenfalls in den Osten, »an den Beginn der Erde«, wie er schreibt; seiner Auffassung nach handelte es sich dabei um die höchstgelegene Region des Globus, die von der Sintflut nicht hatte erreicht werden können und der die wichtigsten der bekannten Ströme entsprangen: Ganges, Euphrat, Tigris und Nil. Im übrigen war er in diesem Punkt gezwungen, sich kurz zu fassen: »Von dem Paradiese«, meint er, »vermag ich nicht recht zu erzählen, denn da bin ich nicht gewesen. Es liegt gar fern, und auch war ich nicht würdig...«[75]

Auch dem Mythos der Rassentrennung begegnen wir in Mandevilles Darstellung. Der Engländer stützt sich dabei auf die biblische Überlieferung des ersten Buches Mose, in dem von der Nachkommenschaft Noahs die Rede ist. »Da alle Welt durch die Sintflut zerstört ward«, schreibt Mandeville, »blieben nur Noah, sein Weib und seine Kinder verschont. Noah hatte drei Söhne, die hießen Sem, Cham und Japhet... Da alle Lande unter die Brüder aufgeteilt wurden, nahm sich Cham den östlichen Teil der Erde, den man Asien nennt, Sem nahm sich Afrika, Japhet Europa. Cham war der mächtigste Herr von allen, und er hatte mehr Nachkommen denn alle andern. Sein Sohn Kusch zeugte den Riesen Nimrod, der der erste König auf Erden ward und den Turm zu Babel begann. Zu der Zeit kamen die Teufel etliche Male, schliefen mit den Weibern der Nachkommen Chams und zeugten Ungeheuer und mißgestaltete Menschen: ohne Köpfe, andere mit großen Ohren oder nur einem Auge oder gar mit Pferdefüßen. Von diesen Nachkommen stammen die Heiden ab, die auf den Inseln vor Indien leben. Wie sich Cham Sohn Gottes und Herr der Erde nannte, so heißt auch der Kaiser von China Khan und Herr der Erde.«[76]

Es schien uns wichtig, diese Vorstellungen Mandevilles, obwohl sie nur in geringem Maß von selbstbeobachteten Realitäten ausgehen dürften, mit einiger Ausführlichkeit darzustellen, denn sie bewiesen eine lange und beharrliche Lebensdauer und wurden selbst im achtzehnten Jahrhundert noch gern von Schriftstellern in sinnig-verspielter Form abgewandelt, die, wie etwa Voltaire, dem Wahrheitsgehalt solcher Legenden skeptisch gegenüberstanden. Die Figur des Priesters Johannes spielte eine gewisse Rolle, als sich die aufgeklärten Philosophen mit der Frage nach der Urreligion des menschlichen Geschlechts auseinanderzusetzen begannen; die Paradiesesvorstellung erhielt eine neue Ausprägung in den Gesellschaftsutopien und Robinsonaden jener Zeit; und die Idee der Rassentrennung war von Wichtigkeit für die ersten Ansätze zu einer entwicklungsgeschichtlichen Deutung der Anthropologie. Daß daneben ein Buch wie dasjenige von Mandeville über Jahrhunderte hin einen wesentlichen geistigen Antrieb zur europäischen Überseekolonisation darstellte, versteht sich von selbst.

Mit dem Zerfall der »Pax Mongolica« und der Loslösung Chinas von tatarischem Einfluß gegen Ende des vierzehnten Jahrhunderts brachen die Beziehungen europäischer Handelsreisender und Geistlicher mit dem Fernen Osten vorerst ab. Erst den Portugiesen gelang zu Beginn des sechzehnten Jahrhunderts die Wiederentdeckung Chinas auf dem Seeweg: im Jahre 1517 erreichte die erste offizielle Gesandtschaft mit einem Schreiben des Königs von Portugal an den »König von China« die Bucht von Kanton; 1557 wurde in Macao die erste portugiesische Handelsniederlassung gegründet, und um die gleiche Zeit trafen die ersten Missionare, unter ihnen der spanische Jesuitenpater Francisco Xavier, vor dem Festland ein.

Wenn der Charakter des portugiesischen Kolonialhandelssystems, wie wir zeigten, eine Durchdringung überseeischer Gebiete ohnehin ausschloß, so trat, was China betraf, als Erschwerung der Umstand hinzu, daß man sich hier einer hochentwickelten und in mancher Hinsicht überlegenen Fremdkultur gegenüber sah, die vom Bewußtsein ihrer Vorbildlichkeit überzeugt war und deren Ethnozentrismus dem europäischen keineswegs nachstand. Der Kaiser von China stand nach der Vorstellung seiner Untertanen im Mittelpunkt der Welt und verkörperte den höchstmöglichen Grad menschlicher Kultur; nur wer sich ihm unterwürfig nahte und bereit war, sich belehren zu lassen, hatte als tributpflichtiger Barbar Zugang zu den Segnungen höheren Menschentums – und dieses Selbstverständnis wegen einiger zugelaufener europäischer Seeleute, welche die Ehre ihres Herkunftslandes oft schlecht genug vertraten, aufs Spiel zu setzen, war man in China nicht gesonnen.[77] So blieben Zusammenstöße unvermeidlich: 1522 wurde es den Portugiesen untersagt, chinesisches Festland zu betreten, und wenn sich dieses Verbot auch in der Folge lockerte und die langsam sich entwickelnden Handelskontakte zunehmend auch im chinesischen Interesse lagen, überwachte man doch streng den europäischen Einfluß und besaß dazu auch die geeigneten militärischen und administrativen Mittel.

Ebenfalls noch im sechzehnten Jahrhundert begannen russische Kosaken und Pelzhändler, in die schwachbesiedelten Weiten Sibiriens vorzustoßen; um 1630 erreichten sie das Ochotskische Meer und die chinesische Nordgrenze. Dieser gewaltige Expansionsprozeß wurde von zeitgenössischen westeuropäischen Chronisten indessen weit weniger interessiert verfolgt als die auf dem Seewege angebahnten Beziehungen zu China, und noch heute vergessen westliche Historiker gern, daß auch die Geschichte Rußlands Phasen kolonialistischer Ausbreitung gekannt hat.

In der ersten Hälfte des siebzehnten Jahrhunderts folgte den ersten Vorstößen der russischen Jäger, deren Lebensweise stark an diejenige der kanadischen Waldläufer erinnert, eine Periode systematischer Kolonisationsarbeit: Bodenschätze wurden ausgebeutet, Anbauflächen geschaffen, Bauern angesiedelt, Klöster und Schulen gegründet. Vom Prozeß der sibirischen Expansion aus gesehen, erscheint die von Peter dem Großen zu Beginn des achtzehnten Jahrhunderts erstrebte Öffnung Rußlands nach Europa als eine sinnvolle Gegenbewegung, die es erlauben sollte, das technische, ökonomische und administrative Wissen der westlichen Seemächte, insbesondere Hollands, auch für die russische Binnenkolonisation fruchtbar werden zu lassen.[78] »Peter der Große und seine Nachfolger

Katharina I. und Elisabeth«, schreibt der französische Kolonialhistoriker Charliat zu Recht, »stellten der Erforschung Sibiriens Mittel personeller und finanzieller Art zur Verfügung, wie sie bisher nie von einem Herrscher bereitgestellt worden waren, sondern höchstens von internationalen Ordensgemeinschaften wie den Jesuiten.«[79]

Die Durchdringung Sibiriens gab auch den maritimen Unternehmungen Rußlands Auftrieb; im Jahre 1728 begab sich der Däne Vitus Bering im Dienste des Zaren auf dem Landweg nach Kamtschatka, mit dem Auftrag, die Frage des Zusammenhangs des asiatischen und amerikanischen Kontinents zu prüfen. Nach der Mitte des achtzehnten Jahrhunderts wurde der sibirische Großkaufmann Grigorij Schelichow zur aktivsten Pionierfigur im Nordpazifik: im Jahre 1784 gründete er auf der Alaska vorgelagerten Insel Kodjak die erste ständige russische Niederlassung in Amerika und in den folgenden Jahrzehnten wurde auf dem Festland ein Netz von Pelzhandelsstationen errichtet, welches die spanische Position in Kalifornien ernstlich bedrohte.

i) Asien – Gegenstand des Interesses und der Schwärmerei

In China waren es wiederum die Missionare, die sich am besten darauf verstanden, ins Wesen der fremden Kultur einzudringen und sich anzupassen, was nicht ganz ungefährlich war, galt es doch, das christliche Weltbild gegenüber konfuzianischen und buddhistischen Anschauungen zu behaupten, die von verlockender Überzeugungskraft waren. Der bedeutendste Vertreter der China-Mission überhaupt, der italienische Jesuit Matteo Ricci, der 1582 nach China kam und 1610 in Peking starb, gewann dank kluger Umgänglichkeit seines Charakters, Einfühlungsvermögen und außerordentlicher Sprachbegabung Zugang zur herrschenden Literaten-Beamtenklasse und erwarb sich wenn nicht die Bewunderung, so doch die respektvolle Sympathie der gehobenen Bildungsschicht. Ricci stellte die Pflicht zum Verständnis der chinesischen Geisteswelt über den christlichen Missionsauftrag und handelte damit taktisch zweifellos richtig; aber die Neigung, die ihn zur Lehre des Konfuzius hinzog, machte ihn später zur Zielscheibe europäischer Kritik: seine Ordensbrüder warfen ihm vor, er sei theologisch nur mangelhaft auf seine Aufgabe vorbereitet gewesen und habe, hierin mehr Politiker als Kirchenmann, sein eigenes Wohlergehen dem offenen Bekenntnis der christlichen Religion vorgezogen. Die aufgeklärten Philosophen allerdings bedienten sich mit Vorliebe des schmeichelhaften Konfuzius-Bildes, das Ricci entworfen hatte, um ihrerseits die christliche Lehre und deren Vertreter in Europa in Mißkredit zu bringen.[80]

Auf den Grundlagen, die Ricci geschaffen hatte, entwickelte sich die Jesuitenmission trotz innenpolitischer Wirren im Reich der Mitte bis zum Ende des siebzehnten Jahrhunderts stetig, wandte sich freilich erst spät der breiten Masse der Landbevölkerung zu und versuchte vor allem, die führenden Persönlichkeiten des gehobenen Beamtentums zu gewinnen. Wenn sich die christliche Lehre auf die Dauer doch nicht durchsetzen konnte, so lag das einerseits an der traditionellen

Struktur der chinesischen Herrschaftsverhältnisse, welche die Bildung eines Staates im Staate nicht zuließ, anderseits an Meinungsverschiedenheiten und Rivalitäten zwischen Missionaren jansenistischer und jesuitischer Tendenz sowie zwischen den Theoretikern im Vatikan und an der Sorbonne, die sich über der Frage zerstritten, wie weit man in der Anpassung an die konfuzianische Tradition gehen könne, ohne die Essenz der christlichen Botschaft zu verleugnen. Solche Reibereien zwischen Angehörigen verschiedener Mönchsorden oder Konfessionen haben im Verlauf der Missionsgeschichte immer wieder eine verhängnisvolle Rolle gespielt, in Westindien, in Kanada und später in Afrika; daß sie sich in China, wo man das Christentum vom Standort einer harmonisch in sich geschlossenen Weltanschauung her beurteilte, katastrophal auswirken mußten, kann nicht verwundern.[81] Als sich im Jahre 1774 in Peking die Nachricht von der Auflösung des Jesuitenordens verbreitete, hatte denn auch die missionierende Kirche in diesem Land ihre geschichtliche Möglichkeit bereits verspielt.

Die Berichte reisender Mönche und missionierender Jesuiten blieben nicht die einzigen Hinweise auf die Existenz hochentwickelter und prosperierender orientalischer Kulturkreise. Im siebzehnten Jahrhundert trat Persien in den Blickkreis des Westens. Der deutsche Adam Ölschläger, genannt Olearius, gelangte in geschäftlich-diplomatischem Auftrag des Herzogs Friedrich III. von Holstein-Gottorp um 1640 nach der damaligen Residenz des Schahs in Isphahan und hat in den sechs Büchern seiner »Muskowitischen und Persianischen Reisebeschreibung« gründlich und genau Bericht gegeben.[82] »Da er überreich an Kenntnissen und Merknissen ist«, schreibt Gundolf in seiner Würdigung des Olearius, »muß er nicht gedunsen und wolkig, blumig und klappernd schreiben, sondern wie jedermann, der wirklich etwas zu sagen hat, weil er redlich gesehen und gedacht hat: fest, hell, klar, anschaulich, verlässig und dem jeweiligen Gegenstand getreu, trotz seines für unser heutiges Tempo etwas zu langsamen und breitflüssigen Wandelns. Überall kann man vertrauen, bei den Sachen zu sein, wovon er handelt. Wenn Sachlichkeit ein Grunderfordernis des Geschichtsschreibers sein muß, dann gebührt Olearius in seinem Jahrhundert unter den Deutschen der Preis.«[83]

Noch besser informiert, intimer mit der Lebensform der gehobenen Kreise um den Pfauenthron bekannt, war der französische Hugenott Jean Chardin, der in seiner Muttersprache zudem über ein Ausdrucksmittel verfügte, das an Flexibilität und Nuancenreichtum dem Deutsch der Barockzeit doch weit überlegen war. Chardin, von Beruf Goldschmied und Juwelier, reiste um 1670 nach Persien, um seinen Schmuck zu verkaufen und sein bedeutendes handwerkliches Geschick in den Dienst der Hofgesellschaft zu stellen. »Er kannte Isphahan«, schreibt Paul Hazard, »besser als Paris, und vor allem: er liebte es mehr. Selbst der beschränkteste Leser seines Berichts mußte begreifen, daß es weit weg, in Asien, menschliche Wesen gab, die ihm, dem Europäer, keineswegs unterlegen waren und deren Leben sich doch von dem seinigen zutiefst unterschied: den Begriff der eigenen Überlegenheit, den er seit langem kannte, mußte er mit dem Begriff der Andersartigkeit ersetzen – welch psychologisch bedeutsamer Wandel!«[84] Im Vorwort zu seinem »Journal d'un voyage du chevalier Chardin en Perse« versprach der

Verfasser seinen Lesern, sie »von allem zu unterrichten, was die Neugierde unseres Europas erregen könnte«;[85] er hielt sein Versprechen aufs Wort und regte auf geistreiche Art zur kritischen Relativierung des eigenen Kulturbewußtseins an: Montesquieu hat Chardins Werk als hauptsächlichste Informationsquelle seinen berühmten »Lettres persanes« zugrunde gelegt.

Auch aus Indien und der von den Portugiesen erschlossenen Inselwelt des malaiischen Archipels lagen im siebzehnten Jahrhundert in Europa wissenschaftlich interessante Informationen vor, die allerdings weit geringere Beachtung erlangten. Indien war vor der Umschiffung des Kaps der Guten Hoffnung bereits von europäischen Reisenden aufgesucht worden, die mit dem legendären Priesterkönig Johannes in Verbindung zu treten suchten und die, auch wenn ihnen diese Begegnung versagt blieb, in vereinzelten Fällen doch die Genugtuung hatten, an der westindischen Malabarküste auf Rechtgläubige, die sogenannten Thomas-Christen, zu stoßen. Zweifelsfrei belegbar ist die Reise des deutschen Ritters Thomas von Morungen, der um 1200, wahrscheinlich vom Heiligen Lande aus über Mesopotamien und den Persischen Golf, Indien erreichte.[86] Im siebzehnten Jahrhundert waren es vor allem Angestellte der holländisch-ostindischen Handelskompanie, die von Indien, Burma, Malakka, Sumatra und Java berichteten, freilich ohne die Zeit und das Bedürfnis zu ausgedehnteren Binnenreisen zu besitzen. Als Beispiel von vielen sei hier die Schilderung des deutschen Pfarrerssohns Johann Christian Hoffmann erwähnt, der um 1670 seiner »unwiedertreiblichen Begierde zur Beschauung fremder Länder« nachgab und nach Java segelte, denn: »Gottes Allmacht kann von niemand besser betrachtet und erkannt werden als von denjenigen, welche die Weltkugel entweder ganz oder doch zum Teil bis in die weitentlegenen Indien umsegeln und sowohl das wunderbare Weltmeer als auch die dazwischen gleichsam wie ein Edelstein in einem Ring eingefaßten großen Landschaften und Inseln... selbst mit Augen gesehen und betrachtet haben...«[87]

Doch kehren wir zu China zurück, das von allen orientalischen Ländern die Einbildungskraft des Aufklärungszeitalters am stärksten beschäftigen sollte. Es war vor allem das umfangreiche Werk des Père du Halde, seine »Description géographique, historique, chronologique, politique et physique de la Chine et de la Tartarie«, das dem China-Interesse der gebildeten Europäer beständigen Anreiz und Nahrung bot.[88] In dieser Kompilation, die 1735 zu erscheinen begann, verarbeitete du Halde wertvolle Informationen aus den »lettres édifiantes« der Jesuitenmissionare, insbesondere die wissenschaftlich einwandfreien Nachrichten des Historikers Antoine Gaubil aus Peking; in seiner Darstellung chinesischer Wesensart war er vor allem darum bemüht, die Gegensätze zwischen Christentum und Konfuzianismus abzuschwächen und so dem europäischen Leser den Zugang zu China zu erleichtern.

Von dieser und ähnlichen Kompilationen gingen die Überlegungen der Philosophen und Schriftsteller aus. Der freilich noch unvollständige Einblick, den die Jesuitenmissionare in die Chronologie der ältesten chinesischen Geschichte gewonnen hatten, erregte in Europa besonderes Aufsehen. Im Jahre 1658 publizier-

5. Zwei Jesuitenmissionare, die sich besondere Verdienste um die Erforschung der chinesischen Kultur erwarben: Matteo Ricci, Adam Schaal. Adam Schaal stieg als Hofmathematiker bis zum Erzieher des Kaisers auf.

te der Jesuitenmissionar Martino Martini seine »Sinicae historiae«, in welcher er zeigte, daß sich die Vergangenheit Chinas weit über die christliche Zeitrechnung hinaus zurückverfolgen ließ, und damit den Gedanken nahelegte, daß der abendländischen Geschichtsvorstellung innerhalb einer neu zu gewinnenden universalhistorischen Denkweise nur partielle Bedeutung zukomme. Der Streit um diese in historiographischer Hinsicht revolutionäre Idee regte während eines vollen Jahrhunderts die besten Köpfe der Aufklärung zu mehr oder minder polemischer Stellungnahme an: entweder versuchte man, die frühen chinesischen Quellen als Fabeln abzutun und die Jesuiten, welche deren Authentizität behaupteten, der Ketzerei zu bezichtigen, oder man bemühte sich unter beträchtlichem Aufwand an sophistischen Interpretationskünsten, einen Zusammenhang zwischen den chinesischen Annalen und dem Alten Testament herzustellen; manche Kommentatoren, unter ihnen Voltaire, scheuten sich nicht, indem sie sich auf Jesuitenrelationen stützten, den Kampf gegen den absoluten Offenbarungswert christlicher Überlieferung anzutreten.[89] Wenn diese Diskussion auch, wie manche ihrer Art, nicht zu gesicherten Ergebnissen vorzudringen vermochte, zeigte sich doch, daß man in Europa begann, die Begegnung mit einer anderen Weltkultur als Herausforderung zu begreifen und damit als einen Anlaß, das kulturelle Selbstverständnis einer Prüfung zu unterziehen; das bedeutendste Dokument dieses Gesinnungswandels sollte Voltaires »Essai sur les moeurs« werden, welcher der chinesischen Geschichte ausgiebigen Platz einräumte, nachdem sich bereits zuvor Autoren wie Bayle, Malebranche, Fénelon und Montesquieu mit dem Thema beschäftigt hatten.

In Deutschland gingen die Philosophen Leibniz und Wolff in ihren gesellschaftstheoretischen und moralischen Überlegungen von den Chinaberichten der Jesuiten aus. Leibniz attestierte der chinesischen Kultur ihren hohen Rang und ihre bewundernswerte organische Geschlossenheit und stellte sie, bei eigentümlichen Vorteilen und Schwächen, der europäischen als gleichwertig gegenüber. »Durch eine einzigartige Fügung des Schicksals ...«, schrieb er, »ist es geschehen, daß die höchsten Kulturgüter des menschlichen Geschlechts heute gewissermaßen an den beiden äußersten Enden unseres Kontinents zusammengebracht sind, das heißt in Europa und China, das gleichsam als östliches Europa den entgegengesetzten Rand der Erde schmückt.«[90] In einem Brief an Peter den Großen sprach Leibniz von der Notwendigkeit eines partnerschaftlichen Ineinandergreifens europäischer und chinesischer Wissenschaft, und verschiedentlich schlug er zu diesem Zwecke den Austausch geeigneter Fachleute vor. Denselben Gedanken einer möglichen gegenseitigen Befruchtung ließ Leibniz auch im religiösen Bereich gelten, indem er feststellte, der Umstand, wonach Konfuzianismus und Christentum sowohl dem Verständnis der Christen als jenem der Chinesen so leicht zugänglich seien, deute darauf hin, daß sich dieselbe göttliche Wahrheit in verschiedenen Teilen der Erde lediglich in eigentümlicher Form ausgebildet habe. Christian Wolff, der populärste Philosoph des deutschen achtzehnten Jahrhunderts, äußerte sich zur chinesischen Kultur in einer Rede an der Universität Halle, die unter dem Titel »Oratio de Sinarum philosophia practica« 1726 im Druck erschien.[91] Er stellte darin Konfuzius der Mosesfigur des Alten Testaments, Mohammed und den Philosophen der griechischen Antike gleich und machte eine Unterscheidung gegenüber der christlichen Ethik insofern, als er mit einer typischen Wendung aufgeklärten Denkens die Tugendhaftigkeit der Chinesen dem Umstand zuschrieb, daß diese ihren natürlichen Verstand vollkommen zu gebrauchen wüßten, ohne des Rückgriffs auf eine göttliche Offenbarung bedürftig zu sein. Solche und ähnliche Äußerungen zwangen Wolff allerdings, unter dem Druck protestantischer Kreise seinen Lehrstuhl vorübergehend aufzugeben; sie sicherten ihm aber den moralischen Beistand Voltaires, der in seinem »Dictionnaire philosophique« für den Deutschen eintrat.[92]

Die theoretische, von manchen Mißverständnissen belastete Wertschätzung chinesischen Geistesgutes sowie die modische Chinaschwärmerei der Rokokozeit, die sich begeistert den Erzeugnissen fernöstlichen Kunsthandwerks, bemalten Paravents und Tapeten, Porzellanen und lackierten Möbeln zuwandte und emsig deren Imitation betrieb, führten allerdings im Endeffekt eher von einem sachbezogenen Studium der wissenschaftlichen und kulturellen Leistungen Chinas weg. Daß niemand da war, um an die Stelle der Jesuiten zu treten, daß keine staatliche oder private Institution sich bereit zeigte, die Weiterführung entsprechender Forschungen zu unterstützen, beweist, wie oberflächlich das Interesse doch im allgemeinen blieb. In dem Grade, in dem die wissenschaftliche Beschäftigung mit China zurückging, kamen die alten Vorurteile wieder auf, die immer auf der Lauer liegen, wo Menschen verschiedener Kulturkreise sich begegnen. Man suchte nicht mehr zu verstehen, sondern gab sich damit zufrieden, sich zu wundern. Jean Paul Sartre hat solche Geisteshaltung in einem seiner Essays anschaulich angeprangert: »Man genießt das aristokratische Vergnügen, sich die Verschiedenheiten aufzuzählen: ich schneide meine Haare, er flicht sie; ich bediene mich einer Gabel, er braucht Stäbchen; ich schreibe mit dem Gänsekiel, er malt seine Schriftzeichen mit dem Pinsel; ich habe geradlinige Ideen, er hat krumme... Darin besteht dieses Spiel mit den Verschiedenheiten: wenn sie eine weitere finden, wenn sie einen neuen Grund finden, um nicht zu verstehen, wird man ihnen in ihrem eigenen Land einen Preis für besondere Empfindsamkeit geben. Und niemand wird sich wundern, wenn diejenigen, die derart ihren Mitmenschen wie ein Mosaik aus unauflösbaren Andersartigkeiten zusammensetzen, sich nachher fragen, wie in aller Welt man eigentlich Chinese sein könne.«[93]

Bis zum Ende des neunzehnten Jahrhunderts gelangte man über die Kenntnis, die der Pater du Halde von den Chinesen gesammelt hatte, nicht wesentlich hinaus; die geographische Karte, welche der Franzose Jean-Baptiste d'Anville unter Bezug auf kartographische Vorbilder chinesischer Gelehrter im Jahre 1737 veröffentlichte, wurde fast ebenso lange nicht modifiziert; und die Handelsleute, die ihren Verkehr mit Ostasien fortsetzten, waren nicht in der Lage, den bisherigen völkerkundlichen und naturwissenschaftlichen Erfahrungen etwas von Bedeutung beizufügen. Wiederum zeigte es sich, wie so oft in der Geistesgeschichte der kolonialen Beziehungen, daß Bewunderung mehr ein Surrogat als ein Stimulans ernsthafter und zielgerichteter wissenschaftlicher Bemühung sein kann. Zudem erweckt Schwärmerei oft gerade das Mißtrauen jener, die vielleicht am besten begabt wären, in die Geheimnisse einer fremden Kultur einzudringen: so ist etwa die scharfe Bemerkung des englischen Historikers Macauley zu verstehen, der, angesichts der Asienbegeisterung seiner Landsleute, um die Mitte des neunzehnten Jahrhunderts feststellte, ein einziges Regal einer guten europäischen Bibliothek enthalte Wertvolleres als das ganze Schrifttum der arabischen und indischen Völker.[94]

k) Japan

In Marco Polos berühmtem Reisebericht war von Japan nur am Rande die Rede gewesen, denn der Venezianer hatte das Inselreich nie persönlich aufgesucht und, redlich wie er im Grunde doch war, ganz offen seine Unzuständigkeit erklärt. Gestützt auf die Berichte chinesischer Reisender, die mit Japan in regem Handelsverkehr standen, hatte Polo indessen die Insel »Zipangu« doch verlockend genug geschildert und besonders den Goldreichtum der Hauptstädte so anschaulich ausgemalt, daß sich die Vorstellung eines fernöstlichen El Dorados bei den europäischen Seeleuten über Generationen hin am Leben hielt. So gelang es Kolumbus auf seiner ersten Reise, die murrenden Mannschaften mit dem Hinweis zu beschwichtigen, man werde bald auf Zipangu eintreffen, und noch auf seiner letzten Reise scheint der Admiral, der Küste von Honduras entlangsegelnd, der Meinung gewesen zu sein, die goldenen Dächer von Zipangu in Reichweite vor sich zu haben.

Aber es waren nicht die Spanier, sondern die Portugiesen, die zuerst nach Japan gelangten: im Jahre 1542 sollen portugiesische Schiffbrüchige erstmals auf der Südinsel Kiuschu an Land gegangen und von den Bewohnern aufs gastfreundlichste empfangen worden sein. Die japanischen Fürsten zeigten sich in der Folge sowohl am sich anbahnenden Außenhandel interessiert als auch der sofort einsetzenden Jesuitenmission gegenüber tolerant: gegen Ende des sechzehnten Jahrhunderts führten die Portugiesen gegen dreihundert Tonnen Gold aus dem Land, und eine Quelle derselben Zeit spricht von 150 000 christianisierten Japanern.[95]

Diese Periode der Duldung brach um 1620 ab, nachdem sich die Japaner unter der Zentralgewalt der Tokugawa-Dynastie geeinigt hatten und begreiflicherweise wenig Neigung verspürten, den eben gewonnenen Frieden durch ausländische Infiltration zu gefährden. Im Jahre 1614 wurde der Katholizismus durch kaiserliches Edikt verboten, die Missionare wurden ausgewiesen und die Kirchen geschleift; zwei Jahrzehnte später wurden etwa 30 000 katholische Japaner in der Küstenfestung Hara aufgerieben. Daß bei dieser Vernichtungsaktion der artilleristische Beschuß durch die Holländer, die eben erst in dieser Weltgegend eingetroffen waren und auf Kosten der Papisten ihr Geschäft zu machen hofften, eine wichtige Rolle spielte, bleibt ein unrühmliches Kapitel der europäischen Kolonialgeschichte. Aber um einen Einzelfall handelte es sich dabei nicht: immer wieder haben die Europäer ihre politischen und konfessionellen Zwistigkeiten nach Übersee exportiert und auf dem Rücken der Eingeborenenvölker ausgetragen, in Japan wie in Brasilien oder Kanada.

Es gelang den Holländern in der Folge, sich auf der Südinsel eine Monopolstellung zu sichern, die zwar von der japanischen Obrigkeit streng kontrolliert und zuweilen von englischen und russischen Schiffen durchbrochen wurde, aber dennoch den Niedergang ihres fernöstlichen Handelszentrums Batavia überdauerte und endgültig erst im Jahre 1854 durch das Erscheinen der Amerikaner unter Commodore Perry beendet wurde.

Die Besatzung der holländischen Faktorei lebte auf der kleinen, künstlich aufgeschütteten Insel Deshima in der Bucht von Nagasaki wie in einem Getto: der Zutritt zum Festland war untersagt, auf der Beschaffung von geographischen und ethnographischen Informationen standen hohe Strafen, Ein- und Ausfuhr wurden sorgfältig überwacht, Aufenthaltsgesuche peinlich genau geprüft. Durch diese Beschränkung der europäischen Einflußnahme auf den engen Bereich des der eigenen Wirtschaft Dienlichen schlossen die Japaner in weiser Voraussicht das Risiko militärischer und politischer Verwicklungen aus oder schoben es hinaus, ohne sich der Möglichkeit zu berauben, vor allem im technischen Bereich hinzuzulernen und bestimmte ausländische Errungenschaften, vor allem auf den Gebieten der Navigation, des Schiffbaus und der Waffenfabrikation, mit Geschick zu übernehmen.

Diese Kontrolle des Kolonisators, die vereinzelt auch anderswo, zum Beispiel an der westafrikanischen Küste, praktiziert wurde, erlaubte es, die Vorteile des Kulturkontakts wahrzunehmen und gleichzeitig den Kulturschock und dessen korrumpierende und entstabilisierende Auswirkungen zu vermeiden. Es ist erstaunlich, mit welcher Weitsicht und Bestimmtheit die Japaner auf die europäische Herausforderung der ersten Phase der kulturellen Berührung geantwortet haben, und beweist ein verblüffendes Wissen der Nation um ihren eigenständigen Wert und um dessen Verwundbarkeit. Wie in China, wo ähnliche Schutzmaßnahmen etwas weniger konsequent ebenfalls durchgeführt wurden, war die Praxis der Japaner allerdings auch von einem reichen Maß ethnozentrischer Herablassung mitbestimmt. Die Europäer erscheinen in den japanischen Quellentexten denn auch fast durchwegs als Barbaren; ihr Auftreten erschreckte durch plumpe Rücksichtslosigkeit, sie bewegten sich ohne Anstand und Eleganz, drückten sich äußerst ungeziemend aus und behandelten sich untereinander mit einer Rohheit, die den Japaner konsternierte. »Alle Barbaren«, heißt es im Vorwort eines 1814 gedruckten englisch-japanischen Wörterbuches, »haben nur zwei Laute, den der Zunge und den der Lippen, und da sie die drei andern Laute nicht haben – mit der Kehle, dem Gaumen und den Eckzähnen hervorgebracht – ist ihre Sprache schwer zu verstehen. Selbstverständlich haben die Chinesen alle fünf Laute; unser Land, obwohl es nur klein ist, hat auch die fünf Laute, und dies beweist, daß es ein überlegenes Land ist.«[96]

Daß die Japaner mit ihrer Abschirmungsstrategie, welche von den Europäern wiederum als geistige Beschränktheit getadelt wurde, Erfolg hatten, war freilich nicht ausschließlich ihr eigenes Verdienst, sondern lag auch in der Tatsache begründet, daß die Europäer weit von ihren kolonialen Hauptstützpunkten entfernt operieren mußten und ihre militärische Schlagkraft durch dauernde gegenseitige Reibereien neutralisierten.

Es ist verständlich, daß es unter solchen Bedingungen dem Europäer schwer fallen mußte, sich ein auch nur einigermaßen exaktes Bild von Japan zu machen. Zwei Reisende indessen, denen es trotz aller Hindernisse gelang, sich erstaunlich detailliert zu informieren, verdienen in unserem Zusammenhang Erwähnung: Engelbert Kaempfer und Karl Peter von Thunberg.

Engelbert Kaempfer entstammte jener Schicht des deutschen Bildungsbürgertums, deren mühsames und oft vergebliches Streben nach unabhängiger wissenschaftlicher Betätigung im Schatten einer wenig verständnisvollen kleinstaatlichen Obrigkeit Gegenstand zahlreicher Bildungs- und Gesellschaftsromane der deutschen Aufklärungszeit werden sollte.[97] Er war ein Pfarrerssohn, studierte in Lübeck, Danzig, Thorn, Krakau und Königsberg und bezog im Jahre 1681, begabt und ambitiös wie er war, die angesehene Universität von Uppsala, wo er sich in den naturwissenschaftlichen Fächern, besonders in der Medizin, weiter ausbilden ließ. Hier bot sich dem jungen Mann Gelegenheit, als Sekretär einer schwedischen Handelsmission, die bessere Kontakte zu Persien anknüpfen sollte, über Moskau und Astrachan nach Isphahan zu reisen; er löste sich in der Folge von seinen Begleitern, trat in die Dienste der Niederländisch-Ostindischen Kompanie, erreichte im Jahre 1688 Batavia und wurde schließlich als Arzt der Faktoreibesatzung von Deshima zugeteilt, wo er sich während zwei Jahren aufhielt.

So sehr Kaempfer sich durch die isolationistische Politik der Japaner in seinem Ehrgeiz, über dieses Land den ersten maßgebenden Bericht zu verfassen, gezügelt fand, so sehr verstand er aus tieferer Einsicht in die Problematik der kolonialen Begegnung die Haltung der Japaner. »Die Gründe für die rücksichtslose Ausrottung des Christentums in Japan«, schreibt Kaempfer, »waren rein politisch. Es ist unvernünftig und ungerecht, ein Volk dafür zu tadeln, daß es entschlossen ist, seine politische Integrität und Unabhängigkeit zu wahren; anderseits wäre es kleinlich, wollten wir uns weigern, den christlichen Missionaren unsern Respekt zu zollen, für ihre Aufopferung für das, was sie als ihre Pflicht ansahen.«[98] Diese Äußerung, in der sich die Wertschätzung der Jesuitenmission mit dem Verständnis für die japanische Haltung verbindet, bezeichnet die außerordentliche Unvoreingenommenheit und Toleranz des protestantischen Deutschen, wohl seine beiden ausschlaggebenden Eigenschaften, welche ihm schließlich trotz vielfältiger Behinderung ermöglichen sollten, das Projekt einer Beschreibung Japans zu verwirklichen.

Nur zweimal hat Kaempfer, anläßlich der einmal jährlich bewilligten Reise holländischer Handelsbeamter an den Hof zu Tokio, das Festland auf streng vorgeschriebener Route bereisen können; doch die Achtung, die er sich dank seinen medizinischen Fähigkeiten erwarb, und seine liebenswürdige und geschickte Art im Umgang mit den Japanern erlaubten es ihm, aus Gesprächen mit einheimischen Freunden und aus den gelehrten Abhandlungen, welche diese ihm übersetzten, Informationen zu gewinnen, die der überheblichen und gleichgültigen Geisteshaltung der meisten Beamten und Kaufleute jener Zeit gar nicht zugänglich waren.

Kaempfers Japanwerk, von dem nur ein geringer Teil zu Lebzeiten des Verfassers erscheinen konnte, erfaßt sämtliche Bereiche einer Landeskunde im damals üblichen Sinne: Gesellschaftsform und Wirtschaftsordnung, Sprache und Volkstum, Wissenschaft und Religion. Eine systematische Beschreibung der Landschaftsgestalt wird dagegen nicht geboten; in diesem Punkte bewegt sich der Autor innerhalb der intellektuellen Beschränktheit seiner Epoche, die der wissenschaftlichen Landschaftsbeschreibung geringe Aufmerksamkeit angedeihen ließ. Bestimmend für das Interesse des Reisenden bleibt das Andersartige und Exotisch-Ungewohnte, und es werden besonders jene Teilbereiche japanischer Zivilisation, in denen sich eine Überlegenheit gegenüber europäischen Verhältnissen manifestiert, ausführlich abgehandelt – so ist etwa vom Tee, von der Papierherstellung und von der Anwendung der Akupunktur eingehend die Rede. Verhältnismäßig spärlich fließen dagegen Angaben über japanische Architektur, Malerei und Kalligraphie, Musik, Theater- und Dichtkunst, und auch dieser Mangel bezeichnet ein allgemeines Unvermögen der Reisenden jener Zeit, künstlerischen Leistungen eines fremden Volkes gegenüber ein Sensorium zu entwickeln. Aber solche Einschränkungen schmälern nicht das Verdienst Engelbert Kaempfers, die wichtigste Landesgeschichte Japans vor der »Neuentdeckung« des Inselreiches durch den um 1850 einsetzenden amerikanischen Imperialismus verfaßt zu haben.[99]

In der Gestalt von Karl Peter von Thunberg begegnen wir einem der zahlreichen schwedischen Reisenden, die, nachdem die bescheidenen Kolonisationsprojekte ihres Landes bereits im siebzehnten Jahrhundert gescheitert waren, durch weltweite Aktivität zumindest den internationalen Rang ihrer Naturwissenschaften zu dokumentieren verstanden. Auch Thunberg war Pastorensohn und studierte in Uppsala; auch er legte das Schwergewicht seiner Ausbildung auf die Naturwissenschaften und die Medizin. Im Jahre 1770 verließ er, ausgerüstet mit Empfehlungen seines weltberühmten Lehrers Linné, dem Doktortitel der Medizin und einem Reisestipendium, Schweden, um sich, wie er schreibt, »in Paris in der Medizin, der Chirurgie und den Naturwissenschaften zu perfektionieren«.[100] Zwei Jahre später schiffte sich Thunberg auf einem Kauffahrer der Niederländisch-Ostindischen Kompanie nach Südafrika ein, in der Absicht, dort die holländische Sprache besser zu erlernen und später nach Asien weiterzureisen. In der Kapkolonie traf er einen Landsmann, den bereits erwähnten Arzt und Naturforscher Sparrmann; mit ihm zusammen bereiste er das Hinterland, studierte das Volk der Hottentotten, das er zu seinem Leidwesen von der Ausrottung bedroht sah, sammelte Insekten, Pflanzen, kostbare Steine. Im Jahre 1775, nach dreijährigem Aufenthalt in Südafrika, schiffte sich Thunberg nach Java ein und gelangte von dort nach Deshima.

Auch Thunberg ließ sich während seines sechzehnmonatigen Aufenthalts in der Bucht von Nagasaki die Gelegenheit nicht entgehen, die holländische Delegation auf ihrer Reise in die Hauptstadt zu begleiten, und wie Kaempfer gelang es auch ihm, das Zutrauen seiner japanischen Umgebung zu gewinnen. Der Schwede kannte einen Teil von Kaempfers Reisebericht und war bemüht, diesen nach Möglichkeit zu ergänzen, wobei ihm auffiel, wie wenig sich in Japan im Verlaufe eines Jahrhunderts geändert hatte und in welchem Maße das starke Traditionsbewußtsein der Bevölkerung stürmische Entwicklungen ausschloß. Für die zurückhaltende Politik der Japaner zeigte auch Thunberg weitgehendes Verständnis: »Die Betrügereien der Europäer«, schreibt er, »und deren Hinterlist beim Import von Schmuggelware rechtfertigen zu einem gewissen Grad das Mißtrauen und die Vorsichtsmaßnahmen der Japaner. Zu diesen Unverschämtheiten tritt das taktlose Vorgehen einiger Beamter hinzu; deren hochmütiger Tonfall und ihr ironisches Lächeln haben den Haß und die Verachtung, die ihr Verhalten gegenüber Fremden ohnehin erregen muß, noch verstärkt. Die Japaner bemerken sehr wohl die Grobheit der Beamten und deren rücksichtslose Art, mit den ihnen unterstellten Seeleuten umzugehen«.[101]

Noch deutlicher als aus Kaempfers Bericht geht aus dem Reisejournal Thunbergs hervor, daß er die Japaner, im Unterschied zu Vertretern archaischer Kulturen, als zivilisierte Wesen betrachtet, mit denen sich, trotz sprachlicher Verständigungsschwierigkeiten, eine gemeinsame Basis des Dialogs finden läßt. Die gelehrten Gespräche, die der schwedische Arzt mit japanischen Kollegen führte, und die er anschaulich beschreibt, zeigen, wie leicht es den Gesprächspartnern fiel, auf Gedankengang und Argumentation des Gegenübers einzutreten. Es ist reizvoll zu beobachten, mit welchem Vergnügen Thunberg an Unterhaltungen dieser Art teilnimmt und wie sehr sein Geist, geprägt vom wissenschaftlichen Optimismus seiner Epoche, sich daran ergötzt, die aus der Einsicht in die allgemeine Gesetzlichkeit der Natur gewonnene Erkenntnis unmittelbar einleuchtend und übertragbar zu finden. Thunbergs Bericht gewinnt hier gegenüber demjenigen von Kaempfer eine eigentümliche intellektuelle Weltläufigkeit durch den Umstand, daß der Schwede kulturelle Andersartigkeit durchgehend als bloße Spielform einer grundsätzlichen Übereinstimmung zu deuten versucht. Diese Sehweise führt den Reisenden zu einem nach gerechter Abgewogenheit strebenden Urteil über japanische Sitten und Gebräuche, das allerdings, gerade wegen der Voraussetzung allgemeingültiger moralischer Kriterien, noch immer europazentrisch bleibt. »Die Sitten dieser Nation«, schreibt Thunberg etwa, »sind weniger eigentümlich als die Gesichtsbildung ihrer Bürger und stellen, wie überall sonst, eine Mischung von guten und schlechten Eigenschaften dar. Indessen überwiegen die ersteren die letzteren. Die Japaner wissen den Geist mit der Vorsicht, die Fügsamkeit mit der Liebe zum Recht und zur Unabhängigkeit zu verbinden. Tätig, nüchtern, sparsam, loyal und mutig, wie sie sind, lassen sie durch diese Qualitäten und Tugenden ihren Aberglauben, ihren Hochmut und ihr Mißtrauen, Eigenschaften, die oft nicht unbegründet sind, in Vergessenheit geraten.«[102]

Das Echo, welches Kaempfer und Thunberg mit ihren Berichten bei der Rückkehr in ihre Heimat fanden, bezeichnet sehr genau den Grad des zeitgenössischen europäischen Interesses an der Erforschung überseeischer Gebiete und den Stand der Naturwissenschaften in ihren Herkunftsländern. Kaempfer sah sich, nach dem mutigen Ausbruch aus gesellschaftlicher Enge, dem seine Japanreise entsprungen war, wieder in die Abgeschiedenheit einer westfälischen Kleinstadt zurückversetzt und verbrauchte sich, statt die Herausgabe seines Reisewerkes fördern zu können, in einem öden Existenzkampf; kaum jemand im damaligen Deutschland erkannte das Außerordentliche seiner Leistung und niemand unterstützte oder ermunterte ihn. Erst im Jahre 1712 konnte ein erster Teil seiner Aufzeichnungen in lateinischer Sprache erscheinen; das illustrierte Werk mit dem Titel »Amoenitates exoticae« wurde alsbald wieder vergessen. Um 1725, nach Kaempfers Tod, interessierte sich der bedeutende englische Naturforscher Sir Hans Sloane für die unveröffentlichten Manuskripte aus Kaempfers Nachlaß und beauftragte den Schweizer Johann Caspar Scheuchzer mit der Übertragung der eigentlichen Japanbeschreibung ins Englische – aber in Deutschland wurde Kaempfer bis gegen Ende des achtzehnten Jahrhunderts nicht bekannt, und auch später überließ man es wenigen Spezialisten, sich mit dieser Persönlichkeit zu beschäftigen.[103] Immerhin kamen Teile des Kaempferschen Werkes auch in französischer und holländischer Übersetzung heraus, und P. du Halde machte in seiner »Description de la Chine« einen Auszug desselben dem großen Leserkreis der Aufklärungszeit zugänglich.

6. Batavia (heute Djakarta), im Jahre 1619 von Jan Pieterszoon Coen begründet, wurde zum Ausgangspunkt niederländischer Kolonialaktivitäten im Fernen Osten. Der Plan aus De Witts »Theatrum praecipuarum totius Europae urbinum« vom Jahre 1690 zeigt die Stadt, welche man die »Königin der östlichen Meere« nannte, in ihrer Blütezeit. Erkennbar ist das quadratische Kastell, in dem sich das Haus des Gouverneurs, Verwaltungsgebäude, Handelskontore und die Garnison befanden.

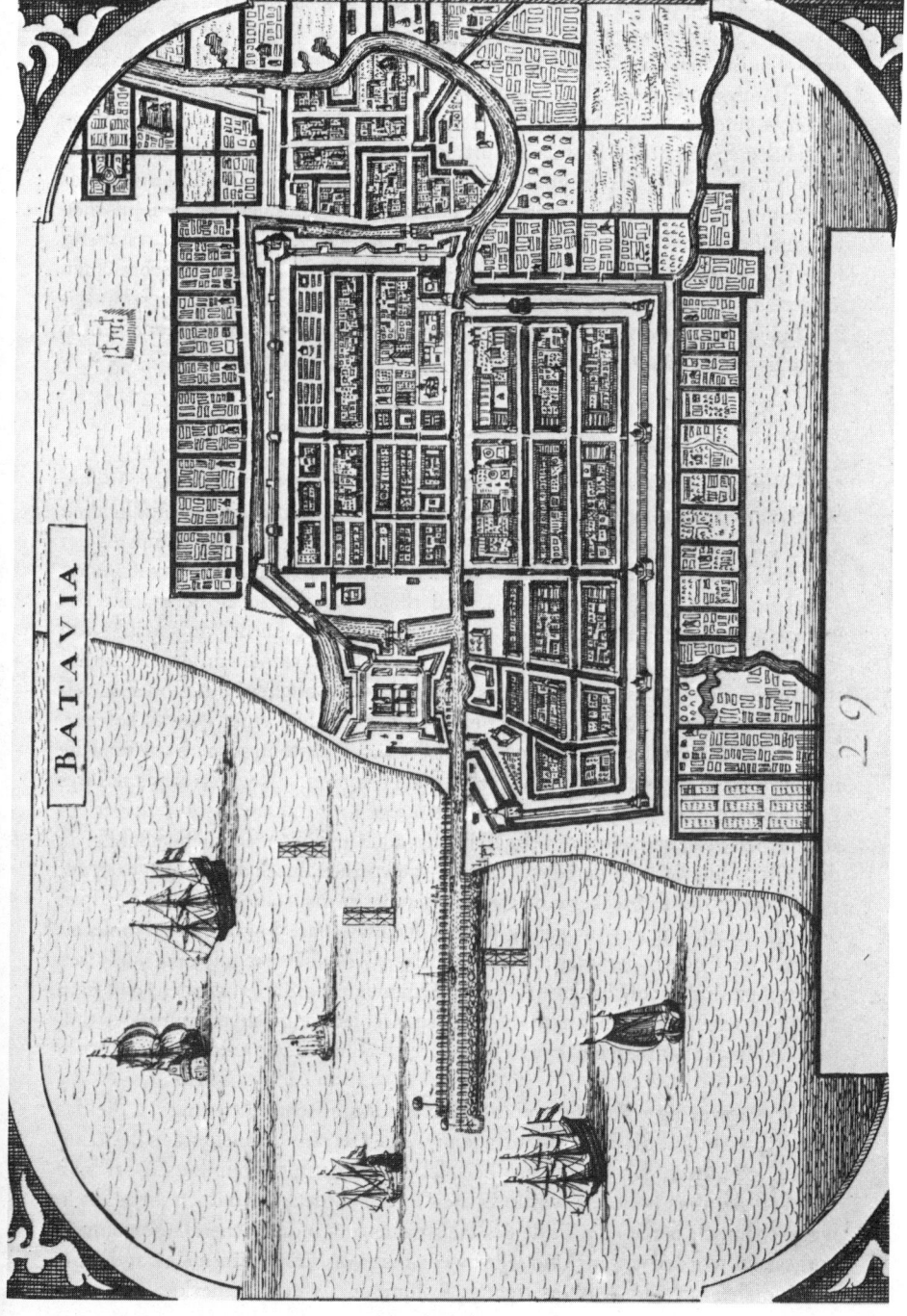

Die Rückkehr von Thunberg dagegen gestaltete sich zu einem persönlichen Triumph. Sein Erscheinen in Amsterdam ließ für einen Augenblick die Besorgnis der holländischen Handelsherren über den Niedergang ihrer Kolonialgeschäfte in den Hintergrund treten. In London wurde der Schwede im Kreis der »Royal Society« gefeiert, eine Ehre, nach der viele Gelehrte des Kontinents lebenslang vergeblich strebten. In Uppsala beauftragte man Thunberg mit der Einrichtung eines botanischen Gartens und übertrug ihm den Lehrstuhl Carl von Linnés. Das Werk des Naturforschers erschien neben den schwedischen und lateinischen Originalfassungen in deutscher und englischer Sprache und wurde – ein sicheres Indiz für seinen Erfolg – bald auch in Sammeleditionen von Reiseberichten aufgenommen. Es schien, obwohl Thunberg selbst zu diesem Mißverständnis anscheinend nichts beitrug, als habe der Schwede als Japanreisender keinen europäischen Vorläufer gehabt.

l) Schlußbemerkung

Der heutige Historiker, der sich mit dem Phänomen der Erweiterung europäischer Weltkenntnis befaßt, wird sich stets der Vieldeutigkeit und Mißverständlichkeit des Begriffs der »Entdeckungsreise« bewußt bleiben müssen. Die Chronisten der spanisch-portugiesischen Pionierzeit gebrauchten das Wort mit der Naivität eines völlig ungebrochenen Selbstgefühls, und die imperialistischen Seemächte des neunzehnten Jahrhunderts hielten es nicht anders. Die Entdeckungsreisen von Vasco da Gama und Kolumbus, von Stanley und Livingstone wurden von enthusiastischen Zeitgenossen nicht nur als Zeugnisse persönlichen Mutes oder Beweise der wissenschaftlichen und technischen Überlegenheit eines Landes gefeiert, sondern als schöpferische Leistungen schlechthin dargestellt, so, als hätte man die neuentdeckten Gebiete nicht bloß aufgefunden, sondern als wären sie dank ihres Entdeckers erst eigentlich existent geworden. Der Kulturchauvinismus, der sich in solcher Sehweise seit jeher verborgen hat, ist auch im völkerrechtlichen Bereich in der Vorstellung des »Finderechts« wirksam geworden: durch das Aufpflanzen der Flagge pflegt der Entdecker einen nationalen Besitzanspruch geltend zu machen, der sich einzig auf das oft genug schwer nachweisbare Faktum der Pioniertat stützt. Der Erwerb der meisten europäischen Kolonien ist mit dem juristisch schwachen und sachlich meist falschen Argument begründet worden, daß man zuerst da war und folglich ein »herrenloses Gebiet«, eine sogenannte »res nullius«, zu Recht dem eigenen Herrschaftsbereich politisch wie kulturell eingliedern konnte.[104]

Wie fragwürdig eine Interpretation der entdeckerischen Leistung ist, die das Hauptgewicht auf die Prioritätenfrage und einen daraus abzuleitenden Besitzanspruch legt, zeigt sich bereits am Beispiel des Christoph Kolumbus. Darf man sagen, Kolumbus habe die westindischen Inseln entdeckt, wo doch diese Inseln wahrscheinlich bereits am Ende des Pleistozäns von indianischen Urbewohnern aufgesucht worden waren? Und selbst wenn man von dieser frühen Zuwanderung der Indianer absieht – ist es richtig, Kolumbus als den Entdecker Amerikas anzusprechen, wo ihm doch die Wikinger längst zuvorgekommen waren? Und schließlich: Mit welchem Recht loben wir Kolumbus für ein Verdienst, dessen er selbst sich gar nicht bewußt war, glaubte er doch wohl bis zuletzt, nach Asien gelangt zu sein? Wäre es nicht zutreffender, wenn man Amerigo Vespucci, der erstmals mit einiger Bestimmtheit von einer »nuova terra« schrieb, als den wirklichen Entdecker betrachtete oder gar den Deutschen Martin Waldseemüller, der, die spanischen Reiseberichte erstmals kritisch vergleichend und auswertend, von der Entdeckung eines »vierten Weltteils« zu sprechen wagte?[105]

Alle diese Fragen zeigen, daß neben einer genauen Abklärung des historischen Sachverhalts auch der Begriff der »Entdeckung«, wenn er sinnvoll gebraucht werden soll, genau definiert werden muß. Zuerst muß festgehalten werden, daß jede geographische Entdeckung, das heißt: jede erstmalige Wahrnehmung einer bestimmten Region der Erdoberfläche, notwendig von einem bestimmten Kulturkreis aus erfolgt und nur unter Bezug auf den Wissenshorizont dieses Kulturkreises als Entdeckung angesprochen werden darf. Es ist richtig zu sagen, Vasco da Gama habe die ostafrikanische Küste und Cook habe Neukaledonien entdeckt, allerdings nur unter der Voraussetzung, daß beide ihre Leistungen für Europa und im Rahmen der kulturellen Möglichkeiten dieses Kontinents vollbracht haben. Denn Ostafrika war Arabern, Indern und Chinesen bereits Jahrhunderte vor Vasco da Gama bekannt gewesen, und manche der pazifischen Inseln, die Cook erkundete, hatten die Polynesier auf ihren weitausgreifenden Seefahrten im ersten Jahrhundert nach Christus schon aufgesucht.[106]

Wichtig ist natürlich auch, daß sich die Erinnerung an eine entdeckerische Leistung im dafür verantwortlichen Kulturkreis nicht verliert, sondern in schriftlicher Überlieferung bewahrt wird. Der englische Kapitän Samuel Wallis konnte sich durchaus rühmen, Tahiti entdeckt zu haben, auch wenn die spanischen Hydrographen darauf bestanden, ihr Landsmann Pedro Fernández Quiros habe die Insel vor ihm gesichtet – Wallis hatte sich die Mühe einer exakten schriftlichen Fixierung seiner Entdeckung gemacht. Auch Kolumbus hätte sich, wenn wir für einmal von der Problematik der wissenschaftlichen Auswertung absehen, mit guten Gründen als Entdecker Amerikas bezeichnen dürfen, da sich die gelehrte abendländische Welt zu seiner Zeit von der Bedeutung der isländischen Sagas für den Nachweis der Wikingerfahrten keinerlei Rechenschaft gab.[107]

Von Bedeutung wenn nicht für den Nachweis der entdeckerischen Pioniertat, so doch für die Qualität einer Entdeckung ist wohl schließlich neben der Bewertung des dabei geleisteten Einsatzes auch die Frage, in welcher Weise die Zeitgenossen davon unterrichtet, wie die Leistung geplant und deren Ergebnisse verwertet wurden. Bereits Jacob Burckhardt hat in seiner »Kultur der Renaissance in Italien« von der Notwendigkeit einer qualitativen Differenzierung gesprochen. »Nun aber ist der wahre Entdecker nicht der, welcher zufällig zuerst irgendwohin gerät«, schreibt Burckhardt, »sondern der, welcher gesucht hat und findet; ein solcher allein wird auch im Zusammenhang stehen mit den Gedanken und Interessen seiner Vorgänger, und die Rechenschaft, die er ablegt, wird danach beschaffen sein.«[108] In neuester Zeit hat Hanno Beck eine Unterscheidung zwischen Entdeckungs- und Forschungsreise eingeführt: der Forschungsreisende ist nach Beck gegenüber dem Entdecker wissenschaftlich ausgebildet und verfolgt nach »spezieller, bewußter Vorbereitung« sein Ziel.[109] Auch wir halten eine solche Differenzierung für sinnvoll und nützlich, wobei allerdings immer bedacht werden soll, daß die Grenzen zwischen beiden Formen der Erkundung oft fließend sind und daß diese Differenzierung nicht notwendig etwas über den Rang, sondern vor allem über den Charakter einer bestimmten Leistung aussagt.

Die Forschungsreise würde sich also von der Entdeckungsreise vor allem dadurch unterscheiden, daß sie – materiell, personell und methodisch – sorgfältig vorbereitet wird und ihr Objekt zielstrebig und systematisch angeht. Insofern setzt sie die Entdeckungsreise voraus, welche meistens bereits verstreute Informationen geliefert und dadurch ein Bedürfnis nach genauerer wissenschaftlicher Klärung geweckt hat. Wie die »primäre Erfindung«, von der uns die Ethnologen berichten, wird man die Entdeckung häufig entweder einem glücklichen Zufall oder einem genialen Einfall verdanken, während die Forschungsreise von einem konsequent voranschreitenden Bemühen Zeugnis ablegt – ähnlich verfeinert ja auch die »sekundäre Erfindung« die »primäre Erfindung«, erweitert diese in ihren Wirkungsmöglichkeiten und stimmt sie auf spezifische Bedürfnisse ab.

Entdeckungsreisen können bereits durch vages Fernweh, utopische Sehnsüchte oder ein verlockendes Gerücht zureichend motiviert werden, während die Forschungsreise konkreter Ausgangspunkte bedarf. Von zentraler Bedeutung für die Entdeckungsreisen ist in der Regel auch der materielle und kommerzielle Anreiz: so sind die etappenweisen Vorstöße der Portugiesen längs der westafrikanischen Küste zwischen 1415 und 1488 derart vordringlich durch den Willen motiviert worden, in den Monopolbereich des arabischen Gewürzhandels einzudringen, daß unterwegs für Forschungsarbeiten kaum mehr Gelegenheit blieb. Allerdings muß hier sofort beigefügt werden, daß diesen Expeditionen längs der westafrikanischen Küste sorgfältige wissenschaftliche Vorbereitungen vorausgingen: zu diesem Zwecke hatte Heinrich der Seefahrer im Süden seines Landes die »Terça Naval«, eine Seefahrerschule und ein Marinearsenal begründet, wo er Techniker, Wissenschaftler und Kartographen von Rang versammelte.[110] Daß im Falle des Kolumbus das kommerzielle Motiv noch wichtiger war, verrät die folgende Aufzeichnung in seinem Bordbuch: »Es ist wahr, daß dort, wo ich Gold und Gewürze in Menge finde, ich so lange verweilen werde, bis ich davon soviel wie möglich habe, und darum mache ich nichts weiter als fahren und sehen, ob ich darauf stoße.«[111] Ein solcher materieller Anreiz ist natürlich oftmals auch bei Forschungsreisen wirksam gewesen, wird aber von Propagandisten und Kommentatoren geflissentlich heruntergespielt: im späten achtzehnten Jahrhundert, etwa bei der Ausfahrt Cooks zur Beobachtung des Venusdurchgangs, gehörte es geradezu zum guten Ton, die desinteressierte Wissenschaftlichkeit eines Unternehmens zu unterstreichen.

Wir haben in diesem ersten Kapitel in Anlehnung an den amerikanischen Kolonialhistoriker J. H. Parry von einem ersten und einem zweiten Entdeckungszeitalter gesprochen.[112] In politischer, wirtschaftlicher und technologischer Hinsicht drängt sich eine solche Abgrenzung beider Epochen mit aller Deutlichkeit auf. Im globalpolitischen Kräftefeld lösen bereits im siebzehnten Jahrhundert Holland, England und Frankreich die iberischen Seemächte in ihrer Führerrolle ab; der Weltherrschaftsanspruch Portugals und Spaniens, der sich im Vertrag von Tordesillas (1494) unverhüllt und unangezweifelt manifestierte, ist nach dem Frieden von Utrecht (1713) zum rein juristischen Argument geworden, das durch keine Machtposition mehr gestützt wird. Das zweite Entdeckungszeitalter denkt, trotz der faktischen Vorherrschaft des englisch-französischen Gegensatzes, völkerrechtlich pluralistisch: der spätmittelalterlichen Idee der Weltteilung unter päpstlichem Patronat setzt der Holländer Hugo Grotius die Idee der »Freiheit der Meere« entgegen. Auch im wirtschaftlichen Sektor wird das singular-exklusive System des merkantilistischen Monopolismus im zweiten Entdeckungszeitalter von einem zumindest in der Theorie offenen System des Freihandels abgelöst. Auch hier ist die Wandlung offensichtlich: während der Merkantilismus von der Voraussetzung ausging, der Vorteil der einen Nation müsse notwendig den Nachteil aller andern bedeuten, nehmen Freihändler wie Adam Smith eine elementare Interessenharmonie der Menschheit an, die durch die Natur der Dinge vorgegeben ist.[113] Im technologischen Bereich kündigt sich das zweite Entdeckungszeitalter nach Phasen der Stagnation im siebzehnten Jahrhundert mit entscheidenden Fortschritten in Schiffbau und Bordhygiene, in Navigationstechnik und Kartographie an und erreicht seinen vielleicht augenfälligsten Erfolg mit der Einführung von Harrisons Chronometer.

Untersucht man vornehmlich den geistesgeschichtlichen Aspekt der europäischen Erkundung überseeischer Gebiete, wie wir es in diesem ersten Kapitel taten, wird man auch hier zwischen erstem und zweitem Entdeckungszeitalter einen spürbaren Wandel feststellen können. Obwohl es Ansätze zu wissenschaftlicher Planung und Durchführung von Reisen seit Vespucci immer wieder gab, tritt im zweiten Entdeckungszeitalter, besonders bei maritimen Unternehmungen, der Typus des eigentlichen Forschungsreisenden deutlicher hervor als je zuvor. In einem Sammelwerk von Reiseberichten, dem 1715 in Amsterdam erschienenen »Recueil des voyages du Nord«, wird bereits ein erstaunlich vollständiges Inventar von noch zu lösenden geographischen Problemen und ein Forschungsprogramm für künftige Seefahrer entwickelt; auch eine Anweisung für wissenschaftlich ergiebiges Reisen, ein »Essai d'instruction pour voyager utilement«, fehlt nicht.[114] Wir wollen hier nicht behaupten, daß solches damals zum ersten Mal geschah; denn Pionierverdienste sind in der Geschichte schwer zuzuweisen. Es ist unzweifelhaft, daß die europäischen Handelskompanien in Übersee bereits im siebzehnten Jahrhundert ihren Agenten exakte Weisungen gaben, sich anhand von Fragebögen über bestimmte Gegenden zu informieren, wobei diesen Nachforschungen allerdings primär wirtschaftliches Gewicht zukam; zur selben Zeit, da die eben erwähnten »Instructions pour voyager utilement« erschienen, ordnete etwa die im Niedergang befindliche »Royal African Company« derartige Erkundigungen über den Reichtum von Gambia an. Aber methodische Anweisungen wie diejenigen im »Recueil des voyages du Nord« finden wir in der

Reiseliteratur des zweiten Entdeckungszeitalters doch ausgesprochen häufig, und die detaillierten Instruktionen des bereits erwähnten La Pérouse bezeichnen lediglich den Höhepunkt einer Entwicklung zur wissenschaftlichen Selbstkritik und Systematik, die sich seit einiger Zeit angebahnt hatte.

Etwas später zeigt sich ein ähnlicher Trend zu zielgerichteter Vorbereitung und Durchführung auch bei den Binnenreisen. Seit der Antike hat das Wasser Transport und menschliche Kommunikation eher begünstigt als das feste Land, und so haben sich auch in der neueren Zeit im Bereich der See- und Küstenschiffahrt die Methoden wissenschaftlicher Erkundung früher verfeinert. So sind etwa, wie wir bereits oben feststellten, die zahlreichen Vorstöße englischer und französischer Waldläufer ins Innere Nordamerikas ohne entsprechende Forschungsergebnisse geblieben. Nach 1750 wurde es indessen üblich, auch Landreisende mit wissenschaftlichen Fragebögen zu versehen: bekannt sind etwa die Anweisungen der Universität Göttingen an den deutschen Orientreisenden Carsten Niebuhr. Ein wirklich überzeugender Durchbruch zur sorgfältigen Planung einer Binnenreise in Übersee aber gelang wohl erst dem Gelehrtenteam der »African Association« im Jahre 1788.

Wir haben darauf hingewiesen, daß die Zahl derjenigen europäischen Seeleute oder Kolonialbeamten, die in der Lage gewesen wären, zuverlässige Berichte zu liefern, recht gering war. Dies gilt auch durchaus noch für das zweite Entdeckungszeitalter. Noch im achtzehnten Jahrhundert, als sich die europäischen Fürstenhöfe längst Historiographen hielten, konnte es geschehen, daß Schiffe zu bedeutungsvollen Unternehmungen in See stachen, ohne über wirklich gebildetes Personal zu verfügen. Geographisch oder historisch äußerst wichtige Unternehmungen wie die Umschiffung des Kaps der Guten Hoffnung, die Atlantiküberquerung englischer Kolonisten auf der »Mayflower« im Jahre 1620, aber auch die erste Reise des Kolumbus stellen den Spezialisten vor fast unlösbare Probleme, weil nur lückenhaftes oder fragwürdiges Quellenmaterial erhalten geblieben ist. Umgekehrt gibt es beispielsweise von den holländischen Handelsreisen nach den asiatischen Gewürzinseln zahlreiche Einzeldarstellungen aus einer Zeit, da diese Reisen bereits zu Routinefahrten geworden waren. Die Tatsache, daß bei der Weltumsegelung Magellans ein aufgeweckter und gebildeter Mann wie Antonio Pigafetta mitreiste und die Fahrt überlebte, muß als ausgesprochener Glücksfall bezeichnet werden; über die folgende Weltumsegelung, jene Francis Drakes, sind wir wesentlich schlechter unterrichtet.

Die überwiegende Zahl der erhaltenen Reiseberichte stammt, wie immer wieder betont werden muß, entweder von Geistlichen, Ärzten oder Naturforschern, deren Anwesenheit an Bord aus Gründen der Seelsorge, Krankenpflege und Verproviantierung als unerläßlich betrachtet wurde. In der Berichterstattung des siebzehnten und achtzehnten Jahrhunderts über Japan hat sich beispielsweise die Berufsgruppe der Ärzte besonders ausgezeichnet, während um dieselbe Zeit in Westindien vor allem Naturforscher und in China, Kanada und auf dem südamerikanischen Festland vor allem Missionare tätig waren.

Unser Quellenmaterial stützt sich also für beide Entdeckungszeitalter auf eine bildungsmäßig gehobene Schicht, welche für die Mentalität der seefahrenden und kolonisierenden Europäer keineswegs typisch ist. Und auch die Berichte dieser gebildeten Minderheit sind, in ihrer stilistischen Schwerfälligkeit, oft eine mühselige Lektüre. In den Reiseberichten des achtzehnten Jahrhunderts wird es üblich, daß der Verfasser sich im Vorwort für die Mängel des sprachlichen Ausdrucks entschuldigt und die Hoffnung äußert, der Leser möge sich durch den guten Willen des Autors über solche Unzulänglichkeiten hinwegtrösten; und selbst ein Mann von beachtlichem schriftstellerischem Talent wie Bougainville weist darauf hin, daß es leider nicht möglich sei, sich in den kanadischen Wäldern und auf den Weltmeeren in der Kunst des Schreibens auszubilden.

Über das Verhalten der gewöhnlichen Matrosen, Soldaten und Handelsleute, über die Motive ihrer Reise und die Art ihres Interesses sind wir oft recht unzureichend unterrichtet, und es ist dem englischen Historiker Russell-Woods zuzustimmen, wenn er in seinem Buch »Fidalgos and Philanthropists« feststellt, man wisse zwar einiges von Vizekönigen, Gouverneuren und Bischöfen, recht wenig aber von den Reisenden und Kolonisten in subalterner Position.[115]

Natürlich blieben Ergiebigkeit und Wert der Reiseberichterstattung auch immer von den oft abenteuerlichen Wechselfällen einer Unternehmung abhängig. Fast immer mußten mehrere glückliche Faktoren zusammenwirken, bis sich ein Reisejournal zuletzt in den Händen eines europäischen Verlegers befand. Die verschiedenartigsten Gefahren drohten: den Seefahrern Schiffbruch und Skorbut, den Binnenreisenden Tropenfieber und Strapazen aller Art – vielfach sind Reiseberichte erschütternde Dokumente einer am Leiden reifenden intellektuellen Willenskraft. In der Entschiedenheit ihres Charakters, in ihrer unbeugsamen Hartnäckigkeit und einer häufig zu konstatierenden Neigung zu Askese oder gar Masochismus repräsentierten vor allem Binnenreisende einen Typus von eigener Prägung, der sich, wie Margery Perham im Blick auf englische Afrikareisende festgestellt hat, »in seiner sonderbaren geistigen Verfassung vom Üblichen unterschied«.[116] Oft gingen wissenschaftliche Aufzeichnungen, Sammlungen und Präparate beim Untergang von Schiffen verloren oder wurden bei der Plünderung und Brandschatzung von Forts durch Eingeborene oder feindliche Europäer vernichtet. Auch erregte der seine Beobachtungen notierende Reisende bei fremden Völkern häufig den gefährlichen Verdacht auf Spionage: Mungo Park gelang es beispielsweise nur, seine Informationen für die Nachwelt zu retten, weil er sie im Verborgenen niederschrieb und im Futter seines Hutes verbarg.[117] Alle diese Erschwerungen der Berichterstattung im kolonialen Bereich müssen bei der Bewertung der Quellenlage in Betracht gezogen werden; insbesondere wird man, wenn schriftliche Zeugnisse fehlen, nicht ohne weiteres auf ein Fehlen jeglicher Entdeckertätigkeit schließen dürfen.

Bemerkenswert ist in unserem Zusammenhang noch, daß die Berichte der Überseereisenden sich fast immer, im ersten wie im zweiten Entdeckungszeitalter, an ein europäisches Publikum gewandt haben. Viele Angehörige der gebildeten schreibkundigen Schicht dachten nicht daran, sich dauernd in Übersee niederzulassen: Neugierde, Abenteuerlust und die Hoffnung, den Landsleuten zuhause mit der Schilderung ihrer Erlebnisse imponieren zu können, hatten sie zur Reise verlockt. Das galt freilich nicht immer für die Missionare, welche nicht selten beschlossen hatten, ihr ganzes Leben der Heidenbekehrung jenseits der Ozeane zu widmen; aber auch deren Berichte waren vor allem für Leser in Europa, meistens für die ihnen vorgesetzten Ordensbrüder gedacht. Die eigentlichen Auswanderer dagegen, welche die wirtschaftliche Not in die Ferne trieb, hatten sich zuerst um den Aufbau ihrer neuen Existenz zu sorgen; meistens waren sie auch, wenn es sich nicht um Glaubensflüchtlinge handelte, zu ungebildet, um sich der Schriftstellerei oder der Lektüre widmen zu können. Und bei Jagd und Ackerbau hätte Bücherwissen auch wenig helfen können; hier zählte allein die harte Erfahrung des beschränkten neuen Lebenskreises.

Die wenigen Stätten wissenschaftlichen Forschens und akademischer Begegnung, die es vor dem Ende des achtzehnten Jahrhunderts in Übersee, etwa in den Neu-Englandstaaten, gab, waren lediglich Außenposten europäischer Gelehrsamkeit: bis zur Französischen Revolution gibt es kaum Reiseberichte, die in Erstauflage nicht in Europa, in London, Amsterdam, Paris oder Leipzig, erschienen wären. Diese ganz auf Europa zielende Ausrichtung der Forschungsarbeiten in den Kolonien hatte unbestreitbar den großen Vorteil, daß Auswertung und Diskussion neuer Entdeckungen und Einsichten an zentraler Stelle erfolgen konnten; auch wurde es dadurch besser möglich, sich über gemeinsame Forschungsziele innerhalb der europäischen Gelehrtenrepublik abzusprechen und wissenschaftliche Anstrengungen zu koordinieren. Aber ähnlich wie das globale Merkantilsystem die Riesengewinne eines ganz nach der Metropole orientierten Kolonialhandels in die Taschen weniger städtischer Großkaufleute und Kompanieherren fließen ließ, während der kleine Faktoreibeamte draußen sich abrackerte und arm und vergessen blieb, neigte auch dieses zentralistische System der Wissensvermittlung dazu, die unermüdlichen Einzelleistungen der »Feldforscher« in allen Teilen der Welt hinter der akademischen Betriebsamkeit rühriger Sammler und Administratoren in den europäischen Universitätsstädten zurücktreten zu lassen. Ein gerechtes Urteil über den Rang der wissenschaftlichen Leistung einzelner Forscher wird durch diese Situation, welche für die kulturellen Kontakte zwischen Europa und Übersee bis weit ins neunzehnte Jahrhundert hinein kennzeichnend geblieben ist, äußerst erschwert.

Man kann in dieser sehr einseitigen Orientierung der Überseeforschung tatsächlich einen besonders augenfälligen Beweis für die Europazentrik sehen, welche das Verhalten Europas gegenüber den Kolonien seit der Zeit Heinrichs des Seefahrers so entscheidend bestimmt hat. In der resoluten Ablehnung dieses Europazentrismus sind sich heute Psychologen, Soziologen, Politologen, Ethnologen und Historiker aus allen politischen Lagern einig; spätestens seit Geoffrey Barraclough in seiner »Introduction to Contemporary History« auf die Notwendigkeit hingewiesen hat, eine Weltperspektive der Geschichtsbetrachtung zu gewinnen,[118] gehört die Ablehnung des Europazentrismus zu den geradezu modisch gewordenen Postulaten des wissenschaftlichen Gesprächs. Wie dieser Europazentrismus in Zukunft vermieden werden könne, darüber gibt es verschiedene Meinungen, die aber alle im Prinzip zwei Grundmustern folgen: entweder man verspricht sich, wie der Marxismus, vom Zusammenbruch des imperialistischen Kapitalismus automatisch den Abbau der im geistigen Überbau dieses Wirtschaftssystems enthaltenen kulturchauvinistischen und rassendiskriminatorischen Tendenzen; oder aber man hofft, wie manche liberalen Theoretiker, auf eine zunehmende Aufhebung des kulturellen Gegensatzes durch die wachsende Interdependenz der kleiner gewordenen Welt, auf ausgeglichenere Kapitalstreuung durch private Investition unter gerechter Gewinnbeteiligung bei Anleger wie Empfänger, auf ein wachsendes Bewußtsein moralischer Verantwortung vonseiten der industriell entwickelten Länder.

Doch die Kontroversen über Sinn und Fragwürdigkeit kultureller Begegnung mit der »Dritten Welt« dürfen, wie anregend sie auch immer sein mögen, das hermeneutische Problem dieser Begegnung mit dem Andersartigen nicht ausklammern. Wer entdecken will, wird immer von einem bestimmten Standort auszugehen haben; gerade die Verwurzelung im Eigenen verleiht dem Fremden seine stärkste Faszinationskraft. Unter den modernen Ethnologen hat vor allem Claude Lévi-Strauss daran festgehalten, daß die Entdeckung der Andersartigkeit, »la découverte de l'altérité«, eine Verbindung und keinen Bruch herbeiführt.[119] Zu meinen, man könne sich dem Problem des Fremden von der Position einer außergeschichtlichen Objektivität aus nähern, wäre ebenso falsch wie anzunehmen, es sei möglich, aus sich selbst herauszutreten und, »sich einfühlend«, im fremden Objekt aufzugehen. Diese beiden Formen der Annäherung – die erste dem dialektischen Materialismus, die zweite dem Historismus benachbart – führen entweder zur Reduzierung des in sich spannungsreichen Faktums der Kulturbegegnung auf naturrechtliche Abstraktionen und anarchistische Gesellschaftsutopien oder zu irrationaler Verstrickung mit dem Exotischen und Schwärmerei.

Wer zu Entdeckungen aufbricht, nimmt sich selber mit. Nicht eine fiktive neutrale Sachlichkeit macht den Reisenden Fremden gegenüber empfänglich; erst das Bewußtsein der eigenen Voreingenommenheit läßt den Kontakt intellektuell fruchtbar werden. Die wahre Begegnung führt, mit Wilhelm Dilthey zu reden, zu einem Prozeß der »wechselseitigen Erhellung«: je besser man sich selber kennt, umsomehr erleichtert sich der Zugang zum anderen, und die Kenntnis des andern wirkt wiederum klärend auf das Verständnis des Ich zurück. In der ständig erneuerten Berührung mit dem Andersartigen, in der damit verbundenen Vergegenwärtigung des Trennenden und aus der Spannung dieser Verschiedenheit heraus kann eine elementare Gemeinsamkeit und hintergründige Übereinstimmung erst erfahren werden. »Ein wirklich historisches Denken«, sagt Hans Georg Gadamer, »muß die eigene Geschichtlichkeit mitdenken. Nur dann wird es nicht dem Phantom eines historischen Objektes nachjagen, das Gegenstand fortschreitender Forschung ist, sondern wird in dem Objekt das Andere des Eigenen und damit das Eine wie das Andere erkennen lernen. Der wahre historische Gegenstand ist kein Gegenstand, sondern die Einheit dieses Einen und Anderen, ein Verhältnis, in dem die Wirklichkeit der Geschichte ebenso wie die Wirklichkeit des geschichtlichen Verstehens besteht«.[120]

Uns geht es im folgenden nicht um eine philosophisch-psychologische Analyse der Problematik kultureller Begegnung, sondern um die Darstellung ihrer vielfältigen geschichtlichen Erscheinungsformen. Einen zusammenhängenden Abriß der europäischen Überseeexpansion in ihren politischen, wirtschaftlichen und religiösen Aspekten zu geben, ist nicht unsere Absicht. Wohl aber soll dieser Prozeß von der Grundfrage her beleuchtet werden, ob und mit welchen Mitteln die Beteiligten zum Verständnis der andern Kultur zu gelangen suchten, in welchem Grade ihnen dies gelang und, wenn es mißlang, woran sie scheiterten. Um zu einer solchen Geschichte der kulturellen Annäherung vorzudringen, ist eine genauere Kenntnis der Bedingungen, unter denen sich das Zusammentreffen zwischen Europäern und Überseebewohnern vollzog, sowie der Formen, in denen es sich abspielte, unerläßlich: diesen Fragen wenden wir uns im nächsten Kapitel zu.

II. Europäer und Eingeborene: Formen der Begegnung

1. *Die Kulturberührung*

Wir haben bisher die europäischen Vorstöße zur See in ihren zwei charakteristischen Phasen dargestellt und die wichtigsten Binnenreisen in beiden Teilen Amerikas, in Afrika und in Asien zu überblicken gesucht; nun soll gezeigt werden, wie sich das Zusammentreffen zwischen den Vertretern europäischer Zivilisationskultur und den Repräsentanten archaischer Kulturformen abspielte und welche Grundmuster der Begegnung sich bis zum Ende des achtzehnten Jahrhunderts herausbildeten. Es versteht sich, daß die überseeischen Beziehungen sich je nach den geographischen und klimatischen Gegebenheiten sowie nach den Intentionen und dem Kräfteverhältnis der beteiligten Parteien in verschiedenen Teilen der Welt sehr unterschiedlich entwickelten; dennoch lassen sich bestimmte Typen der gegenseitigen Beziehung auseinanderhalten, die zwar selten rein anzutreffen sind, aber doch Modellcharakter beanspruchen dürfen. Im folgenden sei versucht, vier solche Grundformen der kulturellen Begegnung zu unterscheiden, und insbesondere die spezifische Art des anthropologischen Verständnisses, welche sich aus jeder von ihnen ergab, zu skizzieren. Wir werden von der Kulturberührung, vom Kulturkontakt, vom Kulturzusammenstoß und von der Kulturverflechtung zu sprechen haben.[1]

a) Die Ungewißheit des ersten Zusammentreffens

Unter Kulturberührung verstehen wir das in seiner Dauer begrenzte erstmalige oder mit großen Unterbrüchen erfolgende Zusammentreffen einer kleinen Gruppe von Reisenden mit Vertretern einer geschlossenen archaischen Bevölkerungsgruppe, wie es besonders den Charakter der frühen Entdeckungsfahrten bestimmt. Die ersten Vorstöße der Portugiesen über das Kap Bojador hinaus führten anläßlich flüchtiger Verproviantierungsaufenthalte zu Kulturberührungen dieser Art, und zu ähnlichen Begegnungen kam es während der vier Reisen des Kolumbus im westindischen Raum oder bei der Erkundung der pazifischen Inselwelt durch Wallis, Bougainville und Cook.

Solche Zusammentreffen hatten für beide Teile sowohl den Reiz wie die Bedrohlichkeit des Neuen und Überraschenden. Von Seiten der Eingeborenen reagierte man in der Regel mit scheuer Zurückhaltung auf das Auftauchen der Europäer; oft aber zeigte man auch unverhohlene Neugierde und begegnete den Fremden mit überströmender Freigebigkeit und Gastfreundschaft, und nur in Ausnahmefällen verhielt man sich feindselig. Ein typisches Zusammentreffen dieser Art beschreibt der Venezianer Cadamosto, der im Jahre 1454 in portugiesischen Diensten nach Westafrika segelte. »Diese Neger«, heißt es in seinem Reisebericht, »liefen zusammen, um mich zu sehen, als ob ich eine Wundererscheinung gewesen wäre. Es schien für sie eine neue Erfahrung zu sein, einen Christenmenschen zu sehen. Sie wunderten sich nicht weniger über meine Bekleidung als über meine weiße Haut. Meine Kleider waren nach spanischer Mode gemacht: ein Wams aus schwarzem Damast mit einem kurzen Mantel aus grauer Wolle darüber. Sie untersuchten den Wollstoff, der ihnen neu war, wie auch das Wams mit größter Verwunderung; einige berührten meine Hände und Gliedmaßen und rieben meine Haut mit Speichel, um herauszufinden, ob das Weiß natürlich oder gefärbt sei ...«[2]

Neugierige Erwartung und leises Mißtrauen dominierten auch die erste Reaktion des Europäers auf den exotischen Menschen. »Weh mir! Zu welchem Volke bin ich nun wieder gekommen? Sind's unmenschliche Räuber und sittenlose Barbaren, oder gastliche Menschen, und gottesfürchtigen Sinnes?« – diesen Ausruf des seefahrenden Odysseus könnte, in etwas prosaischerer Version, auch ein europäischer Seefahrer des ersten Entdeckungszeitalters getan haben. Wie schwierig es gerade in der Phase der Kulturberührung war, die Reaktionen der Eingeborenen richtig zu deuten, beweist eine Episode, die der florentinische Seefahrer Verrazano im Jahre 1524 von der nordamerikanischen Ostküste berichtete. Ein junger Seemann war gegen die Küste geschwommen, um den Indianern aus sicherem Abstand einige der üblichen billigen Schmuckgegenstände zuzuwerfen, hatte aber das Unglück, von den Wellen erfaßt und ans Land geworfen zu werden. Darauf näherten sich die Indianer, ergriffen den Seemann, entkleideten ihn und entzündeten ein großes Feuer; aber zum Erstaunen seiner Kameraden, die den Vorfall von einem Boot aus beobachteten, traf man keine Anstalten zu einem kannibalischen Gelage, sondern es ging den Indianern lediglich darum, Körper und Hautfarbe des Europäers zu inspizieren und ihn am Feuer sich trocknen zu lassen.[3]

Daniel Defoe beschreibt in seinem »Robinson Crusoe« die Scheu und Verhaltensunsicherheit beider Seiten bei der Kulturberührung. Robinson kreuzt in seinem kleinen Segelboot vor der mauretanischen Küste und gibt den hie und da sich zeigenden Landbewohnern mit Handzeichen zu verstehen, daß er der Nahrung bedürfe. Die dunkelhäutigen Eingeborenen entfernen sich und kehren bald mit etwas Wegzehrung zurück, die sie am Strand niederlegen. Robinson aber zögert, sich dem Ufer zu nähern, bevor die »Wilden« wieder sicheren Abstand genommen haben; erst dann holt er die Nahrung ab und gibt, wiederum vom Boot aus, den Eingeborenen Zeichen seines Dankes. Durch eine solche Art des Vorgehens, wie es uns in zahlreichen Reiseberichten überliefert wird, suchte man beim ersten Zusammentreffen häufig einen persönlichen Kontakt zu vermeiden, offenbar im Bewußtsein, wie schwierig es sein würde, bei der Andersartigkeit von Sprache, Wertvorstellungen und Lebensgewohnheiten jene private Basis der Übereinstimmung zumindest teilweise zu schaffen, welche die Voraussetzung jeder dauerhaften Beziehung darstellt.

Während Jahrhunderten gelangte man in weiten Teilen der Welt über diese

7. Mit »freudenreichem Getös« heißt es in Theodor de Brys deutschsprachiger Ausgabe der »Collectiones Peregrinationum« (Frankfurt, um 1600) seien die Europäer von den »Mohren« an der Gambia-Küste empfangen worden. Auf den Gesichtern der Seefahrer scheint sich trotzdem die Unsicherheit der ersten Kulturberührung auszudrücken.

flüchtige Form der Kulturberührung nicht hinaus, besonders natürlich dort, wo die Distanzen und die Unzugänglichkeit des Terrains eine Annäherung zusätzlich erschwerten. »Diese barbarischen Menschen«, schreibt der Franzose Jannequin noch um 1640 von den Afrikanern an der Guineaküste, »welche vielleicht alle anderen Nationen nach sich selbst beurteilten, wagten nicht, sich uns zu nähern, um ihre Fische und ihr Wasser gegen unseren Tabak und Schiffszwieback einzutauschen; sie benahmen sich vielmehr, wie wir uns Pestkranken gegenüber verhalten würden: unsere Leute waren gezwungen, das, was sie gegen Fische einhandeln wollten, ziemlich weit vom Schiff wegzutragen und dann umzukehren; nachdem dies die Eingeborenen beobachtet hatten, kamen sie heran, holten, was man ihnen gebracht hatte, legten ihre Fische am selben Platz nieder und kehrten zu ihren Hütten zurück.«[4]

b) Die Politik der Stärke

Wenn in dieser Weise Scheu, ängstliche Zurückhaltung und ein elementares Mißtrauen von beiden Seiten oft den Charakter der Kulturberührung bestimmten, so fiel es doch dem Europäer weit leichter als dem Eingeborenen, seine Skrupel und Befürchtungen zu verscheuchen. Der Seefahrer, Händler und Kolonist war militärisch überlegen oder wußte es sich doch so einzurichten, daß er von einer Position der Stärke aus handeln konnte, genügte doch in manchen Fällen die einschüchternde Wirkung eines ins Blaue abgefeuerten Kanonenschusses, um die Botmäßigkeit der Eingeborenen zumindest für den Augenblick herbeizuführen. Da es offensichtlich schwierig war, die erstrebten Handelsbeziehungen auf ein echtes Verständnis der kulturellen Situation und der Bedürfnisse der archaischen Völker zu gründen, und da es sich als unmöglich erwies, den kolonialpolitischen und religiösen Führungsanspruch des Abendlandes dem Gegenüber mit juristischen und theologischen Argumenten einleuchtend zu machen und durchzusetzen, blieb der Rückgriff auf militärische Macht und die Drohung mit ihr das bequemste politische Instrument. Das Bewußtsein der militärischen und technischen Überlegenheit ersetzte bald die anfängliche Verhaltensunsicherheit der Europäer durch eine Attitüde rücksichtsloser Selbstgefälligkeit, die sich in den verschiedensten Erscheinungsformen, bald als dummdreiste Anmaßung, bald als systematisch sich realisierender Dominationswille, Geltung zu verschaffen wußte.

Dasselbe Unvermögen, das Phänomen archaischer Kultur intellektuell zu bewältigen, welches in politischer Hinsicht zum Einsatz gewalttätiger Mittel hinführte, begünstigte in philosophisch-psychologischer Hinsicht die Neigung zur Diskriminierung der Vertreter anderer Rassen. Die Verlegenheit des Europäers angesichts einer solchen Kulturberührung wich in der Regel nicht dem ernsthaften Bemühen um eine sachliche Erforschung der fremden Kultur, sondern schlug in eine unnuancierte und generelle Verurteilung des Eingeborenen um, der als »Barbar« und »Wilder« ein für alle Mal deklassiert wurde. Indem man selbstgerecht die eigene Lebensform zur absoluten Norm erhob und alles, was davon abwich, als minderwertig und pervertiert brandmarkte, führte man eine durch keinerlei wissenschaftliche Überlegung fundierte Trennung zwischen Kultur und Natur ein und wies dem Eingeborenen den zweiten Bereich zu, während man sich ganz selbstverständlich zum Herrn der Schöpfung einsetzte, ohne sich auch nur über die mit solcher Anmaßung verbundenen Verantwortlichkeiten Rechenschaft zu geben.

Allein die Etymologie der Wörter »Barbar« und »Wilder« verweist den Eingeborenen in die Grenzen animalischen Daseins zurück: wahrscheinlich bezieht sich das bereits in der Antike übliche Wort »Barbar« auf die unartikulierten Laute des Vogelgezwitschers im Gegensatz zur menschlichen Sprache, während der Ausdruck »sauvage« und »savage« vom Lateinischen »silvaticus« abgeleitet ist und den Eingeborenen zum Verwandten des Waldmenschen oder des Affen degradiert.[5] Interessant ist immerhin, daß man bei aller Geringschätzung, die man im allgemeinen dem Eingeborenen zollte, die pejorativen Epitheta, mit denen man ihn kennzeichnete, der abendländischen Sittenlehre entnahm und folglich, indem man etwa vom betrügerischen, schamlosen oder impertinenten Afrikaner sprach, implizit von allgemeinmenschlichen Beurteilungskriterien ausging.

Wenn die rücksichtslose Betonung der machtpolitischen und geistigen Superiorität seitens der Europäer mit einer fatalen Notwendigkeit aus dem beide Partner eindeutig überfordernden epochalen Faktum der Berührung ungleicher Kulturkreise hervorging, und es insofern auch als müßig erscheint, eine Schuldfrage aufwerfen zu wollen, so trugen zugleich zwei besondere Faktoren dazu bei, den Europäer in seiner Arroganz zu bestärken: der geringe Grad seiner eigenen Bildung und die Einseitigkeit seiner kommerziellen Interessen.

Die mangelnde Bildung europäischer Seeleute und Kolonisten und die subalterne Rolle, mit der sie sich zuhause hatten abfinden müssen, förderte unter veränderten Umständen eine Haltung, die militärische und intellektuelle Überlegenheit einander gleichsetzte und Kräfte entband, die sich innerhalb der feudalistischen Ordnung des Herkunftslandes nicht hatten entfalten können. Daß Personen, die bislang in kleinen Verhältnissen gelebt und über geringe Machtbefugnisse verfügt haben, im plötzlichen Besitz umfassender Vollmachten zur Maßlosigkeit neigen, kann nicht verwundern. Es blieb denn auch fast ausnahmslos jener Schicht gebildeter Ordensgeistlicher, die bereits im Mutterland wenig von materiellen Ambitionen berührt worden war, vorbehalten, die Problematik der überseeischen Kulturberührung kritisch zu reflektieren.

Die Einseitigkeit einer vorwiegend aufs Kommerzielle abzielenden Beziehung erklärt weiterhin das grob verallgemeinernde und auf unzureichender Sachkenntnis beruhende Bild, das man sich vom Eingeborenen machte. Der hemmungslose Drang der ersten Überseeeuropäer, möglichst rasch reich zu werden, verunmöglichte in allen Teilen der Welt ein geduldiges Eingehen auf Wesen und Eigenart des Partners, und die geringe Bereitschaft, dessen unentbehrliche Mittlerdienste zu belohnen oder zu anerkennen, stellte die Kontinuität der gegenseitigen Beziehungen dauernd in Frage. Man betrog das naive Vertrauen des Eingeborenen mit leeren Versprechungen, Wortbruch und billigen Roßtäuschertricks und schrieb sich wohl noch das Verdienst höheren kaufmännischen Geschicks zu, ohne zu überlegen, wie unterschiedlich die Wertvorstellungen bestimmten Handelswaren gegenüber waren. So erhob man die Verlogenheit zum obersten Prinzip des Handelns und bestimmte dadurch in fataler Weise den Charakter der künftigen Entwicklung; durch den unaufhörlich wiederholten Hinweis auf die minderwertige Natur des »Wilden« glaubte man, eigene Unredlichkeit rechtfertigen zu können, und beachtete nicht, wie der Eingeborene, die List des weißen Kaufmanns schnell durchschauend, zu ähnlichen Praktiken seine Zuflucht nahm und dadurch die geringschätzige Meinung, die man von ihm hatte, zuletzt tatsächlich zu belegen schien. Bloße taktische Einsicht, nicht einmal Humanität, hätte geboten, diesen Teufelskreis zu umgehen; aber dies gelang, wo man es überhaupt versuchte, nur selten. Die Regel blieb, daß man vom leichtfertigen Vorurteil ausging, dadurch negative Erfahrungen provozierte, und sich schließlich in der vorgefaßten Meinung bestätigt fand. Der Umstand, daß die Handelsdoktrinen des monopolistischen Merkantilismus die Rivalität unter den europäischen Seemächten verschärften und die Faktoreibeamten oft zu unlauteren Machenschaften wie Schmuggel und Schwarzhandel geradezu zwangen, belastete zusätzlich das Verhältnis zum Eingeborenen, der bei mißglückten Transaktionen zum Sündenbock gemacht wurde. So förderte die Handelsbeziehung dieser Art nicht, wie englische Wirtschaftstheoretiker am Ende des achtzehnten Jahrhunderts glaubten, das gegenseitige Verständnis der Völker, sondern ließ vielfach die Kluft zwischen den Kulturen deutlicher hervortreten.[6]

Dem europäischen Kaufmann, der sich plötzlich nach Übersee versetzt und mit ganz andersartigen Ausprägungen menschlichen Daseins konfrontiert fand, entging die Bedeutungsschwere des historischen Augenblicks weitgehend. Er dachte nicht daran, den Zusammenstoß der Kulturen, den er halb unbewußt wahrnehmen mochte, auf der Ebene des menschlichen Dialogs lösen zu wollen, sondern suchte nach den Ersatzformeln einer artifiziellen Gegenseitigkeit; er ignorierte die Kräfte der Anziehung und der Abstoßung, die seine Präsenz auslöste, und war, mit einem Wort, Handelnder in einem Prozeß, den er nicht begriff. Wo aber Realitäten sich dem wirklichen Verständnis entziehen, war man seit jeher geneigt, die tatsächliche Problematik in der Abstraktion eines simplifizierenden Vorurteils zu entschärfen, und den abwertenden Klischees von fremden Völkern kam, wie übrigens den später zu erwähnenden Idealvorstellungen, eine solche Funktion zu.

c) Faszinationskraft archaischer Kultur

Das Bewußtsein der militärischen und intellektuellen Überlegenheit genügte freilich nicht immer, die geheimnisvolle Faszinationskraft, die von den archaischen Völkern eben doch ausging, auf der rationalen Ebene einer einseitigen machtpolitischen und wirtschaftlichen Beziehung zu neutralisieren. Magische Vorstellungswelt und scheinbar problemloses Dasein der Eingeborenen übten seit dem Beginn der überseeischen Entdeckungsreisen eine starke Anziehungskraft auf den Europäer aus, lange bevor die literarische Mode des achtzehnten Jahrhunderts die Vision vom »edlen Wilden« kolportierte.

Schon unter den Portugiesen, welche im fünfzehnten Jahrhundert die westafrikanische Küste aufsuchten, gab es Überläufer, sogenannte »lançados« oder »tangos-maos«, die sich ins Hinterland absetzten und als Berater oder geachtete Medizinmänner in Stammesverbänden lebten. Während die portugiesische Krone die Vermischung von Kolonisten und Eingeborenen durchaus mit Verständnis verfolgte, reagierte sie auf solche Überläufer scharf, setzten diese doch durch ihr Verhalten die allgemein behauptete Vorbildlichkeit der christlich-abendländischen Kultur sichtbar in Frage. Im Jahre 1518 beschloß man in Lissabon, »lançados«, falls man ihrer habhaft werden konnte, zum Tode zu verurteilen; es scheint jedoch nicht, daß solche Urteile je vollstreckt worden sind.[7]

Auch unter den französischen Waldläufern in Kanada gab es immer wieder solche, die nicht mehr zu ihren Stützpunkten zurückkehrten und sich vollständig dem Leben eines Stammes integrierten. Mit Bedauern und Mißbilligung stellt der Jesuitenmissionar Sagard in seinen Aufzeichnungen fest, daß selbst im Glauben erzogene und vortrefflich gebildete Franzosen »wild« würden, sobald sie mit »Wilden« zusammenlebten.[8] Als Quebec nach 1629 vorübergehend in englischen Besitz kam, zogen nicht wenige Franzosen das entbehrungsreiche, aber ungebundene Leben unter den Indianern einer Rückkehr nach Frankreich vor. Die Geschichte hat die Namen von Figuren wie Olivier Le Tardif, Nicolas Marsolet, Jean Godefroy oder Jean Nicolet festgehalten, die sich nicht nur indianischem Lebensstil anpaßten, sondern auch freiwillig den äußerst harten Bewährungsproben unterzogen, welche der Aufnahme in die Führungsgruppe eines bestimmten Stammes vorauszugehen hatten. Als die Franzosen 1632 unter Führung von Samuel Champlain wieder nach Quebec zurückkehrten, stießen sie in den umliegenden Wäldern auf Landsleute, die von den Indianern kaum zu unterscheiden waren, geläufig deren Sprache redeten und bei der Wiederaufnahme der gegenseitigen Beziehungen wertvolle Dienste leisten konnten.

Auch im pazifischen Raum geschah es immer wieder, daß Europäer ihrer Absage an die Werte der eigenen Bildungstradition durch ihr enges Zusammenleben mit den Eingeborenen existentiellen Nachdruck verliehen. Insbesondere die Kapitäne der Kauffahrer mußten darauf achten, daß sie bei der Ausfahrt aus den reizvollen Buchten des malaiischen Archipels wieder alle Mann an Bord hatten. Als James Cook sich auf seiner ersten Reise von den liebenswürdigen Bewohnern Tahitis verabschieden wollte, wurde ihm gemeldet, daß sich zwei Matrosen in Begleitung von Insulanerinnen ins Gebirge zurückgezogen hätten und nicht mehr zurückkommen wollten; Cook, in seinem Verhalten gegenüber den Eingeborenen sonst sehr rücksichtsvoll, sah sich zur Geiselnahme veranlaßt, um die Auslieferung der beiden unentbehrlichen Besatzungsmitglieder zu erzwingen.[9]

Es wäre ein lohnendes, freilich auch ein schwieriges Unterfangen, der legendenumwobenen Geschichte solcher »Zivilisationsflüchtlinge« nachzugehen. Wir müssen uns hier mit einem kurzen Hinweis auf dieses Phänomen begnügen, das die Geschichte der europäisch-überseeischen Beziehungen bis in die Gegenwart hinein begleitet hat.

d) Absurdität des Zusammentreffens

Nicht immer begegneten sich Europäer und Eingeborene mit jener Scheu, von der eben die Rede war; oft zeigte der Eingeborene sich als überaus entgegenkommender Gastgeber, und auch die Europäer ließen sich vom Charme der ersten Begegnung verführen.

Als Christoph Kolumbus im Jahre 1492 auf einer Insel der Bahama-Gruppe landete, begrüßten ihn die Arawak-Indianer durchwegs freundlich und mit allen Zeichen der Ehrfurcht und Friedensbereitschaft. »Wir bemerkten«, schreibt Kolumbus nach einer Rekognoszierungsfahrt rund um die Insel, »zwei oder drei Siedlungen, und das Volk kam an den Strand, rief uns an und dankte Gott. Einige brachten Wasser, andere brachten uns zu essen. Andere, als sie sahen, daß wir nicht Miene machten, an Land zu gehen, warfen sich ins Wasser, schwammen auf uns zu und kamen an Bord, und wir verstanden, daß sie uns fragten, ob wir vom Himmel kämen.«[10] Der Anbahnung freundschaftlicher Beziehungen schien nichts im Wege zu stehen, umsoweniger, als die Indianer, die das Eisen nicht kannten, über keine nennenswerte Bewaffnung verfügten und die Spanier, obwohl Kolumbus mit diesem Gedanken bereits spielte, auf ihrer ersten transatlantischen Entdeckungsreise unmöglich die Unterwerfung fremder Völker beabsichtigen konnten.

Dennoch kündigte sich bereits jetzt die Problematik einer solchen Begegnung an, die zu lösen es eines ungleich subtileren Verständnisses, als die Europäer es besaßen, bedurft hätte. »Der Admiral«, schreibt Kolumbus' Sohn in der Biographie seines Vaters, »rief die beiden Kapitäne und die andern, die mit ihm an Land gegangen waren... Sie alle rief er mit Namen auf und bat sie, folgendes zu bezeugen und zu beurkunden: daß er gekommen sei, um von dieser Insel Besitz zu ergreifen und dies hiermit im Namen seines Königs und seiner Herrin vollzöge, unter Beachtung der für diesen Vorgang notwendigen feierlichen Erklärungen... Viele Indianer liefen zu dieser Feierlichkeit zusammen, und der Admiral, der sah, daß es sich um freundliches und friedliebendes Volk handelte, gab ihnen einige rote Mützchen, Glasperlen... und andere Gegenstände von geringem Wert, welche sie des höchsten Preises für würdig hielten.«[11]

Man kann sich die Widersinnigkeit dieser Szene kaum eindringlich genug vor Augen halten. Das ganze Zeremoniell dieser Besitzergreifung, auf dessen formal einwandfreie Abwicklung die Spanier hier wie später peinlich genau achteten, konnte bei den Eingeborenen keine anderen Regungen als solche maßlosen Staunens hervorrufen. Die Umständlichkeit im Gehaben der Fremden, ihre aus diesem Anlaß besonders pompös gewählte Bekleidung, ihre tierähnliche Behaartheit im Gesicht und, grotesk damit kontrastierend, die Glatzköpfigkeit mancher Seeleute – dies und vieles andere versetzte die Arawaks in einen Zustand ungläubiger Verblüffung. Die Begegnung gewann, nachdem die »Besitzergreifung« vollzogen war, den verspielt-burlesken Charakter gegenseitiger Neckerei und kecker Annäherung – daß sich unter solchem Anschein Tragik verbarg, ahnte niemand. »Man wird sich kaum einen Vorgang von solch tragischer Ungleichheit zwischen Men-

8. Bereits 1494 – ein Jahr nach Kolumbus' erstem Bericht über seine Entdeckungsreise – zirkulierten in Europa Flugblätter, auf denen das denkwürdige Ereignis dargestellt wurde. Um möglichst rasch informieren zu können, benutzte man Holzschnitte aus längst erschienenen Werken, die ihre Entstehung einem ganz anderen Anlaß verdankten. Die obige Darstellung aus Basel zeigt Arawak-Indianer bei der Begrüßung der Spanier; im Vordergrund statt den Karavellen eine Galeere.

schen vorstellen können«, schreibt Salvador de Madariaga, »es war noch ein glücklicher Umstand, daß es die Verschiedenheit der Sprache gab. Denn so konnten die Eingeborenen den feierlichen Akt der Eindringlinge wenigstens als symbolischen oder magischen Akt deuten. Denn eine Besitzergreifung, um die es sich ja hier in Wirklichkeit handelte, wäre diesen Menschen, die überhaupt keinen Sinn für Eigentum hatten, völlig unbegreiflich erschienen.«[12]

Geradezu sprichwörtlich wurde die Gastfreundschaft, mit welcher bestimmte Völkerschaften des pazifischen Raumes, besonders die Bewohner Tahitis, den Europäern entgegentraten. Samuel Wallis, der mutmaßliche Entdecker Tahitis, der erste Europäer jedenfalls, der die Insel betrat, beklagt sich zwar in seinem Bericht noch über die Feindseligkeit von Teilen der Bevölkerung; aber die späteren Erfahrungen anderer Seefahrer widerlegten, wenigstens was Tahiti betraf, diesen ersten Eindruck gründlich.[13] »Wir wurden von einer Menge von Männern und Frauen empfangen«, schreibt Bougainville, der diese Insel im Jahre 1769 besuchte, »die nicht müde wurden, uns zu betrachten; die kecksten von ihnen berührten uns und schoben unsere Kleider zurück, um sich zu vergewissern, ob wir ihnen ähnlich wären; sie trugen keine Waffen, nicht einmal Stöcke. Sie wußten nicht, auf welche Weise sie ihre Freude ausdrücken sollten, uns zu sehen.«[14] Auch andere Südseereisende berichteten übereinstimmend vom Begeisterungstaumel, der die Inselbewohner bei ihrer Ankunft erfaßte, und wunderten sich besonders über den auch bei afrikanischen Stämmen geübten Brauch der Familienväter, ihre Töchter dem Liebesverlangen des Gastes zu überlassen. Viele aber stimmte die Sorglosigkeit der Eingeborenen auch nachdenklich. Bougainville teilte die Ahnungslosigkeit, welche die portugiesischen und spanischen Entdecker gegenüber dem Faktum der Kulturberührung bekundet hatten, nicht mehr. Mit feinem Sensorium stellt er fest, wie zumindest ein älterer Inselbewohner die Ankunft der Europäer mit Unbehagen aufnahm: »Dieser ehrwürdige Mann«, schreibt er, »schien unser Erscheinen kaum zu bemerken; er zog sich zurück, ohne auf unsere Freundlichkeiten einzugehen und ohne Furcht, Erstaunen oder Neugier zu zeigen: weit entfernt, an der Art von Ekstase, welche unser Anblick bei seinem Volk hervorrief, teilzunehmen, schien er durch seine nachdenkliche und besorgte Miene anzudeuten, daß er befürchtete, die glücklichen Tage, die er bis anhin verlebt hatte, könnten durch die Ankunft einer neuen Rasse gestört werden.«[15]

Der Grund für das zuvorkommende Verhalten der Eingeborenen lag vielfach in deren Glauben begründet, es handle sich bei den fremdartigen Ankömmlingen um überirdische Wesen. Die rätselhaften schwimmenden Häuser, auf denen die Europäer aus der Unendlichkeit des Ozeans auftauchten, ihre Fähigkeit, aus langen Röhren zu schießen und auf große Distanz zu treffen, die mancherorts völlig unbekannten Pferde, die sie mitbrachten – dies alles, verbunden mit dem bei archaischen Gesellschaften verbreiteten Sinn für das Übernatürliche, bestärkte die Eingeborenen in der Meinung, sie hätten es bei den Europäern mit fremden Gottheiten zu tun. Gewisse heilsgeschichtliche und endzeitliche Vorstellungen deuteten in ähnliche Richtung. So entnehmen wir Sahagúns »Florentinischem Kodex«, daß die Azteken mit dem Erscheinen eines überirdischen Herrschers rechneten, sich folglich aufmachten, die Europäer mit erlesenen Gastgeschenken und Menschenopfern zu ehren und, als dies nicht die erhoffte Wirkung tat, die Wunderkräfte ihrer Magier aufboten, um die Eindringlinge günstig zu stimmen. »Die Gefangenen wurden«, heißt es im Kodex, »vor den Fremden geopfert, doch als die Weißen das sahen, schüttelten sie sich vor Abscheu und Ekel. Sie spien auf den Boden, wischten sich Tränen ab, schlossen schaudernd die Augen, wandten den Kopf vor Entsetzen. Die mit köstlichem Blut besprengten Speisen mochten sie nicht. Sie sahen sie dampfen, das machte sie krank, wie der Genuß von verdorbenem Blut. Motecuhzoma befahl das Opfer, weil er die Fremden für Götter hielt, er betete sie an, er glaubte an sie. Sie wurden ›Götter‹ genannt, ›die vom Himmel gekommen sind‹, und die Schwarzen nannte man die ›beschmutzten Götter‹.«[16] Dem Mißverständnis der Konquistadoren, die in ihrer Mehrzahl den Indianer als Tier betrachteten und auch als Tier behandelten, entsprach so paradoxerweise das Mißverständnis der Indianer, im Konquistador einen Gott zu sehen – eine tragische Situation, welche aber für den Eingeborenen insofern weniger peinlich war, als er, wie Claude Lévi-Strauss einmal bemerkt, einem ehrenwerteren Irrtum zum Opfer gefallen war.[17]

Die freundliche Aufnahme durch die Eingeborenen erklärt sich weiterhin durch die traditionelle Gastfreundschaft, die sich in vielen archaischen Stammesverbänden zu einem alle menschlichen Begegnungen weitgehend bestimmenden Kulturwert ausgebildet hatte. So sind, was die Geschichte der Entdeckungsreisen häufig zu wenig beachtet hat, die innerafrikanischen Forschungsexpeditionen eines Mungo Park, Heinrich Barth oder David Livingstone nur durch die selbstlose Hilfsbereitschaft der Inlandbevölkerung überhaupt ermöglicht worden. Daß sich dieser spontanen Gastfreundschaft zuweilen und im Laufe der Zeit in verstärktem Maße das politische Kalkül zugesellte, ist natürlich nicht zu bestreiten. Nicht immer trafen die Europäer auf homogene, in friedlicher Harmonie lebende Bevölkerungsgruppen; oft bedeutete ihr Erscheinen eine zusätzliche Belastung für die innenpolitische Situation einer von Stammesfehden zerrissenen Eingeborenengesellschaft. Daß unter solchen Umständen besonders die Küstenvölker von der Möglichkeit Gebrauch machten, sich die Gunst und Bundesgenossenschaft der Europäer zu sichern, versteht sich von selbst, und es ist bekannt, mit welcher machiavellistischen Rücksichtslosigkeit die Weißen ihrerseits von fremden Händeln zu profitieren suchten.

e) Erste Feindseligkeit

Daß die Eingeborenen den Europäern mit offener Feindseligkeit begegnet wären, ist in der Reiseliteratur verhältnismäßig selten belegt. Die portugiesischen Seefahrer des fünfzehnten Jahrhunderts wissen zwar sehr eindringlich von der Grausamkeit der mauretanischen Küstenbewohner selbst gegenüber hilflosen Schiffbrüchigen zu sprechen; es gibt englische Aufzeichnungen aus Nordamerika, in welchen den Indianern spontane Aggressivität zugeschrieben wird; und der Engländer Samuel Wallis bezichtigt, wie eben erwähnt, selbst die von allen späteren Pazifikreisenden ihrer Friedfertigkeit wegen hochgeschätzten Tahitianer eines heimtückischen Überfalls. Bei der Interpretation solcher Dokumente wird man sich aber bewußt sein müssen, daß die Stimme des Eingeborenen zu solchen Vorfällen meistens nur durch mündliche Überlieferungen auf unsere Zeit gekommen ist; der europäische Berichterstatter aber folgte wohl durchwegs der Tendenz, im Falle einer ersten kriegerischen Verwicklung die Schuld dem Eingeborenen anzulasten. In Wahrheit muß es tatsächlich selten gewesen sein, daß der Eingeborene als erster die Hand zum Kampf erhob, und wenn dies doch geschah, so mochten Gründe mitspielen, die dem Europäer oft verborgen blieben, sei es, daß er selbst unwissentlich ein Tabu durchbrochen hatte, sei es, daß der Eingeborene durch Nachrichten eines Nachbarvolks, durch schlimme Vorzeichen oder die Prophezeiung seiner Medizinmänner bestimmt wurde, sein Heil in der Eröffnung der Feindseligkeiten zu suchen.

Anderseits wird man sich hüten müssen, wie es gewisse Vertreter der modernen Psychologie tun, den Gedanken nahezulegen, die Naturvölker hätten Kriege nicht gekannt oder ihre Aggressivität lediglich zur lebensnotwendigen Daseinsbewältigung eingesetzt. Ob es, wie Frobenius vermutete, einen menschlichen Urzustand gegeben hat, dem Kriege fremd waren, und ob die Eingeborenen insofern dem Frieden näher waren, als sie sich von jenem Urzustand weniger entfernt hatten, mag dahingestellt bleiben;[18] Tatsache ist, daß die archaischen Kulturen der Erde während des ersten europäischen Entdeckungszeitalters den Krieg kannten, auch wenn es dabei in der Regel nicht um territoriale Eroberungen wie in Europa, sondern um überfallartige Rache- und Beutefeldzüge ging. Allerdings gab es zwischen verschiedenen Eingeborenenvölkern beträchtliche Unterschiede sowohl in Bezug auf ihre Bereitschaft, Konflikte militärisch lösen zu wollen, wie in Bezug auf die Tauglichkeit ihrer militärischen Ausrüstung. Die europäischen Seefahrer des ersten Entdeckungszeitalters differenzierten denn auch recht bald zwischen kriegerischen und friedlichen Völkern, wobei freilich »friedliebend« oft nur ein Synonymbegriff für »botmäßig« war. So unterschieden etwa die Portugiesen deutlich zwischen den gutartigen Schwarzafrikanern und den bösartigen Mauren, ohne daß die Qualifikation allerdings, was die ersteren betraf, deren negatives Image sehr vermindert hätte. Als gutartig galten auch die Arawaks im Gegensatz zu den Kariben und die Bewohner Tahitis im Gegensatz zu den Maoris. Auch wenn die Europäer in Übersee zumindest in der Phase der Kulturberührung überall sehr ähnliche Formen des Verhaltens gezeigt haben dürften, reagierten die Eingeborenen also in verschiedenen Teilen der Welt sehr verschiedenartig auf die unerwartete Herausforderung, häufig vorsichtig abwartend oder entgegenkommend, seltener direkt aggressiv oder gezielt hinterlistig. Aber zu Mord und Totschlag konnte es, wenn der europäische Druck politisch, wirtschaftlich oder

9. Der Holländer Willem Corneliszoon Schouten gehörte zu den zahlreichen Seefahrern, die nach dem »Südkontinent« forschten. Die hier wiedergegebene Darstellung eines kriegerischen Zusammenstoßes zwischen Europäern und Eingeborenen stammt aus dem Reisejournal vom Jahr 1618.

psychisch zu stark wurde, im Grunde bei jedem Eingeborenenvolk kommen, und die Seefahrer spätestens des zweiten Entdeckungszeitalters wußten dies, wenn auch bei weitem nicht alle erkannten, bei wem die Schuld für solche Zwischenfälle lag.

In welcher Atmosphäre sich auch immer die Phase der Kulturberührung abspielen mochte – die Basis des menschlichen und politischen Verhältnisses blieb immer schmal und brüchig. Die Andersartigkeit der Gewohnheiten gesellschaftlichen Verkehrs, mangelndes Verständnis und fehlende Bereitschaft besonders der Europäer, ihr Verhalten auf die jeweilige ethno-kulturelle Situation abzustimmen, führten zu häufigen Mißverständnissen. Weder die Tendenz, Probleme der gegenseitigen Verständigung mit Waffengewalt zu entscheiden, noch die anmaßende Fixierung des europäischen Dominationsanspruchs in völkerrechtlicher Scheinlegalität vermochten die Beziehung zu stabilisieren. Der Eingeborene, der sich mit der sich ankündigenden Fremdherrschaft nicht abfinden mochte und nicht resignierter Apathie verfallen wollte, war, da er eine offene militärische Konfrontation in den seltensten Fällen wagen konnte, gezwungen, seine Zuflucht zur Täuschung zu nehmen, sein Glück in überraschenden Überfällen zu suchen – dies wiederum bestätigte den Europäer in seinen Vorurteilen und lieferte ihm allzuoft den erwünschten Anlaß zu brutalen Gegenschlägen, wie sie beispielsweise in Westindien innerhalb weniger Jahrzehnte zur Entvölkerung weiter Regionen führten.

Die Tatsache, daß manche europäischen Führer, die vielleicht aus taktischen Erwägungen oder sogar aus Einsicht bereit gewesen wären, die Beziehung mit den Eingeborenen vorsichtig sich entwickeln zu lassen, ganz unfähig waren, ihren Leuten Zurückhaltung aufzuerlegen, verschlimmerte den Tatbestand. So konnte es geschehen, daß die Kulturberührung, ohne daß sich eine Periode wechselseitiger Kontakte hätte einspielen können, zur Überraschung selbst der Europäer unvermittelt in den Kulturzusammenstoß umschlug: aus den Entdeckungsfahrten wurden Beutezüge und Strafexpeditionen; die anfängliche Gastfreundschaft der Eingeborenen verwandelte sich in Hinterlist. Das Ende der ersten kolonialen Siedlung jenseits des Atlantiks, »La Navidad«, ist für einen solchen Umschlag bezeichnend: als Kolumbus auf seiner zweiten Reise an der Nordküste Haitis an Land ging, fand er das Fort zerstört, die Besatzung ermordet, die Indianer, welche ein Jahr zuvor hilfsbereit beim Aufbau der Siedlung mitgeholfen hatten, verängstigt; die Informationen, welche man erhielt, ergaben eindeutig, daß die spanische Garnison ihren Untergang durch ihr rücksichtsloses Betragen, insbesondere gegenüber indianischen Frauen, selbst verschuldet hatte. [19]

Die Seefahrer des späten achtzehnten Jahrhunderts allerdings achteten, wie bereits im ersten Kapitel erwähnt, mehr auf korrekten Umgang mit den Eingeborenen. Cooks Reisebegleiter Georg Forster berichtet mit scharfer Mißbilligung von vereinzelten Ausschreitungen einiger Matrosen, die sich verleiten ließen, wegen geringfügiger Dieberein auf Insulaner zu schießen, und zwar gegen den ausdrücklichen Willen des Kapitäns; immer wieder weist Forster darauf hin, daß eine feindselige Reaktion der Eingeborenen in solchen Fällen sehr verständlich sei und wundert sich geradezu, wenn diese ausbleibt: »Es ist gewiß sehr zu verwundern«, schreibt er zu einem solchen Vorkommnis auf den Tonga-Inseln, »daß die barbarische Verfolgung und Mißhandlung dieses armen Schelmen uns weder das Vertrauen noch die Zuneigung der Einwohner raubten!«[20] Es ist bekannt, daß der Zwischenfall, bei dem James Cook auf seiner dritten Reise in Hawaii sein Leben einbüßte, die Folge des unüberlegten Gebrauchs der Schußwaffen war, wodurch die Eingeborenen zu einem Verhalten veranlaßt wurden, das selbst ein so erfahrener und vorsichtiger Reisender wie Cook nicht zu durchschauen vermochte.

2. Der Kulturkontakt

Zum Kulturkontakt kam es in solchen Fällen, wenn die rückwärtigen Verbindungen zum Mutterland sich sichern und ausbauen ließen und sich anderseits aus der ersten Berührung ein dauerhaftes Verhältnis wechselseitiger Beziehungen zur Eingeborenenbevölkerung ergab, ohne daß Landnahme und Kolonisation von europäischer Seite beabsichtigt gewesen wären. Voraussetzung dazu war das Vorhandensein oder die allmähliche Herausbildung von Führerpersönlichkeiten innerhalb der archaischen Gesellschaft, die sowohl von den Europäern als Verhandlungspartner akzeptiert werden konnten, als auch bei ihrem eigenen Volke genügend Autorität besaßen, um eine friedliche Abwicklung der Geschäfte gewährleisten zu können. Eine solche Situation ergab sich leichter, wenn der eingeborene Partner nicht nomadisierend, sondern seßhaft lebte; wenn er sich nicht ausschließlich durch agrarische Subsistenzwirtschaft ernährte, sondern bereits in Handelsbeziehungen zu Nachbarvölkern stand; und wenn die Vorstellungswelt, in welcher der Eingeborene lebte, sich das Faktum des europäischen Erscheinens, unter welchen Mißverständnissen auch immer, integrieren konnte.

Erstaunlich reibungslos vollzog sich der Übergang von der Kulturberührung zum Kulturkontakt in den Gebieten, die der kulturellen Einflußsphäre der arabischen Welt nahestanden, in Ostafrika und Teilen Westafrikas, in Indien und im malaiischen Archipel. Ähnliches galt grundsätzlich von der Begegnung mit Japan und China, wobei der hohe Zivilisationsgrad dieser Länder und die geringe Zahl der europäischen Kontaktleute es den fernöstlichen Partnern gestattete, die Beziehung nach Bedarf durch restriktive, notfalls mit Waffengewalt durchzusetzende Maßnahmen einzuschränken.

Als bedeutend schwieriger erwies sich der Übergang zum Kulturkontakt in Westindien, Mexiko oder Peru. Hier trafen die Faktoren einer durch die soziale und wirtschaftliche Situation des Mutterlandes bewirkten Tendenz zur Auswanderung und Neusiedlung mit der relativen Zugänglichkeit und Fruchtbarkeit des Bodens sowie der schlechten Anpassungsfähigkeit hochorganisierter Kulturen zum verheerenden Nachteil des Eingeborenen zusammen. Diesem blieb nichts anderes mehr übrig, als sich, wie übrigens auch im Mittelwesten Nordamerikas, vor dem Druck der weißen Siedler in immer entlegenere Gegenden zurückzuziehen und dort, kulturell wie wirtschaftlich entwurzelt, einer ungewissen Zukunft entgegenzudämmern, wenn er nicht als Arbeitskraft in Goldminen und »encomiendas« dem sicheren Tode entgegengehen wollte. Die Folgen eines solchen Umschlags von der Kulturberührung zum Kulturzusammenstoß sind, was beispielsweise Haiti betrifft, bekannt: Las Casas schreibt, daß es auf dieser Insel vor dem Eintreffen der Spanier über eine Million Indianer gegeben habe und bereits 1510 nur noch deren 50 000.[21] Auf dem Festlande waren es eigentlich nur die Mischlinge der nächsten Generation, welche diesen Kulturzusammenstoß einigermaßen glimpflich überstanden und sich teilweise im Zeichen der nachfolgenden Kulturverflechtung in die Gesellschaft der Kolonialherren zu integrieren wußten.

Der Kulturkontakt hat in zwei Erscheinungsformen seinen charakteristischen Ausdruck gefunden: in der Handelsbeziehung, besonders im Sklavenhandel, und im Missionswesen. Diese beiden Formen des Kulturkontakts boten dem Europäer grundsätzlich sowohl Gelegenheit, sein Verhältnis zur anderen Rasse über einen längeren Zeitraum hin zu beobachten, als es auch in seiner menschlichen und geistesgeschichtlichen Tragweite zu erfahren. Davon sei im folgenden die Rede.

a) Der Sklavenhandel

Als die Portugiesen im fünfzehnten Jahrhundert an der Guineaküste ihre ersten Faktoreien einzurichten begannen, stießen sie auf eine Eingeborenengesellschaft, die den Sklavenhandel und die Sklavenwirtschaft seit langem kannte. Der Neger konnte in folgenden Fällen der Sklaverei ausgeliefert werden: wenn er sich gegen die Gesetze und Tabus seines Stammes vergangen hatte; wenn er in Gefangenschaft eines feindlichen Stammes geraten war; oder wenn ein Häuptling infolge einer wirtschaftlichen Notsituation sich veranlaßt sah, einige seiner Untertanen einem Nachbarvolk gegen Getreide zum Tausch anzubieten. Sowohl in den Inlandregionen Westafrikas als auch im weiten Umkreis von Timbuktu und Sansibar kam dem innerafrikanischen Sklavenhandel einige Bedeutung zu; und die Sklavenausfuhr durch die Sahara nach Ägypten, dem Vorderen Orient und bis Indien blieb, ohne je das Ausmaß des Atlantikhandels zu erreichen, bis zum Ende des neunzehnten Jahrhunderts von Wichtigkeit.

Umgekehrt war den Portugiesen und Spaniern, wie übrigens auch den meisten übrigen mediterranen Völkern, die Sklaverei seit dem Mittelalter vertraut; so waren etwa an der spanischen Ostküste während des vierzehnten Jahrhunderts schwarze Sklaven aus der Cyrenaika als Hausdiener von Aristokratie und Klerus sehr gefragt, während die maurischen Fürsten, die sich in Granada bis ins Jahr 1492 hielten, ihrerseits weiße Sklaven in ähnlicher Funktion beschäftigten. Im Madrid des siebzehnten Jahrhunderts war die Mehrzahl schwarzer Sklaven im Hausdienst wohlhabender Familien tätig; die Zahl solcher Angestellten galt geradezu als Zeichen der Wohlhabenheit. Obwohl juristisch rechtlos und wie Mobiliar jederzeit verkäuflich und vererbbar, genossen manche dieser Sklaven innerhalb der spanischen Familie ein gewisses Ansehen und gelangten in eigentliche Vertrauensstellungen. Daß sie allerdings häufig soziale Außenseiter blieben, die ihrer Hautfarbe, ihrer Manieren oder ihres Akzentes wegen irgendwie ausgeschlossen waren, beweisen die zahlreichen Fluchtversuche in Richtung

Andalusien und Nordafrika, die freilich wegen der intensiven Überwachung der Hafenstädte kaum je von Erfolg gekrönt waren.[22]

Im Gegensatz zur späteren Plantagensklaverei in Westindien oder in den Südstaaten bestimmte also sowohl in Südeuropa wie in Afrika das Haussklaventum den Charakter der Sklavenhaltung. In der Funktion eines Domestiken, eines Handwerkers oder auch eines Feldarbeiters blieb der Haussklave eng mit der Lebensgemeinschaft des herrschaftlichen Hauses verbunden, im Sudan wie auf der iberischen Halbinsel; so eng, daß er zuweilen dank seiner Verdienste als Berater und Hofmann freigelassen und in ein recht zwangloses Lehensverhältnis aufgenommen wurde oder als festes Glied der Familie galt, was er bei der Häufigkeit von nicht standesgemäßen Liebesbeziehungen sowohl in Portugal wie auf dem afrikanischen Kontinent oft auch tatsächlich war. Mungo Park und zahlreiche spätere Afrikareisende wunderten sich darüber, wie schwierig es war, Sklaven und deren Eigentümer auseinanderzuhalten, verrichteten sie doch die gleichen Arbeiten, waren ähnlich gekleidet und standen oft in sehr vertrautem gegenseitigem Verhältnis.[23] Im Durchschnitt war der schwarze Sklave, ob er nun unter einem omayjadischen Prinzen in Andalusien, unter Isabella von Kastilien oder unter dem mächtigen Fulbe-Herrscher Usman dan Fodio zu Beginn des neunzehnten Jahrhunderts diente, wesentlich besser gestellt als der Leibeigene des europäischen Mittelalters, der keinerlei Aufstiegsmöglichkeiten hatte, von Frondienst und Naturalsteuern gedrückt wurde und selbst einer Belohnung im Jenseits keineswegs sicher war.[24]

Eine recht weitgehende Übereinstimmung der feudalwirtschaftlichen Verhältnisse und die beiden Partnern gemeinsame Tradition des Sklavenhandels begünstigten also zweifellos die Entwicklung der ersten europäisch-afrikanischen Kulturkontakte. Es ist in der Tat erstaunlich, wie schnell sich der Handel einspielte, wie schnell er der westafrikanischen Küste entlang voranschritt: die ersten zehn Afrikaner waren im Jahre 1441 als Geschenk für Heinrich den Seefahrer nach Portugal gebracht worden; um 1500 berichten Reisende wie Cadamosto und Pereira bereits vom blühenden Tauschhandel auf dem Fort Arguim an der Guineaküste und berechnen die Zahl der jährlich eingehandelten Sklaven auf tausend Neger.[25]

Gleich nach ihrem Eintreffen erkundigten sich die Europäer bei der Bevölkerung nach möglichen Handelsprodukten. Nicht immer stand der Bedarf nach Sklaven im Vordergrund; an der Küste des heutigen Ghana ergab sich der interessante Sonderfall, daß man das Gold, welches man in der Frühphase der Handelskontakte von den Afrikanern zu erwerben suchte, diesen mit Negersklaven bezahlte, die man aus weiter südlich gelegenen Gegenden bezogen hatte. Anderswo traf man auf Völkerschaften, die den Sklavenhandel selbst nicht praktizierten und zu diesem auch nicht zu bewegen waren, oder man gab sich im Laufe der Zeit Rechenschaft, daß Vertreter bestimmter Volksgruppen ihres Charakters und ihrer physischen Konstitution wegen zum Plantagendienst ungeeignet waren.

Sobald die Exportmöglichkeiten für bestimmte Produkte wie Sklaven, Elfenbein, Straußenfedern, Gummi arabicum oder Bienenwachs geklärt waren – Projekte zur Urbarmachung des afrikanischen Territoriums und zum Anbau neuer Nutzpflanzen wurden erst gegen Ende des achtzehnten Jahrhunderts entwickelt –, ging man daran, die Verbindung mit eingeborenen Kontaktleuten herzustellen. Dies war deshalb unumgänglich, weil man die Sklavenbeschaffung im Hinterland unmöglich in eigener Regie durchführen konnte, während sich der Sklavenfang an der Küste, wie einzelne derartige Razzien bewiesen hatten, denkbar ungünstig auf die Herstellung einer dauerhaften Handelsbeziehung auswirkte.

Man traf sich in einer befestigten Handelsstation, auf dem Schiff oder in einer Küstensiedlung zu Verhandlungen mit den Bevollmächtigten der Stammesfürsten, oder, um in der Sprache der französischen Quellen zu sprechen, mit den »Ministern« der »Negerkönige«. Man einigte sich über die Modalitäten der Transaktion; bei solchen Gesprächen wirkten eingeborene Dolmetscher mit, meistens Mulatten, welche nicht selten das Portugiesische, Französische, Englische und mehrere Eingeborenensprachen mit staunenswerter Geläufigkeit beherrschten. Die afrikanischen Mittelsleute standen ihrerseits mit ihren Häuptlingen in Verbindung, mit denen sie Fragen von Angebot und Nachfrage besprachen sowie den Zeitplan, nach dem die europäischen Sklavenschiffe operieren sollten, vereinbarten; zugleich unterhielten sie Kontakte mit den schwarzen Sklaventreibern, den »Slatees«, denen die grausame Aufgabe zufiel, die Negerkarawanen aus dem Hinterland an die Küste zu führen. Eine gut organisierte Handelsverbindung dieser Art bedurfte zudem zahlreicher Helfer, die im Umgang mit Europäern Erfahrung hatten, Handwerker etwa und Bootsleute, welche den schwierigen Transport der Sklaven nach den oftmals außerhalb der Brandung ankernden Schiffen übernehmen mußten. So bildete sich im Zeitraum einer Generation eine teilweise europäisierte Bevölkerungsgruppe, die auf den Sklavenhandel angewiesen war, und manche Mischlinge beiderlei Geschlechts sicherten sich dank ihrer körperlichen oder geistigen Vorzüge auch politisch einflußreiche Stellungen in den Kreisen der gehobeneren weißen Kolonialgesellschaft.[26]

Diese Handelsbeziehungen, die nicht ausschließlich, aber vorwiegend auf dem Sklavenhandel basierten, bildeten lange Zeit ein stabilisierendes Element der europäisch-westafrikanischen Beziehung, was ihre Unmenschlichkeit natürlich keineswegs entschuldigt. »Um 1800«, schreibt Basil Davidson, »gab es längs der Küste kaum mehr ein Volk, das am Handel nicht sehr interessiert gewesen wäre. Auch war zu diesem Zeitpunkt der Einfluß der kommerziellen Beziehungen landeinwärts zu Völkern vorgedrungen, die in einiger Entfernung von der Küste wohnten. Obwohl die Afrikaner somit durch den maritimen Handel stark beeinflußt waren, wußten sie sich die Oberhand zu sichern. Wenn die Europäer Herren der See blieben, blieben die Afrikaner Herren des Landes und sorgten dafür, daß sich daran nichts änderte. Vor der Mitte des neunzehnten Jahrhunderts wurde dieses Gleichgewicht der Kräfte nie entscheidend zum europäischen Vorteil verändert.«[27]

Der Verkehr mit den Negerfürsten des Hinterlandes wickelte sich in streng beachteten Formen ab. Der schwarze Potentat vergab die Handelsrechte nur gegen die Entrichtung sogenannter Gepflogenheiten (coutumes) und war dadurch in der Lage, wenn die Vertreter rivalisierender europäischer Kompanien oder auch »Privateers« vor der Küste auftauchten, subtile Druckmethoden anzuwenden. Oft mußten auch bestimmte Durchgangszölle entrichtet werden; es war unumgänglich, den schwarzen Handelspartner mit geschickt dosierten Geschenken bei guter Laune zu halten, und jeder beteiligte Helfer drang mit ständig erneuertem Eifer auf angemessene Bezahlung, so daß sich die Abrechnung der europäischen Zahlmeister immer mehr komplizierte. Bei geschäftlichen Begegnungen entwickelte man einen bestimmten Kodex von Umgangsformen, vermied es taktvoll, gleich plump aufs Geschäft zu sprechen zu kommen, und suchte auf jede Weise den Eindruck gegenseitiger Wertschätzung zu erzeugen.

In zahlreichen Reiseschilderungen, besonders in französischen, werden solche Begegnungen eingehend und mit unverhohlener Genugtuung geschildert. Jean Baptiste Labat, der im Jahre 1728 mit seiner »Nouvelle relation de l'Afrique« eine der reichhaltigsten Darstellungen dieser Art vorlegte, beschreibt ausführlich den Verlauf einer solchen diplomatisch-kommerziellen Mission. Er erzählt, wie der Gouverneur der Senegal-Kolonie, begleitet von sechs Offizieren, zwei Interpreten, einigen Bediensteten, Soldaten und Musikanten, zu einem Staatsbesuch ins Gebiet der Fulbe-Neger aufbricht. Eine Tagereise von der Residenz des Negerkönigs entfernt, wird der Gouverneur vom »Siré«, dem Sohn des schwarzen Herrschers, begrüßt, bewirtet und beherbergt. Schwarze Gardetruppen begleiten den hohen französischen Gast weiter landeinwärts; der Monarch, durch Boten von dessen baldiger Ankunft benachrichtigt, schickt die Würdenträger des Hofes zum Empfang entgegen. Schließlich trifft der Gouverneur, von einer neugierigen und festlichen Menschenmenge umringt, in der Kapitale des Negerkönigs, des »Siratick« ein. »Der Fürst ruhte«, beschreibt Labat den denkwürdigen Empfang, »umgeben von einigen seiner Frauen und Töchter, die sich auf Matten gelagert hatten, auf einem kleinen Bett. Er erhob sich, sobald der General erschien, lüftete seine Mütze, sobald der General die Hand an seinen Hut gelegt hatte, trat einige Schritte vor, hielt diesem mehrmals die Hand entgegen und lud ihn ein, sich neben ihm niederzusetzen. Ein Dolmetscher war vorgetreten; der General sagte zum König, daß er gekommen sei, um die seit unvordenklichen Zeiten bestehende Freundschaft zwischen der Königlichen Afrika-Kompanie und Ihrer Majestät zu erneuern; daß diese Kompanie den mächtigsten König der Welt zu ihrem Beschützer hätte, welcher die Freundschaft, die ihn mit dem ›Siratick‹ verbinde, so hoch einschätze, daß es ihm, dem französischen König, weit mehr daran gelegen sei, diese Freundschaft zu pflegen und deutliche Zeichen derselben zu wechseln, als die Vorteile des Handels ins Auge zu fassen...« »Man spürte«, fährt Labat fort, »wie sehr der Fürst und sein Hof sich an dieser Rede, je weiter der Dolmetscher in seiner Übersetzung voranschritt, erfreuten. Der König nahm mehrmals die Hand des Generals und legte sie sich auf die Brust; die Frauen und Höflinge wiederholten mehrmals in ihrer Sprache Wendungen wie ›Das ist schön‹, ›Diese Leute sind gut‹, ›Sie sind unsere Freunde‹....«[28]

Einen ähnlich detaillierten Bericht besitzen wir vom französischen Sklavenkapitän Landolphe, der im Jahre 1778 einem Negerfürsten des Benin-Reiches einen

Besuch abstattete, um über die Bewilligung zum Bau einer befestigten Handelsstation an der Küste nachzusuchen. Landolphes Visite vollzog sich in etwas einfacheren, aber ebenso genau festgelegten Formen: bevor er den Häuptling sprechen konnte, wurde er angehalten, sich einer rituellen Waschung zu unterziehen, darauf traf man sich in Privataudienz, dann stattete Landolphe den wichtigsten Würdenträgern des Landes Höflichkeitsbesuche ab und nahm schließlich, nachdem der Negerkönig und dessen Rat auf seine Vorschläge eingegangen waren, an einer von Kulthandlungen begleiteten Schlußfeier teil.[29] Gewiß waren solche Begegnungen selten frei von Hintergedanken und Hypokrisie; aber es ist unzweifelhaft, daß beide Parteien solche Ereignisse als willkommene Abwechslung, erwünschtes Amüsement und auch als ernsthafte Amtshandlung betrachteten.

Die Beschreibungen solcher Zusammenkünfte zwischen weißen und schwarzen Führerpersönlichkeiten lassen den Afrikaner als einen Handelspartner erscheinen, der dem Europäer an Verhandlungsgeschick und Geschäftstüchtigkeit um nichts nachstand; auch unterschied sich der Stil der Verhandlungen auffallend wenig von europäischen Gepflogenheiten. Man begegnete sich mit betonter Höflichkeit und zeigte sich nachgiebig in formalen Belangen; aber die entscheidenden Fragen wurden mit großer Hartnäckigkeit und unter Anwendung aller taktischen Kniffe und Listen diskutiert. Besonders stellte die geschickte Verzögerungstaktik der afrikanischen Gewährsleute, die sowohl dem Vergnügen an umständlichen Palavern als kluger Berechnung entsprang, die Europäer vor harte Geduldsproben, war es doch recht kostspielig, Schiff und Mannschaft tage- und wochenlang untätig vor der Küste warten zu lassen. Oft blieb bei solchen Gesprächen durchaus Spielraum genug für ungezwungene menschliche Begegnung, und wenn der Holländer Bosman in seinem Bericht von der Sklavenküste im heutigen Dahomey von Gelagen und Pokerspiel mit dem dortigen Negerkönig erzählt, wird, bei allen Ressentiments gegen die schwarze Rasse im allgemeinen, die herzliche Sympathie offenkundig, die ihn mit diesem Manne verband.[30]

Überhaupt wird man bei aller grundsätzlichen Entschiedenheit in der Ablehnung des Sklavenhandels als einer besonders abstoßenden Form kolonialistischer Ausbeutung nicht verkennen dürfen, daß die individuelle Begegnung zwischen den Handelspartnern einen durchaus friedlichen, ja herzlichen Charakter haben konnte. Besonders unter den französischen Gouverneuren und Beamten in Afrika scheint es Persönlichkeiten gegeben zu haben, welche mit spielerischer Gelöstheit auf das Temperament ihrer schwarzen Geschäftsfreunde einzugehen verstanden und in ihrer Verhandlungstaktik alle Register, von der Androhung von Gewalt zur einschmeichelnden Überredung, virtuos zu handhaben wußten. Delcourt geht soweit, in seiner Geschichte des Senegals zu behaupten, die Kolonialfranzosen

---

10. *Begrüßungszeremoniell zwischen den Holländern und dem König von Tuban, von dem es im lateinischen Begleittext heißt, daß er an Zahl der Adligen und Soldaten die andern Herrscher Javas überrage und besonders durch seine Macht zur See bedeutend sei. Aus: Commelin, I., Begin ende Voorthgangh van de Vereenighde Nederlantsche Geoctroyeerde Oost-Indische Compagnie (Amsterdam, 1646).*

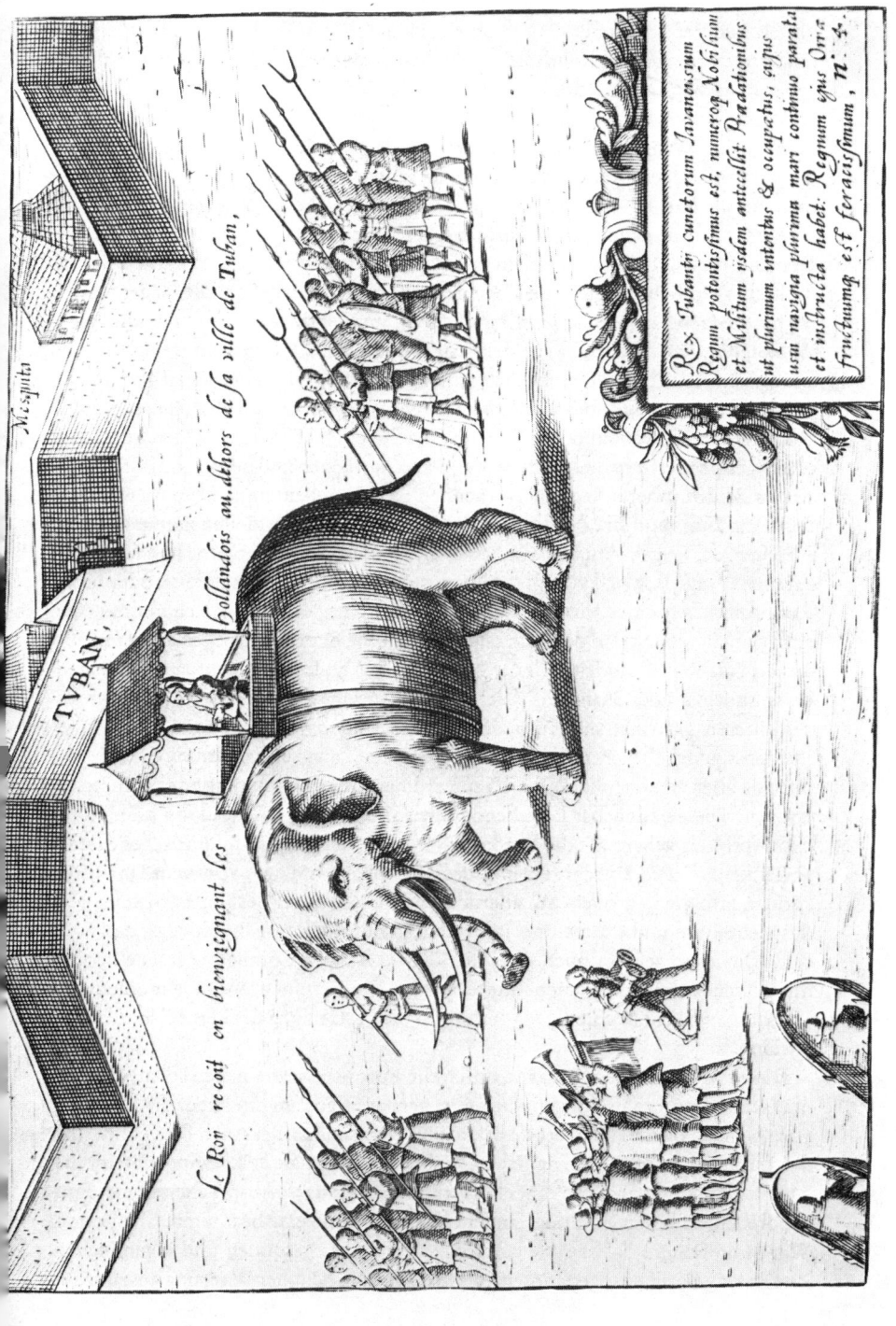

hätten sich der schwarzen Bevölkerung näher gefühlt als ihren Landsleuten zuhause und seien an der Kenntnis des Afrikaners mehr interessiert gewesen als an geographischen Informationen.[31]

Meistens hielten sich bei den Verhandlungen die Interessen der beteiligten Parteien die Waage: der Negerfürst war in der Regel, neben seinem Verlangen nach europäischen Manufakturwaren, an einem militärischen Beistandsabkommen interessiert, das ihn gegen Einfälle von außen, aber auch gegen Unruhen im eigenen Land absicherte; auf europäischer Seite lag das Hauptgewicht auf der Gewährung von Handelsvorteilen und Pachtrechten. Beide Parteien hüteten sich, in ihren Verpflichtungen ohne Gegenleistung zu weit zu gehen: die Neger waren darauf bedacht, dem fremden Einfluß in ihrem Gebiet nicht durch unüberlegte Zubilligung von Stützpunkten den Charakter einer Okkupation zu geben; die Europäer versuchten, oft recht ungeschickt agierend, sich neben den Abkommen, die sie schlossen, für anderweitige verlockende Angebote freizuhalten. Jedenfalls basierte der Sklavenhandel seit dem sechzehnten Jahrhundert in der Regel auf einer recht dauerhaften Grundlage des wirtschaftlichen und politischen Gleichgewichts, wurde innerhalb der herrschenden Eingeborenenfamilien zur fortwirkenden Tradition, und die Formen, in denen er sich vollzog, hielten zumindest den Anschein der Gegenseitigkeit aufrecht. »Die europäischen Kapitäne und Handelsagenten«, sagt Basil Davidson, »gingen stets mit Zustimmung dieses oder jenes Regierungschefs eines Küstenvolkes an Land, ganz gleich, ob es sich nur um eine einfache Handelsaktion oder um eine kriegerische Expedition gegen einen unliebsamen Nachbarn handelte. In der Mehrzahl der Fälle verhandelten beide Seiten immer noch auf der Basis des Gleichheitsprinzips miteinander, es sei denn, wie es des öfteren geschah, die Europäer buhlten und bestachen, um Vorteile und Vergünstigungen zu erlangen, oder sie pachteten Land zur Errichtung eines Forts, oder sie überredeten lokale Oberhäupter, ihnen die Genehmigung zur Landung zu erteilen. Dieses zunächst bestehende Gleichheitsprinzip sollte dann allmählich ganz verloren gehen, als die Europäer im Laufe der Zeit an militärischer Stärke gewannen.«[32] Die Durchbrechung des Gleichheitsprinzips, von dem Davidson spricht, erfolgte in großem Stil allerdings erst im Zeitalter des Imperialismus. Für das siebzehnte und achtzehnte Jahrhundert galt noch fast durchwegs, daß, wie K.G. Davies in seinem Buch über die »Royal African Company« feststellt, eine militärische Intervention nicht nur teuer war, sondern auch eine bloß momentane Wirkung und sehr nachteiligen Einfluß auf die Fortsetzung der Handelsbeziehung ausübte.[33]

Der Erwerb der Negersklaven durch die Europäer setzte neben solchen diplomatischen Vorverhandlungen auch eine gegenseitige Einigung über die Kriterien voraus, nach denen der Wert des Sklaven bemessen wurde. Auch hier paßte sich der Europäer insofern den örtlichen Verhältnissen an, als er sein Angebot auf die Möglichkeiten des Tauschhandels abstimmte und, nach Absprache mit den Eingeborenen, in festen Zahlungseinheiten rechnete, die eine bestimmte Menge von Waren umfaßten. Es ist schwierig, den Wert eines gesunden und jugendlichen Negersklaven, einer sogenannten »pièce d'Inde« in heutiger Währung auszudrükken; einen brauchbaren Hinweis aber gibt etwa die folgende Notiz des französischen Reisenden Labarthe: »Ein Neger muß, um als pièce d'Inde zu gelten, fünfzehn bis dreißig Jahre alt und von guter Konstitution sein. Ältere Neger kosten weniger. Drei kleine Neger männlichen oder weiblichen Geschlechts von je zehn Jahren entsprechen zwei pièces d'Inde, und zwei Negerkinder zwischen fünf und zehn Jahren entsprechen einem pièce d'Inde. Ein Negersklave, der auf fruchtbarem Boden eingesetzt wird, bringt durch seine Arbeit sechshundert Livres nach westindischer Währung ein, was vierhundert französischen Livres gleichkommt, so daß er sich nach vier oder fünf Jahren abbezahlt hat.«[34] In der Bucht von Benin war ein vollwertiger Negersklave um 1790 hundert »Pagnes« wert, nämlich einige Taschentücher aus verschieden feinem Stoff, eine Rolle Tabak, ein großes Kupfergefäß, ein Gewehr, ein Fäßchen Branntwein, ein Fäßchen Pulver, einen Eisenbarren und ein Korallenhalsband.[35]

Um Sklaven wurde lange und leidenschaftlich, mit großem beidseitigem Aufwand an List und Überredungskunst, gefeilscht; in Europa wurden Anleitungen für künftige Sklavenhändler publiziert, welche über den Kaufwert der Ware, die Eignung der verschiedenen Völker und die Schliche orientierten, deren es bedurfte, um der Sklaven zu günstigem Preise habhaft zu werden. Auf Sklavenmärkten wurde die menschliche Ware vorgeführt, nachdem die schwarzen Händler sie zuvor mit allerlei Tricks möglichst attraktiv gemacht hatten. Man prüfte den Wuchs der Neger, ihre Körperkraft, ihr Gebiß und ließ sie, um sich von ihrer Gelenkigkeit zu überzeugen, eine kurze Strecke laufen. War das Geschäft perfekt, so versah man den Sklaven mit einem Brandstempel und sperrte ihn bis zur Abfahrt des Schiffes in ein Gehege oder in die Kellerräume eines Forts.

Für die schwarzen Sklavenhändler und die Europäer erwies sich diese Zeit zwischen Verkauf und Einschiffung als besonders gefährlich. Revolten und Unruhen waren häufig. Im Sinn des Eingeborenen gewinnt das Ungewohnte leicht einen erschreckenden und magischen Aspekt, und alles, was er hier um sich sah, war ihm ungewohnt: die Landschaft, das Meer, der weißhäutige Mann. Schlimmste Vorahnungen überkamen die Unglücklichen; sie zweifelten nicht, daß sie fremden Göttern als Opfergabe zugeführt werden sollten, oder waren überzeugt, europäischem Kannibalismus zum Opfer zu fallen – Befürchtungen, die durch den Umstand, daß nie jemand von der Reise zurückgekehrt war, an Wahrscheinlichkeit gewannen. Die Verzweiflung der Sklaven war grenzenlos; viele weigerten sich, Nahrung aufzunehmen und mußten mit Torturinstrumenten dazu gezwungen werden, manche verübten Selbstmord oder verfielen geistiger Umnachtung. Wohl versuchte man, die Unglückseligen zu beschwichtigen, und ein französischer Reisender, Saugnier, betont, wie wichtig es sei, ihnen vor der Einschiffung Hoffnungen auf eine erfreuliche Zukunft zu machen und vorzuspiegeln, daß in Amerika das Glück ihrer warte; aber solche Bemühungen fruchteten recht wenig.[36]

Es soll an dieser Stelle nicht weiter die Rede von den unvorstellbaren Leiden sein, denen die Negersklaven während der »Middle Passage«, der Überfahrt, ausgesetzt waren, von den Erniedrigungen und Bestrafungen, die sie als Plantagenarbeiter zu erdulden hatten.[37] Unumgänglich aber scheint uns ein Hinweis auf die auffallende Tatsache, daß kritische Stimmen gegenüber dem Sklavenhandel unter den beteiligten Europäern kaum hörbar wurden. Zwar verraten die Berichte der Chronisten und Reisenden gelegentlich Regungen des Mitleids, und der Portugiese Azurara schreibt bereits im fünfzehnten Jahrhundert, kein menschliches Herz habe so hart sein können, den Verkauf von Sklaven ungerührt zu verfolgen;[38] auch mögen vereinzelte Kapitäne, freilich mehr aus Interesse als aus humanen Beweggründen, bei der Behandlung der Afrikaner auf ihren Schiffen eine gewisse Milde beobachtet haben. Aber es bleibt doch ein befremdliches Faktum, daß es grundsätzliche Kritik an diesem Geschäft, die der Einsicht in Freiheit und Würde des Menschen entsprungen wäre, vor 1750 kaum, und danach fast nur in Europa gab.

Daß ein solcher Widerstand fehlte, lag zum Teil in der Natur dieser Form des Kulturkontaktes begründet, der die Ahnungslosigkeit der Europäer betreffend ihrer Rolle und Verpflichtung, wie sie bereits die Phase der Kulturberührung gekennzeichnet hatte, nur durch das materialistische Ersatzverständnis einer reinen Interessenbeziehung ersetzte. Da diese Beziehung sich bald überall mit selbstverständlicher Gleichförmigkeit vollzog, fehlte der durch Krisensituationen vermittelte Anreiz, das Verhältnis der Kulturen einer näheren Prüfung zu unterziehen. Man konzentrierte sich ganz auf die Abwicklung des Geschäfts und gab sich auch nicht Rechenschaft von den katastrophalen Folgen, welche der Entzug von Afrikanern im kräftigsten Mannesalter für die wirtschaftliche und demographisch-gesellschaftliche Entwicklung ihrer Herkunftsgebiete hatte, und von der verhängnisvollen Machtverschiebung, die sich durch Abkommen mit militärisch oftmals schwachen Küstenvölkern ergab; ja man bemerkte nicht einmal, daß sich derart planloser Menschenraub auf die Dauer zum Nachteil des Sklavenhandels selbst auswirken könnte.

Erneut sei in diesem Zusammenhang auf die denkbar geringe und einseitige seemännische Ausbildung der europäischen Sklavenfahrer, auch auf ihre rudimentären christlichen Moralvorstellungen, hingewiesen. Verfügten manche portugiesischen Pioniere noch über eine spontane Wissensbegierde, so waren die meisten im Sklavenhandel engagierten Europäer der folgenden Jahrhunderte ihrerseits Sklaven einer lustlosen Routine und Opfer mörderischer Daseinsbedingungen. Dem weißen Sklavenhändler in Übersee war zweifellos das Hauptrisiko an dem elenden Geschäft auferlegt, dessen Profit fast ausschließlich in die Taschen der großen Kaufherren in Liverpool, London und Nantes floß. Derartige Lebensumstände inspirierten nicht zu hochherzigem Denken. Viele Beteiligte sahen im Tatbestand der Sklavenwirtschaft eine von Gott gewollte Ordnung und in ihrem Beruf eine Fügung der Prädestination. Die Gewohnheit tat ein Übriges: ein Verbrechen, das von so vielen während so langer Zeit verübt wird, verliert das Anrüchige nicht nur für jene, die es begehen, sondern auch für die, welche seine Zeugen sind. Man gab sich nicht mehr darüber Rechenschaft, was eigentlich vorging, und ein Sklavenkapitän noch des achtzehnten Jahrhunderts wäre zweifellos erstaunt gewesen, hätte man über seinen Beruf moralische Bedenken geäußert. Joachim Nettelbeck, ein deutscher Seemann, der um 1770 an Bord eines holländischen Sklavenfahrers von der Guinea-Küste nach Surinam reiste, gesteht den Lesern seines Lebensberichtes, er habe damals nicht wissen können, daß der Sklavenhandel dereinst als »Schandfleck der Menschheit« bezeichnet und in England Gegenstand einer parlamentarischen Untersuchung werde; der Menschenhandel habe als ein Gewerbe wie jedes andere gegolten, ohne daß man viel über seine Recht- oder Unrechtmäßigkeit gegrübelt habe.[39]

Ein unschätzbares Zeugnis zur Beurteilung der geistigen Situation, in der sich die am Sklavenhandel beteiligten Kaufleute, Beamten und Seeleute befanden, sind John Newtons Schriften »The Journal of a Slave Trader« und »Thoughts upon the African Slave Trade«, die erst in der zweiten Hälfte des achtzehnten Jahrhunderts erschienen. Newton teilte mit zahlreichen andern Engländern das Schicksal, zum Seedienst gezwungen, »gepreßt« worden zu sein. Nach versuchter Desertion und weiteren Zwischenfällen avancierte er zum Mitschiffsmann bei der Kriegsmarine; dann betraute ihn ein Liverpooler Handelshaus mit dem Kommando der »Duke of Argyle«, die im sogenannten »Triangulärhandel« zwischen Europa, Westafrika und Westindien eingesetzt wurde. Diese Tätigkeit ließ Newton unbefriedigt, allerdings nicht darum, weil er unter moralischen Skrupeln gelitten hätte. Aber seine wache Interessiertheit und die Sensibilität seines Wesens gewannen ihm keine Freunde unter den Berufskollegen, und zu anderem Umgang hatte er keine Gelegenheit, sodaß er es vorzog, die lärmende Gesellschaft der Seeleute zu meiden und sich die Zeit mit der Lösung arithmetischer Probleme, mit autodidaktischem Sprachstudium und Bibelmeditation zu vertreiben.[40] Daß er die ihm anvertrauten Negersklaven weniger rücksichtslos behandelte als andere Kapitäne, steht außer Zweifel, ebenso, daß er deswegen den Spott anderer Kapitäne auf sich zog. Was immer er getan habe, beteuerte Newton später, habe er unwissentlich getan und in der festen Überzeugung, die göttliche Vorsehung habe ihm dieses Los zugewiesen. Als er schließlich um seine Entlassung nachsuchte, tat er dies weniger aus Einsicht in die Verwerflichkeit des Sklavenhandels, als vielmehr aus gesundheitlichen Rücksichten und weil er sich seiner religiösen Berufung immer stärker bewußt wurde. Erst seine Hinwendung zum Methodismus, in dem sich die evangelische Lehre mit großer Unbedingtheit zum Prinzip sittlicher Lebensführung erklärt, führte schließlich Newton dazu, in seiner früheren Tätigkeit als Sklavenkapitän eine Verirrung zu sehen, vor der es andere zu bewahren galt.

Der transatlantische Sklavenhandel war unbestreitbar ein monströses Verbrechen gegen die Menschheit und die radikalste der uns bekannten Formen kolonialistischer Ausbeutung, in deren Verlauf, zwischen 1441 und 1860, Westafrika nach Schätzungen gegen 20 Millionen Menschen verloren hat.[41] So unsinnig es wäre, diese verhängnisvolle Erscheinungsform des Kulturkontakts zu entschuldigen, so notwendig ist es doch zugleich, das Verhalten der Beteiligten aus ihrer eigenen geschichtlichen Situation zu verstehen. Neben der Tatsache der fast mühelosen Institutionalisierung dieses Handels und der mangelnden moralischen und intellektuellen Qualität vieler Beteiligten haben vor allem zwei Faktoren lange Zeit die Kritik hinausgezögert: die langsame Ausbildung naturrechtlicher

Denkvorstellungen in Europa und die sozialen Verhältnisse in den Mutterländern selbst. Obwohl die Diskussion um göttliches und natürliches Recht, um Völkerrecht und nationalen Herrschaftsanspruch bereits im siebzehnten Jahrhundert das universitäre Gespräch belebte und in den Werken von Bossuet, Grotius, Hobbes und Locke seinen Niederschlag fand, gelangte erst das Jahrhundert Montesquieus zu einer grundsätzlichen, von traditionalistischer und utilitaristischer Rechtfertigung befreiten Kritik des Autoritätsbegriffs, die selbst dann nicht sofort auch auf den afrikanischen Sklavenhandel übertragen wurde.[42] Es wäre ungerecht, wollte man bei Leuten, die vom Sklavenhandel lebten, Einsichten voraussetzen, die sich selbst unter hochgebildeten Juristen und Staatstheoretikern kaum genügend gefestigt hatten. Zudem vegetierten in weiten Teilen Europas, besonders in ländlichen Gegenden, Millionen in großer materieller Not und unter Abhängigkeitsverhältnissen, die von der Sklaverei nicht sehr entfernt waren; zahlreiche englische Sklavenhändler entstammten solchen Schichten, waren als Tagelöhner Opfer der Enclosure-Politik und der beginnenden Industriellen Revolution geworden und schließlich in den Hafenstädten gestrandet, wo sie sich in letzter Not und unter dem Einfluß falscher Vorspiegelungen zum berüchtigten Seedienst entschlossen hatten – daß solche Menschen die Bedingungen, unter denen schwarze Sklaven gehandelt wurden, nicht als sehr schockierend empfanden, wird man verstehen müssen. So bleibt es durchaus begreiflich, wenn sich der Widerstand gegen die Sklaverei, der uns später noch beschäftigen wird, zuerst in Europa meldete, und zwar vor allem in den aufstrebenden Schichten des bürgerlichen Mittelstandes.

b) Die Mission

Die Mission hat als bestimmender Aspekt des Kulturkontakts bis zum Ende des achtzehnten Jahrhunderts in Afrika wenig Bedeutung erlangt. Zu den Leitmotiven, die Heinrich der Seefahrer zu seinen afrikanischen Entdeckungsreisen bewegten, gehörte nach dem Zeugnis der Chronisten[43] neben wissenschaftlicher Neugierde und kommerzieller Absicht zwar auch die Hoffnung, die verlorenen Seelen der Heiden zu retten und mit der sagenhaften Christengemeinde des Priesters Johannes in Fühlung zu treten; aber sehr bald trat das religiöse Interesse an solchen Unternehmungen deutlich hinter andern Aspirationen zurück.

Anfänglich fehlte es den Portugiesen nicht an spontanem Bekehrungsenthusiasmus. Bereits im Jahre 1490 wurde eine missionarische Expedition, der vor allem Franziskanermönche angehörten, ins Gebiet des heutigen Nordangola entsandt, mit dem Auftrag, den mächtigen Herrscher des Kongoreiches, den »Manikongo«, aufzusuchen und, wenn immer möglich, Verbindungswege zum Reich des Priesterkönigs und nach Indien auszukundschaften. Der begeisterte Empfang durch die eingeborene Bevölkerung schien zu den schönsten Hoffnungen zu berechtigen: der König und die wichtigsten Notabeln des Landes wurden getauft, man begann mit dem Bau einer Kirche. Aber bald zeigte sich die Problematik solcher Missionierung. Der »Manikongo«, den Stammesunruhen hart bedrängten, sah im Christenglauben kaum mehr als ein Wundermittel zur Gewinnung technisch-militärischer und magischer Macht und in der Bekehrung eine Möglichkeit, sich die Bundesgenossenschaft des Europäers zu sichern. Doch die erhoffte Wirkung blieb aus: selbst bisher treu ergebene Untertanen verübelten dem »Manikongo« die Abkehr vom traditionellen Brauchtum, und die Unbekümmertheit, mit welcher die Portugiesen sich an die Zerstörung heidnischer Kultstätten machten, die Einsichtslosigkeit, mit der sie durch ihre Verurteilung der Polygamie einen Grundpfeiler der innerafrikanischen Allianzpolitik zu stürzen suchten, führten in wenigen Jahren zu chaotischen innenpolitischen Zuständen. Bald wandelte sich die anfängliche Sympathie der Afrikaner gegenüber den Europäern in Mißtrauen, der König und hohe Beamte der Hofgesellschaft wandten sich wieder dem Fetischismus zu, und bereits 1495 entschlossen sich viele Missionare zum Abzug.

Immerhin gelang es in der Folge den Portugiesen, in der Gestalt des christlich getauften Alfonso I. einen verbündeten Afrikaner auf den Thron des Königreichs zu heben, und die europäischen Quellen berichten vollen Lobes von dieser einmaligen Persönlichkeit, die sich lernbegierig und tugendhaft zeigte und in deren Äußerungen sich der Heilige Geist selbst kundzutun schien.[44] Eine Korrespondenz zwischen dem portugiesischen König und dem christlichen afrikanischen Lehensfürsten bahnte sich an, welche durchaus im Tonfall gegenseitiger Achtung geführt wurde; Alfonsos Beispiel führte zu Massenbekehrungen in seinem Herrschaftsgebiet, sein Bildungseifer inspirierte die Untertanen zum Besuch von Missionsschulen, schwarze Jünglinge aus dem Umkreis des Herrschers wurden zur höheren Ausbildung nach Portugal gesandt. Aber nach dem Tode Alfonsos zeigte sich, auf welch unsicheren Grund die Kirche gebaut hatte; wohl hielten sich erstaunlicherweise bei seinen Nachfolgern noch spärliche Restsubstanzen christlicher Bildungstradition, nie aber gelang es den portugiesischen Missionaren und ihren eingeborenen Schützlingen, sich einerseits von kommerziellen und machtpolitischen Grundintentionen und Aspirationen freizumachen und anderseits ihr Wirken auf die Gegebenheit einheimischer Kulturtradition abzustimmen.

Im sechzehnten und siebzehnten Jahrhundert entwickelten sich die portugiesisch-afrikanische Beziehung und die kongolesische Innenpolitik ohne jede Kontinuität. Franziskaner, Dominikaner, Jesuiten, Karmeliter, Augustiner und Kapuziner lösten sich in ihren mangelhaft koordinierten Bemühungen um missionarische Einflußnahme ab; wechselnde eingeborene Dynastien schwankten zwischen völliger Ablehnung der christlichen Botschaft und verzweifelter Forderung nach Unterstützung. Der Sklavenhandel, von den europäischen Vertretern der Kirche nicht nur geduldet, sondern offen betrieben und dogmatisch gerechtfertigt, schuf eine Atmosphäre gegenseitigen Mißtrauens und traf die überlieferte Ordnung der Eingeborenengesellschaft im Kern. Die wenigen Missionare, die sich zu Beginn des achtzehnten Jahrhunderts noch im Kongo aufhielten, berichten von heftigen Familienzwisten im Kampf um die Herrschaft, von Palastrevolutionen und hinterhältiger europäischer Einmischung, von Unruhen bei einzelnen Stämmen und Angriffen von außen – die Aussicht auf einen sieghaften Durchbruch der christlichen Idee, die sich um 1500 zu eröffnen schien, war endgültig zerstört.

Im portugiesischen und spanischen Kolonialismus der Frühzeit war die Verbindung zwischen kommerzieller oder agrarischer Expansion und Mission außerordentlich eng. Nicht daß die römische Kirche in eigener Regie die Missionsarbeit in den Kolonien übernommen hätte; aber sie gab, ausgehend von der Idee der globalen apostolischen Vollmacht des Papstes, den missionarischen Auftrag ausdrücklich an die iberischen Monarchen weiter. »Ich schenke dem König Alfons von Portugal«, heißt es in einer Bulle des Papstes Nikolaus V. vom Jahre 1454, »die bereits erworbenen und die zu erwerbenden Provinzen, Königreiche, Herzogtümer, Fürstentümer, Herrschaften und Besitzungen für alle Ewigkeit.«[45] Als Gegenleistung verpflichtete sich der katholische Monarch, in den besetzten überseeischen Gebieten die Heidenmission zu organisieren, und wenn diese Aufgabe von Ort zu Ort auch mit sehr unterschiedlichem Eifer in Angriff genommen und überall mit recht zweifelhaften Erfolgen ausgeübt wurde, stellte niemand die Notwendigkeit dieser Dienstleistung gegenüber dem Papst in Frage.

Neben dieser gleichsam lehensrechtlichen Verpflichtung zur Mission entsprang in der katholischen, wie später auch in der protestantischen Kirche die Motivation zur Heidenbekehrung der biblischen Offenbarung und den Überlegungen, welche die maßgebenden Dogmatiker aus dieser Offenbarung zogen.[46] Bereits die im Alten wie im Neuen Testament oftmals bezeugte Ausschließlichkeit der jüdisch-christlichen Glaubensvorstellung, die den Polytheismus und den Pantheismus als falsch und dogmenwidrig ablehnte, forderte im Grunde gebieterisch die äußere Mission, es sei denn, man hätte Menschen anderer religiöser Gesinnung irgendwo außerhalb des Raumes der göttlichen Schöpfung angesiedelt. Gerade gegen eine solche Auffassung aber hatte sich schon Thomas von Aquin gewandt, wenn er feststellte, daß auch der Heide ein Geschöpf Gottes und der göttlichen Gnade bedürftig und würdig sei.[47] Während sich der Christenmensch nach dem Sündenfall mühsam zur wahren Gotteserkenntnis emporgearbeitet hatte, war nun freilich der Un- oder Irrgläubige, aus Gründen, welche sich die theologischen Theoretiker sehr verschieden erklärten, immer mehr von Gott abgefallen; seine Gottesverehrung hatte sich zum Götzendienst pervertiert, das Bemühen um Reinheit der Sitten war dem Hang zur Ausschweifung aller Art gewichen. Doch die guten Seelenkräfte lebten auch im Heiden fort; da sie aber zu wenig entwickelt waren, als daß dieser den Weg zu Gott allein hätte finden können, ergab sich für den Christenmenschen die moralische Aufgabe, dem Heiden zu helfen. Neben die lehensrechtliche Verpflichtung zur äußeren Mission trat also, wenn man will, eine christlich-humane Verpflichtung, die vom Grundgedanken eines einzigen Schöpfergottes und von der Einheit des Menschengeschlechtes ausging.

Im übrigen waren die Missionare nie verlegen, ihre Arbeit durch die Anführung von Bibelzitaten zu rechtfertigen. Man wies etwa auf die Vorstellung eines Gottesreiches hin, wie sie im Psalm 72 zum Ausdruck kommt: »Er wird herrschen von Meer zu Meer, vom Euphrat bis an die Enden der Erde. Vor ihm müssen sich beugen die Widersacher und seine Feinde den Staub lecken.« Oder man zitierte aus dem Matthäus-Evangelium: »Mir ist Gewalt gegeben im Himmel und auf Erden. Darum gehet hin und machet alle Völker zu Jüngern und taufet sie auf den

Namen des Vaters und des Sohnes und des Heiligen Geistes und lehret sie alles halten, was ich euch befohlen habe.«[48] Oder man berief sich schließlich auf das Beispiel des Apostels Paulus, der um 50 n. Chr. Kleinasien und Griechenland bereist und Rom erreicht hatte: seine Gestalt galt vielen Kirchenleuten aller christlichen Konfessionen immer wieder als leuchtendes Vorbild.[49]

Während der Handel, der Sklavenhandel im besonderen, als ein Modus der Begegnung innerhalb der Phase des Kulturkontakts begriffen werden kann, der seine theoretisch-merkantilistische Rechtfertigung erst nachträglich, zur Zeit Colberts, erhielt, erscheint der Missionsgedanke als ein abstraktes Konzept, das, wie sehr sich auch Art und Weise des Vorgehens modifizieren mochten, als Zielvorstellung der Veränderung weitgehend entzogen war. Die Spannung, die sich hier zwischen dem hohen ideellen Anspruch und den realen Wirkungsmöglichkeiten ergab, machte den Missionar im Gegensatz zum Händler von Anfang an ungemein hellhörig für die Schwierigkeiten der kulturellen Kommunikation und die Problematik des Kulturkontakts überhaupt.

Die Rolle der christlichen Mission in der Phase des Kulturkontakts läßt sich besonders gut am Beispiel der französischen Wirksamkeit im Kanada des siebzehnten Jahrhunderts beobachten. Während die spanische Mission in Mittel- und Südamerika häufig durch Direktiven der kirchlichen Obrigkeit im Mutterland in ihrer Handlungsfreiheit eingeschränkt wurde und ihre Tätigkeit fast immer im Schatten der machtvollen militärisch-politischen Expansionsbewegung der Konquista, gegen die sie sich vergeblich auflehnte, stand, wandten sich die Franzosen in Kanada an eine Eingeborenenbevölkerung, die noch nicht in den Sog politischer und kommerzieller Unternehmungen geraten war und operierten mit bemerkenswerter geistiger Aufgeschlossenheit und Unabhängigkeit.

Auch hier waren zwar, wie anderswo, wirtschaftliche und geopolitische Triebkräfte an den ersten Forschungsreisen vorrangig beteiligt, und Jacques Cartier, der im Jahre 1534 Neufundland erreichte und bis in das Mündungsgebiet des Sankt-Lorenzstroms vordrang, war von Franz I. mit dem Auftrag zu seiner Expedition ermächtigt worden, »jene Länder zu entdecken, von denen es heißt, sie seien reich an Gold und andern kostbaren Dingen«[50]; auch der verlockende Gedanke von der Existenz einer Nord-Westpassage war schon Cartier vertraut. Auch Samuel Champlain, der zwischen 1603 und 1615 den Sankt-Lorenzstrom erkundete, Quebec begründete und bis zu dem nach ihm benannten See im heutigen amerikanisch-kanadischen Grenzgebiet vorstieß, beschäftigten vor allem wirtschaftliche Pläne, und seine Kolonialpropaganda, die er sowohl Sully als Richelieu unermüdlich, aber ohne rechten Erfolg vortrug, betonte vor allem die Fruchtbarkeit des neuentdeckten Landes, welches als Siedlungsgebiet besonders geeignet erscheine. Zugleich aber wies Champlain auf die Notwendigkeit hin, die Eingeborenen zu bekehren; einmal, weil diese sonst ohne Kenntnis von Gott gleich Tieren dahinvegetieren müßten, dann, weil sich durch missionarische Bemühung das Ansehen des katholischen Frankreich erheblich vergrößern lasse.[51]

Zu den ersten französischen Missionaren in Kanada gehörten Franziskaner von der strengen Ordensregel der Rekollekten; nach 1625, als sich Pläne zur Ansiedlung von Hugenotten zerschlagen hatten, gewannen die Jesuiten einen steigenden Einfluß und sicherten sich gegen die Mitte des siebzehnten Jahrhunderts eine eigentliche Monopolstellung. Das Hauptquartier der französischen Missionstätigkeit war Quebec: hier residierte der oberste Ordensgeistliche; von hier aus überwachte er die Tätigkeit der Patres im Hinterland und berichtete in regelmäßigen Abständen nach Paris und Rom; in Quebec gab es ein Priesterseminar zur Ausbildung neuer Missionare und eine Indianerschule. Um 1635 verfügte die französische Mission über fünf Missionsstationen im Hinterland, die von Quebec aus unterstützt und überwacht wurden.[52]

In Trois-Rivières, inmitten eines Gebietes, das von der bedeutenden Stammesgruppe der Algonkins bewohnt wurde, befand sich ein wichtiger Brückenkopf zu missionarischen Vorstößen gegen Westen bis zum Ontario-See, an dessen Südufer das Stammesgebiet der Irokesen begann. Die Irokesen, die sich um 1450 zu einem militärisch schlagkräftigen Bund von fünf Nationen zusammengeschlossen hatten, beherrschten die Gegend zwischen den Niagara-Fällen und dem Hudson-River im heutigen Staate New York; in überraschenden Kriegszügen drangen sie immer wieder in die Jagdgründe der nomadisierenden Algonkins vor und bedrohten die Franzosen, welche sich mit diesen verbündet hatten.

Nach der Gründung von Montreal im Jahre 1642 verlagerte sich der Schwerpunkt der Jesuitenmission vorübergehend. Von Montreal aus gelangten die Missionare, aber auch die Waldläufer und Pelzhändler ins Land der Huronen, die zwischen dem Lake Simcoe und der Georgian Bay als Ackerbauern ein recht seßhaftes Leben führten. Die Huronen erschienen der christlichen Botschaft am zugänglichsten; man nannte sie die »Aristokraten unter den Indianern«, und sie galten als besonders vertrauenswürdig und mutig; um 1640 hatten die Jesuiten auf huronischem Gebiete fünf Kirchen gebaut und mehr als tausend Indianer, meistens Kinder, taufen lassen. Doch die Zugangswege zu diesen Gegenden wurden immer wieder durch Irokeseneinfälle verunsichert; so wurden im Jahre 1648 mehrere Huronensiedlungen ausgeraubt und verwüstet, die Bewohner vertrieben und einige Missionare gefangengenommen.

Erst zehn Jahre später wagten die Jesuitenmissionare, ernsthaft an eine systematische Bekehrung der Irokesen zu denken, die von der neugegründeten Basis von Saint Ignace am Michigan-See ausgehen sollte. Doch gegen Ende des siebzehnten Jahrhunderts verschlechterten sich die Voraussetzungen zu einer erfolgreichen Fortsetzung der Missionsarbeit an mehreren Fronten zusehends. Differenzen zwischen den Jesuiten und den Franziskanern, Mißverständnisse über die Zuständigkeitsbegrenzung kirchlicher und politischer Instanzen, Reibereien zwischen Missionaren und Waldläufern erschwerten eine kontinuierliche Fortführung der Arbeit innerhalb des französischen Kolonisationssystems; eine unglückliche Allianzpolitik gegenüber den verschiedenen Indianerstämmen, das bedrohliche Vordringen der Engländer zum Mississippi und die weiterhin mangelhafte Unterstützung durch das Mutterland stellten den Bestand der Kolonie überhaupt in Frage. Im Frieden von Paris vom Jahre 1763 wurde Kanada den Engländern zugesprochen, die während des Siebenjährigen Krieges bereits Quebec und Montreal eingenommen hatten; die französischen Missionare wurden zwar nicht zur Rückkehr ins Mutterland gezwungen, die Zuwanderung aus Frankreich jedoch gestoppt. So sah sich der Jesuitenorden, der in Kanada paradoxerweise dank der englischen Besetzung das Aufhebungsdekret der französischen Regierung überdauerte und weiterwirken durfte, doch an einer fruchtbaren Weiterführung der Missionstätigkeit gehindert.

Das Nomadentum der meisten kanadischen Indianerstämme bestimmte weitgehend den Charakter der europäisch-überseeischen Begegnung in diesem Teile der Welt. An der Küste gab es keine ständigen indianischen Siedlungen, die, wie etwa an der afrikanischen Westküste, als stabile Zentren des kommerziellen Austausches hätten dienen können. Obwohl es sich im Laufe der Zeit ergab, daß die Indianer sich zu bestimmten Zeitpunkten mit ihren Handelswaren in Quebec oder Montreal einfanden und vereinzelt auch, von Geschäft und Branntwein festgehalten, blieben, galt doch als Regel, daß man die Indianer, wenn man etwas von ihnen wollte, sei es nun ihre Pelze oder ihre Seelen, in ihren Wäldern aufsuchen und auf ihren Streifzügen begleiten mußte.

Dies bedeutete nun, daß die Begegnung des Europäers mit dem Indianer in einem vordergründigen wie in einem geistigen Sinne zum persönlichen Wagnis wurde: das Zusammentreffen ordnete sich nicht in einen Konnex gegenseitiger Absprachen oder längst institutionalisierter Beziehungen ein. Der Europäer handelte wesentlich unabhängig von seinen Vorgesetzten und Auftraggebern und ohne deren Schutz; er wurde von den Eingeborenen auch nicht als Repräsentant der Kolonialmacht empfunden, die bei ihrem zahlenmäßig geringen Potential ohnehin kaum je als obrigkeitliche Macht betrachtet wurde. Gewiß konnte sich der Europäer auf diese Begegnung vorbereiten, und gewiß erwarb er sich im Laufe der Zeit Erfahrungen, die ihn mit bestimmten Reaktionen und Verhaltensweisen des Indianers vertraut machten; aber die äußeren Umstände der Begegnung änderten sich beständig, und das Wagnis stellte sich immer neu. Ob sich das Zusammentreffen erfolgreich gestaltete, ob Verständigung überhaupt möglich wurde und in welchem Grade – darüber entschied weitgehend die Persönlichkeit des Europäers, seine intellektuelle Beweglichkeit und physische Widerstandskraft, seine Anpassungsfähigkeit und Vertrauenswürdigkeit, seine Geduld, Beharrlichkeit, Entschiedenheit und Intelligenz. Gelingen und Scheitern hingen vom Charakter des zivilisierten Partners ab: wo ein Missionar sich größte Achtung erwarb, konnte sein Nachfolger trotz bester Absichten völlig versagen; wo der eine Waldläufer sich mit Fellen überhäufen ließ, holte sich sein weniger geschickter Kollege im nächsten Jahr nichts als feindselige Abneigung oder Spott.

Zweifellos lag darin, daß jede Begegnung letztlich zur Prüfung persönlicher Fähigkeiten wurde, daß der Europäer fast ganz auf sich selbst gestellt war, ein bedeutender Anreiz zur entsagungsvollen Tätigkeit des Missionars. Manche Kirchenleute hatten Europa gerade deshalb verlassen, weil sie in der klösterlichen Abgeschiedenheit der französischen Provinz, im höfischen Umgang oder als Erzieher privilegierter Schichten weder ein taugliches Mittel sahen, den geistigen Elan der Gegenreformation wirksam werden zu lassen, noch die Möglichkeit, sich selbst in aktivem christlichem Dasein zu verwirklichen. In den kanadischen Wäldern dagegen konnte die Missionsarbeit zu einem Akt der religiösen Selbstergründung und Läuterung werden, der neue Kräfte befruchtender Wirksamkeit freilegte. Ein Zug zur Askese, ja bei einigen Missionaren ein Hang, sich geradezu masochistisch den vielfältigen Gefahren ihrer neugewählten Lebensform zu stellen, in der Erwartung, den Leidensweg Christi nachvollziehen zu dürfen, tritt uns aus den meisten Jesuitenrelationen entgegen. »Man muß sein ganzes Leben und alles Besitztum«, schreibt der Jesuitenpater Le Jeune, »gleichsam von sich werfen, und sich statt mit Reichtum mit der Last des Kreuzes zufriedengeben.«[53] »Es bedeutet ein unaussprechliches Glücksgefühl für uns«, meint ein anderer Missionar, Le Mercier, »in der Mitte der Barbarei das Brüllen der Dämonen zu hören und zuzusehen, wie sich Hölle und Erde in ihrem Kampf gegen eine Handvoll Männer verbünden, die nicht einmal bereit sind, etwas für ihre Verteidigung zu tun.«[54] Und Pater Lallemant geht in seinem Bericht vom Jahre 1639 so weit zu bedauern, daß bisher noch kein Priester den Märtyrertod gefunden habe, sei doch das Blut der Märtyrer die Saat des Christentums.[55]

Dadurch, daß die französischen Missionare willentlich auf jede Annehmlichkeit verzichteten, näherten sie sich der natürlichen Lebensweise der Indianer und vollzogen einen Schritt der Anpassung, der deutlich aus der ersten Phase einer bloßen Kulturberührung herausführte. Gewiß handelten sie dabei aus andern Motiven als die Urbewohner, deren beschränktes zivilisatorisches Instrumentarium sie zu einfachster Lebensform geradezu zwang; im alltäglichen Leben aber ergab sich bei Indianern und europäischen Missionaren eine sehr weitgehende Gleichartigkeit der Lebenssituation. Der Missionar schlief in den Hütten der Eingeborenen auf gestampfter Erde, ernährte sich von denselben Naturprodukten, bediente sich derselben Transportmittel. Er teilte mit den Indianern die Härte des winterlichen Klimas, litt wie sie unter Hungersnöten und den Raubzügen feindlicher Stämme und setzte sich, wenn die Not es gebot, den Entbehrungen der nomadisierenden Lebensweise aus.

Diese Anspruchslosigkeit der Daseinsform wurde durch die Vorschriften strenger klösterlicher Ordnung, denen der Missionar sich unterzog, noch verschärft: er erhob sich gegen vier Uhr morgens, las die Frühmesse, empfing tagsüber bedürftige und neugierige Indianer, unterwies deren Kinder und besuchte auf mühseligen Wanderungen die indianischen Familien, um Kranke zu betreuen und Sterbende zu taufen.

Daß eine solche Angleichung an indianische Lebensweise, soweit sie christlichem Gebot nicht zuwiderlief, nicht nur lebensnotwendig und gottgefällig war, sondern auch eine wichtige Voraussetzung erfolgreicher Missionstätigkeit darstellte, war allen Missionaren klar. In einer im Jahre 1658 in Paris erschienenen »Instruction pour les Pères de nostre Compagnie qui seront envoiez aux Hurons« wird neben dem Ratschlag, der Missionar solle sich durch allerlei Dienstleistungen dem Indianer gefällig zeigen, auch die Forderung ausgesprochen, man solle deren Lebensweise, wie entbehrungsvoll sie auch sei, teilen; dies sei der geeignetste Weg, sich ihr Vertrauen zu erwerben.[56] Obwohl sich im Laufe der Zeit und in einzelnen Fällen zeigte, daß eine zu weitgehende Anpassung auch die Gefahr in sich trug, daß man das Endziel der Heidenbekehrung aus den Augen verlor und insbesondere als Begleiter nomadisierender Stämme die Kontinuität des missionarischen Bemühens nicht mehr gewährleisten konnte, blieb doch die Anspruchslosigkeit des eigenen Wandels ein wichtiges Postulat der französischen Missionare. Es gab unter diesen lebensvollen und originalen Persönlichkeiten manche, die es als abstoßend empfanden, wenn einzelne ihrer Ordensbrüder sich in Montreal oder Quebec einer vergleichsweise sorglosen administrativen oder kommerziellen Tätigkeit hingaben, und manche von ihnen kehrten nach kurzem Aufenthalt in diesen kolonialen Zentren, enttäuscht von der Lebensführung ihrer Landsleute und deren korrumpierender Wirkung auf die Eingeborenen, wieder in die Einsamkeit der Wälder zurück.

Als eine wichtige Vorbedingung jeglicher Missionstätigkeit galt den französischen Kirchenleuten die Erlernung der Eingeborenensprachen. Bereits die Jesuitenmissionare Biard und Massé, zwei unerschrockene und ausdauernde Pioniergestalten, die um 1610 unter den Micmac-Indianern im Süden der St.-Lorenzbucht wirkten, hatten erkannt, daß ernsthafte Bekehrungsversuche nur in Angriff genommen werden konnten, wenn man sich des indianischen Idioms bediente. Unterricht in französischer Sprache hätte eine weitgehende Integration der Eingeborenen in die europäische Kolonisationsgesellschaft vorausgesetzt, was die beiden Jesuiten, von entsprechenden negativen Erfahrungen ausgehend, ablehnen mußten. Biard und Massé waren zwar nicht die ersten, welche die Erlernung der Eingeborenensprachen propagierten; ähnliche Bemühungen, in missionarischer wie in kommerzieller Absicht, hatten bereits die Portugiesen in Afrika und die Spanier in Mittelamerika unternommen. Wohl nirgends aber wurde, wenn man vom chinesischen Missionsbereich absieht, dieser Forderung so eifrig nachgelebt wie in Kanada, wo es als wichtigste Empfehlung galt, wenn ein Missionar sich darüber ausweisen konnte, die Sprache eines Stammes zu beherrschen.

Im Jahre 1625 überwinterte Pater Brébeuf bei den Montagnais-Indianern und stellte eine Grammatik ihrer Sprache zusammen; ein Jahr später leistete er dieselbe Arbeit bei den Huronen. Der nächste anspruchsvollere Schritt bestand darin, daß man den Katechismus in die Eingeborenensprache übersetzte: in einem der ersten Werke dieser Art, der 1630 in Rouen publizierten »Doctrine chrestienne« wurde der französischen Fassung in übersichtlicher Darstellung eine Übersetzung in die Montagnais-Sprache beigegeben. Man versuchte auch, in kirchlichen Schulen indianische und französische Kinder zweisprachig zu unterrichten, aber solche Bemühungen scheiterten bald, vor allem deshalb, weil die Eingeborenen wenig geneigt waren, ihre Kinder der erzieherischen Obhut der Missionare anzuvertrauen und in die Siedlungen der Europäer zu schicken. Sprachliche Verständigung in einer bestimmten Eingeborenensprache war am ehesten noch dann möglich, wenn ein Franzose eine Indianerin heiratete; in der Regel jedoch dominierte in diesen Fällen das Französische, vor allem bei den Kindern solcher Familien.

Es ist in diesem Zusammenhang nicht möglich, auf die außerordentlichen Schwierigkeiten einer wirklichen Verständigung zwischen französischen Missionaren und Indianern, und insbesondere auf die Problematik der Übertragung christlicher Schriften, ausführlich einzutreten; diese Frage berührt das Gebiet der Linguistik und Sprachphilosophie und gehört zu den heikelsten der modernen Ethnologie. Sicher ist jedenfalls, daß sich die Missionare von der Fragwürdigkeit ihrer Übersetzungstätigkeit zu wenig Rechenschaft gaben, einfach darum, weil sie die tiefere Komplexität des Kulturkontaktes nicht recht durchschauten. Gewiß war es möglich, sich in manchen Belangen zureichend zu verstehen und beispielsweise dem Indianer bestimmte eigene Bedürfnisse und Wünsche zu verdeutlichen: auf dieser schmalen Basis der Kommunikation wickelte sich zum Beispiel der Pelzhandel recht reibungslos ab.

Eine andere Sache aber war es, Verständnis für christliche Glaubensvorstellungen zu vermitteln. Vordergründig meldeten sich Schwierigkeiten bereits bei der schriftlichen Fixierung, der Notation der Eingeborenensprache. Selbst wenn es einem Jesuiten dank unermüdlichem Studium gelungen war, ein indianisches Wort lautgetreu zu wiederholen, ermangelte man doch einer allgemein verbindlichen phonetischen Transkription; Werke dieser Art wurden erst um die Mitte des neunzehnten Jahrhunderts herausgebracht.[57] So war keine Gewähr geboten, daß der Ordensbruder, der sich an die entsprechenden Aufzeichnungen eines Vorgängers hielt und vielleicht im Gegensatz zu diesem aus der Bretagne oder der Provence stammte, einzelne Wörter nicht durch dialektale Aussprache derart verfälschte, daß sie nicht mehr verstanden werden konnten.

Vor allem aber erwies es sich als ganz unmöglich, abstrakte Begriffe der dogmatischen Glaubenslehre wie Schuld, Sünde oder Gnade in ihrem Sinngehalt dem Eingeborenen faßbar zu machen. Pater Biard erkannte diese Schwierigkeit, als er, von der Fruchtlosigkeit seiner Missionsbemühung enttäuscht, in seinem Rechenschaftsbericht schrieb: »Von den Dingen, die wir sehen, berühren und mit unsern übrigen Sinnen wahrnehmen können, konnten wir die Namen, indem wir die Eingeborenen befragten, auf irgendeine Weise erhalten; aber was die andern Dinge betrifft, besteht der größte Mangel an Begriffen bei dieser Rasse und die tiefste Unkenntnis über diese Dinge selbst.«[58]

Jede Sprache, jene der archaischen Völker in besonders hohem Grade, ist aufs engste mit der Totalität der jeweiligen Kultur verbunden, sie ist Kulturelement und dynamisch wirksames Mittel der kulturellen Veränderung zugleich. Die Einführung eines abendländischen Denkzusammenhängen entnommenen Begriffs in eine Eingeborenensprache setzt, wenn schwerwiegender Bedeutungswandel vermieden werden soll, nicht nur eine gewisse Gleichartigkeit der grammatikalischen Struktur der betreffenden Sprache, sondern auch einen zumindest vergleichbaren Stand sozialen, wirtschaftlichen und religiösen Kulturbewußtseins voraus. Es genügte nicht, daß man ein bestimmtes Wort der Eingeborenensprache aus dem Zusammenhang einer halbwegs verständlichen Äußerung löste und zum Synonym einer französischen Vokabel erklärte und umgekehrt; wichtiger wäre gewesen, das indianische Wort in allen seinen vieldeutigen Bezügen zum Ganzen eines bestimmten kulturellen Hintergrundes zu verstehen. Diesem kulturellen Hintergrund hätte sich die Begriffssprache der Missionare anpassen müssen, was allerdings mit dem Risiko verbunden gewesen wäre, gerade die Essenz der missionarischen Botschaft zu verfälschen. Denn die religiöse Sprache der archaischen Völker reflektiert weit weniger als die christliche ein tragisches Existenzgefühl, sondern steht in direktem Bezug zum kultischen Handeln und ist, etwa in der Anrufung der Gottheit vor Kriegszügen oder in wirtschaftlicher Notlage, weit praktischer auf die Bewältigung einer äußerlich drohenden Daseinssituation ausgerichtet.[59] Eine derartige Anpassung war schon darum unmöglich, weil die kirchlichen Dogmatiker in Paris und Rom sie als gefährliche Häresie ebenso hätten verurteilen müssen wie etwa in China; und sie war schließlich deshalb undenkbar, weil sie einen wesentlich tieferen Einblick der Missionare in das Wesen und Bezugsgefüge der archaischen Kultur vorausgesetzt hätte.

Im Grunde bot sich so zur Missionierung der kanadischen Eingeborenen nur ein einziger gangbarer und beschwerlicher Weg. Dieser hätte wohl darin bestehen müssen, daß man sich entschlossen hätte, die Kinder indianischer Familien frühzeitig aus ihrem angestammten Lebensbereich herauszulösen, sie völlig europäisch zu erziehen und gesellschaftlich wie intellektuell zu assimilieren. Gerade dies aber wollten die meisten Missionare nicht, weil sie in lobenswerter Einsicht erkannten, wie korrumpierend sich der Einfluß der weißen Kolonisationsgesellschaft auswirken würde.

Aus diesem Dilemma, welches, vereinfacht gesagt, darin bestand, daß man die Substanz der eigenen Kultur weder aufgeben konnte noch wollte, andererseits sich scheute, den Eingeborenen mit radikalem Vorgehen in diese Kultur zu integrieren, gab es keinen Ausweg. Daß dem so war, bezeichnet, wenn man die redlichen, selbstlosen und hochherzigen Bemühungen vieler französischer Missionare bedenkt, die Tragik wie die schließliche Erfolglosigkeit ihrer Aktivität. Dadurch, daß man in der Bekehrung des Heiden eine primäre Aufgabe sah, die sich unmittelbar an die Kulturberührung anzuschließen hatte, und das Studium der archaischen Kultur ebenso zurückstellte wie eine konsequente Assimilationspolitik, reduzierte man die eigene Leistung auf eine Reihe bloß formaler Akte wie Taufe, Kommunion und Beichte, in denen der Indianer höchstens einen oberflächlichen und momentanen Schutz gegenüber den Gefahren seines Daseins oder ein Trostmittel sehen konnte. So hatten die Bekehrungsversuche der Missionare bei sterbenden Indianern denn auch einen gewissen äußerlichen Erfolg, wenn man ihnen die Schrecken des Fegefeuers recht anschaulich machte und ihnen die Aussicht auf das ewige Leben eröffnete: »Die Furcht«, schrieb denn auch Pater Le Jeune, »ist die Vorläuferin des Glaubens bei den barbarischen Geistern.«[60] Auch Kinder wurden zuweilen zwar nicht ungern dem missionarischen Einfluß überlassen, wohnten aber weiterhin animistischen Ritualen bei, weil sich deren Eltern von Medizinmann und Jesuit doppelten Schutz versprachen. Ebenso zeigten Häuptlinge, denen die Missionare aus taktischen Beweggründen besondere Aufmerksamkeit schenkten, ihrerseits aus politisch-taktischen Überlegungen eine gewisse Scheingelehrigkeit.

Neugierde und eine Neigung zum Spiel und Mummenschanz bewogen schließlich manche Indianer, vor allem Jugendliche, eine Anteilnahme an christlichen Kulthandlungen zu zeigen, welche die Missionare über ihre wahre Haltung hinwegzutäuschen vermochte. »Sie hat erst zwei Jahre«, schreibt Pater Garnier von einem weiblichen Täufling, »und weiß doch schon allerliebst das Kreuz zu schlagen. Einmal, als sie zusammen mit ihrer Mutter die Kirche verließ, begann sie zu schreien, sobald sie gewahr wurde, daß die Mutter vergessen hatte, sie mit Weihwasser zu besprengen.«[61] Es gibt zahlreiche Jesuitenberichte, die sich lobend über sichtbar bezeugte Frömmigkeit indianischer »Bekehrter« äußern. Mit Stolz wird darauf hingewiesen, daß die Indianerkinder zweimal zur Kirche gingen, zur Frühmesse und zum abendlichen Gebet; daß sie im Chor mitsängen und durch die Aufmerksamkeit auffielen, mit der sie dem Gebet lauschten; ferner wird verschiedentlich davon berichtet, daß die Indianer bei ihren Ratssitzungen Wert auf die Anwesenheit eines Priesters legten und ihre Entscheidungen von dessen Ratschlag abhängig machten. Manche jesuitische Berichterstatter der Pionierzeit gehen sogar so weit, den frommen Eifer der Indianer polemisch gegen die religiöse Indifferenz der Kolonialeuropäer auszuspielen, und der hervorragende Missionspropagandist Charlevoix zögert beispielsweise nicht, in seiner »Histoire et description générale de la Nouvelle France« auf die Vorbildlichkeit indianischer Glaubensüberzeugung hinzuweisen.[62]

Im übrigen aber wird doch in vielen der späteren Relationen der Pessimismus der Missionare über den weiteren Verlauf ihrer Tätigkeit deutlich, und oft gewinnt man den Eindruck, die Kirchenleute hätten ihre Arbeit nur deshalb fortgesetzt, weil sie mit der Gewißheit frommer Denkart an deren Gottgefälligkeit glaubten und in ihrem Scheitern eine ständige Aufforderung zum Neubeginn sahen. Manche Missionare, vor allem Jesuiten, erkannten die Fragwürdigkeit sogenannter Massenbekehrungen, wie sie vor allem zu Beginn der kanadischen Kolonisation von enthusiastischen und ehrgeizigen Missionaren vorgenommen worden waren, und manche verzichteten auf die Taufe, wenn ein dauernder Gesinnungswandel nicht vorauszusehen war, oder vollzogen sie höchstens bei Sterbenden in der aufrichtigen Überzeugung, sie vor schlimmer Höllenqual zu bewahren.

Zur Enttäuschung, die der häufige Rückfall der Neophyten in die Barbarei und den Synkretismus dem Missionar bereitete, gesellte sich die Verärgerung über die Quertreibereien der Medizinmänner und Dolmetscher. Die letzteren, ohne welche nicht immer auszukommen war, übersetzten oft unzuverlässig und machten sich, begabt mit einem eigentümlichen indianischen Sinn für Humor, einen Spaß daraus, dem Kirchenmann obszöne Wörter einzuflüstern, welche dieser bei der nächsten feierlichen Gelegenheit zum Gaudium seiner Zuhörerschaft wiedergab. Die Medizinmänner, welche sich in ihrem eigensten Wirkungsbereich bedroht sahen, scheuten, nach dem Zeugnis der Missionare, kein Mittel, weder Verleumdung noch Intrigen und physische Bedrohung, um den christlichen Rivalen auszuschalten. Vergebens versuchte Le Jeune, einen seiner Widersacher durch Nächstenliebe für sich zu gewinnen: »Ich begann«, schreibt er, »den Medizinmann mit

Liebesbezeugungen und Lob zu überschütten, um ihn mit diesem Köder im Netz der christlichen Wahrheit zu fangen, und ich gab ihm zu verstehen, daß ein Geist, solcher Dinge mächtig wie der seinige, wenn er den wahren Gott kennte, größten Einfluß bei seinen Stammesangehörigen gewänne.«[63] Doch der »Hexenmeister« blieb unbelehrbar.

Als äußerst gefährlich erwiesen sich die Medizinmänner, wenn es ihnen gelang, gewisse Schicksalsschläge und Katastrophen, wie etwa das Auftreten der unter den Indianern pestilenzartig wütenden Blattern, auf das Auftreten der Jesuiten zurückzuführen. Dieser Verdacht, der im Grunde der Wahrheit recht nahe kam, traf die sehr utilitaristischen Erwartungen der Indianer in die Christenmission im Kern und versetzte die Jesuiten, die zu jener Zeit, um 1637, am Huronensee eine stattliche Missionsstation errichtet hatten, in eine überaus prekäre Lage. In einer Ratsversammlung gelang es Brébeuf und seinen Gefolgsleuten nur mit Mühe und dank entschiedenem Auftreten, die Indianer zu beschwichtigen. In einem Sendschreiben nach Quebec berichtet Brébeuf von der Todesgefahr, in welcher er schwebte und schließt mit den Worten: »Was mich betrifft, wenn Gott mich gnädig zu sich aufnimmt, werde ich ihn bitten, daß er den armen Huronen verzeihen möge ...«[64]

Dem Märtyrertod sahen viele Missionare mit Gelassenheit, ja mit einer Art von verzücktem Verlangen entgegen als einer Möglichkeit, das Scheitern einer gottgewollten Aufgabe durch die Hingabe des eigenen Lebens zu verklären. Es ist offensichtlich, daß unter den Missionaren die Bereitschaft zum Martyrium in dem Maße stieg, als die Aussicht auf zunehmende Verbreitung der christlichen Lehre abnahm. In manchen Relationen, die gegen Ende des siebzehnten Jahrhunderts erschienen, wird diese Art des Todes mit einem Aufwand an morbide ausschweifender Phantasie ausgemalt, welche weniger Abscheu als Faszination verrät, und der Marterpfahl galt manchen Missionaren als Sinnbild für das Kreuz, an dem Christus gelitten hatte. Es kam vor, daß sich Missionare, die eben knapp dem sicheren Verderben entronnen waren, der Jesuitenpater Isaac Jogues zum Beispiel, obwohl keine äußere Veranlassung vorlag, von neuem unter feindliche Indianerstämme begaben, um den Tod nicht zu verfehlen; andere, Pater Jean-Pierre Aulneau etwa, scheinen sich in ihren Meditationen systematisch auf das Märtyrerschicksal vorbereitet und es dann schließlich freudig akzeptiert zu haben.[65]

Neben solchen Fällen, bei denen man zuweilen geneigt wäre, von psychopathologischen Randerscheinungen zu sprechen, war eine tiefer und fragloser Frömmigkeit entspringende Bereitschaft zum Leiden unter den Missionaren fast allgemein verbreitet: »Drei machtvolle Gedanken«, schreibt ein Jesuitenmissionar, »vermögen ein gutes Herz zu trösten, das sich in den unendlichen Wäldern Neu-Frankreichs oder unter den Huronen aufhält. Der erste Gedanke ist, daß ich an dem Platz stehe, wohin Gott mich gesandt, wohin er mich an seiner Hand geführt hat, wo er bei mir ist, und ich ihn in der Abgeschiedenheit anbeten kann. Den zweiten Gedanken hat David ausgesprochen: ›In dem Maße, wie ich leide um des Herrn willen, erfreut seine göttliche Tröstung meine Seele.‹ Und der dritte

Gedanke besteht in der Einsicht, daß wir, wenn wir genau hinsehen, nie auf Kreuz, Nägel oder Dornen stoßen, ohne Jesus Christus zu begegnen.«[66]

Zu leiden hatten die Missionare schließlich auch unter dem Mutterwitz und dem natürlichen Scharfsinn der Indianer, welche sie nicht selten zu Diskussionen herausforderten und mit kritischen Bemerkungen in Verlegenheit brachten. Wenn es schon stimmte, fragten die Indianer etwa, daß Evas Apfel die ganze Menschheit ins Unglück gestürzt hatte – war es dann nicht ein schreiendes Unrecht, daß der Kreuzestod Christi nur die Hälfte der Menschheit, die Christenmenschen nämlich, zu erlösen vermochte? Sterbende Eingeborene sprachen auch etwa davon, daß sie keinen besonderen Wert darauf legten, in den Himmel zu kommen, wo es von Franzosen wimmle, die einen doch nur Hunger leiden ließen; auch sei nicht einzusehen, was das Jenseits der Christen so anziehend mache, wenn es dort, wie die Missionare versicherten, keine Jagdveranstaltungen, keine Polygamie, keine Festschmäuse und Kriegszüge gebe. »Warum habt ihr vorhin jenen Irokesen getauft«, wunderte sich ein Hurone auf dem Totenbett, »er wird vor mir im Himmel ankommen und mich, wenn ich erscheine, wegschicken.«[67] Solche und ähnliche Einwände und Fragen zwangen den Missionar, seine eigene weltanschauliche Position kritisch zu reflektieren und vor allem die Meinungen, die er vertrat, mit den Auffassungen seiner Ordensbrüder abzustimmen; denn die Eingeborenen, welche über ein hervorragendes Gedächtnis verfügten, liebten es ungemein, die Missionare auf ihren eigenen Widersprüchen zu ertappen.

Daß der Indianer eine ursprüngliche Intelligenz und weitgestreute Begabung besaß, war offensichtlich und wurde nur von wenigen Missionaren in Abrede gestellt. Dies machte den Indianer zwar zu einem recht unbequemen Gesprächspartner; zugleich aber ermunterte es die Missionare, in ihren Bemühungen fortzufahren, und stärkte die Idee der Missionierung überhaupt, welche die elementare Gleichheit des Intellekts beim Heiden notwendig voraussetzen muß. Manche kirchlichen Betrachter neigten freilich dazu, die listigen, einen bestimmten Sinnzusammenhang kritisch erhellenden Fragen ihrer indianischen Gesprächspartner bereits als Beweis für deren geistige Assimilation aufzufassen, während der Indianer im Grunde bloß in spielerischem Drang den logischen Faden einer Argumentation weiterspann oder zerschnitt, ohne aus seinen angestammten Denkvorstellungen auszubrechen.

Es ist erstaunlich, wie oft der Indianer in den von den Jesuiten überlieferten Glaubensgesprächen als der Überlegene erscheint: nicht weil er es an schnell erworbener Bildung mit dem Missionar hätte aufnehmen können, sondern eher darum, weil er diesen selten ganz ernst nahm und vielleicht besser als dieser wahrnahm, daß eine tragfähige gemeinsame Basis zu engagierter Erörterung im Grunde nicht bestand. Dem Europäer gegenüber, der gekommen war, die Welt durch die Idee zu verändern, sicherte sich der Indianer jene unabhängige Überlegenheit des Ironikers, der sich dem Lebendigen näher weiß und es zu bewahren sucht. Diese Überlegenheit des Eingeborenen irritierte die empfindsameren unter den Missionaren, und sie wurde später von den aufgeklärten Philosophen, die für das Ungereimte der missionarischen Gesprächssituation einen ätzend-antiklerikalen Sinn entwickelten, sehr wohl bemerkt. Es gefiel diesen Aufklärern, des Indianers ironische Zurückhaltung in völliger Verkennung der Problematik des Kulturkontakts zum Ausdruck eines überlegenen gesunden Menschenverstandes umzudeuten: in Baron de Lahontans »Mémoires de l'Amérique septentrionale« beispielsweise, von denen später noch die Rede sein wird, sollte der Eingeborene geradezu als Inkarnation unvoreingenommener Urteilsfähigkeit und Meister der logischen Argumentation erscheinen, der die Jesuiten mit deren eigenen Waffen schlug und sich darüber hinaus zum Träger einer gegen die absolutisch-europäische Gesellschaft gerichteten Kulturkritik entwickelte.

Es versteht sich nach dem bisher Ausgeführten, daß es fast unmöglich ist, den »Erfolg« der französischen Mission in Kanada zu beurteilen. Gewiß – es gab zuweilen einigermaßen glaubwürdige Bekehrungen, es gab Indianer aus den verschiedensten Stämmen und unterschiedlichen Alters, welche sich vor ihren Stammesangehörigen zu ihrem neugewonnenen Glauben bekannten und sogar der Gefahr des Martyriums aussetzten. Solche Gestalten, etwa die irokesische Heilige Cathérine Tekakouita, trösteten die Missionare etwas über die sonst zu beobachtende Wirkungslosigkeit ihres Tuns hinweg und ließen sogar bei einzelnen von ihnen den utopischen Gedanken reifen, die Missionsaufgabe könnte dereinst ganz von den Indianern übernommen werden. Auch Häuptlinge erwiesen sich anscheinend in vereinzelten Fällen der christlichen Botschaft gegenüber als aufgeschlossen. So wird in den Quellen mit Stolz von der Taufe des Irokesenhäuptlings Garakontié berichtet, die unter Anwesenheit des Gouverneurs von Quebec mit Böllerschüssen gefeiert wurde. Nach der Rückkehr zu seinen Stammesbrüdern soll der Irokese sich wie folgt geäußert haben: »Erwartet nicht von mir, daß ich mich dazu hingebe, eure Traumgespinste zu unterstützen und zu begünstigen oder die abergläubischen Gebräuche unserer Vorfahren aufrechtzuerhalten. Alles dies ist von nun ab verboten, weil es im Widerspruch zu dem göttlichen Gesetze steht.«[68] Und vom Huronenhäuptling Joseph Chihouatenhoua ist sogar ein christliches Glaubensbekenntnis überliefert, das mit den Worten beginnt: »Schöpfer, endlich erkenne ich Dich zur rechten Zeit; endlich kann ich mich mit Dir unterhalten. Du hast diese Erde geschaffen und diesen Himmel; Du hast auch uns Menschen geschaffen. So wie wir Herren des Kanus sind, das wir gebaut haben, und Herren der Hütte, die wir errichtet haben, so bist Du der Herr, der uns geschaffen hat...«[69]

Das Scheitern der Mission sowohl im quantitativen Sinne der mangelnden Breitenwirkung als im qualitativen der Echtheit des individuellen Bekenntnisses aber ist doch offensichtlich und nicht allein mit politischen Gründen – etwa der englisch-französischen Auseinandersetzung in Übersee – zu erklären. Man wird jenem skeptischen französischen Beobachter die Beistimmung nicht versagen können, der, die Missionsarbeit von Jesuiten und Franziskanern kritisch überblickend, schrieb: »Die Jesuiten geben sich in der Heidenbekehrung große Mühe, ohne viel zu gewinnen, denn ich habe bemerkt, daß sich diese indianischen Kanaillen mitten in der Kirche geräuschvoll Wind entfahren lassen oder räuspern. Aber die Missionare tun, was sie können.«[70]

Bekehrungsstatistiken, wie die Missionare sie hinterließen, sagen natürlich wenig über die Nachhaltigkeit des christlichen Einflusses aus, geben aber zumindest einen Hinweis auf die Aktivität der im Hinterland tätigen Missionare. Léon Pouliot, in seiner Studie über die Jesuitenrelationen, spricht für die Jahre 1633–1640 von einer allmählich anwachsenden Zahl von Bekehrungen pro Jahr; 1640 wurden erstmals an die tausend Indianer getauft.[71] Man nimmt an, daß zwischen 1633 und 1672 rund 16000 Indianer die Taufe empfingen, unter diesen zweifellos zahlreiche Sterbende. Viele der bekehrten Indianer waren Kinder, und auch die Frauen erwiesen sich zuweilen der neuen Religion als zugänglich; die Taufe von erwachsenen männlichen Eingeborenen, insbesondere diejenige von Häuptlingen, war dagegen eine Seltenheit.

Daß sich die französischen Missionare bei der Heidenmission »große Mühe« gaben, wie der oben zitierte Bericht attestiert, steht außer Zweifel; und sie bemühten sich nicht nur, sondern traten den Indianern auch mit soviel Wohlwollen und Verständnis entgegen, daß der Kulturkontakt sich in Kanada oftmals in einer Atmosphäre gegenseitiger Freundschaft und Duldung vollzog, wie sie der von wirtschaftlichen Interessen dominierten Begegnung der Kulturen in andern Teilen der Welt fremd geblieben ist. Unzweifelhaft ging von der äußeren Erscheinung und der Lebensweise der Indianer eine starke Faszinationskraft auf die Missionare aus; auch die potentiellen geistigen Möglichkeiten, oder was man sich darunter vorstellte, sowie Charakter und Tugenden der Indianer stießen oft auf positive Beurteilung. Dies trug zur Schaffung eines ungezwungenen Klimas des täglichen Umgangs wesentlich bei.

Der Rekollektenmönch Gabriel Sagard zeichnet in seiner »Histoire du Canada«[72] über ein Jahrhundert vor Rousseau ein Bild des Eingeborenen, das den zivilisierten Leser zuweilen wünschen lassen möchte, sich in den Wäldern Nordamerikas zu tummeln. Sagard lobt den wohlgestalteten Körperbau der Indianer und die Natürlichkeit ihrer Bewegungen; er bewundert die Einfachheit ihrer Bedürfnisse und ihre Unabhängigkeit von den materiellen Gütern des Lebens, ihre im Grunde mönchisch-asketische Daseinsform. Er nennt sie tugendhaft und glücklich, stellt fest, daß sie sich in ihr gemeinsames Eigentum teilten, ohne gierig nach privatem Besitz zu streben, und gesteht ihnen zu, sie wüßten sich besser zu regieren als die Europäer, erfreue sich doch der einzelne eines größeren Maßes an individueller Freiheit. Je mehr Sagard dazu neigt, den Indianer in der Vollkommenheit seiner Anlagen über den Kolonialeuropäer zu stellen, umso mehr muß er befürchten, ihr Umgang mit der weißen Kolonialgesellschaft könnte die schädlichsten Auswirkungen auf die Eingeborenen haben. »Möge es Gott gefallen«, schreibt Sagard, »daß die Heiden bekehrt werden können; zu gleicher Zeit indessen, da sie Christen werden sollen, befürchte ich, sie möchten ihre Einfachheit und Ruhe verlieren, nicht etwa, weil die göttlichen Gebote dies unumgänglich machen könnten, sondern weil die Verderbtheit, die sich in die Reihen der Christen eingeschlichen hat, sich den bekehrten Barbaren leicht mitteilt... «[73]

Auch Pater Biard, der vor allem mit der Algonkin-Bevölkerung Akadiens bekannt war, findet beim Eingeborenen natürliche und staatsbürgerliche Tugenden, die jeden sensiblen Menschen erröten ließen, wenn er vergleichend die Moral der Kolonialfranzosen betrachte.[74] Der spätere Prior der Jesuitenmission in Quebec, Le Jeune, vergleicht die Moral der Indianer mit den Sitten der Alten und findet in ihrer Physiognomie eine bemerkenswerte Ähnlichkeit mit den Köpfen antiker Führergestalten wie Caesar, Pompeius und Augustus.[75] An antike Verhältnisse erinnerte zahlreiche Missionare auch die Zuvorkommenheit, mit der Stammesangehörige sich gegenseitig unterstützten, die Gewissenhaftigkeit, mit der sie ihren Versprechungen nachkamen, der ausgeprägte Familiensinn, die würdige Haltung, welche die Indianer im Gespräch bewahrten und die Angemessenheit, mit welcher sich der einzelne, je nach Verdienst und Rang, äußerte. In Kriegszeiten fielen bereits den Missionaren jene Fähigkeiten auf, die später von Romanautoren wie James F. Cooper und Karl May hochstilisiert und popularisiert worden sind: die Kunst, sich dank einem hochentwickelten sinnlichen Wahrnehmungs- und Orientierungsvermögen im Gelände richtig zu verhalten, ihr taktischer Einfallsreichtum, und vor allem ihr unerschütterlicher Mut.

Gegenüber dieser günstigen Einschätzung des Indianers trat das negative Urteil bei französischen Missionaren stark zurück und vermochte deren wohlwollende Grundhaltung zwar gelegentlich zu trüben, nie aber entscheidend zu beeinträchtigen. Dem reichhaltigen Tugendkatalog stand eigentlich nur ein Hauptlaster entgegen, aus dem sich einzelne weitere Charakterschwächen ableiten ließen: das Heidentum. Diesem Heidentum allerdings begegnete man mit einer gewissen Fassungslosigkeit und deutlichem Widerwillen. Der unter den nordamerikanischen Indianern weit verbreitete Totemismus, die damit verbundenen Kulte und das soziale Leben weitgehend bestimmenden Weisungen und Verbote sowie die magischen Funktionen der Medizinmänner – dies alles erschien den Europäern als Ausgeburt eines grotesken Irr- und Aberglaubens; was sonst sich noch an Nachteiligem beobachten ließ, Geilheit, Freßlust, Dieberei, schien eng mit dem unseligen Götzendienst verknüpft.

Immer wieder wird in den Jesuitenrelationen auch die Polygamie als Ausgeburt der Götzendienerei getadelt und eine Abkehr von ihr zur Voraussetzung jeder echten Bekehrung gemacht; scharfe Kritik richtet sich auch gegen den vorehelichen Geschlechtsverkehr zwischen nach europäischer Vorstellung unmündigen Kindern, obwohl einzelne Missionare, vergleichend mit europäischen Zuständen, die Unmoral der Indianer in diesem Punkt nicht allzu abstoßend finden. Beides, Polygamie und vorehelicher Beischlaf, wird als zügellose sexuelle Ausschweifung gegeißelt, und auch die Bekleidung der Indianer, oder besser: deren Nacktheit und ihr Hang zu obszönen Gesprächen und Neckereien erregen Anstoß.

Als nicht weniger schockierend wird das Fehlen jeglicher Eßmanieren, die unhygienische Zubereitung der Speisen und überhaupt die unbändige Völlerei der Indianer empfunden. In Gesellschaft der Eingeborenen zu essen, meint Le Jeune, sei dasselbe, wie mit europäischen Trunkenbolden zu trinken; wie diese von nichts anderem als vom Trinken sprächen, redeten jene nur vom Essen.[76] Daß das Bedürfnis, sich gehörig zu mästen, angesichts häufiger Nahrungsknappheit geradezu einer Lebensnotwendigkeit entsprach, bedachten die Missionare nicht, obwohl sie selbst gerade wegen ihrer Mäßigkeit unter Hungersnöten besonders litten. Immerhin war man gerecht genug, nicht auch den Indianern die Schuld zu geben, als sie unter europäischem Einfluß zu trinken begannen; die in sozialmedizinischer Hinsicht recht eigentlich katastrophale Auswirkung des Alkoholismus bei den Indianern, denen geistige Getränke bislang unbekannt geblieben waren, ist denn auch von den Missionaren früh erkannt worden.

Wie in allen Gegenden der damals bekannten Erde stieß in Kanada auch der Kannibalismus auf die heftigste und einhelligste Kritik, weil er sowohl christlichen wie naturrechtlichen Überlegungen vollkommen widersprach; es finden sich in den Jesuitenrelationen Schilderungen kannibalischer Schmausereien, in denen sich der Abscheu und eine Faszination durch das Makabre seltsam mischen. Immerhin weisen die Missionare in Kanada darauf hin, man dürfe die Bedeutung des Kannibalismus nicht überschätzen; aber dennoch entzieht man sich nicht immer der Versuchung, feindselige und besonders verhaßte Stämme wie die Irokesen sehr einseitig mit diesem dem verruchten Götzendienst besonders nahestehenden Laster in Verbindung zu bringen.

Die Neigung der Indianer zur Dieberei ist schließlich Gegenstand häufiger Klage. Man erkannte nicht immer, daß einer Gesellschaft, welcher der Begriff des Privateigentums fehlte, auch der Diebstahl als krimineller Akt fremd sein mußte; einzelne Autoren aber weisen immerhin darauf hin, daß es sich bei den Bestohlenen immer um Europäer handle. Erst gegen Ende des achtzehnten Jahrhunderts sollten einsichtige Europäer beginnen, die auch in andern Teilen der Welt häufigen Diebstähle der Eingeborenen mit deren gänzlich verschiedenen Besitzvorstellungen zu verbinden; aber noch die Reisen Cooks in die Südsee zeigten, wie verständnislos der einfache Seemann diesem Phänomen gegenüberstand.

Bemerkenswert ist es nun, daß Götzendienerei und die mit ihr verbundenen Laster kaum je von einem Missionar mit der möglichen Verderbtheit der indianischen Natur in Zusammenhang gebracht wurden. Man ging im Gegenteil durchwegs von der Annahme aus, daß der Indianer im Grunde seines Wesens gut und des Guten begierig sei; aber der Dämon des Bösen, so argumentierte man, der seit dem Sündenfall überall seine ruhelose Tätigkeit entfalte, finde im Indianer, gerade wegen dessen Unschuld, ein besonders zugängliches Angriffsobjekt. Die Idee eines solchen Dualismus erlaubte es den Missionaren, an eine grundsätzliche Eignung des Indianers für die christliche Botschaft weiterhin zu glauben. In der Frühzeit des Menschengeschlechts, stellte man fest, sei der Keim zur Rechtgläubigkeit auch in den Indianer gelegt worden, aber diese lauteren Ansätze wären in der Folge verdunkelt und zugeschüttet worden, und es gälte, sie wieder aufzudecken. War nicht das Verlangen, ein »être supérieur«, ein höheres Wesen, anzubeten, ein Urbedürfnis auch der indianischen Natur? Glaubte nicht auch der Indianer an die Unsterblichkeit der Seele? Wiesen nicht seine Mythen auf eine geistige Verwandtschaft sowohl mit antiken als mit urchristlichen Traditionen hin?

Pater Lafitau, der sich in seinem Werk über die »Moeurs des sauvages américains« eingehend mit diesen Fragen befaßte,[77] schob jeden Zweifel an einer grundsätzlichen Glaubensbereitschaft des Indianers weit von sich weg. Er glaubte in der indianischen Mythologie, besonders in den Schöpfungslegenden, deutliche Analogien zur biblischen Schöpfungsgeschichte zu finden, und er war überzeugt, als das Ursprungsland der nordamerikanischen Bevölkerung Asien oder den Vorderen Orient, die Geburtsstätte des Christentums, nachweisen zu können. Es sei nicht auszuschließen, meinte Lafitau, daß die Indianer ursprünglich einer reineren Religion verpflichtet gewesen wären als selbst die Europäer. Aber der Dämon des Bösen hatte im Laufe der Jahrhunderte sein unseliges Werk gründlich getan. »Diese reine Religion«, schreibt Lafitau, »erfuhr große Veränderungen im Laufe der Zeit... Unwissenheit und Leidenschaften vermischten sich und verdarben alles, sowohl im Hinblick auf den Gegenstand der Religion wie auf ihren Endzweck. Die Vorstellungen von Gott trübten sich... Der Gottesdienst wurde auf dieselbe Weise durch den Aberglauben korrumpiert und durch die bösen Neigungen des Herzens, die alle Laster rechtfertigten. Statt jener Glückseligkeit, die Gott dem Menschen nach dem Tod in Aussicht gestellt hat, schuf sich der rohe fleischliche Mensch ein eigenes Glück nach seinen Wünschen und ungezügelten Begierden.«[78]

Auffassungen wie diejenigen Lafitaus, die zutiefst der Idee eines Urmonotheismus verpflichtet waren, sind im achtzehnten und neunzehnten Jahrhundert bei Geistlichen und Gelehrten verschiedener Konfession durchaus die Regel gewesen, nicht nur im Blick auf die kanadischen Verhältnisse. So äußert sich beispielsweise der protestantische Missionar Johann Zimmermann, der um 1850 an der Goldküste wirkte, sehr ähnlich, wenn er schreibt: »Das religiöse System unserer Neger ist eine der reinsten aller Naturreligionen, wenn es auch in der Ausübung tief, sehr tief sank! Oben an steht ihm der ›Eine allmächtige Gott, Schöpfer Himmels und der Erden, Vater aller Geister und Menschen, der Älteste, der König und Herr des Himmels und der Erden, der alles in seiner Hand hat, alles lenkt mit Gerechtigkeit und Liebe, der nicht belogen werden kann, weil er alles weiß, sieht, hört, der nicht verleugnet werden kann, weil er allmächtig, richtend und strafend sich erweist‹.«[79]

Ein wichtiges Ziel jeglicher Missionstätigkeit bestand nach Lafitau darin, das ursprünglich reine Verlangen des Indianers nach Religion von jenen Trübungen und Verfälschungen zu befreien, die es im Laufe der Jahrhunderte entstellt haben mochten, und gegenüber neuen götzendienerischen Anwandlungen zu verteidigen. Auf sich allein gestellt, wäre der nordamerikanische Eingeborene den Einflüssen des Bösen schutzlos ausgeliefert gewesen; denn er war ein Kind, ungebildet, unschuldig, und gerade deshalb gefährdet und hoffnungsvoll zugleich. Der Indianer bedurfte, so wie er war, der christlichen Führung und Vormundschaft. Falsch, boshaft und verlogen waren die Darstellungen, welche manche Aufklärungsphilosophen vom Indianer verbreitet hatten und in denen dieser als die reinste Verkörperung materialistischer Vernunft und eines bissigen Antiklerikalismus aufgetreten war; nein, der Indianer war das genaue Gegenteil solcher ausgeklügelter und gottesleugnerischer Intelligenz. Die Stärke des Eingeborenen, meinte Lafitau, sei dessen Naivität, die ihn zur Aufnahme des Christentums weit geeigneter mache als den durchschnittlichen Europäer. Ähnlich dachten viele von Lafitaus jesuitischen Ordensbrüdern, und manche von ihnen teilten auch seine Überzeugung, daß der Aberglauben und der Fetischismus des Indianers oft leichter zu bekämpfen sei als die religiöse Indifferenz jener europäischen Kolonisten, die sich bedingungslos ihrem Bedürfnis nach materiellem Gewinn und roher Zerstreuung unterworfen hätten. In Neu-Frankreich, schrieb Pater Le Jeune optimistisch, gebe es nur eine kleine Anzahl von Sünden zu bekämpfen, denn die Indianer, welche von allem Luxus der Zivilisation weit entfernt seien, hätten sich nicht zu vielen Vergehen hinreißen lassen.[80]

Solchen Überlegungen entsprang die besonders von den Jesuiten vertretene Forderung, der indianische Eingeborene sei außerhalb des Einflußbereiches der weißen Kolonialgesellschaft in geschlossenen Siedlungsgemeinschaften durch wenige ausgewählte Missionare zu betreuen und in die christliche Lehre sowie in geeignete kunsthandwerkliche und landwirtschaftliche Tätigkeitsbereiche einzuführen. In Kanada ließen sich derartige Projekte vor allem wegen der Härte der klimatischen Bedingungen und dem Mangel an Missionaren nicht dauerhaft verwirklichen; anders aber lagen die Dinge in Südamerika, am Oberlauf des Paranà-Flußes, wo nach 1610 im Gebiet der Guarani-Indianer jesuitische Missionsgemeinschaften dieser Art begründet wurden.

Ein Hauptmotiv für diese Gründung der südamerikanischen »Reduktionen« bildeten die häufigen Einfälle von Mestizen ins indianische Hinterland, die der Beschaffung von Sklaven für die Küstengebiete zu dienen hatten; es gelang den Missionaren, welche die Brutalität solcher Raids zutiefst abstieß, in Verhandlungen mit den Vertretern der spanischen Krone und dem zuständigen Gouverneur die Vollmacht zu erwirken, »alle ihre Christen in Dörfern zu sammeln, sie unabhängig von jeder spanischen Kontrolle und jedem Einfluß zu leiten, vor allem aber im Namen des Königs sich jedem widersetzen zu dürfen, der, unter welchem Vorwand auch immer, die Freiheit der Indianer anzutasten sich erdreisten würde«.[81] Diese Lostrennung der Siedlungsgemeinschaften aus dem agrarwirtschaftlichen und kommerziellen Machtbereich weißer und farbiger Kolonisten wurde in administrativer wie menschlicher Hinsicht in der Folge strikte beibehalten, um jede korrumpierende Einwirkung von außen auszuschalten. »Dergleichen Umgang der gemeinen Spanier mit den Indianern«, schreibt der österreichische Jesuit Florian Paucke um die Mitte des achtzehnten Jahrhunderts, »wurde von allen als unnutz, und, so nicht bald ein Abschnitt dieser gefährlichen Gemeinschaft geschehete, auch der Heiden Bekehrung schädlich zu sein erkennet. Der Commendant ließ auch verbreiten: Es solle kein Indianer in die Stadt hineingelassen werden, ohne daß er von seinem Missionario einen Erlaubnis-Zettel hätte.«[82]

Die Gunst des Klimas, die Fruchtbarkeit des Bodens, die Umgänglichkeit der Indianer und der entschiedene Wille der Jesuiten, ihre Autorität einfühlend und mit duldsamer Beharrlichkeit geltend zu machen, führten zu einem beispiellosen Aufschwung dieser überseeischen Siedlungsgemeinschaften: um 1750 gab es dreißig solcher Missionsstationen mit gegen 100 000 indianischen Bewohnern. Die Haupteinkünfte der »Reduktionen«, die eine weitgehende Selbstversorgung und selbst gewisse Exporte sicherstellten, brachte die Landwirtschaft. Acker- und

Weideland galten als Gemeinschaftsbesitz; daneben standen bestimmte Grundstücke der privaten Nutzung offen, wobei der betreffende Boden nicht als dauerndes Eigentum in den Besitz einer indianischen Familie überging, sondern je nach dem Erfolg der Bewirtschaftung neu verteilt werden konnte. Die Anpassung bisher nomadisch lebender Indianer an dieses seßhafte Dasein erwies sich als äußerst schwierig – daß sie offenbar gelang, obwohl den Eingeborenen der Sinn für persönlich zu leistende Arbeit, Speicherung überschüssiger Erträge und Planung abging, beweist die Geduld und das Einfühlungsvermögen der Jesuiten.

Neben dem Anbau von Getreide, Kartoffeln, Zuckerrohr und Tee bemühte man sich um die Ausbildung indianischer Handwerker, die als Schmiede, Schreiner oder Weber oft großes Geschick zeigten und dazu beitrugen, den Eigenbedarf an Gerätschaften des täglichen Gebrauchs und Textilien zu decken. Die Patres waren bestrebt, ihre indianischen Schützlinge entsprechend deren Begabung und Neigungen einzusetzen, sei es als Ackerbauern und Hirten, oder als Handwerker, Kontrollbeamte und Dienstpersonal. Bei der Zuteilung all dieser Aktivitäten bewiesen die Missionare im allgemeinen einen ausgeprägten Gerechtigkeitssinn, der durch viele objektive Zeugnisse bescheinigt wird; auch zögerten sie nicht, manche indianischen Praktiken vor allem bei der Jagd und in der Verwertung der Agrarprodukte zu übernehmen und versuchten umgekehrt, die Indianer in der Benutzung einfacher technischer Hilfsmittel anzuleiten. Indem sie dies taten, verließen die Jesuiten zumindest partiell die Wirkungsebene des bloßen Kulturkontaktes und duldeten oder förderten einen gegenseitigen Austausch spezifischer Fertigkeiten, wie er für die Kulturverflechtung charakteristisch werden sollte.

Während die Tätigkeit auf dem Feld und in den Werkstätten der »Reduktion« die mit Absicht bescheiden gehaltenen Bedürfnisse der Siedler zu befriedigen hatte, sollte die religiöse Betreuung der Indianer für deren seelisches Wohl sorgen. Wie die Kirche sich als weithin sichtbares Symbol im Mittelpunkt der Siedlung erhob, so bestimmten christliche Unterweisung, Kirchgang und Gebet den Rhythmus des Tagesablaufes; Taufe, Erstkommunion, Hochzeit und Begräbnis gliederten das Leben des Einzelnen, prunkvolle Zeremonielle und Festlichkeiten belebten das Kirchenjahr. Im Gegensatz zu Kanada gestattete hier die stabilere Siedlungsform eine dauernde religiöse Beeinflussung; ob aber von erfolgreicher Bekehrung gesprochen werden kann, ist auch hier höchst zweifelhaft. Der Guarani-Indianer paßte sich zwar äußerlich den Gepflogenheiten christlichen Daseins weit besser an als der skeptische Hurone; aber dieses doch sehr oberflächliche Einverständnis entsprang auch hier utilitaristischen Beweggründen und mußte von den Patres oft genug mit der Zuteilung von Sonderprivilegien, Extrarationen und der Veranstaltung spektakulärer Feste erkauft werden. Wohl zeigte man sich in Paraguay besonders bestrebt, in der indianischen Sprache zu unterrichten, und Florian Paucke berichtet davon, wie er während Monaten nächtelang und unter Tränen indianische Vokabeln gebüffelt habe, bevor er es habe wagen dürfen, in der Eingeborenensprache zu predigen; aber dem grundsätzlichen Mißverstehen war hier ebensowenig auszuweichen wie in Kanada.

Eine mehr oder weniger unbewußte Empfindung für die Aussichtslosigkeit ihrer Bemühungen mag die Jesuitenmissionare der »Reduktionen« schließlich dazu verleitet haben, ihre Beziehungen zu den Indianern in rein paternalistischem Sinne zu gestalten: die Begegnung zwischen Menschen verschiedener Kultur im Geist des gleichen Glaubens wurde durch ein Vater-Kind-Verhältnis ersetzt; die kindliche Unschuld der Indianer, oder was man dafür hielt, hatte über ihren mangelnden Bekehrungseifer hinwegzutrösten. Allen Besuchern der Jesuitenstaaten fiel diese paternalistische Beziehung der Missionare zu den Indianern, gerade auch zu den Erwachsenen, als besonders typisch auf; ein solches Verhältnis ermöglichte zwar offensichtlich ein friedliches Zusammenleben und eine gewisse Prosperität, aber es hielt den Eingeborenen in der Abhängigkeit des Unmündigen und zähmte ihn bloß, statt ihn wirklich zu bilden.

Sich über die Jesuitenstaaten am Paranà ein Urteil zu bilden ist den europäischen Betrachtern, wie bereits erwähnt, schwer gefallen, im siebzehnten und achtzehnten Jahrhundert nicht weniger als heute. Chateaubriand spricht in seinem »Esprit du Christianisme« enthusiastisch davon, mit welcher bisher ungekannten Seligkeit die Kirchenmusik den Indianer erfüllt hätte; aufgeklärte Philosophen sahen, auch wenn sie die Aktivität der Jesuiten kritisch beurteilten, in der Siedlungsgemeinschaft der »Reduktion« eine der wenigen Möglichkeiten, den »Wilden« vom »dumpfen Zwang seiner Unwissenheit« zu befreien; die Physiokraten zeigten sich begeistert von der agrarwirtschaftlichen Verfassung der Siedlungen, und Utopisten aller Art träumten von einer klassenlosen Gesellschaft nach dem Muster der Jesuitenkolonie. Sehr früh aber wurde auch die Kritik laut, daß die Jesuiten sich an den Indianern schamlos bereichert und diese unter dem Deckmantel christlicher Nächstenliebe wie Sklaven ausgebeutet hätten, und der Sozialist Paul Lafargue schloß sich dieser Meinung an, als er gegen Ende des neunzehnten Jahrhunderts in einer Abhandlung über den »Jesuitenstaat in Paraguay« die Sätze schrieb: »Männer, Frauen und Kinder, zur Zwangsarbeit und Peitsche verurteilt und aller Rechte beraubt, vegetierten in der gleichen Verkommenheit und dem gleichen Elend dahin, wie kräftig auch Ackerbau und Industrie emporblühten, wie groß auch die Überfülle der Güter war, die sie erzeugten.«[83]

Auch die moderne wissenschaftliche Forschung, welche die Auswirkung der missionarischen Kulturkontakte in ihrer soziologischen und ethnologischen Bedeutung zu begreifen sucht, neigt zu äußerst kritischer Beurteilung der jesuitischen Missionsarbeit in Südamerika. »Dem ökonomischen Imperialismus des bürgerlichen Europas«, schreibt etwa der brasilianische Soziologe Gilberto Freyre, »ist der religiöse Imperialismus der Jesuiten vorangegangen... Indem sie die Eingeborenen in großen Dörfern absonderten, haben die Jesuiten, so scheint uns, unter der Urbevölkerung den denkbar schädlichsten Einfluß ausgeübt. Der ganze Rhythmus des gesellschaftlichen Lebens ist dadurch verändert worden. Völker, die es gewohnt sind, zerstreut und nomadisch zu leben, werden immer entarten, wenn man sie zu seßhafter Lebensweise und zu demokratischer Gemeinschaft zwingt.«[84]

Der französische Seefahrer Bougainville, der auf seiner Weltreise im Jahre 1767 Montevideo zu dem Zeitpunkt berührte, als die Jesuiten aus dem portugiesisch-spanischen Kolonialgebiet ausgewiesen wurden, gibt wohl eine der ausgewogensten zeitgenössischen Darstellungen. »Es handelt sich um eine Gesellschaft«, schreibt Bougainville, »die auf fruchtbarer Erde und unter günstigen klimatischen Bedingungen wohnt, deren Glieder arbeitsfreudig sind, obwohl sie nichts allein für sich selber tun; der Ertrag der gemeinsamen Arbeit wird sorgfältig in öffentlichen Magazinen gespeichert, und jedem wird zugeteilt, was er zur Ernährung, für Kleidung und Haushalt braucht. Der Mensch in seinem besten Alter nährt durch seine Arbeit das eben geborene Kind, und wenn die Zeit seine Kräfte geschwächt hat, empfängt er von seinen Mitbürgern dieselben Dienstleistungen, die er zuvor selber erbrachte. Die Privathäuser sind bequem, die öffentlichen Gebäude stattlich; der Gottesdienst erfolgt überall nach einheitlichen und strikten Regeln. Dieses glückliche Volk kennt weder Unterschiede des Ranges noch des Standes; es wird sowohl vor Reichtümern als vor Armut bewahrt.«[85] Trotz dieser Annehmlichkeiten, fährt Bougainville ein paar Seiten später fort, hätten sich die Indianer in den »Reduktionen« nicht sehr wohl gefühlt. Da sie keine eigene Initiative hätten ergreifen können, seien sie der Langeweile ausgeliefert und dazu verurteilt gewesen, das Leben von großen Kindern zu führen, ohne die Freuden der wirklichen Kindheit kennen zu lernen.

Beide Beispiele jesuitischer Missionstätigkeit, das kanadische wie das südameriakanische, haben die Französische Revolution nicht überdauert. Während man sich in Kanada kaum vorzustellen vermag, wie sich die Arbeit der Jesuiten einerseits gegenüber dem expansiven Ehrgeiz der Pelzhändler und Kaufleute hätte behaupten, anderseits dauerhafte Bedingungen menschlichen Zusammenlebens hätte schaffen können, bleibt hingegen, was Südamerika betrifft, doch die Möglichkeit denkbar, daß es der Mission hier vielleicht hätte gelingen können, die Verstoßung der Eingeborenen in immer abgelegenere und unwirtlichere Gebiete zu verhindern und die Inlandindianer dauerhaft der weißen Kolonialgesellschaft zu integrieren.

Vergleichen wir die Form des missionarischen Kulturkontakts mit der überwiegend kommerziellen Beziehung des Sklavenhandels, so zeigen sich, abgesehen von der gänzlichen Verschiedenheit der Zielvorstellungen bei den Beteiligten, erhebliche Unterschiede im Charakter der gegenseitigen Begegnung.

Die europäischen Sklavenhändler in Afrika trafen, wie erwähnt, auf eine Gesellschaft, der weder Handel noch Sklaverei fremd waren und die über die strukturellen und personellen Voraussetzungen verfügte, um gegebenenfalls mit einem neuen Partner ins Geschäft zu steigen. Entsprechende Voraussetzungen fehlten für die Missionstätigkeit der Jesuiten; den indianischen Völkern war die Idee der Missionierung sowohl unter ihresgleichen wie gegenüber fremden Eindringlingen unbekannt, und es gab keine gehobene indianische Gesellschaftsschicht, die imstande gewesen wäre, Mittlerdienste zu leisten: gerade die Häuptlinge, die im allgemeinen über weit geringere Machtbefugnisse verfügten als ein Negerkönig, zeigten sich der christlichen Lehre gegenüber besonders ablehnend.

Die vorwiegend nomadisch lebenden Indianer besaßen ferner, im Unterschied zu den Afrikanern, nur sehr unklare Vorstellungen von ihrer territorialen Souveränität und waren, wenn man von dem Irokesen absieht, recht unerfahren im diplomatischen Verkehr. Dadurch wurde den Jesuitenmissionaren die Möglichkeit genommen, ihre Kontakte – falls sie darauf überhaupt Wert gelegt hätten – vertraglich zu legalisieren und abzusichern. Es ist zwar richtig, daß die kanadischen Indianer zu Beginn ihrer Beziehungen mit den Missionaren hoffen mochten, von der Schutzmacht der französischen Kolonisten profitieren zu können; aber solche Erwartungen erwiesen sich bald als übertrieben. Auch gab es in Kanada wie in Südamerika vereinzelte Jesuitenmissionare, die ihre Tätigkeit dadurch auch politisch interessant zu machen suchten, daß sie sich in Propagandaschriften als Vorkämpfer für eine agrarisch-wirtschaftliche Durchdringung des Hinterlandes aufspielten; in Wahrheit aber waren die geschäftlichen Verbindungen der Missionare, zumindest in Kanada, äußerst gering und die Ressentiments gegenüber der weißen Kolonialgesellschaft unüberwindlich. Das hervorstechende Faktum der Jesuitenmissionare war ja gerade, so unverständlich dies marxistischen Interpreten sein mag, daß es sich dabei um ein religiös-geistiges Engagement handelte, dessen Eigenart den Gedanken an Ausbeutung und persönliche Bereicherung von selbst verbot. Das mag, verglichen mit den ungezügelten wirtschaftlichen Aspirationen aller anderen Übersee-Europäer als unglaubhaft erscheinen, und unglaubhaft erschien es bereits manchen antiklerikalen Zeitgenossen, die in den Hütten der Jesuitenmissionare verborgene Schätze witterten. »Als die Jesuiten von Santa Fé verhaftet wurden«, schreibt Alexander von Humboldt, »fand man bei ihnen keineswegs die Haufen von Piastern, die Smaragde von Muzo, die Goldbarren von Choco, die sie den Widersachern der Gesellschaft zufolge besitzen sollten. Man zog daraus den falschen Schluß, die Schätze seien allerdings vorhanden gewesen, aber treuen Indianern überantwortet und in den Katarakten des Orinoco bis zur einstigen Wiederherstellung des Ordens versteckt worden.«[86]

So fehlte im Verkehr zwischen Indianern und Jesuiten und zwischen diesen und den europäischen Kolonisten eine Basis geschäftlicher Interessen und Gepflogenheiten; es fehlte eine vergleichbare Grundlage zu regelmäßigen diplomatischen Kontakten, und es gab keine Schicht von Mittelsmännern, welche solche Beziehungen hätte ermöglichen können. Weder die indianische noch die europäische Kultur wiesen zumindest in gewissen Teilbereichen eine genügende Ähnlichkeit auf, um ein tragfähiges Fundament zu gemeinsamem Handeln zu bilden. Die Missionare standen zwischen den Fronten: von ihren Landsleuten hatten sie sich abgewendet, weil sie deren Lebensstil verurteilten, ihre politische Rücksichtslosigkeit mißbilligten und in der Ausübung ihres Amtes bei ihresgleichen ein zu geringes Echo fanden; zu den Indianern zog sie zwar Beruf und echte Neigung, aber ihre realitätsferne Sympathie verhüllte mehr den Zugang zur archaischen Welt, als daß sie ihn erschlossen hätte.

Bemerkenswert und bezeichnend für die Besonderheit des missionarischen Kulturkontaktes bleibt aber gerade diese Abwendung von einer moralisch fehlgeleiteten europäischen Zivilisation, welcher zwar nicht ein wirkliches Eindringen in die Kultur des Eingeborenen entsprach, wohl aber der Versuch, diesen auf eine Stufe menschlicher Bildung zu führen, die nach der Meinung der Jesuitenmissionare das Beste der abendländischen Kulturtradition verkörperte. Die Jesuiten erkannten, wie vor ihnen Dominikaner vom Schlage eines Las Casas, in welch unchristlicher Weise sich die Begegnung zwischen den Kulturen in Übersee vollzog; im Unterschied zu Las Casas glaubten sie freilich nicht mehr daran, daß sich in der theoretischen Auseinandersetzung mit Kolonialbehörden und Kronjuristen praktisch etwas verändern ließe. Im Niemandsland zwischen den Kulturen suchten die Jesuiten und andere Ordensvertreter, ganz auf sich allein gestellt, nach göttlicher Gnade und persönlicher Bewährung; sie waren Deserteure aus höherem ethischem Bewußtsein, die ahnten, daß ihnen auch die Gegenpartei keine Hilfe bieten konnte, und so blieb ihnen nichts anderes, als sich in die immer wieder vom Zweifel angenagte Gewißheit ihrer Überzeugung zu flüchten. Die Lage der Missionare war, existentialistisch gesprochen, aussichtslos; denn was konnten sie anderes hoffen, als die rücksichtslose und verlogene Beziehung, die der weiße Kolonist in der Regel gegenüber dem »Wilden« unterhielt, durch eine Beziehung zu ersetzen, die zwar weit humaner, im Grunde aber ebensowenig authentisch war? So blieb ihnen vielleicht zuletzt nur dies: ihr Dasein mit Menschen teilen zu dürfen, die in der Einfachheit ihrer Sitten den asketischen Idealen ihres Ordens nahekamen; im Umgang mit den Eingeborenen Augenblicke scheinbaren Einverständnisses erleben zu dürfen; gelegentlich das Bewußtsein zu gewinnen, der unzivilisierte Mitmensch bedürfe ihrer. In solchen schwer meßbaren Werten zwischenmenschlichen Verständnisses gewann der Kulturkontakt, wie die Missionare ihn pflegten, seine tiefere Bedeutung. Vor der Geschichte aber bleibt den kanadischen und südamerikanischen Kirchenleuten das Verdienst, als Antikolonialisten avant la lettre die Tragik des überseeischen Kulturkontaktes frühzeitig geahnt und mit beeindruckender Willensstärke und Selbstverleugnung einen neuen Weg der Annäherung zumindest gesucht zu haben.

Wir haben das Werk der kanadischen Jesuitenmissionare hier eingehender gewürdigt, weil es dokumentarisch außerordentlich gut belegt ist und die Problematik des Kulturkontakts besonders deutlich hervortreten läßt. Die protestantischen Missionsgesellschaften sollten gegen Ende des achtzehnten und im neunzehnten Jahrhundert in andern Teilen der Welt auf sehr ähnliche Arbeitsbedingungen stoßen und Schwierigkeiten in ähnlicher Weise zu meistern suchen. Allerdings fühlten sich die protestantischen Missionare nicht der Idee einer Weltkirche verpflichtet und zielten ganz bewußt, statt auf extensive, auf intensive Wirkung ab. Ausschlaggebend war von allem Anfang an die Echtheit der individuellen Bekehrung, was dies unter den obwaltenden Bedingungen auch immer heißen mochte; und mit der intimen Form der erstrebten Glaubensbeziehung zum Bekehrten verband sich sowohl bei der methodistisch geprägten »London Missionary Society« vom Jahre 1795 wie bei der 1815 begründeten, vom Pietismus beeinflußten »Basler Mission« eine betont sozialreformerische Absicht, die sich etwa darin äußerte, daß man den Kontakt nicht mit Häuptlingen und Negerkönigen, sondern vor allem mit den sozial benachteiligten Schichten suchte.

Der Idee der mönchischen Askese entsprach in der protestantischen Mission der Wille, sich mit dem Eingeborenen in die Armseligkeit seiner Lebensbedingungen zu teilen und das Trennende materieller Überlegenheit auszuschalten. Dadurch, daß viele protestantische Missionsgemeinschaften weitgehend unabhängig von ihren Landeskirchen und außerhalb der jeweils zuständigen Kolonialmacht operierten, gewannen sie sich eine Aktionsbasis, die interne Rivalitäten, wie sie gelegentlich unter katholischen Ordensgemeinschaften zu beobachten waren, ausschloß und die Beziehung zur kolonialherrschaftlichen Instanz etwas entschärfte. Manche dieser Missionsgesellschaften, beispielsweise die »Basler Mission« an der afrikanischen Goldküste, entfalteten, aus ähnlicher Einsicht wie die Jesuiten in Südamerika, aber mit dauernderer Wirkung, bei der agrarischen und wirtschaftlichen Entwicklung der von ihnen betreuten Gebiete eine erstaunliche, dem protestantischen Arbeitsethos verpflichtete Tätigkeit.[87]

Aber die grundsätzlichen Schwierigkeiten blieben. Schwierigkeiten der Verständigung, die durch den beispiellosen Eifer, mit dem protestantische Missionare den afrikanischen Völkern die Bibel in Übersetzung zugänglich zu machen suchten, nicht beseitigt wurden. Und Schwierigkeiten, die sich aus einer rücksichtslosen militärischen und kommerziellen Tätigkeit anderer Vertreter der europäischen Zivilisation ergaben, welche die Vorbildlichkeit missionarischer Pflichterfüllung immer wieder in Frage stellte.

3. Der Kulturzusammenstoß

Kulturberührung und Kulturkontakt blieben bis zum Ende des achtzehnten Jahrhunderts die häufigsten Formen der kulturellen Begegnung zwischen Zivilisierten und Eingeborenen in Übersee. Wenn diese Begegnung einen besonders aggressiven Charakter gewann und die Europäer sich entschlossen, ihre militärisch-technische Überlegenheit mehr oder weniger rücksichtslos solange einzusetzen, bis die Eingeborenen entweder ausgerottet, in unwegsames Hinterland zurückgetrieben oder aber derart unterjocht waren, daß sie ihr kulturelles Eigenleben einem weite Daseinsbereiche erfassenden Abhängigkeitsverhältnis aufzuopfern hatten, wird man von einem Kulturzusammenstoß sprechen müssen.

a) Die Vernichtung

Zum geradezu klassischen Fall eines Kulturzusammenstoßes kam es, wie bereits kurz angedeutet, auf der von Kolumbus während seiner ersten Reise entdeckten Insel Haiti. Die ersten Beziehungen zwischen den Spaniern und den einheimischen Indianern vollzogen sich im Sinne der Kulturberührung meist in einer Atmosphäre gegenseitiger Scheu und Zurückhaltung, gewannen aber bald, trotz bedeutender Kommunikationsschwierigkeiten und des Fehlens einer gemeinsamen Rechtsgrundlage, ausgesprochen friedlichen Charakter: ohne die Hilfsbereitschaft der Eingeborenen wäre es den Leuten des Kolumbus unmöglich gewesen, in Haiti überhaupt an einen längeren Landaufenthalt zu denken. Dank der Unterstützung des Kaziken Guancanagari gelang es beispielsweise Kolumbus, am Weihnachtstage des Jahres 1492 den ersten festen Stützpunkt der Europäer in der »Neuen Welt« zu begründen: »La Navidad«. In diesem Fort sollten etwa vierzig Kolonisten die Rückkehr ihres Kapitäns und Nachschub an Menschen und Material aus dem Mutterland abwarten. Doch als Kolumbus im November des Jahres 1493 wieder in Haiti eintraf, fand er die Befestigung zerstört und die Besatzung erschlagen: die Kulturberührung hatte sich in der kurzen Zeit seiner Abwesenheit zum Kulturzusammenstoß gewandelt, und die Opfer waren diesmal nicht nur Eingeborene, sondern auch Europäer.

Dieser Umschlag vom freundlichen zum feindseligen Verhalten der Indianer, wie er im Falle von »La Navidad« besonders deutlich wird, ist von C. O. Sauer, einem hervorragenden Kenner der Geschichte des spanischen Kolonialimperiums, wie folgt kommentiert worden: »Was in Navidad geschah, war ungefähr das, was man hätte erwarten können. Die Besatzung, die man ausgewählt hatte, bestand zum größten Teil aus Gesindel... Kolumbus ließ sie mit dem Befehl zurück, sich möglichst viel Gold zu verschaffen und dessen Herkunft zu erkunden. Er rechnete völlig damit, daß die feigen Eingeborenen sich dem Willen der Spanier, was immer diese beabsichtigten, beugen würden. Den Männern von Navidad stand es frei, nach Lust und Laune herumzustreifen, statt daß man sie einer Disziplin unterstellt und für ihr Betragen verantwortlich gemacht hätte.«[88]

Aus den Quellen geht hervor, wie ratlos Kolumbus angesichts dieser unerwarteten Wendung war.[89] Er mußte erfahren, daß sich seine Landsleute durch ihre Gier nach Gold zu räuberischen Einfällen ins Hinterland hatten hinreißen lassen, daß sie durch die Plünderung indianischer Siedlungen, durch Vergewaltigung der Eingeborenenfrauen, durch Gefangennahme von Häuptlingen das anfängliche Vertrauen der Bevölkerung mißbraucht und verspielt hatten, und er konnte ein solches Verhalten nicht billigen. Bestimmt bemühte er sich, seine Mannschaft künftig von derartigen Ausschreitungen abzuhalten, und zweifellos tat er manches, um durch Milde und Geduld eine Aussöhnung mit den Indianern herbeizuführen. Aber Kolumbus war eine in widersprüchlichen Stimmungen schwankende Persönlichkeit, ehrgeizig und nachsichtig in einem, und er war psychologisch zu ungeschickt, besaß auch zu wenig Ausstrahlungskraft, um auf seine Leute einzuwirken.

So gewannen jene Kräfte die Oberhand, welche im rücksichtslosen Einsatz der ihnen zur Verfügung stehenden Machtmittel die einzige Lösungsmöglichkeit der kulturellen Problematik sahen. Skrupellose Unterführer brachen erneut zu bewaffneten Expeditionen ins Landesinnere auf, brandschatzten und raubten, erpreßten sich durch Geiselnahme und Folterungen Zugeständnisse, deportierten Häuptlinge. Auf Unfreundlichkeit und Ungerechtigkeit im Umgang mit den Indianern folgten Übeltaten, die geradezu abartiger Einbildungskraft entsprangen; die anfängliche Achtung der Bevölkerung ersetzte man durch Einschüchterung.

Als Kolumbus nach einer Abwesenheit von mehreren Monaten – er hatte indessen Jamaica und Kuba erkundet – nach Haiti zurückkehrte, fand er Anarchie. Die Friedlichkeit der ersten Begegnung nun wiederherzustellen, war es zu spät. Da der herrschende Zustand einer allgemeinen Verwilderung die Verrohung und Disziplinlosigkeit der spanischen Kolonisten gefährlich beschleunigte, schien nichts anderes mehr übrig zu bleiben, als das Heil in der Flucht nach vorn zu suchen und das bisherige regellose Banditentum durch eine systematische Unterdrückungsstrategie zu ersetzen. Man begann, planmäßiger vorzugehen, operierte koordiniert, vergalt die geringste Regung des Widerstandes mit gezielten Repressalien. Im Frühling des Jahres 1495 kam es zur entscheidenden Auseinandersetzung, die, nach den vielleicht etwas hoch gegriffenen Schätzungen von Las Casas, gegen 100000 Indianern das Leben kostete.[90] Ein Jahr später hatte man die Insel unterworfen; die Eingeborenenbevölkerung war vollkommen verängstigt und in ihrem gesellschaftlichen und wirtschaftlichen Leben gestört, ihr Verteidigungswille war so sehr gebrochen, daß, wie ein Chronist berichtet, ein einzelner Spanier es wagen konnte, sich in jeden Teil der Insel zu begeben, unentgeltlich Gut und Nahrung zu fordern und seine sexuellen Bedürfnisse zu befriedigen.[91]

Diesen direkten Unterwerfungs- und Vernichtungsaktionen folgten die indirekten. Da es sich bald zeigte, daß die Goldvorkommen der Insel nicht unerschöpflich waren, entschloß man sich, die Fruchtbarkeit des Bodens und die Gunst des Klimas zu nutzen. Die Verteilung des Grundbesitzes, die der erste Gouverneur der Insel, Ovando, anordnete, nahm auf indianische Besitzrechte keinerlei Rücksicht; sein System einer Agrarverwaltung zwang den Eingeborenen, die Hauptlast der Arbeit selbst zu tragen. Grundbesitz, Schürfrechte und Handelsprivilegien übertrug Ovando den besonders zahlreich nach Übersee auswandernden Hidalgos, Angehörigen des spanischen Kleinadels, die körperliche Arbeit als erniedrigend empfanden und nun ihren im Mutterland sehr eingeschränkten Machtaspirationen freien Lauf lassen konnten. Diesen Gutsherrenpersönlichkeiten wurden nach dem System des »repartimiento« als Hilfskräfte Indianer zugeteilt, die zwar nach den Bestimmungen der Krone als freie Untertanen betrachtet werden sollten, in Tat und Wahrheit aber – da dieser Rechtsschutz jenseits des Ozeans kaum wirksam wurde – ein Sklavendasein führten. Überhaupt keinen Einschränkungen unterlag der Arbeitseinsatz der als kriegerisch und kannibalisch verrufenen Kariben, die von den umliegenden Inseln in wachsender Zahl nach Haiti verschleppt wurden, und dasselbe galt von den afrikanischen Negersklaven, die man nach 1505 in Westindien einführte und den besonders harten Frondienst in den neugeschaffenen Zuckerplantagen leisten ließ.

Das Landwirtschaftssystem der Spanier führte zwar in wenigen Jahrzehnten zu beachtlichen Erfolgen insbesondere auf den Gebieten der Zitrus-, Bananen- und Olivenproduktion sowie der Landwirtschaft, profitable Exportgeschäfte in Zuk-

---

11. Das Verhalten der spanischen Eroberer gegenüber den indianischen Frauen auf den westindischen Inseln und dem mittel- und südamerikanischen Festland trug wesentlich zum Zerfall friedlicher Beziehungen bei: hier die Gefolgsleute des Amerigo Vespucci, der noch ein Jahr vor Kolumbus, nämlich 1497, Südamerika erreichte. Aus: Pieter van der Aas Reisewerk.

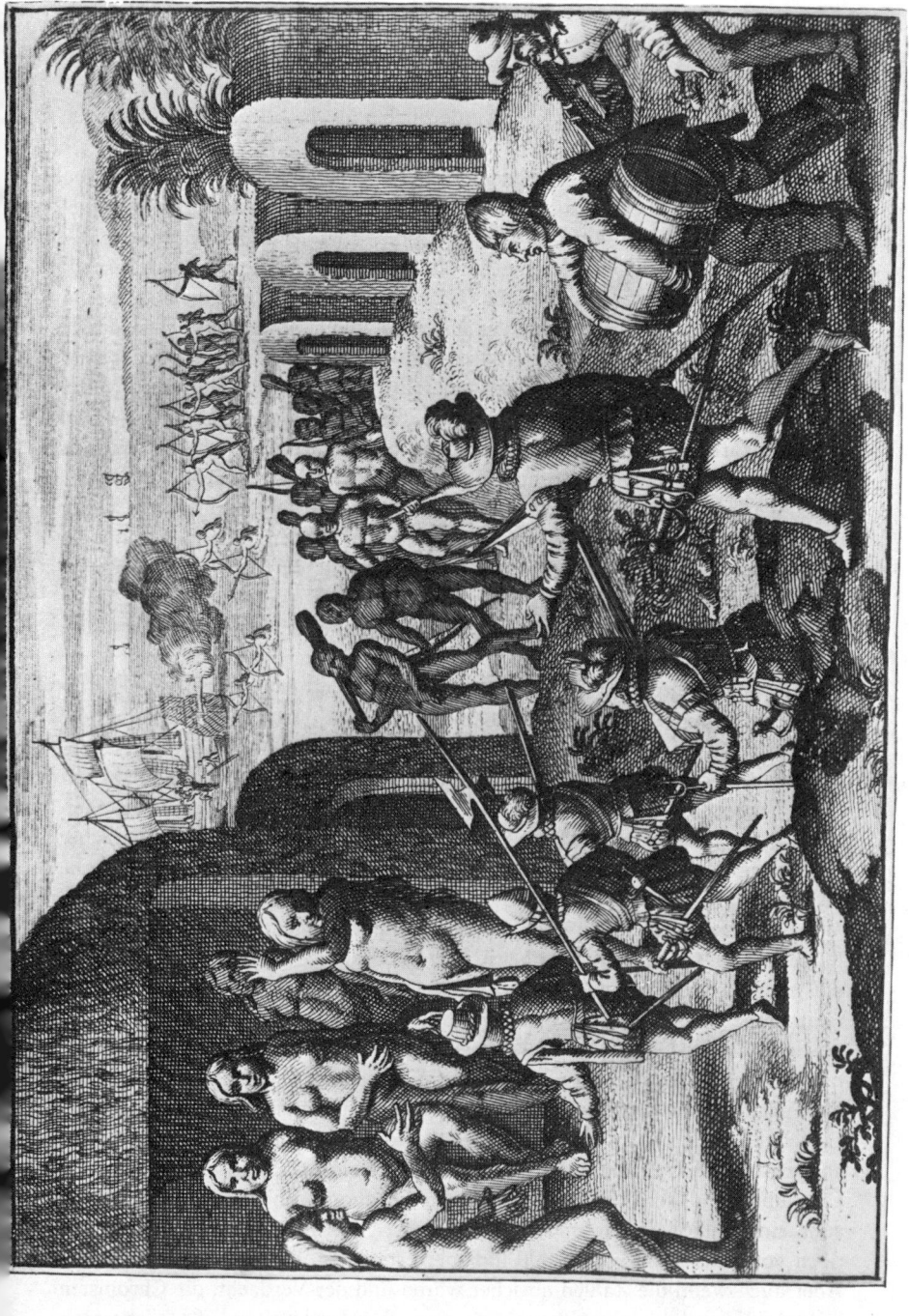

ker und Farbhölzern bahnten sich an, und das Privatkapital der Kolonisten stieg sprunghaft; aber seine Auswirkung auf die Eingeborenengesellschaft war katastrophal und im Endergebnis noch verderblicher als die kriegerischen Aktionen der Jahrhundertwende.

In einem Pamphlet, das nach dem Untergang der Armada in England neu aufgelegt und mit Vorliebe zur Kritik an spanischen Kolonialzuständen herbeigezogen wurde, hat Bartolomé de Las Casas die schädlichen Auswirkungen der Zwangsarbeit auf die indianische Bevölkerung mit beredten Worten geschildert.[92] Es sei üblich gewesen, stellt Las Casas unter anderem fest, die männlichen Eingeborenen für eine bestimmte Zeit des Jahres in die Minen zu schicken, um sie unzumutbare Fronarbeit leisten zu lassen; die Frauen hätten indessen das Feld bestellen und so hart arbeiten müssen, daß selbst der stärkste und geübteste Mann darunter gelitten haben würde. Weder den Frauen noch den Männern habe man genügend zu essen gegeben, sodaß die Frauen ihre Kinder nicht mehr hätten stillen können und diese hinweggestorben seien. Auch sei die Fortpflanzung der Indianer durch die Trennung der Geschlechter erschwert worden. Die Männer seien wegen Überbeanspruchung und Unterernährung in den Minen gestorben, und die Frauen aus denselben Gründen auf den Plantagen; auf diese Weise sei eine gewaltige Zahl von Inselbewohnern verbraucht und ausgetilgt worden. Man könne sich, schreibt Las Casas, keine Erdenbewohner denken, die durch solche Behandlung nicht schließlich ausgerottet würden.

Zahlreiche andere, weniger bekannte Chronisten als der Dominikaner äußerten sich über die Behandlung der Bevölkerung Haitis durch die Spanier ähnlich. »Einige Indianer«, schreibt ein Franziskanermönch, »hat man lebendigen Leibes verbrannt, anderen Nase, Hände und Zunge abgeschnitten, eine große Zahl von ihnen hat man aufgehängt – mit einem Wort: man hat ihnen solche Grausamkeiten zugefügt, daß jene unter den Spaniern, die noch einen Rest von christlicher Gesinnung bewahrt haben, schon beim bloßen Gedanken daran zittern... Die Indianer werden gezwungen, ihrer Arbeit und ihren Geschäften fernzubleiben. Von fünf Hunderten, die so gefangen werden, überlebt nicht ein einziger; denn die Eingeborenen sterben, sobald man sie ihrer Lebensweise entfremdet. Es ist gewiß, daß man, um fünfzig Spaniern ihre Existenz sicherzustellen, mehr als fünfhundert indianische Feuerstätten entvölkern muß.«[93]

Die Zahlen, mit denen Las Casas das Ausmaß der spanischen Vernichtungsaktion belegt, sind von der Forschung zuweilen angezweifelt worden, und es wurde auch behauptet, wenn dieser Chronist von Greueltaten berichte, handle es sich um Einzelfälle, die nicht verallgemeinert werden könnten. Aber nicht nur Las Casas, sondern auch der Chronist Oviedo, welcher der Kolonialherrschaft weit positiver gegenüberstand, schätzt die ursprüngliche Eingeborenenbevölkerung Haitis auf rund eine Million Seelen, und an den Berichten der Augenzeugen, die um 1520 noch von einer Zahl von 16 000 Indianern sprachen, läßt sich kaum rütteln.[94] Aber auch wenn die Zahlen unsicher wären und der Verdacht, die Chronisten hätten einseitig berichtet, sich nicht ganz von der Hand weisen ließe, bliebe doch die Tatsache bestehen, daß im Zeitraum eines knappen halben Jahrhunderts die

Urbevölkerung einer durch ihre Insellage von der Umwelt losgelösten Region vollkommen von der Bildfläche verschwunden ist. Kaum irgendwo sonst läßt sich so genau verfolgen, wie sich aus einer anfänglich durchaus friedlichen und in gewisser Hinsicht sogar partnerschaftlichen Beziehung zwischen zivilisierten und archaischen Völkern eine Phase gegenseitigen Mißtrauens und allgemeiner Unsicherheit entwickelt hat und wie man schließlich vonseiten des technisch überlegenen europäischen Kolonisators zielstrebig dazu überging, das Problem der kulturellen Begegnung durch die Ausrottung der schwächeren Gegenpartei ein für allemal zu erledigen.

Die spanische koloniale Obrigkeit vollzog diesen Vernichtungsprozeß mit einer beispiellosen Arroganz und moralischen Unbekümmertheit. Man rühmte sich der sprunghaft zunehmenden wirtschaftlichen Prosperität und verschwieg den Preis, den andere dafür zahlten. In dem Maße, da man in seine Herrschaftsrolle hineinwuchs, schien sich die Befähigung zu humanem Empfinden zurückzubilden: für die Moral ist es, wie der Kolonialhistoriker Prescott im Hinblick auf diese Ereignisse gesagt hat, sehr gefährlich, der Stärkere zu sein. Man sprach, damals wie später, beschönigend von einer »Befriedungspolitik«, zu der man sich verpflichtet sehe; aber was man befriedete, und zwar mit den rücksichtslosesten Methoden, waren Konflikte, die man selbst ausgelöst hatte. Die Verantwortlichen schwiegen sich über ihre Übeltaten aus und täuschten sich selbst mit geschäftigem Pionieroptimismus über die katastrophalen Auswirkungen ihrer Eingeborenenpolitik hinweg; auf kritische Einwände antworteten sie zuweilen mit einem Ausdruck erstaunter Verständnislosigkeit, der durchaus nicht immer gespielt war.

Dem Protest der Missionare begegnete man von offizieller Seite mit einer Überheblichkeit, die sich nicht scheute, die qualvolle Situation, in welche man die Indianer gebracht hatte, mit den edelsten Beweggründen zu erklären; so sprach etwa Ovando davon, daß man die Eingeborenen deshalb ihren Familien habe entreißen und auf die Plantagen habe verpflanzen müssen, um sie des Vorteils einer dauernden missionarischen Beeinflussung teilhaftig werden zu lassen.[95]

Immer häufiger versuchte man im Verlauf der zunehmenden Konsolidierung der Herrschaft auf Haiti die Kritik der Kirchenleute mit Hinweisen auf die animalische Wesensart und den hinterhältigen und gemeinen Charakter des Indianers, welche sich immer deutlicher offenbart hätten, zu entkräften. In diesem Punkt hatte sich das Urteil der Spanier seit den Tagen der Kulturberührung deutlich gewandelt. Anläßlich der ersten Entdeckungsreisen hatte man den Eingeborenen als Vertreter einer Menschenart begrüßt, die dem paradiesischen Urzustand besonders nahe geblieben war und vielleicht in grauen Vorzeiten mit den ehrwürdigen Kulturtraditionen der Chinesen oder gar der Israeliten in Verbindung gestanden hatten; einzig das Heidentum der Indianer hatte damals Kritik hervorgerufen, aber niemand hatte daran gezweifelt, daß dieses Übel sich angesichts der sonstigen Tugenden der Eingeborenen durch liebevolle Belehrung leicht beseitigen ließe. Dieses positive Vorurteil zersetzte sich gleichzeitig mit dem Zerfall des anfänglichen Einvernehmens. Die üblen Erfahrungen, die der Indianer seit der Gründung von »La Navidad« mit dem Europäer hatte machen müssen, zwangen ihn zu

Vorsicht, Zurückhaltung und Mißtrauen; diese Veränderung im Verhalten des Eingeborenen erschien wiederum dem Europäer, der sie provoziert hatte, als das allmähliche Hervortreten einer bösartigen und bildungsunfähigen indianischen Urnatur.

Gerade denjenigen Kolonisten, die im Gespräch mit aufgeschlossenen Missionaren den Mangel an eigener Bildung peinlich empfanden, blieb oft kein besseres Gegenargument als die These von der angeborenen Minderwertigkeit der fremden Rasse. Verleumdungen, Gerüchte und boshaft verzerrte Informationen trugen dazu bei, die Lebensweise des Indianers verächtlich zu machen und seine geistige Befähigung herabzusetzen; immer häufiger tauchte in solchen populären Berichten der Vergleich des Indianers mit animalischen Wesen auf. Die Spanier hätten die Indianer darum unterjocht und bedrückt, schreibt ein Chronist, weil sie der Meinung gewesen seien, es handelte sich bei ihnen nicht um Menschen und sie besäßen über die Dinge nicht mehr Herrschaft als die Tiere über Grund und Boden.[96] »Es gab Leute...«, schreibt ein anderer kirchlicher Betrachter, »die Zweifel erhoben, ob die Indianer in Wahrheit Menschen waren, von derselben Natur wie wir; und es fehlte nicht die Behauptung, daß sie es nicht seien und darum unfähig wären, die Heiligen Sakramente der Kirche zu empfangen... Man sagte, daß sie in ihren Kriegen zu wilden Tieren geworden waren... Solches Gerede gab Anlaß zu der Schändlichkeit einzelner Spanier, daß sie ihnen das Leben nahmen, ohne auf den Gedanken zu kommen, daß sie dadurch zu Mördern wurden.«[97]

Auch europäische Gelehrte griffen, wie später noch zu zeigen sein wird, diese diskriminierenden Anschauungen auf. Sie stützten sich auf die negativen Berichte einzelner Reisender und bildeten sich ein, empirisch vorzugehen; sie beriefen sich auf das Studium der antiken Philosophen, insbesondere des Aristoteles, der die Dienstbarkeit einzelner Völker aus ihrem naturgewollten Barbarentum abgeleitet hatte,[98] und gefielen sich im Gewand ihrer scholastischen Gelehrsamkeit; und sie zögerten zugleich nicht, mittelalterliche Legenden von Fabelwesen und »wilden Männern« in ihre Beweisführung aufzunehmen, um die Beistimmung weiter Kreise zu erreichen. Einer von diesen Gelehrten, der Schotte John Major, lieferte bereits im Jahre 1510 eine erste »philosophische« Beschreibung, als er feststellte: »Jene Bevölkerung lebt in tierischer Weise. Schon Ptolemäus sagte in seinem ›Vierbücherwerk‹, daß an beiden Seiten des Äquators und an den Polen wilde Menschen wohnen, und dies hat gerade die Erfahrung bestätigt.«[99]

Solche und ähnliche Äußerungen wurden zwar von den spanischen Kronjuristen, die sich später auf Betreiben des Las Casas mit dem gesellschaftlichen Status des indianischen Eingeborenen theoretisch auseinanderzusetzen hatten, nicht ernst genommen; aber sie stärkten die moralische Position jener Kolonisten, die sich, in Haiti und später auf dem Kontinent, direkt und indirekt an der Ausrottung der Urbevölkerung mitbeteiligten.

b) Die Vertreibung

Auf dem Festland, wo den Eingeborenen angesichts der vordringenden Siedler und Konquistadoren gewisse Fluchtmöglichkeiten offenblieben, gewann der Kulturzusammenstoß häufig den scheinbar milderen Charakter einer Vertreibung des Urbewohners aus seinen angestammten Siedlungsbereichen, Jagd– oder Weidegründen. Die Grenzlinie zwischen Vernichtung und Vertreibung ist natürlich schwer und nur im einzelnen Fall zu ziehen: oft kam die Vertreibung wegen der Ortsgebundenheit oder Anpassungsfähigkeit der Eingeborenen einer bloß etwas hinausgezögerten Liquidation gleich, und oft führten bereits die ersten Kontakte, welche die Vertreibung auslösten, zur schwerwiegenden körperlichen, seelischen und kulturellen Schädigung archaischer Bevölkerungsgruppen.

Der klassische Fall einer Vertreibung großen Stils ist in Nordamerika zu beobachten. Zum Zeitpunkt des Eintreffens der ersten europäischen Siedler war das Gebiet der heutigen Vereinigten Staaten im Unterschied zu einzelnen westindischen Inseln, sowie Mittel- und Südamerika, nur sehr dünn besiedelt; man spricht von ungefähr einer Million von Indianern, die damals zwischen Rio Grande und Alaska gejagt und gesiedelt haben sollen, und lediglich 200 000 Indianer dürften sich, Schätzungen zufolge, östlich des Mississippi aufgehalten haben.[100]

Diese Bevölkerung gliederte sich kulturell in über sechshundert verschiedene Stammesgemeinschaften und bot nach Sprache, Lebensweise und Kulturstufe ein verwirrend vielfältiges Bild. Die Indianer lebten zwar oft in gespannten Verhältnissen, und lokale Konflikte waren häufig; im allgemeinen aber hatte sich zwischen den verschiedenen Bevölkerungsgruppen der weitgestreckten Landgebiete Nordamerikas ein erstaunliches Kräftegleichgewicht eingespielt. Große und zentralistisch verwaltete Reichsverbände mit einer urbanen Kultur, wie die Azteken Mexikos und die Inkas der Andenstaaten sie entwickelt hatten, fehlten im Norden; obwohl sich auch hier gelegentlich lose Stammeskonföderationen wie der Irokesenbund bilden konnten, lebten die einzelnen Stämme in bemerkenswerter Unabhängigkeit und kultureller Eigenständigkeit.

Der Konflikt zwischen den vorwiegend englischen Siedlern und den nordamerikanischen Eingeborenen spielte sich in zwei Phasen ab: zuerst kam es zwischen Pioniersiedlern entlang der Ostküste und einzelnen Stämmen zu lokalen Streitigkeiten, die gelegentlich durch beidseitig beachtete Stillhalteabkommen und Perioden eines friedlichen Einvernehmens abgelöst wurden; dann, mit dem Vorstoß der ersten Kolonisten über das Appalachengebirge hinunter in die fruchtbaren Ebenen am Ohio-Fluß, begann ein mit wechselnder Intensität vorangetriebener, aber stetiger Prozeß der Landnahme, in dessen Verlauf sich die Grenze immer weiter auf Kosten der Indianer westwärts verschob.

Den Auftakt zu diesem sich über Jahrhunderte hinziehenden Geschehen bildete die Gründung von Jamestown im Jahre 1607. Die Engländer, die hier an Land gingen, waren weit davon entfernt, sich genaue Vorstellungen von einer zukünftigen Eingeborenenpolitik zu machen; ihr Hauptinteresse richtete sich auf die

Urbarmachung des Bodens durch mühsame Rodungen, auf dessen Nutzung durch Plantagenwirtschaft, auf die Schaffung einer lokalen Verwaltung, die dem Kolonisten ein großes Maß an persönlicher Freiheit sichern sollte. Im Gegensatz zum spanischen Vorgehen in Mittelamerika, wo Hernán Cortés durch kühne Eroberungszüge und spektakuläre Waffentaten die Unterwürfigkeit der Indianer und einen möglichst schnellen Zugang zu wirklichen oder gemutmaßten Goldschätzen zu erreichen suchte, blieb das Verhalten der Siedler von Virginia gegenüber den benachbarten Indianern abwartend. Der Häuptling der in dieser Gegend beheimateten Powhatanstämme wird in den Berichten der Siedler nicht unfreundlich beschrieben, und die Heirat des Tabakpflanzers John Rolfe mit dessen Tochter sicherte während einiger Jahre recht friedliche Beziehungen.[101]

Die englischen Siedler waren sich bewußt, daß die agrarwirtschaftliche Basis ihrer Existenz noch zu schmal war, als daß sie ihre militärische Überlegenheit ungestraft hätten geltend machen können. »Auf Inlandreisen ist sorgfältig darauf zu achten«, heißt es in frühen Instruktionen, »daß die Eingeborenen, wann immer dies möglich ist, nicht gereizt werden, und einige Mitglieder der Kompanie sollen beauftragt werden, von den Indianern Korn und alle andern haltbaren Nahrungsmittel zu beziehen.«[102] Die Freundschaftlichkeit des europäischen Umgangs mit den Indianern entsprang kaum humanem Verantwortlichkeitsgefühl, sondern taktischer Berechnung – in der Tat haben die Lebensmittellieferungen der Indianer nicht nur die Franzosen am St.Lorenzstrom, sondern auch die Engländer in Virginia vor dem Hungertod gerettet. Oft wird in frühen Quellentexten die Friedfertigkeit der Eingeborenen gelobt, und man gestand sich ein, daß das Überleben der Kolonie nicht so sehr eigener Zähigkeit, als vielmehr fremder Hilfe zuzuschreiben war. Allerdings neigte man auch dazu, in der Friedfertigkeit der Indianer nicht eine natürliche Anlage, sondern ein Zeichen göttlicher Vorsehung zu sehen: »Wenn es Gott nicht gefallen hätte«, heißt es in einem Bericht aus Virginia, »Schrecken in die Herzen der Wilden zu säen, würden wir, bei dem schwachen Zustand, in dem wir uns befanden, von den wilden und grausamen Heiden vernichtet worden sein ... Aber es gefiel Gott, dieses im Grunde feindlich gesinnte Volk nach einer gewissen Zeit mit Lebensmitteln wie Brot, Getreide, Fisch und Fleisch in großer Menge zu uns zu senden ...«[103]

Neben derart berechnenden Überlegungen mag auch der Gedanke der Indianermission zumindest während kurzer Zeit zur friedlichen oder zumindest abwartenden Haltung der Pioniersiedler beigetragen haben. Die Missionsidee war der »Church of England« keineswegs fremd. In den kolonialpropagandistischen Traktaten, die in den englischen Hafenstädten zirkulierten und von den Kanzeln verlesen wurden, erwähnte man neben den kommerziellen Aussichten, die in den leuchtendsten Farben geschildert wurden, als weiteren Anreiz die Missionstätigkeit, die es erlaube, sich zum eigenen Heil wie zum Heil der Indianer einzusetzen. »Das Eingeborenenland«, heißt es in einem solchen Aufruf, »muß zum geheiligten Land werden. Ihr werdet von den Indianern, was diesen nützlich ist, übernehmen, und sie werden die Rettung ihrer Seelen erreichen. Ihr werdet die Grenzen des Königreiches, ja, die Grenzen des Himmels, erweitern.«[104] Aufs engste verbindet

12. Der Überfall der Indianer auf die englischen Siedler in Virginia erregte weltweites Aufsehen. Der Illustrator von Pieter van der Aas Reisekompilation hat sich bei dieser Darstellung von der großformatigen Historienmalerei des 17. Jahrhunderts inspirieren lassen.

sich in solchen Erklärungen puritanisches Arbeits- und Geschäftsethos mit religiösem Sendungsbewußtsein. Wenn die anglikanische Missionsidee sich in den nordamerikanischen Kolonien – im Gegensatz zu den katholischen Bestrebungen in Kanada – kaum auswirken sollte, so lag das wohl vor allem am Fehlen eines Instrumentes von der Kohärenz der katholischen Ordensgemeinschaften und an der Tatsache, daß die gesellschaftliche und ökonomische Organisation der Agrarkolonien die religiösen Kräfte weitgehend absorbierte.

Die Frühphase verhältnismäßig ruhiger europäisch-indianischer Beziehungen in Virginia, die trotz mancher territorialer und kommerzieller Absprachen noch immer durch Aspekte der Kulturberührung geprägt war, nahm im Jahre 1622 ein abruptes Ende. Am 22. März dieses Jahres überfielen die Indianer völlig unerwartet – nur die Bevölkerung von Jamestown war von einem christianisierten Eingeborenen gewarnt worden – die Siedlungen der Kolonisten und töteten über dreihundert Männer, Frauen und Kinder, fast ein Drittel der damaligen Kolonialbevölkerung. In den zeitgenössischen Berichten wird die Schuld am Massaker vollumfänglich den Indianern zugeschoben, und man macht sich selbst höchstens Vorwürfe, man habe es an der nötigen Vorsicht fehlen lassen und sei insbesondere im Verkauf von Feuerwaffen zu großzügig gewesen. Unmittelbarer Anlaß zum Überfall war, soweit sich das aus den einseitig informierenden Quellen herauslesen läßt, die Ermordung eines angesehenen, offenbar im Ruf magischer Fähigkeiten stehenden Indianers; eine wichtige Rolle dürften auch die Voraussagen der Medizinmänner gespielt haben. Hätten die Siedler wirklichen Einblick in das geistige Leben der Eingeborenengesellschaft gehabt, so hätte sich dieser Anlaß zweifellos vermeiden lassen, und zumindest die Unruhe der Indianer unmittelbar vor Beginn des Überfalles wäre den Europäern nicht verborgen geblieben.

Das Massaker von Virginia hatte auf die beidseitigen Beziehungen eine ähnliche Auswirkung wie seinerzeit der Überfall der Arawak-Indianer auf das Fort Navidad des Kolumbus: die Tat schien zweifelsfrei den abgründig bösartigen Charakter der Eingeborenen zu enthüllen und verschaffte den militanten Kolonisten den Vorwand und die moralische Berechtigung, inskünftig mit aller Härte vorzugehen. »Die verräterische Gewaltanwendung der Wilden«, heißt es in einer offiziellen Verlautbarung, »hat unsere Hände, die zuvor durch die Verpflichtung zur Güte und Fairneß gebunden waren, freigemacht.«[105]

Auch die englische Calvinistengemeinde, die im Jahre 1620 auf der berühmten »Mayflower« die Überfahrt an die Küste von Massachusetts wagte und New Plymouth gründete, wußte während eines vollen Jahrzehnts ein befriedigendes Verhältnis zu den Eingeborenen zu bewahren. Ihr erster Pakt mit den Indianern entstand aus der echten Sorge um die Sicherung friedlicher Beziehungen. Gewiß waren es die Engländer, welche die juristischen Grundlagen des Zusammenlebens schufen; aber die Anwendung des Gesetzes, so sahen die Kolonisten der »Mayflower« vor, sollte im Sinne vormundschaftlicher Verantwortung erfolgen und nie vergessen lassen, daß der Indianer ein potentieller Christ war, dem man Vorbild zu sein hatte.[106] Diese Siedler, die sogenannten »Pilgerväter«, erstrebten keinen Reichtum und planten keine Eroberungszüge. Im Vertrauen auf die göttliche

Vorsehung und auf die Arbeitskraft ihrer Hände hofften sie, sich fern von konfessionellen Verfolgungen und sozialer Diskriminierung eine neue Heimstatt zu schaffen, ihre einfachen Bedürfnisse mit dem zu befriedigen, was der Boden anbot, und eine gerechte, fromme und sittsame Gemeinschaft zu begründen. Die Indianer, welche nach der Ankunft der Siedler von einer mysteriösen Krankheit heimgesucht wurden, welche sie zu Recht diesem Ereignis zuschrieben, blieben mißtrauisch; einzelne von ihnen aber zeigten sich immer wieder hilfsbereit, stellten Saatgut zur Verfügung und sicherten damit das Überleben der kleinen Kolonie. Die »Pilgerväter« ihrerseits achteten auf genaue Befolgung der Abkommen, die sie mit den Indianern eingingen.

Bereits die nächste Generation dieser Kolonisten indessen zeigte sich weniger versöhnlich gestimmt: die ersten landwirtschaftlichen Erfolge und das ungetrübte Vertrauen in den Beistand Gottes, der sie »in der öden Wildnis bewahrt« hatte, förderten das Selbstbewußtsein und die Überheblichkeit. Zusammen mit puritanischen Siedlern, die nach 1630 nördlich von Plymouth an Land gegangen waren, strebten die unternehmungslustigen Pioniere westwärts, während zugleich holländische Siedler, die am Hudson-River gelandet waren, das Gebiet von Connecticut für sich beanspruchten. Die Pequot-Indianer, die im heutigen Bundesstaat Connecticut lebten, wurden so eingeschlossen und in erbarmungslosen Gemetzeln niedergemacht. Mit Stolz kommentiert ein zeitgenössischer Betrachter den Ausgang des entscheidenden Treffens: »Man nahm an,« schreibt er, »daß an diesem Tag nicht weniger als sechshundert Indianerseelen in die Hölle geschickt wurden.« Und ein anderer, empfindsamerer Betrachter äußert sich wie folgt: »Diejenigen, welche dem Feuer entkamen, wurden mit den Schwertern erschlagen; einige wurden in Stücke gehauen, andere erstochen... Man nimmt an, daß bei dieser Gelegenheit ihrer vierhundert umgebracht wurden. Es war schrecklich anzusehen, wie die Indianer im Feuer schmorten, wie schließlich Ströme von Blut die Flammen auslöschten; und fürchterlich war der Geruch und Gestank. Doch der Sieg erschien als eine süße Himmelsgabe, und die Kolonisten priesen Gott, der ihnen so wunderbar beigestanden war, die Feinde in die Hand zu bekommen, und der einen so schnellen Erfolg über die hochmütigen und unverschämten Gegner herbeigeführt hatte.«[107]

Ähnlich wie im Jamestown und New Plymouth entwickelten sich, trotz Eigenarten in konfessioneller und administrativer Hinsicht, die andern frühen Koloniegründungen in New Hampshire und Maine, in Maryland und Carolina.[108] Überall erwies es sich, ungeachtet des guten Willens einzelner Persönlichkeiten, auf die Dauer als unmöglich, das Indianerproblem zu regeln; überall folgte auf eine Phase des gegenseitigen Sich-Abtastens der Ausbruch offener Feindseligkeiten, meistens provoziert von den Europäern, die, sobald sie sich stark genug fühlten, einen »Treuebruch« oder eine Regung des Widerstandes vonseiten der Indianer zum Vorwand nahmen, um loszuschlagen.

Einzig in der 1681 gegründeten Quäkerkolonie Pennsylvania, deren Bewohner sich dem Geist religiöser Toleranz und christlicher Nächstenliebe verpflichtet hatten, schien sich nochmals die Möglichkeit zu einer friedlichen Regelung der gegenseitigen Beziehungen abzuzeichnen. Solange William Penn die Verantwortung für die Administration dieser Kolonie trug, wurden die Verhandlungen mit den Indianern freundschaftlich geführt und die Abmachungen beiderseits strikt eingehalten; auch bestanden Pläne, welche die christliche Ausbildung der Eingeborenen und deren völlige rechtliche Gleichstellung mit den Siedlern beabsichtigten. Die Nachfolger Penns profitierten eine Weile noch vom Wohlwollen, das die Indianer, besonders die Irokesen, den Quäkern bezeugten; aber sie zögerten nicht, dieses Kapital an Sympathie politisch-militärisch zu nutzen, indem sie, als sich gegen 1700 die französisch-englische Kolonialauseinandersetzung anzubahnen begann, die Irokesen als Verbündete gegen die Huronen ins Feld schickten. Dieses Ringen um die Vormachtstellung in Amerika, das sich erst mit dem Frieden von Paris vom Jahre 1763 zugunsten Englands entschied, wirkte sich auf die beteiligten Indianerstämme, die von beiden Seiten als Bundesgenossen benutzt wurden, ohne von irgend jemandem Dank erwarten zu können, besonders verheerend aus.

Auf langgestreckter Frontlinie drangen zu Beginn des achtzehnten Jahrhunderts die Pioniersiedler zum Mississippi vor. Im Jahre 1802 erkundeten die im Auftrag der Regierung Jefferson reisenden Forscher Clark und Lewis das Missouri-Becken und die Rocky Mountains und erschlossen den Zugang zum sogenannten »Fernen Westen«; die zweite Phase der Vertreibung hatte begonnen.

Das Leben in den Grenzgebieten war rauh und prägte im Lauf der Zeit den Typus des rücksichtslosen und selbstbewußten Kolonialpioniers. Der englische Reisende Fordham beschreibt diese Persönlichkeiten wie folgt: »Ein wagemutiger, harter Menschenschlag; sie leben in elenden Hütten, die sie in Zeiten des Krieges mit den Indianern befestigen. Sie hassen die Indianer, ähneln ihnen aber sehr in Tracht und Sitten. Sie sind ungeschliffen, aber gastfreundlich, gutmütig Fremden gegenüber, ehrlich und vertrauenswürdig. Sie pflanzen etwas Mais und Kürbis, züchten Schweine und haben manchmal ein paar Kühe. Zwei bis drei Pferde gehören zu jeder Familie. Hauptsächlich aber leben sie von ihrem Gewehr.« [109] Wenn es teilweise zutreffen mag, daß sich, wie der amerikanische Historiker F.J. Turner 1893 feststellte, inmitten dieser Grenzergesellschaft die demokratischen Grundtugenden der USA ausgebildet hätten, so ist doch nicht minder richtig, daß diese freiheitlichen Rechte nie auf den Indianer ausgedehnt wurden.[110] Wohl gab es zuweilen auch hier die an den französischen Waldläufer erinnernden Erscheinungen abenteuerlich schweifender Indianerfreunde; James Fenimore Cooper hat diesen Typus in seinen Romanen für immer festgehalten. Im allgemeinen aber entwickelten die Frontiersleute und die ihnen nachfolgenden Pionierfarmer die Jagd auf den Indianer zum Beruf aus Leidenschaft. »Im Frontier«, schreibt ein moderner Historiker, »im Bereich der harten Auseinandersetzung, stellten die Pioniere den roten Mann auf dieselbe Stufe wie die ungebärdige Natur und die wilden Tiere. In manchen Regionen glaubten die Siedler eine gute Tat zu vollbringen, wenn sie einen Indianer umbrachten. Zur Rechtfertigung war ein oft zitiertes Sprichwort zur Hand: ›Die Knochen der Indianer müssen den Boden düngen, ehe der Pflug der Weißen ihn öffnen kann.‹ «[111] Und Georg

Friederici, der zu Unrecht in Vergessenheit geratene deutsche Amerikanist, kam bereits 1936 auf Grund eingehenden Quellenstudiums zum Urteil: »Diesen Menschen (den Indianern) wurden die erste Berührung mit der abendländischen Kultur und die ersten eindrucksvollen und haftenden Begriffe von ihr durch die Grenzbevölkerung gebracht, durch die Spitzen und Vortrupps der anrückenden christlichen Kulturwelle, durch diese Träger der Schattenseite einer Kultur, die in ihnen zur Unkultur wurde... Ihr ganzes Sehnen und Trachten war stofflich und weltlich, sie gingen lediglich auf Gewinn und Genuß aus, auf Raub, wenn sie nicht anders zu haben waren. Sie betrogen die Indianer um ihre Felle, sie brachen in ihre Dörfer ein, schlichen nachts von Hütte zu Hütte und verführten ihre Frauen und Töchter oder erkauften ihre Gunst bei ihren Männern um einen lumpigen Preis. Ihr Überschuß an Sinnlichkeit, ihr Mangel an Anstandsgefühl, ihre Lügenhaftigkeit und Unehrlichkeit, ihre eingeschleppten Krankheiten und ihr eingeführter Rum wirkten entsittlichend und verheerend... Die alteinheimische Kultur der Indianer wurde völlig untergraben, ihr Sittengesetz durchlöchert; was in ihnen gut war, wurde erstickt und durch nichtsnutzige Entlehnung aus der Unkultur der Grenze ersetzt. Stämme, die bei ihrem Eintritt in das Gesichtsfeld unserer Geschichte als achtbare und in ihrer Art sittlich hochstehende Gemeinwesen erschienen, entarteten und verkamen vollständig...«[112]

Um den Indianer von seinem angestammten Boden zu verdrängen, benutzte man neben offener Gewaltanwendung verschiedene betrügerische Tricks. Man erkannte früh die korrumpierende Wirkung des Branntweins auf den Indianer und setzte dieses Mittel tückisch ein. Man kaufte ihnen, die nie begriffen, daß Boden überhaupt seinen Besitzer wechseln konnte, weite Ländereien mit Geld ab, das man später als Zahlungsmittel nicht mehr akzeptierte. Mit heruntergekommenen und willfährig gemachten Häuptlingen, die nicht als Handelsbevollmächtigte ihres Stammes gelten konnten, wurden Kaufverträge abgeschlossen; wehrten sich die Stammesangehörigen gegen die Gebietsabtretung, so sah man sich zu militärischem Eingreifen legitimiert. Deportationen wurden angeordnet und sogar finanziell unterstützt, ohne daß jemand wußte, wohin sich eigentlich die Indianer begeben sollten. Jede Ruchlosigkeit, die man sich ausdenken konnte, um den eigenen Besitz zu vergrößern, wurde in die Tat umgesetzt. Man bestärkte die Indianer nicht nur in ihren traditionellen Fehden, sondern wiegelte die Gruppen einzelner Völker, etwa der Cherokee-Indianer, gegeneinander auf. Häuptlinge wurden zu Friedensverhandlungen eingeladen und gefangen gesetzt, umgebracht oder durch Bestechung zum Verrat verleitet. Was von den Sitten der Indianer sich übernehmen ließ, um gegen die Indianer verwendet zu werden, wurde übernommen: die Taktik des überfallartigen Angriffs, die Technik des Spurenlesens und Rekognoszierens, die Skalpjägerei.

Der Kontakt mit den Grenzleuten schwächte die Moral der Indianer und die gesellschaftliche Ordnung der Stammesverbände. Durch die Zurückdrängung der Indianer in bereits von andern Völkern besetzte Gebiete verschärften sich die Spannungen; durch die Anwendung der Feuerwaffen wurden die Auseinandersetzungen noch mörderischer. Das Gewehr und das Pferd – beides »Geschenke« der

Europäer an die Eingeborenen, die sich in ihrem Gebrauch schnell große Fertigkeit erwarben – zerstörten das ursprüngliche Kräftegleichgewicht.

Zwar gab es immer wieder Versuche, die Beziehungen zwischen Europäern und Indianern dauerhaft zu regeln, besonders, nachdem sich die nordamerikanischen Kolonien 1783 vom Mutterland gelöst hatten und der Erwerb neuen Territoriums nicht mehr in der Kompetenz der britischen Krone lag. Verglichen mit der spanischen Inlandexpansion in Mittel- und Südamerika wird man festhalten müssen, daß die amerikanischen Kolonisten ein Besitzrecht der indianischen Urbevölkerung formaljuristisch anerkannten und sich zumindest die Mühe von Vertragsabschlüssen und Kaufverträgen machten – ob diese Verträge gerecht und ausgewogen waren, steht auf einem andern Blatt.[113] Gewiß versuchten Präsident Washington und seine Berater nach dem Frieden von Versailles, zu friedlichen Regelungen im Verkehr mit den Indianern zu gelangen – nach den militärischen Anstrengungen des Unabhängigkeitskrieges begehrte man keine neuen Konflikte. Zugleich aber wollte Washington mehr Land im Westen, und die Pioniersiedler drängten nach Lebensraum; der Umstand, daß im Krieg manche Indianerstämme auf seiten der Briten gekämpft hatten, bot der Regierung wie dem Volk Anlaß genug, weitere territoriale Forderungen nach Sühneleistung zu stellen.

Mehr Land aber war, wie sich sehr bald zeigen sollte, ohne Krieg nicht zu haben. Wohl ratifizierte der amerikanische Senat nach 1783 und bis zum Ende des achtzehnten Jahrhunderts laufend Verträge über Gebietsabtretungen, zuerst mit den Irokesen, dann mit den Cherokees, den Creeks und wieder mit den Cherokees; aber an der Grenze ging die Auseinandersetzung weiter.

Kaum jemand von den Frontiersleuten machte sich die Mühe, die verschiedenen indianischen Stämme nach ihren kulturellen Eigenheiten und Lebensgewohnheiten auseinanderzuhalten, zumindest etwa zu unterscheiden, welche von ihnen verpflanzungsfähig gewesen wären und in Reservaten hätten angesiedelt werden können und welche seßhaft und vielleicht assimilationsfähig gewesen wären. Zu Beginn der zwanziger Jahre des neunzehnten Jahrhunderts gab es östlich des Mississippi nur fünf Stämme von Bedeutung, die »Zivilisierten Stämme«, wie man sie immerhin nannte: Creeks, Choctaws, Chicksaws, Cherokees, Seminoles. Diese Völker, insbesondere die Cherokees, verfügten über eine recht hoch entwickelte Siedlungskultur, standen in der Bewirtschaftung des Bodens und in der Viehzucht nicht hinter den weißen Hinterwäldlern zurück und waren bereit und fähig, sich amerikanischen Lebensgewohnheiten anzupassen. Die Cherokees besaßen eigene Schulen, eine eigene Verfassung, eine Zeitung in ihrer Sprache, juristisch geschulte Beamte; sie waren begierig, sich weiterzubilden und bei ihrer Arbeit neue Verfahrensweisen und Techniken zu übernehmen, und auch der in geringem Umfange tätigen protestantischen Mission standen sie nicht ablehnend gegenüber. Sie fühlten sich durch ihre Geschichte eng mit dem Boden verbunden, auf dem sie lebten, zeigten sich aber dennoch bereit, den Forderungen der Europäer immer wieder entgegenzukommen und sogar Betrug und Vertragsbruch zu vergessen. Im Jahre 1827 gründeten die Cherokees auf einem der ihnen noch verbliebenen Territorien in Georgia eine selbständige Republik und hofften, nun endlich in Ruhe gelassen zu werden. Doch wiederum gelang es den Weißen nicht, ihren Landhunger und diesmal auch ihren Neid zu bezähmen, und als der Indianergegner Andrew Jackson zum Präsidenten der Vereinigten Staaten gewählt wurde, gewannen, trotz der Vermittlungsversuche einzelner mitfühlender Politiker, die Expansionsgelüste der Grenzer die Oberhand. Im Jahr 1830 stimmte der Kongreß der »Indian Removal Bill« zu, einer Gesetzesvorlage, die den Präsidenten ermächtigte, unerwünschte Indianer über den Mississippi abzuschieben. Vergeblich appellierte der Führer der Indianerrepublik, John Ross, an den Präsidenten und den Obersten Gerichtshof, vergeblich traten vereinzelte Missionare für die bedrohten Indianer ein – fünf Jahre später wurden 15 000 Cherokees aus ihren Heimstätten vertrieben; etwa 4 000 starben auf dem beschwerlichen Fußmarsch nach Arkansas. Im Jahre 1838 kommentierte der amtierende amerikanische Präsident van Buren diese Vertreibungsaktion mit den folgenden Worten: »Die vom Kongreß anläßlich seiner letzten Sitzung unterstützten Maßnahmen sind vom besten Erfolg gekrönt worden ... Die Cherokees sind ohne spürbaren Widerwillen ausgewandert.«[114] Zur selben Zeit urteilte einer von den indianerfreundlichen Betrachtern, die es unter den Amerikanern stets auch gab: »Von der Entdeckung Amerikas bis heute hat eine übermächtige Leidenschaft, die allen Menschen eigen ist, den weißen Mann beständig auf den Indianer losgehetzt: der Hunger nach Land. Der Indianer wich, zögernd der Gewalt nachgebend, vom Ozean ins Gebirge und vom Gebirge in immer unwirtlichere Gegenden zurück, dezimiert durch Entbehrungen und Krieg, bis nur noch ein elender Bruchteil von den zahlreichen Stämmen überlebte, dazu verurteilt, über ihr Unglück stumpf zu brüten oder verzweifelt die Katastrophe herannahen zu sehen, zu der sie verdammt waren.«[115]

Das Schicksal der Cherokee-Indianer wurde, mit geringen Unterschieden in der Art und Weise des Vorgehens, zum Schicksal der anderen »Zivilisierten Stämme« und der übrigen Indianer. Einzelne Stämme fügten sich und zogen unter großen Verlusten von Ort zu Ort und lösten sich schließlich auf; andere, etwa die Seminoles in Florida, entschlossen sich zu verzweifeltem Widerstand und wurden nahezu aufgerieben.

Es ist nicht unsere Aufgabe, die Leidensgeschichte der indianischen Urbevölkerung der USA nachzuzeichnen. Dieselben Vorgänge, die wir eben skizziert haben, spielten sich auch jenseits des Mississippi und im 1803 käuflich von Frankreich erworbenen Louisiana ab. Gewisse Schutzmaßnahmen, wie die Schaffung eines »Bureau of Indian Affairs«, die bezeichnenderweise bis 1849 dem Militärdepartement unterstellt war, oder die Einweisung in Reservatsgebiete an den unfruchtbaren Hängen der Rocky Mountains, hatten nur geringe und oft schädliche Auswirkungen. Geschichtliche Ereignisse von nationaler Tragweite wie der »Goldrush« im Kalifornien der fünfziger Jahre und der Sezessionskrieg von 1861–65 standen einer Aussöhnung, wenn eine solche überhaupt je ernsthaft geplant war, im Wege; man nimmt beispielsweise an, daß die Zahl der Indianer in Kalifornien in der turbulenten Zeit der Goldgräberei, zwischen 1850 und 1880, von 120 000 auf 20 000 zurückgegangen ist.[116]

Das Schlußkapitel der Indianerkriege bietet ein zwischen Heroismus und Tragik schwankendes Bild. In verzweifelten Endkämpfen gewannen die Indianer zwar einzelne Scharmützel, und die Führer beider Parteien, Häuptlinge wie Red Cloud, Crazy Horse, Sitting Bull und Generäle wie Crook, Custer und Terry, wurden in der Presse zu Heldenfiguren hochstilisiert; zugleich aber wiesen die merkwürdigen Kollektivrituale, die sich etwa bei den Stämmen der »Nez Percés« und der Sioux entwickelten, auf die tiefe gesellschaftliche Zerrüttung, Demoralisierung und Todessehnsucht der Indianer hin. Fatalismus, Resignation und Abgestumpftheit, die geistige Hinterlassenschaft einer tragischen Leidensgeschichte, prägen noch heute das Wesen der indianischen und halbindianischen Bevölkerung der Vereinigten Staaten; die Selbstmordquote ist unter Indianern doppelt so hoch wie bei der Gesamtbevölkerung; die durchschnittliche Lebenserwartung beträgt lediglich 47 Jahre, und das Durchschnittseinkommen einer Indianerfamilie beläuft sich auf die Hälfte desjenigen der Weißen und liegt noch erheblich unter demjenigen der schwarzen Bevölkerung. [117]

c) Die Versklavung

Neben die Vernichtung und Vertreibung der Eingeborenen trat, als eine weitere Konsequenz des Kulturzusammenstoßes und gelegentlich mit den bereits besprochenen Erscheinungen verflochten, die Versklavung. Der aus dem europäischen Überlegenheitsgefühl und Dominationsanspruch sowie aus dem Unvermögen zum Verständnis anderer Kulturen entspringende Wille, den archaischen Menschen im Verhältnis der Dienstbarkeit an sich zu fesseln, läßt sich in den verschiedensten Erscheinungsformen beobachten.

In milderen Variationen dieser Art von Abhängigkeit bedient sich der Herr bestimmter Kenntnisse und Fähigkeiten des Eingeborenen: so verwendete etwa die Armee der Vereinigten Staaten indianische Kundschafter, die mit den Örtlichkeiten und der Taktik des Gegners besonders vertraut waren; der weiße Händler benutzte die Dienste eines eingeborenen Dolmetschers, der durch seine Sprachbegabung und kulturelle Mittlerstellung die Kommunikation erleichterte; und der wohlhabende Farmer umgab sich mit schwarzen Domestiken, die ihm durch ihre beflissenen Manieren, ihre Sorgfalt, ihre Kinderliebe und nicht selten auch durch eine gewisse Anhänglichkeit unentbehrlich waren. Diese Schicht privilegierter indianischer und vor allem schwarzer Bediensteter war zwar in ihrem rechtlichen Status den Plantagensklaven gleichgestellt, genoß aber praktisch manche Vorteile und gelangte nicht selten zu eigentlichen Vorzugsstellungen. Zu erwähnen wäre in diesem Zusammenhang etwa das Beispiel der schwarzhäutigen Konkubinen, die, von reichen amerikanischen Pflanzern in New Orleans und anderswo ausgehalten, ein elegantes und geachtetes Dasein führten. Andere schwarze Frauen erhiel-

---

13. *Die Lithographien, welche Maurice Rugendas seiner »Voyage pittoresque dans le Brésil« (1833) beigab, gehören zu den wertvollsten künstlerischen Zeugnissen der Kolonialgeschichte. Die nebenstehende Abbildung zeigt die Ankunft der Negersklaven in Brasilien.*

ten als Vorsteherinnen des Haushaltes und Gouvernanten wichtige Funktionen, und schwarze Diener schwangen sich gelegentlich zu Privatsekretären und Aufsehern auf. In diesen Schichten, besonders auch unter Mestizen und Mulatten, läßt sich das interessante Phänomen der kulturellen Verflechtung, von dem noch zu sprechen sein wird, besonders gut beobachten; einerseits hielt man hier am angestammten Brauchtum, am Tanz, der Musik, der Heilkunde und magischen Ritualen noch weitgehend fest, anderseits zeigte man sich gegenüber den Lebensformen und Werten der kolonialeuropäischen Zivilisation aufgeschlossen und anpassungsfähig und verschmolz so das eine mit dem anderen. [118] Interessant ist in diesem Kontext auch die kulturvermittelnde Funktion, die, vor allem in Brasilien, geflüchtete Plantagensklaven gegenüber den Indianern des Hinterlandes ausübten, indem sie sich mit diesen vermischten, sie mit der portugiesischen Sprache vertraut machten und ihre Daseinsgestaltung mit praktischen Ratschlägen mitbestimmten.

In einer wesentlich anderen Lage als solche Bedienstete befand sich die große Majorität der schwarzen Plantagensklaven auf den westindischen Inseln und in den Großfarmen der amerikanischen Südstaaten. Die Bedeutung dieser Sklaven reduzierte sich vollständig auf deren physische Arbeitskraft; der in ihnen schlummernden Begabungen bedurften sie bei ihrer äußerst anspruchslosen Tätigkeit nicht, ja die Ausbildung solcher Talente wurde im allgemeinen auch als nutzlos oder gar gefährlich erachtet und verhindert.

Die physische Arbeitskraft des schwarzen Sklaven bildete eine der wichtigsten Grundlagen des merkantilistischen Überseehandels bis zum Ende des achtzehnten Jahrhunderts. Im Rahmen dieses Kolonialsystems hatten die überseeischen Besitzungen ihre Mutterländer exklusiv mit Rohstoffen und exotischen Naturprodukten zu beliefern, während das Mutterland seine Geldreserven möglichst nicht antastete und mit billigen Manufakturwaren bezahlte. Der Plantagensklave war im Mechanismus dieses staatlich kontrollierten Systems, wie Reginald Coupland sagt, nicht mehr als ein »lebendes Werkzeug«[119], dessen Produktionskraft durch zureichende Ernährung möglichst lange erhalten werden mußte. In der marxistischen Wirtschaftstheorie ist denn auch der Sklave zu Recht als klassisches Beispiel extremer kapitalistischer Ausbeutung erkannt worden. Denn dieser Zwangsarbeiter ist insofern ein unübertrefflicher Produzent von Mehrwerten, als er überhaupt nicht bezahlt werden muß und selbst die geringe Zeit, die er zur Befriedigung der eigenen Ernährungsbedürfnisse aufwendet, ausschließlich zur Erhaltung seiner Arbeitskraft verwendet. »Bei der Fronarbeit«, schreibt Marx, »unterscheiden sich räumlich und zeitlich, handgreiflich und sinnlich, die Arbeit des Fröners für sich selbst und dessen Zwangsarbeit für den Grundherrn. Bei der Sklavenarbeit erscheint selbst der Teil des Arbeitstags, worin der Sklave nur den Wert seiner eigenen Lebensmittel ersetzt, den er in der Tat aber für sich selbst arbeitet, als Arbeit für seinen Meister. Alle seine Arbeit erscheint als unbezahlte Arbeit. Bei der Lohnarbeit erscheint umgekehrt selbst die Mehrarbeit oder unbezahlte Arbeit als bezahlt. Dort verbirgt das Eigentumsverhältnis das Fürsicharbeiten des Sklaven, hier das Geldverhältnis das Umsonstarbeiten des Lohnarbeiters.«[120]

Die Versklavung

Manche Sklavenhalter waren übrigens nicht einmal bereit, für den Unterhalt der Arbeitsmaschinen, welche die Sklaven darstellten, aufzukommen und diese durch zureichende Ernährung und Erholungszeit bei voller Produktionskraft zu erhalten. So entspann sich in Westindien eine interessante Kontroverse um die Frage, ob es einträglicher sei, den Sklaven zu schonen und ihn dadurch möglichst lange als Arbeitskraft zu erhalten, oder ob man aus Gründen der Rentabilität nicht darauf achten müsse, den Sklaven bis aufs letzte zu fordern und, sobald er verbraucht sei, durch einen Neukauf zu ersetzen. Diese Diskussion um die wirtschaftliche Alternative dauerhafter Qualität oder raschen konsumgesellschaftlichen Verbrauchs erregte um die Mitte des achtzehnten Jahrhunderts besonders die Pflanzer auf der britischen Antillenkolonie Antigua, wo man sich schließlich dafür entschied, den rücksichtslosen Verschleiß des Arbeitspotentials durch bessere Organisation des Nachschubs an Menschenmaterial auszugleichen.[121]

Der Degradation der Sklavenarbeit zur Ware im Besitz des kapitalistischen Unternehmers entsprach in psychologischer Hinsicht die völlige Entfremdung des Sklavenarbeiters gegenüber den von ihm produzierten Erzeugnissen. »Die Entfremdung des Arbeiters in seinen Gegenstand«, schreibt Marx, »drückt sich nach nationalökonomischen Gesetzen so aus, daß, je mehr der Arbeiter produziert, er um so weniger zu konsumieren hat, je mehr Werte er schafft, er um so wertloser, um so unwürdiger wird...«[122] Dies traf zweifellos auf den Plantagensklaven zu, der kaum je in den Genuß dessen, was er produzierte, Zucker, Tabak, Baumwolle, kam; ja die Entfremdung vollzog sich beim Sklaven nicht erst im Verlaufe seiner Arbeit, sondern sie wurde, durch die Art und Weise, wie man ihn in den Produktionsprozeß eingliederte, geradezu vorausgesetzt. »Es kommt daher zu dem Resultat«, fährt Marx fort, »daß der Mensch nur mehr in seinen tierischen Funktionen, Essen, Trinken und Zeugen, höchstens noch Wohnung, Schmuck etc., sich als freitätig fühlt...«[123] Tatsächlich behielt auch der Plantagensklave lediglich in seinen animalisch-elementaren Betätigungen ein übrigens selbst hier sehr eingeschränktes Eigenleben, das in völligem Gegensatz zu den Daseinsmöglichkeiten stand, welche ihm selbst die bescheidenste Existenz in seiner angestammten afrikanischen Heimat geboten hätte.[124]

Die näheren Umstände dieser Unterjochung des Eingeborenen durch Sklaverei lassen sich besonders gut auf den westindischen Inseln verfolgen, deren kommerzielle Bedeutung im Rahmen des Merkantilsystems ausschließlich auf den Monokulturen der Plantagenwirtschaft basierte. Viele dieser Inseln waren im Verlaufe des siebzehnten Jahrhunderts aus dem Besitz der Spanier, die sich auf das Festland konzentrierten, in die Hände der Holländer, Franzosen und Engländer übergegangen. Zuerst handelte es sich bei den Europäern, welche die spanischen Besitzrechte usurpierten, um vereinzelte Gruppen von Abenteurern, Deserteuren und entlaufenen Gefangenen, die in versteckten Buchten ihre Schlupfwinkel hatten und von hier aus die Abwicklung des spanischen Seehandels störten oder durch Schleichhandel konkurrenzierten. Die Geschichtsschreibung unterscheidet zwischen den Flibustiers und den Bukaniers: jene lebten von der Seeräuberei und von gelegentlichen Überfällen auf spanische Siedlungen; diese nährten sich von der

Jagd und dem Verkauf von Fellen.[125] Um 1635 besetzten die Engländer Jamaica und einige kleinere Inseln der Antillen; die Franzosen nahmen, nachdem Richelieu im gleichen Jahr die »Compagnie des Iles de l'Amérique« ins Leben gerufen hatte, Martinique und Guadeloupe in Besitz und gründeten an der Nordwestküste von Haiti die Kolonie Saint-Domingue. Nachdem England und Frankreich sich während Jahrzehnten begnügt hatten, im Verein mit den kampfeslustigen Küstenbrüdern den spanischen Handel zu erschweren, begannen sie nach 1650 ihre Präsenz in der Karibischen See auch durch Besiedlung sicherzustellen, indem sie, dem spanischen Vorbild folgend, den Anbau des Zuckerrohrs einführten, die Plantagenwirtschaft organisierten und Negersklaven importierten.[126]

Die afrikanischen Sklaven waren, wie bereits erwähnt, dazu bestimmt, die Indianer zu ersetzen, welche der Zwangsarbeit physisch und psychisch nicht gewachsen waren. Zuweilen wird behauptet, Las Casas selbst sei es gewesen, der auf die Ersetzung des indianischen Sklaven durch den Afrikaner gedrängt habe, aber bestimmt kam dieser Gedanke nicht ihm allein; denn die Spanier hatten eine zu lange Erfahrung im Umgang mit afrikanischen Sklaven, als daß sie nicht, nachdem die indianische Urbevölkerung aufgerieben worden war, konsequent an den Beizug schwarzer Arbeitskräfte hätten denken müssen.[127] Bis zum Ende des siebzehnten Jahrhunderts beanspruchte Spanien formell das Monopolrecht zur Überführung schwarzer Sklaven nach der Neuen Welt; erst vor dem Beginn des Spanischen Erbfolgekrieges wurde dieses Recht, das sogenannte »asiento«, den Franzosen abgetreten und bereits ein Jahrzehnt später ging es an England, was beweist, wie schnell sich die maritimen Machtverhältnisse im Atlantik verändern konnten. Aber bald fragte niemand mehr nach solchen Autorisationen; um die Mitte des achtzehnten Jahrhunderts waren Sklavenfahrer aller Seemächte in der Karibischen See tätig, sowohl solche, die im Auftrag einer Kompanie, als solche, die auf eigene Faust handelten, und das Geschäft lief in beiden Fällen recht gut. Man hat ausgerechnet, daß im Jahre 1791 sowohl auf Martinique als auf Guadeloupe 85000 Sklaven lebten, während Saint-Domingue um dieselbe Zeit 480000 Sklaven zählte. Weiter ergaben Hochrechnungen, daß nach den ersten beiden Inseln im achtzehnten Jahrhundert je 140000 Sklaven ausgeführt wurden und nach Saint-Domingue zwischen 1680 und 1791 eine Zahl von gegen 864000 – woraus sich ersehen läßt, daß die Zahl der Todesfälle unter Sklaven wesentlich höher gewesen sein muß als die Zahl der Geburten und daß folglich der fortgesetzte Nachschub von afrikanischen Sklaven eine Hauptbedingung für die prosperierende Entwicklung der Insel darstellte.[128]

Ähnlich lauten die Zahlen für die englischen Besitzungen in Westindien. Philip D. Curtin schätzt, daß auf den britischen Antillen zwischen 1701 und 1810 fast anderthalb Millionen Sklaven eingetroffen sind; ein Teil von ihnen dürfte nach Brasilien und den Vereinigten Staaten weiterbefördert worden sein.[129] Auch hier liegt die Zahl der Sklavenbevölkerung wesentlich unter dem errechneten Total der Importe; so nimmt man an, daß um 1800 auf den in britischem Besitz befindlichen westindischen Inseln nicht mehr als 600000 Sklaven, etwas weniger als auf den französischen Antilleninseln ein Jahrzehnt zuvor, gelebt haben. In den Plantagenkolonien der amerikanischen Südstaaten, in Georgia, Virginia, Carolina und Maryland, wurden um 1776 etwa 750 000 Sklaven beschäftigt; vergleicht man die Importziffern mit der Entwicklung der schwarzen Bevölkerung, so läßt sich hier, im Unterschied zu Westindien, immerhin ein leichter Geburtenüberschuß feststellen.

Diese Zahlen machen einerseits deutlich, daß der transatlantische Sklavenhandel noch nach der Mitte des achtzehnten Jahrhunderts, als sich in England bereits seine ersten Kritiker zum Wort gemeldet hatten, ein umfangreiches Geschäft war; andererseits zeigen sie an, wie sehr die Bedingungen der Sklavenarbeit einer normalen demographischen Entwicklung der Negerbevölkerung im Wege standen, obwohl die im Vergleich zur afrikanischen Westküste günstigeren klimatischen Verhältnisse und die geringere Bedeutung von Tropenkrankheiten dem Bevölkerungswachstum hätten förderlich sein müssen.

Aber Statistiken sagen noch nichts aus über die totale Inanspruchnahme des Afrikaners durch das System der Zwangsarbeit, über die Atmosphäre seiner täglichen Existenz, über die physischen und psychischen Qualen, die er litt. In dieser Hinsicht sind etwa die Berichte französischer Geistlicher und Beamter aus Westindien, auch wenn sie weit spärlicher fließen als entsprechende Berichte aus Kanada, aufschlußreich genug. Sie geben uns Einblick in den Alltag des Sklaven und veranschaulichen die einzig durch wirtschaftliche Überlegungen bestimmte Ordnung, welcher er sich gnadenlos ausgeliefert sah.

Diese Ordnung war, wie bereits erwähnt, so beschaffen, daß die Leistungsfähigkeit der Sklaven maximal genutzt werden konnte. Gleich nach ihrer Ankunft auf einer westindischen Zuckerplantage wurden die Neulinge auf die Wohnstätten der älteren, erfahrenen Sklaven verteilt, wobei man, um die Möglichkeit künftiger Konspirationen zu verringern, darauf achtete, Familien- und Stammesangehörige möglichst zu trennen. Durch dieses Verfahren wurde der Afrikaner seiner Sprache und den Traditionen seines Stammes schnell entfremdet, fand allerdings unter seinen Leidensgenossen bald neue Vertraute und, soweit die Umstände es zuließen, freundschaftlichen Umgang.[130] Ebenfalls kurz nach seiner Ankunft wurden dem Sklaven die Arbeiten zugewiesen, die er verrichten sollte: die Kinder wurden dazu eingesetzt, Unkraut zu jäten; Jugendliche und Erwachsene von kleiner Statur hatten mühsamere Arbeit bei der Urbarmachung des Bodens und der Anpflanzung von Zuckerrohr zu übernehmen; robuste Männer steckte man in die gefürchteten Kochhäuser, wo bei höllischer Hitze der Rohrsaft verdickt wurde; handwerklich geschickte oder besonders schöne Neger schließlich hatten das Glück, zum Dienst in Werkstätten und im herrschaftlichen Hause auserschen zu werden. Jedes Jahr wurde in diesen Arbeitsgruppen Musterung gehalten: Heranwachsende übernahmen noch schwerere Arbeiten, Gebrechliche wurden etwas geschont; die Lücken, die der Tod gerissen hatte, wurden gestopft.

Die Art der dem Sklaven zugewiesenen Arbeit war genauso monoton wie der mit öder Regelmäßigkeit sich wiederholende Tagesablauf. Eine Stunde vor Sonnenaufgang, bei recht kühler Temperatur, wurden die Sklaven geweckt, zum Appell versammelt und gruppenweise auf die Felder geführt; die Mittagspause von knapp zwei Stunden erlaubte es den völlig Erschöpften, sich bei Maisbrei und mariniertem Fisch etwas zu erholen; darauf ging die Feldarbeit bis zum Sonnenuntergang weiter, und nach dem Rückmarsch in ihre armseligen Hütten wurden die Sklaven nicht selten noch mit häuslichen Arbeiten beschäftigt. Im Jahre 1782 schildert ein Schweizer Besucher von Saint-Domingue die Plantagenarbeit der Negersklaven wie folgt: »Es waren etwa hundert, Männer und Frauen verschiedenen Alters, alle von ihnen damit beschäftigt, Furchen in ein Zuckerrohrfeld zu graben. Die Sonne strahlte unbarmherzig auf ihre Köpfe herab; der Schweiß floß ihnen von allen Teilen des Körpers; ihre Glieder, schwer von der Hitze, ermüdet vom Gewicht ihrer Hacken und dem widerstrebenden, zähen Boden und so sehr versteift, daß sie das Werkzeug fast zerbrachen, machten die größten Anstrengungen, alle Hindernisse zu überwinden. Das unbarmherzige Auge des Aufsehers beobachtete die Arbeitsgemeinschaft, und mehrere Wärter mit langen Peitschen, die unter den Arbeitenden verteilt waren, schlugen von Zeit zu Zeit hart selbst auf jene ein, welche die Müdigkeit zwang, ihre Arbeit zu verlangsamen, gleichviel, ob es sich um Männer oder Frauen, Junge oder Alte handelte.«[131]

Die Gewöhnung an diesen strengen Arbeitsrhythmus fiel den Neuankömmlingen, die sich noch kaum von den Strapazen ihrer Seereise und vom Verlust ihrer Angehörigen erholt hatten, besonders schwer; in diesen ersten Wochen der Anpassung, des sogenannten »Seasoning«, starb ein weiteres Drittel von jenen Afrikanern, welche die Atlantiktraversierung überlebt hatten. Nur mit der größten Mühe gelang es den Neuankömmlingen, sich in die ungewohnte gesellschaftliche Zwangsordnung einzugliedern und einem geregelten Tagesablauf zu folgen; dies alles stand zur Freiheit und Ungezwungenheit ihrer früheren Lebensweise im größten Gegensatz. Der Afrikaner war und ist ein Meister im sinnvollen Genuß des Müßiggangs, und mancher europäische Reisende des achtzehnten Jahrhunderts berichtet begeistert davon, wie sich der Neger in seiner Heimat durch Musik, Tanz und humorvolle Einfälle die Zeit zu verkürzen wisse und wie ihm selbst noch die Arbeit zum spielerischen Vergnügen werde [132] – die Versetzung eines solchen Menschen hinein in eine Arbeitswelt, in der europäische Profitsucht und Machtgier dominierten, mußte für ihn einen unausdenkbaren Kulturschock bedeuten.

Dafür, daß der Rhythmus des Sklavenalltags durchgehalten wurde, sorgten die Peitschen der Wächter, Aufseher und Intendanten. Während es sich bei den Wächtern meistens um Schwarze handelte, denen, wie Pope-Henessy treffend sagt, die wenig dankbare Rolle eines »KZ-Kapo« zufiel[133], waren die Aufseher Weiße, welche persönliche Unfähigkeit oder ein tragisches Schicksal ins Unglück gestürzt hatte, verkommene Figuren zumeist, die oft nur noch in Alkohol und sadistischer Brutalität Vergessen fanden. »Der Eifer des Aufsehers«, schreibt ein Sklavenhalter aus Saint-Domingue, »äußert sich darin, daß er den Sklaven keinen Augenblick zur Ruhe kommen läßt; er überwacht die Herstellung des Zuckers...

14. *Die Arbeit auf den Zuckermühlen gehörte zu den aufreibendsten Tätigkeiten der schwarzen Sklaven in Westindien. Auf einem Stich aus Du Tertres »Histoire générale des Antilles« (1667) wird der Arbeitsablauf anschaulich dargestellt.*

1. Moulin. 2. Fourneaux. 3. Formes. 4. Vinaigrerie. 5. Cannes SUCRERIE. 6. Gros 7. Latanir. 8. Pajomirioba 9. Choux 10. Cafes 11. Figuir. 132. et Chaudieres. de Sucre Cocos. p. 111. p. 92. Caraïbes. de Negres.

Er erhebt sich nachts, um die Bewässerung der Felder zu kontrollieren ... Er kundschaftet aus und läßt durch ihm ergebene Neger auskundschaften, was in der Niederlassung vorgeht.«[134] Durch den häufigen Gebrauch der Peitsche hielt der Aufseher die Sklaven in jener beständigen und dumpfen Angst, welche den widerlichen Charakter sklavischer Ergebenheit erzeugt; vom Vorgesetzten konnte Leben oder Tod abhängen, denn oft wurde er mit der Durchführung der Folterungen und Strafgerichte betraut, mit denen auf der Flucht ergriffene Sklaven zu rechnen hatten.

Der Intendant, der bei großen Plantagenbetrieben seinen häufig in Europa weilenden Herrn, den Grundbesitzer, vertrat, die Geschäfte selbständig führte, Buchhaltung und Korrespondenz in Ordnung hielt und sich den Luxus schwarzer Mätressen und eines eigenen Wagens leistete, erniedrigte sich seltener soweit, einen Sklaven persönlich zu strafen; dessen Los zu mildern, wäre ihm freilich auch nie eingefallen. Die Aufgabe, welcher der Intendant seine ganze Leidenschaft widmete, war es, seinen Herrn und sich selbst zu bereichern. »Sein Hauptziel«, sagt der bereits zitierte Chronist, »besteht darin, dem Besitzer das größtmögliche Einkommen nach Frankreich übersenden zu können. Der Besitzer denkt kaum je daran, was mit seinen Sklaven geschieht; er vertraut sich ganz dem Mann an, der ihm diese immensen Summen übersendet: ›Ich habe einen guten Prokurator‹, sagt er.«[135]

Daß sich innerhalb eines solchen Zwangssystems beim Herren wie beim Sklaven schwerwiegende charakterliche Deformationen einstellen mußten und jede menschliche Beziehung fragwürdig, jedes Verantwortungsbewußtsein gestört war, kann nicht erstaunen. Auf der Sklavenfarm spielte sich der Kulturzusammenstoß im allerengsten Kreis ab; Ausschweifung, Arroganz der Macht und Sadismus gaben sich hier ihre eigenen Gesetze ohne Rücksicht auf außerhalb herrschendes Recht. Die meisten der moralisch und psychisch korrumpierenden Erscheinungen, die das Zusammenleben der Rassen etwa im nordamerikanischen Frontiersland oder auf einem westafrikanischen Handelsstützpunkt erschwerten, wurden hier in der Abgeschlossenheit der Retorte zur gefährlichsten Virulenz hochgezüchtet. Menschliche Empfindungen, Absicht und Bestreben schillerten hier im trübsten Zwielicht; die natürlichen Tugenden des Afrikaners, Loyalität und Herzlichkeit, pervertierten, da sie sich nicht mehr in Freiheit entfalten konnten, zu schleicherischer Ergebenheit, Hypokrisie und heimtückischer Schadenfreude. »Es liegt im Wesen der Sklaverei«, hat ein zeitgenössischer Betrachter festgestellt, »alles, was mit ihr in Berührung oder in Beziehung kommt, mit einem Makel zu beflecken« – und in der Tat: Natürlichkeit, Spontaneität des Gefühls und Aufrichtigkeit der Neigung hatten keinen Platz im Psychogramm dieser Sklavengesellschaft. Konsequent wurde bereits das Kind des Sklaven in jenen Untugenden unterwiesen, die später recht eigentlich sein Überleben sichern sollten: man richtete es zum Diebstahl ab und erzog es zu Lüge, Verstellung und Intriganz. »Unter solchen Umständen«, schreibt Pope-Henessy, »konnte es kein gegenseitiges Vertrauen geben. Es war die Spirale von Aktion und Reaktion: schlechte Behandlung wurde mit Diebstahl und Falschheit beantwortet, und

Diebstahl und Falschheit zeitigten wiederum schlechtere Behandlung. Die Herrenhäuser der Pflanzer mochten feudal wirken und in manchen Fällen eine Aura des Luxus ausstrahlen. Aber sie waren auf dem Treibsand des Argwohns errichtet, sie ruhten auf den hohlen, morschen Fundamenten des Mißtrauens.« [136]

Viele Sklaven resignierten unter solchen Umständen völlig und versuchten gar nicht erst, sich mit List oder passivem Widerstand gegen ihr Schicksal zu wehren; manche von ihnen versanken in eine Gleichgültigkeit und fatalistische Dumpfheit, aus welcher sie nur die Peitsche wecken konnte. Wer einmal in diesen Kreis getreten war, ob als Aufseher oder als Sklave, kam nicht mehr davon los und verfiel unausweichlich moralischer und intellektueller Abstumpfung; dies mag mit ein Grund dafür sein, daß die meisten Quellenberichte über das westindische Plantagenwesen von Besuchern, nicht aber von unmittelbar Beteiligten stammen.[137]

In Extremfällen reagierte der Sklave auf die menschenunwürdige Situation, in die er sich gestellt sah, individuell mit Flucht und kollektiv mit Rebellion. Daß es auf einzelnen Plantagen dauernd zu Fluchtversuchen kam, obwohl die Aussicht auf Erfolg gering war, zeigt, wie sehr die Sklaven unter ihrem Dasein litten. Die erbarmungslosen Strafen, die man an entlaufenen Sklaven, den sogenannten »Marrons« vollzog – Folterung, Verstümmelung und qualvolle Exekution – hatten hier nur wenig abschreckende Wirkung. Das äußerste, was sich ein Sklave von der Flucht erhoffen konnte, war, daß es ihm gelingen würde, sich ins Hinterland durchzuschlagen und dort einer jener Gruppen von schwarzen Deserteuren anzuschließen, die vielerorts, vor allem etwa in Jamaica, ihr räuberisches Unwesen trieben.

Aktive Auflehnung und Rebellion waren verhältnismäßig selten. Verschwörungen wurden von den Wächtern und Aufsehern meist früh entdeckt und gnadenlos im Keime erstickt. Schwieriger war es, den Urhebern von Rache- und Sabotageakten auf die Spur zu kommen: so gelang es rebellischen Einzelgängern etwa, durch die Methode der fortgesetzten Brandstiftung ganze Plantagen zu terrorisieren. Zu einem besonders eigenartigen Fall schwarzen Terrors und weißen Gegenterrors kam es im Jahre 1758 auf Saint-Domingue, als man einen Sklaven hinrichtete, der gestanden hatte, zahlreiche Weiße und Afrikaner vergiftet zu haben. In der Folge häuften sich die überraschenden Todesfälle, Komplizen des Hingerichteten wurden ausfindig gemacht oder meldeten sich, ihre Schuld bezeugend, freiwillig: eine eigentliche Hexenjagd setzte ein. »Wir zittern davor«, schreibt ein Augenzeuge, »uns gegenseitig Besuch abzustatten; wir wissen nicht, wem wir noch trauen können, wo wir doch auf diese Elenden so sehr angewiesen sind.« [138]

Zu den blutigsten Sklavenunruhen kam es im August 1791 auf Saint-Domingue. Diese Insel, auf welche sich nach dem Verlust Kanadas im Siebenjährigen Krieg der koloniale Ehrgeiz Frankreichs konzentriert hatte, entwickelte sich schnell zu einem Zuckerlieferanten ersten Ranges und setzte Frankreich in die beneidenswerte Lage, auf diesem Gebiet in Kontinentaleuropa eine Monopolstellung zu erreichen. Kurz vor dem Ausbruch der Revolte hatte die französische

Nationalversammlung unter dem Druck einer Gruppe von Sklavengegnern ein Dekret zu einer Lockerung des weißen Herrschaftsverhältnisses auf der Insel angenommen, aber niemand von den Pflanzern dachte im Ernst daran, diese Bestimmungen durchzuführen, und die Sklaven wurden über die Vorgänge in Paris nicht in Kenntnis gesetzt. Es traf die französischen Siedler völlig überraschend, als sich die schwarze Bevölkerung unter Trommelwirbel und kultischen Tänzen erhob und in wilder Raserei Häuser und Zuckerrohrfelder verwüstete. Weiße Plantagenherren, Verwalter und Aufseher, aber auch Mulatten und schwarze Freigelassene wurden umgebracht oder von der Insel vertrieben, und der bedeutendste Führer des Aufstandes, Toussaint Louverture, proklamierte sich zum Generalgouverneur auf Lebenszeit und erließ eine autonome Verfassung.[139] Das französische Mutterland erwies sich als unfähig, seinen Landsleuten in Westindien wirksamen Beistand zu leisten, und auch die schließliche Unterwerfung Toussaints durch ein napoleonisches Expeditionskorps sowie Versuche zur Wiedereinführung des alten Systems der Plantagensklaverei vermochten den inneren Frieden und die wirtschaftliche Prosperität auf Saint-Domingue nie wieder herzustellen. Die Zuckerproduktion der Insel sank bereits zwischen 1791 und 1815 von 163 Millionen auf 10 Millionen Pfund, die schwarze Bevölkerung spaltete sich unter verschiedenen Anführern in sich befehdende Parteien, und die weißen Siedler, welche ihr Heil in der Flucht hatten suchen müssen, kehrten nicht mehr zurück, sondern widmeten sich in Kuba und Louisiana dem Neuaufbau einer Zuckerindustrie, welche bald diejenige Saint-Domingues konkurrenzieren und überflügeln sollte.

Der Aufstand von Saint-Domingue und ähnliche Unruhen geringeren Umfanges auf Jamaica und andern Antilleninseln zeigen, wie verletzlich im Grunde das merkantilistische System war und wie unzureichend die verfügbare militärische Macht, um die Zwangsherrschaft der Sklaverei im Ernstfall durchzusetzen. Die Ergebnisse dieser Rebellionen zeigen aber auch, wie wenig die Plantagensklaven darauf vorbereitet waren, sich, nachdem sie ihre Fesseln einmal abgestreift hatten, eine eigenständige und verantwortungsbewußte Gesellschaftsordnung zu geben. In der Tat hatten es die weißen Siedler ängstlich vermieden, ihren Sklaven auch nur den geringsten Zugang zu einer intellektuellen Ausbildung zu öffnen, zweifellos, weil sie befürchteten, diese könnten durch Schulung in die Lage versetzt werden, zur kritischen Einsicht in ihre gesellschaftliche Situation zu gelangen. Dem Negersklaven ein Recht auf Bildung einzuräumen, hieß nach Überzeugung der meisten Plantagenherren, seine Arbeitskapazität verringern, neue Bedürfnisse in ihm wecken, die politische Stabilität des Systems ohne Not gefährden. Zwar verpflichtete der sogenannte »Code noir«, ein von Colbert ausgearbeitetes Gesetz über den rechtlichen Status und die Behandlung des Sklaven, welches seit 1685 offizielle Gültigkeit hatte, die weißen Siedler dazu, »ihre Sklaven taufen und in der katholischen und römischen Religion unterrichten zu lassen«[140]; aber man tat alles, um sich dieser Verpflichtung zu entziehen. Wohl unterzog man in jenen Überseegebieten, die unter der Herrschaft der katholischen Seemächte standen, die schwarzen Sklaven einer summarischen Taufe, wahrscheinlich in der Erinnerung daran, daß die frühe Übersee-Expansion der Portugiesen und Spanier im fünfzehnten Jahrhundert vom Papst unter der Bedingung sanktioniert worden war, daß sich mit der Landnahme die Verpflichtung zur Eingeborenenbekehrung zu verbinden hätte. Aber mit dieser Taufe begann und endete meist, wie missionarische Besucher der westindischen Inseln anklagend feststellten, der Versuch einer christlichen Unterweisung. »Die Schwarzen sind zwar überzeugt«, sagt der Chronist Charlevoix, »daß es einen Gott, ein Paradies und eine Hölle gibt; aber damit erschöpft sich ihr Wissen.«[141]

In den englischen Plantagenkolonien bestand eine derart ausdrückliche Verpflichtung zur Mission und damit zur intellektuellen Erziehung des Sklaven nicht; immerhin war auch hier vorgeschrieben, daß der Sonntag zu heiligen sei, und besonders methodistische Betrachter forderten, daß dem Sklaven in seiner Mußezeit Gelegenheit zu Andacht und Bibelstudium und damit die Möglichkeit zur individuellen Weiterbildung geboten werden müsse. Die Vertreter der anglikanischen Kirche in den Kolonien aber sahen ihre Aufgabe nicht in der seelsorgerischen Betreuung der Schwarzen; auch war ihre Zahl derart gering, daß sie den geistlichen Bedürfnissen ihrer eigenen Landsleute kaum zu entsprechen in der Lage waren. So wurden in den englischen Kolonien Negersklaven nur auf ausdrücklichen Wunsch ihrer Herren und gegen Entrichtung einer Gebühr getauft; die Eheschließung unter Sklaven, die ohnehin einschneidenden Restriktionen unterworfen war, erfolgte nur selten in Anwesenheit eines Kirchenvertreters; irgendeinen Unterricht in Glaubenslehre gab es für die Kinder der Sklaven nicht. Sogar der Kirchenbesuch schwarzer Sklaven war auf den britischen Antillen unerwünscht: »Selbst während meines kurzen Aufenthaltes in Grenada«, schreibt ein zuverlässiger Gewährsmann, »sah ich, wie ein Sklave vierundzwanzig Peitschenhiebe empfing, weil er sonntags in einer Kirche gesehen wurde, statt zur Arbeit zu gehen.«[142]

Daß man den Sklaven in dieser Weise von der evangelischen Belehrung ausschloß und ihm damit die einzige sich damals dem sozial Benachteiligten bietende Chance auf Bildung entzog, bedeutete übrigens keineswegs, daß man Menschen der schwarzen Rasse als bildungsunfähig erachtete. Im Gegenteil: gerade die ängstliche Beflissenheit, mit der man die Schulung des Sklaven verhinderte, zeigte, wie sehr man im Grunde von der Gleichartigkeit der intellektuellen Voraussetzungen bei Menschen verschiedener Rasse überzeugt war, auch wenn man sich hinwiederum nicht scheute, die Berechtigung der Plantagensklaverei mit rhetorischen Hinweisen auf die animalische Natur des Negers zu verteidigen. Es ist bekannt, daß auch die Sklavenhalter der amerikanischen Südstaaten ihre Schwarzen noch gegen Mitte des neunzehnten Jahrhunderts in voller Absicht einem Zustand des Analphabetismus überließen. Auf die Frage eines europäischen Besuchers, ob seine Sklaven lesen und schreiben könnten, äußerte sich im Jahre 1829 ein amerikanischer Plantagenherr mit unmißverständlichem Freimut: »Gewiß nicht. Das würde hier vollkommen dem herrschenden Brauch und verschiedenenorts auch dem Gesetz zuwiderlaufen. Es würde höchstens dazu führen, die Sklaven mit ihrem Schicksal unzufrieden werden zu lassen, und es wäre völlig unvereinbar mit der Aufrechterhaltung des Systems der Sklaverei in diesem Lande.«[143]

Dieser weitverbreiteten Auffassung wirtschaftlich einflußreicher Kreise gegenüber hatten die Mahnungen einzelner Methodisten und Pietisten, welche die Verpflichtung zur christlichen Unterweisung des Sklaven immer wieder betonten, wenig Gewicht. Vergebens vertrat etwa der Engländer Morgan Godwyn, der einige Zeit auf Barbados und in Virginia gelebt hatte, den Gedanken, christlich gebildete Sklaven würden sich der Führung des Weißen widerstandsloser unterordnen und sowohl freudiger als produktiver arbeiten – kaum jemand unter den Pflanzern war geneigt, sich auf ein solches Experiment einzulassen.[144]

Es läßt sich generell nicht leicht feststellen, welche von den an der Plantagensklaverei interessierten Kolonialmächten in der Behandlung der schwarzen Zwangsarbeiter am wenigsten rücksichtslos verfahren ist. Die Behandlungsweise der Sklaven war von Farm zu Farm verschieden und bewegte sich zwischen den Extremfällen von Sadismus und, allerdings weit seltener, Negrophilie. Als nach der Mitte des achtzehnten Jahrhunderts, da die Diskussion über das Sklavereiproblem unter Juristen und Theologen einzusetzen begann, auch die »Schuldfrage« gestellt wurde, zeigte es sich, wie schwierig ein abschließendes Urteil in dieser Sache war. Die Franzosen bedachten die Engländer mit Vorwürfen und diese die Franzosen; war man des Streites überdrüssig, so wälzte man die Schuld gemeinsam auf die Holländer ab. Auffällig ist immerhin, daß Portugiesen und Spanier seltener zum Gegenstand solcher Anschuldigungen werden; aber dies dürfte zum Teil auf die Tatsache zurückzuführen sein, daß die iberischen Kolonialmächte ihre kommerzielle Weltgeltung um diese Zeit so sehr eingebüßt hatten, daß sie wenig Konkurrenzneid mehr weckten und darum auch von moralisierenden Anklagen verschont wurden. Auch fielen in den iberischen Überseebesitzungen, wie noch zu zeigen sein wird, Rassenvorurteile, die auf eine Segregation der indianischen und afrikanischen Bevölkerungsgruppen abgezielt hätten, weitgehend weg, was allerdings nicht bedeutete, daß sich an der sozialen Diskriminierung des Plantagensklaven etwas Entscheidendes verändert hätte.[145] Der englische Historiker Burns hütet sich denn auch in seiner maßgeblichen Geschichte Westindiens, irgendeine europäische Kolonialmacht von der Schuld einer unmenschlichen Behandlung der Sklaven ganz oder teilweise freizusprechen. Die spanischen Regelungen zur Sklavenhaltung, meint Burns, seien zwar am humansten gewesen, jedoch selten befolgt worden; die Holländer hätten in den Augen der Engländer als besonders grausam gegolten, diese selbst aber seien kaum weniger hart mit ihren Schwarzen umgesprungen; und was schließlich die Franzosen betreffe, so hätten diese ihre Sklaven auf kleineren Inseln wohl recht gut gehalten, andernorts jedoch, beispielsweise auf Saint-Domingue, sei ihre Grausamkeit notorisch gewesen.[146]

Auch die Berichte der europäischen Reisenden gestatten es nicht, in bezug auf den Charakter der Sklavenwirtschaft unter den beteiligten Nationen zu differenzieren, hatten sich doch die meisten dieser Besucher im vornherein gegen oder für die Sklaverei entschieden und schwankten folglich zwischen Polemik und Apologetik, wobei vielfach der Tatbestand in beiden Fällen nicht mehr genügend präzis diagnostiziert wurde. Vielleicht wird es auf Grund ausgedehnter Archivarbeiten und gestützt auf statistische Erhebungen über Bevölkerungszunahme und Sterblichkeit, mit den Methoden der »quantitativen Geschichtsschreibung« also, eines Tages möglich sein, in dieser Frage zu überzeugenden Resultaten zu gelangen.[147] Bis dahin wird man lediglich etwa feststellen können, daß sich, von den ohnehin privilegierten Haussklaven abgesehen, der Neger auf kleineren Farmbetrieben besser fühlte als auf den großen Plantagen; daß er im iberischen Kolonialbereich durch die Möglichkeit der rassischen Vermischung einen gewissen Spielraum zur gesellschaftlichen Emanzipation eingeräumt bekam; und daß es ihm schließlich besonders schlecht überall dort erging, wo er auf Großbetrieben, die sich ganz auf die äußerst arbeitsintensive Zuckermonokultur ausgerichtet hatten, eingesetzt wurde.

Daß durch den Sklavenhandel und die Sklavenwirtschaft Schwarzafrika ein außerordentlicher, bis in die Gegenwart nachwirkender Schaden zugefügt worden ist, kann nicht bestritten werden.[148] Der Nutzen, den die Bürger der daran beteiligten Nationen zuletzt aus dem Handel ziehen mochten, stand in gar keinem Verhältnis zur Schädigung, wie sie afrikanischer Bevölkerung und Lebensart daraus erwachsen ist. Es erscheint fraglich und ist bereits damals von liberalen englischen Wirtschaftstheoretikern in Zweifel gezogen worden, ob das System der Sklavenarbeit zur Erschließung der Plantagenkolonien überhaupt geeignet war. Was Afrika anging, entzog der Handel den Eingeborenen des Hinterlandes jene Generation jugendlicher, arbeitsfähiger Kräfte, von denen ihr Fortbestand abhing, und führte zwangsläufig zur Entvölkerung weiter Landstriche. Das unsichere Gleichgewicht zwischen den einzelnen Stämmen wurde noch mehr gestört, kriegerische Auseinandersetzungen wurden noch häufiger und nahmen nun, da man sich der Feuerwaffen zu bedienen begann, katastrophales Ausmaß an. Der Handel zerschlug die Einheit archaischer Kulturformen und hinderte deren eigenständige Entwicklung. Durch die Einfuhr billiger Gebrauchsgüter wurden einheimisches Gewerbe und Handwerk gelähmt und die Eingeborenen in ein Verhältnis wirtschaftlicher Abhängigkeit gebracht. Blieben diese Auswirkungen des Sklavenhandels damals den mit Afrika vertrauten Betrachtern noch verborgen, so gab man sich doch genau darüber Rechenschaft, in welchem Maße dieser Handel die gegenseitigen Beziehungen belastete und alle Beteiligten, Weiße wie Farbige, korrumpierte. Manche europäischen Reisenden, die vom merkantilistischen Glauben an die wohltätige und zivilisierende Wirkung des Handels durchdrungen waren, belehrte der Augenschein eines andern. »So scheint es«, schreibt einer von vielen, »daß jeder Umgang mit den Negern, insofern er auf wirtschaftlichen Grundlagen beruhte, zur Schwächung des Verständnisvermögens und zur Entartung der moralischen Natur führte.«[149] Aus welchen Gründen es den Afrikanern in ihrer neuen überseeischen Heimat völlig unmöglich sein mußte, sich zu neuer gesellschaftlicher und kultureller Einheit zu finden, haben wir gezeigt.

Noch folgenschwerer wirkte sich, wie allgemein bekannt, die Sklavenwirtschaft und die durch sie gegebene soziale und psychische Konditionierung des

Negers auf die Zukunft des Schwarzen in Amerika, vor allem in den Vereinigten Staaten, aus. Während sich in Südamerika und Westindien die schwarze Bevölkerung zumindest teilweise in der weißen Kolonialgesellschaft integrierte oder sich in langwierigem und mühsamem Prozeß wenigstens politisch etwas emanzipierte, blieben die Nachfahren der Plantagensklaven in Nordamerika vom mächtigen gesellschaftlichen Integrationsprozeß, der die Auswanderer verschiedenster europäischer Nationen und religiöser Bekenntnisse in der Aufgabe einer neuen Staatsgründung einigte und verschmolz, ausgeschlossen.[150] Eine Rückführung der Schwarzen nach Afrika, wie sie gegen Ende des achtzehnten Jahrhunderts von englischen Philanthropen erwogen wurde und wie sie neuerdings von Mitgliedern der »Black-Muslim«-Bewegung gefordert wird, scheint ebenso unrealisierbar wie die Abtrennung ausschließlich »schwarzer« Bundesstaaten von der Union oder der Umsturz der staatlichen Ordnung durch militante Revolutionäre der »Black-Power«-Bewegung. Aber auch die von Martin Luther King gehegte Hoffnung, durch Appelle an die demokratischen Ideale und den Fortschrittsglauben der Nation die Diskriminierung der fast zwanzig Millionen Neger im heutigen Nordamerika abzubauen, hat sich verflüchtigt. Auch wenn der amerikanische Neger heute theoretisch die vollen bürgerlichen Rechte genießt und die Rassentrennung auch in den elf Südstaaten aufgehoben ist, steht er in psychologischer Hinsicht insofern der Daseinssituation des Plantagensklaven noch verzweifelt nahe, als er sein relatives Wohlbefinden mit Selbstverleugnung zu erkaufen hat. Noch immer sieht sich der Schwarze jenen demoralisierenden und korrumpierenden Kräften ausgesetzt, die ihn als Sklaven heimsuchten. Noch immer bilden die Schwarzen eine Kaste für sich, die in abgesonderten Elendsvierteln lebt, auf dem Arbeitsmarkt und in der Schulbildung stark benachteiligt ist und bei der Diskussion um die gesellschaftliche Zukunft des Landes häufig übergangen wird. Und doch bleibt das Schicksal des Negers, wie Gunnar Myrdal gezeigt hat, durch einen »circulus vitiosus« mit dem Schicksal des Weißen verknüpft. »Weißes Vorurteil und weiße Diskriminierung«, sagt Myrdal, »halten den Neger, was seinen Lebensstandard, seine Gesundheit, seine Bildung, sein Benehmen und seine Moral betrifft, unten; dies verursacht umgekehrt wieder das Vorurteil des Weißen. Weißes Vorurteil und schwarze Daseinsnorm bedingen sich gegenseitig.«[151] Ob sich diese Beziehung je auf dem Niveau einer nicht nur rechtlichen, sondern auch sozialen und kulturellen Gleichberechtigung entschärfen lassen wird, muß als sehr fraglich erscheinen. Jedenfalls kann kein Zweifel darüber bestehen, daß von allen Formen des Kulturzusammenstoßes die Sklaverei dem amerikanischen Kontinent das problematischste Erbe hinterlassen hat.

4. Akkulturation und Kulturverflechtung

Im Unterschied zu den bereits beschriebenen Formen der kulturellen Begegnung setzen Akkulturation und vor allem Kulturverflechtung ein länger dauerndes Zusammenleben und Zusammenwirken von Bevölkerungsgruppen verschiedener Kultur im selben geographischen Raum voraus. Während bei der Beziehung, die wir als Kulturkontakt bezeichnet haben, Aspekte des Handels oder der Mission in der Regel im Vordergrund stehen und die Permanenz des gegenseitigen Verhältnisses nicht so sehr durch Ansiedlung und Fortpflanzung der einen Partnergruppe, als vielmehr durch die laufende Ablösung ihrer Vertreter durch Neuankömmlinge gesichert wird, vollzieht sich besonders die Kulturverflechtung vor dem Hintergrund einer intensiven gesellschaftlichen Durchdringung. Diese Durchdringung tritt dann an die Stelle des historisch häufiger zu beobachtenden Kulturzusammenstoßes, wenn sich zwischen zwei oder mehreren Kulturen die zwingende Notwendigkeit zur existenzsichernden Zusammenarbeit und das Bewußtsein einer verpflichtenden Aufeinanderangewiesenheit ergibt. Damit dieser Sonderfall eintritt, müssen verschiedene Vorbedingungen in ganz bestimmtem Grad und bestimmtem Mischverhältnis gegeben sein; die wichtigsten aufeinander einwirkenden Faktoren sind die Mentalität der sich begegnenden Völker, ihre Anpassungsfähigkeit und Anpassungsbereitschaft, die geographischen und demographischen Gegebenheiten.

Akkulturation und Kulturverflechtung sind Prozesse, die sich über mehrere Generationen hin erstrecken und nie als eigentlich abgeschlossen gelten können; sie bereiten sich bereits in der Phase der Kulturberührung durch den Austausch gewisser Verhaltensformen unter den Beteiligten vor, erreichen aber ihre historische Eigenständigkeit erst, wenn sich aus der engen und ständigen Begegnung der Kulturen eine neue Mischkultur ergibt, die alle Bereiche des wirtschaftlichen, sozialen und religiösen Lebens der Partner enthält und die Widersprüchlichkeiten der ursprünglichen kulturellen Situation zunehmend in sich aufhebt. In dem von uns behandelten Zeitraum der frühen Kolonialgeschichte sind Kulturverflechtungen recht selten zu beobachten, und wo sie sich anbahnten, erreichten sie oft den Punkt nicht, der die Entwicklung als irreversibel erscheinen ließ. Das Phänomen ist denn auch von der zeitgenössischen Reiseberichterstattung wie von der anthropologischen Literatur fast völlig übersehen worden; erst die moderne Ethnologie hat, vor allem in den Vereinigten Staaten und in Frankreich, damit begonnen, sich mit dem hochinteressanten Gegenstand zu befassen. Im Rahmen dieser Arbeit muß ein kurzer Hinweis auf die ethnologische Fragestellung und einige der dadurch inspirierten Forschungsarbeiten genügen.

a) Die Akkulturation

Jede Kulturverflechtung wird eingeleitet und genährt durch die Übertragung von spezifischen Verhaltensweisen, Vorstellungen, Wertbegriffen und Techniken von einer bisher in sich geschlossenen Kultur auf eine andere und umgekehrt. Bereits in der Frühphase der Kulturberührung findet ein solcher Austausch, allerdings nur in beschränkten Bereichen, statt. So hat beispielsweise der in heißen Zonen der Erde lebende Mensch im Laufe der Jahrtausende bestimmte Formen der Daseinsgestaltung, des Wohnens oder der Hygiene entwickelt, die der europäische Kolonist freiwillig oder unter dem Zwang der Umstände übernimmt; umgekehrt zeigt sich der archaische Mensch bereit und fähig, beim Europäer Anleihen materieller und intellektueller Art aufzunehmen, die ihm als dienlich und vorteilhaft erscheinen.

Dieser Prozeß der gegenseitigen Anpassung, der sich beim Kulturkontakt intensiviert und selbst in bestimmten Fällen des Kulturzusammenstoßes, vor allem im Falle der Sklaverei, nicht zum Stillstand kommt, wird von den modernen Ethnologen in der Regel als »Akkulturation« bezeichnet. Allerdings ist man zur Zeit noch weit davon entfernt, sich auf eine gemeingültige Definition dieses Begriffes einigen zu können; auch herrscht unter Fachgelehrten eine rege Diskussion darüber, mit welchen wissenschaftlichen Methoden die Erscheinungsformen der Akkulturation in Griff zu bekommen sind und inwieweit solche Untersuchungen historischer, soziologischer und psychologischer Verfahrensweisen bedürfen. An dieser Stelle mag die recht allgemeine Definition genügen, welche M.J.Herskovits in seinem Hauptwerk »Man and his Works« anführt. »Die Akkulturation«, sagt Herskovits, »umfaßt Phänomene, die aus dem direkten und dauernden Kontakt zwischen Gruppen von Individuen verschiedener Kultur resultieren, zusätzlich der daraus sich ergebenden Veränderungen einer für die betroffene Kultur charakteristischen Verhaltens- oder Denkform.«[152] Im Unterschied zu den Veränderungen, die sich innerhalb einer bestimmten Kultur abspielen, etwa der erzieherischen Anpassung des Kindes an seine gesellschaftliche Umwelt, bezeichnet die Akkulturation immer die Auswirkung des Zusammentreffens zweier oder mehrerer verschiedenartiger Kulturen, also einen von außen her kommenden Einfluß.

Der Prozeß der Akkulturation kann sich außerordentlich vielfältig und vielschichtig entwickeln und ist von den verschiedenartigsten Faktoren abhängig. Zu den ersten Forschern, die sich dem Studium der Akkulturation zuwandten, gehörte Malinowski, der unter dem Eindruck eines durch die stürmische industrielle Entwicklung des imperialistischen Zeitalters verstärkten Kulturdrucks auf archaische Völker diesen Vorgang vielleicht etwas einseitig sah und das passive Ausgeliefertsein der technisch wenig entwickelten Kulturen überschätzte.[153] Spätere Untersuchungen haben gezeigt, daß die von Malinowski tief bedauerten Folgewirkungen des europäischen Einflusses, etwa die Zerstörung einheimischer Stammeskultur und traditioneller religiöser und sittlicher Gesinnung, sich zumindest mit sehr unterschiedlichem Gewicht geltend gemacht haben. Wohl ist die Faszination durch technische Überlegenheit etwa beim Afrikaner außerordentlich groß; dennoch unterwarfen sich die Eingeborenen solchem Einfluß nicht immer rückhaltlos. Manche westafrikanischen Küstenvölker waren beispielsweise durchaus in der Lage, allzu forschem Handelsgebaren der Europäer wirksam entgegenzutreten oder gar der Handelsbeziehung überhaupt den Stempel der eigenen Kultur aufzuprägen: das europäische Eintreten auf die Praktiken des Tauschhandels zeigt dies deutlich.

Die »Errungenschaften« der abendländischen Kultur wurden von den Eingeborenen durchaus nicht etwa wahllos übernommen, wenn auch die Selektion, welche sie ausübten, vielfach nicht von weitsichtigen Erwägungen bestimmt war und sich die Wahl in der Folge zum Nachteil der archaischen Kultur auswirken konnte. So übernahmen die amerikanischen Prärieindianer von den weißen Siedlern sehr schnell das Pferd, züchteten und ritten es mit unvergleichlichem Geschick und verwendeten es nutzbringend bei der Bisonjagd; anderseits belasteten die Pferdediebereien, welche bald in Schwung kamen, die innerindianischen Beziehungen beträchtlich. Bei der Bewirtschaftung des Bodens verzichteten die Prärieindianer in der Regel auf den Gebrauch europäischen Werkzeugs und die Aneignung neuer Praktiken, obwohl ihnen dies, sollte man meinen, eigentlich weniger Mühe gemacht haben würde als die Zucht und Zähmung der Pferde; aber sie hielten mit unerschütterlichem Traditionsbewußtsein an ihren primitiven Formen des Ackerbaues fest und blieben so von den Einkünften ihrer Jagdgründe auf verhängnisvolle Weise abhängig. Bereits einzelne importierte Kulturelemente – Feuerwaffe, Alkohol, Pferd – konnten sich als explosive Fremdkörper im in sich stimmigen Gefüge einer Eingeborenenkultur erweisen; sie zerbrachen den althergebrachten Rhythmus des Daseins, führten zu Diskordanzen zwischen Bestehendem und Neuem und zum Auseinanderklaffen der Generationen – zu jenem »cultural lag« also, wie er von W.F.Ogburn bereits 1923 untersucht worden ist.[154]

Die Auswirkungen des Akkulturationsvorgangs sind weitgehend bestimmt durch Rigidität oder Flexibilität der betroffenen Kulturen; so setzen sich in ihren Traditionen erstarrte, isoliert lebende Kulturgesellschaften dem Risiko einer allgemeinen Zersetzung eher aus als Kulturen, die durch frühere Kontakte mit der Außenwelt herausgefordert worden sind. Die Arawak-Indianer der westindischen Inseln waren, wie wir gesehen haben, der Herausforderung der spanischen Kolonialadministration in keiner Weise gewachsen; den Plantagensklaven dagegen gelang es zu überleben, weil sie, neben einer außerordentlichen physischen Widerstandskraft, über den an Kulturbegegnungen reichen Erfahrungshorizont ihrer afrikanischen Geschichte verfügten.

Doch selbst in den Fällen, da die Übernahme und Einverleibung fremder Kulturelemente durch eine archaische Kultur sich scheinbar ohne Störungen vollzog, bleibt eine grundsätzliche Problematik des Akkulturationsprozesses bestehen. So geschieht es besonders bei der Übernahme religiösen Ideengutes durch den Eingeborenen, aber auch in andern Bereichen, daß bestimmte Vorstellungen entweder mit archaischem Bedeutungsinhalt erfüllt werden oder die angestammte Religion nur sehr geringfügig modifiziert wird. So entstanden etwa in Südamerika merkwürdige synkretistische Formen von Religiosität, in denen sich, wie beispielsweise auf Haiti, katholische Heilige und westafrikanische Gottheiten in seltsamer Personalunion verbanden. In den amerikanischen Südstaaten, wo der protestantische Einfluß der Kolonisten bestimmend blieb, war eine derartige

Identifikation unmöglich; aber auch hier behalf man sich auf Seite der Schwarzen damit, daß man die biblische Offenbarung mit archaischer Symbolik anreicherte: so gewann etwa der Jordan-Fluß im Negro Spiritual eine völlig unchristliche Bedeutung dadurch, daß man ihn jenen afrikanischen Strömen gleichsetzte, die, westafrikanischer Kulturtradition zufolge, von den Geistern der Verstorbenen überquert werden müssen, bevor sie ins Jenseits gelangen. Wir haben am Beispiel der jesuitischen Huronenmission gesehen, wie sehr diese Umdeutung christlicher Begriffe und umgekehrt natürlich auch die Fehldeutung indianischer Religiosität durch die Europäer allein schon die sprachliche Verständigung erschwerten und den Missionsgedanken als fragwürdig erscheinen lassen mußten.

Dieses Phänomen der Umdeutung, der »Re-Interpretation«, wie Herskovits es zutreffend nennt, kann, wenn es zwischen den Vertretern verschiedener Kulturen nicht zur Herausbildung einer neuen gemeinsamen Vorstellungswelt im Sinne der Kulturverflechtung kommt, besonders aufseiten der rassischen Minorität zu gefährlicher geistiger Unbehaustheit und Schizophrenie führen. In solchen Fällen – man denke an das bereits erwähnte Paradebeispiel des nordamerikanischen Rassenkonflikts – sieht sich die Minderheit in eine höchst komplexe Existenzsituation gedrängt, deren Widersprüchlichkeiten wohl weder individualpsychologisch noch sozialfürsorgerisch je ganz zu beheben sind.

Möglich ist aber auch, daß das Angestammte und der neue Einfluß von außen gerade im religiösen Bereich recht unvermischt nebeneinander herlaufen und der Eingeborene imstande ist, je nach Umständen mehr oder weniger bewußt zwischen zwei Verhaltensweisen zu wählen. Am Beispiel moderner westafrikanischer Küstenstädte hat etwa Georges Balandier gezeigt, in welchem Grade sich deren schwarze Bewohner bei unzähligen alltäglichen Entscheidungen vor das Dilemma gestellt sehen, ob sie nach hergebrachten oder übernommenen Grundsätzen urteilen sollen, und wie sehr sie gezwungen sind, auf verschiedenen Registern zu spielen.[155]

Auch in diesem Falle ist die Gefahr geistiger Unbehaustheit gegeben, und die Aussicht, aus Eigenem und Fremdem eine sichere Basis neuen Daseinsverständnisses zu gewinnen, muß in den meisten Fällen als recht gering bewertet werden. Die Selbstaufgabe und die Selbstverleugnung, die mit einer totalen Übernahme der europäischen Fremdkultur durch den Eingeborenen verbunden wäre, erscheint bei der Bedeutung vieler eigenständiger und ehrwürdiger archaischer Tradition als völlig undenkbar; sie wäre im Interesse der betreffenden Völker wohl auch nicht wünschenswert. Eine derartige Selbstverleugnung wäre höchstens einer kleinen Gruppe in Europa ausgebildeter Vertreter archaischer Völker möglich und könnte dann leicht zum Phänomen der »Überanpassung« führen, einer affektierten Europaphilie, welche diese Gruppe völlig ihrem Land entfremden müßte.[156]

Es bliebe theoretisch noch die Möglichkeit einer radikalen Absage an die abendländische Fremdkultur. Diese Absage oder »Gegen-Akkulturation« kann grundsätzlich in zwei Erscheinungsformen auftreten. Sie kann unter Berufung auf in Europa entwickelte Vorstellungen vom Selbstbestimmungsrecht der Völker von vorwiegend intellektuellen Schichten eines bestimmten Überseegebietes angestrebt und gefordert werden; eine solche Form der Distanzierung bleibt aber gerade in ihrer juristischen Grundüberlegung dem abendländisch-liberalen Ideengut zutiefst verhaftet und wird meist nur partiell, etwa im außenpolitischen Sektor, zu einer tatsächlichen Befreiung von fremden Einflüssen führen. Eine durchaus wünschenswerte Loslösung dieser Art wird, auch wenn sie von einem echten Vertrauen in die eigene Kultur getragen wird, nie automatisch auch zu einer »internen Reinigung« von fremden Einflüssen führen; man mag, wie im Kongo, Städte umtaufen, oder, wie in Uganda, fremdrassische Minoritäten vertreiben und ausländische Berater entfernen – doch gerade der nationale Kulturchauvinismus, der sich in solchen Aktionen entlädt, erweist sich wieder als ein Geisteserbe Europas.

Die andere Erscheinungsform einer radikalen Loslösung erscheint weniger durch rationale Beweggründe motiviert und entspringt zumeist einem Unbehagen an der als übermächtig empfundenen kulturellen Superiorität des fremden Okkupanten, das sich in plötzlichen, von religiösem Engagement getragenen Aufwallungen zu äußern pflegt. Wir haben gesehen, daß gewisse nordamerikanische Indianerstämme unter dem Kulturdruck der Frontiersituation sich in fanatische Rituale flüchteten, die den Charakter einer Rückbesinnung und einer pathologischen Übersteigerung angestammter Kulturwerte hatten. Als eine Gegenreaktion von ähnlicher Beschaffenheit ist der Mahdi-Aufstand, der um 1883 den Sudan ergriff und die ägyptisch-englische Machtstellung gefährlich erschütterte, zu verstehen. In der Bewegung des Mahdi verbanden sich »konservative Kulturrevolution« aus dem Geist des Islam, fanatischer Messianismus und Freiheitsbewegung gegen außen mit einem neuen totalen Machtanspruch einer führenden Schicht im Innern. Ähnliche Tendenzen lassen sich im heutigen Libyen unter dem Regime von Ghadafi feststellen. Gegen die europäischen Kolonisatoren und deren Einfluß richtete sich zu Beginn unseres Jahrhunderts auch die religiöse Widerstandsbewegung der Papua-Stämme Neu-Guineas, welche die Wiederkunft der Toten und die Vertreibung der Fremden voraussagte und ein volles Jahrhundert andauerte. Versuche einer radikalen Loslösung dieser Art, welche sich im Sinne von »konservativen Revolutionen« weitgehend auf ein emotionales Traditionsbewußtsein abstützen, sind auf längere Sicht indessen wohl immer zum Scheitern verurteilt, weil die weltumspannende Dominanz eines auf gegenseitiger Abhängigkeit beruhenden und gegenseitige Abhängigkeit erzeugenden Wirtschaftssystems, wie es sich nach der Industriellen Revolution entwickelt hat, ein Überleben in der Isolation nicht mehr ermöglicht.

Welches das Ausmaß und die Bedeutung des »Kulturverlustes« sein mag, den eine archaische Kultur durch die Begegnung mit technisch überlegenen Fremdkulturen erleidet, ist nur im einzelnen Fall und auch dann nur unter Bezug auf notwendigerweise einseitige Wertvorstellungen abzuschätzen. Es ist unzweifelhaft, daß durch Akkulturation nicht nur bestimmte Wertvorstellungen, Techniken und Verhaltensweisen übertragen und dadurch die Strukturen eines bestimmten Gesellschaftssystems modifiziert werden, sondern daß Wahrnehmungs-,

Empfindungsvermögen und Intelligenz der betroffenen Individuen tiefgreifenden Veränderungen ausgesetzt sind. So stellt der französische Ethnologe Roger Bastide fest, daß sich afrikanische Tänzer durch die Berührung mit dem klassischen Ballett nicht nur äußerlich neue Formen der Bewegung angeeignet haben, sondern zugleich in ihrer »rhythmischen Sensibilität« verändert worden sind.[157] Auch dann, wenn der Kulturkontakt in einem bestimmten Betätigungsbereich des archaischen Menschen scheinbar keinen Wandel ausgelöst hat, kann die Art und Weise der persönlichen Selbstverwirklichung im Akt und damit dessen Bedeutungsinhalt sich grundlegend gewandelt haben, so bei den zur Unterhaltung europäischer Touristen vorgezeigten kultischen Tänzen, in denen kommerzielle und erotische Motivationen erkennbar werden, die ihnen ursprünglich vollkommen fremd gewesen sind. Entsprechende Beobachtungen haben Roger Bastide dazu geführt, zwischen einer materiellen und einer formellen Akkulturation zu unterscheiden und damit die äußerliche Aneignung fremder Kulturelemente von der elementaren Modifikation der mentalen Struktur abzuheben und das Phänomen der »Re-Interpretation« in den menschlich-umfassenden Zusammenhang des Psychologischen zu stellen.[158]

Es versteht sich, daß der Vorgang der Akkulturation immer alle Beteiligten der kulturellen Begegnung in Mitleidenschaft zieht, auch dann, wenn die technisch überlegene Kultur als dominant erscheint und ihre Auswirkungen auf die individuelle und gesellschaftliche Existenz des »Unterlegenen« offensichtlicher sind. Auch wenn sich die Ethnologie bisher vorwiegend mit Akkulturationserscheinungen innerhalb der Eingeborenengesellschaft befaßt hat, ist der Einfluß archaischer Kultur auf die Kultur der Kolonisten, zumindest zeitweilig, beträchtlich gewesen und zeigt alle jene Erscheinungsformen, die wir im umgekehrten Falle beobachtet haben.

Wir haben gesehen, in welchem Grade die alltägliche Existenz des europäischen Waldläufers und des Jesuitenmissionars durch die Berührung mit dem Indianer geprägt worden ist und wie abendländische Vorstellungen von individueller Freiheit und Askese sich durch diesen Kontakt modifiziert haben. Auch die Europäer akzeptierten die Fremdkultur nie in deren Totalität, auch wenn es zuweilen vorkam, daß Waldläufer, Abenteurer und andere zivilisationsmüde Einzelgänger sich durch dauernden Umgang mit Eingeborenen weitgehend ihrer angestammten Kultur entfremdeten. In der Regel verfuhren auch die Europäer selektiv und unter besonders eingehender Prüfung der Vorteile, die sich für sie aus dem Kulturkontakt ergaben; während sie an ihren religiösen und gesellschaftlichen Traditionen fast immer festhielten, konnten sie sich in andern Bereichen als sehr flexibel erweisen. So paßten sich beispielsweise die englischen Siedler in Nordamerika in ihrer Kleidung, Ernährung und Wohnweise den Indianern sehr weitgehend an, vor allem jene Pioniergeneration unter ihnen, die durch ihr Leben im Frontier in beständigem Kontakt mit den Urbewohnern stand. Auffällig ist dabei allerdings, daß die indianischen Kulturelemente, welche in die weiße Kolonialgesellschaft integriert wurden, dort selten jene zerstörerische Sprengkraft entwickelten, die im umgekehrten Fall mit Regelmäßigkeit zu beobachten war.

Hier zeigt sich ein Vorteil der abendländischen Kultur, der wohl auf weite Sicht folgenreicher blieb als die militärisch-technische Überlegenheit, und darauf beruhte, daß diese Kultur, im Verlaufe einer langen und äußerst wechselvollen Geschichte der Aneignung, Umsetzung und Ablehnung fremder Einflüsse, sich bei allem Vermögen zum Wandel und zur Erneuerung eine kraftvolle Dynamik ihrer Entwicklung hatte bewahren können.

Auch das Phänomen der »Gegen-Akkulturation« findet sich nicht nur auf Seiten des archaischen Kulturvolkes, sondern ebensosehr bei der weißen Kolonialgesellschaft, vor allem in Überseegebieten mit dauernden weißen Minoritäten und geringer Bereitschaft zur Ausweitung der Kulturkontakte. Hier kann es geschehen, daß der Europäer sich gettoartig von der Eingeborenengesellschaft abschließt, daß er mit peinlicher Sorgfalt durch Kleidung, Sprache und Benehmen die Andersartigkeit seines Herkommens unterstreicht und übertreibt oder einen Bildungsdünkel zeigt, der in keinem Verhältnis zur eigenen Bildung mehr steht. Solche Erscheinungen sind bis heute wissenschaftlich noch nicht genügend untersucht worden. Europäische Schriftsteller des neunzehnten und zwanzigsten Jahrhunderts haben indessen in ihren in Übersee spielenden Romanen dieses Phänomen mit aller wünschenswerten Eindringlichkeit dargestellt, so etwa Joseph Conrad in »Heart of Darkness«, E.M. Forster in »A Passage to India« oder Graham Greene in »The Heart of the Matter«.[159] Dieser koloniale Kulturdünkel erweist sich in seiner Versponnenheit und dümmlichen Arroganz freilich oft als ebenso abgestorben und unschöpferisch wie die Todesrituale bedrängter nordamerikanischer Indianerstämme und stellt im Grunde eher eine Verneinung als eine Bejahung der angestammten Kultur dar. »Diese Menschen«, schreibt Graham Greene im Blick auf die englische Kolonialgesellschaft der afrikanischen Westküste, »waren ihrer selbst weniger sicher; sie waren dazu erzogen worden, zu erkennen, wenn man sie betrügen wollte, und sich damit abzufinden, daß ihnen von zwei Welten das Schlimmste zuteil geworden war; sie besaßen gerade Macht genug, um sich im Gespräch eines sauertöpfisch-unverbindlichen Tonfalls bedienen zu können, aber sie waren, wenn es sich bei ihnen überhaupt je um Menschen gehandelt hatte, in ihren europäischen Kleidern abgestorben.«[160]

b) Die Kulturverflechtung

In jenen Fällen, da ein über längere Zeiträume hin sich entwickelnder Akkulurationsprozeß Elemente beider oder mehrerer beteiligter Kulturen so sehr amalgamiert, daß eine eigenständige Mischkultur entsteht, wird man von Kulturverflechtung sprechen können. Natürlich bleibt es eine Ermessensfrage festzustellen, wann ein Akkulturationsvorgang zur Kulturverflechtung wird, denn auch die neugeschaffene Mischkultur bleibt dem Wandel unterworfen und wird in ihrer Dynamik weiterhin vom Phänomen der Akkulturation mitbestimmt. Ein gewichtiges Indiz für den Tatbestand der Kulturverflechtung scheint es indessen zu sein, wenn neben der wechselseitigen Übertragung bestimmter Kulturelemente zugleich eine Vermischung der Rassen und folglich eine biologisch-ethnische Nivellierung zu beobachten ist.

Als Musterbeispiel einer derartigen Kulturverflechtung wird in unseren Tagen recht häufig Brasilien erwähnt. Im Rahmen einer Darstellung der überseeischen Kulturbegegnung, die es sich unter anderm zur Aufgabe macht, die verschiedenen Formen des kolonialen Zusammentreffens an typischen Beispielen zu verdeutlichen, darf ein Hinweis auch auf dieses ehemalige Kolonialgebiet nicht fehlen. Allerdings muß betont werden, daß die Kulturverflechtung in Brasilien im wesentlichen erst nach der zeitlichen Periode, welcher unsere Darstellung gilt, eingesetzt haben dürfte; jedenfalls ist das Phänomen von Brasilienreisenden des siebzehnten und achtzehnten Jahrhunderts unseres Wissens selten festgestellt worden. In neuester Zeit dagegen haben sich zahlreiche Soziologen und Ethnologen mit Untersuchungen zum Beispiel der brasilianischen Kulturverflechtung befaßt, und einem von ihnen, Gilberto Freyre, sind die folgenden Seiten denn auch besonders verpflichtet.

Brasilien war im Jahre 1500 von Pedro Alvares Cabral entdeckt worden, der, auf einer Fahrt nach Indien begriffen, zu weit nach Westen ausgeholt hatte – wohl nicht infolge eines Navigationsfehlers, sondern eher, weil er auf Grund bereits eingegangener Nachrichten das Vorhandensein einer mächtigen Landmasse südlich der von Amerigo Vespucci befahrenen Gewässer klären wollte. In der Folge begründeten die Portugiesen an der brasilianischen Küste, ähnlich wie in anderen Weltgegenden, mehrere Stützpunkt- und Etappenstationen, die sich nach den 1494 im Vertrag von Tordesillas getroffenen Vereinbarungen außerhalb der spanischen Interessensphäre befanden und sich, obwohl von französischen und holländischen Expeditionskorps zuzeiten ernstlich bedroht, doch im allgemeinen kontinuierlich entwickeln konnten. Zu Beginn dienten diese Hafenplätze vorwiegend dem Export von Brasil-Holz und der Verpflegung von Sklavenfahrern, die, von der westafrikanischen Küste her kommend, den Sklavenbedarf der spanischen Plantagenkolonien auf den Antillen befriedigten. Gold- und Diamantenfunde waren zu selten, als daß sie – wie in Mexiko oder Peru – zur raschen Durchdringung des Hinterlandes angespornt hätten; auch standen Bodengestalt und Vegetation sowie das tropische Klima einer solchen Durchdringung im Wege. Dagegen zeigte sich bald, daß Brasilien für den Anbau des aus Madeira eingeführten Zuckerrohrs besonders geeignet war; kleine Siedlungen und Plantagenbetriebe entstanden, und um 1580 waren gegen 20000 Portugiesen, 18000 seßhafte Indianer und 14000 eingeführte Afrikaner in der Zuckerwirtschaft beschäftigt. Das Geschäft entwickelte sich glänzend. »Im späten siebzehnten Jahrhundert«, schreibt Parry, »übertraf das Volumen des Zuckerhandels zwischen Brasilien und Portugal vermutlich das jeglichen anderen europäischen Überseehandels. Der Zuckerhandel beschäftigte weit mehr Schiffe als der Handel zwischen Spanien und Westindien und dürfte diesem in Bezug auf den Wert seiner Gesamtfracht annähernd gleichgekommen sein.«[161] Aus der Stützpunkt-Kolonie war eine Plantagen- und Ackerbaukolonie geworden. Als Träger der europäischen Kolonisation wirkten, im Unterschied zu den kanadischen Verhältnissen, nicht Einzelgänger, sondern ländliche Familien.

Durch ihre geschichtliche Vergangenheit und die kulturelle Zwischenposition zwischen Europa und Afrika, Christentum und Islam, welche diese während Jahrhunderten bestimmt hatte, waren die Portugiesen besonders gut darauf vorbereitet, sich den Bedingungen kolonialen Daseins in den Tropen anzupassen. Widersprüchlich in Charakter und Temperament, bescheiden und überheblich, intelligent und wundergläubig, enthusiastisch sich begeisternd und fatalistisch, zeigten die Portugiesen eine erstaunliche psychische Flexibilität und eine gesteigerte Bereitschaft, Fremdes zu verstehen, gelten zu lassen und in sich aufzunehmen. »Er ist eine unbestimmbare Gestalt«, sagt Freyre vom Portugiesen, »der eindeutiger Umriß und Färbung fehlen, um ihm seine eigene Individualität unter den modernen Imperialisten zu verleihen. In gewissen Belangen nähert er sich den Engländern, in andern den Spaniern. Ein Spanier ohne die Flamme der militärischen Leidenschaft und die dramatische Orthodoxie der Eroberer von Mexiko und Peru; ein Engländer ohne die Strenge des Puritanismus. Der Typ des Menschen, der sich anzupassen weiß. Keine absoluten Dogmen, keine unveränderlichen Vorurteile.«[162]

Es wäre nun falsch anzunehmen, der Kulturkontakt zwischen Portugiesen und Indianern hätte sich in seinen nachteiligen Auswirkungen besonders auf die exotische Kultur grundsätzlich von demjenigen in andern Teilen der kolonisierten Welt unterschieden. Die Begegnung zwischen einer technisch fortgeschrittenen und einer in dieser Hinsicht zurückgebliebenen Kultur wird immer, wenn auch je nach Umständen auf verschiedene Art, größeren Druck auf die letztere ausüben. »Wir dürfen nicht vergessen,« schreibt Freyre, »welchem Schock sich der Eingeborene, vom Gesichtspunkt seiner Kultur aus gesehen, ausgesetzt fand. Der Kontakt war zerstörerisch. Die moralische Degradierung der Eingeborenenbevölkerung, die von Kolonisten oder Missionaren beherrscht wurde, war vollkommen, wie es sich immer ergibt, wenn eine fortgeschrittene Kultur mit einer verspäteten zusammentrifft.« [163]

Auch in Brasilien hatten die Indianer unter diesem Kulturdruck sehr zu leiden und zwar weit stärker als die psychisch und physisch widerstandsfähigeren schwarzen Sklaven. Freyre zögert nicht, die Auswirkungen der Mission, insbesondere die durch diese erzwungene Seßhaftigkeit der Indianer mit der daraus folgenden Zersetzung ihrer Sozialstruktur, in ihrer Schädlichkeit dem Einfluß der Kolonisten gleichzustellen, die durch Übertragung von Krankheiten, Einführung des Branntweins und Ausbeutung indianischer Arbeitskräfte vielleicht offensichtlicheres Unheil anrichteten. Demgegenüber wurden die brasilianischen Plantagensklaven verhältnismäßig gut gehalten, besser jedenfalls als irgendwo sonst; in einzelnen Belangen, etwa in der Ernährung, sollen sie sogar besser gestellt gewesen sein als viele Weiße. »Viele Arbeiter bei uns,« schreibt ein nordamerikanischer Reisender des neunzehnten Jahrhunderts, »würden das Leben eines brasilianischen Sklaven dem ihrigen vorziehen.«[164]

Wenn der Kontakt der Portugiesen mit den Indianern es dennoch gestattete, daß wesentliche Elemente der archaischen Kultur überlebten und von den Portugiesen übernommen wurden, so liegt der Grund dazu nicht nur in der Beweglichkeit des an Welterfahrung reichen portugiesischen Volkes, sondern auch in dessen

Bereitschaft zur rassischen Vermischung. Kein anderes kolonisierendes Volk, schreibt Freyre, lasse sich in dieser Hinsicht mit den Portugiesen vergleichen; das brasilianische Leben habe in einer Ambiance der sexuellen Intoxikation begonnen.

Durch die Kulturberührung in Brasilien lockerten sich – ein interessantes Beispiel für die Veränderbarkeit auch der europäischen Kultur innerhalb der kolonialen Auseinandersetzung – die Moralvorstellungen der katholischen Siedlergesellschaft erheblich. Uneheliche farbige Nachkommen wurden nicht aus der Gesellschaft ausgestoßen, sondern zusammen mit den legitimen Kindern erzogen. Schwarze oder indianische Konkubinen hatten unter keiner Diskriminierung zu leiden, sondern erfreuten sich nicht selten hohen Ansehens. Da das kleine Portugal ohne diese Vermischung die landwirtschaftliche Erschließung Brasiliens gar nie hätte in die Hand nehmen können, durfte, wer die Liebesbereitschaft der Eingeborenen nicht von sich stieß, für sich in Anspruch nehmen, einer nationalen Pflicht zu genügen. Selbst der Klerus konnte sich dieser Einsicht nicht verschließen. Man duldete oder übersah die zahlreichen Verstöße gegen das Gesetz des Konkubinatsverbots, ja, die Geistlichen bekundeten oftmals selber Mühe, den Anfechtungen zu widerstehen und fanden für ihre Abweichungen vom Gelübde der Askese bei der Bevölkerung viel Verständnis. In mancher Hinsicht begünstigte das Christentum die rassische Vermischung eher, als daß es sie behindert hätte, etwa insofern, als es seinen Heiligen die Aufgabe zuwies, über der Fruchtbarkeit der Liebesbeziehungen zu wachen.

Diese Vermischung war eine wichtige biologische Voraussetzung, um die Akkulturationsvorgänge durch die Intimität des Zusammenlebens zu beschleunigen. Gegen Ende des sechzehnten Jahrhunderts begann eine erste Generation von indianisch-europäischen Mischlingen ihre wichtige kulturvermittelnde und kulturtragende Rolle zu spielen; etwas später, mit der Entwicklung der Plantagenwirtschaft, setzte die Vermischung zwischen Weiß und Schwarz ein, und heute fließt in vielen Brasilianern dreifach gemischtes Blut. »Jeder Brasilianer«, schreibt Freyre, »selbst wenn er hellhäutig und blond ist, trägt in seiner Seele ... die Spur oder den Stempel des Eingeborenen oder des Negers ... In unserer Art und Weise, zärtlich zu sein, in unserer exzessiven Mimik, in unserem Katholizismus, der sinnliche Wollust ist, in unserer Musik, in unserer Art zu gehen, zu sprechen und in den Wiegenliedern unserer Kindheit – kurz, in jedem unverhüllten Ausdruck unseres Lebens, wird der Einfluß des Negers offenkundig.«[165]

Trotz des Zurücktretens von Rassenvorurteilen und des Fehlens einer biologisch sich begründenden Rassendiskriminierung forderte diese Entwicklung von den daran beteiligten archaischen Völkern ihren Tribut. Die weiße Rasse blieb, vor allem in politischer und sozialer Hinsicht, dominant; Indianer und Afrikaner sahen sich gezwungen, einen Weg der gesellschaftlichen Integration zu suchen, der ihre rassische Eigenständigkeit immer mehr zurücktreten ließ. »Nachdem die Einwanderung praktisch zum Stillstand gekommen ist«, schreibt ein moderner Historiker, »läßt sich die zukünftige Entwicklung des brasilianischen Spektrums leicht voraussehen: Die Schwarzen werden bald unter den Mestizen aufgegangen sein. Ist es aber einmal soweit, dann sind diese Mischlinge bereits auf dem Wege, ihrerseits von den Weißen absorbiert zu werden. Die Weißen sind jetzt schon in der Überzahl; sollte noch einmal eine europäische Auswanderung in Gang kommen, würde sich dieser Prozeß noch beschleunigen. Es mag also in einer Statistik des Jahres 2000 neben wenigen ›pardos‹ nur noch ›brancos‹ geben. Die ›Ausbleichung‹, die der einzelne Farbige so lebhaft anstrebt, hat bereits die ganze Nation erfaßt und somit einen Sinn und einen Wert bekommen. Das Land wird zwar dem Anschein nach immer ›weißer‹; dafür werden die Brasilianer, denen afrikanisches Blut in den Adern fließt, immer zahlreicher. Brasilien wird eine Mestizenrepublik.«[166]

Innerhalb dieser demographisch-ethnischen Entwicklung haben manche Elemente der beteiligten Kulturen sich beharrlich gehalten und zuweilen gerade dank ihrer Modifizierung durch den Akkulturationsprozeß überlebt. So hat die indianische Kultur in manchen Bereichen des alltäglichen Lebens den Lebensstil des Kolonisten geprägt und die Qualität seiner Existenz bereichert. Vom Indianer übernahm der Portugiese eine Reihe von Nahrungsmitteln und die Rezepte für die Zubereitung der Speisen. Manioka trat an die Stelle von Korn und wurde zur Ernährungsbasis des Europäers; die vielfältigsten Zubereitungsarten von Manioka-Gerichten gehen auf die in Feld, Haushalt und Küche unermüdlich tätige Indianerin zurück. Ebenso wurden indianische Mais-, Fleisch- und Fischgerichte wichtig für die Ernährung der weißen Kolonialgesellschaft, ferner die Verwendung von bisher unbekannten Gewürzen und Heilkräutern. Doch der Einfluß der indianischen Kultur beschränkte sich nicht auf den kulinarischen Sektor, obwohl er hier besonders leicht nachweisbar wird; Lebensgewohnheiten und Verhalten der weißen Siedler wurden auch in andern Daseinsbereichen modifiziert. Der Umgang mit dem Indianer erzog den Weißen zu größerer Reinlichkeit, denn die Eingeborenen standen, was ihre Sorgfalt in der Körperpflege anbetraf, weit über dem üblichen europäischen Standard. Besonders in der Kindererziehung machte sich indianischer Einfluß geltend. Die Kräfte des Übernatürlichen und Magischen, die im Leben des Indianerkindes einen bedeutenden Platz einnehmen, spielten auch in die Kindheit des Brasilianers europäischer Abstammung hinein, und die Mittel, deren man sich bediente, diese Ängste zu bannen – Wiegenlieder, Märchen, Amulette und Spielzeuge – kamen bei allen Siedlerfamilien, wie immer diese rassisch zusammengesetzt sein mochten, zur Anwendung. Im übrigen bestimmte die liebevolle und unautoritäre Art der indianischen wie der afrikanischen Erziehungsmethoden den Geist auch der portugiesischen Familie in Brasilien, in welcher dem Kind ein Spielraum zu seiner individuellen Entwicklung eingeräumt wurde, wie er im Mutterland nicht bestand.

Sehr stark war die wechselseitige kulturelle Beeinflussung auch zwischen Schwarz und Weiß, wobei die Tatsache, daß der Afrikaner dem portugiesischen Kolonisator in der Sklavenrolle gegenüberstand, in menschlich-sittlicher Hinsicht ungünstig auf die Akkulturationsvorgänge einwirkte und insbesondere das Sexualempfinden des modernen Brasilianers mit eigentümlichen sadistischen und masochistischen Zügen belastete.[167] Auch der afrikanische Einfluß wirkte, ähnlich wie der indianische, besonders auf das Kind des europäischen Siedlers, und oft überlagerten und vermischten sich die Elemente dieser beiden Kulturen. Das Kind des Plantagenherrn wuchs unter den Augen seiner schwarzen Amme auf, lauschte ihren Märchen, folgte ihren ersten Ratschlägen – und konnte sich oft nicht mehr aus dieser starken Fixierung an die schwarze Rasse lösen. Die portugiesische Sprache gewann im Mund der schwarzen Domestiken einen eigenartig weichen Wohllaut und prägte, auf die weiße Kolonialgesellschaft zurückwirkend, deren besonderen Akzent. Durch die Vermittlung des Negersklaven nahm der brasilianische Katholizismus nicht nur animistische, sondern auch islamische Elemente in sich auf; umgekehrt erwies sich die katholische Konfession als wichtiges Vehikel für die zunehmende Anpassung des Afrikaners. Auch in der brasilianischen Küche bleibt der afrikanische Einfluß spürbar: Roger Bastide hat nicht nur festgestellt, daß in Bahia afrikanische Gerichte übernommen und portugiesischem Geschmack entsprechend modifiziert worden sind, sondern auch, daß die Zubereitung einzelner Speisen, in der durch brasilianischen Einfluß abgewandelten Form, neuerdings wieder an der afrikanischen Westküste gepflegt wird.[168] Nicht nur im Gebrauch der Sprache, in der Religion und in der Ernährung, sondern auch in unzähligen Äußerungen besonders des sentimentalen und festlichen Lebens spielen afrikanische Kulturtraditionen mit: in der Liebe und im Zeremoniell der Heirat, im Tanz und in zahlreichen andern Formen des Lebensgenusses und der Unterhaltung.

»Vom Anfang an zur Vermischung neigend«, stellt Freyre fest, »ist die brasilianische Gesellschaft innerhalb des amerikanischen Kontinents jene, die sich in ihrer Beziehung zu den Rassen am harmonischsten ausgebildet hat: in einer Atmosphäre der annähernden kulturellen Gegenseitigkeit, die es den verspäteten Völkern erlaubt hat, maximal von den Werten und Erfahrungen der fortgeschrittenen zu profitieren, und die es den von außen kommenden Kulturen gestattete, sich maximal der eingeborenen Kultur anzupassen und nicht nur die einheimische Bevölkerung, sondern auch deren Kultur für sich zu gewinnen.«[169]

In mehreren hochinteressanten Aufsätzen hat sich Gilberto Freyre zum Advokaten jener eigentümlichen brasilianischen Kulturverflechtung gemacht, die er als »luso-tropische Kultur« zu bezeichnen liebt.[170] Die »luso-tropische Kultur« der Brasilianer unterscheidet sich, seiner Meinung nach, von allen gesellschaftlichen und kulturellen Lebensformen, welche andere Kolonialvölker, Spanier, Engländer wie Franzosen, in andern Teilen der Welt zu entwickeln vermochten. Andere Völker, sagt Freyre, hätten die tropische Welt als etwas Verderbtes, als gefährliche Lockung, als gefährlichen Reiz des Exotischen erfahren; sie hätten sich dieser Verführung nie ganz hinzugeben gewagt und sie nicht in der Hingabe bewältigt, sondern mit einer unbeugsamen Bewahrung des angestammten Erbes, welche das exzessive Ausleben angestammter Untugenden insbesondere im sexuellen Bereich und im Alkoholismus in sich geschlossen habe, darauf reagiert. Das Verhältnis der Portugiesen zur tropischen Kolonie und ihrer Bevölkerung dagegen habe sich dank der kulturellen Vorgeschichte des kleinen Volkes und seiner in frühen Entdeckungsreisen gewonnenen Welterfahrung, Mobilität und Toleranz grundlegend anders gestaltet: die Portugiesen hätten sich der brasilianischen Eingeborenenkultur mit Zuneigung und Liebe, nicht aus Interesse, genähert; sie hätten mit intuitiver Sympathie, wissenschaftlicher Sachkenntnis, Experimentierfreudigkeit und Fleiß die Kolonie durch die Arbeit ihrer Hände fruchtbar gemacht, statt im Handel mühelosen Profit zu suchen; sie hätten nicht dominieren, sondern sich anpassen wollen.

Immer wieder verweist Freyre mit guten Gründen auf die Eigentümlichkeit und Eigenständigkeit der »luso-tropischen Kultur«, die er nicht nur in Brasilien, sondern auch, zumindest in Ansätzen, in andern Teilen der Welt, in Angola, Moçambique oder Macao, verwirklicht sieht. Und immer wieder finden wir den brasilianischen Soziologen auf der Suche nach den Grundzügen der besonderen Dynamik, welche die Geschichte seines Landes prägt, und der Gesetzlichkeiten, in deren Rahmen sich dessen Entwicklung bewegt.

Gilberto Freyres Thesen sind, allein schon wegen der impulsiven Vehemenz, mit welcher er sie vorträgt, sowohl auf begeisterte Zustimmung wie auf erbitterte Ablehnung gestoßen. Daß wir es bei Brasilien mit einem hochinteressanten Sonderfall der Kulturentwicklung zu tun haben, wird im Ernst niemand bestreiten können. Aber sicher lassen sich in Freyres Hauptwerk »Casa grande e Senzala« Widersprüche entdecken, und allein die Bemerkungen des Autors über die Rolle der Jesuiten, deren Wirkung auf die Indianer als katastrophal beschrieben wird, die aber doch auch Portugiesen waren, böte reichlichen Diskussionsstoff; andererseits behauptet Freyre nie, daß innerhalb der luso-tropischen Kulturverflechtung Widersprüche hinfällig würden, sondern vielmehr, daß sich gerade in deren befruchtender Dialektik das Wesen der Mischkultur erfülle. Gewiß trägt Freyres Werk Züge eines subtilen Kulturimperialismus, für den die schwarzen Widerstandskämpfer im Innern Angolas ebensowenig Verständnis aufbringen werden wie die verfolgten Indianer am Amazonas; aber wem stünde es zu, über die Möglichkeiten einer weltweiten luso-tropischen Kulturentwicklung schon heute ein abschließendes Urteil zu fällen? Denn der Sonderfall der Kulturverflechtung darf, wir wiederholen es, nie als stationärer Tatbestand, abgeschlossen und in unverrückbarem Gleichgewicht in sich ruhend, gesehen werden; und innerhalb ihrer Dynamik sind politisch-militärische Aktionen des Widerstandes oder der Unterdrückung, wie treffend sie sich auch begründen lassen mögen, lediglich Teilkräfte in einem weiteren Spektrum kultureller Energien.

5. Schlußbemerkung

Wir haben im letzten Kapitel an einigen Modellfällen zu zeigen versucht, wie unterschiedlich sich das Zusammentreffen zwischen europäischer und archaischer Kultur in Übersee von Fall zu Fall entwickeln konnte. Trotz dem Variantenreichtum dieser Kulturbegegnungen und trotz der je nach Verhältnissen in Extensität und Intensität sehr unterschiedlichen Tragweite des europäischen Einflusses auf die Fremdkultur läßt sich als konstantes Moment die Dominanz des europäischen kulturellen Engagements feststellen, zumindest intentionell selbst dann, wenn äußere Umstände – etwa die Unwegsamkeit des Terrains – die politische Verwirklichung der europäischen Vorrangstellung behinderten. Die Partnerschaft zwischen Vertretern der abendländischen und der archaischen Kultur blieb einseitig, auch wenn die Europäer aus taktischen Erwägungen den Anschein der Rechtsgleichheit formal aufrecht zu halten suchten oder wenn das kommerzielle Spiel von Angebot und Nachfrage tatsächlich die gegenseitigen Abhängigkeiten hervortreten ließ. Überall handelte der Europäer von einer Position der ethischen und zivilisatorischen Überlegenheit aus, die er ideologisch unablässig untermauerte und, voreingenommen, wie er war, durch die Realität bestätigt fand. Dieser je nach Umständen stillschweigende oder pathetisch-prahlerische Überlegenheitsanspruch ruhte auf drei Grundpfeilern: dem missionarischen Sendungsbewußtsein, dem Glauben an die kommerzielle Dienerrolle der Kolonie gegenüber dem Mutterland, dem Wissen um die eigene technisch-militärische Überlegenheit.

Die Missionsidee ging, wie bereits erwähnt, von der Fiktion der einen abendländisch-katholischen Welt aus, die bis zum Aufklärungszeitalter kaum jemand in Frage zu stellen wagte; selbst die Reformation veränderte in dieser Hinsicht im überseeischen Bereich wenig. Innerhalb dieser christozentrischen Vorstellung hatte die jeweilige archaische Kultur Bedeutung nur insofern, als die Aussicht sich präsentierte, den Eingeborenen, wie es in einem spanischen Dokument des siebzehnten Jahrhunderts heißt, »der Gemeinschaft der heiligen römischen-katholischen Kirche zuzuführen«.[171] Wie immer man bei den Bekehrungsversuchen an potentiellen Christen zu Werk gehen mochte, ob brutal oder mit nachsichtiger Milde, und wie redlich oder hypokritisch auch die Absicht, den Heiden vor sicherer Verdammnis zu retten, sein mochte – dies alles änderte nichts daran, daß man sich dem eingeborenen Partner gegenüber eine Führerrolle anmaßte, welche diesem unmittelbar nicht einleuchtend war und folglich nicht sein freies Einverständnis voraussetzen konnte.

Die Abhängigkeit und faktische Zurücksetzung des Vertreters archaischer Kulturen spiegelte sich ganz ähnlich auch im Charakter der Handelsbeziehungen. Ob dieser Überseehandel nun, wie in Portugal, staatskapitalistisch organisiert und eng mit dem kirchlichen Auftrag des Königs verbunden war; ob er, wie in Holland, in den Händen von Kompanien und deren bürgerlichen Aktionären lag; oder ob, wie in England, die Krone bestimmte Handelsprivilegien verlieh – immer ging man vom Prinzip aus, daß die Kolonie vollumfänglich dem Mutterland zu dienen habe und sich Überseekolonisation in erster Linie aus dieser Überlegung rechtfertigen lasse. Die vorwiegend agrarische Entwicklung der Kolonie war ganz auf die Bedürfnisse der Metropole abzustimmen, und alle Überseeinvestitionen hatten die Exportkapazität der Kolonie zu erhöhen; durch die Anlage von Monokulturen, die Abrichtung billiger einheimischer Arbeitskräfte zu entsprechender Arbeitsleistung und die gezielte Verzögerung des industriellen und technischen Fortschritts in Übersee zerstörte man die ursprüngliche agrarwirtschaftliche Autarkie einer bestimmten Region und brachte sie in einen Zustand völliger kommerzieller Abhängigkeit. Darunter hatten nicht nur die Urbevölkerung und die eingeführten Sklaven, sondern selbst die europäischen Überseekaufleute zu leiden, die sich im Rahmen dieses monopolistischen Handelssystems in ihrer privaten Initiative sehr eingeschränkt sahen.[172]

Das Erlebnis der militärischen Überlegenheit schließlich gehörte in der Regel zu den Primärerfahrungen, die der Kolonist im Kontakt mit der archaischen Kultur machte. In Europa mit großen Waffentaten zu glänzen, war schwer geworden. Auf der mexikanischen Hochebene und in Peru zeigte sich, daß eine Gruppe beherzter Männer sich den Weg selbst durch weite Siedlungsgebiete freikämpfen konnte; in Kanada gelang es, um ein besonders eindrückliches Beispiel zu nennen, Champlain und zwei weiteren Franzosen, mit ihren Feuerwaffen ein ganzes Heer tapferer Irokesen in die Flucht zu schlagen. Wohl gelangten einzelne archaische Völkerschaften soweit, ihre Kampftaktik den neuartigen Bedingungen einer Auseinandersetzung mit einem technisch überlegenen Gegner anzupassen; wohl begann man sich mancherorts der Waffen, welche einem der weiße Mann überlassen hatte, gegen diesen zu bedienen, ohne sie allerdings selbst fabrizieren zu können – aber im Grunde blieb diese Ungleichheit der Kampfsituation im Kolonialkrieg bis ins zwanzigste Jahrhundert erhalten. Und erhalten blieb die naive Selbstzufriedenheit, mit welcher sich der Europäer des leichterrungenen Sieges zu rühmen liebte: noch der junge Churchill schildert begeistert die verheerende Wirkung der englischen »Maxim-Guns« in der Schlacht gegen die aufständischen Mahdisten vom Jahre 1898.[173] Bedenkt man, wie sehr die Mehrzahl der europäischen Kolonisten höherer Bildung entbehrten, welchem frustrierenden sozialen Milieu sie oft entstammten, wie sehr sie die Problematik der kolonialen Begegnung intellektuell überforderte, so wird man begreifen müssen, wie leicht diese Männer dazu neigten, militärische Überlegenheit mit Überlegenheit schlechthin gleichzusetzen.

Missionarisches Sendungsbewußtsein, monopolkapitalistische Wirtschaftsdoktrin und das Bewußtsein der militärischen Überlegenheit waren die entscheidenden Faktoren, welche ein tieferes, verantwortungsbewußtes Verständnis für den eigenständigen Charakter archaischer Kulturen letztlich verhinderten; zudem aber waren gerade dies die entscheidenden Triebkräfte, welche die europäische Überseekolonisation überhaupt ermöglichten. Die Europäer waren, ohne Ausnahme, gefangen im Bewußtsein der eigenen Superiorität und gerade darum kolonialpolitisch derart aktionsfähig; wer berechtigte Kritik an ihren Übeltaten übt, wird sich zumindest fragen müssen, ob in diesem Falle die Tat geschichtlich möglich gewesen wäre, ohne zur Übeltat zu werden.

Gewiß gab es seit Las Casas immer wieder mahnende und anklagende Stimmen, die eindringlich vom Unrecht sprachen, welches Menschen ihren Mitmenschen jenseits der Meere zufügten, und diese Stimmen waren weit häufiger, als eine modische Kolonialgeschichtsschreibung, welche die kulturelle Begegnung auf ihre rein ökonomische Dimension einzuschränken sucht, anzunehmen pflegt. Richtig aber ist zugleich, daß diese Kolonialkritiker nicht nur bis gegen Ende des achtzehnten Jahrhunderts ohne merklichen Einfluß auf den Verlauf der historischen Vorgänge blieben, sondern auch, daß ihre Kritik die elementare Problematik der europäisch-überseeischen Beziehung meist übersah und sich allzuoft in der Klage gegen die menschlich schockierendsten Erscheinungsformen dieser Kontakte erschöpfte.

Diese Neigung, unter Anrufung einer allgemein verbindlichen christlichen Verantwortlichkeit derartige Auswüchse zu bekämpfen, ohne hinter dem Symptom den Krankheitsherd aufzuspüren, läßt sich bereits an der Kolonisationskritik der spanischen Dominikaner im Mittelamerika des sechzehnten Jahrhunderts beobachten. Die aufrüttelnde Predigt des Dominikanermönchs Antonio de Montesinos an seine Landsleute in Hispaniola, welche ähnlichen Aufrufen des Las Casas noch vorausging, entsprang primär Empfindungen christlicher Nächstenliebe, war ein Appell an das menschliche Gewissen und nicht eine Aufforderung zur selbstkritischen intellektuellen Durchdringung des Kolonialproblems. »In der Absicht, euch eure Sünden gegenüber den Indianern ins Gewissen zu rufen«, sagte Montesinos, »habe ich diese Kanzel bestiegen, ich, als die Stimme Christi in der Öde dieser Insel, und darum sollt ihr mir Gehör schenken... Diese meine Stimme sagt euch, daß ihr euch der Todsünde schuldig macht, daß ihr in dieser lebt und sterben werdet, weil ihr dies unschuldige Volk grausam und tyrannisch behandelt. Sagt, mit welchem Recht und mit welcher Gerechtigkeit haltet ihr diese Indianer in einer so grausamen und schrecklichen Dienstbarkeit? Welche Vollmacht habt ihr, gegen dieses Volk einen verabscheuungswürdigen Krieg zu führen, das in seinem Lande ruhig und friedlich dahinlebte? Warum bedrückt und plagt ihr die Indianer, ohne ihnen genug zu essen zu geben, noch sie in ihren Krankheiten zu pflegen, welche sie sich als Folge der übermäßigen Arbeiten zuziehen, die ihr ihnen auferlegt?«[174]

In den Aufrufen des Montesinos und seiner Gesinnungsfreunde berief sich die Kolonisationskritik zwar auf die Gebote der christlichen Ethik, vermied es aber, den Dominationsanspruch des Mutterlandes auf seine Rechtsgültigkeit hin zu prüfen oder gar naturrechtliche Überlegungen ins Spiel zu bringen. Die Gesetze von Burgos aus dem Jahre 1512, welche die ausgewogene Antwort der Kronjuristen auf die Anklagen der Dominikaner darstellten, hielten denn auch bezeichnenderweise am Prinzip der autoritären Eingeborenenpolitik und des überseeischen Besitzrechtes fest; allerdings wurde mit Nachdruck betont, die Indianer sollten gut genährt, gekleidet und ausreichend entlöhnt werden, es sei verboten, sie Körperstrafen zu unterwerfen und mit Schimpfnamen zu belegen etc.

Bemerkenswert ist, daß die Berechtigung der spanischen Kolonisten, sich beispielsweise indianischer Arbeitskräfte zu bedienen, streng mit der Verpflichtung der Krone zur Christianisierung der Heiden verbunden wurde: der heilige katholische Glaube, heißt es in diesen Gesetzen, sei die hauptsächlichste Begründung für das Recht des Mutterlandes, diese Weltgegenden zu erobern. Weit davon entfernt, die koloniale Expansion in Frage zu stellen, erwies sich also die Mission aufs engste mit dem politisch-militärischen Vorgehen des absolutistischen Staates verknüpft und stellte, zumindest in der Theorie, geradezu dessen rechtliche Voraussetzung dar. Die Gesetze von Burgos, deren Bestimmungen zum physischen Schutz des Eingeborenen in ihrer praktischen Ausführung übrigens nie wirksam überwacht werden konnten, erlaubten es den Indianerfreunden unter den Missionaren im besten Falle, die Autorität des Mutterlandes im Sinne einer Vormundschaft zu sehen, welche allerdings mit der Taufe des indianischen »Schutzbefohlenen« keineswegs aufgehoben wurde; am grundsätzlichen Herrschaftsanspruch der Kolonialmacht änderte sich nichts. Es kann deshalb nicht erstaunen, wenn Las Casas in seinem bewunderungswürdigen Eintreten für den Indianer schließlich gar nicht mehr in deren eigenem Namen zu sprechen wagte, sondern selbst den Standpunkt der Staatsraison bezog, wenn er schrieb, die Einnahmen des Königshauses würden sich erhöhen, wenn man die Indianer in weitgehend unabhängigen Siedlungsgemeinschaften mit schonender Milde zum Ackerbau anhalte.[175]

In einigen seiner Schriften allerdings gelang es Las Casas, die Kolonisationsproblematik tiefgründig auszuloten, so etwa in einem Traktat, das für eine friedliche Bekehrung der Heiden eintritt und in verständnisvoller Aufklärung und geduldiger Schulung derselben die beste Methode einer wahren Missionierung sieht.[176] Hier und an einigen andern Stellen seines Werks scheint Las Casas sich der Überzeugung zu nähern, dem Indianer sei in Fragen der eigenen Erziehung freie Wahl zu lassen und göttliche Hilfe würde das ihrige beitragen, ihn den rechten Weg finden zu lassen. In solchen Äußerungen scheint sich die Forderung nach Selbstbestimmung des überseeischen Menschen, gewachsen aus der schmerzlichen Erfahrung kolonialer Rücksichtslosigkeit, in der Tat zu Wort zu melden – diese Forderung konsequent durchzufechten, war indessen für Las Casas und die mit ihm sympathisierenden spanischen Theoretiker von der geistesgeschichtlichen Situation der Zeit her, in welcher sie lebten, ganz ausgeschlossen.

Sehr ähnlich verhielt es sich im wirtschaftlichen Bereich. Auch hier gab es, zeitlich wesentlich später zwar, Kommentatoren, die von einer schamlosen Ausbeutung der Eingeborenen sprachen und in der zweiten Hälfte des achtzehnten Jahrhunderts besonders die bei der Behandlung der Sklaven begangenen Unmenschlichkeiten anprangerten. Die Vorkämpfer der Antisklavereibewegung in England, gottesfürchtige und philanthropisch gesinnte Männer wie Thomas Clarkson und William Wilberforce, versuchten nach 1780 durch eine großangelegte Informationskampagne, die Aufmerksamkeit der bürgerlichen Mittelschicht auf das traurige Los der Negersklaven zu richten: realistische Berichte vom Leben an Bord der Sklavenschiffe und auf den Plantagen, oftmals etwas rührselige Schilderungen vom Elendsdasein entlaufener Sklaven in England selbst erregten die Emotionen. Aber den Abolitionisten ging es, bei aller unbestreitbaren Lauterkeit ihrer humanitären Empörung, in den seltensten Fällen um eine Anklage des merkantilistischen und kolonialpolitischen Systems, welches die Leiden der Negersklaven mit Notwendigkeit erzeugte. An staats- und wirtschaftstheoretischen Überlegungen waren die Sklavereigegner primär nicht interessiert: ihre Hauptabsicht war, die Mißstände publik zu machen und das Mitgefühl der Rechtschaffenen zu mobilisieren; die Revolution, welche sie beabsichtigten, sollte sich im Herzen der Menschen abspielen und nicht gesellschaftliche oder wirtschaftliche Strukturen zu verändern suchen. »Die Abolitionisten«, sagt der westindische Historiker Williams zu Recht, »waren keine Radikalen. Die Methodisten boten dem englischen Arbeiter statt Brot Bibeln an, und die kapitalistischen Gefolgsleute Wesleys zeigten offene Verachtung für die Arbeiterklasse ... Während langer Zeit vermieden es die Abolitionisten, die Idee der Sklavenemanzipation zu vertreten.«[177]

Wohl gab es gerade in England lang vor der Kampagne der Abolitionisten Politiker und Staatsrechtler, welche in ihren Schriften den Freiheitsanspruch des menschlichen Individuums innerhalb einer gerechten Gemeinschaft betonten und nicht müde wurden, die gesellschaftlichen Institutionen ihres Landes von liberaler Warte aus kritisch zu prüfen: John Locke hatte mit seinen »Two Treatises of Government« bereits am Ende des siebzehnten Jahrhunderts den Weg zu derartigen Überlegungen geebnet.[178] Auch meldeten sich zunehmend Wirtschaftstheoretiker zu Wort, welche durch ihr Eintreten für den Freihandel, das freie Unternehmertum und die Privatinitiative im wirtschaftlichen Sektor sowohl die Sklavenwirtschaft als auch den Monopolkapitalismus der Seemächte in Frage stellten: so führte Adam Smith in seinem Hauptwerk »Nature and Causes of the Wealth of Nations« ähnlich wie vor ihm bereits Montesquieu überzeugend aus, daß freiwillig geleistete Arbeit im Endergebnis wertvoller und erst noch billiger sein müsse als Sklavenarbeit.[179] Aber wenn es richtig ist, daß die Abolitionisten zu wenig grundsätzlich dachten, so darf auch nicht verschwiegen werden, daß die Theoretiker selten expressis verbis auf die Verhältnisse in Übersee Bezug zu nehmen wagten; offenbar scheute man davor zurück, die Rechte, welche man im England des achtzehnten Jahrhunderts bereits ganz selbstverständlich für sich in Anspruch nahm, auch für den Eingeborenen zu fordern.

So operierten die Abolitionisten, ähnlich wie vor ihnen die spanischen oder französischen Missionare, von einer gedanklichen Basis aus, welcher die Mißstände, die sie ernsthaft tadelten und bekämpften, gerade entsprangen. Es kann folglich nicht erstaunen, wenn manche Sympathisanten der Abolitionisten, deren Nächstenliebe und Mitgefühl für den Negersklaven sich in philanthropischem Spendeeifer äußerte, zugleich angesehene Kaufleute waren, die dem Sklavenhandel zumindest indirekt ein Vermögen verdankten. Wenn es schließlich, nach beharrlichen parlamentarischen Bemühungen von Wilberforce und seinen Freunden, zu Beginn des neunzehnten Jahrhunderts in England zur Abschaffung des Sklavenhandels kam, so war dieser Erfolg einerseits gewiß die Folge christlicher Einsicht und Reue, zugleich aber spielten wirtschaftliche Sachzwänge mit, die man nicht dem Konto humaner Gesinnung wird gutschreiben können.

Man sieht: an spontanen Regungen menschlichen Verständnisses gegenüber dem Eingeborenen fehlte es nicht, weder in der Pionierzeit noch später. Aber diese Regungen im einzelnen blieben Produkte einer Voreingenommenheit im allgemeinen; die Kritik traf nicht den Kern des Problems, die Anstrengungen zur Verbesserung des Klimas europäisch-überseeischer Beziehungen hatten lediglich partielles und marginales Gewicht. Eine grundlegende Veränderung im Verhalten des Kolonisten oder in Kreisen der kolonialen Administration hätte wohl zuerst einschneidende gesellschaftliche und ideologische Wandlungen im sozialen und geistigen Gefüge des Mutterlandes vorausgesetzt. Daß die Einsichten einiger in den Randzonen des abendländischen Einflußbereiches operierender Missionare und Reisender Europa zu verändern nicht imstande waren, läßt sich leicht begreifen, wenn man bedenkt, wie wenig im Grunde heutzutage die schwerwiegenden Entwicklungsfragen der Dritten Welt, obwohl durch beispiellosen publizistischen Aufwand einem großen Radio- und Fernsehpublikum zugänglich gemacht, die Selbstsicherheit der technisch fortgeschritteneren Kulturen erschüttern können.

Das Bewußtsein des Europäers von seiner eigenen Superiorität verhinderte oder erschwerte auch ein tieferes Eindringen in die eigentümliche Wesensart der überseeischen Fremdkultur, der archaischen Kultur im besonderen. Wohl gab es immer wieder positive Urteile: man ging gar soweit, den Eingeborenen als potentiellen Christen höher zu achten als den korrumpierten christlichen Kolonisten; man pries, wie noch zu zeigen sein wird, die glückliche Bedürfnislosigkeit und geruhsame Lebensart des archaischen Menschen, gerade weil er vom Besitzneid und der Hektik der Geschäftemacherei verschont geblieben war; man lobte auch seinen Mut und seine Kampfeslist, gerade weil er sich ohne zureichende Bewaffnung der militärischen Auseinandersetzung zu stellen hatte. Aber diese wohlwollenden Beurteilungen führten, wie wir später sehen werden, in der Regel zu keinem geschärfteren Verständnis der Eingeborenengesellschaft; sie blieben oft bloße Reflexe typisch europäischer Befangenheit, Projektionen einer Kritik an der eigenen Kultur. Gerade davon wird auch im folgenden Kapitel, welches von der Begegnung zwischen Eingeborenen und Europäern in Europa selbst handelt, noch die Rede sein müssen.

III. Eingeborene auf Besuch

1. Das exotische Kuriosum

a) Die ersten überseeischen Besucher

Neben den Europäern, die in alle Teile der Welt ausschwärmten, um Geschäfte zu treiben und zu siedeln, gab es, in weit geringerer Anzahl freilich, Eingeborene, die ein launisches Schicksal nach Europa verschlug. Schwarze Sklaven waren bereits im fünfzehnten Jahrhundert in Lissabon keine ungewohnte Erscheinung mehr; der nach Europa überführte Neger übernahm hier oft jene gesellschaftlichen Funktionen, für welche bei der weitausgreifenden Expansionspolitik des kleinen Landes keine Einheimischen mehr zur Verfügung standen. Als Haussklave integrierte er sich, wie bereits erwähnt, verhältnismäßig mühelos und rasch in die portugiesische Gesellschaft, obwohl, wie der Chronist Azurara mitfühlend feststellt, Rücksichtslosigkeiten vor allem bei der Aufteilung und Trennung der Familien nicht zu vermeiden waren.[1] Rassenvorurteile gegenüber dem Afrikaner spielten eine sehr untergeordnete Rolle und stützten sich fast ausschließlich auf den Vorwurf des Heidentums; war der Neger einmal getauft und gelang es ihm, den Eindruck frommen Bestrebens zu erwecken, hatte er vonseiten kirchlicher und staatlicher Autoritäten weniger zu befürchten als der Jude oder der unorthodoxe Christ. Durch Vermischung mit der weißen Rasse näherte sich der Afrikaner zudem auch in Hautfarbe und Aussehen immer mehr dem landesüblichen Typus an.

Groß war indessen das Erstaunen in Lissabon und Sevilla, als Kolumbus von seiner ersten Reise sieben Arawak-Indianer nach Europa brachte, hatte man doch, auf den engen Bereich bisheriger Erfahrungen gestützt, angenommen, alle Völker außerhalb der weißen Rasse müßten dem maurischen oder negriden Typus ähnlich sehen. Die ersten amerikanischen Besucher Europas wurden zur Sensation an den Empfängen der Hofgesellschaft; man führte sie auf Umzügen einer ungläubig gaffenden Menge vor; die Maler und Gelehrten stritten sich um das Vorrecht, sie porträtieren und befragen zu dürfen. Man wunderte sich vor allem über den Federschmuck der Indianer, die Färbung und Bemalung ihrer Haut, über ihr schwarzes glattes Haar, das an die Mähne der Pferde erinnerte, und über die muskulöse Gelenkigkeit ihres Körpers.[2]

Bereits Amerigo Vespucci brachte von seinen vier Reisen über zweihundert amerikanische Urbewohner mit, die in Spanien und selbst außerhalb zu einer Art von Jahrmarktsattraktion wurden. Im Jahre 1500 nahm der Seefahrer Gaspar Corte-Real, der bis nach Neufundland vorgedrungen war, fünfzig nordamerikanische Eingeborene an Bord, von denen einige in Lissabon König Manuel präsentiert wurden. »Ich habe diese Eingeborenen gesehen«, schreibt der Hofchronist Cantino, »ich habe sie berührt und untersucht und festgestellt, daß sie, was ihre Statur betrifft, im Durchschnitt größer als meine Landsleute und mit wohlproportionierten, wohlgeformten Gliedmaßen ausgestattet sind. Das Haar dieser Menschen ist lang... und ihr Gesicht ist mit großen Zeichen bemalt... Ihre Sprache ist unverständlich, aber keineswegs mißtönend, sondern ziemlich menschlich. Ihr Benehmen und ihre Gebärden sind äußerst angenehm.«[3]

Allerdings zeigte sich bald, daß die Indianer außerstande waren, sich in Europa zu assimilieren; die meisten von ihnen starben nach wenigen Monaten an Lungenentzündung oder Gemütskrankheit, wie man diagnostizierte, wenn sie überhaupt die strapaziöse Atlantikreise überlebt hatten. Wir besitzen keine Zeugnisse von indianischer Hand, die darüber Aufschluß geben könnten, was diese bedauernswerten Menschen vom steifen Zeremoniell der europäischen Fürstenhöfe und vom Publikumsrummel, der ihre Zurschaustellung begleitete, dachten; aber wir können ahnen, wie entsetzlich fremd sich diese Exoten, denen man den natürlichen Daseinsspielraum geraubt und deren ehrwürdigstes Brauchtum man zum Spektakel pervertiert hatte, in solcher Umgebung fühlten. Manche europäischen Betrachter bewunderten die Gelassenheit und den Stolz dieser Indianer als ein Zeichen ihrer distanzierten Überlegenheit; aber was sich in der Unbewegtheit ihrer schönen und seltsamen Gesichter ausdrückte, war wohl nichts anderes als eine Verzweiflung, die auszuloten ein Europäer jener Zeit völlig außerstande war.

Eine Ahnung vom Unglück dieser importierten Wilden dämmerte indessen wohl bei einigen Augenzeugen auf. So förderte zwar ein hoher spanischer Beamter auf Haiti, Vasquez de Ayllón, nach Kräften Entdeckungsreisen entlang der amerikanischen Atlantikküste im Norden Floridas, verbot aber den Seefahrern ausdrücklich, Indianer einzufangen und nach Westindien zu bringen. Als dies dennoch geschah, verwendete sich Ayllon für eine Rückführung dieser Wilden in ihre Heimat. Einen von diesen Indianern machte sich Ayllón zu seinem persönlichen Diener, unterrichtete ihn in der spanischen Sprache und ließ ihn taufen; dieser Eingeborene, Francisco de Chicora mit christlichem Namen, begleitete den Spanier auch auf einer Reise ins Mutterland, wo er zusammen mit seinem Herrn für größere Anstrengungen der Krone bei der Erschließung der amerikanischen Ostküste warb.[4]

In England scheint Sebastian Cabot um 1500 erstmals indianische Urbewohner eingeführt zu haben. Es ist überliefert, daß drei Eingeborene Heinrich VII. vorgestellt wurden und dadurch Aufsehen erregten, daß sie sich einer unverständlichen Sprache bedienten, rohes Fleisch aßen und sich in Felle kleideten.[5] Wenig später, wohl im Jahre 1534, trafen die ersten Indianer in Begleitung des Seefahrers Cartier auch in Frankreich ein. In Rouen und Bordeaux bildeten um die Mitte des sechzehnten Jahrhunderts Rothäute die Hauptattraktion von Theatervorstellungen und Umzügen; unter üppigem Aufwand an Kunstbauten und Dekorationen wurde dem staunenden Publikum in lebenden Bildern ein Eindruck vom Dasein fremder Völker zu vermitteln versucht, und Perser, Araber, Türken und Afrikaner, echte sowohl als verkleidete, bereicherten das globale Panoptikum. Montaigne, der große französische Schriftsteller, berichtet in seinen »Essais« von einer Unterredung, die Karl IX. in Rouen mit drei brasilianischen Indianern führte: »Der König sprach lange mit ihnen«, schreibt er, »man zeigte ihnen unsere Lebensart, unseren Prunk, die Anlage einer schönen Stadt. Danach fragte sie jemand nach ihrer Meinung und wollte wissen, was ihnen als das Merkwürdigste erschienen sei: sie antworteten drei Dinge, von denen ich das dritte vergessen habe, und bin sehr ärgerlich darob; aber zwei davon habe ich noch in Erinnerung. Sie sagten, sie hätten es zum ersten sehr seltsam gefunden, daß so viele Männer, bärtig, stark und bewaffnet, die den König umgaben (wahrscheinlich sprachen sie von den Schweizern seiner Leibwache), sich herbeiließen, einem Kind zu gehorchen, und daß man nicht eher einen von ihnen wählte, um den Befehl zu führen; zum zweiten (sie haben in ihrer Sprache eine Ausdrucksweise, derart, daß sie die Menschen als Hälften voneinander bezeichnen) hätten sie bemerkt, daß es unter uns üppige, mit allen Annehmlichkeiten gesättigte Menschen gebe und daß ihre andern Hälften, von Armut und Hunger ausgemergelt, bettelnd vor ihren Türen stünden; und fänden es wunderlich, wie diese derart bedürftigen Hälften eine solche Ungerechtigkeit ertragen könnten und daß sie nicht die andern an der Gurgel packten oder Feuer an ihre Häuser legten.«[6]

Das Interesse, welches Montaigne dem Eingeborenen entgegenbrachte, die Überlegungen, zu denen eine solche Begegnung ihn inspirierte, gingen bereits weit über die übliche mit Sensationslust vermischte Neugierde hinaus. Für Montaigne war das erste Auftauchen von Überseebewohnern in Europa ein weltgeschichtliches Ereignis ersten Ranges, dessen intellektuelle Durchdringung die erregendsten Perspektiven eröffnete. Der Franzose unternahm, wie aus verschiedenen Abschnitten seiner »Essais« hervorgeht, manchen Versuch, durch direkte Befragung der Eingeborenen mehr über ihr Herkunftsland und ihre Lebensweise zu erfahren, und es verdroß ihn, daß der Dolmetscher, dessen er sich dabei bediente, offensichtlich außerstande war, seine präzisen Fragen weiterzuleiten. Daß die Indianer fähig gewesen wären, diese Fragen präzis zu beantworten, daran zweifelte Montaigne interessanterweise nicht.[7]

b) Der Reiz des Fremdartigen

Die lebhafte, aber im Grunde genommen oberflächliche Aufmerksamkeit, welche man in Europa dem Eingeborenen zuwandte, wurde besonders im achtzehnten Jahrhundert von nachdenklicheren Betrachtern mit feiner Ironie kritisiert. Diesen Autoren entging es nicht, daß die Neugier der Menge sich selbst genügte und nicht zu anhaltendem wissenschaftlichem Studium hinführte, und sie erkannten, daß auch der Eintritt des Eingeborenen ins thematische Arsenal der Theaterdichter und bildenden Künstler, wovon später noch die Rede sein soll, vor allem einem modischen Bedürfnis nach ausgefallener Zerstreuung entgegenkam. »Die Bewohner von Paris«, läßt Montesquieu seinen Perser Rica im Jahre 1721 ins ferne Smyrna berichten, »sind von einer Neugierde, die an Extravaganz grenzt. Als ich hier eintraf, wurde ich bestaunt, als ob der Himmel mich geschickt hätte. Greise,

Männer, Frauen, Kinder – alle wollten mich sehen. Wenn ich ausging, trat männiglich unter die Fenster, wenn ich mich in den Tuilerien aufhielt, bildete sich ein Zirkel um mich ... Zuweilen mußte ich lächeln, wenn ich Leute, die ihre Zimmer kaum je verließen, sagen hörte: ›Man muß zugeben, er sieht sehr persisch aus!‹«[8] Um solch lästiger Nachstellung zu entgehen, entschließt sich Rica zuletzt, sich nach französischer Art einkleiden zu lassen, und die Folge ist, daß keiner ihn mehr beachtet. »Doch wenn jemand«, fährt Montesquieu fort, »zufällig einer Gesellschaft mitteilte, daß ich Perser sei, erhob sich um mich her ein Gemurmel: ›Ah! Ah! Der Herr ist Perser? Das ist ja ganz außerordentlich! Wie kann man auch nur Perser sein?‹«[9]

In Oliver Goldsmiths »The Citizen of the World«, einem Briefroman, der, dem Muster der »Lettres persanes« folgend, einen fiktiven Besucher aus Übersee kritisch über englische Institutionen, Sitten und Gewohnheiten urteilen läßt, wird die vorwitzige Neugierde der Inselbewohner auf ähnliche Weise gerügt. »Obwohl die häufigen Einladungen, die ich hierzulande von distinguierten Persönlichkeiten erhalte«, schreibt der Chinese Lien Chi Altangi nach Peking, »der Eitelkeit mancher schmeicheln würden, fühle ich mich gedemütigt, wenn ich mir darüber Rechenschaft gebe, welchen Motiven diese Freundlichkeiten entspringen. Man schickt nach mir nicht, um mich als einen Freund zu empfangen, sondern um die Neugierde zu befriedigen; man will nicht unterhalten werden, man will bestaunen; dieselbe eifrige Aufmerksamkeit, welche sie einem Chinesen schenken, würden sie dem Besuch eines Rhinozerosses entgegenbringen.«[10]

Solch zudringliche Neugierde gegenüber dem überseeischen Besucher, wie wir sie hier in der literarischen Widerspiegelung von Begegnungen mit Persern und Chinesen dargestellt und gerügt finden, führte natürlich selten zu mehr als oberflächlichen Kontakten. Vor allem erwies sich das Interesse an den Exoten als abhängig von deren Seltenheitswert in bestimmten Gegenden Europas und gewissen geistigen Modeströmungen. Während für die Portugiesen des sechzehnten Jahrhunderts der schwarze Afrikaner eine vertraute Erscheinung war, nach der sich auf der Straße niemand mehr umwandte, galt er beispielsweise in Niedersachsen als Rarität: der Göttinger Anthropologe Johann Friedrich Blumenbach reiste noch um 1790 nach Yverdon, um dort einen Neger, von dessen Aufenthalt in der Schweiz er Kunde erhalten hatte, zu besichtigen. In England dagegen gehörte der Afrikaner im achtzehnten Jahrhundert zum Straßenbild der Hafenstädte: im Jahre 1750 dürften rund 10 000 Neger auf der Insel gelebt haben. Durch den Mansfield-Entscheid vom Jahre 1772 wurden alle Afrikaner auf englischem Hoheitsgebiet in Freiheit gesetzt; manche von ihnen kündigten ihr Dienstverhältnis auf, tauchten im ohnehin gefährlich anwachsenden Proletariat der Hafenstädte unter und wurden, während sie rasch an Kuriositätswert verloren, zu einem sozialen Problem, das mit den Hilfsaktionen der Abolitionisten und Philanthropen auf die Dauer nicht zu lösen war. Der soziale Niedergang dieser schwarzen Minderheit in England, der paradoxerweise gerade durch die rechtliche Gleichstellung des Negers ausgelöst worden war, verstärkte diskriminierende Reaktionen besonders in Kreisen des Kleinbürgertums.[11]

In Frankreich dagegen, wo um dieselbe Zeit nur wenige tausend Afrikaner lebten, blieb die anfängliche Neugierde länger wach. Schwarze Bedienstete begleiteten ihre Herrschaften recht oft auf deren Reisen ins Mutterland; sie galten, französischem Recht zufolge, als frei, ohne daß bekannt wäre, daß sie von dieser Freiheit auch Gebrauch gemacht hätten. Manche Neger, vor allem Senegalesen, arbeiteten als geschätzte Hausdiener im vornehmen Milieu des Faubourg Saint-Germain: der schwarze Lakai gehörte als eine Art von Dekorationsfigur, der auch rein ästhetische Bedeutung zukam, zu den großen Empfängen der Metropole, und die Dame aus gehobener Gesellschaft ließ sich bei ihren Einkäufen – und sei es auch nur, um eher bemerkt zu werden – gern vom Schwarzen begleiten. Auch gelangten Negerknaben zuweilen als Präsent hoher Kolonialbeamter in den Dienst edler Damen; so übersandte der Chevalier de Boufflers, den ein übermütiges Geschick nach dem Senegal verschlagen hatte, einen jungen Schwarzen an Marie Antoinette, die diesen taufen und durch einen königlichen Präzeptor erziehen ließ. Im allgemeinen scheint sich der schwarze Sklave in Frankreich recht wohl gefühlt zu haben – zu diesem Schluß jedenfalls gelangt die Untersuchung von McCloy über die Rassenfrage im Frankreich des achtzehnten Jahrhunderts. »Es kann ohne Einschränkung gesagt werden«, schreibt der Autor, »daß die Neger über ihren Aufenthalt in Frankreich zufrieden waren ... und viele bemühten sich darum, hier bleiben zu dürfen.«[12]

Indianer kamen nach dem Ende des sechzehnten Jahrhunderts nur noch selten nach Europa. Sie fühlten sich auf unserem Kontinent derart offensichtlich unglücklich und erwiesen sich als derart anfällig gegenüber Krankheiten aller Art, daß einsichtige Beobachter früh dafür eintraten, die Zahl indianischer Einwanderer zu beschränken. Champlain, der große französische Entdeckungsreisende, brachte noch zu Beginn des siebzehnten Jahrhunderts einige Algonkin-Indianer vom St.-Lorenzstrom nach Frankreich und erhoffte sich von ihrem Besuch eine günstige Wirkung auf den Propagandafeldzug, den er zugunsten größerer kolonisatorischer Anstrengungen Frankreichs in diesem Teil der Erde führte. Wir wissen auch von einem Huronen mit dem französisierten Namen Savignon, dem Sohn eines angesehenen Häuptlings, der sich um 1610 über ein Jahr lang in Paris aufhielt, ohne den Gebräuchen seines Herkunftslandes untreu zu werden: so promenierte er, groß und kräftig gewachsen, weiterhin im angestammten Ledergewand und achtete darauf, obwohl die Gefahr der Skalpierung nicht mehr drohte, sich seinen Schädel peinlich sauber rasieren zu lassen.[13] Die Pariser wunderten sich über ihn, und er wunderte sich über die Pariser; dem Entdeckungsreisenden Lescarbot, der sich zum Erstaunen der Anwesenden mit Savignon in dessen Muttersprache unterhielt, vertraute der Hurone an, den Franzosen fehle es an Mut und Entschlossenheit, sie benähmen sich wie Frauen und diskutierten, statt zu kämpfen.[14]

In England war es die Gestalt der Indianerprinzessin Pocahontas, welche zu Beginn des siebzehnten Jahrhunderts das Interesse der Hofgesellschaft und den Sensationshunger der Massen beschäftigte. Pocahontas hatte im Jahre 1613 in der Kirche von Jamestown den Tabakpflanzer John Rolfe geheiratet; dieser hatte seine Frau wenig später mit nach Europa genommen. »Die Geschichte der kleinen Prinzessin«, schreibt ein moderner Historiker, »endet im englischen Nebel. Ihr Mann brachte sie nach England, wo sie die Sensation des Winters 1619 bildete und, wie die Chronisten berichten, mit Anmut und Geist den Hof entzückte. Dagegen wurde Rolfe eröffnet, er habe sich bei Jakob I. durch seine Heirat mit einer Frau aus königlichem Geblüt mißbeliebig gemacht. Der Stuart befragte den Thronrat, ob da nicht ein Grund zu einem Hochverratsprozeß vorliege, und John Rolfe mußte das Versprechen abgeben, keine Ansprüche auf den Thron von Virginia für den Sohn zu erheben, den ihm Pocahontas geschenkt hatte. Er wurde freigesprochen, beeilte sich aber, tief betroffen, seine Frau nach Amerika zurückzubringen. Das Ehepaar wartete in Gravesend ein abfahrendes Schiff ab. Da fing die arme kleine Pocahontas zu husten an, spuckte Blut und starb binnen weniger Tage.«[15]

Gelegentlich wurden kanadische Eingeborene auch von Missionaren ins Mutterland gebracht, wo man sie, hierin alter iberischer Tradition folgend, im christlichen Glauben zu erziehen suchte, in der Absicht, ihnen später die Missionierung anzuvertrauen. Die Rekollekten-Mönche sandten Jünglinge aus einflußreicher indianischer Familie als Katechumenen in ihre Klöster in der Umgebung von Paris. Doch die Hoffnungen, zu denen deren Lerneifer und Begabung berechtigten, zerstreuten sich bald nach der Rückkehr in die Heimat; die eingeborenen Missionare, schreibt der Jesuitenpater Pierre Biard, würden leider in Frankreich ungenügend ausgebildet, fänden unter ihresgleichen in Kanada wenig Verständnis und kehrten bald wieder zu ihren früheren Gewohnheiten und Traditionen zurück.[16]

Im achtzehnten Jahrhundert kam der Indianer in Europa nur noch in exotischen Romanen, philosophischen und politischen Traktaten und, von europäischen Schauspielern dargestellt, auf der Theater- und Opernbühne vor; hier freilich tummelte er sich umso unbekümmerter, als er sich realer Anschauung entzog, und gewann als »edler Wilder«, als poetisch-verklärtes Idol mit kulturkritischer Sendung eine erstaunliche Ausstrahlungskraft – davon wird in einem späteren Kapitel die Rede sein.

c) Der Auftritt des Südseeinsulaners

Mit dem Beginn der großen Entdeckungsreisen in die Südsee trat gegen Ende des achtzehnten Jahrhunderts eine weitere Gestalt höchst effektvoll auf die europäische Szene: der Insulaner. Im Jahre 1769 brachte Louis Antoine de Bougainville einen jugendlichen Eingeborenen namens Aotourou von Tahiti nach Frankreich. La Condamine, der berühmte Südamerikareisende, beschrieb den Insulaner wie folgt: »Der junge Insulaner ist ein Mann von dreißig Jahren, von mittlerer Statur, etwa fünf Fuß und zwei Zoll groß, von gebräunter Hautfarbe, die jener der Inder und der afrikanischen Mauren ähnelt. Seine Haare, Augen und Brauen sind schwarz ... Herr von Bougainville hat ihm einen Anzug mit goldenen Tressen anfertigen lassen.«[17] Die ersten Tage seines Pariser Aufenthaltes verbrachte Aotourou, der sich erkältet hatte, zurückgezogen in der Gesellschaft besorgter europäischer Freunde; dann nahm man ihn auf kleinere Promenaden mit, führte ihn auf die Wälle der Stadt und in die Tuileriengärten, wo er sich am Anblick von Seiltänzern ergötzte; schließlich erlaubte man ihm, da er über einen hervorragenden Orientierungssinn verfügte, auch unbegleitete Spaziergänge. Während seines elfmonatigen Aufenthaltes in der Hauptstadt wurde Aotourou, wo immer er sich befand, zum Mittelpunkt eines amüsierten Interesses, auf Straßen und Plätzen, wo die bunte Schar der Gaffer sich um ihn sammelte, bei Empfängen am Hofe und in der Gesellschaft, wo man ihm mit allerlei Aufmerksamkeiten und Präsents schmeichelte, und in den Studierzimmern und Auditorien der Gelehrten.

Doch Bougainville erntete dafür, daß er den Insulaner mitgenommen hatte und für dessen Unterhalt in der Hauptstadt aus eigener Tasche aufkam, nicht nur den allgemeinen Dank einer nach derartigen Sehenswürdigkeiten gierigen Bevölkerung, sondern zugleich die Kritik eines kleinen Kreises von Intellektuellen. War es nicht unverantwortlich, daß man einen jungen Menschen, der das Vorrecht genossen hatte, in paradiesischer Umgebung aufgewachsen zu sein, sorglos, frei und glücklich, seiner angestammten Heimat entriß und den korrumpierenden Sitten einer europäischen Großstadt aussetzte? War es erlaubt, um der Zerstreuung der breiten Menge willen die Glückseligkeit eines unschuldigen Naturkindes aufs Spiel zu setzen? Solche Fragen, in denen sich bereits die Kulturkritik Rousseaus mit dem Ideengut der Abolitionisten und früher Antikolonialisten mischte, waren in Europa zuvor nicht mit solcher Bestimmtheit gestellt worden. Bougainville konnte einer Entgegnung nicht mehr ausweichen. »Ich sehe mich veranlaßt«, schrieb er, »mich deswegen zu rechtfertigen, daß ich vom guten Willen Aotourous, uns auf unserer Rückfahrt zu begleiten, profitiert habe, obwohl sich dieser Eingeborene von der Dauer der Reise zweifellos keinen genauen Begriff machen konnte. Doch der Wille dieses Insulaners, uns zu begleiten, war unmißverständlich. Bereits in den ersten Tagen nach unserer Ankunft auf Tahiti äußerte er diese seine Absicht mit allem Nachdruck, und die Bevölkerung seines Landes schien seinem Plan beizustimmen.«[18]

Ähnliche Kritik meldete sich in England, als James Cook im Jahre 1775 von seiner zweiten Weltreise einen Landsmann Aotourous, Omai, nach England brachte; doch auch hier wurde die Neugierde des breiten Publikums durch derartige Bedenken kaum geschmälert. Auch im Falle von Omai war die Initiative zur Mitreise nach Europa vom Eingeborenen selbst ausgegangen; zudem hatten Cook und seine Begleiter beschlossen, daß man alles unternehmen würde, um den Insulaner bei erster Gelegenheit wieder nach Tahiti zurückzubringen. Der Schwede Solander, einer der engsten wissenschaftlichen Berater des Kapitäns, wußte in einem Brief an einen Kollegen über Omai zu berichten: »Er ist keineswegs hübsch, aber gut gebaut. Seine Nase ist etwas breit geraten, und ich glaube, wir haben es seinen weiten Nasenlöchern zu danken, daß er uns besuchte, denn, so sagte er selbst, das Volk seines Landes habe ihn deswegen und wegen seiner dunkeln Hautfarbe ausgelacht, und er hoffe, nach seiner Rückkehr in die Heimat soviele feine Dinge erzählen zu können, daß man ihn sehr respektieren werde.«[19]

Omai verlebte, nach europäischen Begriffen zu urteilen, eine herrliche Zeit in London. Joseph Banks, der gewandte Präsident der »Royal Society«, der Cook auf seiner ersten Reise begleitet hatte, und den Omai erstaunlicherweise sofort wiedererkannte, nahm sich des Insulaners an und führte ihn in gelehrte und aristokratische Zirkel. Man putzte ihn sorgfältig heraus, mit Rock und Degen, begleitete ihn ins Theater, zeigte ihm das »House of Lords« und die Museen der Stadt, brachte ihn zur Erholung auf die Landgüter der Oberschicht. Er inspirierte Librettisten und Dichter, aß bei Dr. Johnson, der zwar von »Wilden« im allgemeinen wenig hielt, Omai aber reizend fand, wurde von König Georg III. empfangen und von Reynolds in exotischer Gewandung porträtiert.[20] Jedermann war darum bemüht, Omai die günstigsten Vorstellungen über England zu vermitteln, in der etwas naiven Hoffnung, er würde nach seiner Rückkehr in den Pazifik als antipodischer Bundesgenosse für das Ansehen der englischen Krone werben.[21]

Von England schied Omai, als sich mit der dritten Reise Cooks eine Gelegenheit bot, mit einem lachenden und einem weinenden Auge; einerseits, sagt Cook in seinen Tagebuchblättern, habe der Wilde die Unterstützung und Freundschaft vonseiten angesehener englischer Persönlichkeiten durchaus zu schätzen gewußt und sich ihrer dankbar erinnert; zugleich aber habe ihn die Aussicht, sein Land wiederzusehen und den Landsleuten berichten zu dürfen, äußerst glücklich gemacht.[22]

2. Der eingeborene Besucher als Studienobjekt

a) Das Interesse der Gelehrten

Wenn sich das Verhalten gegenüber dem eingeborenen Besucher in Europa fast durchwegs auf ungläubiges und blödes Staunen, Sensationsgier und etwas herablassende Neugierde reduzierte, und zwar in der Hofgesellschaft wie beim einfachen Volk, so gab es doch im Zeitalter der Aufklärung Ansätze zu einem ernsthafteren und fruchtbareren Umgang mit den fremdländischen Gästen. Allein die Tatsache, daß man anläßlich der Ankunft von Aotourou und Omai in Frankreich wie in England auf Überlegungen Montaignes zurückgriff und diese in den Vorwurf ausmünden ließ, es sei Unrecht, den Eingeborenen seiner Heimat zu entfremden, deutet auf einen bezeichnenden Wandel in der Einschätzung der europäischen Beziehungen zur überseeischen Welt. Der fraglose Anspruch der zivilisierten Nationen auf Weltgeltung, wie ihn Seeleute und Kolonialbeamte jenseits der Meere noch kaum verändert aufrecht erhielten, war von den Intellektuellen der Mutterländer seit langem in Frage gestellt worden: die Überlegungen spanischer Missionare, die politische Rivalität der europäischen Seemächte untereinander, die Kontroversen um merkantilistische, freihändlerische und physiokratische Wirtschaftstheorien, die christlich-philanthropischen Ideen der Sklavereigegner – dies alles hatte den Gedanken der europäischen Domination in der Welt doch etwas erschüttert und dazu beigetragen, daß man ihn mit dem Postulat einer neuen Verantwortlichkeit zu verknüpfen begann. Die Begegnung mit der chinesischen Kultur und der Abfall der nordamerikanischen Besitzungen von England zeigten ferner den kritischen Geistern, daß es irgendein Gesetz, wonach der Globus sich um den Mittelpunkt des Abendlandes zu drehen hatte, nicht gab.

Für den eingeborenen Besucher hatten derartige Verschiebungen des weltpolitischen Denkens, auch wenn diese nur von wenigen Europäern konsequent vollzogen wurden, vordergründig zur Folge, daß man ihm innerhalb einer kleinen Elite von Intellektuellen mit wohlwollendem Interesse, oder doch mit interessierter Nachsicht, begegnete. In diesen Kreisen waren Afrikaner, Indianer und Südseeinsulaner nicht mehr bloß Kuriositäten von der Anziehungskraft einer Jahrmarktsattraktion; sie erschienen vielmehr als Vertreter einer andersartigen und eigentümlichen Daseinsform. Man hatte aus der Lektüre von Reiseberichten die verstreutesten Merkwürdigkeiten über das Leben fremder Völker zur Kenntnis genommen, und vor diesem Wissenshorizont gewann die Tatsache, daß man den Eingeborenen nun in der eigenen Studierstube besichtigen und, soweit eine Verständigung möglich war, befragen konnte, ein besonderes Gewicht. Dem Hauptnachteil bisheriger Reiseberichterstattung freilich, der darin bestand, daß diese das individuelle Dasein des Eingeborenen nur selten aus dem sozialen, wirtschaftlichen und rechtlichen Gesamtzusammenhang einer in sich geschlossenen und stimmigen Kultur zu begreifen wußte, war auch diesmal nicht auszuweichen. Denn der eingeborene Besucher trat in Europa als völlig isoliertes Wesen in Erscheinung, losgetrennt von Sippe und Umwelt, und den überraschenden Eindrücken einer fortgeschrittenen Zivilisation wehrlos ausgesetzt. Man konnte ihn, wie eine exotische Pflanze im Herbarium, in seiner äußeren Erscheinung beschreiben, Größe, Wuchs, besondere Merkmale, Farbe feststellen; ihn im Elementaren seiner Lebensbedingungen und Vorstellungen zu fassen, vermochte man nicht.

b) Anatomische Untersuchungen

Es darf zum Lob der europäischen Gelehrten gesagt werden, daß sie mit Sorgfalt und Takt das taten, was sie unter solchen Umständen tun konnten, ohne sich freilich immer davon Rechenschaft zu geben, wieviel ihnen notwendig verborgen bleiben mußte. Wo immer ein Eingeborener auftauchte, waren die Vertreter der Naturwissenschaften sofort zur Stelle, um aufzuzeichnen, was sich ihren Blicken darbot. Im Rahmen der Möglichkeiten der damaligen physischen Anthropologie schritt man zur Bestandsaufnahme, vermaß akribisch genau den Körper des fremdartigen Besuchers, prüfte die Tönung der Hautfarbe, die Kräuselung des Haares, den Schnitt der Augen, notierte sich körperliche Besonderheiten. Zeichner und Kupferstecher wurden damit beauftragt, den Eingeborenen zu porträtieren, wobei man sich erstmals bewußt von den ästhetisch zwar ansprechenden, aber zu phantasievollen bisherigen Reiseberichtillustrationen abwandte und eine möglichst wirklichkeitsgetreue Wiedergabe anstrebte. Derartige Gravüren gehörten, wie heute die Photographie, zum wichtigsten Arbeitsmaterial des Anthropologen; zusammen mit den aus eigener Anschauung gewonnenen Meßdaten bildeten sie die Grundlage für den mächtigen Aufschwung der klassifizierenden Rassenkunde während der zweiten Hälfte des achtzehnten Jahrhunderts.

Die Wißbegierde und der Eifer jener Naturforscher, die sich dem Studium der Menschenrassen zugewandt hatten, durfte selbst für eine Epoche, in der auf verschiedensten Gebieten die lebhafteste Forschertätigkeit herrschte, noch als außergewöhnlich gelten. Selbst in Ländern, die über geringe kolonialpolitische Erfahrung verfügten, wurde der Eingeborene zum Studienobjekt, ja man glaubte, ihn gerade hier besonders unvoreingenommen untersuchen zu können. Zudem waren die wissenschaftlichen Kontakte, wie auch in anderen Fachbereichen, über die Grenzen hinweg derart eng, daß das Auftreten eines besonders interessanten Exemplars der menschlichen Species fast gleichzeitig in den verschiedenen wissenschaftlichen Bulletins der europäischen Akademien kommentiert wurde. In Weiterführung der Klassifikation Linnés, dem nur unsicheres Material zur Verfügung gestanden hatte, bereicherten und differenzierten etwa Spezialisten wie Peter Camper in Holland oder Blumenbach, Meiners und Sömmering in Deutschland das Wissen über die äußeren Merkmale rassischer Verschiedenheit beträchtlich.[23]

Wichtige Unterscheidungskriterien, die noch heute Gültigkeit haben, allerdings durch neuartige Methoden wie die Blutgruppenanalyse seither ergänzt worden sind, wurden damals entwickelt. Peter Camper bemühte sich zeichnerisch um die Fixierung einer physiognomischen Typenlehre und entwarf ein metrisches Verfahren zur Bestimmung des Gesichtswinkels, wobei er auf das Phänomen der Prognathie aufmerksam wurde. Blumenbach sah besonders in der unterschiedlichen Hauttönung, obwohl er die Pigmentierung medizinisch nicht befriedigend zu erklären wußte, einen brauchbaren Hinweis, um zu einer Unterteilung von fünf Hauptrassen zu gelangen, wobei er auch den Mischrassen und dem Sonderfall des Albinismus interessante Überlegungen widmete. Christoph Meiners legte besonderen Wert auf die Eigentümlichkeiten der Physiognomik, ohne der Versuchung, vom Gesichtsausdruck auf charakterliche Eigenschaften zu schließen, immer zu entgehen. Und Sömmering wandte sich der anatomisch-vergleichenden Schädelkunde zu und rekonstruierte, ohne freilich die Tragweite seines Gedankens ganz zu erfassen, eine Entwicklungslinie, die von den Primaten bis hin zu den verschiedenen Menschenarten führte.

Gewiß krankten alle diese Untersuchungen noch immer daran, daß zuwenig Beobachtungsmaterial vorlag, selbst wenn, wie im Falle Blumenbachs, ein eigentlicher Sammelfanatismus diesem Übelstande zu begegnen suchte. Auch überschätzte man die Wirkung von Umweltbedingungen und kausalen Einflüssen auf die menschliche Erscheinung, wie überhaupt, wovon später noch die Rede sein wird, der entwicklungsgeschichtliche Gesichtspunkt sehr vernachlässigt wurde. Unzweifelhaft aber war es das redliche Bestreben der Gelehrten, sich streng an den empirisch feststellbaren Tatbestand zu halten, die äußere Erscheinung des Eingeborenen rein metrisch zu erfassen und Werturteilen, die sich auf Moral, Charakter oder Bildungsgrad bezogen, auszuweichen. Allerdings blieb die Versuchung, von Äußerlichkeiten her auf die charakterliche oder kulturelle Minderwertigkeit anderer Rassen zu schließen, eine beständige Gefahr; so verriet man etwa seinen ethnozentrischen Standort allein schon dadurch, daß man die durchschnittlichen Körpermaße des Europäers zur Norm erhob und alles andere als Abweichung aufzufassen beliebte. Eigentliche Rassenideologien jedoch, mit ihren Vorstellungen von biologischer Potenz und kultureller Überlegenheit, waren den Gelehrten des achtzehnten Jahrhunderts noch vollkommen fremd.

c) Versuche zur Eingliederung des Eingeborenen

Das Bemühen um sachliche Beschreibung der überseeischen Besucher und damit um möglichst eindeutige Feststellung seiner rassischen Eigenart kontrastierte nun allerdings recht sonderbar mit der stillschweigenden Erwartung, die man an den Eingeborenen stellte, er möge sich während der Dauer seines Europaaufenthaltes möglichst schnell europäische Fertigkeiten und Verhaltensformen zulegen. Nicht daß man soweit gegangen wäre, dem fremden Gast die »Segnungen« der eigenen Zivilisation geradezu aufzuzwingen: vor solchen Übergriffen schützte allein schon die durch Rousseau propagierte Wertschätzung des Naturzustandes. Aber man beobachtete doch mit Spannung, ob und in welchem Grade der eingeborene Besucher sich anpassen konnte, und sah in dieser Anpassungsfähigkeit einen Beweis für die Wesensgleichheit des Menschengeschlechts und die Übertragbarkeit vernunftmäßiger Einsichten.

Bereits die Tatsache, daß man den Eingeborenen in der Regel sofort nach seinem Eintreffen europäisch kleidete, zielte darauf ab, ihm seine Eingliederung in Sitte und Gesellschaft zu erleichtern. Dieses Vorgehen erklärte sich nicht nur aus der menschenfreundlichen Regung, den exotischen Gast vor den Unbilden der Witterung und Publikumsneugierde etwas zu schützen; die Absicht war vielmehr, zwischen Europäer und Eingeborenem eine äußerliche Gleichheit künstlich herzustellen, die auch auf die innere Angleichung des letzteren günstig einwirken würde. Der Eingeborene, der sich daran gewöhnt hatte, in enggeschnittenem Rock, Beinkleidern und Schnallenschuhen einherzugehen, würde, so hoffte man, bald lernen, sich mit Unaufdringlichkeit und Eleganz zu bewegen, und von hier aus sei selbst der Schritt zu höfischem Benehmen und geistreicher Konversation nicht mehr groß.

Eine ähnliche Absicht, zu einer gewissen äußerlichen Übereinstimmung zu gelangen, verfolgte man damit, daß man dem eingeborenen Gast eine aristokratische Abstammung zuschrieb und dadurch die Distanz im gesellschaftlichen Verkehr mit dem Europäer verkürzte und der Begegnung mit dem Eingeborenen gleichsam ein diplomatisches Gewicht beimaß. Von fast allen überseeischen Europareisenden verbreitete sich das Gerücht, sie stammten aus der angesehensten Familie des Landes, seien nächste Verwandte des regierenden Häuptlings und folgten mit ihrer Reise dessen Aufforderung zur Weiterbildung in Europa. Diese Feststellung traf höchstens in jenen verhältnismäßig seltenen Fällen zu, in denen es europäischen Seefahrern oder Kolonisatoren gelungen war, mit einem bestimmten Eingeborenenherrscher eine etwas dauerhaftere Vertrauensbeziehung anzuknüpfen. Dann war es beispielsweise möglich, daß ein schwarzafrikanischer

Häuptling, vom Machtpotential der abendländischen Zivilisation beeindruckt, Verwandte zur weiteren Ausbildung nach Europa entsandte, was besonders vonseiten der Missionare sehr begrüßt und gefördert wurde. So geschah es, daß schon um 1520 gegen zwanzig Verwandte des kongolesischen Königs Alfons Lissabon zu Studienzwecken aufsuchten; einer von ihnen wurde später Bischof, ein anderer Lehrer an einem Gymnasium in der portugiesischen Hauptstadt.[24]

Die Regel aber blieb, daß die europäischen Seefahrer, um nicht den Unwillen eines fremden Häuptlings herauszufordern, irgendwelche Küstenbewohner von gleichgültiger Herkunft aufgriffen, nach Europa verfrachteten und dort eine Rolle spielen ließen, die ihnen keineswegs zustand. Armselige Indianer hatten, mit reichem Federschmuck und bunter Kriegsbemalung versehen, den würdigen Stammeshäuptling zu mimen, auch wenn sie sich, im Bewußtsein, ein Tabu zu verletzen, nach Kräften dagegen sträubten. Die Afrikaner scheinen sich widerstandsloser, oft mit einer gewissen jovialen Bereitschaft und spontanen Freude am Mummenschanz, in die Rolle von eingeborenen Prinzen, die man ihnen andichtete, eingefügt zu haben. Manche von ihnen erwarben sich schnell den Stil eines huldvoll-gemessenen Benehmens, der ihre Herkunft sichtbar machen und ihren Handlungen ein gewisses staatspolitisches Gewicht geben sollte.

Um 1670 machte ein Gesandter des Königs von Dahomey, Matteo Lopez, in Wahrheit ein Mulatte von recht obskurer Herkunft und nicht nachprüfbaren Verdiensten, einiges Aufsehen am Hofe Ludwigs XIV. Lopez war von drei Frauen und drei Söhnen, mehreren schwarzen Bediensteten und Kammerherren und einem Trompeter begleitet und bewegte sich mit seinem Gefolge in Versailles wenn nicht nach den Regeln des gebräuchlichen Hofzeremoniells, so doch mit genügend Würde und steifem Anstand, um sich vor der Gefahr der Lächerlichkeit zu bewahren.[25] Besonderes Aufsehen erregte auch der europäische Lebensweg eines achtjährigen afrikanischen Sklaven, eines Sohnes des abessinischen Negus, wie es hieß, der um 1700 von einem russischen Aristokraten auf dem Sklavenmarkt von Istanbul gekauft wurde. Abraham Hannibal, wie er hieß, wurde am Hof Peters des Großen erzogen und begleitete die Zarenfamilie auf ihren Reisen. Zur weiteren Ausbildung als Militäringenieur schickte man ihn nach Paris, wo er im Offiziersrang der französischen Armee diente, dann aber trotz der Freundlichkeiten, welche ihm die dortige Gesellschaft und besonders der Herzog von Orléans bezeugte, nach Petersburg zurückkehrte. Nach dem Tode Peters des Großen fiel Hannibal in Ungnade und wurde nach Sibirien verschickt, jedoch dank der Fürsprache der Zarewna wieder zurückgerufen. Darauf verheiratete er sich mit einer Deutschen und verkehrte in den vornehmsten Hofkreisen; Alexander Puschkin, der russische Dichter, war einer seiner Enkel.[26]

Auch die beiden insulanischen Besucher unseres Kontinents, Aotourou und Omai, wurden allgemein als Abkömmlinge alteingesessener Adelsgeschlechter betrachtet. In beiden Fällen aber waren die Vermutungen über eine vornehme Herkunft unberechtigt. Omai war, wie ein Begleiter Cooks mitteilt, bloß der von seinen Gütern vertriebene Sohn eines in Stammeskriegen gefallenen Landbesitzers; irgendein Anspruch auf politische Macht kam ihm nicht zu.[27] Das Gerücht und die Einfallsgabe der Poeten aber machten ihn zum Märchenprinzen. In einem längst vergessenen Stück von John O'Keefe, das zu Weihnachten 1785 im Königlichen Theater Covent Garden unter dem Titel »Omai: or a Trip Round the World« aufgeführt wurde, erschien die Titelfigur als Angehöriger des tahitianischen Herrscherhauses und rechtmäßiger Thronanwärter. In einer aufwendigen und höchst stimmungsvollen Schlußszene dieses Spektakels, die, vom Bühnenmaler Philip de Loutherbourg gestaltet, die große Bucht der Südseeinsel bei Sonnenuntergang zeigte, erschien Omai bei der Thronbesteigung, umgeben von den zahlreichen Gesandten benachbarter Inseln, deren Huldigungen er entgegennahm.[28]

Daß die Wahrheit ganz anders aussah, erfuhr Cook, als er auf seiner dritten Reise Omai in dessen Heimat zurückführte. Nun zeigte es sich, daß Omais Landsleute keineswegs bereit waren, irgendwelche Ansprüche, die sich aus seiner Geburt ergeben hätten, einzulösen, und auch die Weltkenntnis, die sich der reisende Insulaner erworben hatte, beeindruckte niemanden. Selbst die Geschenke seiner europäischen Freunde, die Omai mitbrachte und großzügig, aber wahllos an seine Landsleute verteilte, schafften ihm keine beständigen Freunde, und Cook mußte sich bald darüber Klarheit geben, daß die Wiedereingliederung Omais in die Gemeinschaft seiner Landsleute höchst schwierig und mit einer daraus resultierenden Verbesserung der Beziehungen zum Mutterland nicht zu rechnen war.[29]

In seinem Reisebericht bedauert Georg Forster, daß man es in England versäumt habe, Omai einen nützlichen Beruf, etwa Zimmermann oder Schreiner, erlernen zu lassen, womit er sich nach seiner Rückkehr in die Heimat die Achtung seiner Landsleute hätte erwerben können; es sei traurig, stellt er fest, daß der Insulaner während seines fast zweijährigen Aufenthaltes in England sich nichts anderes angeeignet habe als »die Geschicklichkeit, den Insulanern auf seinem Leierkasten etwas vorzuorgeln oder ihnen ein Marionettenspiel vorzumachen«.[30] Zugleich begrüßt es der deutsche Reisende, daß sich ein anderer Insulaner, der anläßlich der zweiten Reise Cooks habe nach Europa mitreisen wollen, von seinem Plan habe abbringen lassen: »Und in Wahrheit, wenn man bedenkt, was sein Landsmann Omai bei uns gelernt hat, war es für das Herz und die Sitten unseres unverdorbenen Freundes gewiß am zuträglichsten, daß er zurückblieb. Die Pracht von London hat er nun freilich nicht kennen lernen können, aber dafür sind ihm auch alle die Greuel der Sittenlosigkeit unbekannt geblieben, welche die größeren Hauptstädte Europas fast durchgehends miteinander gemein haben.«[31]

Mit dem Gerücht von der edlen Abkunft der eingeborenen Gäste verbanden sich schließlich häufig auch die wundersamsten Historien über deren abenteuerlichen Lebensverlauf. Das Interesse, welches der Leser des achtzehnten Jahrhunderts der Beschreibung turbulenter Daseinsschicksale entgegenbrachte, inspirierte Schriftsteller, aber auch Naturforscher dazu, im ungewissen Vorleben der eingeborenen Gäste wechselvollen Begebenheiten nachzuspüren. Manche der Eingeborenen ermunterten solche Neugierde durch eigene blühende Erfindung. So wurden aus den mehr oder weniger zufällig hergereisten Eingeborenen lauter

15. Bildnis des Job ben Solomon, »High Priest of Bonda«, aus: Bluett, Th., »Some Memoirs of the Life of Job« (London, 1734).

in Ungnade gefallene Prinzen, verstoßene Liebhaber, enteignete Großgrundbesitzer, die, dank dem Entgegenkommen weißer Seefahrer, trotz Sklaverei, Schiffbruch und Mißhandlung, schließlich den Weg nach Europa hatten finden können. Ein Musterbeispiel derartig phantasievoller Biographik bietet der zu seiner Zeit ungemein erfolgreiche englische Roman »Oroonoko«, dessen Handlung um 1750 auch in Musik gesetzt und für das Theater bearbeitet wurde.[32] Hauptgestalt und Titelfigur dieser Geschichte ist ein westafrikanischer Neger von vornehmer Abkunft. Seine eigene Mutter verkauft ihn weißen Sklavenhändlern; auf Surinam muß er schlimmste Fronarbeit leisten. Das Erzählmotiv vom Prinzen, den die Ungunst des Schicksals zum Knecht erniedrigt, gibt Aphra Behn, der Autorin, Gelegenheit zu den rührseligsten Kommentaren. Die Beschreibung von Oroonokos Herkunftsland und Abstammung, die Schilderung der vielfältigen Abenteuer, die er besteht, der Liebesromanze, in die er sich verstrickt – alles das läßt keinen

Zweifel darüber, daß der Held edel, empfindsam und zutiefst bedauernswürdig ist. Oroonoko reiste zwar nie nach Europa und blieb die papierne Fabelgestalt eines modischen Machwerks; aber manche seiner Landsleute, die in England eintrafen und über einige Umgangsformen verfügten, wurden mit ihm verglichen und profitierten vom literarischen Vorbild.

Hie und da konnten sich eingeborene Besucher freilich in der Tat über ein einigermaßen bewegtes Vorleben ausweisen. Dies war bei Ayuba Suleiman Diallo aus Bondu der Fall, einem der berühmtesten afrikanischen Besucher im Europa der Aufklärungszeit. Job ben Solomon, wie ihn die Engländer nannten, war zwar keineswegs eine Art von schwarzhäutigem Pontifex maximus, für den die meisten ihn hielten, sondern ein gewöhnlicher mohammedanischer Handelsmann vom Oberlauf des Gambia-Flusses; doch sein Schicksal ließ an ungewöhnlichen Wechselfällen nicht zu wünschen übrig.[33] Job war unweit seiner afrikanischen Heimat von feindlichen Negerstämmen gefangen genommen und einem weißen Sklavenkapitän überantwortet worden; nach mühseliger Seereise gelangte er auf eine Tabakplantage in Maryland. Vertraut mit dem Kulturgut islamischer Schriftgelehrter, aber unfähig zu schwerer körperlicher Arbeit, suchte Job sein Heil zuerst im täglichen Gebet, dann in der Flucht; er wurde wieder eingefangen, aber von einem englischen Philanthropen freigekauft und schließlich nach England gebracht. In London gewann Job ben Solomon sich durch seine Sittenstrenge und Gelehrsamkeit einflußreiche Freunde der gehobenen Gesellschaft; Islamkundige suchten seinen Umgang, er wurde dem König vorgestellt. Thomas Bluett, einer seiner Biographen, schildert diese Begegnung am Hofe wie folgt: »Eines Tages, als er sich bei Sir Hans Sloane aufhielt, äußerte Job seinen dringlichen Wunsch, der königlichen Familie vorgestellt zu werden. Sir Hans versprach ihm, ihn einzuführen, sobald er sich eine passende Bekleidung besorgt habe. Job ersuchte in dieser Sache einen Freund um dessen Mithilfe, erhielt ein prächtiges seidenes Kostüm von ländlichem Schnitt und wurde dem königlichen Paar und dem Rest der königlichen Familie vorgestellt. Die Königin machte sich das Vergnügen, ihn mit einer kostbaren Golduhr zu beschenken; am selben Tag wurde Job die Ehre zuteil, mit dem Duke of Montagu und anderen Vertretern des Adels zu dinieren; auch hier wurde ihm ein hübsches Präsent überreicht. Der Herzog nahm ihn des öftern mit aufs Land, zeigte ihm die zur Gärtnerei notwendigen Werkzeuge und ließ ihm deren Gebrauch erklären ...«[34] Nach einem Aufenthalt von über einem Jahr in England kehrte Job ben Solomon in sein Herkunftsland zurück und wurde damit zum einzigen afrikanischen Sklaven, der bis zu diesem Zeitpunkt seinen Landsleuten Kunde vom amerikanischen Kontinent bringen konnte. Freilich fand er seinen Vater nicht mehr am Leben, und seine Frau hatte inzwischen einen andern geheiratet; aber es gab genug alte Freunde zu begrüßen, denen das Schicksal Ayuba Suleiman Diallos als ebenso außergewöhnlich erscheinen mußte wie zuvor dessen englischen Gönnern.[35]

d) Verständigungsprobleme

Mit gespannter Erwartung verfolgten die europäischen Gelehrten die intellektuellen Fortschritte ihrer überseeischen Gäste während der Dauer ihres Aufenthalts. Wenn auch europäische Bekleidung und der daraus resultierende Reiz der Verfremdung sowie das Gerücht vornehmer Abstammung wesentlich zur Gesellschaftsfähigkeit des Eingeborenen in Paris oder London beitrugen, konnte doch der Überseebewohner das höhere Vergnügen einer geistigen Auseinandersetzung erst bieten, wenn er sich in der Sprache seines europäischen Gesprächspartners auszudrücken wußte. Daß der Europäer huronisch oder polynesisch lernen sollte, stand allerdings nicht zur Diskussion; auch auf diesem Gebiete setzte man, zumindest in Europa, die Anpassung des Eingeborenen stillschweigend voraus. Immerhin erkannten die europäischen Gelehrten vielleicht erstmals derart übereinstimmend, daß eine Basis der mündlichen Verständigung unbedingt geschaffen werden mußte, wenn die Begegnung der Kulturen in Europa mehr als Amüsement und physisch-anthropologische Bestandsaufnahme sein sollte.

Entsprechende Erwartungen wurden nun freilich fast immer enttäuscht. Einzelnen Reisenden, vor allem Indianern, machte die zivilisierte Umwelt, in die sie plötzlich eintauchten, derart zu schaffen, und sie waren so verstört, daß sie es vorzogen, sich in Schweigen zu hüllen; im übrigen hatte gerade der Indianer so sehr um sein physisches Überleben zu ringen, daß ihm geistreiche Reflexionen sehr fern liegen mußten. Auch bei andern Besuchern aus Übersee machten die Europäer die Erfahrung, daß es ihnen äußerst schwer fiel, sowohl eine europäische Sprache zu verstehen, als vor allem, sich in ihr auszudrücken. Man stellte etwas enttäuscht fest, daß es beispielsweise einem Südseeinsulaner offensichtlich schwerer fiel, sich etwas Englisch anzueignen, als einem Engländer, eine ihm unbekannte europäische Sprache zu erlernen. Ungeduldige französische Beobachter konnten etwa, wenn sie mit Aotourou vergeblich ins Gespräch zu kommen suchten, ihren Unwillen nicht verbergen; manche zeigten sich verärgert darüber, daß man auf Tahiti nicht französisch spreche, und bekundeten damit jenen Kulturchauvinismus, den Voltaire treffend gegeißelt hat, wenn er schrieb, seine Landsleute glaubten, vor dem Turmbau zu Babel habe alle Welt französisch gesprochen.

Andere Zeugen freilich, denen Aotourou vorgestellt wurde, Gelehrte wie La Condamine, Buffon, de Brosses, d'Alembert, Helvétius oder Diderot, bemühten sich nachsichtiger und verständnisvoller um ein Gespräch mit dem fremden Gast, verzichteten auf Zudringlichkeit, wenn dieser Zeichen des Unwillens zeigte und brachen ihre Verständigungsversuche ab, wenn der Partner ermüdet schien: ihnen ging es nicht sosehr darum, mangelnde Begabung festzustellen, als vielmehr den Ursachen solcher Ausdrucksschwierigkeiten nachzugehen. Diese Gelehrten glaubten nicht nur, in einer für ihr Zeitalter typischen Hinwendung zur materialistischen Kausalerklärung, die Sprachlernprobleme der Eingeborenen auf den unterschiedlichen Bau ihrer Mundorgane zurückführen zu können; sie stellten auch richtig fest, daß die Verwandtschaft von Vokabular und syntaktischer

Konstruktion, die dem Europäer zu den meisten Sprachen seines Kontinents den Zugang öffnet, für den Indianer, Afrikaner und Südseeinsulaner keine Erleichterung bedeuten konnte. Auch begriff man in diesen Kreisen durchaus, wie schwer es dem eingeborenen Gast fallen mußte, sich in einer Begriffssprache zurechtzufinden, die von einer gänzlich verschiedenen Vorstellungswelt ausging, und man wußte von den entsprechenden Schwierigkeiten, denen kanadische Missionare begegnet waren, als sie versucht hatten, die Sprache des Katechismus sinngemäß in ein Eingeborenenidiom zu übertragen.

Wenn etwa Bougainville Aotourou gegen den Vorwurf der mangelnden Sprachbegabung verteidigte, so fehlte es ihm durchaus nicht an einleuchtenden Argumenten. »Dieser Mensch«, schrieb er, »war mindestens dreißig Jahre alt; er hatte sein Gedächtnis nie in irgendwelchen Studien üben können, noch seinen Geist irgendeiner Anstrengung unterworfen. Demgegenüber ist ein Italiener, Engländer oder Deutscher tatsächlich in der Lage, sich nach einjähriger Vorbereitung recht befriedigend französisch auszudrücken, denn diese Ausländer bedienen sich einer ähnlichen Grammatik wie wir, verfügen über dieselben moralischen, naturwissenschaftlichen, politischen und sozialen Vorstellungen, die mit ähnlichen Wörtern ausgedrückt werden wie im Französischen, so daß sie ihre Erfahrungen, die sie sich seit der Kindheit angeeignet haben, nur zu übersetzen brauchen. Der Bewohner von Tahiti jedoch, der nur über eine geringe Anzahl von Begriffen verfügt, die sich einerseits auf sein höchst einfaches und begrenztes gesellschaftliches Dasein, anderseits auf seine auf ein Minimum beschränkten Bedürfnisse beziehen, hat bei seinem geistigen und körperlichen Hang zur Trägheit eine Welt von Grundbegriffen erst noch neu zu schaffen, bevor er diese in das Vokabular unserer Sprache übersetzen kann.«[36] Bougainville unterschätzte indessen wohl selbst die Schwierigkeiten, die sich einer Verständigung mit Aotourou entgegenstellten: »Wenn der Insulaner, der uns begleitet«, hatte er während seiner Rückfahrt aus den pazifischen Gewässern ins Bordjournal notiert, »die Reise überlebt und wir dazu gelangen, uns zu verständigen, werden wir über sein Herkunftsland Kenntnisse gewinnen, welche für die ganze Menschheit interessant sein werden.«[37] Diese Hoffnung sollte sich nicht erfüllen.

Auch wenn sich Aotourous Kenntnis der französischen Sprache während seines Aufenthaltes in Paris nicht über wenige der gebräuchlichsten Wörter hinaus erweiterte, zweifelten die Gelehrten, die ihn beobachteten, nicht an seiner Bildungsfähigkeit. Bougainville empörte sich, wenn man von seinem Insulaner als von einem »Wilden« sprach, ein Begriff, der übrigens bis weit ins neunzehnte Jahrhundert hinein in allen westeuropäischen Sprachen gebräuchlich blieb; er betonte immer wieder, einzig die besonderen Umstände seines Eingeborenendaseins hätten Aotourou gehindert, sich eine ebenbürtige Ausbildung zu verschaffen. Schließlich war nicht zu bestreiten, daß der Insulaner auf für ihn neuartige Umweltreize seiner französischen Umgebung wachen Geistes reagierte, Freude und Trauer, Lust und Unlust, Erwartung und Enttäuschung, ähnlich wie Kinder es tun, sehr spontan auszudrücken wußte; auch stellte man, wie bereits erwähnt, fest, daß Aotourou, was seinen Orientierungssinn, aber auch sein Seh- und

Hörvermögen betraf, einem Europäer weit überlegen war. Leider sind uns die diesbezüglichen Beobachtungen der französischen Gelehrten über sinnliches Wahrnehmungsvermögen und Aufnahmefähigkeit Aotourous nicht detailliert überliefert; aber es ist doch wahrscheinlich, daß der Insulaner auch in dieser Hinsicht eingehend studiert wurde. Das Interesse dafür, am Sonderfall eines dem gemutmaßten Naturzustand der Menschheit nahestehenden Objektes die Wirkung zivilisatorischer Einflüsse zu prüfen, war jedenfalls vorhanden und verstärkte sich in den kommenden Jahrzehnten zusehends. So stehen etwa die sehr eingehenden Untersuchungen, die der Pariser Mediziner und Psychologe Itard, ein Schüler Condillacs, um 1800 an einem östlich von Toulouse aufgefundenen »Waldmenschen« vornahm, durchaus in engem geistesgeschichtlichen Zusammenhang mit den Überlegungen, die Aotourous Besuch in Europa bei der Fachwelt auslöste.[38]

e) Erziehungsprobleme

Wirklich Erfreuliches über die intellektuelle Weiterbildung eingeborener Besucher wußten die gelehrten Kommentatoren nur von jenen Gästen zu berichten, die entweder im Kindesalter nach Europa gelangt waren und vielleicht in Übersee bereits eine gewisse Grundausbildung erhalten hatten oder aber zuvor in Berührung mit anderen Kulturkreisen mit schriftlicher Tradition, dem islamischen etwa, gestanden hatten.

Zu den berühmtesten dieser Gäste gehörte der Afrikaner Anton Wilhelm Amo, der im Alter von vier Jahren nach Deutschland kam und als Schützling der Prinzessin von Braunschweig eine hervorragende Erziehung genoß. Amo studierte in Halle, doktorierte in Wittenberg und stieg zum Amt eines preußischen Staatsrates empor; als indessen seine Gönnerin starb, ergriff ihn Schwermut, und er kehrte nach Afrika zurück, wo er den Rest seines Lebens in meditativer Abgeschiedenheit verbracht haben soll.[39]

Von einem Bewohner Sierra Leones namens John Henry Naimbanna, einem mutmaßlichen Sohn des dortigen Eingeborenenkönigs, wird berichtet, unbezähmbarer Wissensdurst habe ihn nach England getrieben, wo er seine Lehrmeister beständig ansporte, sie möchten seiner Ausbildung mehr Zeit widmen. »Die Verbesserung seiner Kenntnisse«, schreibt ein zeitgenössischer Betrachter, »war in jeder Hinsicht beträchtlich. Obwohl er, als er eintraf, das Englische schlecht beherrschte, lernte er in den achtzehn Monaten seines Aufenthaltes sehr fließend lesen und schrieb auch einen englischen Brief ohne Schwierigkeit. Als er ankam, teilte er mit seinen afrikanischen Landsleuten die meisten der diesen zugeschriebenen Eigentümlichkeiten: er glaubte an Hexerei und war außerstande, jemandem eine Beleidigung zu verzeihen ... Bevor er England verließ, waren ihm Stolz und Rachedurst ganz verächtlich geworden, sein Hexenglauben hatte ihn vollkommen verlassen, und er überwachte sein Verhalten sorgfältig. Seine Sitten waren rein; bereits in Sierra Leone hatte er sich der Trunksucht enthalten, und in England zeigte er einen starken Widerwillen gegen gemeines Benehmen und jede

Art von Laster ... Große Achtung bezeugte er gegenüber den Lehrern der christlichen Religion, die er einlud, sein Heimatland zu besuchen; er zeigte die äußerste Verehrung für die Heilige Schrift, die er recht gut kennen gelernt hatte, und er sprach über religiöse Fragen mit großer Offenheit und Einfachheit ...«[40]

Ein anderer Afrikaner, Olaudah Equiano, ein junger Ibo, den man in Europa Gustavus Vassa nannte, wurde um 1760 als Sklave nach England gebracht, trat in die Dienste eines Quäkers, wurde vorübergehend Barbier, dann Handelsmann und reiste in eigenen Geschäften nach der Levante, nach Mittelamerika und Grönland. Im Jahre 1786 beteiligte sich Vassa an einem Projekt, das die Rückführung amerikanischer Neger nach Afrika und die Gründung der Kolonie Freetown vorsah; dann machte er sich einen geachteten Namen als Mitglied der englischen Antisklavereibewegung. In seinem Buch »The Interesting Narrative of the Life of Olaudah Equiano« gab Vassa eine kurze Beschreibung seiner nigerianischen Heimat, schilderte die Umstände seiner Versklavung und schloß mit einem emphatischen Aufruf zur Beseitigung des unwürdigen Menschenhandels, den er mit der christlichen Denkweise der Europäer nicht zu vereinbaren wußte.[41] Das Buch war den Mitgliedern des Britischen Unterhauses gewidmet, und sein Verfasser hoffte, wie das Vorwort kundtat, in der hohen Versammlung eine Woge des Mitgefühls für die Leiden der Negersklaven zu erwecken. Die Lektüre dieses Lebensberichts soll denn auch John Wesley dazu bewegt haben, in einem Brief an Wilberforce seine Übereinstimmung mit den Forderungen der Abolitionisten zu erklären.[42]

Equiano war elfjährig in weiße Gefangenschaft geraten; sein Landsmann, Philip Quaque, ein Bewohner der Goldküste, reiste mit dreizehn Jahren dank der Unterstützung einer der wenig zahlreichen in Afrika wirkenden Missionsgesellschaften nach England. Als erster Afrikaner wurde Quaque zum Priester der »Church of England« geweiht; im Jahre 1766 kehrte er als Missionar an die Westküste zurück. Für die englischen Beziehungen zu den afrikanischen Küstenregionen war ein Mann wie Quaque von unschätzbarem Wert. In der Heiligen Schrift und in Handelsgeschäften gleichermaßen bewandert, diente er als Mittelsmann und Seelsorger zugleich; besonderen Eifer aber verwandte er auf die Ausbildung seiner afrikanischen Landsleute, insbesondere der Mulatten, wodurch er eine frühe Elite von Lehrern, Juristen und Beamten schuf. Quaque, der sich während elf Jahren in England aufgehalten hatte, führte in Afrika einen englischen Lebensstil, umgab sich mit Büchern und Mahagoni-Mobiliar und verlor seine Kenntnis der Eingeborenensprachen zusehends.[43]

Eine besonders hervorragende Gestalt unter den afrikanischen Besuchern Europas war schließlich Ignatius Sancho. Er war auf einem Sklavenschiff zur Welt gekommen und wurde im Alter von zwei Jahren nach England gebracht. Man weiß von ihm, daß er zum Butler der Familie Montagu avancierte und zuletzt ein Kolonialwarengeschäft in London führte. Daneben hatte er regen Umgang mit gebildeten Kreisen; der Schauspieler Garrick und Lawrence Sterne gehörten zu seinen Freunden, er schrieb einige Gedichte und eine Abhandlung zur Theorie der Musik, und als er 1788 starb, wurde seine gesammelte, posthum veröffentlichte Korrespondenz zu einem großen Publikumserfolg.[44]

Es läßt sich heute im einzelnen kaum mehr feststellen, wie tiefgreifend europäische Ausbildung die Persönlichkeit jener überseeischen Besucher tatsächlich zu prägen vermochte, die durch ihr jugendliches Alter oder durch ihre Herkunft besonders prädisponiert schienen, abendländisches Kulturgut aufzunehmen. Gewiß ist, daß die englischen und französischen Gelehrten dann, wenn sich beim Eingeborenen auch nur ein schwaches Interesse am europäischen Geistesleben feststellen ließ, gern bereit waren, bereits dieses Interesse als intellektuelle Leistung gelten zu lassen. Man tat alles, um den Bildungsgang der Besucher zu erleichtern und sparte nicht mit gutmütiger Aufmunterung und vorschnellem Lob: eine zufällige Bemerkung, welche der Eingeborene in Gesellschaft machte, galt bereits als besonders geistreich, und ein recht durchschnittliches theologisches oder politisches Traktat, das er mit Hilfe eines Freundes verfaßte, wurde gleich als besonders originell gerühmt. In Priesterkollegien und an Universitäten genoß der Schüler aus Kanada oder Afrika eine Förderung vonseiten seiner Lehrer, um die ihn mancher europäische Student beneiden mußte. Und allein schon die Bereitwilligkeit, mit der sich mancher überseeische Gast medizinischen Untersuchungen und wissenschaftlicher Befragung unterwarf, glaubte man als Zeichen besonderer Aufgeschlossenheit gegenüber der Wissenschaft lobend vermerken zu dürfen.

Besonders jene afrikanischen Besucher, die sich zum mohammedanischen Glauben bekannten, genossen bei manchen Intellektuellen der Aufklärungszeit ein Prestige, das nicht immer an ihren persönlichen Verdiensten gemessen wurde. Man wußte in Europa, daß islamische Gelehrsamkeit weit über die natürliche Grenze der Sahara hinausgegriffen hatte; Nachrichten, die man gelegentlich aus der Berberei erhielt, sprachen von der Bedeutung Timbuktus als eines intellektuellen Umschlagplatzes, und von der afrikanischen West- und Ostküste berichteten Reisende, sie hätten Eingeborene beim Studium geheimnisvoller arabischer Bücher angetroffen. Seit 1632 bestand an englischen Universitäten die Möglichkeit, Islamkunde zu studieren, und im frühen achtzehnten Jahrhundert erweiterten zwei bedeutende Publikationen, die »History of the Saracens« von Ockley und eine Koran-Übersetzung von George Sale, die Kenntnis dieser Kultur in Europa beträchtlich. Aus diesem steigenden Interesse an der islamischen Welt, das bald auch auf die Universitäten Paris und Göttingen übergriff, erklärt sich zum Teil das sehr emotionale Wohlwollen, welches man einzelnen islamisierten Afrikanern entgegenbrachte: so genügte etwa ein in arabischer Sprache verfaßter Brief des erwähnten Job ben Solomon, die Fachwelt auf diesen Mann aufmerksam werden zu lassen.

Trotz dem vielbezugten Lerneifer mancher überseeischer Besucher dürfte die Bildung, welche diese sich in Europa aneigneten, in den meisten Fällen recht oberflächlicher Natur gewesen sein. Abgesehen von den vordergründigen Schwierigkeiten, die der Eingeborene zu bewältigen hatte, der Erlernung der Sprache und des geziemenden Benehmens, ergab sich für ihn das Problem, wie die Werte seiner angestammten Kultur mit den Möglichkeiten einer christlich-abendländischen Bildung sinnvoll zu verbinden waren. Für den Vertreter eines andern hochzivilisierten Kulturkreises, für den Araber oder den Chinesen etwa, verminderte sich diese Schwierigkeit dadurch, daß islamische wie konfuzianische Bildungswelt sowohl in ihrer logischen Struktur wie in ihren staatspolitischen und moralischen Imperativen der europäischen vergleichbar waren: alle diese Kulturen zeigten sich relativ offen gegen außen und förderten oder erlaubten einen gewissen geistigen Austausch mit benachbarten Fremdkulturen. Die recht engen Beziehungen zwischen christlichen und jüdischen Minderheiten untereinander und zwischen diesen und den Muslimen im Vorderen Orient oder die Kontakte zwischen französischen Jesuiten und den Beamten des kaiserlichen China belegen, neben unzähligen ähnlichen Beispielen, die Möglichkeit solch fruchtbarer gegenseitiger Beeinflussung.

Die archaischen Kulturen dagegen waren durchaus introvertiert; die Denk- und Ordnungsprinzipien, die sie prägten, erwiesen sich im Rahmen einer in sich geschlossenen Welt- und Gesellschaftsvorstellung zwar völlig sinnvoll, aber wenig flexibel und befruchtender Einwirkung von außen nur sehr beschränkt zugänglich. Dieser Umstand bestimmte auch das intellektuelle Verhalten des Eingeborenen in Europa. Der Indianer, Afrikaner oder Südseeinsulaner, der sich als Einzelperson plötzlich übermächtigen kulturellen Reizen und Einflüssen ausgesetzt sah, war nicht in der Lage, diese kontrolliert aufzunehmen und seinem traditionalistischen Bildungshorizont sinnvoll zu integrieren – eine Kulturverflechtung, zwischen ethnischen Gruppen unter bestimmten Bedingungen möglich, war im individuellen Fall oft schwieriger. Da ein Mittelweg ungangbar schien, neigte der Eingeborene zu Extremlösungen, indem er entweder alles Bisherige zu vergessen und zu verdrängen suchte und sich rückhaltlos anpaßte, oder aber, indem er sich entschloß, aus dem Kreis angestammter Kulturtradition nicht herauszutreten. Diese Entscheidung, wie immer sie fiel, hatte etwas Unwiderrufliches: dies sollte sich vor allem in den Fällen zeigen, da Überseebewohner, die sich für Europa entschieden hatten, in ihre Heimat zurückkehrten und hier feststellen mußten, wie fremd sie ihren Landsleuten geworden waren.

Ein Beispiel aus der Gegenwart mag mithelfen, diese Problematik, die wir bereits oben, als von »Akkulturation« und »Gegen-Akkulturation« die Rede war, gestreift haben, zu verdeutlichen. Man kennt die afrikanische Geistesbewegung der »Négritude«, deren Grundgedanken auf die Rehabilitierung des schwarzen Menschen und der ihm eigentümlichen moralischen, sozialen und künstlerischen Werte abzielt.[45] Die Wegbereiter dieser Idee, der Westinder Aimé Césaire, der Südamerikaner Léon Damas, der Senegalese Leopold Sedar Senghor, studierten ausnahmslos in Europa; ihre Ideologie entspricht – auch und gerade in deren anti-europäischen Komponenten – haargenau gewissen anti-kolonialistischen, kulturchauvinistischen und nationalistischen Geistesströmungen, wie sie in Europa zur Zeit der Französischen Revolution sichtbar wurden. Zweifellos wäre es nun falsch zu meinen, die schwarzen Befürworter der »Négritude« hätten sich europäisches Gedankengut im Bewußtsein von dessen Verwendbarkeit einfach angeeignet und zur Bewältigung der geistigen Situation in ihrem Herkunftsland benutzt – so hätte ein Chinese oder Japaner vorgehen können, und so sind die

Asiaten in der Zeit zwischen den Weltkriegen tatsächlich auch vorgegangen. Was bei den Begründern der »Négritude-Ideologie« in Wirklichkeit geschah, war, daß sie, bevor sie eine Idee entwickeln konnten, ihr emotionales und intellektuelles Wahrnehmungsvermögen und ihre Methode der logischen Folgerung und Argumentation gezwungenermaßen am europäischen Vorbild schulen mußten, was, wie Roger Bastide festgestellt hat, zum Paradoxon führte, daß die »Négritude« schließlich zum Versuch wurde, sich mit Hilfe einer desafrikanisierten Bewußtseinshaltung das Phänomen Afrika mit neugewonnener Originalität zu verdeutlichen.[46] Daraus ergab sich notwendig, daß gerade die überzeugtesten Verfechter der »Négritude«, wenn sie in ihre angestammte Stammesgemeinschaft zurückkehrten, von ihren Landsleuten, die per definitionem den Werten der »Négritude« existentiell am nächsten standen, kaum mehr wirklich begriffen wurden.

Es ist klar, daß derartige Einsichten in die Problematik der Ausbildung von Eingeborenen den gebildeten Europäern des achtzehnten Jahrhunderts noch vollkommen fremd waren. Man begnügte sich damit, die Bildungsfortschritte des exotischen Gastes aufmerksam zu verfolgen; man freute sich mit naiver Unbekümmertheit, wenn der »Wilde« sich einige Verhaltensformen des »Zivilisierten« anzueignen verstand, und man war ehrlich enttäuscht, wenn ihm dies nicht gelang.

Indessen beobachtete man schon damals, daß sich der Überseebewohner, wenn er nach Hause zurückkehrte, bei seinen Landsleuten durch die inzwischen erworbene Ausbildung kaum irgendwelche Wertschätzung erwerben konnte, und man gestand sich ein, daß es sowohl auf kirchlichem wie politischem Gebiete sehr schwierig sein würde, in Europa ausgebildete Afrikaner oder Insulaner als Kontaktleute im Niemandsland zwischen den Kulturen fungieren zu lassen. Enttäuscht berichteten französische und englische Reisende etwa davon, wie wenig die Informationen, die der Hurone Savignon, der Insulaner Omai oder der Afrikaner Anton Wilhelm Amo ihren Landsleuten von Europa übermittelten, diese im Grunde interessierten und wie gering die Übertragbarkeit der Erfahrungen weitgereister Eingeborener tatsächlich war.

Besonders deutlich ließ sich dies, wie bereits angedeutet, bei der Rückkehr Omais nach Tahiti beobachten. Vom Umgang mit europäischen Bewunderern und Gelehrten verwöhnt und in seiner Selbstachtung sehr gestärkt, zudem mit einigen verblüffenden, aber sehr unzusammenhängenden Kenntnissen ausgerüstet, glaubte Omai, sich die Anerkennung, ja die Verehrung seiner Landsleute im Handumdrehen sichern zu können. Das wenig illustre Dasein, das er vor seiner Fahrt nach England im Kreise der Seinen geführt hatte, die Neckereien wegen seines Aussehens und seiner mißgebildeten Nase, dies alles, hoffte Omai, würde nun völlig vergessen sein, und die Engländer hofften dies auch. Bald aber, nach einem flüchtigen Augenblick des Aufsehens, das er doch erregte, wandten sich seine Landsleute wieder von ihm ab, ja er stieß auf noch größere Abneigung als zuvor. So sehr war Omai seiner Sippe fremd geworden, daß Cook sich genötigt sah, ihn nach einer andern Insel zu schaffen, zu seinem Schutz ein festes Haus zu errichten und ihm sogar Feuerwaffen zu seiner Verteidigung in die Hand zu geben.[47]

Dem in seine Heimat zurückgekehrten Eingeborenen blieben im Grunde wiederum nur zwei Möglichkeiten des Verhaltens: entweder, er vergaß möglichst schnell alles, was er sich in Europa angeeignet hatte; oder er führte, wo die Umstände dies ermöglichten, im Schatten der europäischen Kolonialstation ein Dasein europäischen Stils, was zur Folge hatte, daß er den Kontakt mit seinen Stammesangehörigen vollkommen verlor und, zusammen mit einer Mittelschicht von Mischlingen, zwischen Abhängigkeit und Wurzellosigkeit, Anerkennung und Verstoßung hin und her schwankte.

Meistens trat der erste Fall ein: die Erinnerung des Heimgekehrten an Europa verblaßte schnell, und zahlreich sind die Klagen europäischer Kolonisten, die konsterniert feststellen, wie ihr eingeborener Schützling jede Bildung und feinere Lebensart abstreifte wie ein aus der Mode gekommenes Kleid. »Nachdem er in sein Land zurückgebracht worden war«, schreibt Pater Le Jeune vom in Frankreich ausgebildeten Huronen Pastechouan, »brachte man ihn in Berührung mit seinen Landsleuten, damit er sich deren Sprache, die er fast vergessen hatte, wieder aneignen könne; doch der arme Teufel ist wieder barbarisch geworden wie die andern und ist seither in seiner Barbarei verharrt.«[48]

Auch der zweite Fall ist quellenmäßig mehrfach belegt; zur Illustration sei hier ein besonders typisches Beispiel erwähnt: Der Afrikaner Jacobus Elisa Capitain hatte in Leiden Theologie studiert und eine apologetische Schrift zum Sklavenhandel verfaßt, die weite Verbreitung fand. Als protestantischer Missionar kehrte er nach der holländischen Faktorei von Elmina zurück, entfaltete vorerst eine rege Tätigkeit in seinem seelsorgerischen Amt und übersetzte als einer der ersten Evangelientexte in die Eingeborenensprache. Gerne hätte er sich mit einer Negerin vermählt, aber seine kirchlichen Vorgesetzten in Amsterdam weigerten sich, da die Auserwählte nicht christlich getauft war, die Einwilligung zu geben. So heiratete Capitain eine Europäerin, die ihn, so scheint es, ins Unglück stürzte. »Offensichtlich entmutigt von den dürftigen Erfolgen seiner Arbeit im Weinberg des Herrn«, schreibt ein englischer Kolonialhistoriker, »vernachlässigte er den Dienst an Gott zugunsten des Mammons und starb, nach einigen glücklosen Handelsgeschäften, völlig bankerott, am 1. Februar des Jahres 1747.«[49]

Wir schließen diesen Überblick über Begegnungen zwischen Überseebewohnern und Europäern in Europa nicht ohne Unbehagen. Rücksichtslosigkeiten gegenüber Menschen anderer Rasse, wie sie jenseits der Meere seit den Pionierfahrten von Portugiesen und Spaniern an der Tagesordnung waren, gab es in diesem Ausmaß und in vergleichbarer Brutalität in Europa zwar nicht; dennoch wird man kaum sagen können, der Eingeborene sei hier mit wesentlich größerem Verständnis behandelt worden als dort. Richtig ist, daß die Beziehung zum überseeischen Gast in Europa bis in unser Jahrhundert ein gesellschaftliches Randproblem blieb: Aufenthalte von Vertretern archaischer Kulturen bei uns waren nie häufig und beeinflußten die demographische, soziale und wirtschaftliche Entwicklung nur in jenen Hafenstädten, die enge Beziehungen zu Übersee unterhielten. Man gewöhnte sich, die Anwesenheit des Überseebewohners als bloßen Reflex einer weitgespannten kolonialen Tätigkeit und als augenfälliges

Zeichen nationaler Weltgeltung zu betrachten; die Fragen, welche diese Präsenz allenfalls aufwarf, wurden nur von einer kleinen Zahl Intellektueller gesehen. Von der Masse erst sensationslüstern bestaunt, dann mit Gleichgültigkeit und Verachtung behandelt, von der Oberschicht als exklusives Unterhaltungsobjekt flüchtig zur Kenntnis genommen, von den Gelehrten zum Gegenstand doch recht begrenzter Studien gemacht, blieb der Eingeborene in Europa ein Fremder. In den Spalten der Zeitungen, in Traktaten und Flugblättern, in gelehrten Untersuchungen, Nachschlagewerken und Romanen freilich hinterließ der Eingeborene eine überaus deutliche Spur, der wir im zweiten Teil dieser Darstellung folgen wollen.

Zweiter Teil

Der europäische Schauplatz

Diese Entdeckung eines unendlichen Gebietes (Brasilien) scheint von großer Bedeutung zu sein. Ich weiß nicht, ob ich dafür stehen kann, daß in Zukunft nicht noch andere dergleichen gemacht werden, so viele größere Persönlichkeiten als wir waren darüber im Irrtum. Ich fürchte fast, daß unsere Augen größer sind als unsere Mägen und unsere Neugierde größer als unsere Fassungskraft. Wir greifen nach allem, aber wir fassen nur Wind.
Montaigne, Essais (1582)

Wir lernen durch sie (die Reiseberichte) die Welt kennen und ersetzen einigermaßen den Mangel eigener Reisen und eigener Erfahrung. Wir bereichern uns mit tausend nützlichen Wahrheiten, wir legen unsere Vorurteile ab, und wir genießen die Frucht der Lebensgefahren und der langjährigen Bemühungen anderer Männer, die in verschiedenen Zeiten und an verschiedenen Orten für uns gearbeitet haben. *Albrecht von Haller,
Vorrede zur Sammlung neuer und merkwürdiger Reisen (1750)*

Wir tragen die Vorurteile unseres herrschsüchtigen Geistes bis ans Ende der Welt! *Voltaire, Essai sur les moeurs (1756)*

Die Entdeckungen, welche unsere europäischen Seefahrer in fernen Meeren und auf entlegenen Küsten gemacht haben, geben uns ein ebenso lehrreiches als unterhaltendes Schauspiel. Sie zeigen uns Völkerschaften, die auf den mannigfaltigsten Stufen der Bildung um uns herum gelagert sind, wie Kinder verschiedenen Alters um einen Erwachsenen herumstehen und durch ihr Beispiel ihm in Erinnerung bringen, was er selbst vormals gewesen und wovon er ausgegangen ist. *Friedrich Schiller,
Was heißt und zu welchem Ende studiert man Universalgeschichte? (1789)*

Der Amerikaner, der den Columbus zuerst entdeckte, machte eine böse Entdeckung. *Georg Christoph Lichtenberg, Aphorismen (um 1800)*

I. Die Weltläufigkeit aufgeklärter Wissenschaft

1. Naturbegriff und Wissenshorizont

a) Vorbemerkung

Am Ende des ersten und zu Beginn des zweiten Teils dieser Untersuchung mag es erlaubt sein, einen Blick zurück und einen Blick voraus zu werfen, befinden wir uns doch gleichsam an der Scharnierstelle einer Darstellung, die es sich vorgenommen hat, das Faktum der kulturellen Begegnung in Übersee auf zwei recht unterschiedlichen Bewußtseinsebenen zu verfolgen.

Der erste Teil galt im wesentlichen der Feststellung kolonialgeschichtlicher Tatbestände und der Skizzierung ihrer jeweiligen geographischen, ethnologischen und politischen Bedeutung. Wir gaben zuerst einen Abriß der globalen Entdeckungsgeschichte zur See und zu Land bis zum Ausbruch der Französischen Revolution und suchten dabei eine in diesem Rahmen ohnehin nicht anzustrebende Vollständigkeit durch Verdeutlichung der geistesgeschichtlichen Tragweite dieser Entwicklung zu ersetzen. Insbesondere wurde gezeigt, von welchen äußeren Bedingungen Reiseberichterstattung und Reisechronistik seit der spanisch-portugiesischen Pionierzeit abhängig gewesen sind, worin die wissenschaftlichen Möglichkeiten dieser Literatur lagen und wie sich im Laufe der Zeit Methode und Zielsetzung der Erkundung wandelten.

Das zweite Kapitel war dem eingehenden Studium zeitlich und örtlich relativ leicht isolierbarer Modellfälle gewidmet: wir sprachen, um einige Hauptakzente in Erinnerung zu rufen, von der Kulturberührung in Mittelamerika und im pazifischen Raum; von kommerziellen und missionarischen Formen des Kulturkontakts in Westafrika und Kanada; vom Kulturzusammenstoß in Nordamerika und auf Santo Domingo; von der Kulturverflechtung in Brasilien. Obwohl wir hier eine Art Systematik der Erscheinungsformen kultureller Begegnung glaubten entwickeln zu können, die uns auch auf andere Fälle übertragbar scheint, gingen wir nicht von einer theoretischen Konstruktion, sondern von einem quellenmäßig detailliert zu belegenden Sachverhalt aus, dessen paradigmatische Bedeutung wir zu zeigen suchten. Wir stützten uns dabei vornehmlich auf den überaus reichhaltigen Bestand von Zeugnissen europäischer Überseereisender, die in irgendeiner Funktion, handelnd und kommentierend, an jener Begegnung direkt beteiligt gewesen sind.

Mit dem Schlußkapitel des ersten Teils schließlich, welches zugleich den Übergang zum Folgenden herstellen soll, versetzten wir uns nach Europa zurück, um darzulegen, wie sich das Zusammentreffen zwischen Eingeborenen und Zivilisierten in den Metropolen der wichtigsten Kolonialmächte selbst abspielte.

Der zweite Teil unserer Arbeit soll zeigen, in welcher Weise das Faktum der kulturellen Begegnung in Übersee durch Europa rezipiert worden ist. Zeitlich beschränken wir uns dabei vor allem auf das achtzehnte Jahrhundert, weil es dem Zeitalter der Aufklärung vorbehalten blieb, die Entdeckung des archaischen Menschen, die äußerlich gesehen spätestens mit Kolumbus begonnen hatte, als ein Ereignis von unabsehbarer kulturgeschichtlicher Tragweite zu begreifen und in die aktuelle Diskussion einzubeziehen. In der Tat war es im sechzehnten und siebzehnten Jahrhundert um die Vorgänge in Übersee, soweit es sich nicht um die Wechselfälle der Auseinandersetzung zwischen rivalisierenden europäischen Seemächten handelte, stiller geworden. Der kolonialistische Pionierelan der Hochrenaissance und der diesem sekundierende Aufschwung auf technischem und wissenschaftlichem Gebiet klangen bald ab; die Diskussion um den rechtlichen Status des Überseebewohners, die Bartolomé de Las Casas, Francisco de Vitoria, Juan Ginés de Sepúlveda und andere ausfochten, versandete oder mündete in wohlklingende »ordenanzas« aus, deren Beachtung jenseits der Meere nicht mehr zu kontrollieren war; die Verwaltung der Kolonie wurde zunehmend zur Routineangelegenheit zentralistischer staatlicher Institutionen und Handelsgesellschaften. Es ist bemerkenswert, daß die weiterhin sich meldenden Initiativen vor allem englischer und französischer Theoretiker zur tatkräftigeren Durchdringung, Besiedlung und Urbarmachung überseeischen Gebiets die Problematik der Kulturbegegnung eher ausklammerten oder verwischten, als intellektuell zu lösen versuchten. Und bezeichnend ist auch, daß zum Beispiel der holländische Jurist Hugo Grotius, der um 1610 für die Öffnung der Meere eintrat, in seiner Vorstellung eines freien, pluralistischen Weltwirtschaftssystems den Überseebewohner vergaß.[1]

Gewiß fuhren die Reisenden fort, ihre Informationen zu liefern, und die Kompilatoren fuhren fort, diese zu sammeln; man darf auch annehmen, daß die Reiseliteratur gegen Ende des siebzehnten Jahrhunderts vor allem beim höfischen Leserpublikum sehr beliebt gewesen ist.[2] Aber man las vornehmlich zur reinen Unterhaltung, das Interesse ging über ein Staunen vor fremdländischen Absonderlichkeiten kaum hinaus, und die Existenz anderer Kulturkreise wurde nicht als Herausforderung empfunden: nur selten taucht in den auf Daseinsbewältigung abzielenden philosophischen und theologischen Werken jener Zeit ein Hinweis auf die überseeische Erfahrung auf. Der »honnête homme« des siebzehnten Jahrhunderts trat ungern aus dem Kreis heraus, in den ihn die göttliche Vorsehung gestellt hatte, und so sehr er die gesellschaftlichen Tugenden der Höflichkeit, des vermittelnden Geschicks und der individuellen Ausstrahlungskraft pflegte, so wenig war er im allgemeinen bereit, neugewonnenes Wissen zur Infragestellung seiner Person und der Gesellschaft beizuziehen.

Dies änderte sich mit dem Beginn des achtzehnten Jahrhunderts, als das Ideal des »honnête homme« immer mehr vom Ideal des »philosophe« verdrängt wurde. Der Kulturhistoriker Paul Hazard hat in seinem Hauptwerk »Die Krise des europäischen Geistes« am Beispiel Frankreichs gezeigt, wie die Ordnung und Stabilität der klassisch-absolutistischen Gesellschaftsvorstellung nach 1680 allmählich in Bewegung kamen, nicht zuletzt deshalb, weil man einen neuen Zugang zur Reiseliteratur gewann.[3] Wer den Reisebericht als »philosophe« las, konnte sich nicht mehr mit dem Amüsement allein zufrieden geben; er verglich, was er von entfernten Ländern hörte, mit dem, was er kannte, und ihm dämmerte, daß seine eigene Lebensform durchaus nicht die einzig vertretbare zu sein brauchte. Es war offensichtlich nicht nur möglich, sich vornehmlich von Heuschrecken zu nähren, die Frauen für sich arbeiten zu lassen oder statt mit der Feder mit dem Pinsel zu schreiben; möglich war auch, daß man auf Privatbesitz verzichtete, daß man sich nicht von einem einzelnen Herrscher regieren ließ und daß man, statt sich für kleinen Lohn abzurackern, täglich ein paar Stunden fischte oder jagte. Und dies alles war nicht Erfindung, sondern Realität, und manche unbestechliche Reisende, die es beobachteten, behaupteten sogar, die Überseebewohner fühlten sich auf ihre Weise durchaus wohl.

Die Einsicht in die Relativität unterschiedlicher kultureller Lebensformen traf den philosophischen Leser wie eine Erleuchtung. Wie, wenn es nun keine präetablierten Wertunterschiede innerhalb der menschlichen Gattung gab und jedes Volk der Erde mit gleichem Recht seinen Anspruch auf irdische Glückseligkeit anmeldete? Wie, wenn ein allgemein verbindliches Ideal menschlicher Vorzüglichkeit nicht existierte, sondern, je nach den jeweiligen Umweltbedingungen, unzählige Spielformen humanen Daseins gleichberechtigt nebeneinander bestanden? Hatte man nicht von europäischen Reisenden gelesen, die sich ganz der Lebensweise eines von ihnen besuchten Volkes angepaßt und damit die besten Erfahrungen gemacht hatten; ja, gab es nicht sogar Reisende, die nach ihrer Rückkehr manche Gewohnheiten und Sitten, die sie nicht missen wollten, beibehielten? Und bedeutete dies nicht, daß man, ausgehend vom Glauben an eine elementare Gleichartigkeit der Menschennatur bei allen offensichtlichen Variationen, gewisse Vorzüge anderer Daseinsformen mit Gewinn übernehmen konnte?[4]

Solche Fragen, die sich der »philosophe« stellte, zeigen, daß man zu Beginn des achtzehnten Jahrhunderts, von vereinzelten Vorläufern wie etwa Montaigne abgesehen, erstmals ernstlich begann, die Kenntnis der überseeischen Welt nicht nur additiv zu vermehren, sondern auch gedanklich zu durchdringen. Der archaische Mensch, bisher meist ein abseitiges Kuriosum am Rande des intellektuellen Gesprächs, trat aus seiner Isolation heraus und begann, anregend und beunruhigend, das europäische Selbstverständnis zu verunsichern: dies zeigt sich allein an der auffälligen Häufigkeit, mit der in den historischen, philosophischen und anthropologischen Werken Montesquieus, Voltaires, Humes oder Herders plötzlich völkerkundliche Fakten erwähnt werden.[5] Vor dem verwirrend reichen Spektrum exotischer Lebensformen gewann die eigene Kultur in den Augen kritischer Betrachter eine neue Transparenz, aber auch Fragwürdigkeit. Jede neue Erfahrung, sagten sich die »philosophes«, zwingt dazu, das bisher Geglaubte wieder neu in Frage zu stellen – und eine solche Erfahrung von höchst befruchtender Folgewirkung war der neugewonnene Begriff der eigenständigen Relevanz der Fremdkultur.

Dieser in mancher Hinsicht überraschend modern anmutenden Form der europäischen Annäherung an die Realität der überseeischen Welt ist der zweite Teil dieser Darstellung gewidmet. Wir begeben uns damit ins Gebiet der abendländischen Geistesgeschichte im engeren Sinne und möchten zeigen – was man leider im deutschen Kulturbereich zum Teil infolge der Faszination durch das Phänomen der literarischen Klassik allzu leicht vergißt – wie sehr gerade der Gebildete der Aufklärungszeit aus nationaler und kontinentaler Beschränktheit herauszutreten verstand und willens war, seine Auseinandersetzung vor einem allgemein zugänglichen Forum der Weltvernunft auszutragen. Diese Neigung zum Kosmopolitismus war gewiß nicht frei von recht egozentrischer Dynamik und einigem Kulturdünkel, der die eben gewonnene Weltoffenheit sogleich wieder in Frage zu stellen drohte; unzweifelhaft aber ist, daß spätestens nach der Publikation von Rousseaus »Discours sur l'originalité de l'inégalité parmi les hommes« vom Jahre 1755 ein Prozeß der dialektischen Erörterung des Verhältnisses Europa-Übersee in Gang kam, der zuvor nicht möglich gewesen wäre.

Zu Beginn des zweiten Teils sollen bestimmte Grundvoraussetzungen aufgeklärter Geisteshaltung skizziert werden, welche die Rezeption des Faktums archaischer Kultur ermöglicht und mitgeprägt haben. Dann soll, in Erweiterung der bereits im ersten Teil gegebenen Hinweise, eine kurze Historiographie der Reiseberichterstattung versucht und verdeutlicht werden, wo die Möglichkeiten und wo die Schwächen der sich ankündigenden wissenschaftlichen Völkerkunde lagen. Ein weiteres Kapitel wird sich mit der philosophisch-anthropologischen Diskussion befassen, welche die Eingliederung des »Wilden« in die aufgeklärte Weltvorstellung auslösen mußte: Fragen nach der Herkunft des menschlichen Geschlechts, nach der Beziehung und Verwandtschaft der Rassen untereinander, nach der Bedeutung des Rassebegriffs überhaupt sowie bezüglich der ästhetischen und moralischen Bewertung anderer Kulturen sollen so, wie sie in der zeitgenössischen gelehrten Auseinandersetzung abgehandelt wurden, dargestellt werden.

Es war ein höchst lebhafter Disput, der sich hier austrug, und es ging nicht immer ohne Rückfälle, Verzerrungen, Peinlichkeiten ab: man nahm die neugewonnene Thematik zum Vorwand, alte theologische Streitigkeiten weiterzuverfolgen; man glaubte, den Eingeborenen dadurch am besten vor dem Vorwurf der Barbarei schützen zu können, daß man ihn zur sterilen Sinnbildlichkeit des »edlen Wilden« emporhob; man geriet in Gefahr, die zu ergründenden Phänomene aus dem Blickfeld zu verlieren, weil man sich mit materialistischer Akribie auf die sie unmittelbar auslösenden Ursachen konzentrierte. Aber die Fragen, die man damals aufwarf, sind fast ausnahmslos bis heute aktuell geblieben, und bei den Lösungen, die man fand, handelte es sich oft zumindest um brauchbare Ansätze zu weiteren Forschungen.

Unsere Darstellung schließt um die Zeit des Amerikanischen Unabhängigkeitskrieges und der Französischen Revolution ab. Die weltpolitische Zäsur ist nicht zu übersehen: die bisherige Form der Kolonialverwaltung ist in Frage gestellt, und man sucht, zuerst in Kanada, dann in Indien, nach neuen Konzepten; freihändlerische und physiokratische Tendenzen ersetzen das merkantilistische Prinzip des »exclusif« durch eine Politik des »laissez-faire, laissez-aller«; die große Revolution und die napoleonischen Kriege geben Europa Anlaß, sich mit sich selbst zu beschäftigen, während in Südamerika, als direkte Folge dieser Ereignisse, die Loslösung von spanischer und portugiesischer Oberhoheit vorbereitet wird.

Und auffällig ist die Zäsur auch im Bereich der überseeischen Berichterstattung und deren wissenschaftlicher Auswertung. Der französische Ethnologe Jean Poirier hat die Zeit vor der Französischen Revolution etwas summarisch als »Prähistorie der Ethnologie«[6] bezeichnet. Wir möchten diesen Begriff ins Positive wenden und darunter verstehen, daß besonders das achtzehnte Jahrhundert tatsächlich den Grund präpariert, vorbereitet hat, worauf die wissenschaftliche Ethnologie seither aufbauen konnte.

Ein überaus reicher Bestand völkerkundlichen Materials lag, übersichtlich geordnet und gut zugänglich, vor, und wenn auch diese Information nicht vollständig war, so war sie doch eingehend genug, um den Hauptantrieb bisheriger Reisender, Neues zu beobachten, neben dem Bemühen um sorgfältige Auswertung dieser Information in den Hintergrund zu rücken. Im langen und überaus fruchtbaren Leben Alexander von Humboldts, das von der Aufklärung zum Spezialistentum des neunzehnten Jahrhunderts hinüberleitet, ist die Begabung zum exakten Festhalten des Überraschend-Neuen mit der Begabung der Einsicht in die morphologischen und physiologischen Hintergründe der Erscheinungen geradezu exemplarisch verbunden.[7]

Aber nicht nur wertvolles Material war gesichert, auch ergebnisträchtige Fragestellungen waren vor 1800 längst erarbeitet. Jean-Jacques Rousseau, den Claude Lévi-Strauss als den Begründer moderner Ethnologie bezeichnet[8], hatte daran gewiß entscheidenden Anteil; aber auch das beispielhafte Zusammenwirken zahlreicher anderer europäischer Gelehrter, von dem im folgenden eingehender die Rede sein soll, erwies sich als mächtig fortwirkendes geistesgeschichtliches Ferment. So war die Zeit vor der Französischen Revolution nicht Prähistorie in dem Sinne, daß es ihr zur Aufzeichnung ihrer Erkenntnisse an Ausdrucksvermögen gefehlt hätte; sie war prähistorisch höchstens insofern, als sie die Voraussetzung zum Aufschwung der geographischen und völkerkundlichen Wissenschaften im Europa des neunzehnten Jahrhunderts, vor allem auch in Deutschland, recht eigentlich schuf.

b) Die natürliche Ordnung

Für den gebildeten Menschen des achtzehnten Jahrhunderts hatte die Umwelt nichts mehr von der Bedrohlichkeit an sich, die Dingen eigen ist, welche man nicht versteht. Er blickte ohne Furcht, sogar mit einer gewissen herausfordernden Neugierde auf die Schöpfung, als deren Herr er sich fühlte und in deren Geheimnis einzudringen er als seinen Auftrag empfand. Die Welt war ihm zum unabsehbaren Forschungs- und Experimentierbereich geworden: daran, daß sie sich dem richtigen Gebrauch der Vernunft mehr und mehr erschließen müßte, zweifelte er nicht. Der Horizont des Wissens hatte sich gegenüber den begrenzten Erkenntnismöglichkeiten, die der Offenbarungsglaube der Scholastik geboten hatte, mächtig erweitert, und man wurde sich bewußt, daß die Natur der Erklärung durch das Übernatürliche nicht mehr bedurfte, sondern den Schlüssel zum Verständnis in sich selber trug. Die Vernunft des Naturbeobachters brauchte sich nicht mehr ängstlich ans Dogma anzulehnen; sie bezog ihre neue Würde aus der Einsicht, daß sie selbst Teil eines wirkenden Prinzips im Ganzen der Schöpfung war und daß folglich, wer sich ihrer ohne Vorurteil bediente, in der Natur wie in einem offenen Buche lesen konnte.

Die zahlreichen naturwissenschaftlichen Entdeckungen dieses Zeitalters schienen den Glauben an die Ergründbarkeit der Schöpfung wie an die Zulänglichkeit der rationalen Methoden zu rechtfertigen. Auf den Wissensgebieten von Physik, Botanik und Zoologie machte es vollends den Anschein, als böte jede eben gewonnene Einsicht den Ansatzpunkt zur nächsten – es war, als enthülle die Natur in jeder ihrer Erscheinungen eine innere Gesetzmäßigkeit, so daß sich demjenigen Betrachter, der aus bekannten Fakten logisch zu folgern wußte, der allgemeine Zusammenhang zuletzt verdeutlichen mußte. Auf diese Hoffnung gründete sich der wissenschaftliche Optimismus der Zeit. In seinem Werk über die geistigen Grundlagen der englischen Aufklärung hat Basil Willey diese Grundüberzeugung des Aufklärungszeitalters wie folgt zusammengefaßt: »In dieser Epoche war es nicht etwa die Doppeldeutigkeit des Naturbegriffs, die am stärksten empfunden wurde, sondern die Klarheit, Autorität und universale Geltung von Natur und Naturgesetz. Die Gesetze der Natur sind die Gesetze der Vernunft; sie bleiben immer und überall dieselben, und wie bei den mathematischen Axiomen geht es lediglich darum, sie so darzustellen, daß jedermann ihre Berechtigung einsieht. Die historische Rolle des Naturbegriffs in dieser Zeit bestand darin, jede Verwirrung und Unordnung zu vermeiden und stattdessen Frieden, Übereinstimmung, Toleranz und Fortschritt herbeizuführen, was das menschliche Zusammenleben betraf, und Deutlichkeit, Ordnung, Einheit und Ausgewogenheit, was Poesie und Kunst anging.«[9]

In den geistreichen Dialogen, die der französische Philosoph Fontenelle gegen Ende des siebzehnten Jahrhunderts einen Weltmann mit einer wißbegierigen Marquise über die »Vielzahl der Welten« führen ließ, wird das Ganze der Schöpfung mit der Szenerie einer Oper verglichen.[10] Man gibt, wie der Geschmack der Zeit es will, ein Stück aus der griechischen Mythologie: Phaeton, der Sohn des Helios, steht eben im Begriff, am Himmelsgewölbe emporzusteigen. Der ahnungslose Zuschauer, argumentiert Fontenelle, wird diesen Vorgang ebenso wundersam und unerklärlich finden wie die Phänomene der Natur; der wahre Philosoph dagegen erkennt hinter dem Flug Phaetons die einfache Mechanik von Drahtzug und Gegengewicht, welche diesen hinaufhebt. In gleicher Weise fällt es dem erleuchteten Naturbetrachter leicht, in allem das bewegende Prinzip zu erkennen; mühelos durchschaut er die Erscheinungswelt der Schöpfung, und das Staunen, das den naiven Laien anwandelt, wird beim Gelehrten durch eine höhere Form der Genugtuung abgelöst, welche allein der Einblick ins Uhrwerk der Natur zu verschaffen vermag. So dachte Fontenelle, und das Bild, welches er zur Veranschaulichung beizog, illustriert vorzüglich das neuartige Weltverständnis seines Landsmanns Descartes, welcher die Wirksamkeit der Natur auf physikalische Prinzipien, die ein durch sich selbst gerechtfertigtes logisches System bildeten, zurückzuführen wagte und damit die entscheidende Abkehr vom statisch fixierten Kosmos des Mittelalters vollzog.[11]

Die Überlegungen Fontenelles und der Cartesianer befreiten zwar vom Methodenzwang der Scholastik und lockerten die Fesseln, welche die Religion der Naturforschung angelegt hatte, aber sie gaben der Frage nach den mechanischen Ursachen der Erscheinungen ein zu vorrangiges Gewicht. Die Verlockung lag nahe, daß man sich einer materialistischen Naturphilosophie und deren Kausalschlüssen auslieferte und es versäumte, die Zuverlässigkeit solcher Überlegungen in jedem einzelnen Fall an der Realität zu überprüfen. Dieser Gefahr trat Isaac Newton entgegen. In einem seiner Briefe an die Londoner »Royal Society« stellte Newton fest, die beste und sicherste Methode des Philosophierens bestehe darin, daß man mit Eifer die Eigenschaften der Dinge erforsche und durch das Experiment zu bestätigen suche; Hypothesen seien ungeeignet, diese Eigenschaften im vornherein zu bestimmen – es sei denn, sie wären eine Hilfe beim Experimentieren.[12] Auch Newton war von der Gesetzmäßigkeit natürlicher Vorgänge überzeugt; seine Theorie der allgemeinen Attraktion kam in dieser Hinsicht den Cartesianern durchaus entgegen. Aber er ging bei seinen Untersuchungen von der Erscheinung aus, gelangte von der Betrachtung des Besonderen vorsichtig induzierend zum Allgemeinen und wagte eine generelle Folgerung erst, wenn einwandfreie Beobachtungsbedingungen und eine zureichende Zahl von Experimenten deren Richtigkeit gewährleisten konnten. Newton ging es vordringlich um die Beschreibung, nicht um die Zuordnung der Phänomene, und Hypothesen betrachtete er nur dann als nützlich, wenn sie die spontane Anschauung befruchten konnten. Darin, daß er dem Tatbestand mehr vertraute als der theoretischen Konstruktion, lag eine bedeutsame, über das engere Fachgebiet hinausweisende Nebenwirkung dieses Physikers begründet. Sein Werk führte immer wieder zur Anschauung zurück; es ermunterte jeden, der in sich Lust und Begabung fühlte, den natürlichen Umkreis seines Daseins forschend auszuschreiten.

Im Jahre 1735 schlug der Schwede Carl von Linné mit der Publikation seines Natursystems ein biologisches Ordnungsprinzip vor, dessen klassifizierende Methode sich auf die verschiedensten Bereiche pflanzlichen, tierischen und selbst menschlichen Lebens anwenden ließ. Aus der Betrachtung der Pflanzenwelt suchte Linné die charakteristischen Artmerkmale zu gewinnen, welche eine unterscheidende Zuordnung der ihm bekannten Pflanzen in Gattungen, Ordnungen und Klassen erlaubten. Die Beschaffenheit der Fortpflanzungsorgane stand im Vordergrund dieses Klassifizierungsversuchs: Zahl und Aussehen von Blütenstempeln und Staubblättern entschieden über die Einordnung einer bestimmten Pflanze. Auf diese Weise gelangte Linné zu einer Unterteilung der Flora in vierundzwanzig Hauptklassen, und wenn auch dieses Schema daran krankte, daß es den einheitlichen Aufbau der Blüten und die Konstanz der Arten zu sehr betonte, erwies es sich doch während eines Jahrhunderts als nützliches Hilfsmittel. Von dauerhafterer Bedeutung war die Entwicklung einer neuen wissenschaftlichen Benennungstechnik, der sogenannten »binären Nomenklatur«, die es gestattete, die Eigentümlichkeit einer Pflanze oder eines Tieres genau zu bezeichnen, indem man durch einen Doppelbegriff sowohl das übergreifend Gattungsmäßige als das spezifische Artmerkmal ausdrückte.

Gewiß zielte Linnés »Systema Naturae«, wie besonders Buffon erkennen sollte, auf eine Verflachung Newton'scher Betrachtungsweise ab, und der Versuchung, das bloße Ordnungsprinzip als Endzweck statt als Hilfsmittel zu begreifen, war schwer auszuweichen. Die Klassifikation wurde bald zur Lieblingsbeschäftigung aufgeklärter Naturbetrachter: im Verfahren solchen Einordnens, das sich auf alle Hervorbringungen der Natur, vom Stein bis zum Menschen, erstreckte, bewies die Vernunft ihre klärende Macht. Auch dem Dilettanten, der sich wenig bemühte, durch die Oberfläche der Erscheinungen vorzustoßen, war Gelegenheit geboten, indem er sein Leben dem Studium irgendwelcher Moose oder Muscheln widmete, als Schöpfer eines neuen Systems in die Annalen der Geistesgeschichte einzugehen und seinen Namen in der Bezeichnung neuentdeckter Arten zu verewigen.

Besonders die verschiedenen Erscheinungsformen des Menschen, denen Linné nur eine grobe Skizzierung gewidmet hatte, reizten den Klassifizierungstrieb der Naturbetrachter. Um die Jahrhundertmitte zirkulierten denn auch die widersprüchlichsten Theorien über Anzahl und spezifische Merkmale der Menschenrassen; denn je nachdem, welches Gewicht man einer bestimmten physischen Eigenart, Hautfarbe, Schädelform oder Haarfarbe beimaß, verschob sich die Basis des jeweiligen Einteilungsschemas, und die Tatsache, daß man glaubte, neben spitzfindigen körperlichen Unterschieden auch noch moralische Werturteile ins Spiel bringen zu müssen, beraubte diese Klassifikationsversuche vollends ihres wissenschaftlichen Werts. Doch die Neigung zur Systematik blieb nun einmal, auch wenn sie sich oft ebenso hemmend als fördernd auswirkte, ein Hauptcharakteristikum der damaligen geistigen Situation und prägte den Prozeß des wissenschaftlichen Forschens entscheidend. »Analytische Betrachtung«, schreibt Paul Hazard, »machte es möglich, die verschiedenen Fasern, aus denen sich das Gewebe eines komplexen Tatbestandes zusammensetzte, zu unterscheiden. Der nächste Schritt bestand darin, daß man von ihnen eine systematische Liste aufstellte; damit war die erste Phase des Erkenntnisprozesses abgeschlossen. Die zweite bestand darin, daß man diese Fasern miteinander verglich, ihre wechselseitigen Beziehungen untersuchte und von diesen Beobachtungen auf die allgemeinen Gesetze schloß, denen sie unterworfen waren.«[13]

Erst die Arbeit des Göttinger Anthropologen Johann Friedrich Blumenbach über »Die natürlichen Verschiedenheiten im Menschengeschlechte«, die 1775 erschien, schlug ein einigermaßen befriedigendes Ordnungsschema vor.[14] In dieser Schrift sammelte sich gegen Ende des Jahrhunderts nochmals die verstreuteste Kenntnis über Artung und typische Merkmale anderer Völkerschaften, wie sie nur ein so profunder Kenner der internationalen Fach- und Reiseliteratur, wie der deutsche Gelehrte es war, überhaupt überblicken konnte. Blumenbach teilte die Menschheit in Kaukasier, Mongolen, Äthiopier, Amerikaner und Malaien ein und verwendete, moderne Methoden der physischen Anthropologie teilweise antizipierend, Körperbau, Haar, Hautfarbe und besonders die Schädelform als wichtigste Unterscheidungsmerkmale. Immer suchte Blumenbach, Newton nacheifernd, den Bezug zur Sache; er versäumte keine Gelegenheit, Fakten, Daten, Belege zu sammeln, nahm persönlich physiologische Untersuchungen und Messungen an Vertretern anderer Rassen vor und erwarb sich internationales Ansehen als Begründer der vergleichenden Schädelkunde oder Kraniologie. Sein besonderes Verdienst war, daß er immer wieder vor einer Übertragung anatomischer oder physiognomischer Feststellungen in den Bereich ethischen Werturteils warnte und damit einer Diffamierung anderer Rassen, die sich biologisch zu begründen suchte, mit aller Entschiedenheit entgegentrat.[15]

Durch seine Arbeiten wirkte Blumenbach vielleicht bestimmender als jemand sonst nach Linné am Aufschwung völkerkundlicher Untersuchungen mit. Er stand mit führenden Gelehrten in London und Paris in Verbindung und wurde anläßlich eines Besuches in der französischen Hauptstadt auch von Napoleon empfangen. Seine Anregungen trugen wesentlich dazu bei, daß man sich in England und Frankreich zur Durchführung wissenschaftlicher Entdeckungsreisen entschloß, an denen sich vereinzelt auch deutsche Forscher beteiligen konnten; der Rußlandreisende Haxthausen, der Weltumsegler Langsdorff, der Amerika-Kenner Maximilian zu Wied und Alexander von Humboldt studierten unter ihm an der Göttinger Universität.[16]

Wenn es Blumenbach freilich versagt sein sollte, seinen eigenen Beobachtungen ihren revolutionärsten wissenschaftlichen Ertrag abzugewinnen, so lag dies, ähnlich wie bei Linné, an der mangelnden Berücksichtigung historischer Dimensionen. Die Systeme, welche diese beiden Gelehrten und manche ihrer Zeitgenossen sich erdachten, waren der Sphäre des Zeitlichen künstlich entrückt und in ihrem Grundcharakter derart statisch, daß man sich fragen konnte, ob die aufgeklärten Naturwissenschaften dem spätmittelalterlichen Zwang zum deduktiven Nachweis eines göttlichen Weltgesetzes nur entronnen waren, um sich im Begriffsmuster selbstgedachter Ordnungen erneut zu verfangen. Klassifikationen waren wohl nützlich, wenn es darum ging, sich einen gewissen Überblick zu verschaffen; aber eine Naturwissenschaft, die ihre Aufgabe darauf beschränkt sah, hielt sich an den bloßen Begriff, nicht an das Wesen der Erscheinungen und ging an den Lebensvorgängen der Natur achtlos vorbei. Man durfte nicht dabei stehen bleiben, Gemeinsamkeiten und Besonderheiten von Arten oder Rassen säuberlich auseinanderzuhalten; weit fruchtbarer wäre gewesen, statt der analytischen Unterscheidung die tiefere Verwandtschaft und Verknüpfung von Pflanzen und Lebewesen zu studieren und Andersartigkeit nicht als abgeschlossenes Faktum, sondern als eine bestimmte Phase im allgemeinen Prozeß der biologischen Entwicklung und Wandlung zu verstehen.

Ganz ausklammern allerdings ließ sich das Historische doch nicht. Auch wer sich keinem andern Ziel als demjenigen der systematischen Klassifikation verpflichtet fühlte, konnte doch nicht übersehen, daß die Produkte der Natur sich in aufsteigender Linie, dem Grad ihrer physischen oder psychischen Verfeinerung entsprechend, zu einer weitgespannten »Kette der Lebewesen« aneinanderreihten, die vom mikroskopisch kleinen Organismus bis hin zum Homo sapiens reichte. [17] Der horizontalen Ordnung der Arten entsprach somit eine vertikale Hierarchie der Gattungen, die, wie man glaubte, vom Einfacheren zum Komplizierten, vom Archaischen zum Zivilisierten fortschritt. Das Gebäude der Natur präsentierte sich als imposante Stufenpyramide, die im Menschen gipfelte, der seinerseits wieder, wie ein Blick auf die Eingeborenenvölker nahezulegen schien, auf verschiedenen Ebenen der Perfektion auftrat.

Diese Idee vom hierarchisch strukturierten Aufbau des Universums erfreute sich bis zum Ende des achtzehnten Jahrhunderts größter Beliebtheit sowohl bei Naturbetrachtern, die einer religiösen Weltsicht weiterhin verbunden blieben, als bei Agnostikern und Atheisten. Der Gläubige sah in der Kette der Lebewesen eine gottgewollte Einrichtung, welche die hohe Weisheit des Schöpfungsplanes illustrierte: »Alle Werke des Herrn«, heißt es in der populären »Physico-Theology« des Engländers Derham, »vom beachtenswertesten, bewundertsten und gepriesensten zum geringsten und niedrigsten sind große und ruhmreiche Werke.«[18] Der Mensch hatte sich, ob Herr oder Knecht, ob englischer Landedelmann oder jagender Hurone, mit dem ihm von der Vorsehung zugedachten Platz abzufinden, und dasselbe galt von den Tieren, deren Ehrgeiz, wie die erbauliche Fabel zeigte, immer wieder in die Schranken ihrer animalischen Situation zurückverwiesen wurde.

Die Skeptiker aber, die Freidenker und vorurteilslosen Diener einer rational zu erhellenden Wissenschaft betrachteten die Kette der Lebewesen als immanente Ordnung der Natur, die sich aus dem Verhältnis der Geschöpfe zueinander im Laufe der Zeit notwendig hatte ergeben müssen und die durch die sinnvolle Funktion ihrer Teile unter sich und im Rahmen des Ganzen dieselbe Bewunderung verdiente, die man einer ingeniösen Maschine zu schenken bereit war. Nicht die Vorsehung dominierte die Welt dieser Materialisten vom Schlage Lamettries und Holbachs, sondern die Notwendigkeit; und die Pflicht des klugen Mannes bestand darin, die Kausalität zu entdecken, der er ausgeliefert, durch die er determiniert war.[19]

Gottgläubige wie Skeptiker aber stellten sich, was die Kette der Lebewesen betraf, dieselben Fragen, auch wenn die einen die Antwort in der biblischen Offenbarung, die andern in der vernünftigen Natur der Dinge beschlossen fanden. Welche Lebewesen, fragte man sich etwa, waren bestimmt, als Bindeglieder zwischen den einzelnen Gattungen, zwischen Pflanze und Tier sowohl wie zwischen Tier und Mensch, zu dienen, und wie ließ sich das Urgeschöpf der jeweiligen Gattung, die Adamsfigur, erkennen? Wie weit gingen Wandlungs- und Anpassungsfähigkeit von Pflanze, Tier und Mensch unter bestimmten geographischen und klimatischen Bedingungen, und welche Umweltfaktoren wirkten hemmend, welche fördernd auf die geistige und sittliche Ausbildung des Menschen und auf die technische Vervollkommnung seiner Fertigkeiten ein? Innerhalb welcher

Grenzen bewegte sich die Fähigkeit der Natur, durch Bastardbildung neue Arten entstehen zu lassen, und in welchen Proportionen pflanzten sich die vererbenden Eigenschaften des Elternpaares bei den Nachkommen fort?

Alle diese Probleme, deren Diskussion durch die führenden Gelehrten der Aufklärungszeit uns noch eingehender beschäftigen wird, enthielten Ansätze zu historischer Fragestellung, die indessen nicht konsequent weiterverfolgt wurden. Die Vorstellung von der sich in der Zeit entwickelnden Natur blieb dem Denken des achtzehnten Jahrhunderts, zumindest im biologischen Bereich, weitgehend fremd und wurde nie zum konstituierenden Prinzip der damaligen Naturforschung. Die Stufenpyramide der Schöpfung erschien nicht als ein natürlich Gewachsenes, sondern als starre architektonische Konstruktion, und weder Linné noch Buffon oder Blumenbach konnten sich vorstellen, daß sich aus primitiven Urtypen im Verlaufe einer Zeitspanne, welche den Rahmen christlicher Chronologie vollkommen sprengte, differenzierter geartete Wesen allmählich entwickelt haben könnten. Das Ganze der Natur erschien den meisten Betrachtern als Ergebnis eines einmaligen, in sich abgeschlossenen Schöpfungsaktes, wobei für eine fruchtbare Durchdringung des Problems unerheblich blieb, ob man sich von christlicher Seite bemühte, diesen Schöpfungsakt mit der Darstellung der Genesis in Übereinstimmung zu bringen, oder ob man, wie die Materialisten, in ihm den mehr oder weniger zufälligen Beginn eines mechanischen Bewegungsablaufs sah, der sich durch die Übertragung der Materie innewohnender Energien perpetuierte. Die Überzeugung, daß kein Wesen über die Grenzen seiner Art hinaustreten könne, setzte sich bei allen Betrachtern zuletzt immer wieder durch, und selbst wenn einem nicht entging, welche Veränderungen äußere Einflüsse wie Klima und Gesellschaft bewirken konnten, blieb man doch dabei stehen, diese Veränderungen als bloße Variationen eines auf einer bestimmten Stufe der Natur vorgegebenen Themas zu betrachten. Den entscheidenden Schritt aus dem Bannkreis solcher vorwiegend statischen Systematik sollte schließlich weder die botanische, noch die anthropologische Forschung, sondern die Paläontologie zu leisten imstande sein, wie sie zu Beginn des neunzehnten Jahrhunderts vor allem von Lamarck entwickelt wurde.

c) Die Vermehrung des Wissens

Dieser Mangel an einer umfassenden historischen Durchdringung des gesammelten Materials verringerte indessen nicht die quantitative Ergiebigkeit der aufgeklärten Naturforschung. Durch den allgemein belebenden Anreiz zur Naturbetrachtung, der von Linnés Arbeiten ausging, stellte sich der Schwede ebenbürtig neben Isaac Newton. In aller Welt begannen Schüler des Naturforschers mit dem Sammeln, Beschreiben, Benennen und Klassifizieren der mannigfaltigsten Hervorbringungen der Natur. Nachdem die naturwissenschaftliche Lokalforschung schon vor der Mitte des Jahrhunderts, von Pfarrherren und Schulmeistern besonders emsig betrieben, im europäischen Flachland einen beachtlichen Aufschwung genommen hatte und kühne Naturalisten auf ihren Botanisierfahrten bis in die schottischen Highlands, nach Lappland und in die baltischen Länder vorgedrungen waren, machte man sich, durch Albrecht von Haller und Horace Bénédict de Saussure angeregt, an die Erkundung der bisher ängstlich gemiedenen Gebirgsgegenden. Aber auch aus den fernsten Weltteilen, aus Amerika, Afrika und Asien, kamen nun laufend Berichte von Naturforschern, die sich von den Unannehmlichkeiten des tropischen Klimas nicht beirren ließen und begierig waren, durch persönliche Neuentdeckungen in der internationalen Fachwelt ihren Namen zu machen. Zahlreiche Schüler Linnés befanden sich unter diesen naturwissenschaftlichen Weltenbummlern: Solander begleitete Cook auf dessen ersten Weltumseglung; Thunberg durchforschte Südafrika und Japan; Osbeck botanisierte in China; Hasselquist und Löffling bezahlten ihren Wissensdurst in Kleinasien und Venezuela mit dem Leben.

Es ist hier nicht möglich, die zahllosen Einzelleistungen neugieriger Reisender zu erwähnen; angedeutet aber sei vermittels einiger Beispiele, wie mächtig der Forscherdrang in kaum erst zugänglich gemachte Gebiete der Erde hinausgriff. Es waren vornehmlich Engländer und Franzosen, die an diesem Aufbruch beteiligt waren und sich Pionierverdienste zu erwerben suchten. Bereits gegen Ende des siebzehnten Jahrhunderts durchforschte der Engländer Hans Sloane in ausgedehnten Wanderungen Mittelamerika, legte sich eine unvergleichlich reichhaltige Naturalienkollektion an und verfaßte eine »Natural History of Jamaica«, die bis ins neunzehnte Jahrhundert unentbehrlich blieb. Sloane war, wie viele Forschungsreisende nach ihm, von schottischer Herkunft. Er hatte mit einer kleinen Arztpraxis in London begonnen; erst die Protektion durch den Earl of Albemarle, den späteren Gouverneur von Jamaica, erlaubte es ihm, auf dem Umweg über die Kolonie im Mutterland zu Ansehen zu gelangen – ein Entwicklungsgang, der für die Karriere englischer Naturforscher der Aufklärungszeit geradezu typisch ist. Sloanes Sammeleifer war unermüdlich, seine Kenntnis der ausländischen Flora und Fauna bald unübertroffen; die Kollektionen seines Londoner Wohnsitzes im Stadtteil Chelsea genossen Weltruf. Als ein englischer Reisender um 1730 mit neuen Informationen über die merkwürdige Lebensweise des Chamäleons vom Gambia-Fluß nach London zurückkehrte und hoffte, damit berühmt zu werden, mußte er enttäuscht feststellen: »Ich nahm an, daß Zunge und Augen dieses Lebewesens nur von mir allein beobachtet worden seien; aber als ich nach meiner Rückkehr nach London die Sammlung des gelehrten Sir Hans Sloane besichtigte, fand ich, daß seiner Neugier nichts entgangen war.«[20]

Zwischen 1785 und 1796 durchstreifte der französische Naturalist André Michaud die amerikanischen Südstaaten und Kanada auf der Suche nach neuen Arten und prüfte die Verpflanzungsmöglichkeit gewisser Species nach Europa; bereits 1767 hatte Catesby Florida und Westindien aufgesucht und in seinem »Hortus britanno-americanus« jene Pflanzen festgehalten, die sowohl in der alten, als in der neuen Welt gedeihen konnten.

Eine weltweite Verbreitung von Agrarprodukten hatte allerdings bereits in der Frühphase der europäischen Überseekolonisation eingesetzt. Der Reis, von den Arabern aus Asien nach Nordafrika und nach der iberischen Halbinsel gebracht,

16. *Titelblatt der deutschen Ausgabe von Chardins berühmtem Persienbericht (Leipzig, 1687). Die Übersetzung ist führenden Leipziger Handelsherren gewidmet, und das Vorwort preist die Vorteile der Erschließung Persiens für den europäischen Handel und die Wissenschaft.*

war von den Spaniern mit Erfolg nach Südamerika exportiert worden, und europäisches Getreide gedieh prächtig auf der mexikanischen Hochebene und in Nordamerika, Südafrika und Teilen Sibiriens. Maniok und Süßkartoffel wurden von den Portugiesen aus Brasilien nach Westafrika gebracht, und die Tomate, die Kartoffel und gewisse Bohnenarten erreichten von jenseits des Atlantiks Europa, während sich umgekehrt zahlreiche europäische Gemüsearten, vom Kohl zu

Linsen und Salaten, in den gemäßigten Zonen des amerikanischen Kontinents als anbaufähig erwiesen. Viele exotische Gewürze und Genußmittel bereicherten und verfeinerten die europäische Tafel und modifizierten die Eßsitten: der Kaffee, ursprünglich aus Äthiopien stammend, gelangte über die arabischen Länder mit den Türken nach Wien, mit den Holländern nach Indonesien, mit den Franzosen nach den Antillen; der Tee erreichte von China aus England und über den Landweg Rußland; Gewürze wie Pfeffer, Muskat, Zimt und Nelken bildeten das Hauptimportgut des holländischen Ostindienhandels im siebzehnten Jahrhundert; das Zuckerrohr reiste mit Spaniern und Portugiesen nach den Kanarischen Inseln, den Azoren, Brasilien und schließlich auf die Antillen, wo es zur Grundlage des Plantagenbaus wurde; der Tabak, von den Indianern seit Urzeiten geschnupft, gekaut und geraucht und von Sir Walter Raleigh den Europäern erstmals zum Gebrauch empfohlen, fand nach der Mitte des siebzehnten Jahrhunderts in der Alten Welt reißenden Absatz.[21]

Erst im Aufklärungszeitalter aber begriff man in Europa ganz, welche ungeahnten agrarwirtschaftlichen Möglichkeiten die Verbreitung von Pflanzen erschloß und, vor allem, in welchem Maße menschlicher Scharfsinn diese Entwicklung zu lenken imstande war. Die Bemühungen der Naturforscher, welche sich im Studium der Verpflanzungs- und Verwendungsmöglichkeiten der Pflanzen zum Nutzen der gesamten Menschheit niederschlugen, gründeten auf der allgemein verbreiteten Vorstellung von einer ökonomisch sinnvollen Ordnung der Natur, deren Fruchtbarkeit durch rationale Einsicht und praktische Fertigkeit vervielfacht werden konnte.

Diese Bemühungen erhielten durch die Lehren der Physiokraten in England und Frankreich zusätzlichen Antrieb. Nachdem der englische Landpfarrer Stephen Hales um 1730 mit seinen wegweisenden Experimenten zur Physiologie der Pflanzen Aufsehen erregt hatte, trieb man ähnliche Versuche vor allem in zweierlei Richtungen weiter: entweder man untersuchte, wie sich fremde Naturprodukte durch Züchtung neuen klimatischen und geologischen Gegebenheiten anpassen ließen; oder man stellte durch den mit modischem Eifer betriebenen Bau von Gewächshäusern und Orangerien die entsprechenden Lebensbedingungen künstlich her.[22]

In England sollte sich gegen Ende des Jahrhunderts der Präsident der »Royal Society«, Sir Joseph Banks, besonders intensiv mit solchen Fragen beschäftigen. Banks, der als Begleiter von Captain Cook an dessen erster Weltumsegelung teilgenommen hatte, errichtete in den königlichen botanischen Gärten von Kew ein großartiges lebendes Herbarium, in welchem die verschiedenartigsten Pflanzen aus allen Teilen des britischen Empires mit größter Sorgfalt gezüchtet wurden. Hier bildete er Naturalisten aus, die später in Westindien und im Fernen Osten ihrerseits Forschungsreisen unternehmen und die Bestände dieser Pflanzengärten erweitern sollten. Banks selbst hatte den glücklichen Einfall, den Teestrauch von China nach Indien verpflanzen zu lassen, und von ihm stammte die Anregung zur Überführung des Brotfruchtbaumes von Tahiti nach Mittelamerika – diese zweite Unternehmung freilich ist lediglich wegen ihres spektakulären Scheiterns bekannt geblieben, endete sie doch mit der Meuterei auf der »Bounty«.[23] Die Franzosen wetteiferten mit den Engländern sowohl bei der Gestaltung weitläufiger Gartenanlagen, wo sie, im Einklang mit ihrer Architektur, strenger Symmetrie den Vorzug gaben, als auch beim Aufbau von Pflanzgärten zu wissenschaftlichen Studienzwecken. Der »Jardin des Plantes« in Paris, der ursprünglich nur als Heilkräutergarten für Mediziner geplant gewesen war, vermochte im achtzehnten Jahrhundert, von berühmten Botanikern wie Vaillant und Jussieu betreut, eine vergleichende Überschau über die internationale Flora zu geben und lockte Gelehrte aus aller Welt an.

Auch auf dem afrikanischen Kontinent, dessen Hinterland sich als besonders unzugänglich erwies, blieb man nicht untätig. Um die Jahrhundertmitte reiste der Franzose Michel Adanson nach dem Senegal, sammelte und klassifizierte Muscheln, beschrieb den Affenbrotbaum und das Dromedar, entdeckte zwei Sorten von »Gummi arabicum«, stellte Versuche mit Farbhölzern an; und in allem, was er unternahm, bewies er sowohl eine große Unbefangenheit der Anschauung als einen sicheren Blick für die Auswertungsmöglichkeiten seiner Entdeckungen. So entwarf er auch einen Plan zur Gründung einer französischen Siedlungskolonie lange vor ähnlichen englischen Projekten; er untersuchte die Fruchtbarkeit des Bodens für Baumwoll-, Kakao-, Pfeffer- und Tabakpflanzungen und errechnete, welcher Nutzen aus dem Handel mit solchen exotischen Naturprodukten für die Kolonie und vor allem für das Mutterland zu ziehen sei. Viel weniger als alles dies, sagt sein zeitgenössischer Biograph, hätte ausgereicht, Adanson Ruhm zu sichern, stelle sich doch, nach einem Wort Platos, wer alles gut zu definieren und einzuordnen wisse, Gott gleich.[24]

Ein anderer Afrikareisender, Thomas Winterbottom, besuchte in den neunziger Jahren des achtzehnten Jahrhunderts Sierra Leone, in der ursprünglichen Absicht, die Lebensbedingungen der europäischen Kolonisten aus der Perspektive des Mediziners zu studieren. Beruf und Interesse brachten Thomas Winterbottom in ständigen Kontakt mit den Eingeborenen; er hielt sich oft längere Zeit in ihren Siedlungen auf, studierte ihre Lebensweise und Stammessitten, gewann sich ihre Freundschaft. Durch die Sorgfalt seiner Betrachtungsweise und die Skrupelhaftigkeit seiner wissenschaftlichen Darstellung übertraf Thomas Winterbottom die meisten Reisenden seiner Zeit und gab ein Vorbild völkerkundlicher Darstellung, wie es, zumindest was Afrika anbetraf, bis zu den Arbeiten von Heinrich Barth nicht mehr erreicht werden sollte. Winterbottom betonte als einer der ersten die Notwendigkeit längerer Aufenthalte im Studiengebiet und wurde damit zu einem Begründer der Feldforschung; er machte auf die Fragwürdigkeit von Informationen aus zweiter Hand aufmerksam und wies damit auf die Problematik der Wissensvermittlung zwischen Menschen verschiedener Kulturbereiche hin; und er wandte sich besonders energisch gegen den »spirit of systematizing« europäischer Fachgelehrter, wie dieser, zum Nachteil wissenschaftlich exakter Beschreibung, die Überlegungen der Naturforscher allzusehr beherrsche.[25]

Neben Adanson und Winterbottom wären zahlreiche andere Naturalisten zu erwähnen, die bereits im achtzehnten Jahrhundert unter Arbeitsbedingungen, welche eine genaue Beobachtung und Aufzeichnung ungemein erschwerten, in den malaria-verseuchten und unwegsamen Küstengegenden des afrikanischen Kontinents ihren Forschungen nachgingen. Wie rastlos man tätig war, mag die Tatsache zeigen, daß nach der Gründung der kleinen Siedlungskolonie Sierra Leone im Jahre 1787 an der Erforschung der dortigen Pflanzen- und Tierwelt nicht weniger als vier Naturalisten, zwei Engländer und zwei Schweden, beteiligt waren.[26] Während Carsten Niebuhr im Auftrag der Göttinger Universität Arabien, Persien, Cypern und Palästina bereiste und seinen Forschungshorizont beträchtlich ins Kulturgeschichtliche ausweitete, durchstreiften die Schweden Sparrmann und Thunberg, beide nicht minder vielseitig interessiert, Südafrika und Japan. Der Franzose Pierre Poivre wurde 1767 von der Indienkompanie damit beauftragt, die Molukken zu erforschen und eine Verpflanzung von Gewürzen aus dem Monopolbereich der holländischen Handelsgesellschaften nach der Insel Réunion zu studieren.

Wer am Reisen verhindert war, hielt sich ein Naturalienkabinett, einen Privatzoo oder zumindest einen Pflanzengarten; an die Seite des fahrenden Naturalisten trat der Privatgelehrte, den wissenschaftliche Korrespondenzen mit aller Welt verbanden und der die einlaufenden Berichte eifrig registrierte, verglich und auswertete. Buffon konnte von sich sagen, er habe sich seinen Ruhm dadurch erworben, daß er fünfzig Jahre seines Lebens im Arbeitszimmer verbracht habe, und er hatte recht: der Privatgelehrte war die notwendige Entsprechung des reisenden Forschers.

Die Begeisterung für naturwissenschaftliche Studien ergriff selbst Persönlichkeiten, die durch Ausbildung und Beruf wenig befähigt schienen, in diesem Gebiet erfolgreich aufzutreten. Man kennt den bedeutenden Platz, den Goethe den botanischen, anatomischen und optischen Untersuchungen innerhalb seines Lebenswerks beimaß; auch Männer wie Montesquieu, Voltaire und Diderot taten sich in dem rühmenden Sinne, welchen die Aufklärung diesem Wort gab, als Dilettanten hervor und berichteten in Gesellschaft mit Stolz von ihren naturwissenschaftlichen Versuchen. Voltaire verfaßte eine geologische Abhandlung über Versteinerungen und ließ es sich nicht nehmen, diese verschiedenen Universitäten zu übersenden, Diderot hatte dank seiner Arbeit an der »Encyclopédie« beständigen Umgang mit Naturwissenschaftern, und von Montesquieu wird berichtet, er habe in freilich recht grausamer Art mit Enten experimentiert.[27]

Auch königliche Häupter nahmen lebhaften Anteil am Gang der Forschung, sei es, indem sie sich mit führenden Gelehrten umgaben wie Katharina II. von Rußland, sei es, indem sie, wie Ludwig XV. und Georg III., eigene Sammlungen unterhielten oder die Bemühungen befreundeter Sammler wohlwollend unterstützten. Privatgelehrte aus aller Welt publizierten in den Bulletins der großen europäischen Akademien von Berlin, Kopenhagen, Petersburg, Paris und London ihre Forschungsergebnisse; Spezialisten, die sich auf oft geradezu skurrile Fachgebiete kapriziert hatten, vermachten ihre Kollektionen und Aufzeichnungen öffentlichen Museen und Bibliotheken zum Nutzen der wißbegierigen Allgemeinheit. Im Kreis der gelehrten Gesellschaften, vor der »Royal Society«, der »Académie des Sciences« und der »Preußischen Akademie der Wissenschaften«, wurden neue Erkenntnisse vorgetragen und mit einem akribischen Eifer diskutiert, der mit den zu erwartenden Resultaten oft in keinem sinnvollen Verhältnis mehr stand.[28]

Erstaunlich war, mit welcher Selbstverständlichkeit sich zwischen solchen akademischen Zirkeln, Dilettanten und Autodidakten ein Gespräch anbahnte und wie ungezwungen, aller sozialen und nationalen Schranken ungeachtet, der Austausch von Kenntnissen sich vollzog. Immer wieder läßt sich, vor allem in England, beobachten, daß Leuten einfachster Herkunft, die irgendeine interessante Beobachtung zu melden hatten, der Zugang zu den Berühmtheiten der Wissenschaft offen stand; nicht selten betraute man Blumenhändler, Gärtner oder Forstaufseher mit besonderen Forschungsaufträgen, und Seeleute oder Faktoreiangestellte wurden von den »learned societies« eingeladen, über ihre Nachforschungen und Erfahrungen zu berichten. Auf diese Weise wurde erreicht, daß wertvolle Einzelbeobachtungen nicht verloren gingen, sondern an zentraler Stelle registriert und mit andern Forschungsergebnissen konfrontiert werden konnten. Eine gewaltige Summe des Wissens wurde so im Verlauf weniger Jahrzehnte zusammengetragen; kaum je in der Menschheitsgeschichte, auch während der Renaissance nicht, dürfte die Kenntnis der natürlichen Umwelt des Menschen so allseitig und schnell vorangetrieben worden sein.

d) Die Idee der Enzyklopädie

Der expansiven Bewegung des Entdeckens entsprach jene des bewahrenden Festhaltens. Das Gefäß, in dem die Wissensflut sich sammeln sollte, wurde die Enzyklopädie. In ihr drückte sich nicht nur der universale Wissensanspruch der Epoche aus, sondern auch der Wille zur ordnenden Zusammenfassung und Popularisierung gewonnener Erkenntnis. Die Enzyklopädie verdankte ihre Entstehung einer doppelten Absicht: sie sollte zunächst eine ständig zu erweiternde Gesamtdarstellung sowohl der natürlichen Schöpfung als der kulturellen und technischen Errungenschaften des Menschen bieten; und sie sollte zugleich Einblick in das methodische Vorgehen und den Fortschritt der einzelnen Wissensbereiche vermitteln. »Das Werk, das wir begonnen haben und zu Ende zu führen wünschen«, schrieb d'Alembert in seinem Vorwort zur großen französischen Enzyklopädie, »hat einen zweifachen Zweck. Als Enzyklopädie soll es, soweit möglich, die Ordnung und Verkettung der menschlichen Kenntnisse erklären; als methodisches Sachwörterbuch der Wissenschaften, Künste und Gewerbe soll es von jeder Wissenschaft und jeder Kunst – gehöre sie nun zu den freien oder zu den mechanischen – die allgemeinen Grundsätze enthalten, auf denen sie beruhen, und die wesentlichen Besonderheiten, die ihren Umfang und Inhalt bedingen.«[29] Die Enzyklopädie ziele darauf ab, schrieb Denis Diderot, der Direktor und unermüdliche Animator des Unternehmens, »die auf der Erdoberfläche verstreuten Kenntnisse zu sammeln, das allgemeine System dieser Kenntnisse den Menschen darzulegen, mit denen wir zusammenleben, und es den nach uns kommenden Menschen zu überliefern, damit die Arbeit der vergangenen Jahrhunderte nicht nutzlos für die kommenden Jahrhunderte gewesen sei; damit unsere Enkel nicht nur gebildeter, sondern gleichzeitig auch tugendhafter und glücklicher werden, und damit wir nicht sterben, ohne uns um die Menschheit verdient gemacht zu haben.«[30]

Mit der Wendung »allgemeines System der Kenntnisse« meinte Diderot einen Plan, der menschlichem Verständnis zugänglich und nicht außerhalb des Bemühens um Erkenntnis lag. Sorgsam seine Worte wägend, um nicht in den Ruf der Religionsfeindlichkeit zu geraten, zeigte er, daß der Philosoph, der sich in den Mittelpunkt der Sonne versetze, also gleichsam den göttlichen Standort beanspruche, um die Weltvorgänge zu studieren, dazu neigen müßte, durch die Hypothese der absoluten Vollkommenheit eines Schöpfungs- und Heilsplanes die Schwäche seines eigenen Erkenntnisvermögens auszugleichen und Wissenslücken, die nur durch Betrachtung der Natur zu schließen seien, metaphysisch zu schließen.[31] Eine solche Haltung einzunehmen, verbot sich nach Diderots Meinung von selbst. Es sei ihm wichtig, betonte er verschiedentlich, den Menschen ins Zentrum seiner Überlegungen zu stellen und von dessen vielfältigen Fähigkeiten auszugehen. Den göttlichen Standort sich anzumaßen, erschien dem französischen Philosophen als ein vermessenes Streben nach dem Unendlichen, Unfaßbaren und Unerreichbaren; Wissenschaft aber, so stellte er fest, sei ein »endliches Werk des menschlichen Verstandes«[32] und selbst als solches ständiger Vervollkommnung fähig und durch sich selbst fruchtbar.

Die große französische Enzyklopädie und die zahlreichen, von diesem Vorbild inspirierten Lexika anderer Länder waren im vollen Bewußtsein der sich daraus ergebenden Möglichkeiten als Gemeinschaftswerke konzipiert. Daß sich ein Einzelner weder über die Vielzahl natürlicher Phänomene Rechenschaft geben, noch über die Leistung der Wissenschaften ausgewogen referieren konnte, hatte trotz seiner bahnbrechenden Wirkung bereits Pierre Bayles »Dictionnaire historique et critique«, der 1697 erschien, gezeigt. Zu Ausführung und Vollendung eines so großen und weitläufigen Baues, wie die Enzyklopädie ihn darstelle, heißt es denn auch im Vorwort zu Zedlers maßgebendem deutschem Universallexikon aus dem Jahre 1732, gehörten vielerlei Werkleute, und derjenige, der alles allein leisten wollte, würde weder tüchtige Arbeit liefern, noch je damit zu einem Ende kommen.[33] Was lag näher, als daß man, um dieser Schwierigkeit zu begegnen, die bemerkenswert offene Diskussion, die sich zwischen europäischen Gelehrten aller Gesellschaftskreise und der verschiedensten Fachgebiete angebahnt hatte, in den Dienst der enzyklopädischen Idee zu stellen versuchte, indem man jedes Mitglied dieser Gelehrtenrepublik um seinen speziellen Beitrag anging? Ein Stab von Mitarbeitern, von denkenden Subjekten, die sich alle den unwandelbaren Gesetzen vernunftmäßiger Analyse und Folgerung verpflichtet wußten und deren Lei-

---

17. *Das Interesse Europas für die überseeischen Reichtümer regt an zu exakterer volkskundlicher Beobachtung. In Valentyns prächtigem Werk über Ostindien (Amsterdam, 1724) wird das Geschmeide der Bewohnerinnen von Amboina bereits in einer Weise dargestellt, welche an die erklärenden Kupferstiche der »Encyclopédie« erinnert.*

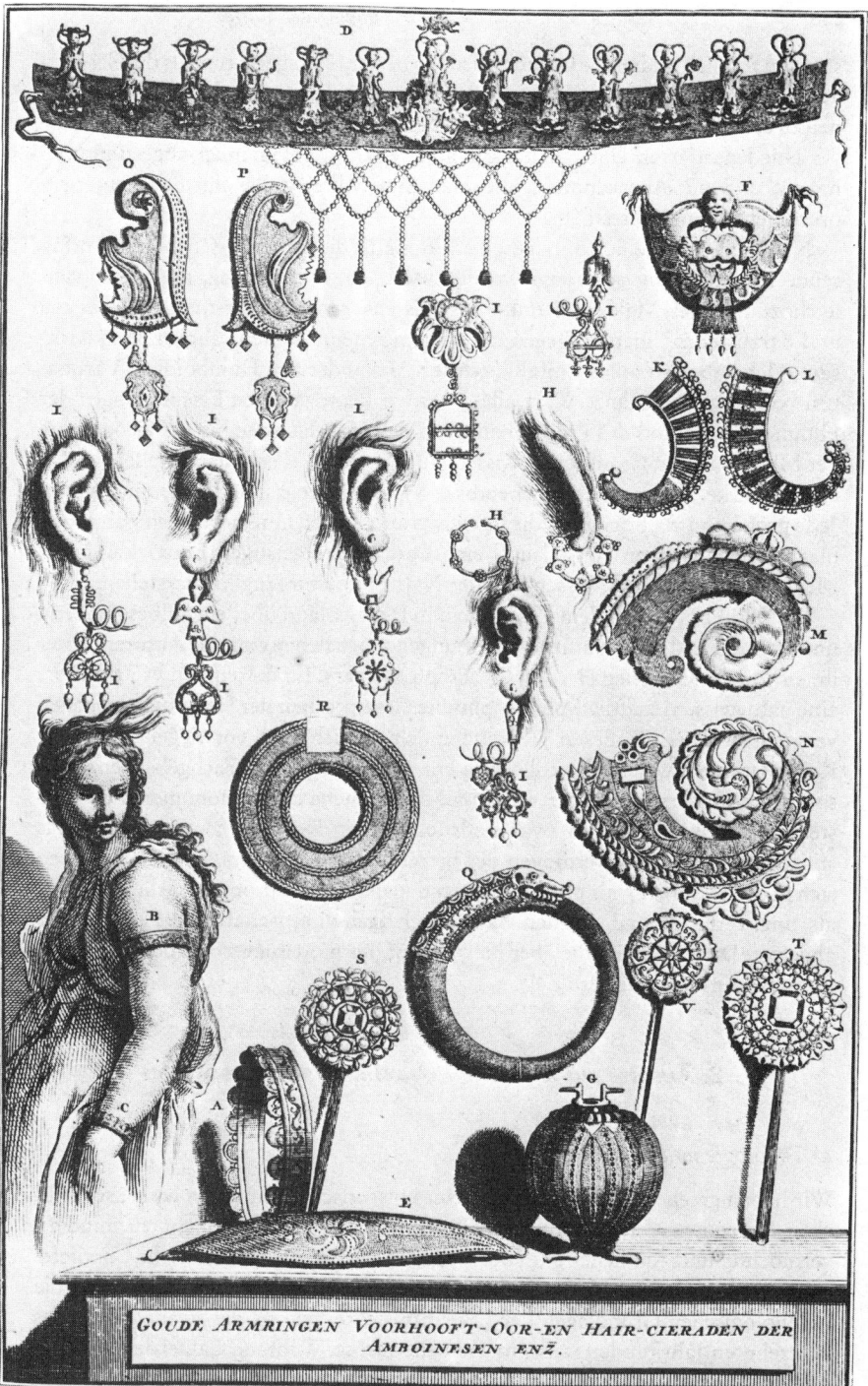

GOUDE ARMRINGEN VOORHOOFT-OOR-EN HAIR-CIERADEN DER AMBOINESEN ENZ.

stungen folglich addierbar waren, würde so nichts Geringeres tun, als die Gesamtheit der Schöpfung ins intellektuelle Bewußtsein zu heben und dadurch gleichsam neu zu erschaffen. Dem Koordinator solcher Bemühungen blieb das Verdienst, die verschiedenartigsten Untersuchungen angeregt und aufeinander abgestimmt zu haben, und die Anerkennung, die man ihm zollte, stellte ihn durchaus dem prominenten Spezialisten gleich.

Nicht daß nun freilich durch die Enzyklopädie die weite Wissensbereiche erfassende Einzelleistung verdrängt worden wäre. Die Verlockung, nochmals, vielleicht zum letzten Male, die Summe des Wissens in eigener Person zu überblicken und darzustellen, blieb bis gegen die Mitte des neunzehnten Jahrhunderts wirksam. »Ich habe den tollen Einfall«, schrieb Alexander von Humboldt an Varnhagen von Ense, »die ganze Welt, alles, was wir heute von den Erscheinungen der Himmelsräume und des Erdenlebens, von den Nebelsternen bis zur Geographie der Moose auf den Granitfelsen wissen, alles in einem Werke darzustellen, und in einem Werke, das zugleich in lebendiger Sprache anregt und das Gemüt ergötzt. Jede große und wichtige Idee, die irgendwo aufglimmt, muß neben den Tatsachen hier verzeichnet werden. Es muß eine Epoche der geistigen Entwicklung der Menschheit – in ihrem Wissen von der Natur – vollumfänglich darstellen.«[34]

Um 1800 boten sich dem Leser allein in Deutschland über ein halbes Dutzend umfassender Erd- und Naturbeschreibungen an, in denen einzelne Autoren, unter ihnen Johann Gottfried Herder, Christoph Meiners, Isaak Iselin und Carl Ritter, eine naturwissenschaftlich-philosophische Gesamtschau der Schöpfung zu geben versuchten. Aber bei diesen Werken handelte es sich doch vorwiegend um reine Kompilationen, welche die kollektive Forschungsarbeit der Fachgelehrten ebensosehr voraussetzten wie die Enzyklopädie; manche dieser monumentalen Darstellungen dokumentierten zwar eindrücklich den Fleiß und zuweilen auch das stilistische Gestaltungsvermögen des betreffenden Verfassers, aber sie erwiesen sich in der Benutzung als umständlich und in der Information, die sie lieferten, oft als unzuverlässig und wurden bald durch fachwissenschaftliche Handbücher abgelöst. Die Enzyklopädie aber hielt sich in der modernen Form des Konversationslexikons bis in unsere Zeit.

2. Ansätze zur kritischen Durchdringung des Stoffes

a) Theologie und Erkenntniskritik

Wir haben gesehen, daß der Mangel eines historisch orientierten wissenschaftlichen Vorgehens den quantitativen Ertrag der Forschungen nicht zu mindern vermochte, und Ähnliches gilt vom Verzicht auf eine sich an biblische Überlieferung anlehnende Naturbetrachtung und von der lebhaften Diskussion über die psychologischen Grundlagen der Erkenntnislehre, wie sie die zweite Hälfte des achtzehnten Jahrhunderts zunehmend beherrschte. Während Galilei den Konflikt mit den herrschenden aristotelischen und kirchlichen Lehren nicht vermeiden konnte und sich Descartes zur diplomatisch verklausulierten Abschwächung seiner Denkergebnisse bereitfinden mußte, gelang es Newton, seine Untersuchungen durchzuführen, ohne daß Zweifel über seine christliche Glaubenshaltung laut wurden – so sehr hatte sich inzwischen die Einsicht durchgesetzt, daß es legitim sei, Naturbetrachtung nicht auf die göttliche Offenbarung der biblischen Texte, sondern ausschließlich auf das Werk Gottes, die Schöpfung selbst, zu gründen. Wenn der Naturbetrachter der Aufklärungszeit diese Unterscheidung respektierte, sich metaphysischer Überlegungen enthielt und darauf verzichtete, seine Forschungsresultate gegen kirchliche Überlieferung auszuspielen, konnte er nicht nur damit rechnen, bei seinen Studien unbehelligt zu bleiben, sondern auch hoffen, daß man seine Arbeit, die ja der Bewunderung für die weise Organisation der Schöpfung entsprang, als gottgefälliges Werk anerkannte.

Daß sich eine solche Verlagerung der Forschungsperspektive nicht hemmend, sondern geradezu befruchtend auswirkte, wird durch Buffons großangelegte »Histoire naturelle« wohl am überzeugendsten dokumentiert. Buffon ging mit seinem Lebenswerk insofern über seinen Vorgänger Linné hinaus, als er der begrifflichen Einordnung der Naturphänomene weit geringeres Gewicht beimaß als deren möglichst exakter und erschöpfender Beschreibung; für ihn war nicht ausschlaggebend, daß man zu Klassifikationsprinzipien vorstieß, die sich doch immer nur auf annähernde Kenntnis des Materials und auf eine gewisse Beliebigkeit der Beurteilungskriterien abstützen mußten, sondern daß man, in jeder Hinsicht der Erfahrung vertrauend, bei der Betrachtung der individuellen Erscheinung verweilte und deren Bezüge zur Umwelt und zum Ganzen der Schöpfung aus ihrer Eigentümlichkeit herzuleiten suchte. Mit dieser beschreibenden Methode war, obwohl auch Buffon der Durchbruch zur entwicklungsgeschichtlichen Sehweise versagt blieb, eine wichtige historische Dimension gewonnen. Im Unterschied zum definierenden Vorgehen Linnés, das zur starren Geschlossenheit eines mathematischen Systems hinführte, wurde es nun möglich, die Verschiedenheit der Arten nicht bloß im Sinne von Unterscheidungsmerkmalen aufzufassen, sondern in ihrer ganzen Vielgestalt, wechselseitigen Abhängigkeit und Modifizierbarkeit zu untersuchen. Buffons Naturbeschreibungen gewannen gegenüber den Klassifikationen Linnés sowohl eine besondere Plastizität als eine gewisse Hintergründigkeit, die sich daraus ergab, daß der Verfasser sich der Subjektivität und Vorläufigkeit seines Urteilens immer bewußt blieb. Durch dieses Vorgehen erstattete Buffon jedem Lebewesen seine eigene Würde, die sich nun nicht mehr aus dessen Zugehörigkeit zu einer prästabilisierten oder zumindest voreilig entworfenen Hierarchie herleitete, und besonders der Mensch tritt in Buffons Gesamtschau als ein Geschöpf auf, das in der Lage ist, die Bedingungen seiner Existenz zu seinem Vorteil zu verändern und die Verantwortung für Fortschritt oder Stagnation seines Geschlechts voll zu übernehmen.[35]

Wie sehr diese Selbständigkeit seines Menschenbildes gegen den Vorsehungsglauben der Theologen verstoßen mußte, wußte Buffon sehr wohl; aber er verstand es, indem er immer wieder von der initialen Güte des Schöpfergottes sprach, seinen wissenschaftlichen Bestrebungen volle Bewegungsfreiheit zu sichern. So wurde es ihm möglich, in seinen Überlegungen zur Naturgeschichte weit über eine Interpretation der Genesis hinauszugehen und eine anthropologische Wissenschaft begründen zu helfen, welche die Frage nach den gesellschaftlichen und kulturellen Lebensbedingungen des mündigen Menschen zum zentralen Gegenstand erhob.

In der zweiten Hälfte des Aufklärungszeitalters hatten die Naturforscher von der Gegnerschaft der Theologen wenig mehr zu fürchten. Das während Jahrhunderten nie ernstlich angetastete Erkenntnismonopol der Kirche war, nicht zuletzt als Folge einer kritischen Neubesinnung im Kreise der Bibelexegeten selbst, zunehmend in Frage gestellt worden. In Deutschland begannen namhafte evangelische Theologen wie Johann August Ernesti, Johann David Michaelis und Johann Salomo Semler die biblischen Texte einer strengen philosophisch-historischen Kritik zu unterwerfen und auf Authentizität und Glaubwürdigkeit zu prüfen. Die Vorstellung göttlicher Inspiration verlor ihre einschüchternde Kraft.

Als Carsten Niebuhr im Jahre 1761 seine ausgedehnte Entdeckungsreise in die arabischen Länder antrat, gab ihm Michaelis, Professor zu Göttingen, einen Fragebogen auf den Weg, mit der Bitte, der Reisende möge sich durch eigene Beobachtung und Gespräche mit der orientalischen Bevölkerung Klarheit über bestimmte Gegenstände und Fakten verschaffen, von denen in der Heiligen Schrift nur in dunklen und wissenschaftlich nicht befriedigenden Andeutungen gesprochen würde.[36] Michaelis' Initiative eröffnete die Möglichkeit einer neuen Zusammenarbeit zwischen der Theologie und den Naturwissenschaften, wobei diese sich nun nicht mehr der Pflicht intellektueller Dienstbarkeit ausgeliefert sahen, sondern in der Lage waren, einen eigenständigen quellenkritischen Beitrag zu leisten. In den lebhaften, zuweilen auch etwas spitzfindigen Auseinandersetzungen, die sich aus dieser Zusammenarbeit ergaben und in denen etwa über die physikalische Erklärbarkeit von Christi Wundertaten, die Beschaffenheit des Manna-Brotes oder die Chronologie der jemenitischen Könige gestritten wurde, hatten die Vertreter der Naturwissenschaften einen festeren Stand als je zuvor; und es waren die orthodoxen Geistlichen, die sich, indem sie aus der Not schwieriger Textstellen den Vorzug mystischer Tiefgründigkeit zu konstruieren suchten, oft der allgemeinen Lächerlichkeit überantworteten.

Die Überlegungen zur Erkenntniskritik schließlich, wie sie in England vor allem durch Philosophen wie Locke, Berkeley und Hume angestellt wurden, hatten nur geringen und keinesfalls hemmenden Einfluß auf den Prozeß der Anhäufung neuen Wissens. Der Botaniker, der in irgendeinem Winkel der Welt nach neuen Arten forschte, kümmerte sich wenig um die Frage, ob es, wie Descartes meinte, angeborene Ideen gäbe, welche die Fülle der Eindrücke ordneten, oder ob, wie Locke behauptete, alle Ideen der sinnlichen Erfahrung entstammten und durch diese geprägt würden. Ihn beschäftigte das von Berkeley aufgeworfene Problem, ob die Gegenstände an sich oder bloß in der Wahrnehmung existierten, nicht; ihm genügte es, daß er, was er wahrnahm, aufzeichnen, vermessen und an den Ergebnissen anderer Beobachter verifizieren konnte.

Auch der Skeptizismus gegenüber einer ausschließlich an der Vernunft sich orientierenden Erkenntnis, den David Hume in seinem »Enquiry Concerning Human Understanding« formulierte, die höchst subtile Theorie des menschlichen Irrtums, die der Engländer gab, berührte den naturwissenschaftlichen Praktiker kaum.[37] Wer mit konkreten Studien, mit Klassifikation und Experiment unablässig beschäftigt war, empfand derlei philosophische Überlegungen als müßigen und lähmenden Pyrrhonismus, vor dem man sich hüten mußte. Der Naturbetrachter vertraute der Allmacht der Vernunft, ohne die Stichhaltigkeit seines Vertrauens kritisch zu reflektieren, und er war überzeugt, daß diese Vernunft, welche den Individuen zwar in unterschiedlichem Maße, aber überall in gleichbleibender Qualität geschenkt worden war, mit der verborgenen Ordnung des Schöpfungsganzen korrespondierte. Eine kritische Psychologie der Erkenntnis, welche die sinnliche Wahrnehmung, die Empfindung, das Gedächtnis, die Einbildungskraft und die Logik der Folgerung gleicherweise dem Zweifel aussetzte, war unnötig und höchstens geeignet, jene Evidenz der Übereinstimmung von Natur und Vernunft zu verdunkeln. Es genügte, den Mut zum Wagnis des Denkens aufzubringen und sich von Vorurteilen zu befreien, und man erhob sich zur eigensten Bestimmung des Menschen, ja, man erlangte mit der Wahrheit zugleich das irdische Glück, da vernünftige Einsicht und gerechtes Urteil einen hinderten, anders als im ungetrübten Einklang mit der Umwelt zu handeln. Alles kam darauf an, den Sinneseindruck mit dem logisch richtigen Schluß und diesen mit dem entsprechend logischen Verhalten zu verknüpfen, und kein Wesen war zu solcher Betätigung besser ausgerüstet als der aufgeklärte Mensch. Die Fähigkeit, schrieb Buffon, aus dem Vergleich der Sinneseindrücke Ideen zu bilden, unterscheide den Menschen vom Tier, und die Fähigkeit, aus dem Vergleich der Ideen Folgerungen zu ziehen, erhebe den höheren über den durchschnittlichen Menschen; daß diese erweiterten Möglichkeiten des Räsonnierens auch dem Irrtum weiteren Spielraum ließen, bedachten die wenigsten.[38]

b) Ansätze zum historischen Verständnis

Wir haben verschiedentlich angedeutet, daß, trotz interessanten Ansätzen zur naturwissenschaftlich-historischen Darstellung, der Schritt zur phylogenetischen Betrachtungsweise erst im neunzehnten Jahrhundert getan wurde, zuerst durch Lamarck, später durch Darwin und Haeckel. Während man sich eine Veränderung des Menschen in seiner physischen Erscheinung, in seiner psychischen Konstitution und seinem sittlichen Verhalten über weite Zeiträume hinweg und bei entsprechender Modifikation durch Auslese, Anpassung und Mutation schlechterdings nicht vorstellen konnte, schärfte sich durchaus das Bewußtsein für des Menschen kulturelle und sittliche Entwicklung, wie sie sich in seinem Bemühen niederschlug, aus den natürlichen Lebensumständen und den gesellschaftlichen Bedingungen seiner Existenz den höchsten Ertrag und die größtmöglichen Annehmlichkeiten zu ziehen.

So schwer es den aufgeklärten Gelehrten fallen mußte, sich von der Abstammungsgeschichte der Lebewesen eine Vorstellung zu machen, da fossile Funde weitgehend fehlten, so offensichtlich schien ihnen doch, daß der Mensch sowohl in seiner individuellen Entwicklung vom Kind zum Greis wie als Glied von Volk und Nation verschiedene Stufen der Zivilisation durchschritt. Man mochte über die einzelnen Entwicklungsphasen und das mögliche Endziel solcher Veränderung denken, wie man wollte – Wandel und Fortgang waren nicht zu leugnen. Während sich das Tier in seinem Jagdverhalten oder beim Bau eines Unterschlupfs an unabänderliche Gesetze hielt und in einem frühen Lebensstadium bereits alle Anlagen zu einer beschränkten und endgültigen Zahl von Fertigkeiten ausbildete, erweiterten sich beim Menschen, wie selbst der nüchterne Lessing feststellte, die Grenzen des Verstandes täglich; jede Aufgabe forderte den Scharfsinn zu neuen Bewährungsproben heraus, und keine Leistung war vollendet genug, als daß die nächste Generation sie nicht noch hätte verbessern können.

Allerdings gab es, wie die Aufklärer übereinstimmend betonten, im Wesen des Menschen zwei Konstanten, von denen sich dessen Entwicklung weder loslösen konnte noch sollte, nämlich die Vernunft und die Leidenschaften. Diese bildeten die Fundamente des aufstrebenden Spiralbaues menschlichen Vermögens, blieben, auch wenn sie in vielfältigen Spielformen und Dosierungen auftraten, in ihrer Grundsubstanz bei allen Völkern und zu allen Zeiten gleich und bestimmten die Richtung, die der geistigen und sittlichen Vervollkommnung offenstand. In dieser Gleichartigkeit und Unveränderlichkeit von Vernunft und Leidenschaften lag die Beschränkung wie die Möglichkeit des Menschen begründet.

Daß der Mensch, mit Herder zu sprechen, sowohl zur Vernunftfähigkeit als zu feineren Trieben organisiert war, hob ihn zwar über die Tiere empor, erinnerte ihn aber gleichzeitig daran, daß er vom Baum der Erkenntnis gegessen hatte und eine Rückkehr zum fraglosen Einklang mit der Schöpfung und zu paradiesischer Glückseligkeit für alle Zeiten ausgeschlossen war. Demgegenüber war dem Menschen nach dem Sündenfall die Möglichkeit in die Hand gegeben, in eigener Verantwortung für sein Glück besorgt zu sein. Gerade weil Vernunft und Leidenschaften mit seiner Natur verknüpft blieben, ergab sich für den Menschen der Vorteil, daß er die Erfahrungen von seinesgleichen in der Geschichte nachvollziehen, Wahrheit und Irrtum abschätzen und Lehren zu seiner eigenen Vervollkommnung gewinnen konnte. Auf dieses Vermögen zur kritischen historischen Betrachtungsweise und auf die Spannweite und Flexibilität von Empfindung und Intellekt gründete sich die Überzeugung von der Perfektibilität des Menschen, wie sie für das Denken der Aufklärung bestimmend geworden ist.

Die Herausbildung solcher kulturhistorischer Einsichten läßt sich in Frankreich besonders gut verfolgen. Hier vollzog sich im Werk Pierre Bayles, des bedeutenden Vorläufers der Enzyklopädisten, die entscheidende Neubesinnung. Im Gegensatz sowohl zu den Cartesianern als zu den Vertretern der orthodoxen Theologie stellte Bayle fest, daß die Geschichtswissenschaft anderen Kategorien als jenen der logischen und teleologischen Systematik unterworfen sei und die vordringlichste Arbeit des Historikers sich auf die Abklärung und geistige Durchdringung von Fakten zu konzentrieren habe. Bayles quellenkritische Postulate und sein einfühlendes Interesse ebneten den Weg für die Geschichtsbetrachtung

Montesquieus und Voltaires; sein Vorbild schuf überhaupt die Grundlage für jenes weit über Frankreich hinausgreifende Interesse an Fragen der politischen, ökonomischen und kulturellen Geschichte, das, zumindest in Ansätzen, die Fragestellungen der modernen sozialwissenschaftlichen Theoretiker bereits in sich schloß.[39]

Voltaire teilte Bayles analytische Neugierde für die historische Begebenheit und dessen Interesse für die zeittypische Episode, blieb aber nicht bei der bloßen Überprüfung der Fakten stehen, sondern machte sich anheischig, die Geschichte als Philosoph zu lesen, und das hieß, die einzelne Begebenheit als Symptom einer bestimmten Strömung des Zeitgeistes aufzufassen und diesen wiederum im Blick auf die Konstanten des intellektuellen und sinnlichen Vermögens beim Menschen zu beurteilen. »Statt eine enorme Fülle von Tatsachen aufzuhäufen«, schrieb Voltaire, »von denen die einen immer den andern widersprechen werden, sollte man nur die wichtigsten und die am besten gesicherten auswählen, um dem Leser einen Leitfaden in die Hand zu geben, der diesen befähigt, sich ein Urteil über Zerfall, Wiedergeburt und Fortschritte des menschlichen Geistes zu bilden und den Charakter wie die Sitten der verschiedenen Völker kennenzulernen.«[40]

Daß Voltaires Geschichtsvorstellung nicht frei von innerer Problematik ist, läßt sich freilich nicht bestreiten und war wohl auch dem Philosophen selbst bewußt, hütete er sich doch, im Unterschied zu manchen französischen Zeitgenossen, seine Einsichten zu einer kohärenten Theorie zusammenzufassen. Besonders ergab sich ein Widerspruch zwischen Voltaires Idee von der zivilisatorischen Entwicklung der Menschheit und seinem Glauben an die Unveränderlichkeit menschlicher Vernunft und Leidenschaft, ein Widerspruch, der sich nur auflösen ließ, wenn man im Vorgang der Zivilisation den immer erneuerten Versuch des Menschen sah, zu dem vorzustoßen, was er seit jeher war, aber infolge von Mißverständnissen, Vorurteilen und überkommenen Gewohnheiten nicht rein zum Ausdruck zu bringen wußte. Aus dieser Spannung zwischen dem Willen nach Selbstverwirklichung und den Hindernissen einer widerstrebenden äußeren wie individuellen Natur erklärte sich für Voltaire und die Mehrzahl seiner Zeitgenossen die Dynamik der kulturellen Entwicklung. In seinen Aussagen über ein mögliches Endziel des historischen Prozesses blieb Voltaire allerdings vorsichtig: der optimistische Glaube an einen im Wesen der Geschichte liegenden »progressus in infinitum« lag ihm fern, und sein Urteil bewegte sich geistreich zwischen generellem Skeptizismus und wertenden Vergleichen mit den Zivilisationsidealen seiner eigenen Zeit, ohne sich auf absolute Verbindlichkeit festzulegen. Bei allem pionierhaften Verständnis, das er für soziale, wirtschaftliche und völkerkundliche Zusammenhänge bewies, fiel es Voltaire schwer, bestimmte historische Wirkungseinheiten zu isolieren und in ihrer Entwicklung und inneren Struktur zu untersuchen, und seine Vorstellung des Zeitgeistes blieb doch zu unscharf und zu relativ, als daß sie als Deutungsprinzip sehr fruchtbar hätte werden können.[41]

Montesquieu ging insofern über Voltaire hinaus, als er versuchte, in bestimmten Erscheinungen des politischen und sittlichen Lebens den variablen Ausdruck von verborgen und unveränderlich wirkenden Gesetzen zu sehen, die als Grundmuster eines geschichtlichen Tatbestandes gelten durften. So bemühte er sich etwa, die Regierungsformen von Republik, Monarchie und Despotie in ihrer Natur und in ihren leitenden Prinzipien zu fassen, wobei er unter »Natur« die sichtbare Ordnung eines Herrschaftssystems und unter »Prinzip« die Kraft verstand, welche dessen geschichtliche Aktivität auslöste. Diese Betrachtungsweise gestattete es ihm, sowohl eine Typologie der politischen Institutionen zu entwerfen, die sich im Sinne Linnés auf die Verdeutlichung spezifischer Charakteristika konzentrierte, als auch diese Institutionen zugleich als Produkte bestimmter Grundkräfte, als Gewordenes und Werdendes, zu verstehen. Durch das Studium der wirkenden Prinzipien und ihrer Wechselbeziehung wie der sie beeinflussenden geographischen und klimatischen Gegebenheiten gelangte Montesquieu zu einem bemerkenswerten Verständnis für die Vielfalt sozialer, politischer und kultureller Erscheinungen und zu einer neuartigen Einsicht in die Bedeutung menschlicher Verantwortung. Er sah den Menschen, hierin dem Tier verwandt, unveränderlichen Gesetzen unterworfen; zugleich aber stellte er fest, daß dieser Mensch durch seinen Eintritt in die Gesellschaft und die daraus sich ergebenden Rivalitäten sowohl gezwungen als befähigt war, zusätzliche völkerrechtliche, staatsrechtliche und zivilrechtliche Regelungen zu erlassen, an welche er sich halten mußte. Standen diese »positiven Gesetze« im Einklang mit den vorgegebenen »natürlichen Gesetzen« und handelte der Mensch im Bewußtsein solcher Übereinstimmung, so war er durchaus befähigt, eine hohe Stufe kultureller Entwicklung zu erreichen; verlor sich indessen diese Einsicht in die organische Bezogenheit wirkender Prinzipien, so drohten, wie das Beispiel des römischen Kaiserreiches zeigte, Niedergang und Zerfall. Darin, daß der Mensch sich derart zwischen Möglichkeit und Gefährdung von Perfektion und Korruption gestellt sah, fand sein geschichtliches Wesen seinen moralischen Ausdruck.[42]

Diese kulturgeschichtlichen Überlegungen, wie wir sie hier im Rahmen eines einführenden Kapitels nur skizzieren konnten, gewannen vor dem Hintergrund der europäischen Kolonialexpansion und quantitativen Wissensvermehrung erst ihre volle wissenschaftliche und philosophisch-anthropologische Fruchtbarkeit. Zu den ersten, die begriffen, daß die Begegnung mit der Überseebevölkerung nicht nur den machtpolitischen Geltungsanspruch Europas in Frage stellte, sondern auch eine ernstzunehmende intellektuelle Herausforderung bedeutete, gehörte Michel de Montaigne. In den »Essais« des Franzosen, diesen sowohl der Erkundung der eigenen Persönlichkeit als dem kritischen Verständnis der Zeitereignisse zugedachten Lebensaufzeichnungen aus der zweiten Hälfte des sechzehnten Jahrhunderts, wurde erstmals die Befürchtung laut, daß der selbstgewisse europäische Konquistador in Bereiche menschlicher Kultur vorstoßen könnte, deren Tiefe und Reichtum er geistig zu verarbeiten außerstande sei. »Diese Entdeckung eines unendlichen Gebietes«, schreibt Montaigne im Kapitel »Des Cannibales« unter Bezugnahme auf französische Kolonisationsversuche in Brasilien, »scheint von größter Bedeutung zu sein. Ich weiß nicht, ob ich dafür stehen kann, daß in Zukunft nicht noch andere dergleichen gemacht werden, so viele größere Persönlichkeiten als wir waren über diese im Irrtum. Ich fürchte fast, daß unsere Augen größer sind als unsere Mägen und unsere Neugierde größer als unsere Fassungskraft. Wir greifen nach allem, aber fassen nur den Wind.«[43]

Mit solchem Zweifel an der geistigen Aufnahmefähigkeit verband sich bei Montaigne die Kritik am sittlichen Verhalten der Kolonisatoren und die Infragestellung der eigenen kulturellen Position. Berechtigte die Tatsache der bloßen militärischen Überlegenheit zur Unterwerfung von Völkern, die durch die Schönheit ihrer äußeren Erscheinung, die Tugenden ihres Charakters oder die Weisheit ihrer Gesetze den europäischen Angreifern möglicherweise weit überlegen waren? Verbarg sich nicht in der kindlichen Unschuld dieser Eingeborenen, von der die meisten Reisenden übereinstimmend berichteten, der Keim einer unverdorbenen Vitalität, welche noch fruchtbar bleiben würde, wenn sich Europa längst durch die Verlogenheit, den Luxus und die übermäßige Verfeinerung seiner Sitten zugrunde gerichtet hatte? Waren die Art und Weise, in der diese Menschen nach gottgewolltem, natürlichem Recht ihr Leben ordneten, die Unvoreingenommenheit, mit der sie urteilten, die Spontaneität, mit der sie empfanden, nicht ein deutlicher Hinweis dafür, daß man sich im Abendland sehr von den Ursprüngen reinen Menschentums entfernt hatte? Und bot nicht jener Urzustand, der den Menschen frei von Neid und Ehrgeiz seinen einfachen Bedürfnissen leben ließ, eine bessere Voraussetzung für die Erreichung wahrer Glückseligkeit? Solcherart lauteten die Fragen, die sich bei Montaigne, wo immer er vom außereuropäischen Menschen sprach, auf die Lauer legten; der Franzose erkannte wohl nicht ihre volle geistesgeschichtliche Tragweite, aber er bekundete, indem er sie stellte, ein neues Bewußtsein für die Relativität seines kulturellen Standortes, leitete sehr früh eine Abkehr von der bisher üblichen europazentrischen Betrachtungsweise ein und sicherte der Figur des Eingeborenen ihren Platz im künftigen naturwissenschaftlichen und anthropologisch-philosophischen Gespräch.[44]

Sehr ähnlich wie Montaigne argumentierten die französischen Missionare, die gegen Ende des siebzehnten Jahrhunderts in Südamerika, auf den Antillen und in Kanada wirkten und gewiß zu den besten Kennern der Urbevölkerung gehörten. Diese Geistlichen, wie wir gesehen haben vielfach Jesuiten, die sich allein schon durch ihre Verpflichtung zur Berichterstattung an ihre Oberen veranlaßt sahen, die Eingeborenen genau zu beobachten, begnügten sich nicht mehr damit, Heidentum, Müßiggang und ausschweifende Lebensart halb herablassend und halb bekümmert festzustellen, sondern sie erkannten, daß die Andersartigkeit einer Kultur das Produkt einer eigenständigen geschichtlichen Entwicklung und damit auch die Antwort auf die Herausforderung durch eine bestimmte geographische Situation war.

Diese Einsicht brachte die selbstgewisse Überzeugung von der Vorbildlichkeit des Europäers ebenso ins Schwanken wie die täglichen Erfahrungen der Missionare im Umgang mit sittlich verwahrlosten Kolonisten. Manche Kirchenmänner sprachen offen von der allgemeinen Korruption der christlichen Völker, welcher sie die Reinheit und Simplizität der frühen Sitten entgegenstellten, und gerieten mit ihrem freimütigen Lob heidnischer Lebensart in eine gefährlich unorthodoxe Haltung. Der Dominikanerpater Du Tertre, der sich um 1640 in Westindien aufhielt, verwahrte sich dagegen, daß man die Bewohner der heißen Zonen als Barbaren bezeichne, es seien dies im Gegenteil die zufriedensten, glücklichsten, wohlgestaltetsten, am wenigsten lasterhaften und sorglosesten Menschen aller Nationen der Welt.[45] Der in Kanada tätige Franziskanerpater Sagard, von dem wir bereits gehört haben, zögerte nicht, sich zu fragen, ob es richtig sei, die Indianer, welche soviel glücklicher und tugendhafter wären, mit den zweifelhaften Gaben der europäischen Zivilisation zu beschenken, und der Jesuit Chauchetière schrieb 1694 in seinem Bericht aus denselben Weltgegenden: »Wir sehen in den Wilden die schönen Überbleibsel der menschlichen Natur, wie sie bei den polizierten Völkern nur noch in vollkommen korrumpierter Gestalt erscheint... Alle unsere Patres und die übrigen Franzosen, welche Umgang mit den Wilden haben, sind der Meinung, daß diese ihr Leben auf angenehmere Art verbringen als wir.«[46]

Solche Äußerungen freilich, wie schmeichelhaft sie für die sogenannten »Wilden« auch sein mochten, bewiesen nicht eo ipso ein wachsendes Verständnis für den Menschen anderer Kulturbereiche. Oft waren sie vielmehr Ausdruck einer auffälligen und recht verbreiteten kulturkritischen Strömung, die gegen Ende des siebzehnten Jahrhunderts besonders jene zahlreichen Reisenden ergriff, welche Europa aus religiösen und moralischen Beweggründen verlassen hatten und nach ihrer Ankunft in der Neuen Welt verständlicherweise dazu neigten, dem Indianer jene Tugenden zuzusprechen, die sie bei ihren eigenen Landsleuten vermißt hatten. In den Berichten solcher Betrachter schlägt der geistige Expansionsdrang des Kolonisten in Selbstkritik um, der Wille zur Zivilisierung des Eingeborenen weicht der Bereitschaft zur Anpassung, und der Vertreter der andern Kultur gewinnt als Gegenfigur des Europäers eine allerdings recht theoretische Vorbildlichkeit.

Diese Haltung wird besonders deutlich in den umfangreichen Aufzeichnungen, die unter dem Titel »Voyages du Baron de La Hontan dans l'Amérique septentrionale« im Jahre 1705 in Amsterdam erschienen. La Hontan war weder Missionar noch Kaufmann: zum einen fehlte ihm die Berufung, zum andern die Geschäftstüchtigkeit; er gehörte zu jenen Auswanderern, die der Konflikt mit den einheimischen Gesetzen, Verschuldung und Abenteuerlust in die Kolonie trieb, wo sie als Siedlungspioniere und Waldläufer ein entbehrungsreiches Leben führten. Das Ungewöhnliche im Falle La Hontans war, daß dieser Außenseiter schriftstellerisch begabt war, daß er die Begegnung mit einem Huronen zum Anlaß eines fiktiven Dialogs nehmen konnte, in dem Staat, Gesellschaft und Kirche Frankreichs der schärfsten Kritik ausgesetzt wurden, die das frühe achtzehnte Jahrhundert kennt. Während La Hontan selbst sich scheinheilig in der Rolle eines Verteidigers der europäischen Kultur gefällt, wählt er zu seinem Gegenspieler den aufgeweckten indianischen Jüngling Adario, der die Tugenden seiner Rasse, Naturell, Vorurteilslosigkeit und Bonsens, mit einiger Welterfahrung verbindet, hat er doch – ein glänzender Einfall des Autors – Europa bereist und französische Institutionen und Gebräuche studiert. Als reinste Verkörperung jener angeborenen Vernunft, die in unverfälschter Übereinstimmung mit den Naturgesetzen urteilt, muß La Hontans Adario, versteht sich, die europäische Zivilisation als Ausdruck einer unbegreiflichen Verirrung und Entartung empfinden: das Christentum erscheint ihm als ein durch Erziehung vermitteltes Vorurteil, geeignet, des Menschen Einblick in die natürliche Ordnung der Dinge zu trüben und ihn gegenüber staatlicher Autorität willfährig zu machen; durch die Gesetzeserlasse des absolutistischen Monarchen sieht er die naturgewollte Gleichheit der Individuen nicht so sehr gewährleistet, als vielmehr in Frage gestellt; und das Privateigentum verurteilt er als Quelle aller schädlichen Leidenschaften, denen der Zivilisierte, im Unterschied zum »Wilden«, ausgeliefert sei. Die Repliken La Hontans auf Adarios Angriffe bleiben mit Absicht matt und wenig überzeugend; die Schilderung des indianischen Musterstaates als einer autarken egalitären Gemeinschaft solidarisch verbundener Naturkinder gewinnt für den Europäer wachsende Verführungskraft, und zuletzt, als der kluge Hurone den Fluß seiner Rede in den Ratschlag ausmünden läßt: »Ich rate dir, als Bruder, dich unter uns zu mischen und dich zum Huronen zu machen«[47], ist der Leser gewärtig, La Hontan könnte der Aufforderung tatsächlich nachkommen. Ein Rollenwechsel hat sich vollzogen: der Europäer, der auszog, Barbaren zu belehren, fühlt sich selber belehrt; die christliche Verheißung des Ewigen Lebens erweist sich als weniger wirksames Lockmittel als die Aussicht auf irdische Glückseligkeit nach Eingeborenenart.

Der Dialog zwischen dem europäischen Zivilisierten und dem erleuchteten »Wilden«, wie La Hontan ihn sich aussann, bezeichnet den Beginn einer Flut von Pamphleten, Traktaten, Lehrgedichten, Robinsonaden und Romanen, deren Verfasser sich entweder im Geist außer Landes begaben, um die Heimat aus klärender und schützender Ferne zu betrachten, oder aber einen Bewohner ferner Weltgegenden damit beauftragten, kritischen Sinnes Europa zu bereisen.[48] Der Gedanke, den bereits Montaigne geäußert hatte, daß nämlich die Vorstellung, welche sich der Europäer vom Überseebewohner mache, ebenso das Produkt eigentümlicher Lebensumstände sei, wie das Bild, das dieser von Europa gewinnen müßte, wurde zu einem beliebten und vielfältig abgewandelten Thema der Aufklärungszeit. Ob Jonathan Swift die Begegnung seines Helden Gulliver mit imaginierten fernöstlichen Völkern zum Anlaß einer scharfsinnigen und treffsicheren, wenn auch verschlüsselten Kritik der Regierung Walpole nahm, ob Voltaire sich eines treuherzigen Huronen bediente, um seinen Spötteleien über die theologischen Zwistigkeiten von Jesuiten und Jansenisten einen Anschein von Unvoreingenommenheit zu geben; ob sich Diderot auf das freie Liebesleben der Südseeinsulaner berief, um seinen eigenen sittlichen Wandel zu rechtfertigen, – immer erschien der »Wilde« als die oberste Instanz, vor welcher der Europäer zu erscheinen und sich zu verantworten hatte.[49]

Im Bereich von Literatur und Kunst freilich verlor der Eingeborene viel von seiner politischen und moralischen Ausstrahlungskraft und wurde zu einer Idealgestalt und Fabelfigur, zum »edlen Wilden«, dessen Auftreten im Ballett und auf dem Theater geradezu unumgänglich war. Die Kariben, Azteken, Huronen, Irokesen und Afrikaner, die in ebenso phantastischen wie malerischen Gruppierungen die Bühne des achtzehnten Jahrhunderts beherrschten, die Türken, Perser,

Tataren und Chinesen, die in zahllosen Selbstdarstellungen von ihren europäischen Reiseerlebnissen berichteten – sie alle waren fast immer reine Ausgeburten der Einbildungskraft, die nicht ganz ins Leben treten wollten und erst dann eine etwas steife Dynamik verrieten, wenn sie in den Strom turbulenter oder sentimentaler Handlungsabläufe gestellt wurden; Wirklichkeit war nicht beabsichtigt, weder Wirklichkeit des Lebens, noch Wirklichkeit der Kunst. Die geheimen und offenbaren Sehnsüchte einer gehobenen europäischen Gesellschaftsschicht strebten danach, sich im »edlen Wilden« zu erfüllen: er allein durfte tun, was ihm beliebte, ohne sich überwacht, »poliziert«, zu fühlen; er allein war nicht, wie der Mensch des merkantilistischen Zeitalters, abhängig von dem, was andere für ihn produzierten, sondern kam selbst für seine Bedürfnisse auf; seine Sitten hatten sich einfach und rein bewahrt, und Handel, Luxus und die raffinierten Intrigen der höfischen Sozietät konnten ihn nicht korrumpieren; er fragte sich nicht endlos, wie die aufgeklärten Philosophen es taten, auf welche Weise man glücklich werden könne, – er war es.

Diese Konfrontation zwischen dem Eingeborenen und dem Zivilisierten, die uns in den folgenden Kapiteln wiederholt beschäftigen wird, fand ihren geistesgeschichtlich wirkungsvollen Ausdruck in Jean-Jacques Rousseaus »Discours sur l'inégalité parmi les hommes« vom Jahre 1754.[50] Was die berühmte Schrift über Daseinsform und Sitten der amerikanischen Urbewohner zu berichten wußte, erschöpfte sich zwar in der Wiederholung längst bekannter Beobachtungen; nie zuvor aber waren Naturmensch und Zivilisationsgeschöpf in so spannungsvoller Antithese einander gegenübergestellt worden. Rousseau ging, die Grenzen des geschichtlichen Raumes mächtig erweiternd, von der Vorstellung eines selbst unter Indianern längst verlorenen Naturzustandes aus, in welchem die Menschen, in seliger Vereinzelung ihren natürlichen Bedürfnissen lebend, ohne Kenntnis von Gut und Böse und im ungetrübten Einklang mit der Schöpfung eine selbstgenügsame und sorglose Existenz führen.

Erst mit dem Eintritt des Menschen in die Gesellschaft und mit der Begründung von Familienverbänden beginnt sich das Problem der sozialen Ungleichheit abzuzeichnen. Die Fortschritte in der Bestellung der Felder, die notwendig damit zusammenhängende Aufteilung von Land und Arbeit, die Entstehung des Privatbesitzes und schließlich der Industrie führen zu einer zwangsläufigen Veränderung der sittlichen Natur des Menschen. Dieser verliert seine ursprüngliche Freiheit und wird zum Sklaven der steigenden Bedürfnisse, die sich aus dem wachsenden Ertrag seiner Leistungen ergeben; er hört auf, spontan zu empfinden, und verfällt der Reflexion und damit dem Trübsinn; und er entwickelt in sich die gefährlichen Leidenschaften des Ehrgeizes und des Neides, die aus der Ungleichheit der materiellen Situation hervorgehen und deren Kontrolle gesetzliche Regelungen erfordert, welche die individuelle Freiheit wiederum einschränken. Der irreversible Prozeß des Fortschritts, der in der Perfektibilität des Menschen angelegt ist, erscheint bei Rousseau in seiner vollen Zwiespältigkeit. Kein Vorteil, der dann nicht mit einem Verlust erkauft werden müßte: Herrschaft erzeugt neue Abhängigkeiten, Komfort befördert die Entfremdung, Soziabilität ruft der Frustration, Einsicht schafft Sorge. Nicht göttliche Vorsehung, sondern diese Dialektik von Natur und Kultur, von Geist und Leben wird zum eigentlichen Schicksal des Menschen und bestimmt die Geschichte der Zivilisation in ihren entscheidenden Phasen vom Zeitalter des ersten Privatbesitzes über die Einsetzung einer staatlichen Obrigkeit bis zu deren Ausartung in der Willkürherrschaft der Despotie.[51]

Daß der allgemeine Verlauf der Geschichte nichts weiter als den Degradationsprozeß des Menschen widerspiegelt, steht für Rousseau außer Zweifel: auf dieser Überzeugung beruht sein konsequenter Kulturpessimismus. Immerhin gewinnt der Mensch in dem Maße, als er sich vom naiven Einklang mit der Natur entfernt, zugleich ein neues, freilich tragisches Bewußtsein seiner Situation; die Freiheit, deren er sich im Urzustand mit der spielerischen Unbekümmertheit eines Kindes erfreute, wird zum Widerstandsrecht, welches aus intellektueller Einsicht die Auflehnung gegen den Gang der Dinge gewährleistet. Wenn aber kaum anzunehmen ist, daß individuelle Besinnung und Entscheidung die Korruption des Menschen durch seine Geschichte abwenden kann, so bleibt doch die tröstliche Gewißheit, daß sich selbst beim hochzivilisierten Geschöpf eine ferne Erinnerung an die Glückseligkeit ursprünglicher Zustände erhalten hat, die noch immer fruchtbar zu werden vermag, wenn nicht in der politischen Tat, so doch in einem vertieften Verständnis für den archaischen Menschen, in der Nostalgie nach der eigenen Kindheit, in der Erziehung, die man sich und andern zukommen läßt.

Rousseaus »Discours« führt in der Tat weit weg von einem Weltbild, das seine Fraglosigkeit aus der Vorstellung von der vorherbestimmten Hierarchie der Geschöpfe bezog und die Führerrolle des Menschen auf die Übereinstimmung seiner angeborenen Logik mit der mathematischen Ordnung der Schöpfung gründete. Der Mensch sieht sich der Dynamik eines in sich widersprüchlichen und spannungsvollen Prozesses ausgesetzt, von dem Augenblick an, da er in die Gesellschaft eintritt. Die Veränderungen, denen er im weiteren Verlauf seiner zivilisatorischen Entwicklung unterworfen ist, beschränken sich nicht mehr auf die Anpassung an die jeweiligen Umweltverhältnisse, sondern ziehen die ganze Substanz seiner Natur, Empfindungsvermögen wie Verstand, in Mitleidenschaft; selbst die beiden Ureigenschaften des Individuums, die Rousseau voraussetzt, Selbstliebe und Mitleid, können durch den Vorgang der Vergesellschaftung pervertiert werden. Unser Los ist es, nachdem wir dem Naturzustand entwachsen sind, fortan im Spannungsfeld zwischen äußerem technischem Fortschritt und sittlicher Korruption existieren zu müssen.[52] Eine Rückkehr zu den Ursprüngen ist uns nicht mehr vergönnt, aber indem wir den Blick auf die archaischen Menschen anderer Kulturen richten, die noch in einem glücklichen Intermediärzustand zwischen Natur und Kultur verharren, gewinnen wir Einblick in das Wesen unserer geschichtlichen Situation und eine Möglichkeit zur Neubesinnung. Was sich in uns als Erinnerung an unsere frühere Natur erhalten hat, befähigt uns, den Eingeborenen in dem zu verstehen, worin er uns gleicht; was wir von der Bedeutung des gesellschaftlichen Wandels wissen, erlaubt uns, den Eingeborenen in dem zu erkennen, worin er von uns verschieden ist. Die Betrachtung des Menschen führt nicht zu brauchbaren Ergebnissen, wenn wir sie nach einem obersten Vernunftprinzip orientieren, das doch immer nur ein verabsolutierter Reflex unserer momentanen kulturellen Situation bleibt. Das anthropologische Studium hat nicht von dem auszugehen, was wir sind oder sein möchten; sein Thema ist die menschliche Gattung in allen ihren Erscheinungsformen, wie sie in der Abfolge der Zeiten dem Betrachter entgegentritt. »Wer die Menschen erforschen will«, schreibt Rousseau in seinem ›Essai sur l'origine des langues‹, »muß sich selber betrachten; wer aber den Menschen erforschen will, wird lernen müssen, in die Ferne zu blicken; denn es ist nötig, die Unterschiede zuerst zu beobachten, um die gemeinsamen Eigenschaften zu entdecken.« Beides, Erkennen des Verbindenden wie des Trennenden, steht am Anfang einer neuen Anthropologie im Sinne Rousseaus.

Das Zeitalter der Aufklärung verweilt, in der Vorstellung, die es sich von der Natur und dem Menschen macht, merkwürdig unentschieden zwischen Aufbruch und Beharren. Wir neigen heute dazu, die fortschrittlichen und nachwirkenden geistigen Tendenzen jener Zeit in ihrer Bedeutung zu überschätzen; in Wahrheit dauerten die Denkgewohnheiten des siebzehnten Jahrhunderts fort, und wer sie sprengte, gelangte über mehr oder minder originale Ansätze zu neuem selten hinaus. Ähnlich, wie es Buffon versagt blieb, den Weg zu einer biologischen Entwicklungsgeschichte zu finden, und weder Montesquieu noch Voltaire die universalgeschichtliche Darstellung, welche beide forderten, selbst zu verwirklichen vermochten, ging auch von Rousseaus Frühwerk zwar eine Vielzahl von wertvollen Impulsen, nicht aber eine entschiedene Denkrichtung aus. Die außergewöhnlichen intellektuellen Energien, welche die Aufklärung freimachte, genügten zwar, überkommene Ordnungen in Frage zu stellen, führten aber noch nicht über ein allerdings höchst ergiebiges Gespräch über Fragen des methodischen Vorgehens und des Praxisbezugs der verschiedenen Fachbereiche, insofern sie in der Lage waren, zur Glückseligkeit des Menschen beizutragen, hinaus. Dieses offene Gespräch zwischen den Disziplinen, das eine strikte Unterscheidung zwischen Natur- und Geisteswissenschaften noch nicht kannte, wird uns in seinem anthropologischen Aspekt in den folgenden Kapiteln des öfteren beschäftigen.

II. Die Summe des Wissens

1. Die Kollektionen

Wir haben im ersten Kapitel dieser Darstellung bereits zwei Formen der Berichterstattung auseinanderzuhalten versucht, wie sie für das erste Entdeckungszeitalter typisch waren und bis zur Mitte des achtzehnten Jahrhunderts ihre Bedeutung wenig verändert behielten: Reisebericht und Chronik. Wir zeigten auch in großen Zügen, wie sich die Methode der Berichterstattung in der zweiten Hälfte des aufgeklärten Jahrhunderts wandelte: die von gezielten Instruktionen ausgehende, von Spezialisten verschiedenster Fachbereiche unternommene Expedition schien uns recht eigentlich den Charakter des zweiten Entdeckungszeitalters zu prägen.

Bereits in der Spätrenaissance wurden Reisebericht und Chronik durch umfassende Darstellungen ergänzt, die der hergebrachten chronologisch-historischen Aufzeichnung ihren Rang abzulaufen suchten, sei es, indem sie eine Vielzahl von Quellen im vollen Wortlaut zitierten, sei es, indem sie nach Möglichkeit den beschränkten Standort des Hofhistoriographen aufgaben, um aus der Perspektive möglichst unvoreingenommener Wissenschaftlichkeit zu urteilen. Im ersten Fall kann man von Kollektionen, im zweiten Fall von Kosmographien sprechen. Den Kosmographien und zum Teil auch den Kollektionen wurden seit dem sechzehnten Jahrhundert kostbar ausgestattete Kartenwerke, »mappae mundi«, beigegeben, die durch Legenden und zuweilen phantastische Illustrationen auch eine Vorstellung von der Geschichte und der Erscheinung fremder Völker zu vermitteln suchten. Das achtzehnte Jahrhundert fügte diesen Hilfsmitteln zur Verbreitung von Wissen, wie im vorhergehenden Kapitel skizziert, zwei weitere Formen der Darstellung an: das enzyklopädische Handbuch und den geschichtsphilosophischen Überblick.

Es kann sich im folgenden nicht darum handeln, den Reichtum dieser vielgestaltigen und doch einer geistesgeschichtlichen Entwicklung einzuordnenden Dokumentation bibliographisch auch nur annähernd vollständig zu erfassen.[1] Es soll lediglich in möglichst knapper Form gezeigt werden, was solche Werke für verschiedene europäische Länder zu leisten vermochten und worin Eigentümlichkeit und Bedeutung der durch sie gelieferten und verarbeiteten Information bestanden.

a) England

Um 1550 war in italienischer Sprache die erste Sammlung von Reiseberichten, Ramusios »Delle navigatione e viaggi«, erschienen, die einige wichtige Texte der Pionierzeit, Entdeckungsreisen und Eroberungszüge in Afrika, Indien und Amerika betreffend, umfaßte.² Das dreibändige Werk ist als Ganzes nie in eine andere europäische Sprache übertragen worden; aber es diente als Vorbild für die erste mit einiger Sorgfalt verfaßte Kollektion in England: Richard Hakluyts »The Principall Navigations, Voiages, Traffiques and Discoveries of the English Nation«, die in den Jahren 1589–1600 gedruckt wurde.³

Hakluyts Leben und sein großer publizistischer Erfolg standen in engem Zusammenhang mit der damaligen historischen Situation Englands, die weltpolitisch durch die Emanzipation gegenüber Spanien und den Beginn ausgedehnter wirtschaftlicher Aktivitäten im Atlantik bestimmt war. Als protestantischer Geistlicher war Hakluyt daran interessiert, dem globalen Weltherrschaftsanspruch, den die iberischen Mächte im Jahre 1493 durch eine Bulle Papst Alexanders VI. bestätigt erhalten hatten, entgegenzutreten; seine guten Kontakte zu Geographen und Seefahrern sowie zu den »merchant adventurers« der 1552 gegründeten Moskowitischen Kompanie erlaubten es dem Engländer, die praktischen Möglichkeiten zu erkennen, die in einem Ausbau des britischen Überseehandels begründet waren.

Die Sammlung der Reiseberichte, die Hakluyt herausgab, entsprang gleicherweise wissenschaftlichen wie propagandistischen Antrieben.⁴ Wissenschaftliche Redlichkeit bewog den Engländer, die geographischen und naturwissenschaftlichen Leistungen anderer seefahrender Nationen nicht zu vernachlässigen und auch Berichte ausländischer Reisender, insbesondere der aufstrebenden Franzosen, in sein monumentales Werk einzugliedern. Zugleich aber war Hakluyt davon überzeugt, daß es die schicksalhafte Aufgabe gerade Englands sei, die Erforschung der Erde voranzutreiben, und indem er die Informationen seiner Landsleute besonders sorgfältig sammelte, wollte er zeigen, in welchem Maße seine Nation bereits in diese Führerrolle hineingewachsen war. Die kolonialistischen Intentionen Hakluyts treten allerdings in andern seiner Schriften, etwa in seinem »Discourse of Western Planting«⁵, weit deutlicher hervor als in seiner Kollektion; aber implizite war auch »The Principall Navigations« ein Werk, das stimulierend auf die Überseekolonisation einwirken mußte, weil es den Fortgang des Wissens in der rivalisierenden Anstrengung europäischer Entdecker darstellte und keineswegs verschwieg, welche Lücken der Erkenntnis noch zu stopfen waren. Ohne die Berichte, die er publizierte, zu modifizieren oder mit pathetischen Kommentaren zu belasten, machte Hakluyt doch in einem aufklärerisch anmutenden Sinne deutlich, daß Wissen die Voraussetzung und Legitimation aller Macht zu sein habe.

Die großen Erwartungen, die Hakluyt in die Forschungsarbeit der reisenden Gelehrten seiner Nation setzte, erwiesen sich freilich zwar nicht als unberechtigt, aber als verfrüht. Die religiösen Zwistigkeiten und Thronhändel des englischen siebzehnten Jahrhunderts schufen ein Klima der Unsicherheit, das wissenschaftlicher Arbeit ungünstig war; aufsehenerregende Reisen wurden keine unternommen, und die amerikanischen Besitzungen entwickelten sich erst allmählich und in aller Stille. Die Sammlung von Reiseberichten, die unter dem Titel »Hakluytus Postumus or Purchas his Pilgrims« im Jahre 1625 erschien, blieb denn auch die einzige großangelegte Kollektion dieses Jahrhunderts; sie bereicherte den Bestand Hakluyts zwar um zahlreiche Texte besonders fremdsprachiger Autoren, war aber ohne genügende wissenschaftliche Sorgfalt redigiert.[6]

Erst zur Zeit des Spanischen Erbfolgekrieges, der ein Weltkrieg war und das Interesse einer weiteren Öffentlichkeit auf die Meere und Übersee lenkte, machten weitere Arbeiten dieser Art von sich reden: um 1705 publizierten die Londoner Buchhändler A. und J. Churchill ihre »Collection of Voyages and Travels« in vier Bänden, die bis zur Jahrhundertmitte beständig ergänzt wurde, und der Geistliche John Harris doppelte mit einer »Complete Collection of Voyages and Travels« nach.[7] Das Vorwort der ersten dieser beiden Kollektionen ist geprägt vom imperialen Selbstbewußtsein Großbritanniens und vom Wissenschaftsoptimismus des beginnenden Aufklärungszeitalters. »Das Imperium Europas«, schreiben die Verleger, »hat sich nun ausgeweitet bis an die äußersten Grenzen der Erde, wo manche seiner Nationen über Besitz und Kolonien verfügen. Dies sind die Früchte der Arbeit jener, welche sich den Gefahren des weiten Ozeans und unbekannter Ländereien aussetzten, Früchte, die von den Daheimgebliebenen in vielfältigem Überfluß geerntet werden können. Der Bericht des einen Reisenden ist Anreiz für andere, diesem nachzueifern; und dank diesen Aufzeichnungen durcheilt der Rest der Menschheit, ohne einen Schritt zu tun, den Erdball und die Meere.«[8]

Vom selben Geist beseelt war die Kollektion von Thomas Astley, der sich um 1740 anschickte, alle bisherigen Sammlungen von Reiseberichten durch ein neues Werk von nicht zu übertreffender Vollständigkeit und höchstem wissenschaftlichem Anspruch in Vergessenheit geraten zu lassen.[9]

Thomas Astleys »New General Collection of Voyages and Travels« nahm sich vor allem vor, bei der Selektion von Quellentexten und bei der Klärung von deren Authentizität nach strengeren Kriterien zu verfahren als ihre Vorläufer. Es sei ihm nicht darum zu tun, stellte Astley im Vorwort fest, eine möglichst große Anzahl von Reiseberichten beizubringen: dies würde den Wert seiner Sammlung kaum erhöhen, deren Umfang jedoch übermäßig anschwellen lassen und dadurch ihren Gebrauch erschweren. Es sei unumgänglich, eine Auswahl zu treffen. »Unsere Sehweise«, schrieb Astley, »wie umfassend sie auch immer sei, darf es nicht zulassen, daß jeder Reisebericht, der uns in die Hand fällt, der gute wie der schlechte, ohne Unterschied Aufnahme findet. Wir haben uns im Gegenteil bemüht, die besten Berichte aus allen Sprachen auszuwählen und solchen keinen Platz zuzugestehen, die nicht imstande sind, zur Fortbildung und Unterhaltung des Lesers beizutragen ..«[10] Besondere Sorgfalt, fuhr Astley fort, sei darauf verwendet worden, reine Fiktion als solche zu erkennen und auszuschalten, sowie sogenannte »Piratenautoren«, Abschreiber, mit Vorsicht zu benutzen, denn es gehöre zum Amt des Kollektors oder Herausgebers, dem Leser jeden Betrug zu entdecken.[11] Durch den kritischen Vergleich aller verfügbaren Texte und durch sorgfältige Auswahl sollte so vermieden werden, daß Fiktionen und Plagiate an die Stelle der Tatsachenberichte traten.

Neben Astleys Bemühen um eine kritische Überprüfung der Texte überrascht seine neuartige Methode der Präsentation. Das Verfahren seiner Vorgänger, die

Reisequellen in chronologischer Reihenfolge anzuführen, behält Astley zwar bei. Aber er entschließt sich, die Reiseberichte nach geographischen und völkerkundlichen Gesichtspunkten zu ordnen und führt diese Neuerung mit größter Konsequenz durch. Aufzeichnungen von Reisenden, die auf ihren Fahrten verschiedene Weltgegenden berührt haben, werden entsprechend aufgeteilt und an passender Stelle vorgelegt, ein Vorgehen, das zwar die Einheit des jeweiligen Berichtes stört, dem Leser jedoch die Möglichkeit gibt, sich über ein bestimmtes Gebiet gleich umfassend zu orientieren.

Auch nimmt sich Astley die Freiheit, seine Quellen, wo er es als zumutbar betrachtet, nur auszugsweise zu zitieren. Den frühen Reiseberichten gewährt er in der Regel größeren Raum als späteren Zeugnissen, die oftmals Wiederholungen bereits bekannter Fakten enthalten. Durch solche Auswahl sucht Astley den Umfang seiner Kollektion in überblickbarem Rahmen zu halten. Diese Auszüge, die sogenannten »abstracts«, sind mit einer kurzen Einleitung versehen, welche über die Person des Verfassers, über seine Reiseroute und über Glaubwürdigkeit und Wert seiner Aufzeichnungen unterrichten.

Jedes Kapitel, das sich mit einer bestimmten geographischen Region befaßt, wird mit einer Reihe zusammenfassender »digests« abgeschlossen. In diesen Abrissen kommt der Editor nochmals eingehender auf bestimmte Fragen zu sprechen, die seine besondere Aufmerksamkeit festgehalten haben. So widmet er sich etwa zum Abschluß seiner Beiträge über die Guineaküste isolierten Themen wie dem Regierungssystem der Negermonarchien, der Polygamie, den physischen Merkmalen der schwarzen Rasse oder der Frage des Aberglaubens. Ähnlich wie die Anordnung der Quellen nach geographischen Gesichtspunkten sollen diese »digests« eine leichtere Orientierung des Lesers über ein bestimmtes Thema ermöglichen; sie erlauben es dem Herausgeber, die Aussagen verschiedener Reisender über ein und denselben Gegenstand zu konfrontieren und aus Widersprüchlichkeiten und Übereinstimmungen den wirklichen Sachverhalt zu rekonstruieren. »Indem wir die Bemerkungen mehrerer Autoren zum selben Thema zusammenstellen«, begründet Astley sein Vorgehen, »ersparen wir dem Leser in erster Linie die Mühe, von einem Autor zu andern zu springen, um die verstreuten Aufzeichnungen zu jedem Gegenstand zu sammeln...«[12]

In seinen »digests« nähert sich Astley dem kompilatorischen Verfahren: die Reiseberichte werden nicht in vollem Wortlaut zitiert, aber auch nicht, wie später bei Dapper oder Labat, als anonyme Zeugnisse in überarbeiteter Form zusammengefaßt. Es geht dem »collector« vielmehr darum, die Meinungen seiner Gewährsleute über einen bestimmten Punkt festzuhalten und kritisch gegeneinander abzuwägen. In dem Abriß, den Astley beispielsweise dem Aberglauben der Naturvölker Afrikas widmet, äußert er sich recht eingehend zur damals vieldiskutierten Frage der Amulettgläubigkeit. »Diese Völker«, heißt es da, »kennen die verschiedensten Arten von Aberglauben, aber die bemerkenswerteste von allen ist jene, die sich auf ihre ›Grisgris‹ bezieht. Jobson, der von ›Gregories‹ spricht, bemerkt, es handle sich dabei um aufgeschriebene Zaubersprüche. Nach Jannequin sind diese ›Grisgris‹ mit arabischen Buchstaben beschriebene Papierröllchen.

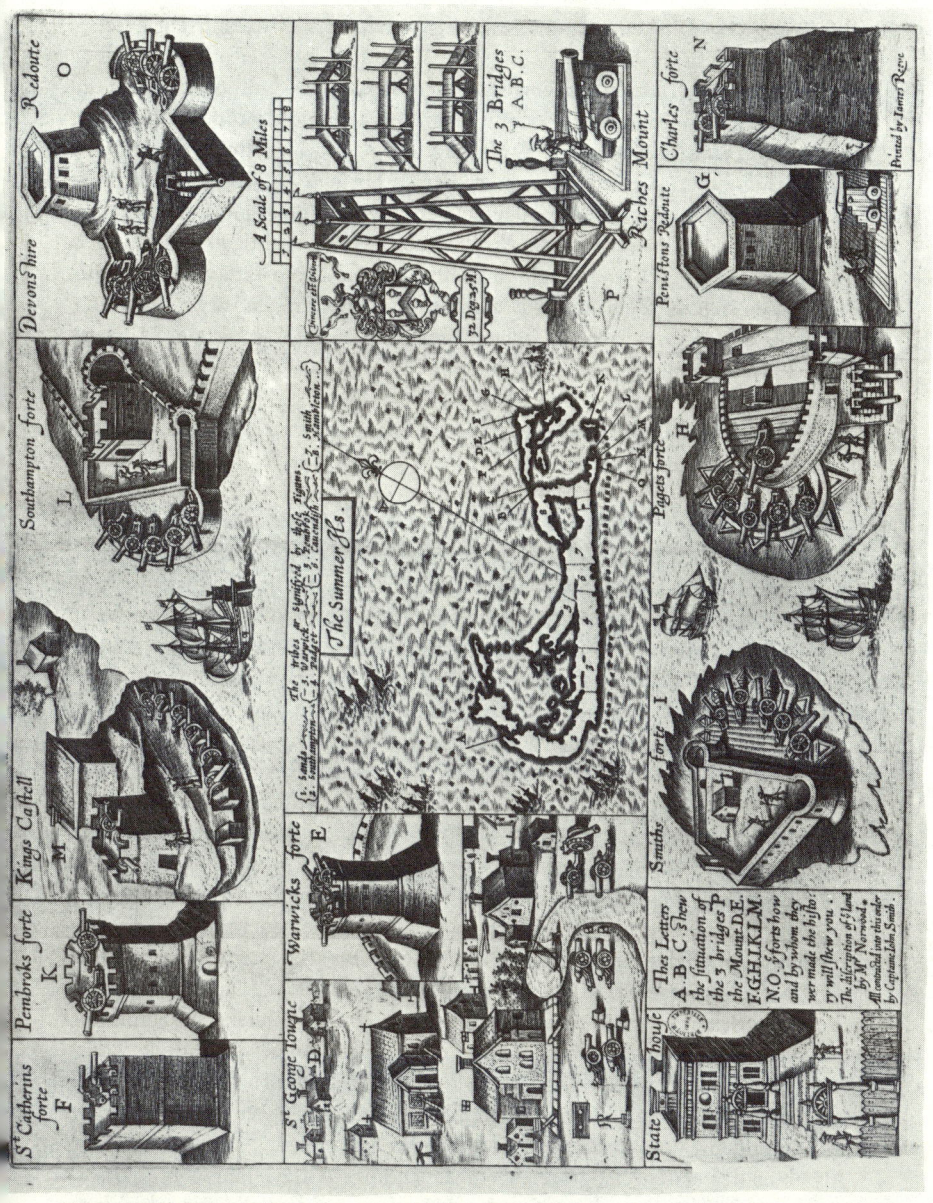

18. Befestigungswerke zur Sicherung kolonialer Stützpunkte. Aus: Smith, J., The Generall Historie of Virginia (London, 1627).

Le Maire sagt, es seien kleine arabische Billets, auf denen nekromantische Zeichen stünden. Im Gegensatz dazu bezeichnet sie Barbot als von der Größe eines halben Blattes oder zweier Blätter von gewöhnlichem Papier, randvoll beschrieben mit arabischen Buchstaben, gezeichnet mit Feder und Tinte, die aus der Asche einer gewissen Holzart hergestellt wird. Labat sagt, die ›Grisgris‹ enthielten bestimmte Abschnitte aus dem Koran oder andere weise Sprüche ... Da die wohltätige Wirkung dieser ›Grisgris‹ als sehr allgemein erscheint, kann es nicht verwundern, daß, wie Jannequin beobachtet, die Afrikaner sie als den wichtigsten Gegenstand ihres Glaubens mit größter Abergläubigkeit verehren. Diese ›Grisgris‹ oder ›Gregories‹ lassen sich mit dem Agnus Dei der römischen Christen vergleichen, und, ähnlich wie in der katholischen Kirche, bringen sie den Marabuts oder Priestern, welche sie verkaufen, großen Reichtum ein.«[13]

Die zitierte Stelle mag veranschaulichen, in welchem Maße Astley bemüht ist, einen bestimmten Sachverhalt aus verschiedenster Sicht zu beleuchten, wobei, trotz dem Ernst der wissenschaftlichen Abklärung, durchaus noch Raum zu persönlichen Ausfällen – hier gegen den Katholizismus – bleibt. Heikle Fragen, so das Problem der Hautfarbe, von welchem wir in anderem Zusammenhang noch sprechen werden, werden bei Astley nie unzulässig simplifiziert oder voreilig entschieden. Läßt das vorhandene Quellenmaterial eindeutige Schlüsse nicht zu, so zögert Astley nicht, bestimmte Fragen offen zu lassen. Unkenntnis wird weder verschleiert noch durch Mutmaßungen ersetzt. Ein Apparat kritischer Anmerkungen weist auf Unstimmigkeiten zwischen den Aussagen einzelner Reisender und auf die Fragwürdigkeit einzelner Beobachtungen hin: »In diesen Anmerkungen geographischer, historischer und kritischer Natur«, bemerkt Thomas Astley dazu, »haben wir unser Bestes getan, um Irrtümer zu korrigieren, Differenzen abzuklären oder auszugleichen, dunkle Passagen aufzuhellen und kleinere Unzulänglichkeiten, wie sie sich in den Reiseberichten häufig finden, zum Verschwinden zu bringen.«[14]

Die »digests«, wie Thomas Astley sie in seiner »New General Collection of Voyages and Travels« bietet, gestatten es auch, die verschiedenen Bevölkerungsgruppen innerhalb der Eingeborenenkulturen präziser als bisher zu unterscheiden und in ihren Eigenarten und Sitten voneinander abzuheben. Das gilt besonders vom afrikanischen Kontinent, welcher in der Fragment gebliebenen Sammlung noch vollständig behandelt wird. Astleys Beschreibungen gewisser Völkerschaften in Westafrika, etwa der Wolof oder Malinke, gehören zu den sorgfältigsten und prägnantesten, welche das Jahrhundert kennt, auch wenn die Gefahr der moralisierenden Charakterisierung nicht immer gebannt ist.

Als einer der ersten Geographen wurde Thomas Astley, Jahrzehnte vor den grundlegenden Arbeiten Johann Gottfried Herders, auf die Bedeutung der Eingeborenensprachen für das Studium der archaischen Kulturen aufmerksam. Die Kenntnis der Negersprachen, stellt er fest, sei dem Reisenden bei der Abklärung von Ursprung und Verwandtschaft zwischen den verschiedenen »Nationen« von größtem Nutzen; um das Interesse an diesen Sprachen zu fördern, habe er sich entschlossen, seiner Kollektion ein kurzes Vokabular verschiedener Völker beizugeben.¹⁵ Dieses Glossar sollte nicht nur, wie dies etwa die Wörterbücher der Jesuitenmissionare seit langem beabsichtigten, die Kommunikation erleichtern, sondern erste Grundlagen zu einer vergleichenden Linguistik innerhalb der Völkerkunde liefern.

In Auswahl, Präsentation und Auswertung der Reiseberichte ging Thomas Astley, wie ersichtlich, weit über seine Zeitgenossen hinaus. Man wird gegen seine Methode einwenden können, daß sie den authentischen Wortlaut, die Einheit und den Zusammenhang der Quellentexte nicht achte, daß der Initiative des Editors zu weiter Spielraum gelassen sei, daß zu vieles von dessen intellektueller Redlichkeit abhänge.

Über intellektuelle Redlichkeit indessen verfügte Astley in hohem Maße. Er war einer der ersten unter den europäischen Kollektoren, der das Prinzip der Textkritik zum Angelpunkt seines Unterfangens machte. Sein kritischer Sinn erwies sich als gleichermaßen nützlich sowohl bei der Feststellung der Authentizität von Texten als auch bei der aus dem Vergleich gewonnenen Rekonstruktion von Tatbeständen. Astleys Kollektion war weit mehr als eine bloße Sammlung von Reiseberichten: aus den disparatesten Zeugnissen der Betrachter formte sich, unter dem kundigen und kritischen Auge des Editors, das Bild einer bestimmten Weltgegend, einer bestimmten Lebensform, und die Summe der einzelnen Darstellungen schien sich zwanglos zu einer neuen Form des wissenschaftlichen Handbuchs zu runden. Von einer solchen Zielvorstellung ging Astley auch aus, wenn er im Vorwort zu seiner »New General Collection« schrieb: »Und somit wird unsere Kollektion sowohl zu einem Handbuch moderner Geographie und Geschichte als zu einer Sammlung von Reiseberichten werden, in welcher der aktuelle Stand aller Nationen auf die präziseste und doch verständliche Art und Weise dargestellt werden wird.«¹⁶

Astleys Plan jedoch, so vielversprechend er war, konnte nicht verwirklicht werden. Das Werk des Engländers blieb, vermutlich finanzieller Schwierigkeiten wegen, Fragment. Die Beschreibung des afrikanischen Kontinents wurde zwar noch vollendet, auch gelang es, das Kapitel über China, das »irdische Paradies der gegenwärtigen Welt«, dem Astley sich nach dem Studium der afrikanischen Wüsteneien mit sichtlicher Genugtuung zuwendete, zum Abschluß zu bringen. Die übrigen Teile der damals bekannten Welt, Amerika und Europa, mußten jedoch unerwähnt bleiben. Was vorlag aber blieb ein eindrückliches Zeugnis wissenschaftlicher Quellenverarbeitung im Rahmen der geistigen Möglichkeiten der damaligen Zeit. »Wir glauben berechtigt zu sein«, schließt Astley die Vorrede zu seinem Werk, »festzustellen, daß diese Sammlung keinen der Vorzüge entbehren wird, derer sie bedarf. Die Fülle wird in ihr nicht zum Überfluß werden; die Kürze nicht zur übermäßigen Einschränkung. Anstelle mehrerer Berichte über dieselbe Sache wird man nun einen einzigen vorfinden, der sorgfältig aus allen anderen zusammengestellt ist. Alle Nachteile, die der Vermischung oder Zerstreuung verschiedener Themen entspringen, sollen vermieden werden, sowohl zum Vorteil der historischen und geographischen Wissenschaften als zum Vorzug des Lesers.«¹⁷

b) Die Niederlande

Auch in den Niederlanden, wo auf dem Gebiet der Kartographie bereits unter spanischer Herrschaft und in Fortsetzung iberischer Tradition Erstaunliches geleistet wurde, regte sich nach 1600 das Bedürfnis, Informationen aus Übersee zu sammeln und auszuwerten, umso mehr, als man sich im Jahre 1595 mit Cornelius Houtmans großer Reise nach den malaiischen Gewürzinseln in die Reihe der großen Seemächte vorgeschoben hatte.

Neben hervorragend illustrierten Lehrbüchern zur Navigations- und Schiffbaukunde wie Lucas Wagenaers »Spieghel der Zeevaerdt« und unvergleichlichen Kartenwerken, wie sie von 1635–1670 das Atelier der Familie Blaeu herausbrachte, spiegelten eine ganze Reihe von Reiseberichten und Kollektionen die Weltkenntnis und Prosperität des »Goldenen Zeitalters« in den Niederlanden. Unter den Reiseberichten erfreuten sich die Aufzeichnungen von des Kapitäns Ijsbrandt Bontekoes abenteuerlichen Fahrten in Ostindien besonderer Beliebtheit: zwischen 1650 und 1750 erschienen davon mindestens fünfzig Auflagen.[18] Im Jahre 1631 publizierte Johannes de Laet, der sich bereits mit Büchern über Amerika einen Namen gemacht hatte, eine Beschreibung des Großmogulreiches, »De Imperio Magni Mogolis«, die den Indologen noch heute von Nutzen ist, und Kompilatoren wie Isaac Commelin (1645) und Pieter van der Aa (1708) sammelten eifrig, was an Einzelberichten herausgekommen war.[19] Manche Kompilationen wurden fast gleichzeitig in mehrere Sprachen, vor allem ins Französische und Deutsche, übertragen, was die zentrale Bedeutung des holländischen Verlagswesens im gesamten siebzehnten Jahrhundert unterstreicht. Und konkurrenzlos war auch die Ausstattung vieler solcher Bücher mit Kupferstichen. Hatten ähnliche Publikationen von Portugiesen, Spaniern und Engländern in dieser Hinsicht recht wenig geboten, so setzten Werke wie jene der beiden kalvinistischen Pastoren Barlaeus und Valentyn über Brasilien und Ostindien neue Maßstäbe.[20]

Eine für die Betriebsamkeit und die Blüte dieses Zweiges des holländischen Verlagswesens repräsentative Persönlichkeit war der Amsterdamer Arzt Olfert Dapper, dessen umfangreiche Sammelwerke über Afrika und Asien um 1680 in verschiedenen Sprachen herauskamen und weite Verbreitung fanden.[21] Neu an Olfert Dappers Vorgehen war, daß er sich nicht mit einer bloßen Edition von Reiseberichten begnügte, sondern die Informationen, die er solchen Darstellungen entnahm, selbständig verarbeitete und in geraffter Form vorlegte. Der Hauptvorteil dieses kompilatorischen Verfahrens bestand darin, wie bei Astley, aber zeitlich vor diesem, daß der Leser Fakten, die er sich sonst in der Reiseliteratur mühsam zusammensuchen mußte, thematisch geordnet vorgesetzt bekam; die Kompilation gewann dadurch, der Kollektion gegenüber, eine größere Geschlossenheit und empfahl sich als bequemes Nachschlagewerk. Anderseits stellte die Abfassung einer solchen Kompilation an die wissenschaftliche Sorgfalt des Autors große Anforderungen. In einer Zeit, da selten wörtlich und unter Angabe der benutzten Quelle zitiert wurde und Plagiate so häufig wie Originalwerke waren, geriet der Kompilator leicht in Versuchung, die Erfahrungen des Reisenden,

19. Ein Pionier holländischer Handelsreisen nach Indien war Jan Huighen van Linschoten, der seine ersten Übersee-Erfahrungen in portugiesischen Diensten gesammelt hatte. Sein Porträt aus dem »Itinerario« (Amsterdam, 1595) wird eingerahmt von Darstellungen der frühesten Stützpunkte.

dessen Bericht er exzerpierte, zu seinen eigenen zu machen oder diesen eine Form zu geben, welche seinen persönlichen Absichten und Vorstellungen entsprach. Dieser Gefahr war sich Olfert Dapper bewußt, und er tat alles, um den Leser von der Sorgfalt seiner editorischen Bemühungen zu überzeugen. Zwar hatte Dapper selbst nie größere Reisen unternommen und war also außerstande, die Richtigkeit seiner Informationen mit eigener Anschauung zu konfrontieren; aber er war über die geographische Literatur seiner Zeit vorzüglich unterrichtet und unterhielt ständigen Kontakt zu holländischen Seeleuten, was ihm erlaubte, durch kritische Gegenüberstellung der verschiedenen Berichte und Aussagen eine indirekte Überprüfung ihres Wahrheitsgehaltes vorzunehmen. Statt sich mit fremden Federn zu schmücken, nannte Dapper zumindest die wichtigsten Namen der Reisenden und Gelehrten, auf die sein Werk sich stützte. Wörtlich heißt es zu Beginn der im Jahre 1670 erschienenen deutschen Fassung von Dappers »Naukeurige Beschrijvinge der Afrikaensche Gewesten«: »Damit die Wahrheit derer in diesem Werk enthaltenen Sachen befästigt, wird niemand Ursach nehmen, selbe vor Fabeln, so aus meinem Kopfe gesponnen zu halten, noch andere meinen, als wenn ich fremde Arbeit durch lobsüchtige Vermessenheit mir zuzueignen gesinnet; habe ich ratsam befunden, die Authores, derer ich mich gebrauchet, in der Vorrede bekannt zu machen.«[22]

c) Frankreich

In Frankreich setzte die Publikation von Reiseberichten und Sammlungen gegenüber den bereits erwähnten Ländern etwas verspätet ein. Die ersten Reisejournale französischer Seefahrer und Kolonisten aus Kanada, die Arbeiten von Cartier, Lescarbot und Champlain aus der Zeit von 1515–1615, fanden trotz der Eindringlichkeit ihrer Schilderungen bei Gebildeten und in politisch interessierten Kreisen ein geringes Echo und wurden noch von den Gelehrten der Aufklärungszeit höchst selten zitiert; und dasselbe galt von dem ethnographisch hochinteressanten Bericht, den der französische Kalvinist Jean de Léry im Jahre 1578 über Brasilien publiziert hatte.[23]

Die erste umfassende Sammlung von Reiseberichten in französischer Sprache, die »Relations des divers voyages curieux« des Melchisedech Thévenot, die im Jahre 1663 zu erscheinen begann und neben Übersetzungen aus dem Englischen, Portugiesischen, Spanischen, Holländischen und Arabischen auch Erstpublikationen wie den Bericht von Marquettes Mississippireise umfaßte, gewann sich dagegen bald sehr illustre Leser: Exemplare dieser Kollektion sind in den Bibliotheken von Gelehrten wie Voltaire, De Brosses, Holbach und Turgot vorgefunden worden.[24]

Im Jahre 1686 publizierte Jean Chardin sein bedeutendes »Journal d'un voyage en Perse«, dessen Wert bezeichnenderweise erst im folgenden Jahrhundert voll gewürdigt wurde. Noch um 1750 beurteilte Jean-Jacques Rousseau im Anhang zu seinem Essai »Sur l'origine de l'inégalité« die Leistung der bisherigen französischen Reiseberichterstattung recht skeptisch. So stellte er fest, daß nur einer sehr geringen Zahl von Europäern, unter diesen Chardin und dem Japanreisenden Kaempfer, das Verdienst zugesprochen werden könne, sie seien als wahre Philosophen gereist. »Von diesen Berichten abgesehen«, fährt Rousseau fort, »kennen wir die Bevölkerung Ostindiens, die bisher einzig von Europäern besucht wurde, die begieriger waren, ihre Börsen als ihre Köpfe zu füllen, überhaupt nicht. Ganz Afrika und seine zahlreichen Bewohner, so einzigartig diese durch ihren Charakter und ihre Hautfarbe auch sind, bleiben noch zu untersuchen; die ganze Erde ist bedeckt mit Nationen, von denen wir höchstens die Namen kennen, – und wir erlauben uns, das menschliche Geschlecht zu beurteilen!«[25]

So schlimm allerdings, wie Rousseau die Situation sah, stand es nicht. Auch in Frankreich hatten nach 1700 zahlreiche Kompilatoren ihr eifriges Werk begonnen, und das Publikum zeigte sich zunehmend interessiert. Von ähnlicher Bedeutung wie Dapper in Holland wurde Jean-Baptiste Labat in Frankreich. Wir wissen, daß Labat, nachdem er in den Dominikanerorden eingetreten war und kurze Zeit als Professor in Nancy gewirkt hatte, im Jahre 1694 als Missionar nach Westindien reiste und eine eigene Missionsstation auf Guadeloupe gründete. Neben seinen kirchlichen Aufgaben betätigte sich Labat, vielleicht mehr, als seinem guten Rufe dienlich gewesen wäre, als Agronom, Ingenieur, Militär und Handelsmann: er richtete Zuckerplantagen ein, baute Mühlen und Befestigungsanlagen und wehrte sich, als die Engländer 1703 die Insel bedrohten, erfolgreich gegen die Invasion, wobei ihm, vielleicht erstmals in der Geschichte der französischen Kolonisation, schwarze Soldaten zur Seite standen. Krankheit und geschäftliche Schwierigkeiten bewogen Labat schließlich, nach Paris zurückzukehren, wo er im Jahre 1722 unter dem Titel »Nouveau voyage aux Isles de l'Amérique« einen ausführlichen Bericht über Westindien erscheinen ließ.[26]

Labats Werk über die westindischen Inseln gibt sich zwar, modischen Erwartungen des damaligen Leserpublikums Rechnung tragend, als Reisejournal; tatsächlich aber handelt es sich um einen ausführlichen, sowohl auf mündlichen und schriftlichen Aussagen von Gewährsleuten als vor allem auf zwölfjähriger Erfahrung des Verfassers basierenden Bericht über die »Naturgeschichte, den Ursprung, die Sitten, die Religion und die Regierungsform der früheren und der heutigen Bewohner dieser Ländereien«. Im Vorwort erwähnt Labat die wichtigsten Quellen, auf die er sich stützt. Freundlich gedenkt er seines Ordensbruders Du Tertre, dessen um 1650 erschienene Beschreibung in vieler Hinsicht sehr exakt sei, der indessen den natürlichen Reichtümern dieser Kolonie – Zucker, Kakao, Farbstoff, Tabak – noch wenig Interesse habe entgegenbringen können, da mit deren Ausbeutung eben erst begonnen worden sei.[27] Mit Unwillen dagegen vermerkt Labat die zahlreichen eilig kompilierenden Schreiberlinge, welche sich über Westindien geäußert hätten, ohne diese Regionen je überhaupt oder eingehend genug kennengelernt zu haben, und verspricht, deren fehlerhafte und fabulierende Behauptungen Punkt um Punkt zu widerlegen, – in späteren Schriften sollte es freilich Labat mit der Notwendigkeit des persönlichen Augenscheins auch nicht mehr sehr genau nehmen.

Werfen wir einen Blick auf das Inhaltsverzeichnis des zweibändigen Werks von Jean-Baptiste Labat über die »Amerikanischen Inseln«. Der Verfasser beginnt mit der Schilderung seiner höchst wechselvollen Seereise als Missionar nach Martinique, dann werden die Verhältnisse auf den dortigen Missionsstationen dargestellt, und es wird über den Zustand der einzelnen Kirchspiele Bericht erstattet. Das Hauptinteresse des Autors gilt indessen nicht kirchlichen Fragen, wie dies in den Relationen der in Kanada wirkenden Jesuiten fast durchwegs der Fall war;

wichtiger für Labat ist, neben der Erzählung mancher pittoresker Episoden aus dem westindischen Alltag, die Beschreibung von Anbaumethoden und Verwendungsmöglichkeiten vieler Naturprodukte, vor allem solcher, deren Nutznießung damals noch in den Anfängen stand: Aprikosen, Avocados, Ingwer, Yamswurzel, Baumwolle.

Ein wichtiger Abschnitt von Labats Darstellung gilt der Beschreibung jener »Wilden«, die unter dem Namen der Karaiben, des ihnen nachgesagten Hanges zum Kannibalismus wegen, die Phantasie der europäischen Reisenden und Schriftsteller seit den Tagen des Kolumbus beschäftigten. In Wahrheit waren es indessen nicht die Europäer, die unter der vielzitierten Grausamkeit der Karaiben zu leiden hatten, sondern das Gegenteil entsprach der Wahrheit: um 1690 war dieses wenig anpassungsfähige Volk, das aus Südamerika auf die Antillen gelangt war und infolge seiner kriegerischen Überlegenheit die dortige Urbevölkerung beunruhigt hatte, fast völlig ausgerottet.[28] Labat hatte denn auch Mühe, seine Neugierde zu stillen und ein paar Karaiben zu Gesicht zu bekommen; es ehrt ihn, daß er dieses aussterbende Volk, zweifellos im Wissen um den dokumentarischen Wert seiner Aussagen, besonders eingehend zu beschreiben suchte.

Das Vorgehen Labats bei der Darstellung der »Sauvages, appelez Caraïbes« folgt Mustern ethnographischer Darstellung, wie sie seit einem Jahrhundert üblich waren: bemerkenswert ist nicht des Verfassers Originalität in der Auffindung einer neuen, fruchtbareren Systematik der Beschreibung oder Korrelation der Fakten, sondern die Sorgfalt, mit welcher die Richtigkeit des Faktums an sich abgeklärt wird.[29] Labat geht aus von der äußeren Gestalt der Eingeborenen und hält deren auffällige rote Bemalung fest; darauf geht er auf die Bekleidung beider Geschlechter ein, zeigt den Zusammenhang zwischen den Kleidersitten der Mädchen und der Geschlechtsreife und wechselt über auf die Bewaffnung der Männer. Eine detaillierte Beschreibung von Pfeil und Bogen gibt Gelegenheit, ein Wort über die kriegerischen Eigenschaften der Karaiben zu sagen, ihre allgemeine Friedfertigkeit, ihren Rachedurst vor allem im Fall der Trunkenheit, die Erziehung der Kinder zur Handhabung der Waffen zu erwähnen. Ein weiterer Abschnitt ist den von indianischen Männern und Frauen getragenen Schmuckgegenständen gewidmet, und Illustrationen, die sich allerdings offensichtlich mehr nach europäischen als nach exotischen Aktmodellen orientieren, verdeutlichen die reizvolle Eigenart der Halsketten und Armbänder. Ausführlich verweilt Labat bei der Schilderung aller möglichen indianischen Hilfsmittel zur Daseinsbewältigung, besonders bei jenen Geräten, deren Übernahme durch die Kolonisten ihm als vorteilhaft erscheint. Er erwähnt zwei Typen karaibischer Boote, die Pirogen und die Barkassas, und unterrichtet den Leser über die Technik des Ruderns und der Steuerung; er rühmt die Hängematte, beschreibt deren Herstellungsweise und die geeignetste Art ihrer Verwendung und schlägt vor, die europäischen Armeen mit solchen transportablen Betten auszurüsten: er selbst, bemerkt Labat, habe anläßlich einer Reise durch Italien mit der Hängematte die besten Erfahrungen gemacht.[30] Mit großem Sachverständnis wird die Herstellung kunstvoll geflochtener Körbe beschrieben, und von Fang und Zähmung der Papageien, von der Kunst

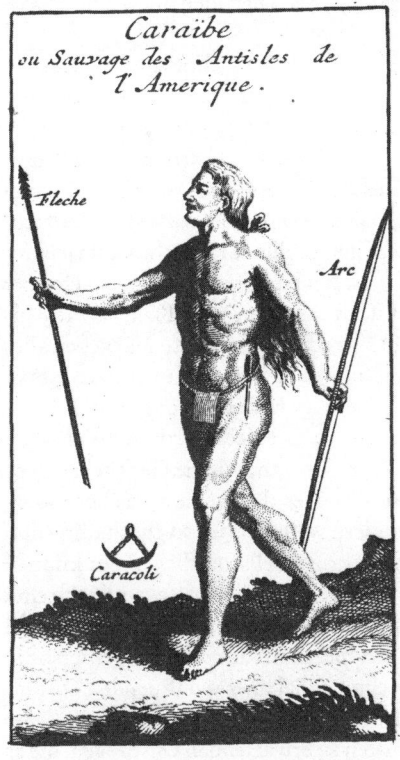 

20. Darstellung der Karaiben aus der Kompilation des französischen Reisenden Jean-Baptiste Labat über Westindien.

des Fischfangs und manchen andern Fertigkeiten der Karaiben ist die Rede, wobei die Schilderung bezeichnender persönlicher Erfahrungen und die kritische Auseinandersetzung mit einzelnen Beobachtungen früherer Autoren der Darstellung besondere Anschaulichkeit und Glaubwürdigkeit verleihen.

Wenn Jean-Baptiste Labat zum Schluß des Kapitels auf den Charakter der Karaiben zu sprechen kommt, so urteilt er vorsichtig und geht auf übelwollende Gerüchte, wie sie damals im Umlauf waren, gar nicht ein. Mit Bedauern wird zwar darauf hingewiesen, wie widerwillig sich die Indianer den Gebräuchen der Europäer anpaßten und wie vergeblich insbesondere die Bemühungen der Missionare seien; doch aus dieser Feststellung wird nicht etwa gleich auf die teuflische Urnatur der Karaiben geschlossen. Umgekehrt vermeidet es Labat sorgfältig, von diesen Eingeborenen jenes idealisierte Bild zu zeichnen, das vor ihm Du Tertre entworfen hatte. Labats Karaiben gehören nicht zu den »zufriedensten, glücklichsten, tugendhaftesten, geselligsten, wohlgestaltetsten, von Krankheiten am wenigsten heimgesuchten Völkern dieser Erde«, wie es bei Du Tertre heißt,[31] sondern sie erscheinen als Menschen, die darum schon keine allgemeine Vorbildlichkeit beanspruchen dürfen, weil eine Bewertung ihrer Tugenden und Fehler durch Außenstehende nicht überzeugen kann.

Zu einer tieferen Einsicht in die Beweggründe und die Psychologie indianischen Verhaltens stößt Labat freilich nirgends vor. Letzlich erscheint diesem europäischen Betrachter der Karaibe als ein Wesen von rätselhafter und undurchdringlicher Apathie: »Nur in dreierlei Hinsicht«, schreibt Labat, »wird man die Karaiben nicht indifferent nennen können. Zuerst in allem dem, was ihre Frauen angeht: die Karaiben sind so eifersüchtig, daß sie diese beim kleinsten Verdacht umbringen. Sie sind ferner rachgierig, und es gibt in dieser Hinsicht kaum jemanden auf der Erde, der, wenn er sich einmal beleidigt fühlt, so unablässig nach einer Gelegenheit Ausschau hält, sich zu rächen. Und sie haben schließlich eine leidenschaftliche Vorliebe für Branntwein und andere scharfe Schnäpse und geben alles hin, um davon bekommen und sich damit betrinken zu können. Im übrigen gibt es nichts auf der Welt, was das Gemüt dieser Indianer bewegen könnte.«[32]

Gegen die Versklavung von Indianern oder auch Negern Protest zu erheben kommt Labat gar nicht erst in den Sinn. Wenn der französische Geistliche davor warnt, Karaiben als Diener zu verwenden, so tut er dies keineswegs aus naturrechtlichen oder humanitären Motiven, sondern weil er sie für so gleichgültig und launenhaft hält, daß er ihnen kaum irgendwelche gesellschaftlichen Funktionen anzuvertrauen wagt: »Ich wiederhole es nochmals«, schreibt er, »es sind schlechte Domestiken, es sei denn, man verwende sie dazu, sich in der Tugend der Geduld zu üben.«[33] Ohne irgendwann gegenüber den Indianern ausfällig zu werden oder seine Zuflucht zu gängigen Klischees zu nehmen, bei aller wohltuenden Distanziertheit seiner Beschreibung, sieht Labat den Karaiben doch in erster Linie im Blick auf die von ihm zugunsten der Kolonisten zu erwartenden Leistungen, die er freilich von Fall zu Fall, selbst wenn sie sich seiner Meinung nach nur auf wenige Fertigkeiten beschränken, mit Nachdruck zu rühmen weiß.

Labats »Nouveau voyage aux Isles de l'Amérique« hatte einigen Erfolg, und wenige Jahre später verfaßte derselbe Autor eine weitere Darstellung von vergleichbarer Art über Afrika, die »Nouvelle Relation de l'Afrique«.[34] Dieses zweite Werk war ganz besonders den Vorarbeiten anderer Reisender verpflichtet, hatte Labat doch selbst, wie er im Vorwort freimütig eingestand, den afrikanischen Kontinent nie betreten. Freilich habe er sich bemüht, schreibt Labat, nur die zuverlässigsten Quellen beizuziehen: »Ich werde also von Afrika nur nach dem Zeugnis anderer und gestützt auf ihre Erinnerungen sprechen; aber es handelt sich dabei um die Erinnerungen von besonnenen und erleuchteten Personen von erwiesener Redlichkeit, die sich viele Jahre lang in den Ländern aufgehalten haben, die ich beschreiben werde, sei es als königliche Offiziere oder als Generaldirektoren der Königlichen Kompanie im Senegal. Ich habe, wie man sieht, aus guten Quellen geschöpft und darf sogar beifügen, aus den besten der bisher bekannten; diejenigen, welche dieses Werk lesen, werden mir beistimmen.«[35]

Labats Werke waren, besonders sein Afrika-Buch, gewiß nicht frei von Mängeln: der Autor gab sich wissenschaftlicher, als er war, verlor sich unter dem Vorwand, die Fakten kritisch prüfen zu wollen, in uferloser Diskussion und bemühender stilistischer Umständlichkeit und war so sehr damit beschäftigt, die wirtschaftlichen Ausbeutungsmöglichkeiten der Kolonien ins Licht zu rücken, daß er daneben die Problematik des Kulturkontaktes vergaß. Dennoch galten die Bücher noch um 1800 mit Recht als Hauptwerke zur Geschichte, Geographie und Naturkunde Mittelamerikas und Westafrikas. Noch Léonard Durand, der 1802 eine wenig originale »Voyage au Sénégal« publizierte, betrachtete Labat als Autorität[36], und ein so sorgfältiger Kompilator wie der Deutsche Bruns stützte sich in seiner 1799 erschienenen »Erdbeschreibung« deutlich auf das Werk des französischen Dominikaners.[37]

Von besonderer Bedeutung für die Verbreitung geographischer und völkerkundlicher Kenntnisse wurden in Frankreich die bereits mehrfach erwähnten »Lettres édifiantes« der Jesuitenmissionare, die nach 1702 in mehreren Folgen in Paris erschienen. Diese Berichte, sowohl aus der Neuen Welt wie aus China, haben den Horizont der Weltkenntnis beim aufgeklärten Gelehrten weitgehend bestimmt. Die großen philosophischen, juristischen und naturwissenschaftlichen Abhandlungen des achtzehnten Jahrhunderts, von Montesquieus »Esprit des Lois« zu Buffons »Histoire naturelle« und Raynals »Histoire philosophique et politique des Deux Indes«, nährten sich reichlich vom vielfältigen Nachrichtenschatz jesuitischer Beobachter. Bernhardin de Saint-Pierre, der Verfasser von »Paul et Virginie«, des ersten französischen Kolonialromans von Bedeutung, war in seinen Jünglingsjahren von den Jesuitenberichten derart beeindruckt, daß er mit dem Gedanken spielte, Missionar zu werden. Und Voltaire, zu dessen Lehrern am Jesuitenkollegium Louis-le-Grand der Verfasser einer wichtigen Geschichte Kanadas, Charlevoix, gehörte, bewahrte, trotz häufiger antiklerikaler Ausfälle, gegenüber der Leistung der Jesuitenrelationen einen bleibenden Respekt.[38]

Die Nachrichten französischer Missionare täuschten freilich etwas darüber hinweg, daß es umfassende enzyklopädische Kollektionen im Stil der englischen Handbücher in Frankreich kaum gab. Um 1745 machte sich Antoine-François Prévost, ein Mann von turbulentem, zwischen mönchischer Askese und abenteuerlichstem Wandel schwankendem Temperament, an die Aufgabe, diesen Mangel zu beheben. Prévost, der als Verfasser von »Manon Lescaut« in die Literaturgeschichte eingegangen ist, hatte sich in England und Holland, wo er sich nach seiner Flucht aus einem Benediktinerkloster während mehrerer Jahre aufhielt, für das Genre der Reiseliteratur zu interessieren begonnen. Er übernahm den Auftrag, eine Übersetzung der Kollektion von Thomas Astley anzufertigen; als dem englischen Verleger bereits nach Erscheinen des vierten Bandes der Atem ausging, führte Prévost die Sammlung in eigener Regie weiter und schuf ein imposantes Werk von zwanzig Bänden, das sofort internationale Beachtung fand.[39]

In seiner Vorrede hält Antoine-François Prévost fest, daß die Engländer sich sehr achtenswerte Verdienste erworben hätten, ohne den Leser darüber im Zweifel zu lassen, daß es ihm, Prévost, darum gehe, diese Verdienste weit zu übertreffen. Allein die Ankündigung auf dem Titelblatt der französischen Ausgabe läßt die denkbar umfassendste Information erwarten: eine »vollständige geschichtliche und geographische Gesamtschau« wird hier in Aussicht gestellt, die den

»aktuellen Zustand aller Nationen« darstellen soll, insbesondere deren »Lage, Ausdehnung, Grenzen, Aufteilung, Klima, Bodenbeschaffenheit, Landesprodukte, Seen, Flüsse, Berge, Minen, Gemeinwesen und Hauptstädte, Häfen, Ankerstellen, Gebäude etc.« sowie die »Sitten und Gebräuche der Bewohner, deren Religion und Herrschaftsform, deren Künste und Wissenschaften, deren Handel und Manufakturen«.[40]

In seiner Darstellungsweise, insbesondere in der Einfügung von »digests« und »abstracts« folgte Prévost dem englischen Vorbild zumindest in den ersten Bänden; später gewann seine Darstellung bei aller Sorgfalt der Selektion und Kompilation eine größere schriftstellerische Freiheit und stilistische Geschlossenheit. Auch scheint es, als habe sich Prévost wesentlich mehr als Astley um die Mitarbeit eines Stabes von Informanten bekümmert. Sein Werk, schreibt der Franzose, übersteige die Kraft eines einzelnen Schriftstellers; er habe sich deshalb eine Gruppe arbeitsamer Leute verpflichtet, denen er seine Feder leihe und deren aufgeklärte Bildung für die Zuverlässigkeit der Information bürge.[41] Es dürfte heute schwierig sein zu klären, wer diese Mitarbeiter waren und in welchem Maße ihr Beitrag in den verschiedenen Teilen der Kollektion in Erscheinung tritt. Aber bemerkenswert ist doch, daß Prévost noch vor Diderot neue Ansätze zu wissenschaftlicher Gemeinschaftsarbeit entwickelte, wie überhaupt sein Sammelwerk die Arbeit der Enzyklopädisten sehr erleichtert haben dürfte.[42]

Die Leistungen der französischen Seefahrer ließ Prévost etwas deutlicher hervortreten, als Astley dies getan hatte, und gewisse polemische Ausfälle der Engländer gegen Frankreich wurden in Prévosts Pariser Ausgabe des Jahres 1745 unterdrückt. »Ich habe«, bemerkt der Franzose dazu, »mehrere englische Bemerkungen weggelassen, die einen, weil ich sie als unnötig errachtete, die anderen, weil ehrenwerte Leute sie als schockierend hätten empfinden müssen. In welchem Land der Erde und selbst in welcher Religion würde man gern Beschimpfungen gegen Regierungssystem und Religion eines andern Landes lesen, vor allem, wenn diese Ausfälle bei der Erhellung der historischen Texte von keinerlei Nutzen sind?«[43] Prévosts Zensur betrifft hier vor allem Astleys Angriffe gegen den Katholizismus, den der Engländer mit gewissen Formen archaischen Heidentums in Beziehung zu bringen liebte. Diese Weglassungen, aber auch gewisse Beifügungen Prévosts wurden übrigens in einem in Den Haag erschienenen Nachdruck der Pariser Ausgabe durch entsprechende Anmerkungen gekennzeichnet oder hervorgehoben. Mit spürbarem Behagen restituierten die holländischen Editoren beispielsweise unter Berufung auf die Erfordernisse wissenschaftlicher Quellenkritik die Ausfälle des englischen Herausgebers gegen die Römische Kirche im vollen Wortlaut. Ansonsten bezeugten die Holländer der Fassung Prévosts ihren vollen Respekt und hoben insbesondere die Eleganz seines Stils und die Qualität der französischen Illustrationen, die sie aus der Erstausgabe übernahmen, hervor.

d) Deutschland

Der Beitrag Deutschlands zur europäischen Reiseliteratur konnte, bei der geringen kolonialpolitischen Bedeutung dieses Kulturraumes, nur verhältnismäßig bescheiden sein. Er beschränkte sich vorwiegend auf Berichte aus den Ländern im Wirkungsbereich der Hanse-Städte oder auf die Aufzeichnungen deutscher Seeleute und Gelehrten in fremden Diensten. Immerhin gibt es eine Reihe interessanter Darstellungen von Deutschen bereits aus dem siebzehnten Jahrhundert für den Mittleren und Fernen Osten: wir haben Olearius und Kaempfer erwähnt, und es wären, als Reisende im Dienste der holländisch-ostindischen Kompanie, auch etwa die Namen von Johann Siegmund Wurffbain, Johann Jacob Merklein, Albrecht Herport oder Christian Hoffmann anzuführen.

Bereits ein Jahrhundert zuvor hatte es den Anschein gehabt, als ob sich deutsche Reisende, von bedeutenden Kaufmannsfamilien wie den Welsern unterstützt und von der spanischen Krone geduldet, in Venezuela definitiv etablieren könnten. In wagemutigen Unternehmungen waren Konquistadorenfiguren wie Ambrosius Ehinger, Georg Hohermuth, Nikolaus Federmann und Philipp von Hutten zwischen 1530 und 1550 durch die Dschungelgebiete des südamerikanischen Hinterlandes zum Oberlauf des Amazonas vorgedrungen, voller Hoffnung, das vielberedete Goldland »El Dorado« zu finden. Von einzelnen dieser Reisenden sind uns bruchstückhafte Aufzeichnungen erhalten geblieben, die, im Sinne der früheren Berichterstattung, allerlei Wunder, Waffentaten und Visionen zu ihrem Hauptgegenstand haben und für die Geschichte der überseeischen Kulturbegegnung von zweitrangiger Bedeutung sind.[44] Die meisten dieser Aktionen scheiterten zuletzt; Venezuela fiel an Spanien zurück und wurde dem Vizekönigreich Neu-Spanien einverleibt.

In völkerkundlicher Hinsicht interessanter und in manchen Passagen von bleibendem dokumentarischem Wert sind dagegen die beiden Reiseberichte von Ulrich Schmidel aus den La Plata-Ländern und von Hans von Staden aus Brasilien, welche ebenfalls um die Mitte des sechzehnten Jahrhunderts entstanden sind. Gewiß fällt es sowohl Schmidel wie Staden noch recht schwer, von Klischeevorstellungen der südamerikanischen »Wilden« loszukommen. So ist etwa mit der Feststellung, die Indianer seien »von rotbrauner Farbe am Leibe der Sonnen halben, welche sie so verbrennt ein gerades Volk, listig zu aller Bosheit, sehr geneigt, ihre Feinde zu verfolgen und zu essen«[45], Schmidels Urteil über die Eingeborenen weitgehend gemacht. Und wenn Staden davon berichtet, wie er in die Gewalt der Eingeborenen geraten sei und in höchster Gefahr geschwebt habe, verspeist zu werden, scheint die Lust am Fabulieren nicht ganz unbeteiligt: »Desselbigen Tages«, erzählt der Deutsche, »wars umb die Vesperzeit, als wir ihre Wohnungen sahen. Es war ein Dörfflin, das hatte sieben Hütten. Da harte bei waren ihre Weiber in ihrem Wurzelgewächs und rissen Wurzeln aus, denen mußte ich zurufen in ihrer Sprache: ›A Junesche been ermi vramme.‹ Das ist: ›Ich, euer Essensspeise, komme.‹ Und die Männer gingen mit ihren Bogen und Pfeilen nach ihren Hütten und befohlen mich ihren Weibern. Dieselbigen nahmen mich zwischen sich und gingen etliche vor mir und etliche hinter mir, sungen und tanzten und schlugen mich mit Fäusten und rauften mich bei dem Bart und dreueten mir, wie sie mich essen wöllten. Das Mannsvolk war in einer Hütten beeinander und trunken Getrenke, welche sie Kawi nennen und hatten ihre Götter bei sich und sungen ihnen zu Ehren.«[46] Doch trotz solchen Mängeln, die beim zeitgenössischen Leser völlig phantastische Vorstellungen wecken mochten[47], boten sowohl Schmidel als auch Staden eine durch ihre naive Spontaneität und Detailfreudigkeit wichtige Darstellung der portugiesisch-indianischen Kulturberührung, deren Wert gerade der moderne Ethnologe zu schätzen weiß.

Im siebzehnten Jahrhundert war es der Kupferstecher Theodor de Bry, der für den bedeutendsten deutschen Beitrag zur Reiseberichterstattung verantwortlich zeichnete. Gestützt auf die Vorarbeiten des Engländers Hakluyt, legte De Bry seine reich illustrierten Werke zur Erdkunde, die sogenannten »Grands et petits voyages« vor, die um 1650 zum Bestand jeder gediegenen europäischen Bibliothek gehörten. Die Stiche aus De Brys Atelier vermögen heute freilich vor allem noch in ästhetischer Hinsicht zu überzeugen; ihr dokumentarischer Wert dagegen muß oft als fragwürdig erscheinen, am wenigsten vielleicht noch dort, wo Kolonisten und Eingeborene bei bestimmten Tätigkeiten festgehalten werden. Bei der Darstellung von Landschaften und Küstensiedlungen aber hielt man sich offensichtlich an berühmte Vorbilder wie Jan Brueghel den Älteren und an den Zeitgeschmack und scheute sich nicht, das überseeische Gestade mit römischen Ruinen, Burganlagen und Eichenwäldern zu beleben. Solche Mängel sind indessen nicht unverständlich. Nach den Schilderungen der damaligen Reisenden sich eine exakte bildliche Vorstellung zu machen war nicht immer leicht, und künstlerisch begabte Kolonisten, wie beispielsweise der hervorragende John White aus Virginia, an dessen Zeichnungen De Bry sich halten konnte, bildeten die seltene Ausnahme.[48] Auch wirkte im siebzehnten Jahrhundert vonseiten des Leserpublikums keinerlei Anreiz darauf hin, die Illustratoren von Reiseberichten zu wissenschaftlicher Exaktheit zu verpflichten; man schätzte im Gegenteil den sich an Vorbildern der Renaissance-Kunst orientierenden Stil der Darstellung, und erst im Zeitalter der Aufklärung wurde diesbezügliche Kritik laut.

Trotz diesen Leistungen auf dem Gebiet der frühen Reiseberichterstattung scheint man in Deutschland doch bis um die Mitte des achtzehnten Jahrhunderts schmerzlich empfunden zu haben, wie weit man hinter den andern Seemächten zurückstand. »Während wir Deutschen in den Saufstuben sitzen und einander die Ehr' abschneiden«, schreibt der Merkantilist und Arzt Johann Joachim Becher im siebzehnten Jahrhundert, »spazieren die Holländer bei einem Glas Rheinwein in der Stille die ganze Welt durch.«[49] Und ein Jahrhundert später ist es Goethe, der sich ganz ähnlich äußert: »Während aber die Deutschen sich mit der Auflösung philosophischer Probleme quälen, lachen uns die Engländer mit ihrem großen praktischen Verstande aus und gewinnen die Welt.«[50] Auch in der wissenschaftlichen Auswertung des in ausländischen Reiseberichten vorliegenden Materials empfanden manche deutschen Gelehrten schmerzlich den Rückstand ihres Landes. »In der letzten Hälfte des vergangenen und am Anfang des gegenwärtigen

Jahrhunderts«, schrieb der Anthropologe Meiners im Vorwort zu seinem ›Grundriß der Geschichte der Menschheit‹, »erschienen zwar Werke über die vornehmsten Länder und Völker der Erde; allein bei aller Aufklärung und allem Eifer für andere Wissenschaften und selbst für die wahre Philosophie fehlte noch immer der Geschmack und die Kunst, die wichtigsten Urkunden echter Menschenkenntnis, die Beobachtungen zuverlässiger und einsichtsvoller Reisenden zu nützen.«[51]

Nach 1780 wurde in Deutschland die Universität Göttingen zu einem Zentrum der Sichtung und wissenschaftlichen Auswertung europäischer Reiseliteratur. Professoren wie der Orientalist Johann David Michaelis, der Linguist und Naturwissenschaftler Christian Wilhelm Büttner, der Historiker August Wilhelm Schlözer und der Anthropologe Johann Friedrich Blumenbach verfolgten gespannt die Entdeckungen ausländischer Reisender und wagten es, deutsche Forscher zu ähnlichen Unternehmungen zu ermuntern. Mittelpunkt dieses Kreises war der erwähnte J. F. Blumenbach, der in Göttingen ein Studium der Medizin abgeschlossen und mit seiner Arbeit über die Menschenrassen, »De generis humani varietate nativa«, Aufsehen erregt hatte. Blumenbach sammelte unablässig völkerkundliche Dokumente; er reiste den exotischen Besuchern, deren Aufenthalt in Europa man ihm meldete, nach, um seine Beobachtungen am Objekt durchzuführen; er stand mit den berühmtesten Fachgelehrten Frankreichs, Englands, Schwedens und der Schweiz in Verbindung. Es gab in Deutschland keinen ebenbürtigen Kenner der Reiseliteratur, und es gab nur wenige sonst, welche die Notwendigkeit deutscher Forschungsreisen in ferne Weltgegenden nicht nur betonten, sondern auch an der Verwirklichung solcher Projekte beteiligt waren. Als der Hildesheimer Pastorensohn Friedrich Hornemann im Jahre 1798 im Auftrag der »African Society« zu einer transsaharischen Einmannexpedition aufbrach, gab ihm Blumenbach einen wissenschaftlichen Fragebogen, einen »Questionnaire« mit, dessen Beantwortung zur Klärung hängiger Forschungsprobleme beitragen sollte. Hornemann kehrte von dieser Reise allerdings nie mehr zurück.

Wie intensiv man sich in Göttingen mit dem Studium ethnographischer Quellen beschäftigte, zeigen im übrigen die zahlreichen Aufsätze, die gegen Ende des achtzehnten Jahrhunderts zu Themen der Rassen- und Völkerkunde im »Historischen Magazin« der Universität erschienen. Daß der Nutzen von Forschungsreisen und die Notwendigkeit der Erschließung und Verbreitung des anfallenden ethnographischen Materials auch außerhalb Göttingens erkannt wurden, mag ein Ausschnitt aus Friedrich Schillers berühmter Jenaer Antrittsrede »Was heißt und zu welchem Ende studiert man Universalgeschichte?« belegen. »Die Entdeckungen«, schreibt Schiller, »welche unsere europäischen Seefahrer in fernen Meeren und auf entlegenen Küsten gemacht haben, geben uns ein ebenso lehrreiches als unterhaltendes Schauspiel. Sie zeigen uns Völkerschaften, die auf den mannigfaltigsten Stufen der Bildung um uns herum gelagert sind, wie Kinder verschiedenen Alters um einen Erwachsenen herumstehen und durch ihr Beispiel ihm in Erinnerung bringen, was er selbst vormals gewesen und wovon er ausgegangen ist. Eine weise Hand scheint uns diese rohen Völkerstämme bis auf den Zeitpunkt aufgespart zu haben, wo wir in unserer eigenen Kultur genug würden fortgeschritten sein, um von dieser Entdeckung eine nützliche Anwendung auf uns selbst zu machen und den verlorenen Anfang unseres Geschlechts aus diesem Spiegel wiederherzustellen.«[52]

Gewiß mußte man sich in Deutschland vorläufig damit zufrieden geben, daß Planung und Verwirklichung größerer Reisen das Privileg der Engländer und Franzosen blieben. Aber man gestand den beiden Seemächten ihre Vorrangstellung neidlos zu und erhoffte sich aus deren rivalisierendem Eifer einen reichen Ertrag, zu dessen Auswertung man das seinige beitragen wollte. »Europa siehet jetzt mit gespannten Blicken auf Afrika ...«, schreibt P. J. Bruns in seiner 1799 erschienenen Erdbeschreibung, »als Geograph wünsche ich, daß Briten und Franzosen in dem Besitze der von ihnen eroberten Länder bleiben mögen. Vielleicht – o möge dieser Zeitpunkt bald eintreten – werden beide Nationen miteinander wetteifern, welche die wichtigsten Entdeckungen in Afrika machen und den Schleier, der dieses Land umhüllt, aufheben soll.«[53]

Englische und französische Reiseberichte wurden in der Tat von den deutschen Fachgelehrten sofort nach ihrem Erscheinen zur Kenntnis genommen und eifrig diskutiert; die wichtigsten Texte wie etwa Chardins Persienreise oder die Reisejournale der Weltumsegler Anson und Cook wurden ohne Verzug übersetzt. Auch bei der Publikation von Kollektionen folgte man englischen und französischen Vorbildern, ohne vorerst in der Methode der Darstellung und Präsentation nach eigenen Wegen zu suchen. Bereits um 1750 erschien in Leipzig unter dem Titel »Allgemeine Historie der Reisen« eine erste Sammlung von Reiseberichten in vierzehn Bänden, die sich eng an die Vorarbeiten von Astley und Prévost anschloß. Um 1775 wurden mindestens zwei weitere mehrbändige Kollektionen vorgelegt; die eine davon, der »Historische Bericht von den sämtlichen durch Engländer geschehenen Reisen um die Welt«, enthielt in seiner ausführlichen Einleitung eine mit Kolumbus einsetzende Darstellung der Entdeckungsgeschichte für den interessierten Laien. Mit der bereits erwähnten »Erdbeschreibung« von Bruns wurde schließlich um 1800 ein zuverlässiges Nachschlagewerk geschaffen, das den aktuellen Stand der Kenntnis sorgfältig wiedergab.

2. Karten und Kosmographien

a) Die Karten

Die direkteste Form der Fixierung und Nutzbarmachung geographischer Informationen war indessen nicht der Reisebericht, sondern die kartographische Aufzeichnung. Seit dem vierzehnten Jahrhundert gab es in italienischen und katalanischen Häfen Kartographen, die auf ihren Seekarten, den Portolanen, die Kontur bestimmter Küstenabschnitte, die Richtungen der Windrose und ein die Orientierung der Seeleute erleichterndes Netzwerk von Kompaßstrichen, sogenannten Loxodromen, einzeichneten. Die berühmteste Arbeit dieser Art, der von Abraham Cresques im Jahre 1375 entworfene »Katalanische Atlas«, widerspiegelt in ästhetisch äußerst ansprechender Art die Summe mittelalterlicher Weltkenntnis: neben einer teilweise überraschend exakten Aufzeichnung der Umrißlinien der damals bekannten Erdteile enthält der Atlas reiche Inlandinformationen über Afrika und China, wie sie der damals bekannten antiken, europäischen und arabischen Reiseliteratur zu entnehmen waren. So verzeichnete dieses Kartenwerk beispielsweise das schwarzafrikanische Mali-Reich des vierzehnten Jahrhunderts und gab ein Porträt von dessen bedeutendstem Herrscher Mansa Musa, der damals ganz Ägypten durch seinen Reichtum in Verwunderung setzte, in Europa aber völlig unbekannt war; ferner wurde der Senegal-Fluß erstmals annähernd richtig dargestellt und die legendäre Wüstenstadt Timbuktu, ein Zentrum innerafrikanischen Handels und mohammedanischer Gelehrsamkeit, recht zutreffend situiert. Auch die wichtigsten Informationen, die Marco Polos Bericht aus Asien geliefert hatte, wurden in zeichnerisch überaus ansprechender Form auf den »Katalanischen Atlas« übertragen; bekannt sind vor allem die zwei Tafeln, die China darstellen und auf denen die mongolischen Potentaten in der reichen Kleidung abendländischer Kaiser imposant in Erscheinung treten.

Die 1516 erschienene »Carta Marina« des deutschen Geographen Martin Waldseemüller folgte noch durchaus mittelalterlichen Vorbildern und war dem ptolemäischen Weltbild noch sehr verpflichtet, gehörte aber zu den ersten Werken ihrer Art, welche die Entdeckungsreisen der Portugiesen und Spanier einbezogen und popularisierten. Auch Waldseemüllers Atlanten dürfen, der vorzüglichen Qualität ihrer Illustrationen wegen, durchwegs als graphische Kunstwerke gelten; was aber diesen Kartographen bis heute nicht in Vergessenheit geraten ließ, war nicht so sehr die wissenschaftliche Bedeutung seines Werks, als vielmehr der Umstand, daß Waldseemüller den durch Kolumbus entdeckten Kontinent erstmals mit dem Namen beschriftet hat, der ihm seither geblieben ist: America.

Ein wesentlicher Fortschritt gelang der Kartographie, als der flämische Geograph Gerhard Kremer im Jahre 1569 die nach ihm benannte winkeltreue Zylinderprojektion der Landkarten, die Mercator-Projektion, entwickelte oder vielmehr vom Nürnberger Kompaßmacher Erhard Etzlaub übernahm.[54] Es verging eine Weile, bis die Mercator-Projektion Schule machte; die traditionsbewußten Seeleute verließen sich erstaunlich lange auf die üblichen Portolan-Karten und selbstgezeichneten Skizzen; das erste nach der neuen Methode entworfene englische Kartenwerk, Robert Dudleys »Arcana del Mare«, erschien erst im Jahre 1646 in Florenz. Im Laufe des siebzehnten Jahrhunderts gelangte man allmählich zu größerer Nüchternheit in der Darstellung des Kartenbildes und verzichtete zunehmend auf die phantastischen Seeungeheuer, exotischen Tierfiguren und pittoresken Menschengestalten, mit denen man bisher, Lücken der Kenntnis kunstvoll überspielend, die Weiten der Ozeane oder des Festlandes belebt hatte. Auf den farbenprächtigen Karten des Amsterdamer Ateliers der Familie Blaeu, die um 1635 Aufsehen erregten, sind die Illustrationen bereits an den Rand der Blätter verbannt; so zeigt beispielsweise die berühmte Weltkarte aus dem Jahre 1648, »Nova totius terrarum orbis geographica ac hydrographica tabula«, einen mit Stadtansichten und Figuren belebten Fries von schöner ornamentaler Wirkung.[55]

Im achtzehnten Jahrhundert waren es schließlich die Franzosen und Engländer, welche ihre politische Rivalität auch auf das Feld der kartographischen Wissenschaft verlagerten und sich gegenseitig zu Sonderleistungen anspornten. Der Pariser Geograph Bourguignon d'Anville, dessen Lebenswerk gegen vierhundert Karten umfaßte, ging konsequent den Weg der wissenschaftlichen Sachlichkeit. D'Anville war der erste Geograph, der auf Grund kritisch vergleichender Quellenstudien die bislang allgemein angenommene Identität von Senegal- und Niger-Fluß bestritt und ankündigte, was erst die Reisen von Mungo Park endgültig klären sollten. Allerdings wußten weder d'Anville noch andere Geographen seiner Zeit recht Bescheid über den in der Tat ungewöhnlichen Verlauf des Niger-Flusses, und es erhob sich in der Folge eine mit etwas bemühender Hartnäckigkeit geführte internationale Diskussion zur Frage, ob dieser Fluß, wie der englische Kartograph Rennell meinte, in einen gewaltigen Binnensee einmünde, ob er, wie sein Landsmann George Maxwell vermutete, ein Nebenfluß des Kongo sei, oder ob er, wie der Deutsche Reichard später zu Recht behauptete, im Landesinnern einen mächtigen Bogen beschreibe und im Golf von Benin in den Atlantik münde.[56] Auch die Reiseberichte über die in den Indischen Ozean sich ergießenden afrikanischen Ströme prüfte d'Anville besonders aufmerksam, und wenn er auch hier nur selten zu letzter Gewißheit vordringen konnte, so war er doch redlich genug, in Form von kritischen Anmerkungen, die seinen Karten beigegeben waren, auf die Fragwürdigkeit von gängigen Vermutungen hinzuweisen. Als die kartographischen Unterlagen, welche die Jesuitenmissionare in China gesammelt hatten, in Paris eintrafen, wurde d'Anville mit deren Auswertung betraut; das Ergebnis seiner Arbeit wurde unter dem Titel »Nouvel Atlas de la Chine, de la Tartarie Chinoise« dem China-Werk des Père Du Halde beigefügt.

D'Anvilles Grundsatz war bei allem, ungesicherte Kenntnis nicht auf Karten zu übertragen, wodurch er vermied, daß durch den Fleiß unbekümmerter Imitatoren Irrtümer den Anschein erhärteter Fakten erhielten. »Falsche Vorstellungen selbst dann zu zerstören«, schrieb d'Anville, »wenn man außerstande ist, etwas an ihre Stelle zu setzen, ist einer der Wege, um zum Fortschritt des Wissens beizutragen.«[57] Auch die Leistung des Franzosen basierte indessen noch ausschließlich auf dem Studium der Informationen anderer; wo diese Informationen aber zureichend waren, entstanden unter seiner Hand Karten von bemerkenswerter Akkuratesse.

Ein hervorragender englischer Kartograph des achtzehnten Jahrhunderts war, zwei Jahrzehnte nach d'Anville, James Rennell. Der Brite gelangte im Jahre 1760 als Seekadett nach Südindien, zu dem Zeitpunkt, als die Franzosen eben versuchten, was sie an Weltgeltung durch den Verlust von Kanada verloren hatten, in Indien wenigstens teilweise zurückzugewinnen. Wie der militärisch und politisch gleichermaßen überragende Generalgouverneur Robert Clive gehörte Rennell zu jener Schar junger Engländer aus bescheidenen Verhältnissen, die damals ihre Begabungen und ihren Tatendrang im Dienst der »Ost-Indien-Kompanie« zu freier Entfaltung zu bringen wußten. Durch Lagekrokis und kleine Kartenskizzen fiel Rennell seinen Vorgesetzten auf, wurde im Alter von wenig mehr als zwanzig

Jahren zum Chef-Kartographen Bengalens ernannt und führte seine Arbeit unter abenteuerlichen Umständen im Felde zu Ende.

Mit Rennell trat der Praktiker auf den Plan, ein Vorläufer jenes Schlages tüchtiger und spröder Militäringenieure, wie sie später bei der Schaffung der technischen Infrastruktur in den Kolonien Bedeutung gewinnen sollten, ein »homo faber« durch und durch, freilich noch ohne technokratische Managerallüren, dem zwar das Schicksal der kolonisierten Völker recht gleichgültig bleiben mochte, der sich jedoch anderseits vom Profitdenken und Dünkel der Beamtenklasse wenig beeinflussen ließ. Im Jahre 1779 erschien Rennells »Bengal Atlas« und wenig später seine »Map of Hindustan«, beides Werke, die zwar im folgenden Jahrhundert durch Männer wie Lambton und Everest noch erweitert und in Details berichtigt wurden, aber bis zum Beginn des imperialistischen Zeitalters ihre Gültigkeit behielten.[58]

Auf dem Gebiet der maritimen Kartographie schloß, wie bereits erwähnt, die Leistung Cooks die jahrhundertelange Vorarbeit der italienischen, portugiesischen, spanischen, holländischen, französischen und englischen Seefahrer und Gelehrten auf imponierende Weise ab. James Cook war nicht nur ein hervorragender Kommandant, ja, er war dies gleichsam nur nebenbei; sein Hauptinteresse, das er während Jahren auf seinen Atlantikfahrten entwickelt und geschult hatte, galt der Kartographie. In den Jahren 1769 und 1770, anläßlich seiner ersten Weltreise, verbrachte Cook sechs Monate mit der Umschiffung von Neu-Seeland und Vermessungsarbeiten vor der Küste; dann entschloß er sich – vielleicht seine bedeutendste, jedenfalls seine folgenreichste Tat – der fast unbekannten australischen Ostküste durch ein Labyrinth von Korallenriffen nordwärts zu folgen. Im Jahre 1773 erschienen bereits Cooks Karten von diesen entlegenen Regionen des Globus und erweckten, besonders auch in Frankreich, das Staunen der Hydrographen. Nach den drei Reisen des englischen Kapitäns war der lange Prozeß der Küstenentdeckungen, wenn man von den Polargebieten absieht, abgeschlossen. »Die Navigatoren der beiden letzten Jahrzehnte dieses Jahrhunderts«, schreibt Parry, »füllten – obschon sich unter ihnen auch viele fähige, gründliche und kühne Männer befanden – nur Lücken in einer fertigen Schablone aus, die bereits von Cook und seinen Vorgängern vorgezeichnet worden war; man könnte fast sagen, sie schrieben nur die Fußnoten zu dem Werk von James Cook.«[59]

b) Die Kosmographien

Die Kosmographie kann unter gewissen Einschränkungen als die mittelalterliche Entsprechung der Kollektion betrachtet werden. In ihrem Anspruch auf Universalität und Vollständigkeit geht die Kosmographie sogar über eine Sammlung von Reiseberichten hinaus; denn der Eifer mönchischer Gelehrsamkeit beschränkt sich nicht auf Reiseberichte allein, sondern sucht selbst der verstreutesten und unsichersten Nachrichten habhaft zu werden, um diese, vom unangezweifelten Standort christlicher Welt- und Geschichtsanschauung aus, recht willkürlich zum Lobe der göttlichen Schöpfung zu ordnen. Die Kollektoren des ausgehenden siebzehnten und des achtzehnten Jahrhunderts zeigten sich in diesem Punkt vorsichtiger. Sie entwickelten nicht nur eine verfeinerte Quellenkritik und ersetzten Tradition und Offenbarung durch die übermittelte Anschauung; sie erreichten auch, indem sie die theologische Systematik durch die naturwissenschaftliche ersetzten, daß der eigenen Kultur fremde Phänomene, statt dem Verdikt des Barbarentums anheim zu fallen, wissenschaftlich und menschlich interessant blieben. Den nächsten Schritt allerdings, der darin bestanden hätte, die Erscheinungen einer Fremdkultur aus ihren eigenen geschichtlichen Bedingungen zu begreifen, vermochten auch die Kollektoren des achtzehnten Jahrhunderts nur in den seltensten Fällen zu gehen.

In den Kosmographien des Mittelalters und der Renaissance wirken dagegen die Nachrichten von überseeischen Kulturen als unzugehörig und bizarr. Der Weltchronist, der die frühen Entdeckungsreisen nach Indien und der Neuen Welt in sein Opus aufnehmen wollte, ja vom Anspruch der literarischen Gattung her geradezu dazu verpflichtet war, sah sich überfordert. Nach der Publikation der ersten portugiesischen und italienischen Reiseberichte trat denn auch die Kosmographie als Nachrichtenquelle für den Spezialisten deutlich zurück, blieb aber noch während eines vollen Jahrhunderts ein wichtiges Hilfsmittel zur Popularisierung neugewonnener Erkenntnisse.

Von einiger Bedeutung für die Geschichte der Entdeckungsreisen war die Kosmographie des Kardinals Pierre d'Ailly, die im Jahre 1410 unter dem Titel »Imago Mundi« vollendet wurde und Kolumbus zu seiner Fahrt über den Atlantik anregte.[60] Es handelte sich dabei um ein wenig originales Werk, das sich vor allem auf antike Autoren stützte und zu einem Teile recht unbedenklich die wissenschaftlichen Betrachtungen des englischen Franziskanermönchs Roger Bacon aus dem dreizehnten Jahrhundert übernahm. D'Ailly beschrieb zunächst den Himmel und die wichtigsten Himmelserscheinungen, gab dann eine sehr irreführende Beschreibung von Größe und Beschaffenheit der Erde, vermeldete ein paar Einzelheiten aus Asien und Nordafrika, ohne Marco Polos Bericht zu berücksichtigen, und wandte sich schließlich vor allem dem christianisierten Europa zu, das er sorgfältig vom barbarischen – dem Gebiet vom Don zum Rhein – unterschied. Sehr verlockend beschrieb d'Ailly das irdische Paradies, das er, in der weisen Einsicht, Ähnliches sei in Europa nicht zu finden, nach der chinesischen Ostküste verlegte – diese Vorstellung war es denn auch, die Kolumbus begierig aufgriff und seiner Mannschaft gegenüber immer wieder als Lockmittel benutzen sollte.

Das Verdienst, die spanischen Entdeckungen jenseits des Atlantiks einem weiteren Publikum bekannt gemacht zu haben, mag man Pedro Martyr zuerkennen, einem in Spanien wirkenden geistlichen Gelehrten von italienischer Abkunft, der um 1510 sein Werk »De Orbe Novo« herausbrachte.[61] Universal dachte Martyr trotz seiner Beschränkung auf jenen Teil des Globus, den er erstmals die »westliche Hemisphäre« nannte, insofern, als er Westindien als Teil eines Ganzen und allgemeingültigen Gesetzen unterworfen sah. Trotz dieser übergreifend kosmographischen Sehweise wies Martyr mit bemerkenswerter Eindringlichkeit auf die jeweiligen Besonderheiten der Landschaftsgestalt und Bevölkerung hin und er-

Die Kosmographien 263

kannte etwa, daß Vegetation und Klima bestimmter Regionen nicht allein, wie man bisher geglaubt hatte, von der Stellung der Erde zur Sonne und von außerirdischen Einflüssen abhängig seien. In Regionen derselben geographischen Breite, stellte Martyr fest, gestalteten sich die Wachstumsbedingungen von Pflanzen sehr unterschiedlich, was auf die Beschaffenheit des Bodens und die Höhenlage des Landes zurückzuführen sei; diese äußeren Bedingungen bestimmten wiederum die Lebensweise der Bevölkerung und erklärten deren ethnische Vielfalt. Die Logik solcher Überlegungen, in denen sich bereits die Milieutheorien des achtzehnten Jahrhunderts ankündigten, hinderte Pedro Martyr freilich nicht, allerlei Legenden und Gerüchte zeitgenössischer Reisender in sein Werk eingehen zu lassen und diesen durch den wissenschaftlichen Ernst seines humanistischen Stils eine besondere Glaubwürdigkeit zu verleihen: so übertrieb er maßlos den Reichtum der neuentdeckten Gebiete an Gold und Edelsteinen und glaubte etwa – ein interessantes Pendant zu den geläufigen Paradiesesvorstellungen – an die Existenz eines Jungbrunnens, der, auf irgendeiner westindischen Insel gelegen, die Lebenskraft der Kolonisten zu erneuern imstande sei. Martyr erkannte als einer der ersten die welthistorische Leistung des Kolumbus, die den »Katholischen Königen«, Isabella von Kastilien und Ferdinand von Aragon, ein Imperium erschloß und eine Revision des ptolemäischen Weltbildes nötig machte.

Bedeutungsvoll durch ihren inhaltlichen Reichtum wie durch ihren Einfluß auf eine internationale Leserschaft aber wurde vor allem die »Cosmographia« des in Basel lehrenden Theologen und Mathematikers Sebastian Münster.[62] In seiner Vorrede kündigt Münster seine Absicht wie folgt an: »Ich hab hie ein Compendium und kurtzen Begriff von allen Ländern des Erdstrichs dem gemeinen Mann wöllen fürschreiben, sich darin mit Lesen zu erlustigen und den Gelehrten einen Weg anzeigen, wie man nach soviel Teutscher Chronographien auch gar nützliche Cosmographien schreiben möchte.«[63] »Zu beschreiben die ganze Welt«, heißt es weiter, »erfordert ein weitschweifig und wohlbericht Gemüt, das viel gelesen, viel gesehen, viel gehört und viel erfaren hab, welches dannocht alles noch nicht genug will sein, wo nicht ein recht Urtheyl dabei ist, dodurch man unterscheide das Wahr von dem Falschen und das Gewisse von dem Ungewissen.«[64] Es ist somit ein doppeltes Ziel, das der Verfasser sich setzt: er will eine breite Wissensgrundlage konstituieren, die den Raum der rein historischen Chronistik erweitert und jedem nach Bildung Strebenden durch die unterhaltsam-belehrende Art der Darstellung zugänglich sein wird, und er will zugleich seine Bemühung um solche Popularität mit der Verpflichtung zu größtmöglicher wissenschaftlicher Exaktheit verbinden. Nicht langwilig und doch nach bestem Vermögen zuverlässig zu sein – dieser oberste Anspruch aller Reiseschriftstellerei seit Pigafettas Tagen wird auch zum Imperativ von Münsters monumentaler Erdbeschreibung.

Es ist kein Zweifel, daß Sebastian Münster seinen Anforderungen an sich selbst da am meisten gerecht zu werden vermag, wo er von Dingen spricht, die ihm durch den Augenschein oder das Zeugnis der Freunde vertraut sind.[65] Dies gilt vor allem vom dritten und vierten Teil seines Opus, wo er, nach einer mathematischen Einführung zur allgemeinen Erdkunde, die Länder Europas und Deutschland behandelt. Hier tritt des Gelehrten Humanistenenthusiasmus für die kulturgeschichtlichen Hintergründe alles Gegenwärtigen am stärksten hervor und verbindet sich mit dem Respekt für die durch ihre Vorbildlichkeit weiterwirkende historische Persönlichkeit. Alles, was auf diesen Seiten berichtet wird, stellt sich in den übergreifenden Sinnzusammenhang einer Schöpfung, in der jede einzelne Begebenheit Ausdruck göttlichen Willens ist.

Wenn aber in den letzten Teilen seiner »Cosmographia« von Asien, Afrika und Amerika die Rede ist, scheint Münsters Interesse etwas zu erlahmen oder doch einen eigenartig unverbindlichen Charakter anzunehmen. Ganz offensichtlich bleiben die fremden Kontinente dem deutschen Kosmographen innerlich ferner als seinen iberischen Kollegen, die sich durch den Elan des imperialen Aufbruchs mit andersartigen Weltkulturen weit unausweichlicher konfrontiert sahen. Auch in den Nachrichten aus Übersee bemüht sich Münster um getreuliche Nachzeichnung und wissenschaftliche Kritik, aber sein Bestreben wirkt hier um eine Spur zu angestrengt und scheint einer inneren Motivation zu entbehren. Die Neigung des Humanisten wird durch ein Staunen vor der exotischen Kuriosität abgelöst, dem man nun, immerhin zwei Jahrhunderte nach Mandeville, seine Naivität nicht mehr ganz glaubt. In seiner Beschreibung der Stadt Jerusalem und des Nahen Ostens gewinnt der deutsche Kosmograph zwar nochmals den vertrauten und inspirierten Zusammenhang christlicher Geschichtstradition; die sonstigen Informationen aus der überseeischen Welt jedoch, die Münster weitergibt, fügen sich keinem ordnenden Prinzip mehr ein und scheinen den Autor in eine metaphysische Verlegenheit zu stürzen, aus der ihn kein Legendenglaube mehr zu retten vermag.

Es ist in diesem Zusammenhang nicht entfernt möglich, die geistesgeschichtliche Bedeutung und die Wirkungsgeschichte einer Kosmographie vom Range derjenigen Sebastian Münsters ausführlicher zu untersuchen. Weit zurückgreifend auf das Erbe der antiken Geographie, auf Herodot, Ptolemäus, Strabo und Plinius, und in seiner Ausstrahlungskraft dank zahlreichen Übersetzungen noch den Leser des europäischen Aufklärungszeitalters erreichend, erscheint die »Cosmographia« als ein eindrückliches Dokument geschichtlicher Kontinuität. Sosehr sich Münster auch vom spontanen Wissensdrang der Alten, von der Unbefangenheit und Logik ihrer Forschungsmethoden und von ihrer Universalität angesprochen fühlte, so bestimmt setzte er sich in seinen Weltvorstellungen von der Antike ab. Er lehnte das zyklische Geschichtsverständnis der Griechen, Platons Überzeugung von der »ewigen Wiederkehr des Gleichen« als im Grunde heidnisch ab und stellte sich ganz in die Tradition des Augustinus, der die Gesamtheit der natürlichen Erscheinungen in einen heilsgeschichtlichen Ablauf hineingestellt sah.[66] Die Ordnung der Natur war für Sebastian Münster eine providentielle Ordnung, und die großen Ereignisse der Menschheitsgeschichte erhielten, seiner Meinung nach, ihren Sinn nur von der Erlösung des Menschen in einer eschatologischen Zukunft her – beides sichtbar zu machen, war eine Hauptabsicht der »Cosmographia«.

Zur Begründung der Geographie als eines von theologischen und historischen Befangenheiten befreiten wissenschaftlichen Faches gelangte Sebastian Münster noch nicht; aber er steht doch am Anfang zahlreicher tastender Versuche mitteleuropäischer Gelehrter zur theoretischen Grundlegung ihres Wissensbereichs und leitet einen Prozeß der Klärung ein, der, über Bernhard Varenius, Polycarp Leyser und Albrecht von Haller fortschreitend, mit Immanuel Kant und dem deutschen Geographen Anton Friedrich Büsching seinen Abschluß finden sollte.

3. Christliche Weltsysteme

Die Kosmographien des Mittelalters und der Barockzeit sahen ihre erklärte Aufgabe darin, die Allmacht des Schöpfers im chronologischen Verlauf der Geschichte deutlich zu machen; die sogenannten »Weltsysteme«, wie sie im Verlauf des achtzehnten Jahrhunderts und darüber hinaus populär wurden, trachteten ihrerseits danach, Gott in der Vielfalt der natürlichen Erscheinungen und in deren kausaler und organischer Verknüpfung zu sehen: die Gegenwärtigkeit des Sicht- und Erkennbaren wurde den Autoren wichtiger als der Hinweis auf die wechselnden Machtkonstellationen der Geschichte. »Laßt uns unsern Blick da und dorthin werfen«, schreibt William Derham in seiner »Demonstration of the Being and Attributes of God from his Works of Creation«, »laßt uns den ganzen Globus durchstöbern, jedes seiner Teile mit der allergrößten Sorgfalt untersuchen und nach den verborgensten Geheimnissen jeder Kreatur forschen; laßt uns diese Wesen nach unsern feinsten Maßen und Gesetzen messen, in sie eindringen mit unsern Mikroskopen und den erlesensten Instrumenten, bis wir erkennen, daß sie von unserem unendlichen Schöpfer Zeugnis ablegen und alle menschliche Kunstfertigkeit so weit übertreffen, daß selbst die vorzüglichsten Kopien der besten Künstler verglichen mit ihnen nichts als grobes Pfuschwerk sind.«[67] Ein knappes Jahrhundert später, im Jahre 1787, äußert sich der deutsche Theologe und Geograph Anton Friedrich Büsching wie folgt: »Der Nutzen der Erdbeschreibung ist wichtig und verdient eine eigene Abhandlung, die aber nach meinem Zweck nicht weitläufig sein darf. Ihr Hauptnutzen, den ich am ausführlichsten abhandeln will, ist, daß dadurch die Erkenntnis Gottes, des Schöpfers und Erhalters aller Dinge, ansehnlich befördert wird. Unser Erdboden ist zwar nur ein kleiner, aber für uns der merkwürdigste Teil seiner herrlichen Werke; und wie die ganze Welt zeuget, daß ein Gott sei, so enthält insonderheit unsere Erde davon die unwidersprechlichsten Beweisthümer. Wir mögen uns hinwenden, wohin wir wollen, so können wir deutlich Spuren der göttlichen Macht, Weisheit und Güte bemerken.«[68]

Auch der englische Botaniker und Zoologe John Ray, zu seiner Zeit ein höchst populärer Mann, bezeichnete um die Wende zum achtzehnten Jahrhundert in seinem Werk »Wisdom of God in the Creation« das Studium der Natur als einen Gottesdienst, der dem Forscher immer wieder vor Augen führe, wie umsichtig und gerecht der göttliche Wille im Kleinen wie im Großen der Schöpfung walte.[69] Weder Ray noch die Mehrzahl seiner gelehrten naturwissenschaftlichen Kollegen bestritten, daß es Naturphänomene gab, die dem ersten flüchtigen Anscheine nach die allgemeine Harmonie bedrohten: Erdbeben, Überschwemmungen und Stürme, bösartige und hinterlistige Menschen. Diese Erscheinungen aber als Beweise für die Unvollkommenheit der Schöpfung oder als Anzeichen eines fortschreitenden Niederganges zu deuten wies man in der Regel weit von sich. Mit oft sehr sophistischen Argumenten wurde versucht, auf den guten Kern oder die positive Folgewirkung selbst noch des unerfreulichsten Tatbestandes hinzuweisen. Alles, auch noch das Entlegenste, hatte seinen vertretbaren Grund und mehr oder weniger offenbaren Nutzen. Selbst die scheinbar hinderlichen unwirtlichen Gebirgszüge seiner Heimat, schreibt Ray, hätten, wenn man es sich genauer überlege, den unschätzbaren Vorzug, daß sie die Erdoberfläche etwas abwechslungsreicher gestalteten und als Aussichtspunkte dienten.[70] Abstoßende und schädliche Lebewesen betrachtet Derham als notwendige Werkzeuge zur Kasteiung des Christenmenschen, als »Mittel, unsere Klugheit, Nächstenliebe und Arbeitsamkeit anzustacheln«.[71] Und Anton Friedrich Büsching sieht selbst in der Zerstörung ganzer Städte durch Naturkatastophen oder Kriegswirren den Willen einer göttlichen Vorsehung, den in Frage zu stellen Vermessenheit wäre, schon darum, weil seine Beweggründe uns unzugänglich bleiben müssen.[72]

Es ist bekannt, daß der Gedanke, das »Weltsystem« in dieser Weise als Manifestation göttlichen Willens darzustellen, in England und Deutschland eine besondere Popularität genoß. Der Theodizee-Begriff Leibnizens und der Pantheismus Shaftesburys verbanden sich beispielsweise in der systematischen Philosophie Christian Wolffs zu einer deistisch-mechanistischen Deutung der Schöpfung. Wolff, dem wir bereits in unserem Kapitel über China begegnet sind, sah in Gott sowohl die »Quelle des Wesens aller Dinge«, als die wirkende Kraft, welche diese Dinge untereinander verknüpfe. Da Gott über absolute Erkenntnis verfügt und die allerhöchste Vernunft schlechthin verkörpert, hat er aus einer Vielzahl möglicher Welten die beste auswählen müssen: »Denn wo man das Unvollkommenere dem Vollkommeneren vorzieht, geschieht es aus Unwissenheit, weil sonst kein zureichender Grund wäre, warum es geschähe, soferne es mit Wissen geschehen sollte. Da nun Gott alle Welten erkennet, so kann er die geringere der bessern aus Unwissenheit nicht vorziehen.«[73]

Diese von Gott gewählte Welt ist eine mächtige Maschine. Ihr Funktionieren in Zeit und Raum gehorcht Gesetzen, die sich aus dem Wesen der Dinge und ihrer Beziehung natürlich ergeben, und ist nicht etwa Ausdruck irrationaler Wundertaten. So ist es dem Menschen gegeben, mit seiner individuellen Vernunft, die Teil der göttlichen ist, einen bestimmten Bereich der Schöpfung auszuleuchten und höhere Absicht teilweise zu erkennen. Der Gesamtzusammenhang aber muß ihm immer verborgen bleiben, und nur weil er von beschränktem Standort her urteilt, wird der menschliche Betrachter dazu neigen, das Unglück und die Boshaftigkeit der Welt zu beklagen, wo doch in Wahrheit beides nur die Voraussetzung zu einem noch nicht erkennbaren Guten ist. Der wissenschaftlichen Nachforschung ist, so ergiebig sie sein mag, doch eine deutliche Grenze gesetzt: »Wir können keinen ganzen Zusammenhang der Dinge in einer Welt übersehen und daher weder selbst begreifen, noch anderen erklären, wie er einzurichten wäre, damit alles Übel vermieden würde.«[74]

Die Bedeutung, welche die europäischen »Physico-Theologen« des achtzehnten Jahrhunderts dem wissenschaftlichen Beobachter der Schöpfung einzuräumen gewillt waren, blieb immer etwas schwankend. Einerseits entsprach der Glorifikation des Schöpfergottes, wie Lovejoy gezeigt hat, auch eine Glorifikation des Menschen: der Mensch war der Sachwalter Gottes auf Erden, und seine Nachforschungen waren mit dieser Bestimmung durchaus vereinbar.[75] Anderseits aber erschien der Forscher als ein seltsam gewichtloses Wesen, wenn man ihn auf seine Möglichkeiten, die gesellschaftlichen Bedingungen seines Daseins aktiv zu verändern und sich individuell zu entwickeln, prüfte. Der nach Erkenntnis strebende Mensch blieb im Grunde Diener am Ganzen: das Ganze diente nicht ihm. In der Weltvorstellung eines Derham, Ray oder Wolff hatte das Individuum seinen festgelegten Platz, mit dem es sich ein für alle Mal abzufinden hatte; das Wissen, welches es eifrig einsammelte, mochte ihm zwar Ansehen und vielleicht auch etwas Reichtum einbringen – zur kritischen Bewußtmachung der eigenen existentiellen Situation trug es doch recht wenig bei.

Innerhalb der geistesgeschichtlichen Entwicklung vom siebzehnten zum achtzehnten Jahrhundert bezeichnen die christlichen Weltsysteme gegenüber den Kosmographien eine ähnliche Wende wie die Emanzipation des Intellekts durch Newton gegenüber der Scholastik. Vergleicht man Kosmographie und Weltsystem, so ist die Tendenz zur Säkularisierung des Weltverständnisses offensichtlich, auch dann und gerade dann, wenn die Autoren der Weltsysteme durchwegs gläubige Christen bleiben. Denn dieser Wandel berührt nicht so sehr den Grad der individuellen Frömmigkeit beim Weltbetrachter, als vielmehr weit eher deren Motivation und die Methoden ihrer Rechtfertigung.

Ein wesentliches Indiz dieser Säkularisierung des Weltverständnisses ist die allseits bekundete Absicht, dem Wirken Gottes nicht mehr in seinen Wundertaten nachzuspüren, sondern im natürlichen Verhältnis der Dinge zueinander und in den daraus logisch sich ergebenden Gesetzmäßigkeiten die göttliche Absicht feststellen zu wollen. Auch wenn die Verfasser der »Weltsysteme« mit oft geradezu penetranter Eindringlichkeit auf die ständig und überall sich manifestierende Weisheit Gottes hinweisen, kann dem Leser nicht entgehen, daß dieser Nachweis ganz auf rational-materialistischer Ebene geführt wird. Wesentliche Inhalte der christlichen Glaubenslehre, wie die Einsicht in die tragische Existenzsituation und in die Heilserwartung des Menschen, gehen bei dieser Art der Interpretation verloren. Zwar wird Gott als Träger eines letzten Sinns der Schöpfung immer wieder genannt, aber der Nachweis dieser Sinnhaltigkeit geschieht im Grunde mit den Mitteln des materialistischen Deismus oder Atheismus: es ist eine kausale Mechanik, die, ähnlich wie in der Naturvorstellung Lamettries oder Holbachs, das gesamte Geschehen regelt und weitgehend determiniert.[76]

Auch der Begriff der durch die Erbsünde korrumpierten menschlichen Natur, wie er für Pascal noch völlig zentral war, wird von den vorwiegend protestantischen Autoren der »Weltsysteme« bezeichnenderweise fallen gelassen.[77] Gewiß läßt sich die Erfahrung, daß das Böse in der Welt ist, nicht leugnen; wenn aber das Böse, wie Derham oder Wolff glaubten, notwendige Voraussetzung eines dem Betrachter vielleicht noch verborgenen Guten war, so ließ sich seine Präsenz vom Gesichtspunkt einer absoluten Ökonomie her rechtfertigen. Solche Überlegungen führten allerdings, wie Basil Willey treffend angemerkt hat, zu prädarwinistischen Selektions- und Auserwähltheitsvorstellungen,[78] die es manchen Christen gestatteten, das Böse und Negative, das er um sich her beobachtete, als notwendige Bedingung seines eigenen Wohlergehens zu betrachten: man erinnere sich etwa an die äußerst frommen englischen Kaufleute, welche die Untaten des Sklavenhandels in diesem Sinne als »notwendige Übel«[79] betrachteten.

Es kann sich für uns nicht darum handeln, die philosophische und geistesgeschichtliche Bedeutung solcher »Weltsysteme«, die übrigens auch in Frankreich ihr Publikum fanden, abzuschätzen.[80] In den Auseinandersetzungen um die Problematik des Bösen in der Welt, an denen sich die hervorragendsten Köpfe des siebzehnten und achtzehnten Jahrhunderts, Bossuet und Spinoza, Pascal und Leibniz, Hobbes und Pope, beteiligten, mögen auch die Verfasser von »Weltsystemen« ihren dank der Populärwirkung ihrer Werke gar nicht unbescheidenen Anteil gehabt haben. Bei den Autoren von Kosmographien und vor allem bei den Mitarbeitern der Enzyklopädien förderte der deutlich bezeugte Anspruch, man wolle die Totalität zeitgenössischer Kenntnis darstellen, manches Detail zutage, das sonst hätte in Vergessenheit geraten können, und der umfassende Zusammenhang, in den man diese Details stellte, provozierte Fragen, die weiterführten. Den Autoren der »Weltsysteme« aber ging es nicht vorrangig um Vermehrung des Wissens, sondern um einen Gottesbeweis, der sich bereits mit einem Bruchteil des von den Enzyklopädien gelieferten Materials sehr eindrücklich führen ließ. Man zog es vor, die Vielfalt der Schöpfung zu betonen und zeigte selbst noch am ausgefallensten Phänomen den Sinn und Zusammenhang des Ganzen im allgemeinen und dessen finale Nützlichkeit für den Menschen im besonderen – um die Sammlung von Informationen ging es nicht. Zwar verzichtete man auf Wunderglauben, Erbsünde und Gnade und schockierte Jesuiten und Puritaner gelegentlich gleicherweise mit der Unverfrorenheit, mit der man biblische Offenbarung und Naturwissenschaften einander gleichsetzte, aber man zog daraus keine revolutionären Konsequenzen. Ein progressiver Impetus ging von solcher Weltsicht, welche Aktivität durch Quietismus und Selbsthilfe durch Vorhersehung zu ersetzen neigte, kaum aus.

Man weiß, mit welchem beißenden Spott Voltaire nach 1755, den Vorfall des Erdbebens von Lissabon geschickt benutzend, gegen die Jünger Leibnizens ins Feld gezogen ist. Voltaires Abneigung gegen die Begründer metaphysischer Systeme, solide abgestützt auf den Empirismus Newtons und von mancherlei Animositäten gegen die philosophische Schule Christian Wolffs und die deutsche Philosophie überhaupt genährt, sollte ihren schärfsten Ausdruck in der Erzählung »Candide ou l'optimisme« finden.[81] Dieses Buch, in der abenteuerlichen Turbulenz seiner Handlung übrigens eine interessante Widerspiegelung der gewaltigen erdkundlichen Wissensmenge, die dem aufgeklärten Leser zugänglich war und die sich Voltaire bei seinen Studien zum »Essai sur les mœurs« angeeignet hatte, gab in der Figur des westfälischen Hofmeisters Pangloss die Idee von der »besten aller Welten« der allgemeinen Lächerlichkeit preis. Die närrische Starrköpfigkeit dieser Gestalt, die in den Übeln der Geschichte selbst dann noch höhere Fügung vermutet, wenn sie selbst von ihnen am schwersten betroffen ist, könnte boshafter und sarkastischer nicht gezeichnet werden. Ein gerütteltes Maß voll seltsamster Lebenserfahrungen in den entlegensten Winkeln des Globus ist nötig, um den gutgläubigen Schüler des Pangloss, Candide, an dieser »besten aller Welten« zweifeln und sein Augenmerk darauf richten zu lassen, sich aus dem Chaos geschichtlicher Verwicklungen und Zufälle herauszuhalten und, in stoischer Selbstbescheidung, den eigenen Garten zu pflegen. Im »Candide« werden die natürlichen und historischen Verhältnisse in neuem Licht gesehen: nicht als Beweis sorgsam planenden göttlichen Willens und nicht als Zeugnis fortschreitender Entwicklung, sondern gleichsam als Füllhorn verschiedenster Erfahrungen, aus denen derjenige, der die Welt als Philosoph zu betrachten weiß, sich im besten Fall einige Belehrung und von Skepsis durchsetzte Hoffnung gewinnen mag.

4. Kulturgeschichtliche Betrachtungsweise

Wie sehr auch Kosmographien und Weltsysteme den Anspruch erheben mochten, die Summe alles Wissens zu verarbeiten, und wie sehr diese Formen der Darstellung, bald von universalhistorischer, bald von pantheistischer Grundhaltung aus, den inneren Zusammenhang von allem in Zeit und Raum sichtbar zu machen suchten – es ist offensichtlich, daß die Tatsache der Existenz nichteuropäischer Völker und Kulturen eher selten ins Bewußtsein der Autoren des siebzehnten und beginnenden achtzehnten Jahrhunderts drang. Die autoritativen Ordnungsprinzipien, denen Kosmographen und Verfasser von Weltsystemen ihren Stoff unterwarfen, erlaubten allem dem, was sich heilsgeschichtlichen oder mechanistischen Schemata nicht ohne weiteres einordnen ließ, höchstens ein marginales und etwas kurioses Eigenleben.

Dies änderte sich entscheidend erst, als Voltaire um 1750 in seinem »Essai sur les mœurs et l'esprit des nations« eine neue Form der »geschichtsphilosophischen« oder kulturgeschichtlichen Betrachtungsweise einführte, die, in vielfach variierter Abwandlung, in der Folge in Europa Schule machen sollte. In Voltaires »Essai« gewannen die Nachrichten, überseeische Kulturbereiche betreffend, erstmals einen zentralen Platz; am Material dieser Informationen entzündete sich recht eigentlich die geistreich den Spielraum zwischen Fremdem und Eigenem, Besonderem und Allgemeinem durchmessende Argumentation des Historikers Voltaire. Und Ähnliches galt von den zahllosen mehr oder minder begabten Gelehrten, die, im Gefolge Voltaires, eine vergleichbare Form der kulturgeschichtlichen Betrachtung wählten – bei ihnen allen, von Rousseau zu Iselin, Ferguson, Condorcet und Herder, wurde die Lektüre von Reiseberichten zur wichtigsten Voraussetzung ihres Schaffens.[82]

Die Art und Weise, wie man mit den aus der Lektüre der Reiseliteratur gezogenen Kenntnissen umging und welche Folgerungen man zog, war zwar in jedem Fall verschieden, und geringere Geister kamen über eine umständliche Zurschaustellung ihrer Belesenheit nicht hinaus; den besten Köpfen aber eröffnete ihr neugewonnenes Wissen einen weiten Horizont und den Zugang zu Ausgangspunkten der Betrachtung, von denen aus sich das altgewohnte Bild europäischer Zustände in überraschend neuartigem Licht präsentieren konnte. Daß der individuellen Bildung desjenigen, der glaubte, auf Reisen verzichten zu können, ein schwerwiegender Mangel anhaftete – der sich freilich durch fleißige Lektüre von Reiseberichten beheben ließ – galt nach dem Erscheinen von Voltaires »Essai« als ausgemacht. Persönliche Erfahrung mußte, um überzeugen zu können, durch Weltkenntnis ergänzt werden; Einsichten, die man beim Studium alltäglicher Begebenheiten gewann, erhielten eine allgemeinere und verbindliche Geltung erst, wenn man sie vor dem Hintergrund universaler Tatbestände prüfte. Auch Immanuel Kant, der kaum je reiste, unterzog sich willig der modischen Forderung nach kosmopolitischer Bildung. »Ich habe aus allen Quellen geschöpft, allen Vorrat aufgesucht...«, schreibt er im Entwurf zu einer geographischen Vorlesung aus dem Jahre 1757, »die gründlichsten Beschreibungen besonderer Länder von geschickten Reisenden, die allgemeine Historie aller Reisen, die Göttingische Sammlung neuer Reisen, das Hamburgische und Leipziger Magazin, die Schriften der Akademie der Wissenschaften zu Paris und Stockholm u. a. m. durchgegangen...«[83] Und seinen Studenten empfahl Kant, um sie vor abstraktem »Vernünfteln« zu bewahren, das Studium von geschichtlichen und völkerkundlichen Werken.[84]

Es kann sich in diesem Rahmen nicht darum handeln, eine eingehende Untersuchung über die Bedeutung der Reiseliteratur für die kulturgeschichtlichen Leistungen der Aufklärungszeit zu geben; der Hinweis mag genügen, daß diese Bedeutung kaum zu überschätzen ist. Am Beispiel dreier Autoren sei es indessen im folgenden erlaubt, die individuell verschiedenartige, jedoch in jedem Fall äußerst fruchtbare Auswirkung der Beschäftigung mit Reiseliteratur kurz zu skizzieren: wir haben Voltaire, Rousseau und Condorcet als besonders markante Figuren ausgewählt.

a) Voltaire

Man hat Voltaire hin und wieder als einen Pionier universalhistorischer Betrachtungsweise bezeichnet. Aber in ihrer Tendenz, zeitlich und räumlich entlegene Fakten und Möglichkeiten dem einen Blickpunkt christlicher Weltanschauung zu unterwerfen, waren, wie oben erwähnt, Kosmographen und Verfasser von Weltsystemen bereits universalhistorisch vorgegangen.

Eine universalhistorische Leistung in diesem Sinne, und wohl die in ihrer rhetorischen Eindringlichkeit bedeutendste, bot noch gegen Ende des siebzehnten Jahrhunderts der Jesuitenzögling Jacques Bénigne Bossuet in seinem »Discours sur l'histoire universelle«. Bossuet ging in seinem Werk nicht nur davon aus, daß die Gesamtheit der Schöpfung eine Wiederspiegelung göttlichen Willens sei, sondern vertrat in erbitterten Auseinandersetzungen mit Jansenisten und Freidenkern auch beharrlich die These, daß der Gang der Menschheitsgeschichte bis ins Einzelne von der göttlichen Vorsehung gelenkt würde. Zu einem Zeitpunkt, da man in Europa allmählich auf das Vorhandensein bedeutender Kulturdokumente überseeischer Völker aufmerksam wurde und gleichzeitig – angesichts der holländischen und englischen Weltgeltung – den globalen Herrschaftsanspruch der katholischen Kirche als unrealistisch zu empfinden begann, beharrte Bossuet nochmals auf der Unantastbarkeit und absoluten Verbindlichkeit seiner dogmatischen Interpretation der biblischen Offenbarung. Die Bibel, wie sie die Kirchenväter und die orthodoxe Tradition der Römischen Kirche auslegten, enthielt nach seiner Meinung den Schlüssel zur Deutung der Weltgeschichte. In ihr war die Hoffnung des Christenmenschen auf das Ewige Leben ausgesprochen, und der Weg, der dahin führte, vorgezeichnet; aus ihr ließen sich die allgemeinen Gesetze der Menschheitsgeschichte ablesen. Den Zweiflern warf Bossuet vor, daß sie die Geschichte aus dem engen Gesichtswinkel, den mangelnder Glaube und egoistische Leidenschaft ihnen vorschrieben, zu beurteilen wagten: »Wenn ihr den Punkt zu finden wißt«, verhieß er, »von wo aus die Dinge betrachtet werden müssen, so werden alle Ungerechtigkeiten berichtigt sein und ihr werdet nur Weisheit sehen, wo ihr zuvor nur Unordnung saht.«[85]

Bereits Bossuet erfaßte von seinem europa- und christozentrischen Blickpunkt aus mindestens vier fremde Kulturen, und die Tatsache, daß Voltaire seinerseits vielleicht ein Dutzend überblickte, bezeichnet noch nicht das eigentliche Verdienst des letzteren. Entscheidend ist doch wohl, daß Voltaire, selbst wenn er es nicht immer mit wissenschaftlichem Ernst, sondern aus spielerisch-polemischem Antrieb tat, neue Standorte gewann, zu neuen Perspektiven der Betrachtung, zu neuen Wegen der Annäherung vorstieß. Wenn Voltaire andere Kulturen beschrieb, so geschah das nicht mehr ausschließlich, wie noch bei Bossuet, mit dem expansiven kulturellen Anspruch, sie der eigenen anzuverwandeln und einzuverleiben, um sie desto besser verstehen zu können; im Gegenteil: vielfach gelang es dem Philosophen, das Fremde als selbständigen Eigenwert bewußt von dem abzuheben, was man selber war, und es gelang ihm, die Spannung zwischen der Herausforderung von außen und dem selbstverständlichen Besitz des Angestammten auszuhalten, statt zu verwischen. So wurde es ihm möglich, sein Urteil über das Eigene wie über das Fremde von einer pluralistisch aufgefaßten Vorstellung der globalen menschlichen Kultur her zu relativieren. Hierin, und nicht in der bloßen Ausweitung des Wissenshorizontes, ist die besondere und fruchtbar fortwirkende Neuerung zu sehen, die Voltaire im Rahmen seines universalgeschichtlichen Werks vollzog.[86]

Dies zeigt sich etwa, wie wir im ersten Teil dieser Arbeit bereits kurz angedeutet haben, in Voltaires Urteil über China. Wenn der Franzose an den Anfang seines »Essai sur les mœurs«, wie übrigens nach ihm auch Hegel, China stellte, so geschah das vor allem, um zu zeigen, daß Formen des gesellschaftlichen und kulturellen Zusammenlebens, die man anderswo – und ganz unabhängig von

Europa – entwickelt hatte, ebenso geeignet, ja vielleicht geeigneter waren, dem Menschen ein glückliches Dasein zu ermöglichen. Mit auffallendem Nachdruck betont Voltaire, was es in China bereits gab, als man in Europa noch kaum davon zu träumen wagte, und was dort seiner Meinung nach weit besser geordnet war. Die chinesische Geschichtsschreibung, so wird etwa festgestellt, reiche weiter zurück als die abendländische und halte die Überlieferung genauer und vollständiger fest; der Reichtum des Landes an Naturprodukten sei erheblich größer und vielfältiger; durch manche Erfindungen seien die Chinesen in ihrer Entwicklung weiter fortgeschritten. Die fernöstliche Moral und Gesetzgebung schließlich sei der europäischen darin überlegen, daß nicht Verbrechen bestraft, sondern Tugenden belohnt würden, und die Herrschaftsordnung der Chinesen sei, ganz im Gegensatz zu Montesquieus abfälligem Urteil, in Wahrheit die beste aller denkbaren staatlichen Ordnungen.[87]

Es ist zweifellos richtig, daß Voltaires Opposition gegenüber bestimmten europäischen Geisteshaltungen, insbesondere sein pointierter Antiklerikalismus, ihn mit dazu veranlaßt haben, in China so vieles besser zu finden. Und Ähnliches gilt, wenn er sich in weiteren Kapiteln seines »Essai« mit gewissen Vorzügen der Inder oder der Mohammedaner auseinandersetzt: in manchem Lob am Fremden ist auch hier der Tadel am Eigenen versteckt. Aber vorrangig bleibt, zumindest im »Essai«, nicht die Polemik, sondern des Verfassers Absicht und Wille, von Urteilen loszukommen, welche die Vorzüglichkeit der eigenen Kultur zum obersten Maßstab nehmen. »Wir haben die Rituale der Chinesen darum falsch beurteilt«, schreibt Voltaire, »weil wir ihre Gebräuche nach den unsrigen glaubten beurteilen zu können, denn wir tragen die Vorurteile unseres herrschsüchtigen Geistes bis ans Ende der Welt.«[88] Die Attacke gegen den abendländischen Kulturdünkel, wie Voltaire sie führte, stellte nicht, wie noch zu zeigen sein wird, die abendländische Zivilisation in Frage, wohl aber manche der hierzulande üblichen Denkgewohnheiten: es war ein Angriff in erkenntniskritischer Absicht.

Während die Beurteilung sogenannter zivilisierter Nationen wie der chinesischen durch Voltaire in ihrer Motivation und Methode recht eindeutig hervortritt, ergeben sich bemerkenswerte Widersprüche, sobald Voltaire sich jenen Völkern zuwendet, die wir heute die »archaischen« nennen, die er aber noch als die »Wilden« bezeichnet. Welches war der Platz, den Voltaire diesen Kulturen innerhalb des Schöpfungsganzen einzuräumen bereit war? Und wie sah er die Entwicklungsmöglichkeiten dieser Kulturen?

Auch wenn Voltaire, im Gegensatz zu Bossuet, die tätige Einwirkung des göttlichen Willens auf den Geschichtsverlauf bestreitet, sieht er doch Mensch und Natur vom Schöpfungsakt her in deistischem Sinne vorausbestimmt: »Alle Arten von Lebewesen«, schreibt er etwa, »sind durch den Herrn der Welt determiniert«, und: »Es gibt ebensoviele verschiedene Schöpfungsabsichten, wie es verschiedene Arten von Lebewesen gibt.«[89] Die Vielfalt der Schöpfung, der Reichtum an Arten und Rassen ist für Voltaire nicht Ergebnis einer menschheitsgeschichtlichen Entwicklung, sondern Ausdruck eines in sich abgeschlossenen Schöpfungsplanes, was bedeutet, daß fundamentale Unterschiede zwischen den Arten unaufhebbar

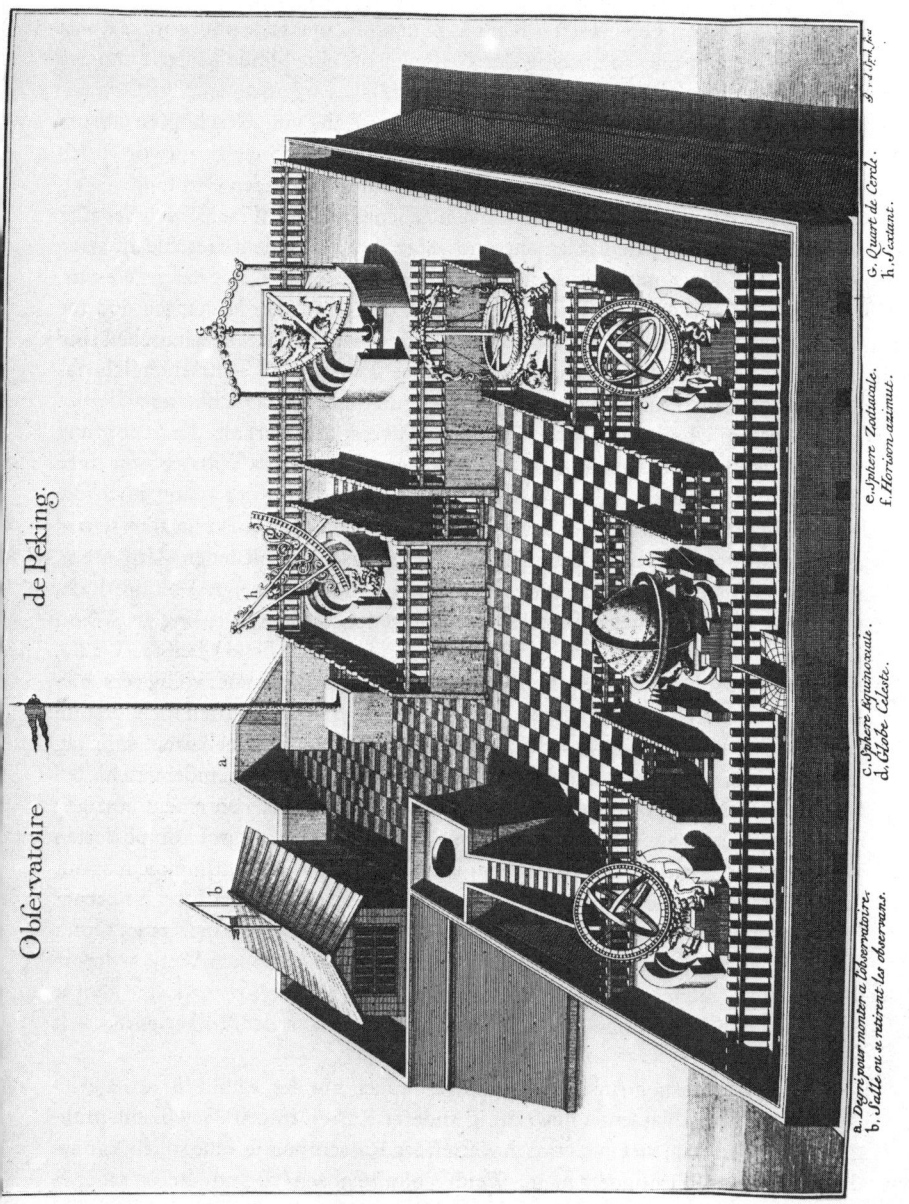

21. Keine andere Nation der Welt, schrieb Du Halde in seinem maßgebenden Werk über China, das Voltaire inspirierte, habe sich so ausdauernd mit vielen Wissenschaften, insbesondere mit der Astronomie, befaßt.

sind. »Jede Art von Lebewesen«, heißt es in den »Eléments de philosophie«, »ist ein Ding für sich; und so abseitig der Gedanke ist, eine blinde Materie erzeuge alles aus ihrer bloßen Bewegung, so einleuchtend ist es anzunehmen, daß Gott mit seinen unbeschränkten Mitteln eine unendliche Zahl von Geschöpfen darum erzeugt hat, weil er selber unendlich ist.«[90] Und an anderer Stelle beantwortet sich Voltaire selbst die Frage nach der die Welt elementar lenkenden Ordnung: »Welches ist denn das wirkliche System? Dasjenige jenes großen Wesens, welches alles geschaffen, welches jedem Element und jeder Art und jedem Geschlecht seine Form, seinen Platz und seine Funktion zugewiesen hat. Des großen Wesens, welches das Gold und das Eisen, die Bäume, das Gras, den Menschen und die Ameise erzeugt und den Ozean und die Gebirge gemacht hat. Die Menschen sind nicht, wie Maillet sagt, Fische gewesen; alles ist vielmehr wahrscheinlich das gewesen, was es ist, und dies als Folge unwandelbarer Gesetzlichkeiten.«[91]

Mit solchen Überlegungen zur Frage der Diversität innerhalb der Schöpfung und besonders innerhalb des menschlichen Geschlechts stieß Voltaire zum Kern einer damals international geführten Diskussion vor, von der später noch die Rede sein wird, und in welcher es um die Frage ging, ob der Mensch in allen seinen Erscheinungsformen von einem oder mehreren rassisch geschiedenen »Urpaaren« abstamme. Ohne sich auf ein eindeutiges Urteil festzulegen, neigte Voltaire doch, zumindest im biologischen Bereich, der polygenetischen Auffassung zu. Wenn man davon ausging, daß, wie es in der Einleitung zum »Essai« heißt, »Weiße, Neger, Albinos, Hottentotten, Lappen, Chinesen und Amerikaner völlig verschiedene Rassen« seien[92], daß sich also ihre spezifischen Eigenschaften nicht erst im Lauf der Zeit und kraft gewisser Umwelteinflüsse herausgebildet hatten, dann lag auf der Hand, daß die verschiedenen Rassen unabhängig voneinander geschaffen worden waren. Die Überlegungen der Monogenisten, die, von einem einzigen »Urpaar« ausgehend, die globale Verbreitung der Menschheit mit komplizierten Wanderungstheorien erklären mußten, bedachte Voltaire mit grimmigem Spott, in den sich auch seine Skepsis gegenüber dem wissenschaftlichen Wert biblischer Offenbarung, der Genesis im besonderen, mischte: eines der populärsten Opfer Voltairscher Kritik war der Jesuitenpater Lafitau, der in seinem Werk »Mœurs des sauvages américains, comparées aux mœurs des premiers temps« eine höchst phantasievolle Migrations- und Verwandtschaftstheorie der Völker entwickelt hatte.[93]

Die polygenetischen Ansichten Voltaires mögen mit die Schuld für seine gelegentlich sehr herablassende Bewertung anderer Rassen tragen. Gewiß entsprangen solche Urteile nicht einer ethisch wertenden Rassentheorie: eine solche kannte das achtzehnte Jahrhundert nicht. Wenn Voltaire abschätzig urteilte, so tat er es eher aus einer launenhaften Regung des Unmuts über den Kult des »edlen Wilden«, wie ihn die Schriften Rousseaus angeregt hatten.

Besonders der schwarze Afrikaner war es, der zur Zielscheibe von Voltaires Spott und Geringschätzung wurde. In den Schriften des Philosophen wird der Neger etwa als ein »schwarzes Tier mit Wollhaar auf dem Kopf« apostrophiert, das sich auf zwei Beinen fast so geschickt wie ein Affe fortbewege und weniger stark als die andern Tiere seiner Größe sei, allerdings einige wenige Ideen mehr im Kopfe habe; an anderer Stelle hält Voltaire boshaft fest, unter den Negern würde lebhaft darüber diskutiert, ob sie von den Affen abstammten oder diese von ihnen.[94] Die meisten Afrikaner lebten, nach der Meinung Voltaires, in einem Anfangsstadium der Dummheit, folgten bloß ihren Instinkten und seien außerstande, eine dauerhafte gesellschaftliche Basis ihrer Existenz zu begründen.

Andere Rassen freilich werden in eine etwas höhere Entwicklungsstufe eingereiht. Während, nach Voltaire, die Hottentotten noch in ganz ungeordneten Gesellschaften vegetierten, die den allerprimitivsten gemeinsamen Bedürfnissen entsprangen, waren die Bewohner der Marianen-Inseln im Pazifik bereits imstande, kleine Gärten zu bepflanzen. Während die Brasilianer nur mit ihren körperlichen Gelüsten und dem Kannibalismus beschäftigt schienen, waren die kanadischen Indianer fähig, Verträge abzuschließen, und die Azteken in Mexiko hatten gar eine hochentwickelte Selbstverwaltung und bewundernswürdige Baudenkmäler errichtet.[95]

So verwirrend vielgestaltig der Mensch seiner rassischen Eigenart nach auftritt, so unterschiedlich ist das zivilisatorische Niveau, das er von Fall zu Fall zu erreichen imstande ist. Zwar wird es dem Menschen unmöglich sein, die spezifischen Merkmale seiner Rasse zu verleugnen; zugleich aber verbindet den Rassenangehörigen vieles mit der Gesamtheit der Gattung: seine Leidenschaften; sein Wille, in Gesellschaft zu leben; seine Neigung, sich zu vervollkommnen. »Der Mensch im allgemeinen«, schreibt Voltaire, »ist immer gewesen, was er ist: das will nicht heißen, daß es immer schöne Städte, Vierundzwanzig-Pfünder-Kanonen, komische Opern und Nonnenklöster gegeben habe. Aber der Mensch hat immer denselben Instinkt besessen, der ihn dazu bewog, sich selbst zu lieben in der Gefährtin seiner Vergnügungen, in seinen Kindern und Enkeln, im Werk seiner Hände. Das ist etwas, das sich vom einen Ende der Welt zum andern nie verändern wird.«[96]

Indem Voltaire der allgemeinmenschlichen Eigenschaft der Perfektibilität besonderes Gewicht beimaß, führte er ein dynamisches Element in seine Sicht der Universalgeschichte ein, das sich mit seiner Vorstellung von der Fixiertheit der Arten in einem gewissen Widerspruch befand. Der Mensch unterliegt einerseits den spezifischen biologischen Gegebenheiten seiner Rasse und dem Charakter und Geist seiner Nation; zugleich aber nimmt er Teil an einem allgemeinen Entwicklungsprozeß, der in seinen einzelnen Phasen paradigmatische Bedeutung hat. Nichts hindert, konkreter gesprochen, die brasilianischen Indianer oder die schwarzen Afrikaner im Prinzip daran, in ihren Reihen einen Locke oder Newton hervorzubringen und im Laufe der Zeit die ganze Spannweite menschlichen Aufstiegs zu durchmessen, es sei denn – und diese Einschränkung macht Voltaire allerdings – es sollte sich zeigen, daß die »spezifischen Organe« des Brasilianers oder Afrikaners außerstande sein würden, jenen Prozeß zu verkraften, den Erfordernissen des Fortschritts sich geschmeidig anzupassen.[97]

Aus der Betonung des menschlichen Willens zur Perfektibilität ergab sich Voltaires Begriff des Menschen als eines Zivilisation schaffenden und durch

Zivilisation geprägten Geschöpfes, und darin, daß er diesen Begriff an den jeweiligen Realitäten der Geschichte zu erläutern suchte, liegt ein weiteres Verdienst des Verfassers des »Essai sur les mœurs«. Dem Autor ging es weder um den Nachweis der göttlichen Vorsehung im Gang der Ereignisse wie Bossuet, noch um die Veranschaulichung einer prästabilierten Harmonie wie Leibniz; was ihn vor allem bewegte, war die neugierig gestellte Frage, was der sich selbst überantwortete Mensch unter bestimmten Zeitumständen vorgekehrt hatte, um aus seinem Dasein die größtmögliche Befriedigung zu ziehen und drohendes Übel möglichst in Schranken zu halten. Voltaire sah im Menschen ein Zivilisationsgeschöpf, das sich in der ständigen Auseinandersetzung mit der widerstrebenden Materie neue Einsichten erwarb, dadurch sein Wissen um die Zusammenhänge des Lebens erweiterte und zu immer höheren Formen der technischen und intellektuellen Daseinsbewältigung voranschritt.

Dieser Prozeß der Kulturentwicklung wurde im »Essai sur les mœurs« von den ersten Informationen aus früher Vorzeit bis ins siebzehnte Jahrhundert verfolgt, wobei die chronologische Fixierung geschichtlicher Ereignisse, der noch Bossuets Hauptaugenmerk gegolten hatte, neben einer weitgefächerten Darstellung von Sitte, Kunst und Religion der Völker durchaus zurücktrat. Voltaire ging es darum, eine »histoire philosophique« abzufassen, und das hieß damals vor allem, dem Leser bestimmte Kulturstufen der Geschichte als mehr oder minder gelungene Verwirklichungen menschlicher Erfahrung vorzustellen und ihn anzuregen, aus den Einsichten und Irrtümern früherer Zeiten nützliche Wahrheiten für immer zu gewinnen, falls dies überhaupt möglich war.[98]

Die Anfangsphasen menschlicher Kulturentwicklung hat Voltaire wie folgt beschrieben: »Die erste Kunst besteht darin, für seinen Lebensunterhalt aufzukommen, was früher den Menschen weit schwerer fiel als den Tieren; die zweite besteht in der Herausbildung einer Sprache, was gewiß beträchtliche Zeit erfordert; die dritte und die vierte Kunstfertigkeit erzeugen Behausungen und Kleider. Um das Eisen zu schmieden ... sind so viele glückliche Zufälle, so viel Geschicklichkeit und so viele Jahrhunderte vonnöten, daß man sich kaum vorstellen kann, wie die Menschen alles dies vollbrachten. Welcher Sprung aus dem Urzustand zur Astronomie!«[99]

Voltaire war nun freilich der Menschennatur gegenüber zu kritisch eingestellt und von den überraschenden Peripetien der Weltgeschichte zu sehr unterrichtet, als daß er sich einem bedingungslosen Fortschrittsglauben verschrieben hätte. Jedes Fortschreiten in der kulturellen Entwicklung vollzog sich langsam und mit großen Unterbrüchen und Rückschlägen; es wurde durch Voreingenommenheit, Irrlehren und Fanatismus verzögert und erfaßte vielfach nur Teilgebiete des menschlichen Lebens. Es bedurfte eines günstigen Zusammenwirkens verschieden genau dosierter Faktoren während langer Zeiträume, damit auch nur die Möglichkeit zu gesellschaftlicher Verständigung durch Sprache und Schrift entstehen konnte.[100] Die Langsamkeit der frühen Kulturentwicklung führte Voltaire darauf zurück, daß der Mensch, nachdem für seine elementarsten Bedürfnisse wie Unterkunft, Ernährung und Fortpflanzung gesorgt sei, nur geringen Anreiz in sich spüre, diesen Zirkel primitiver Selbstgenügsamkeit zu sprengen; wer sich von höheren Lebensformen keine Vorstellung machen könne, sei auch nicht in der Lage, danach zu streben.[101]

Die Fähigkeit des Menschen zur perfektionierenden Kulturentwicklung war in den Augen Voltaires eng mit dessen Neigung zur gesellschaftlichen Existenz verknüpft. Der Umgang mit seinesgleichen, der Austausch von Kenntnissen und das wetteifernde Streben benachbarter Völkerschaften führten zur Ausbildung daseinserleichternder Techniken, lehrreicher und unterhaltender Wissenschaften und Künste, zu sich verbessernden Regelungen des Zusammenlebens.[102] Völker, die während langer Zeit in Vereinzelung gelebt hatten, die nordamerikanischen Indianer etwa, verharrten in der angestammten Dumpfheit des Naturzustandes; überall jedoch, wo Gunst des Klimas und Fruchtbarkeit des Bodens eine rapide Vermehrung der Bevölkerung begünstigt hatten, in Mesopotamien, Indien, oder China, zeigte sich ein beschleunigter Fortschritt der Zivilisation. Der Mensch des Urzustandes, der in umherschweifenden Stammesverbänden lebte, folgte dem Instinkt der Selbsterhaltung, und die Sorge um das tägliche Überleben hinderte ihn beim Nachdenken; der gesellige und urbane Mensch späterer Epochen dagegen gelangte schneller zur Einsicht in die Prinzipien der Vernunft, die das Leben in der Gemeinschaft regelten.

Der Weg zur kulturellen Blüte eines Volkes war nicht nur, wie Voltaire immer wieder betonte, beschwerlich und lang; oft beschränkte sich der Fortschritt auch auf bestimmte Teilgebiete des Daseins, während die Entwicklung in anderen Bereichen stagnierte. So hatten sich etwa die Chinesen durch die Menschlichkeit ihrer Religion und die Weisheit ihrer Staatsführung weit über die abendländische Christenheit erhoben; zugleich aber verschwieg Voltaire nicht, daß dieses Volk auf wissenschaftlichem und technischem Gebiet in manchem zurückgeblieben war.[103] Die Mythologie der Brahmanen hatte Lebensart und Sitte der indischen Gläubigkeit im allgemeinen aufs günstigste beeinflußt; doch dies hinderte nicht, daß man fortfuhr, so abscheuliche Rituale wie die Witwenverbrennung zu praktizieren.[104] Auch war es in der Regel eine verschwindende Minorität innerhalb eines Volkes, die den Fortschritt voranzutreiben und von seinen Annehmlichkeiten zu profitieren wußte. Die hochentwickelte Astronomie der Chaldäer war das Privileg einer kleinen Anzahl erleuchteter Köpfe, und die tiefgründigen Lebenseinsichten der griechischen Philosophen wurden von der Masse des Volkes keineswegs geteilt, sondern durch naiven Aberglauben ersetzt.[105] Wenn der Fortschritt, nach Voltaires Überzeugung, die spezifische Möglichkeit des gesellschaftlichen Menschen darstellte, so blieb er innerhalb dieser Gesellschaft oft das Vorrecht einer elitären Schicht; der aufgeklärte Despot wurde zum eigentlichen Kulturträger, weil er es übernahm, die Fortentwicklung nicht selten gegen den Willen der Masse voranzutreiben.

Schließlich zeigte ein Blick auf die Vergangenheit der großen Kulturvölker, daß Zeiten des Fortschritts und der kulturellen Blüte immer wieder von Perioden bedenklichen Niederganges und Zerfalls gefolgt gewesen waren. Die vier glänzenden Hauptepochen der europäischen Geschichte, die Voltaire unterschied, die griechische Klassik, das augusteische Rom, die Renaissance und das Zeitalter Ludwigs XIV., waren von rückläufigen Kulturbewegungen abgelöst worden, in denen der harmonische Einklang geistigen Strebens, der den Stil, den »Geist« einer Zeit ausmachte, verloren gegangen war. Wenn der Historiker, schrieb Voltaire, sich der Geschichte des römischen Reiches und der Vergangenheit jener Völker zuwende, die dessen Untergang herbeigeführt hatten, so komme er sich vor wie ein Reisender, der sich nach dem Besuch einer prächtigen Stadt in die Wüste begebe – und ähnliche Überraschungen begegneten jedem, der sich vorgenommen habe, dem Auf und Ab der europäischen Geschichte zu folgen.[106]

Voltaire hat seine Fortschrittsidee also äußerst vorsichtig formuliert und klug eingeschränkt. Daß der Mensch in bestimmten Bereichen seines intellektuellen Vermögens perfektibel war, ließ sich nicht leugnen, schon gar nicht in einer Epoche beginnender industrieller Entwicklung, da die englischen Schulkinder Spinnmaschinen bedienten, die deren Eltern noch als mechanische Monstren betrachtet hatten. Daß ein solcher Fortschritt sich aber auch in einer bleibenden Verfeinerung und Vervollkommnung des sittlichen Menschen ausdrücken würde, mußte als sehr fraglich gelten. Denn der Mensch blieb, woran Voltaire wiederholt erinnerte, ein gemischtes Wesen, in welchem Instinkt und Vernunft, Verblendung und Hellsicht, das Schlimmste und das Beste sich aufs innigste durchwirkten; und was als Fortschritt erscheinen mochte, trug, wie jedes Menschenwerk, in sich bereits den Keim zum Niedergang und zur Korruption.

Montesquieu hatte in seinen »Considérations sur les causes de la grandeur des Romains« die Ursache vom Verfall des römischen Reiches darin begründet gefunden, daß Regierende und Volk die besonderen Bedingungen ihres Aufstieges nicht mehr verstanden und in ihrem maßlosen Expansionsstreben mißachteten[107]; auch Voltaire sah den Rückschritt hauptsächlich durch die mangelnde Einsicht in die Natur einer Sache und in die wirkenden Prinzipien menschlichen Verhaltens begründet. Wer die Vernunft zur Maxime seines Handelns erhob und dadurch notwendig zum Aufblühen einer Kultur beitrug, blieb wohl immer ein Ausnahmefall. Das gemeine Volk lebte, um sich zu amüsieren und um getäuscht zu werden; die Regierenden ihrerseits neigten dazu, das Wohl der Allgemeinheit mit ihrem eigenen zu verwechseln; die Kirchenfürsten übten sich darin, aus ihren Vorurteilen Glaubensartikel zu machen – wen wunderte es da, wenn die Menschheitsgeschichte zuweilen einer tragikomischen Maskerade glich? »Es ist deshalb wieder einmal nötig zuzugeben«, heißt es im pessimistisch resümierenden Schlußkapitel des »Essai sur les mœurs«, »daß die Geschichte ein wirrer Haufen von Verbrechen, Verrücktheit und Unglück ist, in welchem wir einige wenige Tugenden und einige glückliche Zeitperioden entdeckt haben...«[108]

Der Umstand, daß in Voltaires geschichtsphilosophischer Betrachtungsweise menschliche Perfektibilität und Korruptibilität eng verbunden bleiben, entschärft zweifellos etwas die herablassende Distanz, aus welcher die Vertreter archaischer Kultur im »Essai sur les mœurs« beurteilt werden. Gewiß läßt sich nicht leugnen, daß Voltaire den schriftlosen Völkern der Erde sehr geringe Aufmerksamkeit entgegenbrachte: der Philosoph gehört recht eigentlich zu den Urhebern der offenbar unausrottbaren Meinung, wonach Kulturen ohne schriftliche Überlieferung keine nennenswerte Geschichte haben können. Immerhin betonte Voltaire immer wieder, daß der Zivilisierte demselben Status der Wildheit entspringe, in welchem der Eingeborene noch befangen sei, wodurch eine humane Solidarität zumindest angedeutet wurde. Jene europäischen Bauerntölpel, heißt es etwa, die in ihren Scheunen irgendwelche religiösen Zusammenkünfte abhielten, ohne etwas davon zu verstehen, und die sich, sobald der Tambour die Werbetrommel rühre, als Soldaten anwerben ließen, um sich gegenseitig totzuschlagen, diese Leute also, von denen es in Europa viele gäbe, seien den kanadischen Indianern und sogar den Kaffern weit unterlegen.[109] »Der Hurone, der Algonkin- und Illinois-Indianer, der Kaffer und der Hottentotte«, lesen wir im »Essai«, »besitzen die Kunstfertigkeit, alles, was sie brauchen, selbst zu verfertigen, während dies den europäischen Hinterwäldlern fehlt. Die Völkerschaften von Amerika und Afrika sind frei, während unsere Wilden nicht einmal eine Vorstellung von der Freiheit besitzen. Die sogenannten amerikanischen Wilden empfangen als unabhängige Herrscher die Gesandten der Kolonien, welche unsere Habsucht und unsern Leichtsinn in ihrem Territorium eingenistet haben. Sie kennen den Begriff der Ehre, von dem unsere europäischen Wilden noch nie sprechen gehört haben.«[110]

Wildheit und Barbarei sind keineswegs das ausschließliche Merkmal der Eingeborenen; die Zivilisierten sind nicht weniger imstande, zu den tiefsten Niederungen ihrer Leidenschaften, Gelüste und Begierden herabzusinken. Dieses Thema der Barbarei des Zivilisierten beansprucht in jenen Teilen von Voltaires historischem Werk, die sich mit der Überseekolonisation befassen, weiten Raum. Obwohl Voltaire selbst an der kommerziellen Seite des Kolonialismus interessiert war, Aktien der »Compagnie des Indes« besaß und den weltweiten Handelsgeist der Engländer über alles bewunderte[111], lehnte er doch den brutalen Machtanspruch der europäischen Konquistadoren entschieden ab. Gestützt unter anderem auf den Bericht des »barmherzigen Las Casas« gibt er im »Essai sur les mœurs« eine schonungslose Darstellung der spanischen Zwangsherrschaft auf Hispaniola, der Taten und Untaten von Cortés in Mexiko und von Pizarro in Peru.[112]

Aber auch englische und französische Kolonisten entgingen seiner Kritik nicht. Die europäischen Nationen, heißt es im »Précis du siècle de Louis XV«, hätten Indien überschwemmt, Handelsstationen errichtet, den Krieg ins Land getragen und immense Reichtümer eingeheimst; wenige Kolonisten hätten sich um die berühmten Altertümer, die Wissenschaften und die Rechtsprechung des Landes gekümmert, wie überhaupt immer das Geld das Hauptobjekt aller Reisen dargestellt habe. »Die Inder«, schließt Voltaire, »wären das glücklichste Volk auf Erden gewesen, hätten sie den Tataren und uns unbekannt bleiben können.«[113] Fast immer, wenn ein kriegerisches Zusammentreffen zwischen Europäern und Eingeborenen beschrieben wird, leiht Voltaire seine moralische Unterstützung den letzteren. Und häufig, wenn von den Grausamkeiten und Schreckenszeiten der europäischen Geschichte die Rede ist, wird darauf hingewiesen, daß vergleichbare Verbrechen selbst unter den unkultiviertesten Überseebewohnern nicht festgestellt werden könnten. So gefällt sich Voltaire beispielsweise darin, gewisse französische Richter »schlimmer als selbst Kannibalen« zu finden; manche Jesuiten erscheinen ihm weit gieriger als die Irokesen, und die durch ihre Bücherverbrennungen berüchtigte Stadt Colmar wird als die »eigentliche Hauptstadt der Hottentotten« bezeichnet.[114]

All das will nun nicht heißen, daß Voltaire den Vertretern überseeischer Völker, wenn man von den Chinesen, Indern, Mohammedanern, Persern und Azteken absieht, irgendeine besondere Wertschätzung entgegengebracht hätte. Die Völker archaischer Kultur blieben für ihn höchstens als ferne Vorstufe zivilisierter Existenz merkwürdig; aber es gab kaum etwas an ihrer Lebensweise und Kultur, was eines eingehenderen Studiums wert gewesen wäre. Zwar stehen die außerordentlichen und wegweisenden Vorzüge des »Essai sur les mœurs« außer jedem Zweifel: nie zuvor war eine vergleichbare Menge von Wissen so souverän bewältigt und die Ausweitung des historischen Horizontes so erfolgreich betrieben worden; keiner vor Voltaire hatte die provokative Konfrontation und analogische Zuordnung verschiedenster Kulturen mit so fruchtbaren oder zumindest anregenden Ergebnissen betrieben; niemand hat, wenn man vielleicht von einem Vorläufer wie Pierre Bayle absieht, die Kunst der kritischen Annäherung und prüfenden Umkreisung historischer Fakten auf geistreichere Weise gepflegt. Trotz allem gelang es Voltaire nur selten, sich vom Gegenstand der jeweiligen außereuropäischen Kultur her allein motivieren zu lassen. Zwar wird der europäische Standort des Betrachters immer wieder relativiert und kritisch in Frage gestellt, aber selten, um einen besseren Zugang zum Fremden zu finden, sondern vielmehr, um der Einsicht ins Eigene, dem eigenen moralischen Fortschritt zu dienen. Voltaire spricht von China, Indien, Persien und Mexiko wenn nicht von Europa aus, so doch im Blick auf Europa oder doch im Blick auf die Idee, welche er sich von einem besseren Europa macht. Im Gegensatz zwischen Natur und Zivilisation, der übrigens erst von Jean-Jacques Rousseau akzentuiert werden sollte, steht Voltaire letztlich immer auf Seite der Zivilisation, und die Sympathie, die er gelegentlich doch den »unterentwickelten« Völkern entgegenbringt, hat meist den Charakter einer Reverenz vor der potentiellen Perfektibilität auch dieser Völker, die es durch weise Vormundschaft der aufgeklärten Nationen zu wecken und zu entwickeln gilt. In dieser Sehweise mutet Voltaire weit weniger revolutionär an als in der Art seines methodischen und gesellschaftskritischen Vorgehens: das zivilisatorische Sendungsbewußtsein, das, bei allem Pessimismus, den Geist des »Essai sur les mœurs« bestimmt, bietet, verglichen etwa mit der Missionsideologie der Jesuiten in Kanada, als Neues nur den Verzicht auf den bisherigen religiösen Kontext.

b) Rousseau

Man kennt den sarkastischen Spott, mit dem Voltaire im August des Jahres 1755 Rousseau antwortete, als dieser ihm ein Exemplar seines eben erschienenen »Discours sur l'origine et les fondements de l'inégalité parmi les hommes« übersandte. Er danke für das »neue Buch gegen das Menschengeschlecht«, schrieb Voltaire; noch nie sei mehr Geist darauf verwendet worden zu zeigen, daß die Menschen tierischer Natur seien, und man bekomme, wenn man das Werk lese, Lust, auf allen Vieren zu gehen.[115] Rousseau antwortete mit scheinbarer Gelassenheit und dem Willen, Mißverständnisse auszuräumen; im Grunde aber war er zutiefst verletzt. Eine Kontroverse bahnte sich an, die bis zum Ende des Jahrhunderts ganz Europa in Atem halten sollte, nicht zwischen Voltaire und Rousseau, wohl aber zwischen Voltairianern und Rousseauisten. Eine Kontroverse, die ohne das wachsende Allgemeinwissen über die außereuropäischen Kulturen nie diesen internationalen Widerhall hätte finden können.

Wir haben zu Beginn des zweiten Teils dieser Darstellung zu skizzieren versucht, welches Gewicht Rousseaus »Discours sur l'inégalité« im geistesgeschichtlichen Kontext zukommt, und wir zeigten, wie in dieser Abhandlung Naturmensch und Zivilisationsgeschöpf aufs spannungsvollste konfrontiert wurden und wie sich aus dem Studium der Menschheitsgeschichte für Rousseau eine neue anthropologische Deutung und Sinngebung humaner Existenz erschloß. Im folgenden seien, zur Hauptsache gestützt auf den »Discours sur l'inégalité«, vor allem jene Aspekte von Rousseaus Überlegungen eingehender behandelt, die mit unserem Thema – der europäischen Auseinandersetzung mit Formen überseeischer Kultur – in engerem Zusammenhang stehen.

Im Zentrum des »Discours« steht Rousseaus Idee des »homme naturel«, des Naturmenschen. Wir wissen heute, daß dieser Naturmensch keineswegs Rousseaus eigene Erfindung war; in manchen Passagen von Du Tertres »Histoire des voyages«, Prévosts »Histoire générale des voyages« oder La Hontans »Voyages dans l'Amérique septentrionale« wird der Eingeborene zu einem Typus stilisiert, der nach Wesen und Lebensform dem Naturmenschen des »Discours« eng verwandt ist. Man weiß, daß Rousseau diese und eine große Anzahl ähnlicher Werke aufmerksam gelesen hat, und der umfangreiche Anmerkungsapparat voller Literaturhinweise, der dem »Discours« angefügt ist, dürfte noch nicht einmal alle Quellen enthalten, aus denen der Verfasser schöpfte.[116] Rousseaus Überlegungen waren in dieser Hinsicht alles andere als original, aber es gelang ihm, die Masse seiner Informationen konsequent zu reduzieren und gleichsam verdichtet in die eigene Fragestellung einfließen zu lassen.

Fassen wir kurz zusammen, durch welche Eigenschaften sich Rousseaus Mensch im »Zustande der reinen Natur« definiert. Die Hauptsorge des Naturmenschen besteht darin, für seine lebenswichtigen Bedürfnisse aufzukommen, was ihm nicht allzu schwer fällt, da sich seine Sinnesorgane und körperlichen Fähigkeiten schnell entwickeln und die Natur alles bereit hält, dessen er bedarf, und zwar in so reichlichem Maße, daß keiner die Befriedigung des andern in Frage stellt. Der Instinkt des Naturmenschen entspricht demjenigen der Tiere, ja er bildet in sich die spezifischen Instinkte und Fähigkeiten der Tierarten gleichzeitig aus; der Naturmensch ist kräftig, sein gesundes Dasein im Freien macht ihn widerstandsfähig gegenüber Krankheiten, er fürchtet das Alter nicht und denkt kaum je an den Tod. Der Naturmensch lebt nicht in Gesellschaft, hat mit niemandem einen Besitz zu teilen und folglich keinen Grund, irgendwen zu beneiden. Er ist wenig Leidenschaften unterworfen, seine Liebe ist frei von beunruhigenden Wunschvorstellungen und beschränkt sich auf das einfachste physische Bedürfnis; er ist genügsam, und es fällt ihm nicht ein, mit seinem Schicksal zu hadern. In diesem Stadium seiner Geschichte ist der Naturmensch, sehr im Gegensatz zu der von Thomas Hobbes um 1650 geäußerten Meinung, von einer natürlichen Güte und Barmherzigkeit erfüllt, ohne sich an irgendwelche moralischen oder gesetzlichen Übereinkünfte halten zu müssen, durch welche Tugenden in der zivilisierten Gesellschaft belohnt und Untugenden bestraft werden. Rousseaus Naturmensch ist keineswegs der Bösewicht, als den ihn der pessimistische englische Staatstheoretiker bezeichnete; er steht vielmehr, ähnlich wie Adam vor der Vertreibung aus dem Paradies, jenseits von Gut und Böse. »Fassen wir also zusammen«, schreibt Rousseau, »daß der wilde, wenigen Leidenschaften unterworfene und sich selbst genügende Mensch, der ohne Kenntnis eines Gewerbes, der Sprache, eines festen Wohnsitzes und des Krieges durch die Wälder irrte und weder ein Bedürfnis hatte, mit seinesgleichen in Beziehung zu treten, noch diesen zu schaden, sondern vielleicht ganz ohne individuelle Kenntnis der Mitmenschen lebte, daß dieser Mensch nur über die Empfindungen und Einsichten verfügte, welche seinen Lebensumständen entsprachen, daß er nur seine elementarsten Bedürfnisse spürte, daß er nur wahrnahm, was in seinem Interesse lag, und daß seine Intelligenz ebenso geringe Fortschritte machte wie seine Eitelkeit.«[117]

Zweierlei verdient in unserem Zusammenhang festgehalten zu werden: die etwas modellhafte Vorbildlichkeit, die der »homme naturel« Rousseaus allein schon aus seiner Definition bezieht, und die existentielle Freiheit, die der Autor diesem Typus zugesteht. Es ist unter Fachgelehrten viel darüber diskutiert worden, ob es sich beim Naturmenschen des »Discours sur l'inégalité« um eine Arbeitshypothese, die Feststellung eines historischen Tatbestandes oder gar ein juristisches Postulat handle.[118] Rousseau selbst dürfte an der Verwirrung seiner Interpreten nicht ganz unschuldig sein. Immer wieder beruft sich der Schriftsteller auf die Beschreibungen von Karaiben, Hottentotten und nordamerikanischen Indianern in den Reiseberichten, denen er die Merkmale seines Naturmenschen entnimmt oder zu entnehmen vorgibt. So entsteht und entstand beim Leser leicht die Meinung, der Naturmensch sei der archaische Überseebewohner schlechthin, dessen Lebensform sei noch anzutreffen, ja gegebenenfalls mit Vorteil nachzuahmen. Anderseits betont Rousseau mehrmals, sein Naturmensch gehe zeitlich den noch zu beobachtenden exotischen Völkerschaften voraus, es sei keineswegs gewiß, ob es ihn je so gegeben habe, und der heute lebende Mensch könne, selbst wenn er wolle, zu einer solchen Lebensform nie zurückkehren.[119]

In Wahrheit handelt es sich beim »homme naturel« doch wohl um eine hypothetische Figur, um ein Denkmodell im Sinne von Goethes »Urpflanze«, das nicht an der Anschauung historischer Tatbestände, sondern an der Betrachtung gegenwärtiger Verhältnisse entwickelt worden ist: Rousseau kannte die Zivilisationsgeschöpfe seiner Zeit, und er gewann in einem intellektuellen Vorgang der Vereinfachung und Abstrahierung jenes Substrat, das so überraschend die Existenz des

Zivilisierten verunsichern sollte. Die Idee des Naturmenschen bei Rousseau ist ein idealtypischer Begriff mit zugleich philosophischem und ethischem Anspruch, der einerseits in der Diskussion des Zivilisationsgedankens seine dialektische Fruchtbarkeit erweisen sollte, anderseits aber auch, in ganz subjektivem Sinne, der »Natürlichkeit« eine für die Gestaltung der persönlichen Lebensform wertsetzende Bedeutung beimaß. Der »homme naturel« unterscheidet sich, obwohl sein Schöpfer gelegentlich eine solche Fehldeutung provoziert, vom Idolbild des »edlen Wilden« als einer schwärmerischen Hochstilisierung exotischer Lebensform schlechthin, wie sie in der zweiten Hälfte des achtzehnten Jahrhunderts in Mode kam. Denn Rousseaus Denkmodell zwang zu historischem Denken, zum Vergleich, zur Selbstergründung wie zur Überprüfung gesellschaftlicher Daseinsformen, wo sich im »edlen Wilden«, wie später noch zu zeigen sein wird, bloß die unterschwelligen Sehnsüchte einer gehobenen europäischen Gesellschaftsschicht zum recht sterilen Hirngespinst verdichteten.

Indem Rousseau die Ungesellschaftlichkeit seines Naturmenschen betonte, wagte er eine These, die dem Geist seines Zeitalters weitgehend zuwiderlief und insbesondere den Überzeugungen von der spontanen Soziabilität der ersten Menschen, wie Voltaire, Buffon und später etwa Condorcet sie äußerten, widersprach. Dadurch, daß er vereinzelt lebt, wahrt sich Rousseaus Naturmensch seine Freiheit. Wohl verfügt er über alle Instinkte der Tiere in verfeinerter Form, aber er ist diesen Instinkten nicht unterworfen. Wohl ist er zu seiner Ernährung auf Naturprodukte angewiesen, aber es bleibt ihm überlassen, aus dem Reichtum des Gebotenen auszuwählen. »Die Natur«, schreibt Rousseau, »gebietet den Tieren, und das Tier gehorcht. Der Mensch empfindet ähnlich, aber er sieht sich frei, zuzustimmen oder abzulehnen, und im Wissen um diese Freiheit zeigt sich vor allem die Geistigkeit der Seele. Während das Körperliche in gewissem Grade den Mechanismus der Sinne und die Entstehung von Begriffen erklärt, ermöglicht die Macht des Willens oder vielmehr der Wahl und das Gefühl von dieser Macht reine geistige Leistungen, die nicht durch die Gesetze und die Mechanik zu erklären sind.«[120]

Für Rousseau ist der Naturmensch tatsächlich, wie es später Herder in Anlehnung an den Franzosen formulieren sollte, der »erste Freigelassene der Schöpfung«; völlig undeterminiert durch göttliche Schöpfungsabsicht im Sinne Voltaires, durch die Vorsehung im Sinne Bossuets oder durch das Widerspiel von Ursache und Wirkung im Sinne der französischen Materialisten. Selbst die Abhängigkeit des Naturmenschen von der Natur, die Rousseau nicht leugnet, erscheint nicht als Unfreiheit, denn: »... es gibt zwei Arten von Abhängigkeit: diejenige von Dingen, die natürlich ist; diejenige von Menschen, die der Gesellschaft angehört. Die Abhängigkeit von den Dingen schadet der Freiheit nicht und bringt keine Laster hervor, weil sie keine sittliche Bedeutung hat; die Abhängigkeit von Menschen erzeugt sämtliche Laster, weil sie ungeordnet ist, und dadurch verderben sich Herr und Knecht wechselseitig.«[121]

Die Entfaltung der im Naturmenschen angelegten Fähigkeiten wird durch die Hindernisse ausgelöst, denen er bei der Befriedigung seiner elementaren Bedürfnisse begegnet. Ein solches Hindernis entsteht beispielsweise bei der Nahrungsmittelbeschaffung dann, wenn die ansteigende Bevölkerung die Menschen zwingt, neue Nahrung zu finden und neue Praktiken zu deren Beschaffung und Zubereitung zu entwickeln. Diese ersten Erfindungen entspringen einem fast mechanischen Bedürfnis nach Vorsorge und damit bereits einer Art von Reflexion. Dadurch, daß der Mensch sich in seiner Fähigkeit, Tiere zu fangen, zu zähmen und zu beherrschen, vervollkommnet, entwickelt er seinen Hochmut. Allmählich bezieht der Mensch seinesgleichen in seine Reflexionen ein und versucht, sein Gefühl der Überlegenheit auf seinesgleichen auszudehnen: der erste Schritt zur Vergesellschaftung des Erdenbürgers ist getan. Dem ursprünglichen Selbsterhaltungstrieb (amour de soi) und der natürlichen Barmherzigkeit (pitié naturelle) gesellt sich in diesem Zustand die Eigenliebe (amour propre) bei. Zugleich ist der Wunsch zur Kommunikation erwacht und wird durch die Erfindung der Sprache befriedigt. Zu diesem Zeitpunkt hätten die Menschen, meint Rousseau, ihre Entwicklung anhalten sollen, auf diesem wenig fortgeschrittenen Stand – und nicht im reinen Naturzustand – wären sie glücklich gewesen: »Obwohl die Menschen bereits weniger ausdauernd gewesen waren und ihre natürliche Barmherzigkeit bereits etwas gewandelt worden war, muß dieser Zeitabschnitt in der Entwicklung der menschlichen Fähigkeiten, der die rechte Mitte zwischen der trägen Gleichgültigkeit des ursprünglichen Zustandes und der unbändigen Aktivität unserer Eigenliebe bezeichnete, als der glücklichste und dauerhafteste betrachtet werden. Je mehr man darüber nachdenkt, umso mehr findet man, daß ein solcher Zustand machtvollen Veränderungen (révolutions) am wenigsten unterworfen ist und dem Menschen am besten dient.«[122]

Aus diesem angenehmen Zustand ruhiger Behaglichkeit wird der Mensch durch jenen »unheilvollen Zufall« herausgerissen, den die Entwicklung des Akkerbaus und der Metallurgie für Rousseau darstellt. Die daraus folgende Arbeitsteilung und die Entstehung von Privatbesitz schaffen Rivalitäten, Konkurrenzneid, Unzufriedenheit, Ungleichheit. Eine neue Gesellschaft, in welcher, offen oder versteckt, jeder den andern bekämpft, und die Situation, die Hobbes mit dem Naturzustand als gegeben sah, tatsächlich erreicht ist, löst den früheren Zustand der natürlichen Vergesellschaftung ab. Bereits ist der Mensch korrumpiert, und bald werden Gesetze nötig sein, die ihn seiner ursprünglichen Freiheit berauben, Gesetze, welche die ursprüngliche Gerechtigkeit freilich nicht wieder werden herbeiführen können, sondern »das ganze menschliche Geschlecht inskünftig der Arbeit, der Dienstbarkeit und dem Elend aussetzen«[123] werden.

Damit ist der erste unselige Schritt getan, eine profanierte Form des Sündenfalls vollzogen; alles weitere ergibt sich mit fataler Konsequenz: »Wenn wir«, schreibt Rousseau, »das Fortschreiten der Ungleichheit in seinen verschiedenen Phasen verfolgen, so stellen wir fest, daß die Entwicklung von Gesetzen und Besitzrechten die erste Etappe und die Einrichtung der Verwaltung die zweite Etappe abschloß, während die letzte Etappe im Zeichen des Wechsels von der legalen Herrschaft zur Willkürherrschaft stand; in der ersten Phase bildete sich der Unterschied zwischen reich und arm, in der zweiten derjenige zwischen mächtig und schwach, in der dritten derjenige zwischen Herren und Sklaven, der den letzten Grad der Ungleichheit darstellt...«[124] So endet schließlich in äußerster Ungerechtigkeit, was einst als hoffnungsvolle Entwicklung menschlicher Anlagen begann, dann aber in einen Prozeß fortschreitender Korrumpierung und Pervertierung umschlug, der zwar, so läßt Rousseau durchblicken, zu vermeiden gewesen wäre, in Tat und Wahrheit aber, wie die Geschichte zeigt, nicht vermieden werden konnte.

Wir haben bereits oben angedeutet, welche außerordentliche Bedeutung Rousseau der Freiheit des Menschen, seiner Funktion als »agent libre« innerhalb der Schöpfung beimaß. Diese Freiheit, beim Naturmenschen noch vorwiegend potentieller Art, wird im »Discours sur l'inégalité« eng mit dem Begriff der Perfektibilität verknüpft. Im Unterschied etwa zu Buffon, der in der Perfektibilität den Ausdruck der die menschliche Gattung als Gesellschaftskörper bestimmenden Vernunft sah, definiert Rousseau den Begriff individueller: nur weil der Mensch die Freiheit der Wahl hat, ist er sowohl perfektibel als korruptibel. Statt von der Vorsehung gelenkt oder von einer allgemeinen Gattungseigenschaft her determiniert zu sein, ist Rousseaus Mensch in einem existentialistisch anmutenden Sinn ein verantwortlich handelndes Individuum. Diese Verantwortlichkeit erhält ihr größtes Gewicht in jenem glücklichen Zwischenzustand der »société naissante«, da der Mensch über seine ersten gesellschaftlichen Beziehungen zu reflektieren und sich seiner latenten Freiheit virtuell bewußt zu werden beginnt. Dieser Zeitpunkt bezeichnet auch den Eintritt des Menschen in die Geschichte und in eine moralische Ordnung, die noch nicht notwendig eine verfehlte zu sein hat. Noch sind die Würfel nicht gefallen, noch wäre eine gerechte Gesellschaftsordnung denk- und machbar. Doch die Gelegenheit wird versäumt, der Prozeß der allgemeinen Degradierung setzt ein und nimmt seinen Lauf. Und dem einzelnen Menschen bleibt höchstens eine Erinnerung an die Frühzeit seiner Geschichte und an seine eigene Kindheit, die ihn vielleicht ahnen läßt, wie sehr er seiner wahren Natur und Bestimmung im Verlauf seiner Geschichte untreu geworden ist.

Daß er diesen galoppierenden Prozeß der Degradierung des Menschen zumindest im überpersönlichen Bereich als irreversibel betrachte, hat Rousseau verschiedentlich betont: die Entfremdung des Menschen von der Natur war zu sehr fortgeschritten, der problemlose Einklang zwischen Sein und Wesen war nicht wieder herzustellen. Der Mensch der Städte und der Hofgesellschaften war nun einmal in die ausweglose Situation hineingestellt, daß er zum »Wilden« nicht mehr werden konnte, Zivilisationsprodukt aber, so sagte es ihm ein untrügliches Gefühl, eigentlich nicht mehr bleiben durfte. Aber wie sehr auch Rousseau als Historiker zum Pessimismus neigen mochte – in seinem anthropologischen Denken blieb er, wie Jean Starobinski gezeigt hat, Optimist.[125] Das hieß konkret, daß er von der utopischen Hoffnung nicht abwich, der zivilisierte Mensch könne, durch eigenen Schaden klug geworden, vielleicht dahin wirken, daß anderen dieser Schaden erspart würde, und zwar sowohl im Bereich der individuellen wie der staatlichen Entwicklung.

Zum Ausdruck solcher Hoffnungen wurden der Erziehungsroman »Emile« und die politwissenschaftliche Abhandlung über den »Contrat social«. In beiden

Büchern versuchte Rousseau, auf den Menschen in einer Phase von dessen Entwicklung einzuwirken, in welcher dieser vom Sog der Korruption noch nicht erfaßt worden war. Im »Emile« ging es zuerst um die sogenannte »negative Erziehung« des Kindes, die darin bestehen sollte, daß man dessen natürliche Fähigkeiten sich in aller Freiheit entfalten ließ, statt sie durch vorzeitige intellektuelle Schulung im Wachstum zu lähmen. Und in ganz ähnlichem Sinne wandte sich der »Contrat social« an die »rustikalen Völker« der Erde, etwa an die Bewohner der damaligen Republik Genf, »weil dies ein freies und einfaches Land ist, wo man in modernen Zeiten noch antike Menschen findet«.[126]

In diesen beiden Werken war die Meinung des Verfassers nicht, wie später viele seiner Bewunderer glaubten, daß man den noch unzivilisierten Menschen einfach sich selbst überlassen, sondern daß man ihn, seiner Bestimmung zur Freiheit entsprechend, ausbilden sollte. Der »Contrat social« war nichts anderes als ein programmatischer Versuch in dieser Richtung, indem ein »Gesellschaftsvertrag« entworfen wurde, der es erlauben sollte, die naturrechtlich vorgegebene Freiheit des Individuums mit dem Allgemeinwillen der gesellschaftlich Lebenden auszusöhnen und damit Moral und Politik zu verbinden. Der »Emile« wie der »Contrat social« waren keine resignierten, rückwärtsgewandten Traumgespinste, die vom Stand einer nun einmal vollzogenen geschichtlichen Entwicklung abstrahiert worden wären. Beide Werke waren Würfe auf die Zukunft hin und sollten von den Lesern des revolutionären Frankreichs auch so verstanden werden; in beiden Werken verbanden sich, in der Terminologie Ernst Blochs zu sprechen, naturrechtlicher Glaube und Naturgefühl mit sozialutopischen Überlegungen zur »Antizipation eines Besseren«.[127]

Auf die geistesgeschichtlichen Beziehungen zu Übersee, auf das Verhältnis der europäischen zu den archaischen Kulturen, sollte Rousseaus Werk, insbesondere sein »Discours sur l'inégalité«, einen lang andauernden, allerdings oft verwirrenden und von Mißverständnissen geprägten Einfluß nehmen. Anders als Voltaire, der trotz scharfer Kritik im Detail den kulturellen Machtanspruch Europas in der Welt kaum schmälerte und den Gang der Weltgeschichte als etwas Unabänderliches hinzunehmen neigte, beunruhigte Rousseau seine Leser allein schon durch den kühnen Einfall, die Geschichte in ihrer letzten und für den gegenwärtigen Menschen wichtigsten Phase als Fehlentwicklung darzustellen. Voltaire führte immer wieder zur Erfahrung zurück, und die Einsichten, die er aus ihr zog, mochten eine bald resignierte, bald zynische Indifferenz des Betrachters fördern; Rousseau dagegen appellierte an Einbildungskraft und Phantasie, und dadurch, daß er, wenn auch nicht an die Möglichkeit einer radikalen »Rückkehr zur Natur«, so doch an die Möglichkeit einer Neubesinnung glaubte, dürfte sich sein Einfluß aktivierender als jener Voltaires ausgewirkt haben. Voltaire berief sich auf die Vernunft: wo immer der Mensch im Aberglauben verharrt war oder sich zu Boshaftigkeit, Intoleranz und Fanatismus hatte hinreißen lassen, geschah dies letztlich, weil er Erfahrungen nicht oder falsch reflektierte. Rousseau dagegen wandte sich, auch wenn er präziser, systematischer Argumentation durchaus fähig war, an das Gefühl: seiner Meinung nach war der Mensch darum in die Irre gegangen, weil er nicht der Stimme seines Herzens gefolgt war und sich immer erlesenere und künstlichere Befriedigungen ausgedacht hatte. Voltaire und Rousseau waren als Historiker beide Pessimisten; der eine, weil er in der Menschennatur Gut und Böse intrikat und unauslöschbar gemischt vorfand; der andere, weil er überzeugt war, daß der ursprünglich gute Mensch sich auf fatale Weise falsch entwickelt hatte. Der Pessimismus Voltaires tendierte, auch wenn er im Einzelfall das polemische Engagement durchaus gestattete, hin zur ironischen Distanz gegenüber dem Lauf der Ereignisse und einem gewissen abgeklärten Stoizismus; der Pessimismus Rousseaus weckte und bestärkte bei seinen Anhängern oft einen Hang zur idyllischen Schwärmerei und utopischen Vision, wobei solche Neigungen häufig nicht so sehr lähmend als vielmehr aufmunternd auf den politischen Aktionsdrang einwirkten.

»Die Geschichte des natürlichen Menschen«, schrieb Delisle de Sales über die Wirkung Rousseaus, »weckte die Träume der Philosophen; sie beschenkten ihn, wie den theologischen Gott, mit widersprüchlichen Attributen, stritten um sein Wesen, vergossen ein Meer an Tinte und erläuterten nichts.«[128] Es war in der Tat eine Verwirrung nicht so sehr der Überzeugungen, sondern der Gefühle, die Rousseau bewirkte, erstaunlich auf den ersten Blick in einem Zeitalter, das sich den Triumph der Vernunft aufs Banner geschrieben hatte. Aber wir wissen, daß die Vernunftgläubigkeit nur einen besonders leicht isolierbaren Aspekt der Aufklärung darstellte, und daß sich im Sensualismus, im Pantheismus, in der anakreontischen und pietistischen Literatur ein weites Spektrum von kulturellen Strömungen auftat, die dem Gefühl sehr stark verpflichtet waren. Eine Arbeit, die wie Rousseaus »Discours sur l'inégalité« zwar einerseits als theoretisches Modell konzipiert war, anderseits aber von seelischen Erfahrungen ausging und auf solche mit stilistischer Emphase anspielte, fand um 1760 ein emotionaler Verständnisinnigkeit nicht abgeneigtes Publikum, sowohl in Frankreich als vor allem auch in Deutschland. Ein moderner Deuter Rousseaus, der Pole Baczko, der den theoretisch-rationalen Charakter von dessen Werk im allgemeinen eher hervorhebt, unterstreicht doch zugleich das dem Bild des »Naturmenschen« innewohnende emotionale Gewicht. »Aber der ›Naturzustand‹ und die Situation des Menschen im Naturzustand«, schreibt Baczko, »sind nicht nur als theoretisches Modell rekonstruiert noch ausschließlich mittels theoretischer Methoden. Rousseau beruft sich auf einen gewissen Typ der Erfahrung: das Bild des Naturzustandes muß von dem, der es rekonstruiert, empfunden, erlebt werden. Jedem, der ein ›verdorbenes Herz‹ hat, wird das Goldene Zeitalter eine Chimäre bleiben ... Um dieses Zeitalter wiederaufleben zu lassen, muß man es liebgewinnen... Diese generelle Emotionalisierung der Beziehung zur Natur umschließt auch den rekonstruierten ›Naturzustand‹. Dabei fällt es auf, daß, während in der theoretischen Rekonstruktion der ›Naturzustand‹ als Ausgangspunkt zur ganzen historiosophischen Konzeption der Denaturalisierung dient, den Ausgangspunkt auf moralischer Ebene – sofern man sie aussondern kann – der Protest gegen die bestehenden Verhältnisse bildet, gegen Unterdrückung und Unrecht, gegen die ›Welt des Scheins‹, sowie das Empfinden der eigenen Epoche als Krise und das Gefühl der

Entfremdung von ihr. Die Suche nach der Natur ist also ein ›In-sich-Gehen‹, die Suche nach den Elementen, die fehlen, um sich selbst als ›ein Ganzes‹ zu empfinden, als geschlossene, mit der Ordnung harmonisierende Persönlichkeit.«[129]

Es war vor allem dieser Appell an die seelische Erfahrung, der Rousseaus Werk im Bereich der geistigen Ausgestaltung der europäisch-überseeischen Beziehungen während des achtzehnten Jahrhunderts einflußreich werden ließ. Rousseau steht, obwohl es zweifellos Vorgänger gab und obwohl er selbst diesen seinen Einfluß mit Unbehagen registrierte, am Anfang einer schwärmerischen Bewunderung alles Exotischen, die bis ins Zeitalter des Imperialismus nachgewirkt hat. Der »edle Wilde«, jene den etwas gelangweilten Träumereien urbaner Zivilisationsgeschöpfe entwachsene Idealgestalt, war zwar nicht Rousseaus Erfindung, wie es fälschlich immer wieder gesagt wird; aber sie entsprang zweifellos einem ähnlichen Hintergrund subjektiven Unbehagens an der aufgeklärten Gesellschaft.

Nur selten freilich übertrug sich Rousseaus vitaler Enthusiasmus überzeugend auf das literarische Werk seiner Zeigenossen. Die aztekischen Tempelherren, die versklavten Prinzen aus den westafrikanischen Königreichen und die polynesischen Liebesdienerinnen, die im Gefolge Rousseaus die europäischen Bühnen belebten und die ohnehin verwirrenden Handlungsabläufe der populären Romanliteratur noch um eine fremdartige Komponente bereicherten, erwiesen sich meist, an Rousseaus Stil gemessen, als etwas bläßliche Konstruktionen einer vagen modischen Sehnsucht. Bei vereinzelten Schriftstellern allerdings gewann Rousseaus »Emotionalisierung« der Beziehung zur exotischen Natur eine ergreifende Authentizität, so etwa in Bernhardin de Saint-Pierres 1787 erschienener Erzählung »Paul et Virginie«, welche das glückselige Leben zweier französischer Pflanzerfamilien auf den Antillen zum Thema hat, oder, zeitlich etwas später, in den Romanen »Atala« und »René« von Chateaubriand, deren Held, ein junger Franzose, vom Weltschmerz des Zivilisierten bis nach Louisiana verfolgt wird.[130]

Der Europäer, der auf der Suche nach sich selbst in die Abgeschiedenheit entlegenster Weltgegenden verschlagen wird und erst im Umgang mit den Eingeborenen sich wiederfindet – dieses durch Rousseau zur Popularität gelangende literarische Thema hat zweifellos auch politische Auswirkungen auf die Gestaltung der europäisch-überseeischen Beziehungen gehabt. Die Humanisierung des Verhältnisses zwischen der zivilisierten und der archaischen Welt, wie wir sie etwa in den Reiseberichten von Bougainville und Georg Forster, von James Cook und Mungo Park sich abzeichnen sehen, ist, ohne daß sich der Einfluß Rousseaus in jedem Falle konkret nachweisen ließe, mit eine Folge der durch den »Discours sur l'inégalité« und spätere Schriften des Genfers geschaffenen geistesgeschichtlichen Situation. Und ebenso sind die Aufrufe und Proklamationen der englischen und französischen Sklavereigegner in der zweiten Hälfte des achtzehnten Jahrhunderts von einem Gefühl getragen, in welchem etwas von den Einsichten mitschwingt, die Rousseaus Sicht des »homme naturel« seinen Lesern vermittelte.

c) Condorcet

Vom Marquis de Condorcet ist gesagt worden, er habe die Geisteshaltung der französischen Aufklärung am universellsten verkörpert[131], und indem er dies tat, mußte er sich notwendig in einigen seiner Grundüberlegungen auch mit Auffassungen Voltaires und Rousseaus treffen. In der Art und Weise allerdings, wie Condorcet in seiner letzten Schrift »Esquisse d'un tableau historique des progrès de l'esprit humain«, die uns hier vor allem beschäftigen wird, seine Einsichten verknüpfte und zu einer konsequenten Gesamtdeutung des geschichtlichen Entwicklungsprozesses ausbaute, zeigte er sich sowohl Voltaire als vor allem Rousseau vollkommen entgegengesetzt.

Wie seinen aufgeklärten Zeitgenossen ging es Condorcet darum, die theologische Weltschau durch eine teleologische zu ersetzen und die ruhende Ordnung hierarchischer Weltsysteme dem Strudel der Geschichte auszusetzen. Wie seine Zeitgenossen glaubte Condorcet an die fortdauernde Gültigkeit von Naturgesetzen, an die Perfektibilität des Menschen, an dessen Bestimmung zur Glückseligkeit, an den Zusammenhang zwischen Erkenntnis und Moral. Aber die radikale Systematik seiner Folgerungen führte Condorcet in seiner »Esquisse d'un tableau historique« weit über alle andern immer von leisem Skeptizismus getönten Geschichtsvorstellungen hinaus zu einem seltsam eindimensionalen Fortschrittsoptimismus. Während die Perfektibilität des Menschen durch Voltaire immer wieder in Frage gestellt wurde und bei Rousseau sogar in ihr Gegenteil umschlug, erhob sie Condorcet konsequent zum geradezu unentrinnbaren Schicksal des Menschen. Während menschliche Glückseligkeit bei Voltaire wie Rousseau nur um den Preis eines Verzichts gewonnen werden konnte, stellte sie sich in der Sicht Condorcets im Verlauf einer ständig sich erweiternden Erfüllung aller menschlichen Möglichkeiten fortwährend gleichsam selber her. Während Voltaire und Rousseau, jeder auf seine Weise, daran zweifelten, daß der Fortschritt der wissenschaftlichen und technischen Erkenntnis notwendig Auswirkungen auf die Verbesserung von Moral und Sitten der Völker haben müsse, sah Condorcet das eine mit dem andern zwingend verknüpft.

Auch Condorcet beginnt, wie unzählige von Gelehrten, die sich gegen Ende des achtzehnten Jahrhunderts dem modisch gewordenen Unterfangen widmeten, eine kulturelle Entwicklungsgeschichte der Menschheit zu schreiben, sein Werk mit einer Darstellung des menschlichen Naturzustandes. Allerdings hält ihn die Frühzeit der Menschheit nicht lange fest. In bewußtem Gegensatz zu Rousseau wird der Naturmensch als Gesellschaftswesen dargestellt, das freilich vorerst noch nicht imstande ist, sich selbst eine soziale Ordnung zu geben. Man lebt als Jäger und Fischer in kleinen Gemeinschaften und verfügt über die notwendigsten physischen Fähigkeiten und handwerklichen Fertigkeiten, die es erlauben, ein sehr mühseliges Dasein zu fristen; es fehlt indessen die Muße, deren es bedürfte, um Erfahrungen auszuwerten und sich fortzubilden. Von den Vorzügen, die bei Rousseau diese Anfangsstufe kennzeichneten, vom gesunden und ruhigen Einklang des Menschen mit der Natur, von seiner Selbstgenügsamkeit, Unabhängigkeit, Gleichheit und Unschuld ist bei Condorcet nicht die Rede; im Gegenteil: in der »Esquisse d'un tableau historique« erscheint der Naturmensch als ein höchst dumpfes Geschöpf, gefesselt von Hemmnissen und abergläubischen Mystifikationen, das bedauernswert viel Zeit darauf verwendet, sich selbst die ersten Lichter anzustecken.

Mit der Erfindung der Sprache tritt Condorcets Mensch, wie übrigens auch jener Rousseaus, Herders und später Nietzsches, in den Lauf der Geschichte, und das heißt nun allerdings für den Verfasser der »Esquisse« in einen Prozeß der Fort- und Höherentwicklung, ein. Die Erfindung der Schrift besiegelt diesen entscheidenden Schritt. »Seit der Zeit«, schreibt Condorcet, »da in Griechenland die alphabetische Schrift bekannt wurde, ist die Geschichte mit unserem Jahrhundert, mit dem zeitgenössischen Stand der menschlichen Gattung in den aufgeklärtesten Ländern Europas durch eine ununterbrochene Folge von Tatsachen und Beobachtungen verbunden, und das Bild des Fortschritts des menschlichen Geistes hat historische Bedeutung gewonnen. Die Philosophie braucht nichts mehr zu erraten, braucht sich keine hypothetischen Kombinationen mehr auszudenken; es genügt, die Fakten zu sammeln und zu ordnen und die nützlichen Wahrheiten aufzuzeigen, die sichtbar werden, wenn man die Beziehung dieser Fakten untereinander und mit dem Ganzen betrachtet.«[132]

In diesen Worten wird einmal mehr deutlich, worin der wissenschaftliche Optimismus des Aufklärungszeitalters begründet lag, nämlich im bereits von Fontenelle geäußerten Glauben an die innere Gesetzmäßigkeit der Natur, die sich, hatte die menschliche Vernunft einmal den richtigen Einstieg gefunden, gleichsam von selbst auslegte. Aber Condorcet ging noch einen Schritt weiter. Indem der Betrachter der Geschichte deren Verlauf mit naturwissenschaftlich exakten Methoden zu bestimmen und von unveränderlichen Grundgegebenheiten her zu verstehen sucht, erweitert er nicht nur den Umfang seines Wissens, sondern auch den Umfang seiner Erfahrung. Das Studium der Geschichte, so betrieben, dient nicht nur einer quantitativen Bereicherung, sondern wird zu einem ethischen Faktor. Denn der Betrachter, selbst ein Teil einer nach vernünftigen Gesetzmäßigkeiten geordneten und sich entwickelnden Schöpfung und dadurch zur Einsicht in dieselbe befähigt, wird seinerseits aus seinen Einsichten im wesentlichen nur vernünftige und sinnvolle Schlüsse ziehen können. Der Erfahrungen aufnehmende Mensch verwertet diese in seinem individuellen Handeln und verändert sich gleichzeitig durch sie im Sinne fortschreitender Ausbildung – daraus entsteht ein sich selbst vorantreibender Prozeß, in dessen Verlauf größere Kenntnis erweiterte Einsicht erzeugt und umgekehrt. »Die Fortschritte der Wissenschaften«, schreibt Condorcet, »bewirken Fortschritte in der Ausbildung, und diese beschleunigt wiederum den Gang der Wissenschaften – dieser wechselseitige Einfluß, dessen Wirkung sich unaufhörlich erneuert, ist eine der tätigsten und mächtigsten Ursachen für die Vervollkommnung des menschlichen Geschlechts.«[133]

Gewiß kann dieser fortschreitende Entwicklungsprozeß Störungen und Widerständen ausgesetzt sein. Manche Entwicklungen, so stellt Condorcet fest, sind von bloßen Zufällen abhängig – solche Zufälle, etwa die Isolation bestimmter Völkerschaften, welche eine Anregung und Provokation von außen nicht mehr zuläßt, können für kulturelle Stagnation in bestimmten Fällen verantwortlich gemacht werden. Auch Irrtümer können die Einsicht der Betrachter trüben und den positiven Verlauf der Menschheitsgeschichte verzögern. Eine solche Epoche der Mißverständnisse und des vorübergehenden Rückschritts ist, nach Condorcet, das Mittelalter: damals habe sich Europa, klerikaler und militärischer Tyrannei ausgeliefert und ins Dunkel religiöser Intoleranz, theologischer Schwärmerei und betrügerischen Aberglaubens getaucht, als unfähig erwiesen, den Fortschritt voranzutreiben, und den Arabern sei die Aufgabe zugefallen, die geistigen Errungenschaften der Griechen für die Nachwelt zu retten.[134] Aber selbst solche Zeiten des Irrtums und der Verblendung vermögen den Gang wahrer Einsicht auf die Dauer nicht zu verhindern. Im Gegenteil: wie Erdbeben und Überschwemmungen innerhalb der christlichen Theodizee und der Weltsysteme englischer »Physico-Theologen« ihre Nützlichkeit im Hinblick auf das vielleicht noch verborgene Gute hatten, so gab es nach der Meinung des antiklerikalen Condorcet sogenannte notwendige Rückschläge, »crises nécessaires«, welche die Funktion hatten, die zuzeiten entschlummernde Vernunft aufzuwecken und wiederzubeleben.

Es soll hier im einzelnen nicht geschildert werden, in welcher Stufenfolge der Verfasser der »Esquisse d'un tableau historique« den menschlichen Geist seinen »Marsch nach vorn zur Wahrheit und zum Glück«[135] vollziehen sieht. Condorcet unterscheidet neun Etappen der Menschheitsentwicklung, deren letzte und krönende die Epoche der Französischen Revolution darstellt. Die Erfindung von Sprache und Schrift, die Einführung der Arbeitsteilung, die Entwicklung und Spezialisierung der Wissenschaften und Künste, die Fortschritte in der Technik und damit die Erleichterung des internationalen Handels sind die Hauptfaktoren gewesen, die nach und nach dazu beigetragen haben, den Menschen von seiner anfänglichen Unmündigkeit zu befreien, die ursprünglichen sozialen Ungleichheiten zu mindern, das Behagen am Dasein zu vergrößern, – man beachte die bezeichnende Verschiebung von Condorcets Gesichtspunkt gegenüber den Auffassungen Rousseaus. Daß der Fortschritt über den gegenwärtigen Entwicklungsstand noch hinausgehen wird, steht für Condorcet außer Zweifel. Er habe gerade darum sein Buch geschrieben, stellt er im Vorwort zur »Esquisse d'un tableau historique« fest, um zu zeigen, daß der menschlichen Perfektibilität keine Grenze gesetzt sei: »... die Fortschritte dieser Perfektibilität, die inskünftig von jeder hemmenden Macht befreit sein werden, kennen keine andere Begrenzung als den Fortbestand des Planeten, auf den die Natur uns geworfen hat.«[136]

Wo der Mensch auf jede neue Herausforderung mit einer neuen Lösung zu antworten weiß, wird es in Zukunft auch im wirtschaftlichen Bereich keine »Grenzen des Wachstums« mehr geben können. »Ein immer kleineres Stück Land«, prophezeit Condorcet, »wird dann eine Fülle von sehr viel nützlicheren und wertvolleren Lebensmitteln hervorbringen; bei geringerem Aufwand wird ein größeres Quantum an Genuß verfügbar sein; das gleiche Industrieprodukt wird mit niedrigeren Rohmaterialkosten produziert und dauerhafter sein; aller Boden wird für Erzeugnisse nutzbar gemacht, die mit geringer Arbeitskraft eine größere

Anzahl von Bedürfnissen befriedigen.«[137] Und schließlich wird es auch möglich werden, die physische und psychische Konstitution des Menschen zu beeinflussen, sein Leben durch Fortschritte im Gesundheitswesen zu verlängern, seine Tugendhaftigkeit durch wachsende Einsicht zu etwas Selbstverständlichem werden zu lassen. Die Ungleichheit zwischen den Menschen wird, soweit es sich dabei nicht um natürliche individuelle Verschiedenheiten handelt, die der Gemeinschaft nützlich sind, verschwinden, und die laufend sich vervollkommnenden Gesetze und öffentlichen Einrichtungen werden dazu führen, daß das Interesse des Einzelnen völlig in demjenigen der Allgemeinheit aufgeht. Und dies alles sind keine »philanthropischen Traumgespinste«; der Fortschritt ist, da er sich unveränderlichen Regeln folgend entwickelt, nicht nur wünschbar, sondern auch berechenbar. In seiner Darstellung der zehnten Entwicklungsstufe der Menschheitsgeschichte zeichnet Condorcet, und hierin liegt seine wissenschaftshistorisch zentrale Bedeutung, das mit einem neuartigen sozial- und politwissenschaftlichen Instrumentarium zu planende und zu kontrollierende »Goldene Zeitalter der Menschheit«, von dem er endlich glaubt sagen zu dürfen, daß in ihm »die Sonne über einer Erdbevölkerung freier Menschen aufgeht, von denen jeder keinem anderen Herrn verpflichtet ist als seiner Vernunft...«[138]

Man weiß, wie schnell die nach dem Tuileriensturm einsetzenden »Septembermorde« und die »Schreckensherrschaft« der Jahre 1793 und 1794 den Fortschrittsoptimismus Condorcets Lügen strafen sollten. »Die Welle von Erschütterungen und Umwälzungen«, schreibt Herbert Lüthy, »die von der Französischen Revolution ausging, hatte den zutiefst ahistorischen Rationalismus der Spätaufklärung mit der Vernunftwidrigkeit und Gewalttätigkeit einer geschichtlichen Krise konfrontiert, und an dieser Krise zerbrach jene Verbindung heterogener Fortschrittsbegriffe, welche den humanistischen Optimismus des achtzehnten Jahrhunderts begründet hatte, die Gleichsetzung wissenschaftlichen Fortschritts mit Fortschritt der sozialen – oder sittlichen – Vernunft, die Einheit von Wissenschaftsgläubigkeit und Menschheitsgläubigkeit.«[139] Der Fortschrittsoptimismus, wie er Condorcet beseelte, ist in dieser Ungebrochenheit und Naivität denn auch von den Denkern des neunzehnten Jahrhunderts nicht mehr geteilt worden. Am deutlichsten war die Kritik an der »Esquisse d'un tableau historique« wohl in England, wo Thomas R. Malthus unter dem Eindruck der Industriellen Revolution mit seinem »Essay on the Principle of Population« vom Ansteigen der Bevölkerung sehr pessimistisch auf einen zu erwartenden Rückgang des wirtschaftlichen Wachstums schloß. Im politischen Bereich wandte sich Edmund Burke gegen den revolutionären französischen Fortschrittsoptimismus, indem er scharfsinnig enthüllte, wie sehr sich dessen Vertreter vom vielberufenen empirischen Ansatz ihrer Geschichtsbetrachtung unmerklich losgelöst hatten und mit ihrem Glauben an Gleichheit und individuelle Vernunft des Menschen ihrerseits Opfer abstrahierender Vorurteile geworden waren.[140]

Trotz solcher Kritiken aber sollte der deterministischen Methode der Geschichtsbetrachtung, wie Condorcet sie entwarf, eine in vielen Spielformen sich geltend machende Nachwirkung beschieden sein: in der positivistischen Soziologie Auguste Comtes, die der naturwissenschaftlichen Denkweise eine primordiale planerische Funktion in der Gestaltung gesellschaftspolitischer Zustände einräumte, wie auch in den Geschichtslehren von Hegel und Marx, die auf ähnliche Weise wie Condorcet, allerdings weit differenzierter in ihrem Vorgehen, göttlichen Heilsplan und Prädestinationslehre durch rein naturgesetzliche Leitprinzipien zu ersetzen suchten.[141]

Es ist unbestreitbar, daß die Geschichtsbetrachtung eines Condorcet, obwohl sie den Menschen archaischer Kultur nicht ausklammerte, nicht geeignet sein konnte, zum Verständnis des Überseebewohners hinzuführen. Nirgendwo sonst hat die Aufklärung ihren zivilisatorischen Anspruch, ihre kulturelle Überlegenheit so selbstherrlich angemeldet wie in der »Esquisse d'un tableau historique des progrès de l'esprit humain«. Die Kluft zwischen zivilisierten, erleuchteten Nationen und primitiven Völkerschaften, den »peuplades sauvages«, scheint weit aufgerissen, und außer der gemeinsamen Zugehörigkeit zum Menschengeschlecht, die Condorcet durchaus anerkennt, gibt es zwischen dem aufgeklärten Franzosen, dessen hoch zu achtendem anglo-amerikanischem Gesinnungsbruder und den »Wilden« kaum eine Verbindung. Der Gedanke, daß sich der menschliche Fortschritt, wenn man ihn schon apodiktisch konstatiert, doch vielleicht in verschiedenen Bahnen bewegen könne, bleibt Condorcet fremd. Nicht der Mensch als Gattungswesen ist, wie Johann Gottfried Herders anthropologische Toleranz dies später formulieren sollte, der »Thronsitzer der Schöpfung«, sondern nur der aufgeklärte Mensch, der »philosophe«, darf sich einen solchen Titel zulegen.

So europazentrisch diese Sehweise ist – sie verbaut sich doch nicht ganz den Zugang zur Problematik der europäisch-überseeischen Beziehung. Allerdings sind es nicht voltairianische Neugierde und das Verlangen nach unterhaltender und belehrender Information über die Sitten fremder Völker, die Condorcet den Überseebewohner näherbringen, und es ist schon gar nicht die etwas sentimentale Nostalgie von Rousseau und dessen Anhängern. Es sind vielmehr die Vorstellung von der universalen Verbindlichkeit zivilisierter Geistesfortschritte und der Glaube an die globale Übertragbarkeit derselben, welche selbst den Eingeborenen in den Gesichtskreis des Pariser Gelehrten treten lassen. Wenn der aufgeklärte Mensch einen Zivilisationsstand erreicht hat, der ihn veranlaßt, in seinem Land alles zu tun, was zur Beseitigung von Unrecht und Unfrieden getan werden kann, dann versteht es sich, daß er seine neugewonnenen Einsichten konsequenterweise auch auf die außenpolitischen Beziehungen übertragen muß. Wenn die Tyrannei einzelner Despoten, wenn Zwangsherrschaft und Sklaverei im eigenen Vaterland glücklich beseitigt sind, wird das erleuchtete Gewissen es nicht dulden können, daß solche Zustände anderswo fortdauern. Man kann nicht, wenn man den Menschen grundsätzlich als ein zur Freiheit bestimmtes Geschöpf erkannt hat, die Fronherrschaft in der französischen Provinz verwerflich finden, sie aber in Senegal und auf den Antillen verteidigen.

Aus solchen Überlegungen – und keineswegs aus der Kenntnis überseeischer Verhältnisse oder auch nur einem entsprechenden Interesse – nährte sich, was man den Antikolonialismus Condorcets nennen könnte. Bestimmt war Condorcet in diesem Punkt von Turgot, dem Finanzminister unter Ludwig XVI., welchem er beruflich eng verbunden war, beeinflußt.[142] Turgot, der den Fortschrittsoptimismus Condorcets teilte, aber, sehr im Gegensatz zu diesem, als Hauptbeförderungsmittel dieses Fortschritts die christliche Religion, und nicht die Vernunft, betrachtete, war bereits um 1750 für die Dekolonisation eingetreten und hatte den Abfall der Kolonien prophezeit. »O Amerika«, hatte Turgot in einer berühmten Rede an der Sorbonne ausgerufen, »sind deine weiten Landstriche uns nur entschleiert worden, um zu den traurigen Opfern unseres Ehrgeizes und unserer Habsucht zu werden? Welche Szenen des Schreckens und der Grausamkeit haben sich doch mit eurer Entdeckung verbunden!«[143] Und an anderer Stelle lesen wir: »Die Kolonien sind wie Früchte, die nur solange am Baum hängen bleiben, bis sie ihre Reife erreicht haben; sobald sie sich selber genügen können, lösen sie sich wie einst Karthago, wie in naher Zukunft Amerika.«[144]

Solcher Antikolonialismus, gestärkt und bestätigt durch den inzwischen tatsächlich erfolgten Abfall der nordamerikanischen Besitzungen, kommt auch in Condorcets »Esquisse d'un tableau historique« zum Ausdruck. »Durchgeht die Geschichte unserer Unternehmungen und unserer Besitzungen in Afrika und Asien«, heißt es da, »und ihr werdet auf monopolistische Handelspraktiken, auf Verrat, auf die blutdürstigste Verachtung für Menschen anderer Hautfarbe und anderer Religion stoßen; ihr werdet die Unverschämtheit unserer widerrechtlichen Besitzergreifungen erkennen und die überspannte Proselytenmacherei und Intriganz unserer Priester, welche die Empfindung der Achtung und des Wohlwollens, welche man der Überlegenheit unserer Geisteskräfte und den Vorzügen unseres Handels zuerst entgegengebracht hatte, zerstörten. Aber ohne Zweifel nähert sich der Zeitpunkt, da wir den Kolonien nicht mehr nur korrupte Gesellen und Gewaltherrscher vor Augen treten lassen, sondern ihnen zu nützlichen Helfern und großzügigen Befreiern werden.«[145] In naher Zukunft werden die europäisch-überseeischen Beziehungen dem regen und friedlichen Austausch materieller und kultureller Werte dienen: »Die Europäer werden sich«, fährt Condorcet fort, »ganz auf den freien Handel beschränken; zu sehr aufgeklärt über den Wert ihrer eigenen Rechte, als daß sie mit den Rechten anderer Völker ihr Spiel treiben möchten, werden sie deren Unabhängigkeit, die sie bis anhin mit solcher Frechheit in Staub getreten haben, zu achten wissen. Ihre Handelsstationen werden nicht mehr mit den Protegés der Regierungen besetzt werden, die sich eines Postens oder eines Privilegs wegen in perfider Weise Reichtümer zusammenstehlen... Die Europäer werden in diesen glücklichen Klimazonen die Daseinsfreude zu finden wissen, auf die sie in ihrem Vaterland verzichten mußten; sie werden aus freiem Entschluß dort bleiben, der Ehrgeiz wird sie nicht mehr reizen, und die Schlupfwinkel der Briganten werden sich zu Bürgerkolonien entwickeln, in denen Afrika und Asien Idee und Beispiel europäischer Freiheit und Vernunft vorgelebt werden wird.«[146]

Condorcet plädiert, wie aus den zitierten Äußerungen hervorgeht, nicht für die »Dekolonisation«, für einen radikalen Abbau des europäischen Engagements in

Übersee. Was er fordert, ist eine an den ethischen Grundsätzen der Revolution sich messende, menschlich zu verantwortende Neugestaltung der Beziehungen. Seine Kritik des Kolonialismus nennt zweifellos gefährliche Mißstände beim Namen: den Ausbeutungscharakter der monopolistischen Handelspolitik, die korrumpierenden Auswirkungen des Systems, die mangelnde menschliche Eignung der Kolonisten; besonders der Sklavenhandel wird vehement verurteilt. Aber indem Condorcet der europäisch-überseeischen Beziehung den Stempel einer wechselseitigen Interessen dienenden Assoziation unabhängiger, zur Achtung der Menschenrechte sich verpflichtender Staaten aufprägen will, überträgt er bedenkenlos die rechtlichen Errungenschaften der Amerikanischen und Französischen Revolution auf den Kolonialpartner, dessen Einverständnis er stillschweigend voraussetzt. Der wirtschaftliche und politische Imperialismus wird durch den zivilisatorischen ersetzt.

Wir haben gesehen, welche zentrale Bedeutung Condorcet der Erfindung von Sprache und Schrift zur Kommunikation und Diffusion von Wissen beimißt. Die Erfindung des Buchdrucks insbesondere ist für ihn ein Ereignis ersten Ranges, eine entscheidende Voraussetzung fortschreitender Aufklärung, die es gestattet, »die Erkenntnis zum Gegenstand eines aktiven und universellen Austauschs«[147] zu machen. In der lebhaften Diskussion, die in den siebziger Jahren des achtzehnten Jahrhunderts unter französischen Philosophen über die Frage des allgemeinen Volksschulunterrichts geführt wurde, trat Condorcet denn auch resolut für die Erweiterung der Bildungsmöglichkeiten ein. Während Rousseau und Voltaire den zu erwartenden Andrang der Massen zu den öffentlichen Bildungsstätten mit Skepsis ins Auge faßten, der eine, weil er dazu neigte, das Nachdenken überhaupt für schädlich zu halten, der andere, weil er sich denkende Massen nicht vorstellen konnte, betrachtete Condorcet, wie übrigens auch Turgot, die Erweiterung der Bildung als individuellen Glücksgewinn und staatspolitisches Erfordernis.[148] Wenn erst der Fortschritt im öffentlichen Erziehungswesen des französischen Mutterlandes vorangetrieben worden war, wenn nicht nur das Bürgertum, sondern auch die große Majorität von Bauern und Handwerkern mit den neuen Ideen vertraut geworden war, konnte einer Ausweitung aufgeklärter Bildung auf die Kolonie und die überseeische Welt nichts mehr im Wege stehen. Denn der Mensch war, wo immer er sich aufhielt und welche Zufälle bisher auch seine Entwicklung verzögert haben mochten, ein zur Vernunft befähigtes, perfektibles Wesen, und wenn es auch vielfach noch im Zustande unwissender Kindheit dahindämmerte, so blieben seine Ausbildung und Erleuchtung doch nur eine Frage der Zeit und des guten Willens. Die Fortschritte dieser Völker, sagt Condorcet »werden rascher und sicherer sein als die unseren, weil sie von uns all das empfangen werden, was wir erst entdecken mußten, und weil sie, um jene einfachen Wahrheiten und zuverlässigen Methoden kennenzulernen, auf die wir erst nach langen Irrwegen gestoßen sind, nur zu unsern Abhandlungen und Büchern greifen müssen, in denen die Darlegungen und Beweise unserer Studien zu finden sind.«[149] In dieser Weise werden sich die Fortschritte des menschlichen Geistes immer ungehinderter über den Erdkreis verbreiten, eine sich entwickelnde Universalsprache wird die weltweite Kommunikation gewährleisten, die Begriffe von Freiheit, Recht und Menschenwürde werden überall verstanden werden und die Beziehungen zwischen den Nationen im Sinne gegenseitiger Achtung und Toleranz gestalten.

Dieses zivilisatorische Sendungsbewußtsein, eine Säkularisation der christlichen Missionsidee, wenn man will, hat um 1800 zahlreiche Reisende, vor allem Franzosen, in ihrer Haltung gegenüber dem Kolonialismus bestimmt; leider ist bisher noch nie untersucht worden, inwieweit sich diese Reisenden tatsächlich als Praktiker der Aufklärungsideologie verstanden haben könnten. Erstaunlich ist jedenfalls, wie häufig sich solches Sendungsbewußtsein in den Reiseberichten jener Jahre feststellen läßt. »Europa jedoch«, schreibt etwa Sylvain Golbéry, seines Zeichens Militäringenieur im Senegal, »das sich gegenwärtig einer Bildung und Erkenntnis erfreut, die sich bereits auf andere Teile der Erde ausgebreitet hat, wird aufhören, Afrika zu übersehen oder zu verachten und es bloß unter dem Gewicht und der Härte seiner unersättlichen Habgier schmachten zu lassen. Dieses Europa, das sich sosehr seiner Menschenfreundlichkeit rühmt, darf nicht zögern, allein schon aus eigenem Interesse, in diesem während so langer Zeit verspotteten Teil der Erde die Wohltaten der Industrie, des Ackerbaus und der Zivilisation zu verbreiten.«[150] Léonard Durand, der sich etwas später an der afrikanischen Westküste aufhielt, glaubt konstatieren zu dürfen, wie sich das Zusammentreffen zwischen weißen Kolonisten und Eingeborenen ganz zum Wohl der letzteren auswirkt: »Die Afrikaner«, schreibt er in seinem Bericht, »haben nichts verloren, sie können durch ihren Kontakt und durch ihre Verbindungen mit den Europäern nichts verlieren. Sie haben sich Tugenden angeeignet, Erkenntnisse, Reichtümer; sie haben jene Genüsse kennengelernt, die das Glück ausmachen. Würden doch alle Völkerschaften Afrikas eines Tages den Kolonien der Insel von Saint-Louis und von Gorée gleichen! Sie würden sich glücklich fühlen und dies wäre das Werk unserer Beziehungen zu ihnen.«[151]

In manchen Äußerungen von Reisenden und Kolonialtheoretikern aus der geistigen Umgebung Condorcets gewinnt dieser expansive Zivilisationsdrang bereits den Charakter einer Verpflichtung zur intellektuellen Vormundschaft, zu jenem »Trusteeship«, wie er für die europäische Kolonialismusdiskussion im neunzehnten Jahrhundert wichtig werden sollte. Dies gilt etwa vom »Essay on Colonization« des Schweden Carl Berns Wadström, der um 1800 in Paris lebte und sich vom Fortschrittsoptimismus der Spätaufklärung stark beeinflussen ließ. »Die menschliche Gesellschaft«, schreibt Wadström in der genannten Schrift, »kann in zivilisierte und unzivilisierte Nationen unterteilt werden, und die Pflichten der ersteren gegenüber den letzteren sind ähnlich denjenigen von Eltern gegenüber ihren Kindern... Auch wenn es sich bei der Bevormundung um eine Art von Unterwerfung handelt, so mag es doch scheinen, als ob zivilisierte Nationen vielleicht ein Recht beanspruchen dürften, gegenüber den unzivilisierten eine solche Autorität geltend zu machen, vorausgesetzt, daß diese Autorität als milde, väterliche Anleitung zu deren Glückseligkeit betrachtet und ausgeübt wird und daß sie aufhört, sobald diese Völker zur Reife gelangt sind.«[152]

Wir werden später auf die Kolonialismuskritik, wie sie seit den Tagen des Las

Casas nie ganz abbrach und im achtzehnten Jahrhundert, freilich mit geringen politischen Auswirkungen, nochmals auflebte, zurückkommen. Hier sollte nur gezeigt werden, wie Condorcets Werk, ohne der Kultursituation des archaischen Menschen besonderes Interesse zu schenken, auf dem Umweg über den allgemeinverbindlichen Gültigkeitsanspruch der Fortschrittsidee zum Problem der überseeischen Kulturbegegnung zurückführte. Beide Auffassungen, der Zivilisationsoptimismus Condorcets und die Zivilisationsskepsis Rousseaus, haben das geistige Klima, in dem die Beziehung des Europäers gegenüber dem Überseebewohner nach der Mitte des achtzehnten Jahrhunderts diskutiert wurde, mitgeprägt.

5. Schlußbemerkung

a) Wechselbeziehungen zwischen »ökonomischer Basis« und »Überbau«

Wir haben zu Beginn des zweiten Teils dieser Darstellung das geistesgeschichtliche Verhältnis Europas zu seinen Kolonien in zwei hauptsächlichen Aspekten überblickt: zuerst war davon die Rede, in welchem Grade die allgemeinen Grundvoraussetzungen aufgeklärter Geisteshaltung die Rezeption von Informationen aus der überseeischen Welt ermöglichten oder erleichterten und wie sehr die Sammlung und Verarbeitung dieser Informationen von zeitgenössischen philosophischen und methodischen Überlegungen mitbestimmt und gefördert wurde; dann wurde gezeigt, welches die besonderen Formen kosmographischer, chronistischer oder geschichtsphilosophischer Art waren, in denen jene Informationen sich niederschlugen und wissenschaftlich verarbeitet und popularisiert werden konnten.

Diese geistesgeschichtlichen Vorgänge vollzogen sich selbstredend vor einem Hintergrund politischer, wirtschaftlicher, technologischer und sozialer Entwicklungen, die von ausschlaggebender Bedeutung waren, und die in unserem Zusammenhang, das sei erneut betont, einzig darum sehr knapp behandelt werden, weil wir keine umfassende Kolonialgeschichte schreiben, sondern den bisher von der historischen Forschung allerdings sehr vernachlässigten Teilaspekt gedanklicher und wissenschaftlicher Durchdringung der Kolonialbeziehungen in den Vordergrund rücken wollen.

Zwischen dem politischen, wirtschaftlichen und sozialen und dem im engeren Sinne intellektuellen Bereich oder, wenn man will, zwischen ökonomischer Basis und Überbau, bestehen Zusammenhänge, Wechselbeziehungen und Parallelen, die man sich, besonders nach der Mitte des achtzehnten Jahrhunderts, als sehr eng vorstellen muß. Die Struktur dieser Beziehungen theoretisch vom Blickwinkel eines methodologischen oder ideologischen Vorverständnisses her durchzudiskutieren, liegt nicht in unserer Absicht; wir halten aber auch ein solches Vorgehen für völlig legitim und wissenschaftlich nützlich und würden uns freuen, zu solchen Auseinandersetzungen durch die Zuführung wenig bekannten historischen Materials einen Beitrag leisten zu können. Daß dem Kolonialhistoriker bereits im individuellen Bereich geschichtlicher Tatbestände die Verquickung von Unterbau und Überbau auf Schritt und Tritt begegnet, suchten wir jeweils in Kürze deutlich zu machen: man erinnere sich nur an die sehr realistischen Interessen eines Richard Hakluyt, der geographische und theologische Gelehrsamkeit in damals und später durchaus üblicher Weise mit seinen Aktivitäten als Kolonialkaufmann zu verbinden wußte; und auch Voltaires scheinbar wissenschaftlich abgeklärte Neugierde für Nachrichten von jenseits der Meere ging mit unverhohlener Bewunderung des englischen Handelswesens und persönlicher finanzieller Beteiligung an französischen Überseegeschäften Hand in Hand. Derartige Verknüpfungen im individuellen Sektor waren die Regel, nicht die Ausnahme.

Ebenso versteht es sich, daß für die eben dargestellte Vermehrung des Wissens und für dessen Diffusion und Popularisierung in bisher von wissenschaftlichem Denken kaum berührte geographische und soziale Bereiche die politischen, technologischen und sozioökonomischen Vorgänge von wichtiger, ja auslösender Bedeutung waren. Wir haben in unserer Schlußbemerkung zum Kapitel »Europäer und Eingeborene: Formen der Begegnung« als die hauptsächlichsten Grundlagen des europäischen Superioritätsanspruchs in Übersee das missionarische Sendungsbewußtsein, das System der merkantilistischen Monopolwirtschaft und das Bewußtsein der technisch-militärischen Überlegenheit erkannt. Wir stellten fest, daß diese Kräfte einerseits das Verständnis für die eigenständige Lebensform und die Daseinsberechtigung überseeischer, besonders archaischer Kulturen, immer wieder sehr in Frage stellten, daß sie anderseits aber auch die entscheidenden Triebkräfte waren, welche die Überseekolonisation überhaupt möglich machten und die Kulturbegegnungen herbeiführten. Im Zeitalter der Aufklärung wirkten alle diese Kräfte fort, intensivierten sich nicht selten und griffen in neue Lebensbereiche und Lebenszusammenhänge ein, auch wenn Portugal, Spanien und Holland in den Hintergrund getreten waren und das Jahrhundert weltpolitisch ganz durch den französisch-englischen Gegensatz dominiert wurde.

In Frankreich und England sind denn auch in dieser Zeit die Zentren völkerkundlicher und geographischer Sammler- und Forschertätigkeit zu suchen, wobei freilich andere Länder mit vorwiegend binnenhändlerischer Wirtschaftsstruktur, Deutschland beispielsweise, sehr bemüht waren, den wissenschaftlichen Anschluß nicht zu verlieren. Die Leichtigkeit des Austausches wissenschaftlicher Information trotz jenes Gegensatzes – man denke etwa an die Übernahme und Weiterführung von Astleys Reisekompilation durch den Abbé Prévost – findet ihre Entsprechung in einer freilich weniger deutlich akzentuierten Liberalisierung im Gebiet der Weltpolitik. Spanien hatte am Ende des fünfzehnten Jahrhunderts seinen Vorstoß über den Atlantik wie einen militärischen Feldzug traditionellen Charakters betrieben und im Vertrag von Tordesillas sogar die maritimen Demarkationslinien des von ihm besetzten und staatlich kontrollierten Herrschaftsgebiets abgesteckt; und obwohl der Merkantilismus des siebzehnten Jahrhunderts diese Illusion von der Unantastbarkeit umgrenzter Machtdomänen längst aufgegeben hatte, blieb noch Colbert davon überzeugt, daß trotz theoretischen Versuchen zur völkerrechtlichen Verständigung der Welthandel nicht anders als von einer Position militärischer Stärke aus zu führen war.[153]

Auch die französisch-englische Auseinandersetzung des achtzehnten Jahrhunderts ist von solchen Vorstellungen noch keineswegs frei. Zahlreiche ernste Konfrontationen ließen die rivalisierenden Seemächte aufeinanderprallen: in der Seeschlacht von La Hogue, im Jahr 1692, erlitt die stolze französische Flotte eine peinliche Niederlage durch die Engländer; nachdem Ludwigs XIV. Annektionspläne hinsichtlich Hollands bereits gescheitert waren, gelang es seinen Armeen auch im Spanischen Erbfolgekrieg (1701–1713) nicht, die Weltbedeutung Frankreichs gegenüber England zu erhöhen; auch der Österreichische Erbfolgekrieg (1740–1748) und der Siebenjährige Krieg (1756–1763) waren, außereuropäisch gesehen, französisch-britische Konflikte und endeten, besonders der zweite, zu Frankreichs Nachteil; und schließlich blieb Frankreich sowohl in Indien wie dann vor allem während des Amerikanischen Unabhängigkeitskrieges gegen seinen Hauptgegner zur See weltpolitisch aktiv, ohne freilich aus dem Frieden von Versailles (1783) andere Vorteile herauszuschlagen als den Trost, England durch den Abfall seiner nordamerikanischen Besitzungen wenigstens für den Augenblick geschwächt zu sehen. Alle diese kriegerischen Auseinandersetzungen folgten, das läßt sich nicht leugnen, teilweise noch den Gesetzen nationaler Weltmachtaspiration. Doch die Ansprüche und Erwartungen der beiden Gegner waren flexibler geworden, die staatliche Initiative war zugunsten privatwirtschaftlicher zurückgetreten, es ging nicht mehr um Alleinherrschaft, sondern um Vorherrschaft, in einzelnen Weltgegenden sogar um ein Einpendeln des Mächtegleichgewichts. Nach dem Frieden von Paris, der den Siebenjährigen Krieg mit der Verdrängung der Franzosen aus Nordamerika und Kanada abschloß, trat die Ausweitung überseeischen Machtbesitzes deutlich in den Hintergrund, und Handelsinteressen begannen zu dominieren.

Mit diesem Wandel, der von einer Aufgabe merkantilistischer Grundsätze vorerst noch sehr entfernt war, begann doch ein ideelles Moment die Gestaltung der überseeischen Beziehungen mitzubestimmen, wie es der Natur- und Weltvorstellung der aufgeklärten Philosophen nicht fremd war. Wer den diplomatischen Verkehr der rivalisierenden Seemächte etwas verfolgt, wird beobachten, wie sich nach 1750 eine bestimmte Form von Fairness einspielte, welche die Drohung mit der eigenen militärischen Überlegenheit zunehmend als unfein empfand; wichtiger wurde, den archaischen Handelspartner in eine bindende, ihm vorteilhaft scheinende Beziehung hineinzulocken, die stabile Formen eines dauernden Austausches zu gewährleisten vermochte. In manchen Fällen bestätigte die Erfahrung die Richtigkeit eines solchen Vorgehens. Als England nach dem Frieden von Paris im Senegal die Macht übernahm, zeigte es sich bald, daß mit solcher Besitzergreifung die Weiterführung eines lukrativen Handels noch nicht gesichert war, ganz im Gegenteil; und Ähnliches ereignete sich bei der englischen Machtergreifung in Kanada zum gleichen Zeitpunkt – auch hier konnte an die kommerzielle Tradition des Verhältnisses zu Frankreich nicht einfach angeknüpft werden.[154]

Wie sehr sich gegen Ende des achtzehnten Jahrhunderts die Tendenz entwickelte, daß macht- und militärpolitische Faktoren und Verpflichtungen von reinen Handelsinteressen überspielt wurden, zeigte auch die Neugestaltung des englisch-amerikanischen Verhältnisses nach dem Frieden von Versailles. Der machtpolitisch argumentierende Beobachter dieser Vorgänge hätte eigentlich annehmen müssen, die dreizehn unabhängigen Staaten Nordamerikas würden, um ihre Dankesschuld für den französischen Beistand während des Befreiungskrieges abzutragen, in engere Handelsbeziehungen zu Frankreich und zu dessen westindischen Besitzungen treten; aber es geschah, wie es der damals noch als exzentrisch geltende englische Vertreter bei den Versailler Gesprächen, Shelbourne, prophezeite: die Vereinigten Staaten blieben ihrem früheren Mutterland nicht nur weiterhin verbunden, sondern dieser Handel blühte förmlich auf, sobald der machtpolitische britische Anspruch von der früheren Kolonie gewichen war.[155] »Wir geben dem Handel gegenüber der Herrschaft den Vorzug«, argumentierte Shelbourne im Jahre 1782, und er meinte damit, daß eine gut eingespielte kommerzielle Beziehung sowohl zwischen den europäischen Seemächten untereinander als zwischen diesen und ihren überseeischen Handelspartnern ein stärker pazifizierendes Element sein würde als die autoritäre Machtstellung.[156] Ein besonders aufmerksamer Zeitgenosse war der Schotte Adam Smith, dessen Werk über »Nature and Causes of the Wealth of Nations« wir in Zusammenhang mit der Sklavereifrage bereits kurz gestreift haben. Smiths wirtschaftstheoretisch orientiertes Schaffen basiert ganz auf den Grundlagen aufgeklärten Weltverständnisses, wie wir sie etwa bei Montesquieu, Voltaire und Rousseau verfolgt haben; mit Montesquieu verband Smith, der sich übrigens längere Zeit in Frankreich aufhielt, die Auffassung, daß es die vornehmste Aufgabe der menschlichen Gattung sei, den immanenten Grundgesetzen der Natur in ihrem Verhalten und in den von ihr geschaffenen Institutionen nachzuleben; mit Voltaire verband ihn der Glaube an die Vernunft und das Wissen um die Existenz der Unvernünftigen; mit dem späten Rousseau verband ihn seine Präokkupiertheit durch das Problem des Ausgleichs zwischen individuellen Freiheiten und den Erfordernissen des Allgemeinwohls. Daß Adam Smith daneben vielfältige und enge Kontakte mit David Hume und Shaftesbury, mit dem Physiokraten Quesnay, mit Turgot und anderen unterhielt, sei hier nur am Rande bemerkt – es ist nicht unsere Aufgabe, den zahlreichen Filiationen nachzuspüren, die das dichte Gewebe aufgeklärten Denkens bestimmten.

In diesem Zusammenhang aber ist ein Hinweis darauf angebracht, wie konsequent Adam Smith die Konzeption einer einheitlichen natürlichen Ordnung des Schöpfungsganzen auf den Bereich der Ökonomie übertrug oder, in umgekehrtem Verfahren, wie er, was seine Kenntnisse des Wirtschaftslebens ihm empirisch vermittelten, in eine allgemeinere Weltvorstellung einmünden ließ. Die natürliche Ordnung Smiths war nicht mehr jene des absolutistischen Staatswesens, der merkantilistischen Monopolstellung und des »exclusif«, der militärisch gestützten Macht- und Besitzposition. Natürliche Ordnung bedeutete für ihn im privaten Bereich die durch vernünftige Überlegung zu erstrebende Ausgewogenheit zwischen dem Eigennutz und der das Allgemeinwohl fördernden Einzelinitiative; im internationalen und völkerrechtlichen Bereich sah Adam Smith diese Ordnung durch eine gottgewollte prästabilierte Interessenharmonie zur Evidenz gelangen.[157] Zu weitgehende staatliche Privilegien oder die Monopolstellung der Handelsgesellschaften störten den freien Fluß und Umsatz von Waren und behinderten eine breite Streuung des Kapitals – diese beiden Mängel verringerten, auf die Dauer gesehen, die Profitabilität des Handels eher, als daß sie diese erhöhten. Zu den Hauptvoraussetzungen des Fortschritts im allgemeinen und im ökonomischen Sinne wurden in Adam Smiths Argumentation eine frei sich entfaltende Wirtschaftskonkurrenz, welche die Perfektibilität des Menschen anregte, sowie die Arbeitsteilung, welche es erlaubte, mit Rücksicht auf die individuellen Fähigkeiten des Menschen und die jeweiligen örtlichen Umstände zur Leistungssteigerung und Zeitersparnis beizutragen. Der den Weltfrieden ständig beunruhigenden Doktrin des Merkantilismus setzte Smith als friedenstiftendes Prinzip den Freihandel und von Ausnahmefällen, die er genau definierte, abgesehen, eine Wirtschaftspolitik des »laissez-faire« entgegen und trat, von der Idee einer künftigen Welthandelsrepublik beflügelt, für die Gleichberechtigung und politische Unabhängigkeit der Handelspartner ein, wodurch er die bisherige einseitige und zur Ausbeutung neigende Beziehung vom Lieferanten zum Empfänger durch eine neue pluralistische Ordnung zu ersetzen suchte. »Wenn alle Nationen«, schreibt Smith, »das liberale System der freien Ein- und Ausfuhr befolgten, so würden die verschiedenen Staaten eines großen Teils der Erde den Provinzen eines großen Reiches gleichen.«[158]

Es versteht sich, daß der bedeutende englische Ökonom von einer solchen Grundhaltung aus nur für eine politische und kommerzielle Emanzipation der nordamerikanischen Kolonien vom Mutterland eintreten konnte. Noch vor Ausbruch des Unabhängigkeitskrieges stellte Adam Smith, zum Teil in Übereinstimmung mit Gedanken des sich noch vor ihm publizistisch engagierenden Pfarrherrn Josiah Tucker fest, daß die Vorstellung einer immerwährenden merkantilistischen Ausbeutung dieser Kolonien reine Schimäre sei: »Die herrschenden Kreise in Großbritannien«, heißt es im »Inquiry into the Nature and Causes of the Wealth of Nations«, »haben seit mehr als einem Jahrhundert das Volk mit der Idee geködert, daß man auf der Westseite des Atlantiks ein großes Imperium besäße. Dieses Imperium indessen hat bisher nur in der Phantasie existiert. Bisher ist es nicht um ein Imperium gegangen, sondern bloß um Pläne für ein Imperium, nicht um eine Goldmine, sondern nur um Pläne für eine Goldmine. Diese Pläne kosteten Geld und fahren fort, Geld zu kosten, und wenn man sie im gleichen Stil wie bisher verfolgt, ist es wahrscheinlich, daß sie Unsummen kosten werden, ohne daß mit irgendwelchem Gewinn zu rechnen ist; denn die Auswirkungen des kolonialen Monopolhandels bringen der großen Masse des Volkes, wie bereits gezeigt worden ist, mehr Verlust als Gewinn. Nun ist es endlich an der Zeit, daß jene, die uns regieren, erkennen, welchen goldenen Traumgespinsten sie, und vielleicht auch das Volk, erlegen sind, und daß sie daraus erwachen...«[159] Wie Shelbourne waren auch Tucker und Smith davon überzeugt, daß die politische Loslösung der nordamerikanischen Kolonien Möglichkeiten einer ergiebigeren

Beziehung zwischen den Völkern eröffnen würde. Sollte man in England eine solche Trennung akzeptieren, meinte Smith, »so würde Großbritannien nicht nur sogleich von dem ganzen jährlichen Aufwande, den die Kolonien in Friedenszeiten verursachen, frei, sondern es könnte auch mit ihnen einen Handelsvertrag abschließen, der ihm einen völlig freien Handel verschaffte, vorteilhafter als das Monopol, das es jetzt genießt, für die große Menge des Volkes, wenngleich weniger für die Kaufleute. Indem beide so als gute Freunde schieden, würde die natürliche Liebe der Kolonien zu dem Mutterlande... schnell wieder aufleben.«[160] Am Beispiel der Frage nach dem wirtschaftlichen Wert von Kolonien und der Natur ihrer Beziehungen zum Mutterland, wie sie in England Adam Smith, in Frankreich Anne Robert Turgot aufzuwerfen wagten, wird die enge Verflechtung wirtschaftlich-politischer und intellektueller Realitäten besonders deutlich sichtbar. Dem aufgeklärten Glauben an die Existenz einer übernationalen Gelehrtenrepublik, an den freien Austausch von Wissen zu allgemeinem Gebrauch und Nutzen und an den dadurch ermöglichten Fortschritt entspricht Adam Smiths Zielvorstellung einer künftigen Welthandelsrepublik durchaus, ohne zur Utopie zu werden.

Allerdings handelte Smith in seiner Erörterung der kolonialen Problematik vom Beispiel einer Kolonie von weißen Siedlern, wie Nordamerika es darbot. Davon, die Vertreter archaischer Kulturen zu vollwertigen Partnern innerhalb einer solchen Welthandelsrepublik zu machen, war in der Untersuchung über »Nature and Causes of the Wealth of Nations« nicht die Rede. In diesem Punkt hielt sich Smith an das Werk seines engeren Landsmannes Adam Ferguson, der in seinem »Essay on the History of Civil Society« zwar von einer natürlichen Begabung des archaischen Menschen zum Tauschhandel ausging, diesen aber erst im Zustande fortgeschrittener Zivilisation als ebenbürtigen kommerziellen Partner anerkannte.[161] Daß es die Aufgabe der europäischen Kultur sein müsse, den überseeischen Völkern deren Werte zu vermitteln, blieb Smiths feste Überzeugung; war diese Aufgabe jedoch geleistet, kam alles darauf an, die gegenseitigen Beziehungen neu zu überdenken.

Die praktischen Auswirkungen solcher freihändlerischen Theorien auf die Gestaltung der Kolonialbeziehungen sollten sich allerdings als sehr gering erweisen. Um die Wende vom achtzehnten zum neunzehnten Jahrhundert wurden unzählige »Kolonialprojekte« verfaßt, welche versuchten, die Überseegebiete auf der Grundlage einer liberaleren Wirtschaftsordnung an die Metropole zu binden. Die physiokratisch orientierten Theoretiker, unter ihnen der bereits erwähnte Carl Berns Wadström, stellten die vermehrte Nutzbarmachung (mise en valeur) der Überseeterritorien in den Vordergrund, indem sie zugleich betonten, daß sie dadurch nicht nur den Vorteil der Europäer, sondern auch eine größere wirtschaftliche Autonomie der Kolonien erreichen wollten; die spätmerkantilistisch-liberal gesinnten Theoretiker, etwa der ebenfalls erwähnte Sylvain Golbéry, träumten von wirtschaftlichen Großreichen im Innern Afrikas, deren einzelne Staaten, locker assoziiert, gleichzeitig für ihren eigenen Vorteil, den Vorteil ihrer afrikanischen Nachbarn und den Vorteil des französischen Mutterlandes Handel treiben und bei der solcherart zu erreichenden Harmonie aller Interessen ihre inneren Zwistigkeiten und die Auseinandersetzungen mit der französischen Seemacht ein für allemal vergessen sollten.[162] Solche euphemistischen Visionen wurden indessen kaum je in Wirklichkeit umgesetzt. Obwohl man in Großbritannien beim Aufbau des »Second Empire« das Beispiel des Abfalls der nordamerikanischen Besitzungen durchaus vor Augen behielt, kam man über eine differenziertere Ausgestaltung der Kolonialadministration in Indien nicht hinaus – allein schon die Tatsache, daß die Verstärkung der Machtstellung in Indien als Kompensation für den jenseits des Atlantiks eingetretenen Verlust propagiert wurde, zeigt, wie wenig man im Grunde vom machtpolitischen Denken losgekommen war.[163] Immerhin kam es durch die Initiative des jüngeren Pitt und dank dem Verhandlungsgeschick eines seiner Vertreter, William Edens, im Jahre 1786 zu einem Handelsabkommen auf wesentlich freihändlerischer Basis mit Frankreich; auch wurden einige britische Stützpunkte in Westindien zu Freihäfen erklärt. Im Jahre 1791 wurde schließlich mit der »Canada-Act« eine neuartige Regelung überseeischer Verhältnisse getroffen, die sowohl den französischen wie den englischen Siedlern ein »Representative Government« zugestand. Mit solchen geringfügigen Reformen aber sollte es sein Bewenden haben.

b) Die Summe des Wissens: der quantitative Ertrag

Daß die Erweiterung des Wissens von der überseeischen Welt, wie das achtzehnte Jahrhundert sie brachte und wie wir sie in diesem Kapitel verfolgten, zumindest in quantitativer Hinsicht enorm war, wird niemand bestreiten. Es gibt kaum einen wissenschaftlichen Fachbereich von der Astronomie bis zur Zoologie, der nicht durch Beobachtungen in Übersee bereichert worden wäre; und es ist schlechthin kein europäischer Philosoph und Schriftsteller vorstellbar, in dessen Werk nicht irgendwo, oftmals an zentraler Stelle, das Thema der europäisch-überseeischen Begegnung berührt oder eingehend abgehandelt würde. Was ins Schaffen der gebildetsten Autoren des sechzehnten und siebzehnten Jahrhunderts, bei Thomas Morus und Erasmus, bei Rabelais und Montaigne, bei Cervantes und Shakespeare, an exotischen Details einfließt und oft genußvoll ausgemalt wird, erscheint fabulös und lückenhaft im Vergleich mit dem Reichtum von Informationen aus der überseeischen Welt, wie sie den Schriftstellern der Aufklärungsepoche ganz selbstverständlich zur Verfügung standen. Am auffälligsten wird die mächtige Erweiterung des Wissenshorizontes vielleicht gerade in den Bereichen, die nicht direkt mit naturwissenschaftlicher, völkerkundlicher, geographischer und philosophischer Forschung verknüpft waren: in der Belletristik, der Bildenden Kunst oder der Musik.

Es ist erstaunlich, wie selbst auf diesen Gebieten, die abendländischer Kulturtradition besonders stark verpflichtet und verhaftet waren, die Beziehung zu Übersee, das exotische Detail, das Spiel mit eigenen und fremden Kulturformen nach 1700 die allgemeine Thematik zu bestimmen beginnen. Bereits ein oberflächlicher Augenschein macht dies deutlich. In vielen der bedeutendsten Werke der englischen Aufklärungsliteratur, in Defoes »Robinson Crusoe«, in Swifts »Gulliver's Travels«, in Goldsmiths »The Citizen of the World« oder in Samuel Johnsons »Rasselas«, ergibt sich aus der Rezeption einer Region der überseeischen Welt durch den Autor der eigentliche Hintergrund der literarischen Handlung.[164] In Frankreich verfügen Schriftsteller wie Marivaux, Prévost, Voltaire, Diderot und der Marquis de Sade ganz natürlich über Fakten der Reiseberichterstattung.[165] Bemerkenswert ist in literaturgeschichtlicher Hinsicht, daß gegenüber den vorigen Jahrhunderten weniger an die Legendengläubigkeit der Leser appelliert wird; es ist vielmehr die präzise Information, der man nun den Vorzug gibt, auch wenn man sie häufig in einen rein fiktiven Zusammenhang integriert. Aus dem Umstand, daß das Detail oft authentisch, das Ganze freilich meistens erfunden ist, ergibt sich gerade der eigentümliche Reiz mancher Passagen bei Defoe, Swift oder Voltaire.

Auch in die deutsche Literatur des achtzehnten Jahrhunderts dürften derartige Informationen in weit stärkerem Maße eingegangen sein, als man sich dies im allgemeinen bewußt macht.[166] Während in Grimmelshausens »Abenteuerlichem Simplicissimus« das Motiv der Weltreise noch flüchtige Episode bleibt, wird es in einem Roman der aufgeklärten Trivialliteratur wie in Johann Carl Wezels »Belphegor« zum konstituierenden Thema. Das Buch, welches im Jahre 1776 in Leipzig erschien, zeichnet in seiner Titelgestalt eine Parallelfigur zu Voltaires »Candide« und Swifts »Gulliver«. Belphegor, der naive Idealist, der durch die Überzeugungskraft humaner Gesinnung Gutes zu stiften hofft, in Wahrheit aber bloß Mißverständnisse und Gefährdungen heraufbeschwört, wird nach der Türkei verschlagen, gerät in Sklaverei, entflieht nach Algier, wird erneut versklavt und gelangt schließlich nach Abessinien, »ins Reich des Negus«.[167] Eine Zeitlang amtiert der Held als Herrscher eines gewaltigen innerafrikanischen Reiches, muß darauf nach Ägypten flüchten, reist als Bänkelsänger durch Persien, schlägt sich zur Tatarei durch, erreicht auf einer schwimmenden Insel Kalifornien und entschließt sich zuletzt, ermattet von der Turbulenz seines Abenteuerlebens, in arkadischer Selbstgenügsamkeit ein Grundstück in Virginia zu bebauen. Die häufig wechselnden Aufenthaltsorte seines Helden geben dem Autor Gelegenheit, nicht nur die Verhältnisse des jeweiligen Landes recht sachkundig zu schildern, sondern auch, durch das damals modische Mittel der ironischen Analogie, deutsche Zustände der Kritik, ja sogar der Lächerlichkeit auszusetzen. Besonders vehement wendet sich Wezel gegen die Vorrechte aristokratischer Familien, wenn er von den Protzereien afrikanischer »Mückenmonarchen«[168] spricht und damit die deutschen Duodezfürstentümer meint; und er attackiert die katholische Kirche und den Klerus, etwa dadurch, daß eine Dirne als Vertraute eines Papstes vorgestellt wird und Kreuzzugsidee, Indianermission und Inquisition scharf verurteilt werden. Auffallen mag der Umstand, daß die Titelfigur des Belphegor zu ihren Reiseunternehmungen eher durch das Verlangen motiviert scheint, aus engen und in beruflicher Hinsicht wenig versprechenden heimatlichen Verhältnissen auszubrechen, als etwa durch den in der englischen und französischen Literatur häufiger ausgesprochenen Wunsch, die weite Welt kennenzulernen. Dies

22. Frivolität und Exotismus haben sich im literarischen Werk seit der Aufklärung immer wieder gern verbunden. Hier eine Illustration zu Voltaires »Princesse de Babylon«, einem Kunstmärchen mit zeitkritischem Hintergrund, das den Leser von Batavia bis zu den Pyrenäen führt. Der äthiopische Fürst, der sich ins Schlafgemach Formosantes geschlichen hat, wird seine üble Absicht nicht verwirklichen können...

könnte, wie eine eingehendere Kenntnis der aufgeklärten Trivialliteratur erweisen müßte, ein für deutsche Zustände besonders spezifischer Antrieb gewesen sein. Jedenfalls scheint eine derartige Motivierung des Reisens bei deutschen Schriftstellern besonders häufig: man erinnere sich etwa an die stilistisch so fulminant beschriebene Abreise Herders aus Riga, wie sein »Reisejornal« sie gibt;[169] man denke an Friedrich Nicolais »Sebaldus Nothanker«, den doktrinäre Vorgesetzte seines pfarrherrlichen Amtes entheben und zur Flucht in Richtung Ostindien nötigen, oder an die Reise der verarmten jungen Adligen Sophie »von Memel nach Sachsen«, wie sie Johann Timotheus Hermes um 1700 beschrieben hat.[170]

Auch auf die Übertragung erd- und völkerkundlicher Kenntnisse auf das Gebiet der Bildenden Künste, hauptsächlich der Malerei, sei an dieser Stelle kurz eingegangen, nachdem von der Kunst der Kartographie bereits die Rede gewesen ist. Auf die Chinaschwärmerei, von der wir zu Beginn dieses Buches sprachen, wollen wir nicht zurückkommen, und die vorwiegend allegorische Malerei, die sich zwar beispielsweise exotischer Landschaften bediente, aber bloß, um sie etwa als Hintergrund zu anakreontischen Schäferszenen zu verwenden, sei später noch erwähnt.

Neben solchen oft reizvollen Kunsterzeugnissen, Nippsachen und Chinoiserien indessen gab es Kunstwerke, die von äußerst präziser Beobachtung ihres Gegenstandes Zeugnis ablegen und recht oft, bei zuweilen hohem künstlerischem Rang, einen eigentlichen wissenschaftsgeschichtlichen Dokumentationswert besitzen. So waren besonders in Frankreich Negerplastiken verbreitet, die als Kandelaber oder Garderobenständer Verwendung fanden, und obwohl man angesichts solcher zur Statue erstarrten sklavischer Dienstbeflissenheit heute ein gewisses Unbehagen empfinden mag, wird man in einzelnen Exemplaren dieser Kunstform interessante Hinweise auf den hohen Rang der physischen Anthropologie der damaligen Zeit sehen dürfen.

Auch die Kunst des Kupferstichs hatte, was die Genauigkeit der Darstellung betraf, im allgemeinen einen erfreulichen Stand erreicht, betonten doch auch die gängigen Kunsttheorien die Notwendigkeit und Nützlichkeit exakter Nachahmung der Natur.[171] Hinzu kam, daß Zeichner und Aquarellisten von oft erheblicher Begabung gegen Ende des achtzehnten Jahrhunderts, wie bereits erwähnt, auf Überseereisen oft mit dabei waren und anschließend den Druck ihrer Blätter entweder selbst überwachen oder aber den mit der Fertigstellung Betrauten durch Rat und Tat beistehen konnten. Der europäische Kupferstecher war nicht mehr, wie noch im vorigen Jahrhundert, der Versuchung ausgesetzt, den Mangel an Information durch eigenen Phantasiereichtum auszugleichen. In den Illustrationen von Reisejournalen, zoologischen und botanischen Lehrbüchern und Tafel-

23. *Die Vorstellung des europäischen Buchillustrators wurde nicht selten vom fremdländischen Stil – hier von der islamischen Miniaturmalerei – mitgeprägt. Der Kupferstich zeigt den Feldherrn des Mogul-Herrschers Aurangzeb, den Nabab, nach dem Bad in vergnüglicher Unterhaltung mit seinen Frauen und Nebenfrauen. Aus: Valentyn, F., Oud en Nieuw Oost-Indien (Amsterdam, 1724).*

werken gewinnt das Handwerkliche, die Kunstfertigkeit, an Bedeutung, ohne daß notwendig die Kunst verdrängt würde. An dieser Stelle seien nur einige wenige Künstler genannt, in deren Stichen und Kolorierung sich Akkuratesse und makellose Schönheit vollkommen zu verbinden wußten.

Im Jahre 1699 reiste die Frankfurterin Maria Sibylla Merian nach Surinam, um sich vor allem der Darstellung von exotischen Schmetterlingen zu widmen. In Frankreich machte sich unter Colbert der Blumenmaler Nicolas Robert als »peintre ordinaire du roi pour la miniature« und Angestellter beim »Jardin des Plantes« einen bedeutenden Namen, bevor Redouté, auch in wissenschaftlicher Hinsicht wichtig, freilich vor allem europäischen Blumenmotiven zugewandt, diese Art der Malerei zu höchster Meisterschaft entwickelte. In England war es der mehrfach genannte Joseph Banks, der auch auf die zeichnerische Darstellung naturwissenschaftlicher Objekte einen stimulierenden Einfluß nahm. In enger Zusammenarbeit mit den Botanikern der königlichen Gärten von Kew, wo Pflanzen aus aller Welt gesammelt und gezüchtet wurden, wirkte der Engländer Mackenzie, welcher sich, gestützt auf Skizzen Engelbert Kaempfers, vor allem mit ostasiatischen Pflanzen befaßte. Zu erwähnen wäre ferner das österreichiche Bruderpaar Franz und Ferdinand Bauer, das sich vor allem durch seine Orchideendarstellungen einen Namen machte – der letztere begleitete Kapitän Flinders auf dessen Reise nach Australien und soll dort etwa 350 Pflanzen- und 100 Tierbilder fertiggestellt haben. Eine besonders universale Meisterschaft auf dem Gebiet der naturkundlichen Ikonographie errang sich schließlich James Sowerby, der nicht nur englische und überseeische Pflanzen, sondern auch Pilze, Vögel, Tiere und Mineralien aus aller Welt herausgebracht hat.[172]

Eine immerhin bemerkenswerte, wenn auch wissenschaftlich fragwürdigere Übertragung von Kenntnissen außereuropäischer Kulturen fand schließlich auch auf dem Gebiet der Musik, vor allem der Oper, statt. Von einer musikwissenschaftlichen Erforschung fremder Kulturbereiche, wie sie etwa Béla Bartók in unserem Jahrhundert im Balkan betrieb, kann allerdings im Aufklärungszeitalter noch keine Rede sein: dazu fehlten wesentliche technische Voraussetzungen wie etwa die Möglichkeit der phonographischen Aufnahme. Als Kuriosität sei immerhin vermerkt, daß man, wenn man will, die Geschichte der »Ethnomusikologie« mit einem 1779 erschienenen »Mémoire sur la musique des Chinois« eines Geistlichen namens Amiot beginnen lassen kann.[173] Im übrigen ging es den europäischen Musikern nicht um das Studium, sondern um eine sehr eigenwillige, das musikalische Instrumentarium der Epoche nicht beeinflussende Integration exotischer Rhythmen und Klangeffekte ins persönliche Werk: man denke an die Opern »Isis« von Lully oder »Les Dieux d'Egypte« von Rameau, an die Instrumentalmusik in Couperins »Les Chinois« oder an die besonders beliebten Türkenopern, von denen Mozarts »Entführung aus dem Serail« die berühmteste geworden ist.[174]

Wir haben im ersten Kapitel des zweiten Teils bereits eingehend dargestellt, welche allgemeinen geistesgeschichtlichen Bedingungen der Aufklärungszeit die beispiellose Expansion des Wissens, insbesondere auch über die außereuropäische Welt, ermöglicht haben, und wollen uns hier nicht wiederholen. Ein Hinweis auf die Übertragung dieser Kenntnisse auf im Grunde sachfremde Gebiete aber mochte zeigen, daß der mächtigen Bewegung der kognitiven Inbesitznahme nicht nur eine sprunghaft anwachsende interdisziplinäre und übernationale Sammler- und Vermittlertätigkeit entsprach, sondern daß die Masse der gewonnenen Informationen sofort auch in die sublimeren Regionen der schönen Künste Eingang fand.

c) Der qualitative Ertrag: vom Hörensagen zur Feldforschung

Man wird sich hüten müssen, die Fortschritte im Gebiet der Erd- und Völkerkunde, die der obige Titel etwas gerafft ankündigt, als kontinuierlich fortschreitende und problemlos sich ergebende zu betrachten. Aufmerksame und sorgfältige Beobachter ihrer Umwelt gab es zu allen Zeiten, und Forscherpersönlichkeiten wie Herodot oder Leo Africanus stehen manchen Kollegen aus dem achtzehnten Jahrhundert höchstens in ihrer geringeren Kenntnis technischer Hilfsmittel nach. Umgekehrt ist etwa im selben achtzehnten Jahrhundert unter keineswegs ungebildeten Besitzern und Verwaltern westindischer Sklavenfarmen im allgemeinen ein Fehlen wissenschaftlicher Neugierde zu beobachten, wie es einen gebildeten Mohammedaner der Kreuzzugsepoche höchlich hätte erstaunen müssen. Das Verhältnis zwischen der Zahl individueller Talente und dem objektiven Stand der Forschung läßt sich nicht auf einen einfachen Nenner bringen; auch sagt die Fülle zugänglich gemachter Information grundsätzlich noch wenig über den Stand der Forschung aus.

Einzelne französische Wissenschaftstheoretiker haben unserer Meinung nach etwas allzusehr dazu geneigt, die Geschichte der Ethnologie erst mit der terminologischen Fixierung ihrer Grundbegriffe beginnen zu lassen. Ist es so entscheidend, daß der Begriff der »Wissenschaft vom Menschen«, wie Georges Gusdorf glaubt feststellen zu dürfen, erstmals von David Hume um 1757 gebraucht worden ist?[175] Was ist gewonnen, wenn wir die Behauptung glauben aufstellen zu dürfen, der Begriff der »Ethnologie« sei erstmals um 1790 vom Philosophen Alexandre Chavannes geprägt worden und der Sohn des Orientreisenden Niebuhr, der Historiker Barthold Georg, habe um 1810 in seinen Berliner Vorlesungen zur römischen Geschichte erstmals den Ausdruck »Ethnographie« gebraucht?[176] Solche auf die bloße Terminologie sich abstützende Zuweisung von Pionierverdiensten mag im besten Falle einen Hinweis dafür geben, daß bestimmte Gelehrte sich zu einem bestimmten Zeitpunkt der Eigenständigkeit und der spezifischen Methodenprobleme eines Forschungsgebietes bewußt wurden; aber dieses Forschungsgebiet gab es schon seit Jahrhunderten. Genauso wie der Spießbürger Jourdan in Molières »Bourgeois gentilhomme« bereits Prosa spricht, bevor sein Hauslehrer ihn darüber belehrt, hat es seit Herodots Zeiten immer wieder hervorragende Vertreter der Völkerkunde gegeben. Unseres Erachtens betont auch der französische Ethnologe Mercier zu deutlich die qualitative Minderwertigkeit völkerkundlicher Forschungen vor 1830, wenn er von einer »préhistoire de l'éthnologie« spricht, die er in einem sehr kurzen Kapitel abhandelt.[177] Man sollte sich hüten, von einer »vorwissenschaftlichen Völkerkunde« zu sprechen; denn jede intellektuelle Leistung mißt sich an den wissenschaftlichen Möglichkeiten ihrer Epoche.

Richtig und unbestreitbar ist allerdings, vor allem in der Zeit vom fünfzehnten zum achtzehnten Jahrhundert, daß sich Motivation, Arbeitsweise und Zielsetzung der Forscher sehr modifizierten und die Möglichkeiten nicht nur der machtpolitischen, sondern auch der wissenschaftlichen Durchdringung des Überseebereichs sich mächtig erweiterten.

Am entschiedensten macht sich nach der Entdeckung Amerikas die Tendenz geltend, Tatbestände nur noch aus persönlichem Augenschein, oder auf das Zeugnis eines zuverlässigen Betrachters gestützt, zu beurteilen. Die Mythen treten zurück; das Unbekannte wird, sobald man es erreicht, entzaubert und verliert seine Dämonie und einen Teil seiner Faszinationskraft. Die Scheu der ersten Kulturberührung baut sich auf beiden Seiten ab; die Angst, die den Schritt des Europäers an fernen Gestaden hemmte, verwandelt sich in Neugier: man schaut nach, prüft, klärt ab. Diejenigen, die ausgezogen sind, das »El Dorado« zu suchen, stellen sich auf den Anbau von Zuckerrohr um. Man gibt sich nicht mehr mit dem Schein zufrieden: daß ein Kapitän, wie Kolumbus es in Westindien tat, seine zweifelnde Mannschaft schwören lassen könnte, man befinde sich in Asien, wäre bereits im siebzehnten Jahrhundert völlig unmöglich. Legenden werden durch Realitäten ersetzt; man beginnt, die Dinge in den Griff zu bekommen, und sei es nur durch die Ausbildung stereotyper Seh- und Beurteilungsmuster. Aus den abartigen Monstren der mittelalterlichen Weltchroniken werden Menschen: boshafte, diebische, verlogene und korrupte zwar, aber von einem wissenschaftlichen Fortschritt – nicht einem moralischen! – wird man doch sprechen dürfen.

Diese Versachlichung des europäischen Verhältnisses zur überseeischen Welt, wie sie sich generell nach 1600, mit der einsetzenden holländischen Vorherrschaft auf den Weltmeeren, abzeichnet, ist durchaus nicht notwendig mit einem wachsenden Interesse und Verständnis für den Überseebewohner verknüpft, auch wenn die Legendenbildung zurückgeht. Zentraler Gegenstand der überseeischen Kulturbegegnung ist meist nicht der Handelspartner, sondern die Ware, welche dieser vermitteln hilft; der Handelspartner wird nicht in seiner Ebenbürtigkeit, sondern fast ausschließlich unter dem sehr partikularen Aspekt seiner Disponibilität begriffen, und Eigentümlichkeiten der Fremdkultur interessieren vornehmlich dann, wenn ihre Kenntnis für den profitablen Ablauf der Geschäftsbeziehungen von Nutzen ist. Es ist auffällig, wie spärlich in den Kompilationen des siebzehnten Jahrhunderts bis hin zu Linnés »Systema Naturae« und darüber hinaus die Informationen über den exotischen Menschen fließen, vor allem im Vergleich zu den oft sehr detaillierten Angaben über Landschaftsgestalt und Naturprodukte aller Art. Das hängt zum Teil natürlich damit zusammen, daß die Geographie einer Region oder deren Flora und Fauna einer diskursiven und systematischen Beschreibung leichter zu unterwerfen sind als das komplizierte Studienobjekt Mensch; zugleich aber gibt dieser Tatbestand ein unwiderlegbares

Indiz dafür, wie lange die rein kommerzielle und oft sehr einseitige Interessenbeziehung den Verkehr zwischen den Handelspartnern bestimmt und einen Dialog im Sinne der philosophischen Anthropologie recht eigentlich verunmöglicht hat.[178]

Dennoch zeigt sich auch in ethnographischer Hinsicht ein allmählich steigendes wissenschaftliches Verantwortungsgefühl des Beobachters gegenüber seinen Lesern. Im siebzehnten Jahrhundert gibt es kaum mehr Reiseberichte, die nicht von der eindringlichen Versicherung des Verfassers eingeleitet würden, er stütze sich auf eigene Erfahrungen oder habe die Erfahrungen anderer strengstens überprüft – derartige Bekräftigung eigener Zuverlässigkeit gewinnt schließlich etwas so Formelhaftes, daß Swift sie in seinem Vorwort zu »Gulliver's Travels« als ironisches Stilmittel einsetzt.[179]

Mit solchem Bemühen um präzise empirische Untersuchung wächst zugleich die Einsicht in deren Problematik. Bereits den französischen Jesuitenmissionaren in Kanada ist klar geworden, was der Ethno-Soziologe George Balandier in unserem Jahrhundert festgestellt hat: daß sich im Verlauf volkskundlicher Untersuchungen alle Schwierigkeiten schließlich auf eine Frage der Kommunikation reduzierten.[180] Im achtzehnten Jahrhundert ist immer wieder, von Astley, Herder, Niebuhr, Forster und andern, auf die Bedeutung der Sprache als Verständigungsmittel wie als verbindendes Element einzelner ethnischer Gruppen hingewiesen worden. Thomas Winterbottom, der gegen Ende des Jahrhunderts in Sierra Leone reiste, hat in seinem Bericht die Fragen der Kommunikation mit wachem Problembewußtsein dargestellt. »Nur jene, welche in dieser Sache eigene Erfahrungen haben sammeln können«, schreibt Winterbottom, »kennen die Schwierigkeiten, die es bereitet, um von den afrikanischen Eingeborenen zuverlässige Informationen über sie selbst und ihre Heimat zu erhalten. Häufig führen sie die Europäer dadurch in die Irre, daß sie alle Fragen bejahen, bloß um der Störung oder Zudringlichkeiten zu entgehen. Zuweilen erwecken solche Fragen auch den Argwohn der Afrikaner, die hinter der Neugierde der Europäer irgendeine üble Absicht vermuten. Man benötigt also viel Zeit und eine Fülle von Geduld, um die nötigen Erkundigungen einzuziehen und die Fragen so abwechslungsreich zu gestalten, daß die Eingeborenen imstande sind, ihren Sinn einzusehen; auch ist es nötig, die Aussagen verschiedener Individuen miteinander zu vergleichen, um die Gefahr von Mißverständnissen zu vermeiden. Selbst Dolmetschern kann man nicht blindlings Vertrauen schenken, weil sie dazu neigen, Antworten so zu färben, daß sie der Erwartung ihres Herrn entgegenkommen.«[181]

Kann man sich, selbst vor dem Hintergrund heutiger ethnologischer Kenntnisse, eine scharfsinnigere Einsicht in die Problematik der interkulturellen Verständigung vorstellen, als Winterbottom sie beweist? Und Winterbottom bleibt nicht der einzige, der die Hindernisse sieht und nach Mitteln sucht, sie zu überwinden. In dem Fragebogen, welchen der Baron Degérando, Mitglied des »Institut Royal de France« für die Australienreise des Kapitäns zur See Nicolas Baudin vom Jahre 1800 vorbereitete, wird einleitend kritisch vermerkt, die bisherigen Reisenden hätten geglaubt, auf die Erlernung der Eingeborenensprachen verzichten zu können, und daraus erkläre es sich, daß die Nachrichten, welche sie von den Überseebewohnern nach Hause gebracht hätten, spärlich und unpräzis seien.[182] Um brauchbare Antworten zu erhalten, fährt Degérando fort, müsse jede einzelne Frage klar gestellt werden. Den Gelehrten an Bord von Baudins beiden Forschungsschiffen, der »Géographe« und der »Naturaliste«, empfiehlt der Baron, eingehende Sprachstudien zu betreiben; dies sei für den »reisenden Philosophen« der sicherste Weg, in die Denk- und Gefühlswelt der Eingeborenen einzudringen.[183]

Doch dem Zeitalter der Aufklärung geht es nicht nur darum, den Kontakt zwischen Europäern und Überseebewohnern wissenschaftlich ergiebiger zu gestalten; man zeigt sich auch bemüht, die Beziehungen zwischen Reisenden und Gelehrten enger zu knüpfen. Während es Olfert Dapper zu Beginn des siebzehnten Jahrhunderts noch bei der Befragung heimgekehrter Indienfahrer und dem Studium der Reisedokumente bewenden läßt, wird spätestens mit der Gründung der »African Association« um 1790 die wissenschaftlich vorbereitete Forschungsreise zu Land und zur See aktuell: wir haben in diesem Zusammenhang bereits das Beispiel von La Pérouse erwähnt. Die Instruktionen und Fragebögen, die man den Reisenden mitgibt, werden raffinierter, suchen nicht mehr vage Gerüchte abzuklären, sondern gehen zielstrebig vom Bestand des bereits Gesicherten aus. Einzelne Fragen dieser »Questionnaires« mögen uns zwar heute recht wunderlich in die Ohren klingen, so etwa, wenn Blumenbach im Jahre 1797 den Afrikareisenden Hornemann bittet, er möge untersuchen, wie lange es »ein Camel in den Wüsten ohne einmal zu saufen« aushalten könne, und er möge abklären, ob »wohl noch jetzt manche Neger ihren neugeborenen Kindern die Nase absichtlich breitplätschten«.[184] Andere Fragen Blumenbachs aber verraten die völkerkundliche Beschlagenheit des Gelehrten und seinen Willen, unklaren Tatbeständen mit gezielter Erkundigung auf den Grund zu kommen. Das zeigt sich etwa, wenn der Göttinger Anthropologe sich genauere Informationen über den innerafrikanischen Tauschhandel erbittet. Er möchte wissen, schreibt Blumenbach an Hornemann, »ob und bei welchen Negerstämmen noch die sonstige alte, auch bei so manchen andern ostindischen und nordischen Völkern gebräuchliche Weise des Tauschhandels statt hat, daß die Waren (z. B. Gold, Steinsalz etc.) an einen bestimmten Ort gelegt und von jeder der beiden handelnden Parteien allein und ohne Beisein der anderen besehen, geschätzt und so nach Befinden eingetauscht werden«.[185]

Als ein vorbildliches Beispiel der Zusammenarbeit zwischen Reisenden und ihren Auftraggebern und als wichtiges Dokument des zeitgenössischen Forschungsstandes wird man den eben erwähnten Fragebogen Degérandos werten dürfen. Degérando, der die Idee von Bernards »Essai d'instruction pour voyager utilement« aus dem Jahre 1715 aufgreift und die Tradition der Fragenkataloge von La Pérouse, Niebuhr und Mungo Park fortführt, beginnt seine »Considérations sur les méthodes à suivre dans l'observation des peuples sauvages« mit einer ausführlichen Kritik am Vorgehen bisheriger Reisender. Wir haben bereits festgehalten, welche ausschlaggebende Bedeutung der Autor der Erlernung der Eingeborenensprache beigemessen hat. Man habe bisher bloß auf das Auffällige, Außergewöhnliche geachtet, stellt der Autor des weiteren fest; und man habe Einzelbeobachtungen voreilig fürs Ganze genommen, die Fakten nicht in ihren sinnvollen Kontext gestellt, die Wirkung des eigenen Auftritts unberücksichtigt gelassen und schließlich versäumt, sich in die Lebensweise der Eingeborenen hineinzudenken.

Der Questionnaire der »Considérations« scheint zwar auf den ersten Blick wenig Neues zu enthalten: der Autor fragt, wie unzählige vor ihm, nach der äußeren Erscheinung der Überseebewohner, nach deren Lebensbedingungen, religiösen und moralischen Vorstellungen, wirtschaftlichen Bedürfnissen und politischen Einrichtungen. Neu ist indessen, daß fast alle Fragen über eine Feststellung des bloßen Augenscheins hinauszielen. Degérando fragt nicht bloß, wie die Eingeborenen sich kleideten, sondern, warum sie gerade diese Kleidung wählten; er fragt nicht nur nach der Art ihrer Krankheiten, sondern danach, wie sie psychisch auf Krankheiten reagierten.[186] Ein getreuer Schüler von Locke, Hume und Condillac, ist Degérando davon überzeugt, daß alle menschlichen Ideen sich auf Sinneswahrnehmungen zurückführen lassen, und er schlägt vor, man solle genauestens darauf achten, wie sich die Sinnesorgane der Eingeborenen ausgebildet hätten, um so Zugang zu ihrem Denken zu finden. »Welchen Eindruck«, wird beispielsweise gefragt, »macht das Schauspiel außerordentlicher Naturerscheinungen auf den Wilden? Wie erklärt er es sich? Glaubt er daran, bereits vor seiner Geburt irgendeine Form der Existenz geführt zu haben? Verfügt er über die Vorstellung von irgendeiner Absicht, welcher er seine Geburt verdankt? Wie stellt er sich den Tod vor? Glaubt er an ein Weiterleben nach dem Tod? Glaubt er an die Möglichkeit einer rein geistigen Existenz?«[187]

Auch in seinen Vorschlägen zur Untersuchung des gesellschaftlichen Lebens archaischer Völker weist Degérando in mancher Hinsicht neue Wege. Er setzt, anders als vor ihm Rousseau, einen gesellschaftlichen Urzustand voraus und betrachtet die Vereinzelung des Menschen als Ausnahme von der Regel, die allerdings geradezu darum besonderer Aufmerksamkeit bedürfe. Während seine Erkundigungen nach den Handelsgewohnheiten, sein Aufruf zur Abklärung der Frage nach den Ursachen des Krieges und sein Wunsch nach genauer Beschreibung der individuellen Charakterzüge der Überseebewohner nicht über die traditionellen Muster von Questionnaires hinausgehen, setzt Degérando doch verschiedentlich zu Fragen an, welche den Zugang zu wissenschaftlichem Neuland freizulegen imstande sind. Dies gilt beispielsweise von der Art der Fragestellung, mit der er sich über das Liebesleben der Eingeborenen zu orientieren versucht. Hatten sich bisher die Reisenden meist mit einem kurzen Hinweis auf die ausschweifende Lebensart der Eingeborenen zufrieden gegeben oder gelegentlich auch, und zwar nicht ganz neidlos, die paradiesische Freiheit der herrschenden Sitten hervorgehoben, so enthalten die »Considérations« zu diesem Thema eine Reihe wohldurchdachter Fragen. Die entsprechende Passage sei hier im vollen Wortlaut wiedergegeben: »Die Geschichte der Liebe bei wilden Völkern«, stellt Degérando fest, »würde ein ebenso seltsames wie interessantes Bild ergeben. Das

Entstehen der Liebe, ihr Charakter, ihre Kennzeichen und Auswirkungen, die Opfer, die man ihr bringt und die Rachegefühle, die sie wecken mag – wie sehr muß dies alles sich von dem unterscheiden, was wir an uns beobachten! Würde wohl ein Vergleich zu ihrem oder zu unserem Vorteil ausfallen? Ist es so, daß die Liebesempfindung beim Wilden ausschließlich physischer Natur ist? Oder schließt sie die Idee des Vertrauens, des Vorrechts, der Hingabe und einer tugendhaften Verbindung mit ein? Endet die Liebe mit dem Liebesgenuß oder dauert sie weiter fort? Richtet sich die Liebe auf ein einzelnes Individuum, oder kann sie sich wahllos mehreren zuwenden, und, falls das letztere der Fall sein sollte, spielt der Gedanke der Untreue oder Unbeständigkeit keine Rolle? Werden die Gunstbeweise, welche die Frauen gewähren, bloß als Bezeichnung für die Liebe verstanden, und welche Bedeutung messen die Männer ihnen zu? Welche gegenseitigen Überlegungen begleiten den Austausch der Empfindungen? Ist es der Mann, welcher in der Regel zuerst aktiv wird? Und stößt er dabei oft auf Hindernisse?«[188]

Diese und andere Fragen, wie sie in den »Considérations sur les méthodes à suivre dans l'observation des peuples sauvages« niedergelegt waren, sind allerdings von Kapitän Baudin und dessen wissenschaftlichen Begleitern auch nicht annähernd beantwortet worden; man wird sogar, in ethnologischer Hinsicht, von einem Mißerfolg dieser Expedition sprechen müssen. Es zeigte sich, daß ein außerordentliches Forschungskonzept allein den Ertrag eines Unternehmens noch nicht gewährleisten konnte: zum Problem der Kommunikation zwischen Reisenden und Überseebewohnern gesellte sich, auf wissenschaftlicher Ebene, das Problem der Kommunikation zwischen den Reisenden und den zuhause gebliebenen Gelehrten.

Im Falle von Baudins Forschungsreise wird deutlich, daß die lebhaften planerischen und methodologischen Erörterungen, die Degérando und der zuständige Ethnologe Péron vor der Ausfahrt betrieben, kaum Nutzen brachten; Péron erwies sich, so begabt er in rhetorischem Sinne und beim Ausbrüten kolonialpolitischer Visionen war, als völlig ungeeignet zur Feldforschung, und die wenigen Informationen, die sein Bericht liefert, stehen kläglich hinter den Beobachtungen früherer Reisender zurück.[189] Auch zeigt gerade die Unternehmung Baudins, wie ungünstig die äußeren Bedingungen einer Seereise völkerkundlichen Forschungen waren. Während die mitreisenden Botaniker und Zoologen ihre Sammelobjekte an Bord präparieren, ordnen und studieren konnten, standen für ethnologische Beobachtungen vor allem die Landaufenthalte zur Verfügung, über deren Dauer in der Regel die Notwendigkeiten der Verpflegung oder die Witterungsverhältnisse vorrangig entschieden. Bereits von den Begleitern auf Cooks zweiter Reise wissen wir, wie wenig Zeit für völkerkundliche Studien im allgemeinen eingeräumt werden konnte, und Baudins Expedition stand von allem Anfang an unter Zeitdruck, womit sich Péron übrigens widerstandslos abgefunden zu haben scheint. Schließlich läßt gerade die Expedition Baudins sichtbar werden, welche Priorität naturwissenschaftliche und geographische Aufgaben weiterhin und machtpolitische Überlegungen neuerdings wieder beanspruchten und wie ausschlaggebend für den Erfolg der Forschungsreise Moral und gesundheitliches

Wohlbefinden der Mannschaft blieben. Wie bei der gleichzeitig erfolgenden ersten Afrikareise Mungo Parks, die primär der geographischen Erkundung des Niger-Beckens galt, war das Hauptziel von Baudins Reise ein geographisches: die Abklärung des südaustralischen Küstenverlaufs; und wie das Tropenfieber im Falle Parks immer wieder alles in Frage stellte, wurde der Skorbut zur gefährlichsten Bedrohung der französischen Expedition. Auch beeinträchtigten die napoleonischen Kriege und die damit verbundenen globalpolitischen Spekulationen den ruhigen Ablauf der Forschungsarbeit: in der »Encounter Bay« traf Baudin auf den zu seiner Überwachung entsandten englischen Kapitän Matthew Flinders, der durch seine eigenen Entdeckungen die Leistung der Franzosen bald in den Schatten stellen sollte.[190]

Der mäßige Erfolg von Nicolas Baudins Australienfahrt macht nochmals augenfällig, wie viele verschiedene Vorbedingungen gleichzeitig hätten erfüllt werden müssen, um auch einen ethnologisch bedeutsamen Ertrag der Reise sicherzustellen. Ein sinnvolles Forschungsprojekt, das seinerseits wieder eine außergewöhnliche »ouverture d'esprit« voraussetzte, genügte allein nicht; ebenso wichtig waren die Auswahl der wissenschaftlichen Mitarbeiter, die Zeitfrage, die moralische und gesundheitliche Verfassung der Reisenden, die politische Situation der Zeit, die Probleme des zwischenmenschlichen Kontakts. Nur in seltenen Fällen trafen mehrere dieser Faktoren in glücklicher Konstellation zusammen; häufig fehlte Entscheidendes zum vollen Gelingen besonders der völkerkundlichen Forschungsarbeiten: der Missionar verfügte zwar über die nötige Muße und Geduld zu längerer Beobachtung, aber nicht über wissenschaftliche Verbindungen mit den Gelehrten in Europa; die Händler und Siedler wären zwar in der Lage gewesen, die Auswirkungen der Kulturbegegnung aus nächster Nähe zu betrachten, bekundeten aber dafür meist geringes Interesse; den nach Übersee entsandten Forschern fehlte es zwar nicht an Scharfsinn und wissenschaftlichen Direktiven, aber meistens an Zeit. So besitzt denn fast jeder Bericht aus den Kolonialgebieten, der im Zeitraum zwischen der Entdeckung Amerikas und der Französischen Revolution in Europa erschienen ist, seine spezifischen Mängel, über die man sich freilich zusehends besser Rechenschaft gegeben hat, und die man durch sorgfältige Auswertung des Materials zu neutralisieren suchte.

d) Der qualitative Ertrag: Fortschritte und Befangenheiten

Wir haben bereits, als von Kompilationen und Kollektionen die Rede war, auf die Bemühungen der Editoren in Europa hingewiesen, durch die Methode der vergleichenden Textkritik eine möglichst zuverlässige Information des Lesers sicherzustellen. Diese Bemühungen sind geistesgeschichtlich im Zusammenhang mit den quellenkritischen Anstrengungen der Aufklärungshistoriker überhaupt zu sehen. Wenn der heutige Historiker innere und äußere Quellenkritik trennt und darunter einerseits die Suche nach dem Ursprung der Quelle, anderseits die Frage nach der Echtheit des Dokumentes versteht, so bedient er sich einer Unterscheidung, die im Kern bereits auf Jean Mabillons klassische Urkundenlehre »De re diplomatica«

aus dem Jahre 1681 und auf das »Nouveau traité de diplomatique« der Benediktinerbrüder Tassin und Toustain aus den Jahren 1750–1765 zurückgeht.[191] Auch die Anfänge der Epigraphie, Paläographie, Diplomatik, Siegelkunde und Numismatik fallen ins siebzehnte Jahrhundert und ebenso – neben den bereits erwähnten Kosmographien und Lexika – die ersten Quellentextsammlungen und Bibliographien.[192] Obwohl die Gelehrten des Aufklärungszeitalters im allgemeinen noch recht nachlässig mit Quellentexten umgingen und gegenseitige Abschreiberei eine sehr verbreitete Unsitte war, konnte man gegebenenfalls – und sei es auch nur, um den Anschein der Wissenschaftlichkeit vorzutäuschen – bei der Bewertung und Auswahl mit größter Akribie verfahren. Die Editoren von Kollektionen wie Astley, Prévost oder Bruns zeigten sich hier auf der Höhe einer Entwicklung, die in anderen Wissensbereichen, etwa der Philosophie und der Theologie, von nachhaltigster Wirkung werden sollte. Allerdings wurde der Nachweis der Richtigkeit des Quellendokuments durch persönlichen Augenschein – obwohl im Gegensatz zu den Geschichtswissenschaften theoretisch möglich – selten geleistet; aber der Editor und Kompilator von Reiseberichten besaß, wie wir sahen, im Prinzip zumindest die Möglichkeit, Reisende auszusenden oder nach ihrer Rückkehr gezielt zu befragen.

Die methodologische Tragweite solcher wachsender quellenkritischer Bemühungen durch die Gelehrten zuhause darf indessen nicht überschätzt werden. So lobenswert die Anstrengungen wissenschaftlich verantwortungsvoller Editoren auch waren – es handelte sich um vorwiegend philologische Fertigkeiten, die hier entwickelt wurden, und die nicht notwendig zum Gewinn fruchtbarerer Perspektiven hinführen mußten. In der Tat folgte die Art und Weise, mit der man bei der Gesamtdarstellung fremder Völker vorging, lange Zeit über fast stereotyp derselben uniformen Systematik: das Betrachtungsschema, das beispielsweise der deutsche Geograph Bernhard Varenius 1650 in seiner »Geographia generalis« aufgestellt hatte, behielt während hundertfünfzig Jahren durchaus seine Gültigkeit. Varenius ordnete seine Schilderungen fremder Völker nach den zehn folgenden Gesichtspunkten: 1. Äußere Erscheinung der Eingeborenen, deren Herkunft, ihre Ernährung; 2. Handel und Gewerbe der Eingeborenen; 3. Tugenden und Laster der Bevölkerung; 4. Initiationsriten, Heiratsbräuche, Bestattungszeremonielle; 5. Sprache; 6. Regierungssystem; 7. Religion und religiöse Institutionen; 8. Die wichtigsten Hauptstädte und Örtlichkeiten des betreffenden Landes; 9. Geschichtliche Überlieferung und Sagen; 10. Hervorragende Persönlichkeiten.[193]

Wir haben gesehen, daß ein intelligenter Betrachter wie Jean-Baptiste Labat noch keinen zwingenden Grund sah, von dieser Systematik im wesentlichen abzugehen. Auch in diesem Bereich nicht nur der quellenkritischen Prüfung der Information, sondern auch der In-Bezug-Setzung und Interpretation der Fakten sollten erst gegen Ende des achtzehnten Jahrhunderts neue Ansätze sichtbar werden. Wieder wird man hier auf Degérandos Fragenkatalog hinweisen dürfen, auch wenn dieser teilweise ebenfalls der herkömmlichen Systematik verhaftet blieb und vorerst keine adäquate Beantwortung erfuhr. Aber die zitierten Erkundigungen nach dem Liebesleben der Eingeborenen kündigen durch ihre in diesem

Wissensgebiet originale Verknüpfung von Erscheinung und Wesen, von Individuum und Sozialkörper doch bereits die Untersuchungen an, welche die moderne Ethnologie über soziale und mentale Strukturen archaischer Kulturen geleistet hat.[194]

Nun versteht es sich, daß die Qualität eines Forschungsergebnisses durch die Unbestechlichkeit des Betrachters und das kritische Verfahren des die Informationen sammelnden und vergleichenden Gelehrten allein nicht immer gewährleistet werden kann. Während im naturwissenschaftlichen Bereich durch die Sorgfalt des empirischen Vorgehens und durch die Präzision der heuristischen Fragestellung objektiv einwandfreie Resultate möglich werden, gewinnt etwa in der völkerkundlichen Forschung, allein durch den Umstand, daß der Forscher seinesgleichen zu beurteilen hat, dessen persönlicher Standort unvermeidlichen Einfluß auf den Charakter seiner Einsichten.[195] Wenn der Reisende also etwa nach der Staatsform der Hottentotten fragte, orientierte er sich notwendigerweise an den ihm bereits vertrauten Formen gesellschaftlichen Zusammenlebens, und zwar unabhängig davon, wie er den Hottentottenstaat bewerten mochte. Zwar konnte man, ähnlich wie man in der Botanik die Zahl der Staubblätter als Klassifikationsmerkmal benutzte, auch beim Menschen durch die Feststellung rein äußerlicher Kennzeichen wie der Haut- und Haarfarbe zu eindeutigen und quantifizierbaren Ergebnissen gelangen, aber diese gingen in der Regel über den Bereich der physischen Anthropologie nicht hinaus. In allen Fragen aber, welche im weitesten Sinne mit der Kultur anderer Völker verknüpft waren, ließ sich von der kulturellen und damit von der geschichtlichen Situation des Betrachters nicht mehr abstrahieren.

Es gehört zu den großen Leistungen der Aufklärungsepoche, diesen Tatbestand klar erkannt zu haben. Der Gedanke einer ein für allemal feststehenden Hierarchie, dominiert von der allgemeinverbindlichen Wahrheit des christlichen Standortes, wird aufgegeben, nicht durchwegs freilich, aber doch bei vielen wegweisenden, den Geist der Epoche bestimmenden Denkern: bei Swift, bei Voltaire, bei Diderot, bei Kant, bei Goethe. Es entfällt der selbstherrliche Anspruch des Christenmenschen, das Maß aller Dinge zu sein, was nicht notwendig mit der Leugnung göttlicher Existenz verbunden zu sein braucht. »Die Wahrheit«, sagt Georges Poulet vom achtzehnten Jahrhundert, »setzt sich aus einer Reihe von Gesichtspunkten zusammen, und der höchste, der allein den Kosmos zu umfassen vermag, ist der Gesichtspunkt Gottes. Das hindert nicht, daß alle Gesichtspunkte wahr sind und daß jeder Ort und jeder Augenblick Zentrum eines Kreises ist, der einen Teil der Wahrheit umfaßt.«[196]

Die Relativismus-Idee verschafft dem menschlichen Geist erst jene Freiheit und Souveränität, die ihm die Aufklärung zuspricht. Die Zeit, da Portugiesen und Spanier sich durch päpstliche Verfügung in den Erdkreis teilen und im Heidenland sich durch die Macht des Schwertes ihren persönlichen Anteil sichern konnten, ist vorbei. Wahrhaft besitzt man im Zeitalter der Aufklärung eine Sache nur dann, wenn man sie versteht, sie intellektuell bewältigt. Das bedeutet natürlich nicht, daß auf den Einsatz brutaler Machtmittel nun plötzlich Verzicht geleistet worden wäre; aber es ist doch unverkennbar, daß im achtzehnten Jahrhundert der europäische Konquistadorentypus in Übersee weitgehend verschwunden und vom Typus des Realpolitikers abgelöst worden ist, dem zwar der Wille zur Macht keineswegs fremd bleibt, der aber diesem Willen auch eine hervortretende intellektuelle Tragweite zu geben versteht.

Stellten im sechzehnten und siebzehnten Jahrhundert vor allem Missionare, die sich meist in deutlichem Gegensatz zu den Kolonisatoren befanden, die geistige Elite der weißen Überseebevölkerung, so zeigt sich im Aufklärungszeitalter bei manchen Aktionen, etwa den Erkundungsfahrten Cooks und La Pérouses, eine deutliche Priorität der wissenschaftlichen Zielsetzung. Wichtiger noch: selbst bei Unternehmungen, deren imperialistisch-machtpolitische Intentionen niemand wird leugnen können, bei der Erweiterung der englischen Machtposition in Indien und bei Napoleons Ägyptenfeldzug etwa, spielt, eng mit dem militärischen oder administrativen Auftrag verknüpft, das geistige Engagement eine nicht zu übersehende Rolle. In Indien wird mit der Übernahme des Generalgouvernats durch Warren Hastings (1774) der Wandel vom militanten Haudegentum zu einer Regierungsform des »erleuchteten Despotismus« evident: Hastings selbst trieb Sanskritstudien, sprach fließend Bengalisch und Persisch und bezeugte überhaupt eine beispielhafte kulturelle Aufgeschlossenheit; und die stattliche Reihe seiner bedeutenden Nachfolger in dem hohen Amte, die den gebildeten englischen Familien entstammten, führten diese Haltung toleranter Geistigkeit in der Regel fort.[197]

Napoleons Ägyptenfeldzug des Jahres 1798 war inspiriert vom kulturellen Sendungsbewußtsein des revolutionären Frankreichs und stellt, was den zugunsten der wissenschaftlichen Erforschung eines Überseeterritoriums geleisteten Aufwand betrifft, einen Höhepunkt der bisherigen geistesgeschichtlichen Entwicklung dar. »Die wahrhaften Siege, die einzigen, welche man nicht bedauert«, soll Bonaparte vor seiner Abfahrt nach Ägypten gesagt haben, »sind die Siege über die Unkenntnis«[198], und im Sinne dieses Mottos nahm er um 150 Gelehrte verschiedenster Fachbereiche auf seine Unternehmung mit. In Kairo wurde bereits im August 1798 das »Institut d'Egypte« gegründet, welches die Forschungen koordinieren, die Ergebnisse auswerten sollte; das Endergebnis dieser Anstrengungen war die im Jahre 1825 fertiggestellte monumentale »Description de l'Egypte« in neun Bänden.[199]

Intellektuelle Besitzergreifung: auch das kann, wie wir im Kapitel zur »Akkulturation« zeigten, eine Form des Kolonialismus sein, und oft war es in der Tat eine besonders tückische Spielart kolonialistischer Domination. Intellektuelle Besitzergreifung verändert den Gegenstand, den sie sich unterwirft; zugleich aber, und so verstanden manche Aufklärer den Vorgang, wird der geistige Standort des Besitzergreifenden der Veränderung ausgesetzt. Wissen ist Macht und stellt gleichzeitig Macht in Frage. In der Herausforderung durch das Unbekannte entlarvt sich die eigene Befangenheit. Es wird schwierig, Erkenntnissen eine allgemeine Verbindlichkeit zuzusprechen; die individuelle Einsicht wird in ihrer Bedingtheit durch spezifische Umstände immer deutlicher erkannt und erscheint zwar nicht als beliebig, wohl aber als nur beschränkt übertragbar. Der Fortschritt der quantitativen Kenntnis wird nach der Mitte des achtzehnten Jahrhunderts von einer wachsenden Unsicherheit in bezug auf deren überpersönliche und außerkulturelle Gültigkeit begleitet – beide im Ringen um wissenschaftliche Wahrheit gegenläufigen Tendenzen treten etwa in Voltaires historischem Werk deutlich hervor. Bei keinem andern Denker der Aufklärungszeit ist die Lust an der intellektuellen Besitzergreifung, ist die spirituelle Freude an der neugewonnenen Verfügbarkeit von Wissen offensichtlicher als bei ihm; zugleich aber wird der Absolutheitsanspruch aller Erkenntnis unablässig in Frage gestellt, und in den literarischen Werken, etwa den »Contes philosophiques«, wird der historische Relativismus recht eigentlich zum konstituierenden Element von Voltaires ironischer Lebensdistanz.[200]

Was Voltaire in der Auseinandersetzung mit den Dogmatismen seiner Zeit polemisch, was er in seinem künstlerischen Werk spielerisch betrieb, sollte bei Johann Gottfried Herder eine Vertiefung erfahren, welche den Aufschwung der deutschen Völkerkunde, Kulturgeographie und Geschichtsschreibung im neunzehnten Jahrhundert begründet hat. Herder, dessen Beitrag zur anthropologischen Diskussion der Aufklärungsepoche im nächsten Kapitel gewürdigt werden soll, geht allerdings nur in Ansätzen seines Frühwerks wirklich neue Wege; seine späten »Ideen zur Philosophie einer Geschichte der Menschheit« weisen, trotz mancher glücklichen und sinnerschließenden Formulierung, eher wieder auf den erstarrten Bezugsrahmen der christlichen Weltsysteme zurück. Aufschlußreicher ist, was die Frage des Relativismus anbetrifft, Herders berühmter Entwurf »Auch eine Philosophie zur Geschichte der Menschheit« aus dem Jahre 1774. Freilich ist die Bedeutung dieses Entwurfs von den Kommentatoren nicht immer gleich veranschlagt worden: während Friedrich Meinecke in seinem Werk über »Die Entstehung des Historismus« Herders geschichtsphilosophischer Schrift einen primordialen Rang zuerkennt, tendiert Hans Georg Gadamer mit guten Gründen zur Auffassung hin, Herder sei durch seine Polemik gegen die Formalismen des aufgeklärten Fortschrittsdenkens vielleicht etwas glückhaft auf Wahrheiten gestoßen worden, die er selbständig nicht so hätte entwickeln können.[201]

Außer Zweifel steht, daß Herder den Schritt, den Voltaire zur Anerkennung der Vielfalt kultureller Erscheinungen tat, seinerseits mit größter Konsequenz vollzieht. Den teleologischen Geschichtstheoretikern der Aufklärungszeit wie Condorcet und Turgot tritt Herder mit einem Geschichtsbewußtsein entgegen, welches vom eigenständigen Daseinsrecht jeder Epoche und jeder Kultur ausgeht und Geschichte nicht bloß als Rekonstruktion des gegenwärtigen Zustandes zu begreifen sucht. Herder warnt eindringlich vor der Gefahr, daß man alle Zeitalter am eigenen Ideal messen wolle[202], und er schlägt demgegenüber eine individualisierende Betrachtungsweise vor, welche jeder zeitlichen Entwicklungsstufe innerhalb der Geschichte der Menschheit und jedem einzelnen »Kulturwesen« ihren Eigenwert zurückerstatten soll. In die auf die Dauer wenig fruchtbare Diskussion darüber, ob die Menschheit den Zustand ihrer höchsten Glückseligkeit längst hinter sich gelassen habe oder auf bestem Wege zu ihr hin befindlich sei, greift Herder mit dem wichtigen, freilich nicht mehr ganz originalen Gedanken ein, daß jedes Zeitalter den Mittelpunkt seiner Glückseligkeit in sich selber habe, folglich nur an seinen eigenen Maßstäben zu messen sei.[203] »In gewissem Betracht«, heißt es im erwähnten geschichtsphilosophischen Entwurf, »ist jede menschliche Vollkommenheit national, säkular und am genauesten betrachtet, individuell.«[204]

Es wäre übertrieben, wollte man behaupten, Johann Gottfried Herder sei selbst dazu imstande gewesen, den Relativismus, den seine Sehweise implizierte, auf überzeugende Art zu überwinden – das Problem stellt sich der nichtmarxistischen Geschichtsphilosophie heute noch. Wenn er den Boden unter der Kraft seines Historiker-Enthusiasmus wanken fühlte, griff Herder allzu häufig wieder zu den weiterverbreiteten und probaten Mitteln der Absicherung, sei es, indem er sich auf den göttlichen Heilsplan berief, sei es, indem er einer bestimmten Epoche Vorbildlichkeit für eine andere zusprach. Anderseits aber zeigt sich in der Schrift »Auch eine Philosophie zur Geschichte der Menschheit« doch schon das wegweisende Bestreben, eine tragende Verbindlichkeit des Urteilens im Akt der intellektuellen Besitzergreifung von Vergangenheit selbst zu verankern. Der Betrachter, der sich »einfühlend« mit der Vergangenheit seiner eigenen und fremder Kulturen befaßt, zehrt von derselben biologischen und seelischen Vitalität, die den Menschen im Lauf seiner Geschichte immer wieder ausgezeichnet hat, weiß sich seinem Gegenstand durch die Kraft der Empfindung verbunden. Diese Überzeugung Herders, die sich bereits im »Reisejournal« stürmisch ankündigt und aus der Opposition zum überheblichen rationalen Bildungsdünkel mancher Zeitgenossen einen zusätzlichen Anreiz erhält, durchzieht das ganze Werk dieses Denkers: »Die Geschichte ist ein Spiegel der Menschen und Menschenalter, ein Licht der Zeiten, eine Fackel der Wahrheit«, heißt es noch in einer späten Schrift, »eben in ihr und durch sie müssen wir bewundern lernen, was zu bewundern, lieben lernen, was zu lieben ist; aber auch hassen, verachten, verabscheuen lernen, was abscheulich, häßlich, verächtlich ist; sonst werden wir veruntreuende Mörder der Menschheitsgeschichte.«[205] In einem solchen Ausspruch wird ein möglicher Ausweg aus der drohenden Beliebigkeit des relativierenden Urteils sichtbar, denn im Verständnis des Gewesenen, welches nur vor dem Hintergrund einer elementaren seelischen Gleichartigkeit der menschlichen Verfassung möglich wird, entsteht, mit Reinhard Wittram zu reden, eine »Solidarität im Gemeinmenschlichen«, die es erlaubt, der Indifferenz oder Ironie gegenüber der Geschichte mit einem neuen Engagement zu begegnen, in welchem das geschichtliche Erbe als Auftrag begriffen und der Lauf der Ereignisse verantwortungsvoll mitgestaltet werden kann.[206]

Wenn bei Johann Gottfried Herder die vorwiegend emotional bestimmte Fähigkeit der »Einfühlung« der Beziehung zur Vergangenheit und zum Andersartigen überhaupt einen Charakter innerer Notwendigkeit verleiht,[207] so ist es bei den meisten übrigen Aufklärern die Idee der Vernunftbegabtheit des menschlichen Geschlechts, die dem Relativismus Grenzen setzt. Wir haben bereits oben auf die Bedeutung dieser axiomatischen Annahme für das achtzehnte Jahrhundert hingewiesen, und im nächsten Kapitel wird dieser Punkt wiederum – im Zusammenhang mit der Diskussion über den Ursprung der Menschenrassen – berührt werden. Daß die Vernunft für alle Menschen ein und dieselbe sei, daß dank dieser

Tatsache das Leben in Gesellschaft erst möglich würde und Einsicht in eine rationalen Gesetzmäßigkeiten folgende Schöpfung allein zu gewinnen sei, ist während der Aufklärungsepoche kaum je angezweifelt worden. Es ist das »natürliche Licht gradliniger Vernunft«, um eine Wendung von Pierre Bayle zu übernehmen, welches den Menschen über die anderen Geschöpfe emporhebt, und es gibt, wie Montesquieu gleich zu Beginn seines »Esprit des Lois« betont, eine ursprüngliche Vernunft, »une raison primitive«, welche den Beziehungen zwischen allen Lebewesen zugrundeliegt.[208]

Gewiß ist diese Vernunft nicht überall in gleichem Grade entwickelt, und die Tiere folgen den Naturgesetzen aus Instinkt, nicht aus höherer Einsicht. Der Mensch, obwohl per definitionem ein vernunftbegabtes Geschöpf, ist ständig davon bedroht, hinter seinen intellektuellen Möglichkeiten zurückzubleiben, sei es, weil er sich durch Erziehung nicht genügend hat bilden können, sei es, weil er durch seine Leidenschaften und Begierden in die Irre geführt wird. Gelegentliche Rückschläge im Verlauf der Menschheitsgeschichte indessen vermögen die Grundtatsache nicht zu verdecken, daß die Stimme der Vernunft prinzipiell jedermann zugänglich ist, daß man, als perfektibles Wesen, deren Ratschlag auf die Dauer nicht mißachten kann.

Es ist offensichtlich, daß dieser Glaube an die Vernunftbegabtheit der menschlichen Gattung den Charakter der Beziehungen von Europäern zu überseeischen, insbesondere zu archaischen Völkern, um ein positives humanes Element bereicherte, wie es vor dem achtzehnten Jahrhundert nie in dieser Art sichtbar geworden war. Das bedeutet nun wiederum nicht, daß die Kulturbegegnungen in Übersee sich generell friedlicher entwickelt hätten, verkörperten doch die im Frontierbereich der Kulturen tätigen Händler und Kolonisten selten genug das Niveau europäischer Geistigkeit – daraus erklärt sich übrigens unter anderem, daß der Sklavenhandel, obwohl von den »philosophes« fast durchwegs abgelehnt, noch im Zeitalter der Aufklärung eine erstaunliche Blüte erreichen konnte. Im Verhältnis der europäischen Gebildeten zur Frage der Überseekontakte indessen ist ein Wandel unverkennbar. Die von Las Casas und seinen Gegenspielern zu Beginn des sechzehnten Jahrhunderts behandelte Frage, ob der Indianer intellektuell fähig sei, das Christentum zu verstehen, oder ob er, gegen seinen Willen, aber zu seinem Besten, dazu gewaltsam gezwungen werden müsse[209] – diese Frage ist für das achtzehnte Jahrhundert kein zentrales Thema mehr. Allgemein wird nun angenommen, daß der Eingeborene die Vorteile der abendländischen Zivilisation von sich aus einsehen könne, vorausgesetzt, daß er mit Europäern zusammentreffe, welche diese vorbildlich zu vertreten wüßten. Gewiß, so argumentiert man nun, wird der Überseebewohner vorläufig noch, wenn nicht eines Missionars, so doch eines verständnisvollen Lehrers und Vormunds bedürfen; aber seine Bildungsfähigkeit, ja seine freiwillige Bildungsbereitschaft wird von den aufgeklärten Gelehrten nicht mehr in Frage gestellt.

In diesem Zusammenhang darf darauf hingewiesen werden, daß die frühe Kolonialgeschichte jenen radikalen Rassismus, wie er dem zwanzigsten Jahrhundert vorbehalten bleiben sollte, nicht gekannt hat. Ausrottungsaktionen verheerenden Ausmaßes hat es allerdings immer wieder, und in den verschiedensten Variationen, gegeben: wir haben besonders auf die Kulturzusammenstöße in Westindien und Nordamerika hingewiesen; man hätte auch die gnadenlosen Verfolgungen der Buschmänner, Hottentotten und Maoris schildern können. Es ist richtig, daß diese Ausrottungsaktionen in der Regel mit den verlogensten Argumenten gerechtfertigt wurden: man machte Notwehr geltend, wo man provoziert hatte; man sprach von unerläßlichen Bestrafungs- und Befriedungskampagnen und legalen Verzichtverträgen. Nie aber wird unseres Wissens in der reichen Quellenliteratur von Reiseberichten und kolonialtheoretischen Schriften einem Volk ausdrücklich seine Daseinsberechtigung abgesprochen, wie Hitler und dessen ideologische Wegbereiter dies tun sollten, und nie wurde die Liquidation eines Volkes mit einer auch nur annähernd so kalkulierten Systematik ins Werk gesetzt, wie dies bei der Ausrottung der Juden durch den SS-Staat der Fall sein sollte.[210] Sowohl die christliche Lehre wie das laizistische Aufklärungsdenken enthielten ethische Substanz genug, um die Wahnsinnsidee einer »Endlösung« schon gar nicht aufkeimen zu lassen. Die Gedanken der Nächstenliebe, der Toleranz, der humanen Solidarität erwiesen sich, wie sehr man auch immer wieder dagegen verstoßen mochte, als wirksam genug, die Entstehung solcher Liquidationspläne zu verhindern; und auch die sehr simple, sowohl der christlichen, wie der naturrechtlich-mechanistischen Weltanschauung vertraute Vorstellung, daß fremde Rassen allein schon darum, weil sie eben existierten, inmitten einer als sinnvoll erfahrenen Weltordnung eine notwendige Funktion ausüben mußten, verbot solchen rassischen Extremismus. Die Idee der Vernunftbegabtheit der menschlichen Gattung, wie die Aufklärung sie formulierte, wirkte in derselben Richtung: sie schloß selbst subtil diskriminierende Unterscheidungen wie den Dualismus von Lucien Lévy-Bruhl aus, der in seinen Werken »L'âme primitive« und »La mythologie primitive« eine grundsätzliche Andersartigkeit des »prälogischen« und »mystischen« Denkens der archaischen Völker gegenüber dem cartesianisch-analytischen Denken der Zivilisierten behaupten sollte. Es ist schließlich doch die aufgeklärte Voraussetzung einer elementaren Gleichartigkeit der intellektuellen Begabung gewesen, welche, aufgenommen und fortgeführt im Werk von Emile Durkheim, dominierend geworden ist und die moderne Ethnologie bis hin zum Strukturalismus bestimmt.[211]

Das Fehlen radikaler rassistischer Theorien in der Geistesgeschichte des frühen Überseekolonialismus und insbesondere im achtzehnten Jahrhundert bedeutet nun allerdings nicht, daß Rassenvorurteile gänzlich weggefallen wären. Man zögert indessen, den Begriff des Rassenvorurteils auf die in der Tat vielfältig sich tradierenden Formen der diskriminierenden Beurteilung exotischer Völker vom fünfzehnten zum achtzehnten Jahrhundert anzuwenden. Denn eine genauere Vorstellung des Begriffs der »Rasse« begann sich erst nach den bereits erwähnten Untersuchungen Johann Friedrich Blumenbachs abzuzeichnen, und man war weit davon entfernt, über zureichendes Material an biologischer und völkerpsychologischer Information zu verfügen, um in Versuchung zu geraten, sich von solch lückenhaftem Faktenbestand her ein Werturteil über die Kultursubstanz einer bestimmten ethnischen Gruppe anzumaßen. Wenn es pejorative Stereotypen und herablassende Geringschätzung in der Beurteilung der Überseebewohner tatsächlich noch und noch gab, so entsprang dies nicht primär einem Bewußtsein des weißen Menschen um seine rassisch-biologische Höherwertigkeit, wohl aber dem Bewußtsein des Zivilisierten um seine Führerrolle als Zivilisationsgeschöpf.

Und hier zeigt sich allerdings, daß auch die europäische Aufklärung – trotz ihrer Einsicht in den Pluralismus der Kulturen, trotz ihrer Idee der intellektuellen Gleichartigkeit der Gattung und des daraus sich folgerichtig ergebenden Postulats nach rechtlicher Gleichstellung, trotz des wachsenden Verständnisses für die Dynamik historischer Entwicklung – vielfach über die früheren Befangenheiten nicht hinausgekommen ist. Alte Weltherrschaftsansprüche melden sich in neuem Gewand. Der christliche Kolonisator vespricht den Helden und Irrgläubigen nicht mehr das Seelenheil, sondern Ausbildung und Wissen. Man droht dem Eingeborenen nicht mehr mit Gewaltanwendung, sondern redet von friedlicher Urbarmachung seines Landes, von Intensivierung der Handelskontakte zu beidseitigem Nutzen. Aus militärischer Besitzergreifung wird kulturelle Protektion. Wohl beschwört Degérando seine Reisenden, sie sollten sich ganz auf die Stufe der Eingeborenen versetzen, um diese verstehen zu können – zugleich aber spricht er davon, man müsse danach trachten, die archaischen Völker in den glücklichen Kreis einer aufgeklärten Weltgesellschaft emporzuheben.[212]

So stehen wir denn vor dem einigermaßen paradoxen Tatbestand, daß das Sendungsbewußtsein des erleuchteten Jahrhunderts, getragen von der humanen Idee des »homme universel et raisonnable«, dazu neigte, die eben postulierte Achtung vor dem Menschlichen Lügen zu strafen. Während England sich pragmatisch und unpathetisch der Ausweitung seiner globalen Handelsgeschäfte zuwandte, so gewann besonders in Frankreich das kulturelle Sendungsbewußtsein eine Bedeutung, die nicht selten zur Mißachtung historischer Realitäten führte. Mit der intellektuellen Besitzergreifung, zu welcher man sich legitimiert sah, führte man halb unbewußt neue Normen, Ordnungs- und Bezugssysteme in die Weltbetrachtung ein. Zur maßgeblichen und allgemeinverbindlichen Instanz bei der Beurteilung anderer Völker und Kulturen erklärte man die Vernunft, wie man sie in weithin sichtbarer Vorbildlichkeit selbst verkörperte. Daraus folgte das übrige: über den Grad der geistigen Befähigung und Mündigkeit anderer Kulturen mußte entscheiden, inwieweit sie sich, der intellektuellen und auch der körperlichen Bildung nach, dem aufgeklärten Betrachter näherten. Daß La Hontan, Rousseau und deren Anhänger die Stufenfolge der Kulturentwicklung in umgekehrter Reihenfolge durchbuchstabierten, störte nicht im geringsten die gewaltige Zentripetalkraft, welche das abendländische Zivilisationsbewußtsein entwickelte: man konnte durchaus, wie entsprechende Erziehungsversuche zeigten, den Südseeinsulaner für den glücklichsten Menschen der Erde halten und ihn gleichzeitig noch mit den Segnungen der europäischen Kultur beglücken wollen. Der eigene Dünkel verdeckte solche Widersprüche. Es war möglich, daß zur gleichen Zeit, da Degérando auf die Notwendigkeit zum Erlernen der Eingeborenensprachen hinwies, Rivarol in seinem »Discours sur l'universalité de la langue française«

das Französische zur Weltsprache erklärte.[213] Und es war möglich, daß Bougainville die wohlgestaltetsten Menschen der Erde glaubte auf Tahiti gefunden zu haben, während Maupertuis sie an den Ufern der Seine an sich vorüberwandeln sah.[214]

Wohl hielten sich die hervorragendsten Gelehrten des Zeitalters die Relativität des eigenen Standortes immer wieder vor Augen; man erinnerte sich an Montaigne, der dargelegt hatte, wie verfehlt es sei, die Bewohner ferner Weltgegenden nach eigenen Normen und Gewohnheiten zu beurteilen; man kannte Montesquieu und wurde, in Anlehnung an ihn, nicht müde, die jeweiligen Einflüsse von Klima und Umwelt auf den Menschen zu betonen und zu rühmen, wie glänzend der Schöpfer jedes menschlichen Wesen seiner besonderen Lebenslage angepaßt habe. Aber immer wieder stellte sich das Bewußtsein der eigenen Superiorität verdunkelnd vor solche Einsichten und der Hang zu klassifizierender Systematik und weltweiter Belehrung gefährdete den Einblick in die Eigengesetzlichkeit anderer Kulturformen.

Daß der qualitative Gehalt der Summe des Wissens von der überseeischen Welt immer wieder in Frage gestellt war, wird auch das folgende Kapitel zeigen, in welchem wir uns einzelnen konkreten Fragestellungen zuwenden, wie sie die Interpretation der gesammelten Information fast notwendig aufwerfen mußte.

III. Die anthropologische Diskussion

1. Für und wider die Einheit des Menschengeschlechtes

a) Naturbegriff und Weltvorstellung J. G. Herders

Zu Beginn seiner »Ideen zur Philosophie der Geschichte der Menschheit« entwirft Johann Gottfried Herder ein Bild der Schöpfung, das dem allgemeinen Wunsche nach einer universalen Weltschau entgegenkommen und den Vorstellungen der meisten Zeitgenossen entsprechen mochte. Im philosophischen Teil seiner Darstellung Leibniz und Shaftesbury verpflichtet, erkennt Herder im ganzen Universum, im Einzelnen wie im Gesamten der wahrnehmbaren Welt den unermeßlich vielfältigen Ausdruck des einen Schöpfungsgedankens. Dieser Idee mit »Gott nachahmender Vernunft« zu folgen[1] ist sein Vorsatz. In einer derartigen Absicht ist das Bedeutsame von Herders Vorgehen enthalten: der Sinn der Welt liegt für ihn nicht außerhalb des Schöpfungsganzen; er ist menschlicher Vernunft zugänglich und liegt in ihr beschlossen. Vernunft und göttlicher Wille sind Wechselbegriffe für dieselbe Idee; die Trennung von Theologie und Wissenschaft, wie sie bei Fontenelle gefährlich sich abgezeichnet hatte und durch die materialistische Schule der Lamettrie, Helvetius und Holbach vollzogen wurde, scheint durch diese Voraussetzung gebannt. Gott offenbart sich in der Natur – das ist der zentrale Gedanke, dem die »Ideen« Ausdruck geben wollen; die Welt ist eine anschauliche Rechtfertigung Gottes, eine Theodizee, und wo unsere Vernunft es noch nicht ganz vermag, die geheimen Triebkräfte zu erhellen, liegt die Schuld nicht bei der Unzulänglichkeit des Schöpfungsplans, sondern an der noch mangelhaften Verfeinerung unserer Organe. »...die Gedanken, die der Ewige uns in der Reihe seiner Werke tätlich dargestellt hat...«, schreibt Herder im Vorwort zu den »Ideen«, »sind das heilige Buch, an dessen Charakteren ich zwar minder als ein Lehrling, aber wenigstens mit Treue und Eifer buchstabiert habe und buchstabieren werde.«[2]

Herder hebt mit der Beschreibung des Planetensystems und der Himmelskräfte an, steigt dann auf die Erde herab und erwähnt die ihm näher bekannten Kontinente: Asien, das der »erste erlesene Wohnsitz der Menschen« gewesen sei; Afrika, von dem man zuwenig wisse, »um das Treiben und Drängen der Völker daselbst« zu beurteilen; Amerika mit seiner durch »Gutherzigkeit und kindliche Unschuld« ausgezeichneten Bevölkerung; und Europa, dessen außerordentliche »Vielgewandtheit von Sitten und Künsten« er auf die Bodengestalt zurückführt.

Dann wendet er sich den Lebewesen zu. Weit über den Steinen, den Kristallen, den pflanzlichen und tierischen Kreaturen steht der Mensch. Er vereinigt in sich die Begabungen der niedrigern Geschöpfe »zum feinsten Inbegriff« und ist doch deutlich von diesen geschieden: durch seinen aufrechten Gang und durch seine Fähigkeit zur Vernunft, die sich im Besitz der Sprache manifestiert. Im aufrechten Gang sieht Herder das Hauptkennzeichen der menschlichen Gattung. Kein Geschöpf, stellt er fest, sei in der Lage, den Standort, den ihm sein Schöpfer in der Natur zugewiesen habe, zu verlassen; durch diese Feststellung wird der Evolutionsbegriff, den Herder in früheren Schriften vielversprechend entwickelt hatte, auf den Bezirk der Gattung eingeschränkt. Mit einer gewissen Künstlichkeit der Argumentation, die schon Kant auffiel, wird der Nachweis gewagt, daß der Mensch dem aufrechten Gang eine besonders differenzierte Organisation seines psychischen und körperlichen Lebens verdanke und aus diesem Grunde durch die Varietät seiner Erscheinungsformen andere Geschöpfe übertreffe.[3]

In deutlicher Anlehnung an Buffons »Histoire naturelle« werden schließlich die verschiedenen Völkerschaften beschrieben. An den Grönländern wird die stille Sittsamkeit gelobt, am Inder Adel und Sanftmut des Wesens; der Afrikaner beeindruckt, weil die Natur ihn mit allem ausgestattet habe, dessen er bedürfe, um in heißen Zonen zu leben; und der nordamerikanische Indianer erwirbt sich Anerkennung durch seine gesunde Lebensweise und den »barbarisch-stolzen Freiheits- und Kriegsmut«, der seinen Charakter auszeichne. Überall zeigt sich Herder bemüht, die Eigentümlichkeit eines bestimmten Volkes aus dessen besonderen Lebensbedingungen zu verstehen, sie darauf zurückzuführen; er rühmt die weise Voraussicht der Natur, die alle Glieder der menschlichen Gattung ihren jeweiligen Bedürfnissen anzupassen wußte. Immer wieder weist er zugleich auf die grundsätzliche Einheit der menschlichen Gattung hin und betont, daß die Verschiedenheit der Rassen keineswegs eine Verschiedenheit des Herkommens in sich schließe: »Da indessen der menschliche Verstand in aller Vielartigkeit Einheit sieht und der göttliche Verstand, sein Vorbild, mit dem zahllosesten Mancherlei auf der Erde Einheit vermählt hat: so dürfen wir auch hier aus dem ungeheuren Reich der Veränderungen auf den einfachen Satz zurückkehren: nur ein und dieselbe Gattung ist das Menschengeschlecht auf Erden.«[4]

Wenn die Schöpfung auch in der Gestalt des Menschen kulminiert, so ist dieser nach Herder doch nicht deren krönender Abschluß, sondern das »verbindende Mittelglied« zu einer unsichtbaren Welt höherer Geisteskräfte, in der sich die eigentliche Bestimmung des Menschen zur Humanität erfüllt. In Analogie zur Entstehung und Entfaltung physischen Lebens bildet sich die menschliche Seele aus, wobei ihrer Ausbildung weit größere Hindernisse entgegenstehen als der Entwicklung der äußerlichen Gestalt. »Bei ganzen Völkern«, stellt Herder fest, »liegt die Vernunft unter der Tierheit gefangen, das Wahre wird auf den irresten Wegen gesucht und die Schönheit und Aufrichtigkeit, zu der uns Gott schuf, durch Vernachlässigung und Ruchlosigkeit verderbet. Bei wenigen Menschen ist die göttliche Humanität im reinen und weiten Umfange des Worts eigentliches Studium des Lebens; die meisten fangen nur spät an, daran zu denken, und auch bei den besten ziehen niedrige Triebe den erhabenen Menschen zum Tier herunter.«[5] Da es nicht in der Absicht des Schöpfers liegen könne, meint Herder weiter, daß der Mensch das hochgesteckte Ziel der Verwirklichung seiner geistigen Person verfehle, müsse man das irdische Leben als Durchgangsstadium, als bloßen »Übungsplatz und Vorbereitungsstätte« betrachten; die Knospe, die sich hienieden bilde, werde sich erst im jenseitigen Leben zu voller Blüte entfalten können.

Dieser Gedanke, daß der Mensch seinerseits wieder am Beginn einer neuen Kette höherer Lebewesen stehe, hatte zwar den Vorteil, den Dualismus der menschlichen Natur zu klären; aber er verführte den Verfasser zu Spekulationen, die bereits von Kant mit der scharfen Bemerkung zurückgewiesen wurden, es gehe nicht an, was man nicht begreife, aus demjenigen erklären zu wollen, das man noch weniger zu begreifen imstande sei.[6] In der Tat verließ Herder mit solchen Überlegungen den Erfahrungsbereich naturwissenschaftlicher Erkenntnis und zog das Risiko auf sich, von den Fachleuten in diesem Punkt nicht mehr ernstgenommen zu werden.

b) Monogenisten und Polygenisten

Der Gedanke von der Einheit der menschlichen Gattung bei aller Mannigfaltigkeit der Spielarten, wie Herder ihn vertrat, ist dagegen während des ganzen achtzehnten Jahrhunderts auch unter Biologen vorherrschend gewesen. Die berühmtesten Anthropologen der Zeit, Buffon, Camper, Sömmering, Blumenbach, führten die Herkunft des Menschen auf ein einziges Elternpaar zurück. »Alles deutet darauf hin«, schrieb Buffon im Schlußteil seiner monumentalen »Histoire naturelle«, »daß das Menschengeschlecht nicht aus grundsätzlich verschiedenen Arten zusammengesetzt ist, daß es im Gegenteil ursprünglich nur eine einzige Menschenart gegeben hat, die, indem sie sich vermehrte und über die ganze Erdoberfläche zerstreute, verschiedenen Veränderungen ausgesetzt gewesen ist ...«[7] So blieb der Mensch, wo immer und in welcher Erscheinungsform er sich zeigte, sich selber gleich. Alle Wesen seiner Art erwiesen sich in eben den Eigenschaften als verwandt, in denen sie sich von den Tieren abhoben. Sie gingen aufrecht, bedienten sich der Sprache zur Verständigung und wußten sich im Dasein einzurichten, ihre Kenntnis zu vermehren, sich weiterzubilden. Ohne den Menschen, wie Herder es in gewagter Abstrahierung getan hatte, zum Bürger zweier Welten zu erheben, betonte auch Buffon, daß alle menschlichen Lebewesen in ihren Handlungen vom auszeichnenden Merkmal der Vernunft bestimmt würden. Im Gegensatz zu den intelligenten Tieren, etwa zum Biber, der seine erstaunlichen Wasserburgen über Jahrtausende hin nach demselben System aufbaute, war der Mensch in der beneidenswerten Lage, sich perfektionieren zu können. Da er in seiner Fähigkeit zur Vernunft überall gleich geartet war, hatte der Mensch die Möglichkeit, sich anzupassen und sich zu verändern.

Ähnlich dachte auch Montesquieu. Bevor das Leben in der Gesellschaft den Menschen dazu veranlasse, sich selbst Gesetze zu geben, heißt es im »Esprit des Lois«, sehe er sich allgemeinen natürlichen Gesetzen unterworfen, die von den Verhältnissen und der Örtlichkeit unabhängig seien.[8] Es war gerade diese naturrechtliche Überzeugung von der ursprünglichen Gleichheit der Menschen, die

Montesquieu früh gegen die Sklaverei Stellung beziehen ließ. An dieser Grundhaltung änderte auch die Tatsache nichts, daß der Verfasser des »Esprit des Lois« ein besonderes Sensorium entwickelte, wenn es darum ging, den gewandelten Erscheinungsformen des Menschen nachzuspüren und die Einflüsse von Umwelt und Klima zu ergründen.

Auch Kant und Voltaire teilten, jeder in seiner Art, den Gedanken von der Einheit der menschlichen Gattung. Nach Kants Auffassung war der Mensch von Anfang an für das Leben unter allen Himmelsstrichen geschaffen und in seiner Anlage waren alle Eigenschaften vorbereitet, die in der Folge nach den unterschiedlichen Bedürfnissen der jeweiligen Umstände, der Gesellschaft und der Lebenserhaltung ausgebildet werden sollten.[9] Und auch Voltaire beobachtete, wie wir oben gesehen haben, die Gleichartigkeit des Menschen sowohl im Bereich der Vernunft wie im Bereich der Leidenschaften, wobei er diese Auffassung nicht selten in einen pessimistischen Fatalismus ausmünden ließ: »Alle Jahrhunderte«, heißt es beispielsweise in seiner Einleitung zur Geschichte der Zeit Ludwigs XIV., »gleichen sich in der Boshaftigkeit des Menschen.«[10]

Die Vertreter dieses Einheitsgedankens, die sogenannten »Monogenisten«, betonten in der Regel die Richtigkeit der mosaischen Überlieferung, auch wenn sie sich, anders als Herder, davor hüteten, die biblische Darstellung zum Ausgangspunkt und Prüfstein ihrer Überlegungen zu machen. Buffon betont ausdrücklich, wenn er von den Indianern spricht, daß er unabhängig von theologischen Lehren zur Einsicht gelangt sei, diese unterschieden sich ihrem Ursprunge nach nicht von den Europäern.[11] Kant weicht einer Konfrontation mit dem biblischen Schöpfungsbericht aus, indem er darauf hinweist, man verfüge nicht über zureichendes empirisches Material und sei auf mehr oder weniger kühne Hypothesen angewiesen.[12] Die Frage nach dem Ursprung und der Verbreitung des menschlichen Geschlechts gewann, trotz solcher Warnungen vor dem spekulativen Charakter diesbezüglicher Diskussion, an Bedeutung und war besonders von den Monogenisten nicht zu umgehen.

Gesetzt den Fall, daß die Menschheit von einem einzigen Elterpaar abstammte; wie war dann die Verbreitung der Erdbevölkerung über den Globus möglich gewesen? War Adam, oder wen immer man als Stammvater der menschlichen Gattung bezeichnen mochte, ein Europäer, ein Asiat, ein Indianer oder gar ein Afrikaner gewesen? In welcher Weltgegend hatte die Wiege des Menschengeschlechts gestanden? Genügte der Wechsel der Umweltbedingungen und des Klimas, so deutliche Unterschiede wie jenen der Hautfärbung zwischen den verschiedenen Völkergruppen herbeizuführen? So lauteten die Fragen, denen sich die Monogenisten gegenübersahen, und es ist ein erheiterndes Schauspiel zu verfolgen, welcher Mutmaßungen, Spekulationen, Konstruktionen und Spitzfindigkeiten man sich bediente, um halbwegs glaubwürdige Auskünfte zu liefern oder gegnerische Thesen zu entkräften. In der Kontroverse um den Ursprung des Menschen, der wir an anderer Stelle noch begegnen werden, maßen sich theologische und naturwissenschaftliche Weltschau nochmals in einem hartnäckigen, von kirchlicher Seite freilich mit abnehmendem Einsatz geführten Gefecht.

Die nicht sehr zahlreichen Gegner der Monogenisten, die es im achtzehnten Jahrhundert noch gab, führten ihre Argumentation auf das Werk eines französischen Kalvinisten zurück, das im Jahre 1655 in Amsterdam erschienen war und die Einheit des Menschengeschlechts bestritten hatte. Sein Verfasser, Isaac de la Peyrère, hatte nachzuweisen versucht, daß Adam und Eva nicht die ersten Menschen gewesen seien; vor ihnen müsse es, hatte er behauptet, andere Wesen gegeben haben, sogenannte »Präadamiten«, von denen die farbigen Völker der Erde sich herleiteten.[13] Die Präadamiten waren nach dieser Theorie am fünften Schöpfungstage zusammen mit den Tieren erschaffen worden. Sie hatten keinen Zugang zum Garten Eden, woraus sich erklärte, daß ihre Nachfahren dem Heidentum verfallen blieben und zwischen Gut und Böse nicht zu unterscheiden wußten. La Peyrères Buch widersprach der Genesis ebensosehr wie den kirchlichen Dogmen seiner Zeit. Das Werk wurde auf Verfügung des Pariser Stadtrates verbrannt; der Verfasser mußte seine Thesen öffentlich widerrufen.

Im achtzehnten Jahrhundert fand die Auffassung der »Polygenisten« in England, Westindien und den amerikanischen Südstaaten besondere Beachtung, vor allem in Kreisen, die auf irgendeine Weise am Sklavenhandel interessiert waren. Die Annahme, daß der Eingeborene, insbesondere der Neger, nicht aus demselben Stamme wie der Europäer entsprungen sei, gestattete es den Befürwortern und Apologeten des Sklavenhandels, die naturrechtlichen Überlegungen der Sklavereigegner, der sogenannten Abolitionisten, zurückzuweisen. Der Eingeborene, pflegte man zu argumentieren, sei seiner ganzen Natur nach nicht zur Freiheit, sondern zur Dienstleistung geboren; da sein Sklavendasein in der weisen Absicht des Schöpfers liege, könne er sich nicht auf die Rechte der Weißen berufen. Die Behauptung, daß der archaische Mensch einer gesonderten und niedrigen Gattung angehörte, schloß zwar nicht aus, daß auch er sich durch günstige Einflüsse vervollkommnen konnte. Aber diese Vervollkommnung, so betonten die Polygenisten, würde den Eingeborenen nie über den engen Bezirk seiner Gattung hinausführen und folglich nicht zur Ebenbürtigkeit mit dem Weißen gelangen lassen. »Nie hat es eine zivilisierte Nation oder ein durch Taten und Forschergeist ausgezeichnetes Individuum gegeben«, sagt David Hume in seinem Essay »Of National Character«, »deren Merkmal nicht die weiße Hautfarbe gewesen wäre... Hätte die Natur nicht eine ursprüngliche Unterscheidung der Menschenarten geschaffen, wäre eine so eindeutige und andauernde Verschiedenheit zwischen Weißen und Farbigen nicht erklärlich.«[14] Mit einer solchen Bemerkung ging der englische Philosoph nun freilich über den rein biologischen Aspekt der Kontroverse zwischen Monogenisten und Polygenisten hinaus und erschloß, indem er Rasse und Kultur in einen Kausalzusammenhang brachte, eine neue Dimension der wertenden Anthropologie, deren Gefahren erst das folgende Jahrhundert sichtbar werden ließ.

Zu den einflußreichsten Werken der Polygenisten gehörte die im Jahre 1774 erschienene »History of Jamaica« des westindischen Pflanzers Edward Long.[15] Der Verfasser vertrat die Meinung, das Menschengeschlecht sei ursprünglich in drei deutlich gesonderten Arten aufgetreten und unterschied zwischen dem hochentwickelten Affen, dem Neger und dem Europäer samt den übrigen Völkerschaften. In erster Linie ging es Long darum, den Nachweis zu führen, daß Neger und Weiße unmöglich derselben Gattung angehören könnten. Zwar stützte der Plantagenbesitzer seine Behauptungen mit lauter ungenauen oder falschen Beobachtungen, schloß etwa aus der Tatsache, daß Negerfrauen leichter gebären, auf deren animalische Herkunft und bezeichnete, wahrscheinlich wider besseres Wissen, geschlechtliche Beziehungen unter Mulatten als unfruchtbar. Aber Longs Thesen fanden lebhaften Widerhall, sowohl bei den Weißen in Übersee als bei den europäischen Gegnern des Abolitionismus. Bereits im Jahre 1735 hatte John Atkins, ein englischer Schiffsmedikus und Sklavenfahrer, in seinem Reisejournal notiert: »Es mag etwas ketzerisch klingen, aber ich bin davon überzeugt, daß die weiße und die schwarze Rasse verschiedenfarbigen Elternpaaren entsprungen sind.«[16] John Matthews, der die westafrikanische Küste gegen Ende des achtzehnten Jahrhunderts bereiste, drückte sich zwar etwas vorsichtiger aus, hielt aber an der biologischen Minderwertigkeit der Schwarzen fest. »Ich weiß«, schreibt Matthew, »daß manche Autoren, die sich mit diesem Gegenstand befassen, die Meinung vertreten, daß alle Menschen frei und gleichberechtigt seien und niemand ein Recht habe, einen Mitmenschen der Sklaverei zu unterwerfen. In den Schriften vieler fromm und sittlich denkender Philosophen steht indessen zu lesen, daß innerhalb der menschlichen Rasse, obwohl sie die Krönung der Schöpfung darstellt, ähnlich wie bei den Tieren verschiedene Stufen der Vollkommenheit festzustellen sind ...«[17]

Derartigen Auffassungen traten die Abolitionisten mit Entschiedenheit entgegen. Der französische Abbé Grégoire warf den Polygenisten vor, sie betrachteten den Neger einzig darum als außerhalb der menschlichen Gattung stehend, um ihn desto skrupelloser ausbeuten zu können; im weiteren leugneten sie die Richtigkeit des mosaischen Schöpfungsberichts und machten sich einer materialistischen Weltanschauung schuldig.[18] Im selben Grad, als sich die Antisklavereibewegung die Unterstützung gebildeter Kreise gewann, ging gegen Ende des Jahrhunderts die Zahl der Vertreter polygenetischer Deutungen zurück. Die Beziehungen zwischen den Rassen und die Verflechtung der Kulturen hatten sich um diese Zeit so sehr intensiviert, daß sich die Haltlosigkeit der Thesen Edward Longs und seiner Gesinnungsgenossen immer deutlicher offenbarte. Die Mischrassen bewiesen, daß die Unterschiede zwischen Weißen und Farbigen nicht einschneidend genug waren, um deren wechselseitige Fortpflanzung zu verhindern; Mischlingsfamilien waren nicht selten besonders fruchtbar. Gegen die Polygenese sprach auch immer stärker die Tatsache der Beeinflußbarkeit fremder Kultur. Angehörige überseeischer Völkerfamilien, insbesondere in Asien und Afrika, hatten oft keinerlei Mühe, den Denkprozeß von Europäern nachzuvollziehen, und stellten damit die weitgehende intellektuelle Gleichartigkeit anderer Rassen unter Beweis. Schließlich trug die zunehmende Kenntnis, die man gerade gegen Ende des achtzehnten Jahrhunderts von den Eingeborenen gewann, entschieden dazu bei, daß grundsätzliche Übereinstimmungen im Verhalten zivilisierter und archaischer Völker deutlicher hervortraten.

In wissenschaftlich unumstößlicher Weise konnte indessen die Auseinandersetzung zwischen Monogenisten und Polygenisten im achtzehnten Jahrhundert nicht geklärt werden. Voltaire war durchaus imstande, wenn er gegen die kosmologischen Vorurteile der Kirche eiferte, schwankend zu werden und mehr aus Streitlust als aus sachlichem Bemühen zu behaupten, die Neger hätten mit den Weißen überhaupt nichts gemeinsam. Und Buffon hob zwar seine monogenetischen Anschauungen verschiedentlich programmatisch hervor, betonte jedoch in seinen Detailbeschreibungen die Unterschiedlichkeit innerhalb der menschlichen Gattung mit Nachdruck.

Interessant ist in diesem Zusammenhang die Stellungnahme Georg Forsters. In Forsters »Reise um die Welt« wird verschiedentlich auf eine überraschende Gleichartigkeit im Verhalten archaischer und zivilisierter Völker hingewiesen, welche die Idee der Monogenese zu illustrieren scheint. »Es war mir bei dieser Gelegenheit besonders auffallend«, heißt es etwa von der neuseeländischen Inselbevölkerung, »daß auch diese Nation, gleich wie fast alle Völker der Erden, als hätten sie es abgeredet, die weiße Farbe oder grüne Zweige für Zeichen des Friedens ansieht, und daß sie, mit einem oder dem anderen versehen, dem Fremden getrost entgegengehen. Eine so durchgängige Übereinstimmung muß gleichsam noch vor der allgemeinen Zerstreuung des menschlichen Geschlechts getroffen worden sein, wenigstens sieht es einer Verabredung sehr ähnlich, denn an und für sich haben weder die weiße Farbe, noch grüne Zweige, eine selbständige unmittelbare Beziehung auf den Begriff von Freundschaft.«[19]

In einer späteren Schrift aus dem Jahre 1786 indessen hält sich Forster die Möglichkeit einer Polygenese durchaus offen; er könne nicht für unwahrscheinlich oder unbegreiflich halten, stellt er fest, daß zwei verschiedene Stämme, und vielleicht von jedem eine hinlängliche Anzahl von Individuen, als Autochthonen in verschiedenen Weltgegenden hervorgegangen seien.[20] Freilich ist Forster weit davon entfernt, zur Stützung dieser Erwägung derart gewagte Behauptungen aufzustellen, wie dies die Sklavereiapologeten getan hatten; mit deren Geisteshaltung hatte der liberale Deutsche ohnehin nichts gemein. Forster ging es vor allem darum, den vorurteilsfreien Raum wissenschaftlicher Fragestellung zurückzugewinnen. »Ob nun aber der Neger und der Weiße«, schreibt Forster, »als Gattungen (species) oder nur als Varietäten voneinander verschieden sind, ist eine schwere, vielleicht unauflösliche Aufgabe. Mit dem Schwert dreinzuschlagen überläßt der kaltblütige Forscher denen, die nicht anders lösen können, und doch alles lösen wollen. Was ihm zu verworren ist, läßt er lieber als einen Knoten zurück, dessen Band sich doch einmal, früher oder später, wenn die Fäden erst alle gefunden sind, entwickeln lassen wird.«[21]

Die Frage, die Georg Forster derart in der Schwebe ließ, ist erst nach den bahnbrechenden Überlegungen von Charles Darwin einer Lösung entgegengeführt worden; mit den Methoden einer noch vorwiegend statischen Klassifikation, wie sie den aufgeklärten Naturforschern zu Gebote standen, war sie nicht zu beantworten.

2. Das fehlende Glied

a) Die Systematik der menschlichen Gattung bei Carl von Linné

Selbst wenn, wie die Monogenisten glaubten, der Eingeborene der menschlichen Gattung angehörte, so bedeutete das nicht eo ipso, daß er dem Weißen in jeder Hinsicht gleichzustellen war. Die Meinung, die »Wilden« stammten vom Affen ab oder stünden doch dem Tierreich sehr nahe, blieb weitverbreitet. Selbst wenn Körperbau und aufrechte Gangart für die Einheit der Gattung sprachen, blieb immer noch die Frage beunruhigend offen, ob es sich mit der Geistesverfassung der Eingeborenen wirklich analog verhielt.

Carl von Linné hatte in seinem »Systema Naturae« den Menschen der Ordnung der Primaten zugerechnet, die er mit den Säugetieren in enger Beziehung stehen sah, auch wenn er den Entwicklungsgedanken noch sehr wenig beachtete. In einer späten Edition seines Werks wurde die menschliche Gattung »Homo sapiens« in die Untergruppen des wilden Mannes (Ferus), des Indianers (Americanus), des Europäers (Europäus), des Mongolen (Asiaticus) und des Negers (Afer) unterteilt; es folgten verschiedene Monstren und Fabeltiere sowie die hochentwickelten Affen.[22] Bezeichnend für die verhältnismäßig geringe Aufmerksamkeit, welche man vor der Mitte des achtzehnten Jahrhunderts dem naturwissenschaftlich-ethnologischen Studium des Menschen zollte, ist der Umstand, daß Linnés Angaben über den »Homo sapiens« ungleich spärlicher fließen als über die verschiedenen animalischen und botanischen Gattungen. Linné begnügt sich damit, seine Leser auf das »Erkenne dich selbst« des Apollotempels in Delphi hinzuweisen und eine sehr summarische Klassifikation der verschiedenen menschlichen Untergruppen zu geben.

Zur Unterscheidung bedient er sich sowohl körperlicher als charakterlicher Merkmale. Den Europäer sieht Linné durch seinen muskulösen Körper und die weiße Haut, durch blaue Augen und blonde Haare am reinsten gekennzeichnet; in geistiger Hinsicht fällt er dadurch auf, daß er von sanguinischem Temperament ist und sich durch Gesetze regieren läßt.[23] Der Indianer ist durch seine aufrechte Gestalt und seine Rothäutigkeit bestimmt, wobei Linné offensichtlich entgeht, daß die Hautfarbe in diesem Fall allein aus der Bemalung zu erklären ist; ferner wird auch dem Indianer ein sanguinisches Temperament zugesprochen. Die Mongolen sind an der braunen Haut und an ihrer Zählebigkeit zu erkennen; sie sind von melancholischer Gemütsart und neigen zu Prunkliebe und Hoffart. Die Afrikaner fallen durch Schwarzfärbung und Kraushaar auf und dadurch, daß sie ihren Leib mit Fett zu beschmieren lieben; Linné schreibt ihnen einen boshaften, faulen und nachlässigen Charakter zu und betont, sie würden durch reine Willkür regiert.[24]

Die Untergruppe der »wilden Männer« nimmt bei Linné insofern eine gewisse Sonderstellung ein, als eine nähere Charakterisierung fehlt. Der Naturforscher erwähnt lediglich eine Reihe jener merkwürdigen Waldmenschen, die zu seiner Zeit in abgelegenen Gegenden Europas aufgegriffen wurden und deren tatsächliche oder gemutmaßte Wildheit die Neugier der Fachgelehrten aufs äußerste reizte.

So hatten im Jahre 1661 in den litauischen Wäldern Jäger zwei neunjährige Knaben unter einem Rudel von Bären gefunden; eines der Kinder war trotz bissiger Gegenwehr eingefangen worden, man hatte es christlich getauft und, freilich ohne Erfolg, versucht, es zu menschlichem Betragen zu erziehen. Aus den unzugänglichen Wäldern des Zentralmassivs, der Alpen und der Pyrenäen wurden ähnliche Funde gemeldet, und ernstzunehmende Journale berichteten eingehend darüber. Im Jahre 1724 wurde in der Nähe von Hannover ein armseliger und schwachsinniger Knabe, den seine Eltern verstoßen hatten, aufgegriffen und zum Idealtypus des Naturmenschen erklärt. Nicht nur Linné, sondern auch Montesquieu, Buffon, Rousseau und Herder erwähnen diesen »Iuvenis Hannoveranus«; die »Royal Society« ließ ihn nach London kommen, Lord Monboddo, einer der exzentrischsten Naturschwärmer jener Zeit, holte ihn auf sein Landgut in Schottland; Johann Friedrich Blumenbach gehörte zu den wenigen, die nicht Opfer dieser Mystifikation wurden.[25]

Den »wilden Männern« schlossen sich in der Vorstellung Linnés und seiner Zeitgenossen allerlei Monstren und Fabelwesen an. Den Monstren rechnete Linné die riesenhaften Patagonier zu, von denen der italienische Chronist Pigafetta erstmals staunend berichtet hatte, ferner die Hottentotten, deren Häßlichkeit geradezu sprichwörtlich geworden war, die kanadischen Indianer und erstaunlicherweise die Chinesen.[26] In seinem Abschnitt über diese absonderlichen Ausgeburten der Schöpfung zeigt sich, daß Linné sich von mittelalterlichen Legenden und von dem, was das Gerücht unter seinen Zeitgenossen verbreiten mochte, noch nicht völlig befreien konnte. Mit seinen Andeutungen nahm der große schwedische Naturforscher beispielsweise die Mutmaßungen wieder auf, wie sie der gelehrte John Major im Zusammenhang mit den Entdeckungen des Kolumbus über die Tier-Menschnatur der karaibischen Indianer angestellt hatte und begab sich zurück in jenes Phantasiereich, welches Weltchronisten und Gelehrte des sechzehnten Jahrhunderts wie Hartmann Schedel oder Konrad Gesner ihren staunenden Lesern vor Augen geführt hatten.[27]

b) Die Diskussion um das Mittelgeschöpf

Es kann nicht verwundern, daß in einer Zeit, die von Sinn und Ordnung des Schöpfungsganzen so überzeugt war wie das achtzehnte Jahrhundert, die Frage nach den Zwischenbereichen oder Übergangsfeldern zwischen den verschiedenen Gattungen besonderes Interesse finden mußte. Der Gebildete der Aufklärungszeit glaubte an den hierarchisch gegliederten Aufbau der Natur, an die »große Kette der Lebewesen«[28], die sich vom Menschen aus bis hinab zu den pflanzlichen und mineralischen Erscheinungen verfolgen ließ. Ob man nun, wie das bei Herder geschah, diese Stufenleiter als den Ausdruck göttlicher Offenbarung betrachtete, ob man, wie die französischen Materialisten es taten, von mechanischen Gesetzmäßigkeiten sprach – in beiden Fällen wurde die Existenz einer umfassenden Ordnung sowohl bei den Monogenisten als auch bei deren Gegnern nicht bestritten. Ein volles Jahrhundert vor Herder und dessen Zeitgenossen hatte John Locke in seinem »Essay concerning Human Understanding« diese Idee treffend dargelegt. »Bedenken wir ...«, schrieb Locke, »die unendliche Macht und Weisheit des Schöpfers, so haben wir Grund zu der Annahme, daß es der großartigen Harmonie des Universums und den hohen Absichten sowie der unendlichen Güte seines Baumeisters entspreche, wenn die Spezies der Geschöpfe in unmerklichen Abstufungen von uns aufwärts zu seiner unendlichen Vollkommenheit emporsteigen, ganz wie wir sie von uns staffelartig nach unten hinabsteigen sehen.«[29]

Diese Ordnungsvorstellung fand, wie gesagt, allgemeine Billigung und wurde nur von wenigen Denkern, die sich darauf kaprizierten, in allem ihre eigene Meinung zu haben, von Dr. Johnson und Voltaire etwa, in Frage gestellt. Um die Stellung einzelner Geschöpfe innerhalb dieses Systems jedoch, das unvermerkt den Charakter einer Rangordnung annahm, entspannen sich verschiedene Kontroversen. Besonders die Frage, welches Wesen geeignet sei, zum »Mittelgeschöpf« zwischen Menschen- und Tierwelt erklärt zu werden und an die Stelle des »fehlenden Gliedes« zu treten, blieb umstritten. Die gelehrten Auseinandersetzungen zu diesem Thema wurden insbesondere durch den Umstand erschwert, daß man sich nicht mit der exakten naturwissenschaftlich-physiologischen Beschreibung der in Frage kommenden Lebewesen zufrieden geben wollte, sondern immer wieder mit erstaunlicher Rückhaltlosigkeit ins Fabelreich skurriler und phantastischer Visionen abglitt.

Die verschiedensten Theorien wurden laut, und die populärsten waren oft die fragwürdigsten. Manche Naturbetrachter gingen von der Körpergröße aus und glaubten in Riesen und Zwergen die gesuchten Zwischenglieder erkennen zu dürfen. Andere Forscher stützten ihre Überlegungen auf das Ausmaß der Fettleibigkeit oder auf den Grad der Behaarung bei den von ihnen untersuchten Individuen. Monogenisten, die eben erst von einem gemeinsamen Elternpaar der Weltbevölkerung gesprochen hatten, führten nachträglich eine Unterscheidung zwischen Körper und Geist ein, die es ihnen gestattete, den Eingeborenen physisch als Menschen, intellektuell als Tier deklarieren zu können. Ästheten, die ihr Urteil beim Anblick des Apoll von Belvedere geschult hatten, machten im Gegensatz dazu die Zugehörigkeit zum menschlichen Geschlecht von kanonischen Vorstellungen über den Körperbau abhängig und verbannten, was sich ihrem Maße entzog, in jenen Zwischenbereich. Im deutschen Theater des »Sturm und Drang« treten zahlreiche Gestalten auf, die man biologisch als Zwischenglieder bezeichnen müßte: sie stehen unentschieden zwischen Mensch und Tier, auch in physiognomischer Hinsicht, entweder, weil sie tief gefallen, oder nie ganz aufgestiegen sind; der heutige Zuschauer, der von gewandelten menschheitsgeschichtlichen Vorstellungen ausgeht, wird sie kaum noch glaubwürdig finden.

Auch die Informationen aus Übersee dienten dazu, den Spekulationen über das »fehlende Glied« immer neue Nahrung zu geben. Diese Nachrichten bildeten das

24. *Von seltsam gearteten Tieren, die häufig etwas Menschenähnliches an sich haben, ist in den Reiseberichten und Kompilationen bis um die Mitte des 18. Jahrhunderts immer wieder die Rede: diese Abbildung nach Thevets »Les singularitez de la France Antarctique« (Paris, 1558) zeigt ein solches Fabeltier, das sich dadurch auszeichnet, daß es, in die Flucht gejagt, seine Jungen auf den Rücken nimmt und mit dem Schweif beschützt.*

Pendant zu den europäischen »Wilde-Mann-Geschichten«, übertrafen diese aber in der Regel durch die Ausgefallenheit der pittoresken Details. Einer der ersten uns bekannten Berichte dieser Art ist jener eines englischen Korsaren namens Battell, der um 1625 in der Kollektion »Hakluytus posthumus« des Samuel Purchas erschien. Battell, der sich in Westafrika, nahe der Mündung des Kongo aufhielt, sah im sogenannten »Pongo«-Affen, wahrscheinlich dem Gorilla, das vielgesuchte Mittelgeschöpf. Er sprach den »Pongos« eine auffallende Ähnlichkeit mit den Menschen zu und schilderte ihren aufrechten Gang und ihre Fähigkeit, sich Behausungen einzurichten.[30] Jean-Jacques Rousseau sollte über ein Jahrhundert später die Beobachtungen Battells in seinen Anhang zum »Discours sur l'inégalité« aufnehmen, aber durch seinen Kommentar wenig zur Klärung der Frage nach dem »fehlenden Glied« beitragen. »Unsere Reisenden«, schrieb Jean-Jacques, »machen ohne alle Umstände aus jenen Wesen, welche die Gelehrten der Antike als Satyre, Faune und Waldmenschen bezeichneten, Tiere, welche sie mit Namen wie ›Pongo‹, ›Mandrill‹ und ›Orang-Utang‹ bezeichnen. Und vielleicht wird man eines Tages nach genaueren Forschungen feststellen, daß es sich dabei um Menschen handelt.«[31]

Nicht nur Rousseau, auch das große deutsche Universallexikon der Aufklärung von Zedler wußte nicht recht, was von den Informationen aus Übersee, diese seltsamen Mischgeschöpfe betreffend, zu halten sei. Zedler stützt sich auf Nachrichten aus Borneo und Indien und weiß zu erzählen, der wilde Mann gehe aufrecht und auf zwei Füßen, dabei so schnell, daß er von einem Pferd nur mit Mühe eingeholt werden könne. »Die Könige und Prinzen«, heißt es weiter, »haben ihre größte Lust, wenn sie ihn als Hirsch jagen können. Es könnte dieser wilde Mensch auch wohl eine Art der großen Affen sein, und ist recht zu verwundern, daß man gar keinen richtigen Bericht von diesem Tier erhalten könne, als was man von den Reisenden vernimmt, die dennoch oftmals sagen, was sie vom bloßen Hörensagen haben und doch persönlich nicht gesehen.«[32]

Den wichtigsten wissenschaftlichen Beitrag zur Frage des »fehlenden Gliedes« im achtzehnten Jahrhundert sollte Edward Tysons Abhandlung »Orang-Utang sive Homo Sylvestris« darstellen, die im Jahre 1699 in London erschien. Tyson war ein überzeugter Verfechter der Idee einer »Kette der Lebewesen« und sah folglich das Ganze der Schöpfung nach dem Willen Gottes in graduellen Abstufungen von den Mineralien bis zum Menschen aufsteigen. Der Engländer ging streng empirisch von anatomischen Untersuchungen aus, die er am Kadaver eines Schimpansen (den er mit einem Orang-Utang verwechselte) vornahm, welcher ihm aus Westafrika übersandt worden war. An diesem Schimpansen stellte Tyson eine derartig weitgehende Übereinstimmung des Baus der inneren Organe im Vergleich zum Menschen fest, daß er glaubte, das Mittelgeschöpf gefunden zu haben. Das entscheidende Charakteristikum des Schimpansen, so argumentierte Tyson in weitläufigen Auseinandersetzungen mit dem medizinisch-anatomischen Wissen seiner Zeit, war, daß diese Kreatur in einzelnen Teilen ihres Körperbaus dem Menschen ähnlicher war als dem Tier – damit war seine Mittelstellung gegeben.[33]

Über den Charakter und das Verhalten der Schimpansen äußert sich Tyson nur kurz; immerhin stellt er fest, es habe sich, nach dem Zeugnis derer zu schließen, die seinen Schimpansen lebend gekannt hätten, um die »gutherzigste und liebenswerteste Kreatur« gehandelt, die man sich vorstellen könne. Der Schimpanse, heißt es weiter, habe die Gesellschaft der Menschen offensichtlich derjenigen der Affen vorgezogen, habe sich nach europäischer Art kleiden lassen, habe in einem Bett geschlafen und sich die Decke über die Ohren gezogen, wie dies die Menschen zu tun pflegten.[34] Ähnliches sollte übrigens ein paar Jahrzehnte später auch der Naturforscher Sir Hans Sloane feststellen, der sich glaubwürdig davon unterrichten ließ, daß die Schimpansen über einen ganz natürlichen Gang verfügten, sich zum Essen manierlich niedersetzten und sich mit den Händen geschickt Nahrung zuführten.[35]

Die Erklärung des Schimpansen zum »fehlenden Glied«, wie Edward Tyson sie formulierte, hat dazu beigetragen, der anthropologischen Diskussion der Aufklärungsphilosophen über diesen Punkt eine gewisse Basis zu geben. Das Gerede von Monstren und Fabelwesen verschwand zwar, wie Linné zeigt, nicht aus der wissenschaftlichen Diskussion, verlor aber an Gewicht. Dadurch, daß Tyson sich hütete, den Eingeborenen in die Auseinandersetzung um das Mittelgeschöpf einzubeziehen, zeigte er sich deutlich als Befürworter der Einheit der menschlichen Gattung und sperrte auf biologischer Argumentation sich gründender Rassendiskriminierung frühzeitig den Riegel. Der englische Anatom dachte sich freilich die Schöpfung noch durchaus statisch aufgebaut, und der Gedanke an fließende Übergänge zwischen den verschiedenen Stufen der natürlichen Erscheinungswelt lag ihm vollkommen fern.

Allerdings verleitete die Tatsache weitgehender physischer Übereinstimmung zwischen Schimpansen und Menschen Spöttler und Materialisten nicht selten zu mehr oder weniger originellen Bonmots zum Thema oder zur Propagierung etwas ausgefallener Experimente. Voltaire, der vom Menschen im allgemeinen zu wenig hielt, als daß er sich in Spekulationen über dessen Rangordnung eingelassen hätte, machte sich über die gelehrten Mutmaßungen einiger seiner Zeitgenossen lustig, indem er feststellte, auch unter den Affen werde das Problem ernsthaft diskutiert, ob diese vom Neger oder die Neger von ihnen abstammten.[36] Materialisten wie Lamettrie aber beriefen sich etwa auf die von Tyson besonders betonte gleiche Beschaffenheit des Kehlkopfs beim Schimpansen wie beim Menschen und schlugen vor, daß man den Affen das Sprechen beizubringen suche und sie dadurch allmählich einer europäischen Allgemeinbildung entgegenführe. »Warum«, schrieb Lamettrie, »sollte die Erziehung eines Affen eigentlich unmöglich sein? Warum sollten sie sich nicht, dem Beispiel der Tauben folgend, durch sorgsame Nachahmung der dazu notwendigen Bewegungen ausdrücken lernen?«[37] Dieser Gedanke wurde besonders vom bereits erwähnten Lord Monboddo aufgenommen, der mit dem »Iuvenis Hannoveranus« bereits vergebliche Erziehungsversuche unternommen hatte, sich aber nicht entmutigen ließ und zu neuen derartigen Versuchen aufrief.

Im allgemeinen muß festgestellt werden, daß sich die aufgeklärten Gelehrten in der Frage des »fehlenden Gliedes« mit einiger Zurückhaltung äußerten. Buffon etwa vermied es geschickt, sich in bezug auf das Mittelgeschöpf festzulegen, indem er, von Linné abrückend, die Notwendigkeit einer systematischen Klassifikation bestritt; die Natur, betonte er, kenne weder Klassen noch Arten, sondern bloß Individuen, und zu strenge Unterteilung sei das Werk unseres Geistes und das Produkt übernommener Vorstellung.[38] Buffon erkannte die gefährliche Verlokkung, die sich dann ergab, wenn innerhalb eines ausgeklügelten Natursystems gähnende Lücken zutage traten; er vertraute darauf, daß in solchen Fällen nur exakte Beschreibung helfen könne und zog nötigenfalls bereits in Betracht, daß bestimmte Zwischenglieder ausgestorben sein könnten.

In Deutschland und Österreich warnten Johann Friedrich Blumenbach und Samuel Thomas Sömmering davor, im Eingeborenen das »fehlende Glied« in der »Kette der Lebewesen« zu sehen. Zwar ergaben ihre anatomischen Untersuchungen, daß der Neger seiner physischen Beschaffenheit nach in bestimmten Punkten dem Affen glich. Sömmering ging so weit, den Afrikaner »affenähnlicher« als den Weißen zu finden, womit er immerhin andeutete, daß auch der Europäer sich vom Affen herleiten ließe, auch wenn er in seiner biologischen Entwicklung eine andere

Stufe erreicht hatte.[39] Eine direkte Beziehung zwischen Affe und Neger aber, betonte Sömmering, ließe sich nicht feststellen: »Die Mohren bleiben aber doch Menschen und über jene Klasse gar sehr erhaben, gar sehr auffallend von ihnen unterschieden und abgesondert.«[40] Auf keinen Fall dürfe man sich, fuhr er fort, durch den Eindruck, der Afrikaner stehe dem Tiere näher, dazu verleiten lassen, ihm mit geringerer Freundlichkeit zu begegnen; die Neger verdienten es ebensosehr wie die schönsten Griechinnen, dem Menschengeschlecht zugerechnet zu werden.

Ähnlich argumentierte auch Blumenbach. In seinem Traktat über »Die natürlichen Verschiedenheiten im Menschengeschlecht« stellt er fest, daß bestimmte äußerliche Ähnlichkeiten in der Beschaffenheit von Tier und Mensch noch keinerlei Anlaß zu verallgemeinernden Schlüssen, die Abstammungslehre betreffend, geben könnten. Zur Frage, inwiefern sich der Afrikaner möglicherweise als Zwischenglied betrachten lasse, äußert sich Blumenbach sehr vorsichtig. »Was man aber von den Äthiopiern behauptet«, schreibt er, »daß sie sich den Affen mehr nähern als den andern Menschen, das gebe ich in dem Sinne gern zu, als man zum Beispiel sagen kann, daß sich jene Rasse von Hausschweinen mit Hufen dem Pferde mehr nähere, als die übrigen Schweine; indes erhellt schon daraus, daß eine solche relative Vergleichung im allgemeinen doch ohne Gewicht sei, weil es auch unter den übrigen Hauptvarietäten des Menschengeschlechts keine einzige gibt, aus der nicht ebenfalls ein oder das andere Volk, und zwar von genauen Beobachtern, in Anschauung der Gesichtsbildung mit den Affen verglichen worden wäre...«[41]

Im ganzen gesehen blieb die Diskussion um das »fehlende Glied« aus zwei Gründen unergiebig: zuerst, weil das Anschauungsmaterial, wie es den Anthropologen zu vergleichenden Studien zur Verfügung stand, recht spärlich war; und dann, weil die Beobachtungen, welche man anstellte, noch nicht in einem entwicklungsgeschichtlichen Zusammenhang gesehen wurden.

Auf den ersten Mangel wies etwa der englische Arzt Thomas Winterbottom, von dessen Reisen in Sierra Leone bereits die Rede gewesen ist, hin. Winterbottom tadelte den Hang zur theoretischen Systematisierung, den »spirit of systematizing«, wie er seit Linné die Überlegungen der Biologen beherrsche.[42] Er betrachtete das Material, welches sich in den naturwissenschaftlichen Sammlungen Europas anhäufte, als unzureichend und schlug demgegenüber Untersuchungen an Ort und Stelle vor; auch die Methoden wissenschaftlicher Betrachtung bedurften seiner Ansicht nach der Verfeinerung. Der Naturforscher sei verpflichtet, meinte Winterbottom, in allen jenen Fällen, über die er sich keine volle Klarheit verschaffen könne, auf künstliche Erklärungen und Kausalkonstruktionen zu verzichten. Alle Mutmaßungen über die Existenz von Mittelgeschöpfen erschienen ihm, solange deutlichere Indizien nicht vorlagen, als unergiebig, und er zog es vor, statt für irgendeine der gängigen Theorien einzutreten, seine Zweifel einzugestehen. An der Zugehörigkeit des schwarzen Afrikaners zur menschlichen Gattung hielt auch Winterbottom fest. »Allen diesen Lehren«, schreibt er in seinem Reisebericht, »darf mit den Worten eines geistreichen Autors entgegengehalten werden, daß der Mensch von allen Tieren dasjenige ist, bei dem die Unterschiede am wenigsten ins Gewicht fallen. Bei den niedrigeren Lebewesen sind die Verschiedenheiten so groß, daß sich oft die ursprüngliche Art nicht mehr erkennen läßt. Dagegen lassen sich die Hauptunterschiede beim Menschen eher auf die Tönung der Haut, als auf den Körperbau zurückführen; denn in allen Klimazonen zeigt er seinen aufrechten Gang und die deutliche Überlegenheit seines Wuchses.«[43]

Dem Mangel an Anschauungsmaterial entsprang teilweise wenigstens auch die Unzulänglichkeit einer vorwiegend statischen Betrachtungsweise. Es fehlten datierbare Schädelfunde, die es gestattet hätten, die Entwicklung des menschlichen Geschlechts über große Zeiträume hinweg zu verfolgen; selbst heute läßt sich das Tier-Mensch-Übergangsfeld noch nicht durch fossile Dokumente direkt belegen.[44]

Erst zu Beginn des neunzehnten Jahrhunderts verfiel Lamarck auf die Idee, die wirbellosen Fossilien des Pariser Beckens zu studieren, wobei er feststellte, daß die Arten »nur eine begrenzte oder vorübergehende Beständigkeit« aufwiesen und nur solange unverändert fortdauerten, als die auf sie einwirkenden Umstände sich nicht änderten.[45]

Dieser Gedanke wäre um 1780 noch unfaßbar gewesen. Noch hatte innerhalb der »großen Kette der Lebewesen« jedes Geschöpf den ihm vom Schöpfer zugewiesenen Platz, und die Veränderungen, welche man sich eingestand, gingen in der Regel nicht über das Individuum und die Dauer eines Lebens hinaus. Diese Vorstellung eines starren Weltgefüges konnte im sozialen Bereich zu quietistischen Formen des Fatalismus führen, so etwa, wenn Pope in seinem »Essay on Man« die absolutistisch gestufte Gesellschaft als gottgewollt und unwandelbar schilderte. Auch Montesquieus Milieutheorie änderte wenig an dieser Grundhaltung. Sie genügte nicht, der Idee von einer natürlichen Auslese durch Anpassung an Umweltfaktoren zum Durchbruch zu verhelfen, und sie ging auf Fragen der Vererbung nicht ein. So ließ sich das Problem des »fehlenden Gliedes« im achtzehnten Jahrhundert ebensowenig mit letzter Eindeutigkeit lösen wie der Ursprung der Rassen; die Zeit war für eine naturwissenschaftlich begründete Abstammungslehre noch nicht reif.

3. Vom Ursprung der Rassen

a) Biblische Abstammungstheorien

Die Auseinandersetzungen um die Einheit des Menschengeschlechts und die Mutmaßungen über das fehlende Glied vermochten die Frage nach Ursprung und Verschiedenheit der Rassen nicht völlig zu klären und beseitigten die Vorurteile des Europäers im Umgang mit den Eingeborenen nicht. Wie lebhaft auch immer der Disput geführt wurde – er beschränkte sich auf einen Kreis europäischer Gelehrter, der mit den Vertretern der weißen Kolonialgesellschaft nur gelegentlich Beziehungen unterhielt und sich außerstande sah, auf die Behandlung der

Eingeborenen in Übersee einzuwirken. Faktoreiangestellte, Seeleute und Marinesoldaten nahmen an diesem Gespräch nicht teil, nicht nur, weil sie ihm intellektuell wahrscheinlich nicht gewachsen gewesen wären, sondern auch, weil das ständige Risiko einer im gegenseitigen Mißtrauen wurzelnden Beziehung zum andersrassigen Menschen ein Klima schuf, das einer freien Erörterung solcher Fragen nicht günstig war. In diesen Schichten verband sich dumpfe Ungewißheit leicht mit einem naiven Vormachtbewußtsein, das sich auf die technische Überlegenheit und auf die geringen Bildungsreste stützte, welche christliche Erziehung im Geist der Seefahrer hinterlassen hatte.

Während in den Augen des europäischen Gelehrten der mosaische Schöpfungsbericht eher geeignet schien, die Gleichwertigkeit der anderen Rassen zu erhärten, bedienten sich Matrosen und Kolonialbeamte ihrer Bibelkenntnis auf ganz andere Art. Die niedrigste, auf unreflektierter Antipathie gegenüber dem Eingeborenen beruhende Form derartiger Deutungsversuche sah in der dunkleren Hautfarbe des Eingeborenen das sicherste Kennzeichen seiner diabolischen Abkunft. Daß der schwarze Afrikaner diesem Vorurteil am stärksten ausgesetzt war, versteht sich von selbst. Die schwarze Farbe hatte sich bereits in der Phantasie des mittelalterlichen Menschen mit Magie und Verderbtheit, mit dunklen Angstgefühlen und Todesahnung verknüpft; und derart unbestimmte Empfindungen loszuwerden, fällt auch in unseren Tagen nicht leicht. Einfach gearteten Seelen erschien der Neger als ein Sendling Satans auf Erden: er war der böse Geist, und keine Unternehmung, an der er beteiligt war, konnte gelingen. Oberflächlicher Augenschein gab solchen Vorurteilen zusätzlich Nahrung. Unreinheit und ausschweifende Sexualität, die man, sehr zu Unrecht, mit den dunkelhäutigen Rassen in Verbindung zu bringen pflegte, schienen in dieselbe Richtung zu weisen; das »Heidentum« und die »Götzenverehrung« der Eingeborenen bestärkten den Kolonialeuropäer allzuleicht in solchen Vorstellungen.

Andere Betrachter sahen im farbigen Menschen, vor allem im Neger, zwar keinen Abkömmling des Teufels, wohl aber einen Menschen, den ein Fluch getroffen hatte, von dem er sich nie wieder ganz würde lösen können. Sehr verbreitet war der Gedanke, der Neger entstamme dem Geschlechte Kains; die schwarze Färbung seiner Haut, vermutete man, entspreche dem Zeichen, mit dem Gott den Brudermörder gebrandmarkt und aus der menschlichen Gemeinschaft ausgeschlossen hatte.[46] Eine solche Deutung ging zwar insofern über den Wortlaut des biblischen Berichts hinaus, als dort nur von einem Erkennungszeichen die Rede ist, das Kain vor der Blutrache schützen soll; darin aber, daß Kain »vom Angesichte des Herrn hinwegging« und zum Stammvater eines entarteten Geschlechts wurde, sah man seine Verwandtschaft mit dem Afrikaner zureichend begründet. Es ist denkbar, daß diese Vorstellung bereits in der Kreuzzugsliteratur, mit Bezug auf andere Völkerschaften außerhalb Europas, bekannt gewesen ist; dem portugiesischem Reisenden Azurara jedenfalls, der sich dem Pathos der Konquista besonders zugänglich zeigt, ist sie zur Zeit Heinrichs des Seefahrers geläufig. Allerdings kennt Azurara die Bibel schlecht und verwechselt Kain offensichtlich mit Cham, einem der Söhne Noahs, aber er zögert nicht, den Brudermörder mit den Afrikanern in Beziehung zu bringen und in der Schwarzfärbung einen Hinweis auf die gottgewollte Dienstbarkeit des Negers zu sehen.⁴⁷ Holländische und englische Seefahrer übernahmen diesen Gedanken in den folgenden Jahrhunderten, und noch im Jahr 1733 wurde er in einem Buch des französischen Jesuiten Malfert, das unter dem Titel »Mémoire sur l'origine des Nègres et des Américains« erschien, erneut vertreten.⁴⁸

Noch häufiger dürfte die Auffassung gewesen sein, es handle sich bei den Negern um die Nachkommen Chams aus dem Geschlecht Noahs. Der Bibel zufolge hatte sich nach der Sintflut das Menschengeschlecht durch Noahs Kinder Sem, Japhet und Cham dreistämmig ausgebreitet. Sem und Japhet begründeten im Nahen Osten und im griechisch-kleinasiatischen Raum neue Völkerschaften; man hat in ihnen die Stammväter der Semiten und der Indogermanen gesehen. Cham, dem der Vater weniger günstig gesonnen war, pflanzte sein Geschlecht in Nordafrika und Ägypten fort – auf ihn geht der ungenaue Sammelbegriff der Hamiten zurück. Für manchen frommen Seefahrer und Handelsmann des siebzehnten Jahrhunderts lag es nun nahe, in dieser Dreiteilung den Ursprung der Menschenrassen zu sehen und Cham, den seines Vaters Fluch zum »Knecht aller Knechte« erniedrigt hatte, als Stammvater der schwarzen Afrikaner zu betrachten.⁴⁹ Die Figur Chams wurde im Laufe der Zeit von mancherlei Legendengerank umwoben; manche hielten ihn für den Begründer der Alchimie und schrieben seine Hautfarbe Schwefeldämpfen zu, andere behaupteten, er habe sich des Inzestes schuldig gemacht und sei darum mit Schwarzfärbung bestraft worden.⁵⁰

Noch im achtzehnten Jahrhundert fand die Theorie, wonach bereits die Sintflut über die aufsteigende oder absinkende Entwicklungslinie der Geschichte einzelner Rassen entschieden habe, hochgebildete Befürworter. »Von den drei Stammesvätern«, schreibt etwa der Franzose De Brosses um 1760, »welche die Erde nach dem Rückgang der Sintflut wiederbevölkerten, bewahrte sich nur die Familie eines einzigen (Japhets) die Kenntnis der ursprünglichen Kultformen und die gesunden Ideen von der Natur Gottes. Die Nachkommenschaft der beiden anderen Familien, welche zahlreicher und verbreiteter war, verlor die wenigen diesbezüglichen Kenntnisse infolge der Zerstreuung in tausend kleine Siedlungen unwirtlicher und waldbedeckter Regionen... Alles war vergessen und blieb unbekannt.«⁵¹

Solche Märchengeschichten und Erklärungsversuche waren gewiß auf ihren Wahrheitsgehalt nicht nachzuprüfen, aber es ergab sich, daß die Untugenden, welche man etwa Cham zuschrieb, den Hang zu Magie und Perversion, sich scheinbar auch beim Afrikaner fanden, und dieser Umstand bewies in den Augen vieler Weißen genug.

Nicht immer freilich zielten derartige Überlieferungen auf die Diskrimination von Menschen anderer Rasse ab. Arabische Legenden kennen denselben Gedanken einer Weltteilung zwischen drei gottesfürchtigen Männern; einer von ihnen, ein schwarzhäutiger Marabu, zieht nach der Sage von Osten gegen Süden und wird in Afrika zum Begründer einer gesegneten Nachkommenschaft. Man wird sich in diesem Zusammenhang auch der Heiligen drei Könige erinnern, die als Vertreter der Menschheit zur Geburtsstätte Christi pilgern und von denen im Matthäus-Evangelium berichtet wird.[52] Zu Beginn des fünfzehnten Jahrhunderts betrachtete man Kaspar, Balthasar und Melchior, wie die Könige in alten armenischen Quellen genannt wurden, allgemein als Repräsentanten dreier Weltgegenden, nämlich Afrikas, des Orients und Europas, ohne mit dieser Deutung ein wertendes Urteil zu verbinden: zahllose bildliche Darstellungen zeigen deutlich genug, welcher Beliebtheit sich alle drei Könige im Volksglauben erfreuten. Aber es kann kein Zweifel darüber bestehen, daß diese Publikumsgunst auf das Verhalten gegenüber den dunkelhäutigen Rassen eine ebenso geringe Auswirkung hatte wie die Hochachtung, die man der legendären Gestalt des schwarzen Priesters Johannes zu zollen bereit war.[53] Die Abstammungstheorien, welche auf Kain und Cham Bezug nahmen, blieben weit einflußreicher; sie sind auch noch heute, etwa in kalvinistischen Kreisen Südafrikas, erstaunlich verbreitet.

Vonseiten der europäischen Anthropologen sowohl polygenetischer als monogenetischer Orientierung wurden derlei Auffassungen bereits im achtzehnten Jahrhundert zurückgewiesen. Für die Polygenisten waren sie ohnehin nicht akzeptabel, weil ja die Eingeborenen, ihrer Ansicht nach, vor Adam erschaffen worden waren und folglich nicht auf Kain oder Cham zurückgeführt werden konnten. Darin freilich, daß auch die Überzeugungen der Polygenisten auf eine Diskrimination der anderen Rassen abzielten, trafen diese Gelehrten sich mit den Verfechtern biblischer Abstammungstheorien.

Auch die Monogenisten wandten sich gegen eine derartig eigenwillige und ethnozentrische Deutung der Heiligen Schrift. Ihr Ehrgeiz war es ohnehin, Ursprung und Entwicklung des Menschengeschlechts biologisch-genetisch zu erklären; Theorien, die von recht spärlichen christlichen Überlieferungen ausgingen, erschienen ihnen zum vornehrein als suspekt. Zudem schloß die Idee einer Einheit des menschlichen Geschlechts, das überall und in allen seinen vielfältigen Erscheinungsformen allgemeinen natürlichen Gesetzen unterworfen blieb, den Gedanken der gottgewollten Verfluchung einzelner Glieder aus. Schließlich widerstrebte es den Monogenisten, körperliche Merkmale als gültige Hinweise auf den Bildungsstand und den sittlichen Wert einer Rasse zu betrachten, und obwohl sie dieser Gefahr selbst nicht immer entgingen, hüteten sie sich doch, die Idee einer Kollektivschuld, die alle sich folgenden Generationen eines Geschlechtes treffen sollte, zu billigen. Auch wenn man den Malediktionscharakter des Kainszeichens hinnahm und in der Verwünschung Noahs ein menschheitsgeschichtliches Faktum sah, blieb es absurd, alle folgenden Generationen als schuldig zu betrachten, insbesondere, wenn man bedachte, wie sehr sich die Rassen untereinander vermischt hatten. Bedeutete die Tatsache der Ausbreitung von Kains und Chams Nachkommenschaft nicht im Gegenteil und mit größerer Folgerichtigkeit, daß durch deren Fortpflanzung sich das ursprüngliche Schuldpotential vermindert hatte? »Einige bilden sich ein«, schrieb Thomas Astley zu dieser Frage, »die schwarze Hautfarbe gehe auf das biblische Kainszeichen oder auf die Verfluchung Kanaans durch dessen Vater Cham zurück.... Aber selbst wenn wir annehmen, es handle sich bei diesen grillenhaften Einfällen um Fakten – wie hätte sich dann diese sündhafte Hautfarbe auf des Stammvaters Nachkommenschaft übertragen können, wenn die Frauen nicht ebenfalls dunkelhäutig gewesen wären?«[54]

Unter jenen Monogenisten, deren anthropologisches Interesse sich nach 1770 mit einer modischen Begeisterung für den »edlen Wilden« verband, wurde ein weiteres Gegenargument laut. Der Eingeborene könne, erwiderte man, unmöglich einem Menschenstamm zugerechnet werden, den ein Fluch betroffen habe, das Gegenteil sei wahr: die Leichtigkeit, mit welcher die Eingeborenenfrau gebäre, beweise etwa, daß diese Rasse sogar von der Erbsünde freizusprechen sei. Immer wieder, zuerst bei den nordamerikanischen Indianern, dann bei Afrikanern und Südseeinsulanern, glaubten europäische Reisende, die Beobachtung der schmerzlosen Niederkunft der wilden Frau in diesem Sinne interpretieren zu dürfen. Allerdings meldeten sich auch früh genug skeptische Stimmen. »Einige Reisende haben geschrieben«, meint der französische Abbé Demanet in seiner »Nouvelle Histoire de l'Afrique françoise«, »daß die Negerfrauen ohne Schmerzen gebärten... Das ist ein Irrtum; sie bestehen aus Fleisch und Knochen wie andere Frauen und der Fluch, den Gott über Eva aussprach, hat sich zusammen mit der Erbsünde auch auf sie übertragen.«[55] Die Frage hörte nicht auf, die Fachleute zu beschäftigen; noch auf dem Questionnaire, den Blumenbach dem Afrikareisenden Hornemann im Jahre 1797 mitgab, stand zu lesen: »Ist nicht manches übertrieben in der Behauptung von der allgemeinen Leichtigkeit, womit die Negerfrauen gebären sollen?«[56]

Der Hinweis auf die schmerzlose Niederkunft der Eingeborenenfrau erwies sich im übrigen als eine stumpfe Waffe in der Auseinandersetzung mit den Verächtern des andersrassigen Menschen. Zunächst mußte es auffallen, wenn Gelehrte, die vorzugeben liebten, daß sie die Ebenbürtigkeit der Rassen allein nach Kriterien strenger Wissenschaftlichkeit nachzuweisen suchten, ihrerseits beim biblischen Schöpfungsbericht ihre Zuflucht fanden, indem sie die Frage des paradiesischen Urzustandes ins Gespräch brachten. Dann aber zeigte es sich, daß man die schmerzlose Niederkunft, wenn es sie gab, mit einleuchtenden Gründen als Beweis der animalischen Abkunft des Eingeborenen deuten konnte. Denn daran, daß gerade die Säugetiere es waren, die sich in der Regel ohne besonders auffallende Zeichen der Qual dem Geschäft des Gebärens hingaben, war nicht zu zweifeln. So gelangte selbst der deutsche Anthropologe Meiners, dem man in mancher Hinsicht ein außergewöhnliches Verständnis für Völker anderer Himmelsstriche attestieren darf, zu einer wenig schmeichelhaften Feststellung betreffend der schwarzen Afrikaner. »Ihre Frauen«, schreibt Meiners, »gebären leicht, als Tigerinnen und Löwinnen nur werfen können.«[57]

b) Archaische Schöpfungsmythen

Hier sei noch darauf hingewiesen, daß die unbedenkliche Beiziehung eines kanonischen Schöpfungsberichts und dessen legendäre Erweiterungen zur Beurteilung archaischer Moral und Tugendhaftigkeit nicht das lamentable Privileg der weißen Rasse blieben. Auch die Eingeborenenvölker sahen sich mit der Notwendigkeit konfrontiert, die Existenz des weißen Mannes geistig und kulturell zu bewältigen, was entweder dadurch geschah, daß man bestehende Schöpfungsmythen entsprechend abwandelte, umdeutete und erweiterte oder sich neue Abstammungstheorien ersann.

Fast immer verraten diese Legendenbildungen den Grad der Ablehnung oder Wertschätzung, mit dem man den europäischen Fremdlingen entgegentrat. Daß der weiße Mann den Azteken und Inkas als ein Gott erschien, dessen Eintreffen die indianische Überlieferung längst geweissagt hatte, ist bekannt; die schwarzen Sklaven, welche die Spanier nach Mexiko brachten, wurden von den Untertanen Montezumas mit deutlich herabwürdigender Betonung als »unsaubere Götter« bezeichnet.[58] Bei den Cherokee-Indianern in Nordamerika, die sowohl mit Weißen als mit Schwarzen in Berührung kamen, hat sich eine in unserem Zusammenhang höchst bemerkenswerte Schöpfungslegende gebildet. Sie berichtet davon, wie sich Gott bei der Erschaffung des Menschen eines Brennofens bedient, in welchem drei Figuren von menschlicher Gestalt, die er zuvor mit eigener Hand aus Teig gebildet hat, gebrannt werden. Aus Ungeduld nimmt Gott den ersten Menschen zu früh aus dem Feuer; er ist mißraten und von häßlich bleicher Farbe: aus ihm wird der weiße Mann. Die zweite Figur, wohlgebildet und braun gebrannt, entspricht ganz den Erwartungen des Schöpfers: sie wird zum Stammvater der Indianer. Aus Begeisterung über das eben geschaffene Meisterwerk vergißt Gott zuerst, die dritte Figur aus dem Ofen zu holen; wie er sich darauf besinnt, findet er bloß eine verkohlte, schwarze Kreatur vor – den Neger.[59] Dieser indianische Schöpfungsmythus nimmt das Thema der Dreiteilung des menschlichen Geschlechts auf originale Weise auf und sieht, ähnlich wie die christlichen Abstammungstheorien, die Ungleichheit der Rassen bereits im Schöpfungsprozeß selbst angelegt.

Auch in der afrikanischen Mythologie sind ähnliche Vorstellungen häufig. Einigen Überlieferungen zufolge bestand das menschliche Geschlecht ursprünglich ganz aus Schwarzen, die im Erdinnern aufwuchsen; andere Traditionen berichten von einem weißen Urelternpaar, von dessen Nachkommenschaft ein Teil als Strafe für eigenes Verschulden schwarz gefärbt worden sei. Die überwiegende Zahl afrikanischer Schöpfungsmythen versucht, die Überlegenheit der weißen Rasse entweder durch einen schöpfungsgeschichtlichen Zwischenfall oder aus angeborenen Untugenden des schwarzen Geschlechts, Faulheit zum Beispiel, zu erklären. Auch hier verbinden sich wertende Auffassungen von der andern Rasse mit der Frühgeschichte der Menschheit, wobei ins Auge fällt, wie häufig die Überlegenheit des Europäers als gottgewollt empfunden und akzeptiert wird. »Eine merkwürdige Selbstverachtung und resignierte Erkenntnis von der Überlegenheit des Weißen«, schreibt der deutsche Ethnologe Baumann, »spricht aus allen diesen Rassen- und Kulturlegenden. Jeder Stolz aus den Ursprungstraditionen fehlt völlig. Der Charakter des Negers mit seiner ganzen naiven Unterwürfigkeit und der abgöttischen Bewunderung aller Künste und Weisheiten der Europäer ist hier unverkennbar.«[60]

c) Der Begriff der Rasse

Zur genaueren Definition des Begriffs der Rasse und zur Erarbeitung wissenschaftlicher Methoden zur physischen Anthropologie haben die Mutmaßungen über den Ursprung der Rassen, wie wir sie eben schilderten, wenig beigetragen. Anders als bei den Auseinandersetzungen um die Einheit des Menschengeschlechts und das fehlende Glied, wo wir ein ernsthaftes Bestreben nach wissenschaftlicher Objektivität doch glaubten feststellen zu dürfen, ging es hier doch oft darum, den europäischen Anspruch auf ethnozentrische Vormachtstellung mit populären Argumenten zu stützen und ein moralisches Alibi für begangene und noch zu begehende Rücksichtslosigkeiten gegenüber anderen Rassen zu konstruieren. Die Berufung auf die Dämonie der dunklen Hautfarbe, auf angeborene Boshaftigkeit, Verdammung und Kollektivschuld verriet im Grunde genommen genau jene Mentalität des Barbaren, der man sich so sehr überlegen fühlte.[61]

Über den Begriff der Rasse war damit wenig mehr ausgesagt, als daß es sich dabei offenbar um eine Summe auszeichnender oder herabwürdigender Eigentümlichkeiten handelte, die gewisse Völkergruppen von andern zu unterscheiden schienen. Über die Rassenzugehörigkeit eines Menschen ließ man sowohl die biblische Geschichte entscheiden als die eigenen Vorstellungen über Gut und Böse; sedentäre oder nomadische Lebensweise, die Art der Bekleidung, Formen der Ernährung, Sprache und allgemeines Benehmen schienen gleicherweise geeignet, hier Klarheit zu schaffen. Aufs unbedenklichste wurde die physische Erscheinung der Angehörigen eines bestimmten Volkes als Ausdruck ihres sittlichen und kulturellen Niveaus gewertet, und das gültigste Kriterium zu solchem Urteil fand der weiße Mann in sich selbst. Völker, die sich in bestimmter Hinsicht ähnlich waren, und sei es nur in ihrem wohlbegründeten Mißtrauen gegenüber den Absichten der europäischen Seefahrer, ordnete man großzügig derselben Rasse zu: dem Spanier, der die westindischen Inseln aufsuchte, erschien, wer immer sich in seinen Weg stellte, als ein menschenfressender Karaibe. Bezeichnend für diese Verschwommenheit des Rassenbegriffs, in dem sich biologische und kulturelle Merkmale wahllos mischten, ist die Schwierigkeit, die es den Europäern an der westafrikanischen Küste während Jahrhunderten bereitete, zwischen Mauren und islamisierten Negern zu unterscheiden. Da beide Rassen in Lebensweise und Religion sowie in ihrer Geschäftstüchtigkeit weitgehend übereinstimmten, schloß man auf ihre nahe biologische Verwandtschaft, was sich auch im Sprachgebrauch niederschlug, indem man den afrikanischen Neger als Mohren (Mauren) bezeichnete.[62] Und an ähnlichen Mißverständnissen fehlte es auch innerhalb der europäischen Völkerkunde nicht.

Das Verdienst, dem Begriff der Rasse zur wissenschaftlichen Brauchbarkeit verholfen zu haben, kommt zwei deutschen Gelehrten zu, deren Namen bereits verschiedentlich genannt worden sind: Immanuel Kant und Johann Friedrich Blumenbach.

In seiner Abhandlung zur »Bestimmung des Begriffs einer Menschenrasse«, die 1785 erschien, äußert Kant seinen Unmut über den Mißbrauch, der bisher mit diesem Wort getrieben worden sei, und sein Mißtrauen gegenüber Theorien, welche die Mannigfaltigkeiten innerhalb der menschlichen Gattung einzig von der biblischen Schöpfungsgeschichte herleiteten. Kant sieht in der Färbung der Haut das offensichtlichste Merkmal zur Unterscheidung der Rassen. Als Vertreter der monogenetischen Überzeugung hält er daran fest, daß die rassische Verschiedenheit bereits im ersten Elternpaar latent angelegt gewesen sein müsse, versagt sich aber Spekulationen darüber, von welcher Farbe dieses erste Menschenpaar gewesen und wie es zur Aufspaltung der Gattung gekommen sei.

Kants Haupterkenntnis, auf die er immer wieder zurückkommt und die ihre Gültigkeit bis heute behalten hat, besteht in der Feststellung, daß nur »unausbleiblich anerbende« physische Merkmale bei der Unterscheidung und Klassifikation von Rassen in Betracht gezogen werden dürften. »Die unausbleibliche Anartung beidseitiger Eigentümlichkeiten der Eltern«, schreibt Kant, »ist also der einzig wahre und zugleich hinreichende Probierstein der Verschiedenheit der Rassen, wozu sie gehören, und ein Beweis der Einheit des Stammes, woraus sie entsprungen sind: nämlich der in diesem Stamm gelegten, sich in der Folge der Zeugungen entwickelten ursprünglichen Keime, ohne welche jene erblichen Mannigfaltigkeiten nicht würden entstanden sein, und vornehmlich nicht hätten notwendig erblich werden können.«[63]

Das Bedeutsame an dieser Definition lag zunächst darin, daß die Vererbung mit allem Nachdruck als wesentliches Kriterium in die Rassenlehre eingeführt wurde. Dadurch distanzierte sich Kant vom starren Naturschema Linnés und nahm eine Idee auf, die bereits um 1750 vom bedeutenden französischen Naturforscher Maupertuis entwickelt, seither jedoch zeitweilig wieder vergessen und vom Traditionalismus Cuviers verdeckt worden war. Bedeutsam war weiter die Tatsache, daß Kant seinen Rassenbegriff deutlich auf die körperlichen Eigentümlichkeiten von Menschengruppen einschränkte; charakterliche und kulturelle Gegebenheiten und Einwirkungen wurden von ihm nicht in Betracht gezogen. Kant hob dabei die gattungseigenen Besonderheiten, die ebenfalls »unausbleiblich anerben« und in denen sich der Mensch vom Tiere unterscheidet, deutlich von den spezifischen Merkmalen der Rasse ab. Da sich diese spezifischen Rassenunterschiede überhaupt erst vor dem Hintergrund des Gattungsmäßig-Gemeinsamen erkennen lassen, gelangte er zur Feststellung, die Existenz der Rassen sei geradezu ein Beweis für die Einheit des Menschengeschlechts.

Interessant ist die Bemerkung des deutschen Philosophen, daß die vier Rassen, welche er unterscheidet, nämlich Weiße, Gelbe, Schwarze und Rote, in geographisch ziemlich isolierten Weltteilen lebten und von Natur den besonderen Lebensbedingungen ihres Wohnsitzes angepaßt worden seien. Da Kant die alttestamentarische Verfluchungstheorie zurückweist und auch einen zeitgenössischen Erklärungsversuch, der die Vererbung der Rassenmerkmale auf die Einbildungskraft der schwangeren Frauen zurückführte, ablehnt, bleibt für ihn offensichtlich, wie etwa auch für Buffon, die Frage des Ursprungs der Rassen mit den Gegebenheiten des jeweiligen Milieus verknüpft. Auch darin dachte Kant durchaus modern, nehmen wir doch heute an, daß die Ausbildung einer bestimmten Rasse durch langandauernde Isolation einer Völkergruppe im Verlauf der letzten zwei Eiszeiten möglich geworden ist. Durch Mutation, die selektive Wirkung des betreffenden Milieus und die Häufung bestimmter Erbfaktoren bei der abgetrennten Völkergruppe wurde die eigentliche Entwicklung der Rassen ermöglicht.[64] Zweifellos neigten Kant und die überwiegende Mehrzahl seiner Zeitgenossen dazu, den Einfluß der Umweltbedingungen, insbesondere des Klimas, direkt für die Rassenunterschiede verantwortlich zu machen, während wir heute zu wissen glauben, daß eine Vererbung erworbener Anlagen ausgeschlossen werden muß. Solche irrtümlichen Überlegungen zu vermeiden, war indessen ein halbes Jahrhundert vor den grundlegenden Arbeiten Darwins und Mendels nicht möglich.

Johann Friedrich Blumenbach stimmt darin mit Immanuel Kant überein, daß er sich bei der Unterscheidung der Menschenrassen auf körperliche Merkmale beschränkt; er geht insofern über diesen hinaus, als er fünf Rassen zählt und nicht allein das Kennzeichen der Hautfarbe beizieht. Auch Blumenbach teilt, wie wir wissen, den monogenetischen Standpunkt; und er legt Wert darauf, die Grenzen zwischen den Rassen als fließend zu betrachten. Die Verschiedenheiten, stellt er zudem fest, seien des öftern kaum wahrzunehmen, und es bestehe kein Zweifel darüber, daß, was man voreilig als Eigenart einer bestimmten Rasse glaube bezeichnen zu können, auch anderswo auf weniger auffällige Art auftrete. Überhaupt mahnt Blumenbach immer wieder vor der schnellfertigen Voreingenommenheit wissenschaftlichen Urteilens. »Alle diese Verschiedenheiten«, schreibt er wörtlich, »fließen aber durch so mancherlei Abstufungen und Übergänge so unvermerkt zusammen, daß sich daher auch keine andere als sehr willkürliche Grenzen zwischen ihnen festsetzen lassen.«[65]

Blumenbach beschrieb eingehender als irgendeiner seiner Zeitgenossen fünf Menschenrassen, die er nach ihrem geographischen Herkommen unterschied: die Kaukasier, die Mongolen, die Äthiopier, die Amerikaner und die Malaien. Alle andern Erscheinungsformen des Menschen, mit denen sich noch Linné auseinandergesetzt hatte, verwies er entweder ins Reich der Phantasie oder der Pathologie; so führte er das Gerücht von der Riesenhaftigkeit der Patagonier einleuchtend auf den Umstand zurück, daß die frühen portugiesischen Seefahrer von ihrer eigenen geringen Statur her geurteilt hätten, und er sah in den Erscheinungen des Albinismus und des Kretinismus zu Recht keine bestimmten Abarten der menschlichen Gattung, sondern vererbbare Fehlentwicklungen des Individuums.[66]

Immer wieder warnte Blumenbach vor der Versuchung, dem kaukasischen Typ, nämlich dem Europäer, ästetische Musterhaftigkeit zuzuschreiben und die andern Rassen nach diesem Vorbild einzustufen. Es entging ihm nicht, daß unter solchen Fehleinschätzungen besonders der Afrikaner zu leiden hatte; selbst Voltaire, stellt er einmal fest, der zwar ein witziger Kopf, aber ein schlechter Physiologe sei, habe sich nicht davon abhalten lassen, im Neger eine gesonderte Menschenart zu sehen. Überhaupt trat Blumenbach vehement gegen jede Diffamation der dunkelhäutigen Rassen auf. Seine Beschreibung der »äthiopischen Varietät« beispielsweise entsprach in der vorsichtigen Genauigkeit ihrer Formulierung dem wissenschaftlichen Anspruch der Unvoreingenommenheit; sie sei hier als Beispiel zitiert: »Von schwarzer Farbe, schwarzem und krausem Haar, schmalem, an den Seiten eingedrücktem Kopfe, mit unebener, höckerichter Stirne, herausstehenden Jochbeinen, mit mehr hervorliegenden Augen, mit einer dicken und mit den herausstehenden Oberkiefern gleichsam zusammenfließenden Nase, mit engerer, vorwärts verlängerter Kinnladenwölbung; schräg hervorragende Oberschneidezähne, wulstige Lippen (besonders Oberlippe) und ein zurückgebogenes Kinn. An vielen krumme Beine. Zu dieser Varietät gehören alle Afrikaner, bis auf die nördlichen.«[67] Es ist unbestreitbar, daß diese Schilderung des »Homo sapiens afer« die noch heute maßgeblichen spezifischen Rassenmerkmale bereits enthält, neben dem Kennzeichen der Dunkelhäutigkeit etwa die Feststellung der Prognathie, der Dolichokephalie und der Haarkräuselung. Blumenbach weist darauf hin, daß diese Eigentümlichkeiten nicht notwendig allen afrikanischen Völkern in gleichem Maß gemeinsam seien; es fänden sich vielmehr hinsichtlich der Hautfarbe und der Beschaffenheit des Haares in Afrika selbst die mannigfaltigsten Unterschiede. Damit wird implizite bereits auf das Vorhandensein rassischer Untergruppen hingewiesen, wie die moderne Rassenlehre sie kennt. »Jede dieser fünf Hauptrassen«, schreibt Blumenbach, »begreift übrigens wieder ein und das andre Volk, das sich durch seine Bildung mehr oder minder auffallend von den übrigen derselben Abteilung auszeichnet. Und so könnten zum Beispiel die Hindus von den Caucasischen; die Chinesen und Japaner von den Mongolischen; die Hottentotten von der Äthiopischen... als eigne Unterarten abgesondert werden.«[68]

Auch in geographischer Hinsicht wollte Blumenbach seinen Rassenbegriff nicht zu eng gefaßt wissen. Er schränkte sein Studium der äthiopischen Rasse durchaus nicht auf Afrika ein, sondern sammelte ebenso sorgfältig Nachrichten über die schwarzen Kreolen Westindiens und über negride Bevölkerungsgruppen im malaiischen Archipel; auch den Mischrassen galt seine Aufmerksamkeit.

Blumenbach gehörte zu den ersten europäischen Naturforschern, welche in der rassischen Aufteilung der Gattung nicht ein einmaliges und abgeschlossenes Ereignis vermuteten, sondern einen historischen Prozeß sahen, dem auch der Weiße unterworfen war. Er beobachtete fasziniert, welchen biologischen Veränderungen sich der Mensch, im Großen wie im Kleinen, ausgesetzt fand, sei es durch die gewaltigen Wanderungsbewegungen der Geschichte, sei es durch die individuelle Wahl des ehelichen Partners. Gewiß war Blumenbach die Vorstellung, diese Veränderungen könnten einst über den Bereich der Gattungen hinausgewirkt haben, noch fremd; auch wagte er nicht, nach deren Gesetzmäßigkeiten zu suchen. Da er sich, ähnlich wie Kant, vollkommen darüber Rechenschaft gab, in welchem Mißverhältnis Bekanntes und Unbekanntes in seinem Forschungsgebiet sich gegenüberstanden, begnügte sich Blumenbach mit begrifflicher Klärung und Zurückweisung offensichtlich spekulativer Annahmen. Entschieden im Festhalten an wenigen genau überprüften Grundtatsachen, behutsam in seinen Mutmaßungen, schuf Blumenbach einen großzügigen und flexiblen Rassenbegriff, der den Möglichkeiten damaliger wissenschaftlicher Erkenntnis adäquat war und nicht dazu verlockte, rassistischer Ideologie Vorschub zu leisten.

d) Das Problem der Hautfarbe und die Wanderungstheorien

Die Frage nach der Ursache der Rassenunterschiede indessen war dadurch, daß man naive Verfluchungstheorien als unwissenschaftlich abwies und vor spekulativem Denken warnte, nicht gelöst. Selbst wenn man sich darüber einigte, daß Legenden von Riesen und Zwergen, Dämonenglaube, dumpfes Vorurteil und vage Abneigung gegenüber menschlicher Andersartigkeit keine brauchbaren Erklärungen anboten – selbst dann ließ sich die Tatsache, daß es Völkerschaften von unterschiedlicher Hautfarbe, Statur und Kopfform gab, nicht wegleugnen. Die Phänomene lagen, von zahlreichen vertrauenswürdigen Reisenden bezeugt, offen vor aller Augen; wo aber lagen die Ursachen, die zu solchen Wirkungen geführt hatten? Und aus welchen Gründen hatte der große Bühnenmeister, nach dessen Anordnungen das große Naturspektakel über die Weltbühne ging, derartige Veränderungen vorsehen müssen? So fuhr man fort, sich zu fragen, und niemand gestand sich ein, daß mit der Rekonstruktion simpler Kausalzusammenhänge wenig zu gewinnen war, bevor brauchbare Theorien zur Evolutions- und Vererbungslehre entwickelt worden waren.

Es liegt uns fern, den bisweilen amüsanten, bisweilen einfallslosen und fast immer unergiebigen Hypothesen nachzugehen, die in diesem Zusammenhang von ungezählten Gelehrten geäußert wurden; immerhin seien einige der häufigsten doch genannt.

Was die Hautfarbe der ersten Menschen anbetraf, glaubten die Monogenisten in der Regel, annehmen zu dürfen, es habe sich um Weiße gehandelt.[69] Im allgemeinen erschien dem Europäer die Vermutung plausibler, der ursprüngliche Mensch sei erst durch Auswanderung in heiße Zonen der Erde nachgedunkelt, als umgekehrt, und dies aus leicht durchschaubaren Gründen. Es gab auch Gelehrte, die von einer mittleren Rasse von bräunlicher Färbung sprachen, aus der sich, ihrer Ansicht nach, sowohl Weiße als Schwarze entwickelt haben könnten. Gänzlich abwegig aber erschien es den meisten Kommentatoren, einen Schwarzen als Stammvater der Gattung anzunehmen, weil sich, wie Astley meinte, dessen dunkler Teint nie ganz hätte verlieren können.[70]

Gegen Ende des achtzehnten Jahrhunderts gewann sich die Auffassung, die Hautfarbe sei von äußeren Einwirkungen, vornehmlich von der starken Sonnenbestrahlung, abhängig, eine zunehmende Zahl von Anhängern. Die meisten Afrikaforscher neigten ihr zu, unter diesen so unbestechliche Beobachter wie Winterbottom und Mungo Park. Der Seefahrer La Pérouse hatte im Jahre 1785 von der französischen Akademie der Wissenschaften ausdrücklich den Auftrag erhalten, die Beziehung zwischen Klima und Hautfarbe bei den Insulanern zu untersuchen.[71] Buffon résumiert die vorherrschende Meinung der Gelehrten, wenn er in seiner »Histoire naturelle« schreibt: »Das heiße Klima ist die Hauptursache der schwarzen Farbe. Wenn diese Hitze ungewöhnlich stark ist, wie im Senegal oder in Guinea, sind die Menschen vollkommen schwarz; wird sie schwächer, wie an der afrikanischen Ostküste, sind die Menschen weniger schwarz; ist sie noch etwas geringer, wie in der Barbarei, in der Mongolei, in Arabien etc. sind die

Menschen lediglich braun; in den gemäßigten Klimazonen schießlich, in Europa und Asien, sind die Menschen weiß: man stellt hier höchstens einige Varianten fest, die sich aus der Lebensweise erklären.«[72]

Buffons Auffassung, daß die Hautfarbe der Erdbevölkerung einer graduellen Abstufung unterworfen sei, die, je mehr man sich den heißen Erdstrichen nähere, zu immer dunkleren Tönungen des Teints fortschreite, hatte den Augenschein für sich; eingehender Kritik gegenüber erwies sich jedoch auch diese Überlegung nicht als hieb- und stichfest. Als Haupteinwand stellte sich etwa die Frage, aus welchem Grunde Eingeborene, die in Europa zur Welt gekommen waren, nicht folgerichtig hellhäutig blieben; warum, anderseits, Europäer, die im Senegal oder auf den Philippinen das Licht erblickten, nicht die Farbe der Eingeborenen annahmen. Dies war so recht ein Gegenargument aus dem Geiste Voltaires, und er brachte die Anhänger Buffons in entsprechende Verlegenheit.[73] Aber auch auf die äußerst komplizierten, bis heute nicht gelösten Fragen nach den Gesetzlichkeiten in der Vererbung der Hautfarbe bei Mischlingen wußten die Vertreter der Klimatheorie keine Antwort.

Den Überlegungen zur klimatischen Bedingtheit der Hautfarbe kam trotz solcher Ungewißheiten das Verdienst zu, der Frage nach der globalen Ausbreitung der Rassen, die seit dem Ende des siebzehnten Jahrhunderts immer wieder gestreift worden war, erneuten Auftrieb zu geben. Es macht den Anschein, als ob dieses Problem der Diffusion erstmals in einer Schrift des französischen Naturforschers François Bernier aus dem Jahre 1684 eingehend behandelt worden sei.[74]

Als Herkunftsgebiet des ersten Menschenpaares nahm man meistens, in Übereinstimmung mit dem biblischen Schöpfungsbericht, Vorderasien an. Voltaire, der auch in diesem Punkt seine unübliche Meinung hatte, neigte dazu, in China die Urheimat des Menschen zu sehen; die Gunst eines warmen Klimas und die Fruchtbarkeit des Bodens, stellte er fest, hätten hier beispiellos günstige Bedingungen zur Fortpflanzung geschaffen.[75] Recht häufig gaben die Gelehrten Ägypten den Vorzug, obwohl vor Napoleons Ägyptenfeldzug nur recht spärliche Angaben über die Reste der pharaonischen Kulturen vorlagen. Der Franzose De Brosses sah im Fetischismuskult der Ägypter das beklagenswerte Hauptmerkmal sehr früher Völker und legte in seiner Untersuchung »Du culte des Dieux fétiches« den Gedanken nahe, die schwarzen Afrikaner, denen ähnliche Gebräuche nachzuweisen seien, leiteten sich von den Ägyptern her.[76] Lafitau, der sich 1724 mit der Geschichte der nordamerikanischen Amerikaner befaßte, führte deren Herkunft auf die Thraker und Skythen zurück, wobei er sich allerdings eingestehen mußte, daß die Frage »des Zusammenhangs der Erdteile« zur Zeit ihrer Wanderungen schwer zu klären sei.[77] Über den Zeitpunkt dieser Völkerverschiebungen aber glaubte Lafitau etwas genauere Angaben machen zu können, indem er die Kulturblüte des Perserreiches damit in Verbindung brachte. Zum Nachweis seiner Wanderungstheorien stützte sich der Franzose übrigens nicht nur auf die physischen Übereinstimmungen zwischen den Völkern, sondern auch auf die Gleichartigkeit bestimmter Kulturelemente. Er wies dabei auf das Phänomen des Männerkindbetts oder der Couvade hin und stellte zu Recht fest, daß sich dieses sowohl in

25. Noch in Lafitaus »Mœurs des sauvages américains« vom Jahre 1724 werden die Indianer höchst phantasievoll dargestellt, so hier die Karaiben (1), der Mann ohne Kopf (2), die Brasilianer (3), die Bewohner Floridas (4) und die Bewohner Virginias (5).

Asien, als auch in Spanien und Mittelamerika beobachten lasse; dieser Umstand, meinte er, lege die Vermutung nahe, daß asiatische Völker diese Sitte mit sich nach Amerika verpflanzt haben könnten.[78]

Buffon erklärte sich die Anwesenheit der nordamerikanischen Indianer, an denen er eine auffallende Ähnlichkeit mit den Tataren feststellte, mit der Wanderung asiatischer Völker über die Bering-Straße, eine Überlegung, die ihre Aktualität nicht verloren hat.[79] Über die Herkunft der schwarzen Afrikaner war er sich weniger im klaren. Wohl stellte er zu Recht zwischen den Äthiopiern und den negriden Völkern große Unterschiede fest und berichtigte dadurch ein jahrhundertealtes Mißverständnis, wonach die Äthiopier Stammväter der Neger sein sollten. Buffons Auffassung jedoch, der hellhäutige Araber sei auf seinen Wanderungen gegen den Äquator zunehmend dunkler und zuletzt zum Neger geworden, ließ sich nicht belegen und verschleierte jene wichtige Unterscheidung wieder.[80]

Bemerkenswert war an den Ausführungen von Lafitau und dessen Zeitgenossen der Hinweis auf die verschiedenen Bevölkerungsgruppen gemeinsamen Kulturformen, wobei man sich nicht genügend davon Rechenschaft gab, daß diese Kulturformen sich nicht nur durch Wanderungsbewegungen, sondern auch durch den Austausch zwischen den Kulturen verlagert haben konnten. Auch verließ man mit solchen Überlegungen einmal mehr den Bereich physiologischer Forschung und entging der Gefahr moralischen Urteilens nicht immer. So fehlte es nicht an Autoren, welche den geographischen Charakter der Siedlungsgebiete mit dem Bildungsstand und Sittsamkeitsgrad ihrer Bewohner in Verbindung brachten.

Man kennt den überragenden Einfluß, den Montesquieu dem Klima zugeschrieben hat; dieses bestimmte, seiner Meinung nach, den Geist einer Nation, Eigenart und Bedürfnisse derselben, Gesetz und Sitte, Charakter und Mentalität.[81] Der Schweizer Historiker und Anthropologe Isaak Iselin popularisierte diesen Gedanken, wenn er in seiner »Geschichte der Menschheit« die Musterhaftigkeit des abendländischen Menschen dem gemäßigten Klima seines Lebensbereiches zuschrieb, indem er feststellte: »Solche Gegenden erzeugen Menschen, welche zu der wahren Größe ihrer Bestimmung, zu der Weisheit, zu der Tugend, zu der Freiheit vorzüglich aufgelegt sind. Die milden Einflüsse einer gemäßigten Luft und einer angenehmen und gesunden Nahrung geben allen Säften... einen regelmäßigen Lauf... Die mannigfaltigen Schönheiten der Natur, an welchen diese Länder vorzüglich reich sind, machen da in glücklich organisierten Leibern liebliche und sanfte Eindrücke, und durch diese wird die Einbildungskraft erhöht, verschönert und bereichert; die Gemütsbewegungen und die Leidenschaften werden da mannigfaltiger und mächtiger, und selbst die körperlichen Begierden und Triebe werden da verfeinert, erweitert, veredelt.«[82]

Die Mehrzahl der europäischen Anthropologen ging mit Iselin darin einig, daß dem Abendland dank seinem gemäßigten Klima, seiner Fruchtbarkeit, seiner Lage und Zugänglichkeit, ein Ehrenplatz unter jenen Regionen der Erde zukam, die sich zur Fortpflanzung des »Homo sapiens« eigneten. Christoph Meiners und Louis Moreau de Maupertuis waren davon ebenso überzeugt wie ihre Kollegen, stritten sich allerdings darüber, ob das vollkommenste Exemplar des europäischen Musterprodukts im nördlichen Deutschland oder an den Ufern der Seine zu finden sei.[83] Meiners, der weder die lobende Beurteilung des mittelamerikanischen Indianers durch Du Tertre teilte, noch dem entsprechenden Wohlwollen der französischen Jesuitenmissionare in Kanada zustimmte, sondern dem eingeborenen Amerikaner grundsätzlich überraschend ablehnend gegenüberstand, begründete sein Urteil mit der Wanderungstheorie. Er sprach von der Entartung, der sich die Indianer nach ihrem Wegzug aus Ostasien ausgesetzt hätten, und warnte die Europäer davor, ihren Kontinent zu verlassen, da sittlicher Niedergang die Folge dieser Emigration sein würde. Das tropische Klima, stellte er fest, beförderte den Hang zu üppigen Speisen und berauschenden Getränken, was sich bei den trägen und sinnenfreudigen Kreolen leicht beobachten lasse; die Europäer, die nach Afrika auswanderten, würden mürrisch, unverträglich und »an Körper und Geist entnervt«.[84]

Doch kehren wir nochmals zum Problem der Hautfärbung zurück. Neben den Gelehrten, welche in klimatischen Einflüssen deren Hauptursache sahen, gab es solche, welche die Frage rein organisch zu klären versuchten. Im Jahre 1741 erschien in Paris eine Abhandlung über die »physischen Ursachen« der dunklen Hautfarbe, in der Pierre Barrère, ein Arzt aus Perpignan, seine Theorien vorlegte. Barrère, der in Französisch-Guyana schwarze Sklaven untersucht und seziert hatte, sah die dunklere Tönung der Haut in der starken Absonderung von Gallenfarbstoffen ins Blut begründet und verglich sie mit der Gelbsucht beim Weißen.[85] Er neigte dazu, die Ernährung für dieses Phänomen verantwortlich zu machen, ohne daß er sich in diesem Punkt, der nach ähnlichen Gegenargumenten wie die Klimatheorie rief, festlegen wollte. Auf keinen Fall, betonte Barrère, dürfe die Färbung des Teints als Anzeichen eines biologischen oder kulturellen Degenerationsprozesses betrachtet werden.

Um dieselbe Zeit erregte Maupertuis, der als Präsident der Berliner Akademie der Wissenschaften zum illustren Kreis um Friedrich II. gehörte, Aufsehen mit seiner Hypothese, welche die Entwicklung der Hautfärbung rein genetisch erklärte. Der Ursprung der Rassen, vermutete Maupertuis, sei bereits in der weißhäutigen Urmutter des menschlichen Geschlechts angelegt gewesen, die in sich Eier von verschiedenartiger Färbung getragen habe. Durch göttliche Vorsehung seien während langer Zeit bei ihren Nachfahrinnen nur die weißen Eier vom männlichen Samen befruchtet worden; erst nach mehreren Generationen seien nach und nach die Erstlinge der verschiedenen Rassen zur Welt gekommen.[86] Diese Idee erscheint als eine Übertragung der Leibnizschen Monadenlehre in den Bereich der physischen Anthropologie; in der Urmutter sind alle individuellen Möglichkeiten der Entwicklung bereits angelegt, alles spiegelt sich im Einen, das Größte im Kleinsten, und es bedarf lediglich einer immanenten Kraft, die Mannigfaltigkeit der Erscheinungen hervorzubringen. Bemerkenswert ist auch, daß Maupertuis diesem Entwicklungsprozeß eine gewisse Dauer einräumte und damit dem Faktor Zeit weit größeres Gewicht beimaß als jene Anthropologen, welche die Ausbildung rassischer Verschiedenheiten bereits kurzfristigen Ortswechseln zuschreiben wollten.

Johann Friedrich Blumenbach, dem die Einwände gegen Buffons Klimatheorie unwiderlegbar schienen, nahm seine Zuflucht ebenfalls zu anatomischen Erklärungen. »Ich glaube...«, stellt er in seiner Arbeit »Über die natürlichen Verschiedenheiten des Menschengeschlechts« fest, »daß man die nächste Ursache der verbrannten oder schwarzen Hautbedeckungen in einem Übermaße von Kohlenstoff (carbonacum elementum) im menschlichen Körper suchen müsse, welcher mit dem Hydrogen durch das Fell ausgesondert, durch den Zutritt eines atmosphärischen Oxygens aber präzipitiert und an dem malpighischen Schleime ausgesetzt wird.«[87] Den Einfluß des Klimas ließ Blumenbach nur als sekundären Faktor gelten.

Auch bei den Indianern der Neuen Welt wurde nach der Ursache der Hautfärbung geforscht. Bereits den frühen französischen Seefahrern war freilich klar geworden, daß die Rotfärbung des Amerikaners, über deren Herkunft man in Europa unnötig rätselte, auf Körperbemalung zurückzuführen war; der Indianer verfügt über einen bräunlichen, ins Gelbliche spielenden Teint. Auch in seinem Fall glaubte man indessen, die Hautfarbe auf klimatische und organische Gegebenheiten zurückführen zu dürfen.

Der Kuriosität halber sei hier noch auf einen Erklärungsversuch hingewiesen, der in der damaligen anthropologischen Literatur verschiedentlich auftaucht. So glaubte man allen Ernstes, die Farbe des Neugeborenen, aber auch seine Gesichtsform und Gestalt, seien die Folge der mütterlichen Einbildungskraft; die schwangere Indianerin oder Afrikanerin wünsche sich, dem allgemeinen Geschmack ihres Volkes verpflichtet, mit solcher Inbrunst ein entsprechendes Stammesprodukt, daß die Natur nicht umhin könne, sich ihrer Einbildung zu fügen. »Die Haut dieser Völker«, schreibt etwa Lafitau von den Indianern, »ist stark rötlich; sie ist es auf natürliche Weise, nicht sosehr wegen des Einflusses des Klimas, sondern wegen der Einbildungskraft der Mütter, welche, da sie diese Farbe schön finden, sie auf ihre Leibesfrucht übertragen. Allerdings entsteht die rote Hautfarbe auch auf künstliche Art, denn diese Barbaren bemalen sich täglich mit dem Farbstoff des Orleansbaumes, dessen sie sich anstelle von Zinnober bedienen; dadurch erscheinen sie blutrot.«[88]

e) Weitere physische Unterscheidungsmerkmale

Die Hautfarbe blieb zwar des offensichtlichste, aber nicht das einzige Unterscheidungsmerkmal der verschiedenen Rassen. Johann Friedrich Blumenbach, Sömmering und der holländische Anthropologe Camper taten sich besonders mit Untersuchungen zur Schädelform verschiedener Völker hervor. Blumenbach, auch in dieser Hinsicht ein Pionier, glaubte durch die Methode der vergleichenden Anatomie Mongolen, Äthiopier und Kaukasier trennen zu können. Sömmering stellte mit besonderer Gründlichkeit Vergleiche zwischen Tier- und Menschenschädeln an und hoffte, wie bereits erwähnt, dem Geheimnis des fehlenden Gliedes auf die Spur zu kommen. Camper entdeckte durch eine eigens entwickelte Methode zur Ausmessung des Gesichtswinkels die Erscheinung der Prognathie bei manchen archaischen Rassen. In England befaßte sich Charles White mit der vergleichenden Vermessung des menschlichen Körpers und glaubte im Längenverhältnis von Unter- und Oberarm beim Neger, worin sich dieser vom Weißen unterschied, seine Affenähnlichkeit nachweisen zu können. In Frankreich löste die Auseinandersetzung zwischen Lamarck und Cuvier eine Flutwelle anatomischer Untersuchungen aus, und nicht selten behinderte eine bis ins Akribische getriebene Detailforschung versponnener Dilettanten den Blick auf die großen Zusammenhänge der menschlichen Entwicklungsgeschichte.

Auch die Verschiedenheiten in Körpergestalt und Physiognomie suchte man sich kausal zu erklären. Der Klimatheorie kam hier geringere Bedeutung zu; Lebens- und Erziehungsform sowie Ernährung standen im Vordergrund. Populäre Auffassungen führten die geringe Körpergröße mancher Eingeborenen auf deren Leben in Höhlen und im Urwald zurück, während man den großgewachsenen Menschen auf weiten fruchtbaren Ebenen ansiedelte, deren Horizonte sein hochgelagertes Auge stolz ausmesse. Fettleibigkeit schrieb man häufig der ungesunden Nahrung tropischer Zonen zu; die hochaufstrebende Gestalt des Nordländers galt als Ergebnis gemäßigter und ausgewogener Kost. Unterschiedlichkeiten in der Behaarung, insbesondere die Kahlheit des indianischen Körpers, begründete man mit der Annahme, der Indianer lebe in einem andauernden Zustande der Kindheit. Gewisse körperliche Eigenarten galten als Deformationen, die bereits dem Kleinkind absichtlich zugefügt worden seien. So betonte etwa Du Tertre, die stumpfe Nase der Indianer und deren flache Stirn rühre nicht etwa von der Fehlerhaftigkeit der Schöpfung her, sondern sei auf die häufige Auflegung der Hand durch die Mutter zurückzuführen.[89] Beliebt war auch die Vermutung, die breitgedrückte Nase vieler Eingeborenenvölker sei dem Umstand zuzuschreiben, daß die Mütter ihre Kinder beständig auf dem Rücken mitführten; das Gesicht des Kleinkindes würde durch die dauernde Berührung mit der Mutter flachgedrückt. Jedenfalls interessierten solche Fragen die gelehrte Welt aufs brennendste; so stand denn auch im mehrfach zitierten Bericht des Afrikareisenden Hornemann die bereits erwähnte Frage: »Plätschen wohl noch jetzt manche Neger ihren neugeborenen Kindern die Nase absichtlich breit?«[90]

Es ist die Aufgabe der Anthropologiegeschichte, festzuhalten, inwiefern derartige Fragestellungen und Mutmaßungen wegweisend werden sollten, wo sie in die Irre führten oder auf falschen Voraussetzungen beruhten.[91] Dem Kulturhistoriker wird nicht entgehen dürfen, daß das vielfältige und oft etwas ausgefallene Interesse am Menschen fremder Rasse, welches sich gegen Ende des achtzehnten Jahrhunderts meldete, an sich ein überraschendes und höchst bedeutsames Faktum war. Erstmals in der Geschichte der europäischen Kolonisation übte man sich darin, den Eingeborenen, dem man zuvor mit Erstaunen und Verwunderung begegnet war, als wissenschaftlichen Gegenstand zu studieren. Erstmals zwang man sich, wie die bereits erwähnten Besuche von Eingeborenen in Paris und London ebenfalls zeigen, zur genauen Anschauung, zum Ordnen der Fakten, zu Vergleich und systematischer Auswertung. Aufmerksame, neugierige und kluge Reisende hatte es immer gegeben; aber der Wille, deren Informationen im anthropologischen Gesamtzusammenhang zu sehen, war neu. Wie hellsichtig man geworden war, zeigt sich etwa daran, daß Peter Camper den Illustratoren von Reiseberichten vorwarf, sie hätten sich in ihren Porträtdarstellungen anderer Rassen von europäischen Vorurteilen leiten lassen und die Physiognomien verzeichnet; auf diese Weise sei der Wissenschaft nicht gedient.[92] Wenn man von vielversprechenden Ansätzen aus auch nur selten zu schlüssigen Ergebnissen vordrang, wenn das Problem vom Ursprung und der Verschiedenheit der Rassen zwar diskutiert, aber nie schlüssig gelöst wurde, so lag das nicht am mangelnden Eifer, sondern wohl vor allem daran, daß die Fragen so , wie man sie stellte, gar nicht zu beantworten waren und das sehr beschränkte Anschauungsmaterial keine endgültigen Ergebnisse zuließ.

4. Erscheinung und sittlicher Charakter

a) Der abendländische Idealtypus

Wir haben gesehen, wie außerordentlich schwer es selbst den besonnensten Anthropologen fiel, ihre Anschauung nicht mit moralischem Urteil zu verbinden. Ob man nun von der Stellung des Menschen innerhalb der »Kette der Lebewesen« sprach oder den körperlichen Verschiedenheiten der Rassen nachging – immer wieder erlag man der Versuchung, von der Erscheinung her wertend auf das Geistige zu schließen. Dem Betrachter, der in der Natur den Ausdruck gottgewollter Gesetzmäßigkeiten sah, die er darum umso sicherer zu erkennen hoffte, weil seine forschende Vernunft ähnlichen Regeln folgte, verknüpfte sich die Erscheinung aufs engste mit dem Wesen. »Der Mensch«, schrieb Johann Kaspar Lavater in seinen »Physiognomischen Fragmenten«, »besteht aus Oberfläche und Inhalt. Etwas ist äußerlich und etwas innerlich. Dieses Äußere und Innere stehen offenbar in einem genauen, unmittelbaren Zusammenhang. Das Äußerliche ist nichts als die Endung, die Grenzen des Innern – und das Innere eine unmittelbare Fortsetzung des Äußeren.«[93]

Diesem Gesetz der Entsprechung wußte sich das Zeitalter der Aufklärung zutiefst verpflichtet. Herder sprach von der menschlichen Gestalt als vom Sinnbild der Seele: die stolze Erhobenheit des Körpers war ihm Ausdruck der Bestimmung zur Freiheit, die Ausgewogenheit der Proportionen widerspiegelte den göttlichen Schöpfungsgedanken, und der Ausdruck des Gesichts den Grad von Tugendhaftigkeit, den das Individuum sich erworben hatte. Das Schöne, sagte Kant, sei das Symbol des Guten, und die Maler, Schriftsteller und Theaterdirektoren hielten sich daran. Nie sind in der europäischen Malerei Schurken häßlicher und Tugendhelden schöner dargestellt worden als damals; Lessings Prinz Gonzaga genügt ein Blick auf das Porträt Emilia Galottis, um festzustellen, wie sehr diese in ihrer Tugendhaftigkeit der Gräfin Orsina überlegen ist.

Dabei behielt dieser Schönheitsbegriff durchaus seinen individuellen Charakter: der Mensch verfügte in Freiheit über die naturgegebene Vollkommenheit seines Körpers, ihm war gegeben, sie weiter auszubilden, indem er sich mit Anmut und Würde bewegen lernte; er verfeinerte, vergeistigte seine Züge und entwickelte sie zur Persönlichkeit, in der sich die Absicht des Schöpfers mit dem Ergebnis der Selbsterziehung charakteristisch verband. Wer vor dieser Aufgabe der Selbsterziehung versagte, verdarb das Material seiner Körperlichkeit. Die Maßlosigkeit des Schlemmers und die Knauserei des Geizhalses verrieten sich in Gedunsenheit oder Hagerkeit der Statur; das Mienenspiel des Zynikers, des Mißgünstigen, des Spötters prägte sich, wie besonders Lavater betonte, im Laufe der Zeit seinen Gesichtszügen ein. Großen Abweichungen von der Norm einer gleichmäßigen Gesichts- und Körperbildung, die sich vom Charakter her nicht deuten ließen, stand man bezeichnenderweise recht hilflos gegenüber und suchte sie durch einen Unfall, etwa das Ungeschick der Hebamme, zu erklären; der Porträtist nahm sich in solchen Fällen, so sehr er auch um Nachahmung bestrebt war, die Freiheit, der Physis etwas zu schmeicheln, um die Vorzüge des Charakters möglichst deutlich zum Ausdruck bringen zu können.[94]

Zweifellos wäre es den Europäern des achtzehnten Jahrhunderts nicht ganz leicht gefallen, sich auf ein Schönheitsideal, in welchem sich Edelmut des Charakters und sittliche Größe vollkommen ausgeprägt hätten, zu einigen. Dies lag einmal daran, daß man, unbeschadet aller ästhetischen Theorien, dem subjektiven Geschmack einen gewissen Spielraum zugestand; es erklärte sich auch aus der Unterschiedlichkeit bestimmter Typen, die man als nationale Eigenart empfand und darum hochschätzte. So betonten skandinavische und deutsche Gelehrte die Größe der Gestalt und die Gemessenheit von Gang und Gebärde, während ihre französischen Kollegen dazu neigten, der Feingliedrigkeit des Körperbaus und der Agilität der Bewegung den Vorzug zu geben. In mancher Hinsicht aber ergab sich doch ein bemerkenswerter Konsens. Man kann Egon Friedell beistimmen, wenn er das männliche Schönheitsideal der Aufklärungszeit durch Einförmigkeit im Umriß, Größe in der Gestalt, Freiheit in der Stellung, Schönheit in den Gliedern, Macht in der Brust, Leichtigkeit in den Beinen, Stärke in Schultern und Armen bestimmt sieht.[95] Was die Physiognomie anbetraf, achtete man etwa auf eine hohe, sanft geschwungene Stirn als den Sitz der geistigen Kräfte, auf eine ausgeprägte, regelmäßig geformte Nase als Zeichen von Willenskraft, auf einen nicht zu großen, nicht zu schmallippigen Mund als Ausdruck natürlicher Güte und Lebensfreude. Ein prägnantes, aber nicht vorstehendes Kinn deutete auf Beharrlichkeit und Virilität, vorstehende Backenknochen wiesen auf Dumpfheit des Geistes hin, während ein helles Auge und ein durchdringender Blick auf Ehrlichkeit und Intelligenz schließen ließen.

Wichtig war bei allem die Beziehung der Teile zum Ganzen, die Wohlproportioniertheit von Körper und Gliedmaßen und die daraus sich herleitende maßvolle und bestimmte Motorik. Ferner achtete man darauf, daß der Körperbau des Menschen dessen beherrschender Stellung im Schöpfungsganzen entsprach und zu allen höheren Verrichtungen, die ihn vor den Tieren auszeichneten, möglichst geeignet erschien. »Auch der menschliche Körper«, schreibt Christoph Meiners, »hat also eine desto schönere Bildung, je mehr er durch den Bau und die Zusammenführung seiner Teile zur Erreichung der ihm eigentümlichen Bestimmung geschickt gemacht wird, und diese seine Bestimmung kann er unleugbar um desto vollkommener erreichen, je mehr er mit einer nicht gemeinen und nicht in Schwerfälligkeit oder Unbehülflichkeit ausartenden Größe, ferner mit einer weder gewöhnlichen, noch in Gefühllosigkeit übergehenden Dauerhaftigkeit und Gesundheit eine außerordentliche Stärke und Gewandtheit oder Behendigkeit vereinigt, oder mit andern Worten, je mehr er sich durch seine Bildung den Idealen menschlicher Form nähert, welche uns die Künstler der Alten in den Bildnissen von Göttern und Helden hinterlassen haben.«[96]

b) Der wertende Vergleich von Erscheinungsformen

Daß die Übertragung solcher ästhetisch-moralischer Kriterien auf die Menschen anderer Rassen zu fatalen Fehlschlüssen führen mußte, liegt auf der Hand. Selbst gesetzt den Fall, die Physiognomik der Aufklärungszeit wäre über jeden Zweifel erhaben gewesen – es mußte doch höchst fragwürdig werden, wenn man andere Rassen an Mustern der eigenen maß und damit Moralvorstellungen der christlich-abendländischen Kultur auf fremde Völker übertrug. Wohin dies im Extremfall führen konnte, offenbart sich vielleicht nirgends deutlicher als in jener Szene von Schillers »Räubern«, die den boshaftesten Intriganten des deutschen Theaters, Franz Moor, im folgenden Selbstgespräch zeigt: »Ich habe große Rechte, über die Natur ungehalten zu sein, und, bei meiner Ehre! ich will sie geltend machen. Warum bin ich nicht der erste aus Mutterleib gekrochen? Warum nicht der einzige? Warum mußte sie mir diese Bürde von Häßlichkeit auflader? Gerade mir? Nicht anders, als ob sie bei meiner Geburt einen Rest gesetzt hätte. Warum gerade mir die Lappländersnase? Gerade mir dieses Mohrenmaul? Diese Hottentottenaugen? Wirklich, ich glaube, sie hat von allen Menschensorten das Scheußlichste auf einen Haufen geworfen und mich daraus gebacken.«[97]

Unter derartig wertenden Vergleichen hatte wiederum besonders der schwarze Afrikaner zu leiden, da er sich offensichtlich vom europäischen Idealbild am stärksten unterschied. Die Reisebeschreibungen des ausgehenden siebzehnten und des achtzehnten Jahrhunderts sind überreich an pejorativen Rückschlüssen, die man vom Aussehen des Negers auf seinen Charakter zog; jene, welche sich mit der Hautfarbe befaßten, haben wir erwähnt. Am meisten Anstoß erregten wohl die vollen Lippen des Schwarzen, die man allgemein als Zeichen einer ausschweifenden Sinneslust deutete. Die plattgedrückte Nase schien einen Hinweis auf die träge Stumpfheit des Geistes zu geben; manche Reisende fühlten sich an die Nüstern von Tieren erinnert und erblickten etwas Hündisch-Kriechendes im Ausdruck des Gesichts. Einzelne schwarze Völkerschaften brachte man wegen ihrer vorstehenden Kinnbacken mit den Affen in Verbindung; und im Blick der dunklen Augen witterte man Mißtrauen und Verschlagenheit. Noch um 1725 sprach der französische Reisende Labat von Westafrika als einem »Land der Monstren«[98], weil er den Anblick des Negers so wenig mit seinen Vorstellungen vom Menschen zu vereinen wußte.

Lobende Äußerungen blieben, was die äußere Erscheinung des Negers anbetraf, die Ausnahme. Manche Reisenden und Sklavenhändler rühmten indes den wohlgebauten Körper des Afrikaners; man wunderte sich allgemein, wie selten in diesen Regionen der Erde bucklige, lahme und sonstwie verwachsene Menschen anzutreffen waren, ohne diese Tatsache bereits mit dem Gedanken einer natürlichen Auslese in Verbindung zu bringen. Einzelne Reisende scheinen schon früh auch auf die eigentümliche physiognomische Schönheit des Schwarzen aufmerksam geworden zu sein, ohne ihr jedoch diese Besonderheit zum Verdienst anzurechnen; vielmehr verglich man beständig mit dem Weißen und nannte »schön«, was sich dessen Erscheinung am meisten annäherte. »Die Neger«, meint Jacques Le Maire in seinem Bericht aus dem Jahre 1695, »achten auf Schönheit in ebensolchem Maße wie wir. Sie lieben schöne Augen, einen kleinen Mund, schöne Lippen und eine wohlgeformte Nase. Die Negerinnen sind, wenn man von der schwarzen Hautfarbe absieht, ebenso vollkommen geschaffen wie die Europäerinnen.«[99] Ein treffendes Beispiel solcher zwar wohlwollender, aber doch sehr standortbestimmter Beurteilung gibt auch Adanson in seiner »Histoire naturelle du Sénégal«, wenn er den Wuchs der Westafrikaner bewundert und feststellt, sie verfügten über »ziemlich angenehme Gesichtszüge«, schöne Augen, eine Haut vom schönsten Schwarz und einen freien und gefälligen Anstand.[100] Sehr ähnlich äußerte sich auch Blumenbach. Als der Göttinger Gelehrte nach Yverdon in der Schweiz reiste, um dort die Kreolin eines westindischen Pflanzers in Augenschein zu nehmen, notierte er sich, daß ihr Gesicht »selbst in der Nase und den etwas stärkeren Lippen doch gar nichts Auffallendes, geschweige denn Unangenehmes« hätte.[101] Erwähnt sei noch am Rande, daß die Mulattin in den Augen des Europäers wohl seit jeher besonders Anklang fand. Daß dies nicht etwa auf besondere Vorurteilslosigkeit hindeutet, sondern im Gegenteil die kulturelle Egozentrik des Europäers besonders eindrücklich unter Beweis stellt, hat die moderne Ethnologie eindeutig gezeigt.[102] Als sich im Zeitalter des Imperialismus eine exotisch-erotische Literatur mit den afrikanischen Eingeborenen zu befassen begann, war es bezeichnenderweise wiederum die Mulattin, die sich am anziehendsten präsentierte.[103]

Auch am Indianer lobten zahlreiche europäische Reisende die Ausgewogenheit des Körperbaus und die Schönheit der Bewegung, insbesondere der Gangart. Lange bevor der deutsche Kunsthistoriker Winckelmann griechische Männerschönheit pries, berichteten französische Missionare, wie wir gesehen haben, aus den Waldgebieten Brasiliens und Kanadas begeistert vom Ebenmaß der indianischen Statur, die sie derjenigen griechischer Helden gleichstellten. Der Jesuitenpater Le Jeune gab zwar zu bedenken, daß sich die kanadischen Indianer den sündhaftesten Formen des Lebensgenusses hingäben; aber er zeigte sich beeindruckt von deren äußerer Erscheinung und fühlte sich durch ihren Gang und ihr Gehaben an die Gelassenheit und Würde römischer Senatoren erinnert.[104] Lafitau teilte diese Meinung und stellte fest, daß die Indianer hinsichtlich ihrer körperlichen Eigenschaften dem Europäer nicht nur keinesfalls nachstünden, sondern diesen vielleicht noch überträfen.[105]

26. *Nicht alle Kommentatoren tadelten die nordamerikanischen Indianer wegen ihrer Neigung zur Völlerei. Theodor de Bry, der Thomas Harriots »A Briefe and True Report of the New Found Land Virginia« aus dem Jahre 1588 mit hervorragenden Kupferstichen versah, die sich auf die Zeichnungen des begabten John White stützten, betont in seiner Legende zu obigem Bild, daß die Eingeborenen sich beim Essen und Trinken durch Mäßigkeit auszeichneten und darum so lange lebten.*

Schwieriger dagegen wurde es den meisten Beobachtern, sich mit der Gesichtsbildung der Amerikaner abzufinden. Im allgemeinen empfand man die indianische Physiognomie als besonders verschlossen und ausdruckslos. Im Gegensatz zum Afrikaner, dessen lebhaftes Mienenspiel, auch wenn man ihm mißtraute, doch zumindest seelische Regungen verriet, erschien der Indianer dem weißen Reisenden als unergründlich, wobei man sich darüber streiten mochte, ob man dieser Unzugänglichkeit der Gesichtszüge eher Hinterhältigkeit oder ganz einfach Blödsinn unterschieben wollte. Christoph Meiners, sonst ein bemerkenswert vorsichtiger Betrachter, neigte der zweiten Ansicht zu. »Dem Äußeren des Amerikaners«, bemerkt er in einer seiner völkerkundlichen Arbeiten, »entspricht ihr Inneres vollkommen ... Die neuesten und größten Gegenstände erwecken in den stumpfen Seelen der Amerikaner keine Neugierde und in ihren starren und tierischen Augen nicht das geringste Zeichen derselben ... In keinem andern Erdteil ist die ursprüngliche Dummheit der Eingeborenen allen Europäern sosehr aufgefallen.«[106] Meiners bestritt vehement die Regelmäßigkeit des indianischen Körperbaus und warf den französischen Berichterstattern schwärmerische Voreingenommenheit vor; er beanstandete des Amerikaners niedrige und eingedrückte Stirn, sein plattes Gesicht, seine dünnen Augenbrauen und aufgeworfenen

Lippen und schließlich auch dessen Bartlosigkeit, die ihm Lieblosigkeit und Impotenz anzuzeigen schien. Daß die Indianer umgekehrt in den Vollbärten der Europäer einen schreckerregenden Hinweis auf deren Rücksichtslosigkeit und Brutalität zu erkennen glaubten, erwähnt Meiners nicht.

Führte die moralisierende Deutung der Erscheinung des Afrikaners im allgemeinen zu negativen, jene des Indianers zu sehr kontroversen Ergebnissen, so erfreute sich der Südseeinsulaner in dieser Hinsicht einer wesentlich günstigeren Beurteilung. Dies lag vor allem an dem wohlwollenden Vorurteil, das die Schriften Rousseaus gegenüber dem wilden Naturkind ferner Weltgegenden geweckt hatten, sowie an den Bestrebungen der Abolitionisten, deren Menschenbild oft von einer etwas sentimentalen Humanitätsidee geprägt war; in Wahrheit blieb man aber auch hier den Befangenheiten aufgeklärter Physiognomik ausgeliefert. Die Sonderstellung, die man dem Südseeinsulaner einzuräumen bereit war, erklärt sich denn auch weitgehend aus dem Umstand, daß er, wie die Reisenden mit seltener Einstimmigkeit feststellten, dem Ideal europäischer oder gar antiker Schönheit am nächsten kam.

Bereits Bougainville, der Tahiti im Jahre 1768 aufsuchte, tat seiner Bewunderung der Inselbewohner keinen Zwang an und betonte, daß besonders die Insulanerinnen, was die Lieblichkeit ihrer Gesichtszüge beträfe, den Vergleich mit der Mehrzahl der Europäerinnen nicht zu scheuen hätten; bezüglich ihres Körperbaus zögerte er nicht, sie mit den Nymphen der griechischen Mythologie zu vergleichen.[107] James Cook äußerte sich, seinem Temperament entsprechend, etwas zurückhaltender; aber auch ihm fiel die »starkgliedrige Wohlgestalt« der männlichen Eingeborenen auf, und obwohl er die flachen Nasen und dicken Lippen nicht übersah, beurteilte er ihren Gesichtsausdruck als angenehm und voller Anmut.[108] Johann Reinhold Forster, der Vater des bekannteren Georg Forster, gab eine Schilderung der Insulaner, die sich deutlich an europäischen Schönheitsvorstellungen orientierte. »So sind die Gesichtszüge der Tahitier«, schreibt er, »ziemlich regelmäßig, schön, nur die Nase ist unterwärts etwas zu breit. Der Bart ist stark und von dunkler Farbe. Viel Offenes, Fröhliches verkündigt das runde Gesicht des Frauenzimmers und ihr großes heiteres Strahlenauge. In der Vereinigung der Züge ist Symmetrie, und der Ausdruck des Ganzen gewinnt unendlich durch ein unbeschreiblich holdes Lächeln ... Der gemeine Mann ist mehrteils gut proportioniert gebaut ... Aber auch das Frauenzimmer dieser Inseln ist zart und symmetrisch gebildet, besonders findet man bei ihm die schönsten Arme, Hände und Finger, wie das Modell zur mediceischen Venus sie nicht schöner gehabt haben mag ...«[109] Und Georg Forster zögerte nicht, in seiner »Reise um die Welt« die führenden Familien Tahitis mit Gestalten aus der griechischen Epik zu vergleichen: »Homers Helden«, schreibt er, »werden als übernatürlich große und starke Leute geschildert; auf eben die Art haben die tahitischen Befehlshaber, der Statur und schönen Bildung nach, soviel vor dem gemeinen Mann voraus, daß sie fast eine ganz andere Art von Menschen zu sein scheinen.«[110]

Auch in anderer Hinsicht nähern sich die Insulaner, die so wohlgestaltet sind, »daß Phidias und Praxiteles manchen zum Modell männlicher Schönheit würden gewählt haben«, der Vorbildlichkeit klassischen Griechentums. Sie richten ihre Navigation nach den Sternen aus und meiden das Unbekannte der offenen See; in der Art der beiden Völker, sich zu ernähren und zu bekleiden, besteht eine auffallende Übereinstimmung, und auch in ihrer Kriegstüchtigkeit, in Tapferkeit und Einfalt der Sitten sind sie sich ähnlich. Solche vergleichende Betrachtungsweise führte Georg Forster zum Schluß, daß Menschen »bei einem gleichen Grade der Kultur« auch in den entferntesten Weltteilen einander ähnlich sein könnten, und damit äußerte er einen Gedanken, der auch den humanistisch geschulten Jesuitenmissionaren in Kanada durchaus geläufig war.

Georg Forster war nun freilich ein zu vorsichtiger Beobachter, als daß er seinen Erwägungen einen apodiktischen Charakter hätte verleihen können. So wies er darauf hin, daß er seinen Vergleich zwischen Südseebewohnern und Griechen lediglich als erhellende Analogie verstanden haben wollte und warnte davor, die Insulaner abstammungsmäßig mit den Griechen in Verbindung zu bringen. Er mochte an Lafitau oder De Brosses denken, wenn er von der Torheit sprach, die darin bestehe, Stammbäume der Nationen zu entwerfen und »Ägypter und Chinesen auf eine wunderbare Art zu Verwandten machen zu wollen«.[111] Ähnlich wie Herder, der sich der Analogie nicht nur bediente, um Übereinstimmung sichtbar werden zu lassen, sondern auch, um die Mannigfaltigkeit der einen Schöpfungsidee zu betonen, bekannte sich auch Forster zum Gedanken der Eigentümlichkeit bestimmter Völker und Kulturformen. Er übersah nicht, daß sich die Insulaner in einem eng beschränkten Lebenskreis bewegen mußten, der den Europäer schnell langweilen würde, und daß es unsinnig war, mit Neid auf diese Eingeborenen zu blicken, deren Aussehen und Lebensform nicht den Charakter der Beispielhaftigkeit besitzen konnten, weil sie in ihrer Art unnachahmlich waren. Die Besonderheit ihrer geographischen Situation und die Einmaligkeit ihrer Lebensumstände hatte die Tahitianer in die Lage versetzt, abseits der großen geschichtlichen Vorgänge und Leidenschaften ihre anspruchslosen Bedürfnisse zu befriedigen und das Maß ihrer Glückseligkeit zu finden – ein Maß, das nicht übertragbar war. »Indessen sind die Vorstellungen«, schreibt Forster, »die man sich von Glückseligkeit macht, bei unterschiedenen Völkern ebenso verschieden, als die Grundsätze, Kultur und Sitten derselben; und da die Natur in den verschiedenen Gegenden der Welt ihre Güter bald freigebig, bald sparsam ausgeteilt hat, so ist jene Verschiedenheit in den Begriffen vom Glück ein überzeugender Beweis von der erhabenen Weisheit und Vaterliebe des Schöpfers, der in dem Entwurf des Ganzen zugleich auf das Glück aller einzelnen Geschöpfe, sowohl in den heißen als kalten Himmelsstrichen, Rücksicht nahm.«[112] Mit diesem Satz führte Forster wieder von absoluten Vorstellungen der Schönheit und Tugendhaftigkeit zurück in den Bereich des Eigenartigen und Individuellen, das den Maßstab zur Beurteilung in sich selber trug. Und auch hier traf Forster sich mit Herder, der im selben Jahr, als jener Tahiti aufsuchte, in seinem Aufsatz »Auch eine Philosophie der Geschichte zur Bildung der Menschheit« den gleichen Gedanken auf die knappe Formel brachte: »Jede Nation hat ihren Mittelpunkt der Glückseligkeit in sich, wie jede Kugel ihren Schwerpunkt.«[113]

Zahlreiche europäische Gelehrte jedoch, denen wenig an genauer völkerkundlicher Information, viel indessen an zivilisationskritischen Utopien liegen mochte, formten sich im Geist den Südseeinsulaner zum Idealbild höheren Menschentums. War es nicht dieser ferne Inselbewohner, in dem die naturgewollten Bezüge zwischen Außen und Innen, Erscheinung und sittlichem Charakter, Körper und Seele am reinsten und unverhülltesten sich offenbarten? Hatte sich in ihm nicht jene ursprüngliche Schönheit noch bewahrt, welche das Privileg des paradiesischen Urzustandes gewesen war? Lieferte nicht er das Beispiel, daß in einer Gesellschaft, die sich auf Gleichheit, Freiheit und Liebe gründete, die Harmonie des Daseins verschönend in den Zügen sich abbildete? Mit solchen Überlegungen und Spekulationen entfernte man sich nun freilich entschieden von jeder Anschauung und erhob den exotischen Menschen zum geschichtslosen Idealbild, das man höchstens mit etwas Lokalkolorit ausstattete, um einen Anschein von Wahrscheinlichkeit zu erzeugen.

Buchillustratoren und Maler unterstützten diese Glorifikation bereitwillig. Die künstlerische Darstellung des Eingeborenen hatte sich ohnehin seit Kolumbus' Zeiten wenig um Wirklichkeitstreue gekümmert und selten den Anspruch gefühlt, durch exakte Porträtierung die Kenntnis des Anthropologen zu erweitern. Die künstlerisch zum Teil hervorragenden Gravüren, auf denen Theodor de Bry gegen Ende des sechzehnten Jahrhunderts die westindischen Inselbewohnerinnen darstellte, atmen den Geist der Hochrenaissance und erinnern an Frauenakte Tizians; und die Illustrationen, die man etwa Lafitaus »Moeurs des sauvages américains« beigab, zeigen die Indianer in der kanonischen Pose der griechischen Klassik, mit deutlicher Betonung von Stand- und Spielbein, den muskulösen Oberkörper leicht auf die Lanze oder den Bogen abgestützt.

Bei den Malern, die sich am Ende des achtzehnten Jahrhunderts mit dem Südseeinsulaner beschäftigten, verband sich dieser herkömmliche Klassizismus der Kontur mit einer leisen, bald heroisierenden, bald elegisch-süßen Schwermut der Bewegung zu einer etwas forcierten Symbolträchtigkeit von Ausdruck und Gebärde. In den Gemälden, die William Hodges der Begegnung zwischen Europäern und Insulanern widmete, sind Körper- und Charakterstudie in fast naiver Problemlosigkeit verknüpft; die Leidenschaften widerspiegeln sich ungetrübt und unverhüllt im Ausdruck, und in der gleichsam verdünnten Atmosphäre der paradiesischen Idylle geht das Individuelle restlos in einer unverbindlichen Idee reiner Menschlichkeit auf.

Nicht anders verhielt es sich mit den Schriftstellern, die ihren Blick in Zeiten revolutionärer Unrast nach Tahiti richteten. Unzählige literarische Zeugnisse zeigen, daß die Ergebnisse von Bougainvilles und Cooks Entdeckungsreisen nicht immer sachlich überdacht und ausgewertet wurden, sondern lediglich das Gefäß bildeten, in dem latente Sehnsüchte sich sammelten. Das Endprodukt solcher Auffassung war wissenschaftlich wertlos und hatte mit Wirklichkeit und Leben überhaupt geringe Ähnlichkeit; es bezog seinen Reiz einzig aus dem gekonnt Artifiziellen des Stils, aus einer etwas substanzlosen Schönheit des Gedankens und einer lockeren Sinnlichkeit der Anspielung. Auf diese Weise gelangte man zu einer

Vorstellung des Eingeborenen, wie sie sich, um ein Beispiel aus vielen zu zitieren, Poncelin de la Roche-Tilhac machte, wenn er in seinem 1782 erschienenen Buch über Tahiti schrieb: »Die Natur, welche überall das männliche Geschlecht mit tausend verführerischen Zügen verschönte, scheint ihre köstlichen Gaben den Frauen von Tahiti vorbehalten zu haben. Es sind dies alle ebenso liebreizende und vollkommene Nymphen wie jene, mit denen Homer seine sinnenfreudige Kalypso umgab. Weil sie sich nie der Sonne aussetzen, ohne sich mit einem blumengeschmückten Hut aus Strohgeflecht zu bedecken, der ihr Gesicht vor den Strahlen schützt, sind sie weiß wie Alabaster; ihre Züge sind äußerst angenehm und fein; ihre Gestalt wirkt geschmeidig, elegant und majestätisch; ihrem reizenden Antlitz entspricht ein Körper von anmutig gerundetem Umriß und vollkommener Ebenmäßigkeit, der es verdiente, den Preis der Schönheit vor allen Europäerinnen zu empfangen.«[114] Das liest sich zwar recht angenehm; als Beschreibung menschlicher Erscheinungsform aber geht es weit über die Studien der Physiognomiker hinaus und gehört in den Bereich der Schwärmerei für den »edlen Wilden«, mit der wir uns im nächsten Kapitel beschäftigen werden.

c) Kritische Stimmen zur physiognomischen Betrachtungsweise

Die Beurteilung des sittlichen Wesens nach der äußeren Erscheinung, ob sie nun zu negativem oder positivem Ergebnis gelangte, gehörte zu den Vorurteilen einer Epoche, die auf ihre Unbefangenheit ganz besonders stolz war. Das Wort Voltaires, wonach das Physische über das Moralische gebiete, wurde wohl zuweilen in Frage gestellt, nie aber ernstlich bestritten. In mancher Hinsicht besaß dieses Denken in einfachen Kausalzusammenhängen durchaus seine Gültigkeit, in den Naturwissenschaften vor allem, wo eine solche Reduzierung eines Tatbestandes auf ein System auslösender und bedingender Faktoren zu bewundernswürdigen Ergebnissen führte. Wechselte man aber aus dem Bereich von Physik oder Biologie ins Gebiet der Geschichte über, und das war bei der vergleichenden Betrachtung fremder Rassen der Fall, ergab sich eine Schwierigkeit. Wenn eine Frucht vom Baum fällt, gleichviel, ob sich dies in den Tuileriengärten, am St.-Lorenzstrom oder am Strand von Tahiti ereignet, gehorcht sie überall demselben Gesetz der Gravitation; was aber als schön und tugendhaft gelten mag, und von welcher Art die Beziehung zwischen diesem und jenem ist, muß unter verschiedenen Himmelsstrichen notwendig sehr verschieden beurteilt werden.

Vielleicht hätte sich körperliche Schönheit noch dadurch objektivierend beschreiben lassen, daß man das Verhältnis der Körperteile zueinander mathematisch ausdrückte, wie Polyklets Kanon dies tat; wenn man dagegen Erscheinung und Charakter als die zwei Seiten einer Gleichung auffaßte, schuf man einen Bezug zwischen Werten von verschiedener Qualität. Auch der Versuch, vom Postulat einer menschlichen Idealgestalt her zu urteilen, war sehr fragwürdig. Indem man dem Europäer, dem »Thronsitzer des achtzehnten Jahrhunderts«, wie Herder ihn nennt, Musterhaftigkeit zuschrieb, erhob man den partikularen Fall zu allgemeiner Verbindlichkeit und einen kulturbedingten Tugendbegriff zum

Moralgesetz, obwohl die Reiseliteratur längst deutlich gemacht hatte, wie unterschiedlich ein europäisches Delikt wie etwa der Diebstahl bei verschiedenen Völkern bewertet wurde. Sinnvoller wäre zweifellos gewesen, man hätte, wenn man schon ohne Modellfigur nicht glaubte auskommen zu können, einen »mittleren Typus« als Arbeitshypothese angenommen, ähnlich wie Goethe dies mit seiner »Urpflanze« tat; damit wäre zumindest die Möglichkeit zu morphologischer Deutung offengehalten worden. Durch die Bezugnahme auf die maßgebliche Instanz des weißhäutigen Zivilisationseuropäers schuf man jedoch ein beherrschendes Ordnungsprinzip, welches Detailstudien zwar sehr anregte, im Grunde aber einen ins Geistige übertragenen Machtanspruch repräsentierte, der jede Eigengesetzlichkeit in verzerrtem Licht erscheinen lassen mußte.

Es ist wahr, daß derlei Unstimmigkeiten vielen Beobachtern nicht verborgen blieben. Die hervorragendsten Gelehrten blieben sich der Relativität des eigenen Standortes bewußt; man erinnerte sich an Montaigne, der dargelegt hatte, wie verfehlt es sei, die Bewohner ferner Weltgegenden nach eigenen Normen und Gewohnheiten zu beurteilen.[115]

In Deutschland gehörte der Physiker Georg Christoph Lichtenberg zu den Gelehrten, welche zur Kritik an der vergleichenden physiognomisch-moralischen Betrachtungsweise ansetzten. Auch Lichtenberg war zu sehr Kind seiner Zeit, um nicht grundsätzlich an die »objektive Lesbarkeit von allem in allem« zu glauben; aber es entging ihm nicht, daß, wer vom Aussehen auf den Charakter schloß, Größen verschiedener Ordnung einander gleichsetzte. Im Gegensatz zum Physiker, der mit seinen Schlüssen nie aus der Maschine, deren Gang er kennenlernen wolle, heraustrete, vollziehe der Physiognomiker, so argumentierte Lichtenberg, einen logischen Sprung, wenn er den menschlichen Zügen transzendentale Bedeutung beimesse. Auch sei es, fuhr er fort, unmöglich, alle Faktoren, die bei der Ausbildung eines bestimmten Gesichtszuges beteiligt seien, in Betracht zu ziehen sowie den Grad von Anpassung, Verstellung oder Widerstand, der den Vorgang physiognomischer Individuation beschleunige oder hemme, festzustellen; schließlich sei es sehr schwierig, die persönlichen und kulturbedingten Vorurteile des Betrachters auszuklammern.

Eine annähernd zutreffende Beurteilung des menschlichen Charakters, stellte Lichtenberg in seiner Schrift »Über die Physiognomik« fest, lasse sich bestenfalls aus dem Studium seines affektiven Verhaltens, aus der Pathognomik, gewinnen, und er gelangte zu einer höchst modern anmutenden Auffassung der Psychologie, wenn er schrieb: »Nützlicher wäre ein anderer Weg, den Charakter des Menschen zu erforschen, und der sich vielleicht wissenschaftlich behandeln ließe: nämlich aus bekannten Handlungen eines Menschen, die zu verbergen er keine Ursache zu haben glaubt, andere nicht eingestandene zu finden.«[116] Auch die Neigung, Menschen anderer Rasse im Blick auf einen europäischen Idealtypus zu beurteilen, stieß auf Lichtenbergs entschiedene Ablehnung. »Ich will nur etwas Weniges für den Neger sagen«, heißt es in der bereits zitierten Schrift, »dessen Profil man recht zum Ideal von Dummheit und Hartnäckigkeit und gleichsam zur Asymptote der europäischen Dummheits- und Bosheitslinie ausgestochen hat. Was Wunder?

da man Sklaven, Matrosen und Pauker, die Sklaven waren, einem Candidat en belles lettres gegenübergestellt. Wenn sie jung in gute Hände kommen, wo sie geachtet werden wie Menschen, so werden sie auch zu Menschen; ich habe sie bei Buchhändlern in London über Büchertitel sogar mit Zusammenhang plaudern hören, und mehr verlangt man ja kaum in Deutschland von einem Bel-Esprit. Sie sind äußerst listig, dabei entschlossen und zu manchen Künsten aufgelegt und sollten daher, da der Versuche mit ihnen noch so wenig sind, gar nicht von Leuten verachtet werden, die immer von Anlage ohne Bestimmung und Kraft ohne Richtung plaudern. Gegen ihre westindischen Schinder sind sie nicht treulos, denn sie haben ihren Schindern keine Treue versprochen. Der weiße dünnlippige Zukkerkrämer ist der Nichtswürdige im Handel.«[117]

Die Unzulässigkeit wertender Vergleiche, fährt Lichtenberg fort, werde noch deutlicher, wenn man, in logischer Umkehrung des Entsprechungsgedankens, vom andersrassigen Menschen auf den Europäer schließe. »... wäre es nicht Unsinn zu sagen«, heißt es weiter, »weil der Mohr dumm und tückisch ist, so ist es der Deutsche ebenfalls, dessen Nase und Lippe sich der Lippe und Nase des Schwarzen nähern, oder ähnlicht ihm mit dem Verhältnis im Charakter, nach welchem sich Nase und Lippe ähnlich sind, da der eine eines sanften Himmels genoß, während der andere von dem seinigen bis in den Sitz der Seele geröstet und gekocht wird? Anderer Umstände zu geschweigen. Was ist Unsinn, wenn dies keiner ist.«[118]

Lichtenbergs Essai »Über die Physiognomik« wies mit solcher Bestimmtheit auf gewisse Fragwürdigkeiten auch der Rassenphysiognomik hin, daß man sich wünschte, der Verfasser hätte sich zu Fragen der Anthropologie des öftern und systematischer zu Wort gemeldet. »Beurteile Gottes Welt nicht nach der deinigen« hieß der Grundsatz, welcher als Motto der genannten Schrift voranstehen könnte, und dieser Ausspruch bezeichnete überall sonst, wo Lichtenberg modische Voreingenommenheiten des Zeitgeistes vertiefter Reflexion unterwarf, seine an Kant geschulte Überzeugung, daß wir das Ganze der Schöpfung nur so zu kennen vermögen, wie es unserer besonderen sinnlichen und geistigen Organisation erscheint. Der »Systemgeist« seiner Epoche war ihm zuwider, weil er die Vielfalt der Phänomene in die Zwangsjacke einer nivellierenden Vernunft steckte; aber wenn er sich vehement dagegen wandte, erklärte er nicht, wie etwa die Stürmer und Dränger, Empfindung und Intuition zur maßgebenden Instanz, sondern versuchte, dem Räsonieren neue Subtilitäten abzugewinnen. Dabei räumte auch Lichtenberg kausalen Gesetzmäßigkeiten einen wichtigen Platz ein und sah etwa, wie die meisten seiner Zeitgenossen, den Bildungsgrad eines bestimmten Volks durch dessen geographische Situation bestimmt; aber er unterschied sorgfältig zwischen Ursachen verschiedener Ordnung und Auswirkung und bewies so eine Vorsicht des Urteilens in einem Bereich, in dem man gegen Ende des achtzehnten Jahrhunderts gern voreilig und selbstgefällig entschied.

IV. Der Überseebewohner als Vorbild und Herausforderung

1. Der »edle Wilde«

a) »Barbar« und »edler Wilder«

Es ist bereits im ersten Teil dieser Darstellung darauf hingewiesen worden, daß verallgemeinernde pejorative Begriffe zur Bezeichnung des Überseebewohners wie »Barbar«, »Wilder« oder »Heide« mit Vorliebe dann verwendet wurden, wenn das Faktum der Kulturbegegnung von seiten des Europäers intellektuell nicht zu bewältigen war. In der Regel fanden solche herabwürdigenden Stereotypen auf zweifache Art Verwendung: entweder, indem man sie im Sinne einer »reservatio mentalis« zur Aushöhlung juristischer und kommerzieller Absprachen einsetzte; oder aber, indem man sich ihrer im nachhinein bediente, um das eigene unrechtmäßige Verhalten vor sich selbst zu rechtfertigen.

»Barbar«, »Wilder« und »Heide« sind Antonyme für das, wofür man sich hält; die Begriffe behaften das Gegenüber der kulturellen Begegnung auf seiner Andersartigkeit und Unzugehörigkeit, ohne daß derjenige, der sie benutzt, sich die Mühe einer näheren Begründung machen müßte, ist er doch eines breiten Einverständnisses von seinesgleichen im voraus gewiß. Es ist dieser Ausschluß des fremden Menschen und seiner ungewohnten Daseinsform, der das Wesen der Ethnozentrik primär ausmacht, einer Form geistigen Verhaltens, die zu bewerten darum nicht leicht fällt, weil sie auch den positiven Aspekt eines vitalen kulturellen Einheitsgefühls und Selbstverständnisses in sich schließt. Der negative Aspekt solch kultureller Egozentrik, nicht unausweichlich, aber doch sehr häufig mit dem positiven eng verknüpft, führt in fataler Weise zur Diskriminierung des Andersartigen: daß man beispielsweise den Neger für faul, hinterlistig und ausschweifend hält und darum ablehnt, setzt jene prinzipielle Voreingenommenheit meistens voraus, wurzeln doch die moralischen Beurteilungskriterien fast immer im Bewußtsein der eigenen Vorzüglichkeit.

Dadurch, daß nun der europäische Überseereisende oder der Kolonisator sich vom archaischen Menschen, in der Art, wie er von diesem dachte und sprach, betont abhob, tat er nichts anderes, als die Problematik der Kommunikation in einem Bereich lösen zu wollen, in dem er sich überlegen fühlte: in der machtpolitischen Auseinandersetzung. Im Grunde aber lag gerade darin ein Zeichen seiner Schwäche; der Europäer glaubte, die Begegnung zu dominieren – in Wirklichkeit aber schloß er sich, in einer oft unbewußten Regung von Selbstschutz, von der Begegnung aus. Und der Überseebewohner verhielt sich nicht anders. Nicht nur der hochzivilisierte Chinese oder Japaner entwickelte, wie wir gesehen haben, ähnliche psychologische Mechanismen der Ablehnung und Abstoßung; gerade auch der archaische Mensch, gewohnt, in den oft sehr kompliziert strukturierten, aber beschränkten sozialen Einheiten von Klan, Dorfgemeinschaft oder linguistischer Gruppe zu denken, neigte seinerseits dazu, eine Kulturarroganz zu entwickeln, die sich allerdings nicht auf technische und militärische Überlegenheit abstützen konnte. So mochte es geschehen, daß der Eingeborene bis in die tragische Endphase des Kulturzusammenstoßes verzweifelt an der Idee seiner sittlichen oder religiösen Vorzüglichkeit festhielt, was sich, wie etwa beim bereits erwähnten Mahdi-Aufstand, in vehementen Bewegungen der »Gegen-Akkulturation« äußern konnte. Einen wirklichen Sieger in diesem Widerstreit ethnozentrischer Vorurteile, in dieser vorwiegend theoretischen Auseinandersetzung zwischen dem »Barbaren« und dem »Zivilisierten«, dem »Wilden« und dem »Gebildeten«, dem »Heiden« und dem »Christen« gab es nicht, denn gerade dadurch, daß man den andern Menschen außer- und unterhalb der eigenen Kultur ansiedelte, bewies man die kulturelle Enge, die »Provinzialität«, des eigenen Standortes. Denn ein Barbar ist, mit Claude Lévi-Strauss zu reden, immer auch derjenige, der jemanden zum Barbaren erklärt.[1]

Solche Überlegungen freilich ändern nichts daran, daß der Gegensatz »Barbar« – »Zivilisierter« im Verlauf der Weltgeschichte eine gewichtige Rolle gespielt hat, seit Kulturkreise, ethnische Gruppen oder gar soziale Schichten sich berühren, und es besteht wenig Aussicht, daß sich daran je etwas wird ändern lassen. Die Griechen, von denen die Wortbildung »Barbar« sich herleitet, bezogen den Begriff besonders häufig auf die rauhen und wilden Skythen, die, von der Ungunst des Klimas zu denkbar einfachsten Daseinsformen gezwungen, nomadisierend die südrussischen Steppen durchzogen und sich, wie Hippokrates sagt, »von allen andern Menschen unterschieden«.[2]

Was für die Griechen die Skythen, waren für die Römer die Germanen: Seneca hat die beiden »barbarischen« Völker denn auch ausdrücklich miteinander in Beziehung gebracht. Gewiß läßt des Tacitus sachlich abwägende Darstellung der Germanen keinerlei römischen Kulturdünkel vermuten; aber ein gewisses Befremden des Zivilisierten gegenüber einem Volk, das nur die elementarsten Bedürfnisse und die sprödesten Tugenden kennt, ist doch offensichtlich.

Im Mittelalter waren es vor allem die Tataren, die man, nicht nur wegen der Lautverwandtschaft ihres Namens, als Barbaren zu geißeln liebte. In der Aufzeichnung eines Asienreisenden wie des bereits erwähnten Pian del Carpine findet sich eine zusammenfassende Charakterisierung der Mongolen, wie sie später ähnlich immer wieder auftauchen sollte, wenn man das Barbarentum eines Volkes betonen wollte. »Sie brechen alle Versprechen«, schreibt del Carpine, »und zwar sobald sie erkennen, daß sich die Lage der Dinge zu ihren Gunsten gewandelt hat; sie sind voller Falschheit in allen ihren Handlungen und Zusicherungen; es ist ihr Ziel, alle Fürsten, Adeligen, Ritter und Männer von vornehmer Geburt auf dieser Erde auszurotten, und jenen gegenüber, die in ihrer Gewalt stehen, benehmen sie sich hinterlistig und verschlagen ...«[3]

27. Der Kannibalismus galt seit jeher als Hauptcharakteristikum barbarischer Lebensform, verging sich doch, in der Sicht des Europäers, der Menschenfresser gegen göttliches Gesetz und Naturrecht zugleich. Montaigne freilich war der Meinung, daß der Kannibalismus, den man gewissen südamerikanischen Völkern nachsagte, an Grausamkeit durch die europäischen Eroberungskriege und Inquisitionsgerichte weit übertroffen würde. »Sie haben ihre Metzigen oder Fleischhäuser von Menschenfleisch«, heißt es in De Brys »Collectiones Indiae orientalis«, »wie man sie bei uns von Ochsen, Schaf und anderem Fleisch pflegt zu haben.«

Die Bedrohung des Abendlandes durch tatarische Barbaren war dem mittelalterlichen Menschen ständig gegenwärtig: in der Sage von den wilden Nomadenvölkern Gog und Magog, die sowohl in der christlichen wie in der jüdischen Tradition belegt ist und beispielsweise auch bei Mandeville erscheint, hat sich diese Angst vor dem »furor barbaricus« niedergeschlagen. Ähnlich wie die Römer sich durch den Bau des Limes vor den Germanen geschützt hatten, war auch Alexander der Große, so berichtet die Legende, zur Anlage mächtiger Schutzmauern im Kaukasusgebirge gezwungen gewesen, denn die Angehörigen dieser Völker »sind von schreckenserregender Körpergestalt; ihre Gesichtszüge sind wild, ihre Augen zornerfüllt, ihre Hände räuberisch, ihre Zähne blutrünstig und ihre Kehlen sind jederzeit bereit, Menschenfleisch zu verschlingen und Menschenblut zu saugen«.[4] Daß im elften und zwölften Jahrhundert umgekehrt die Europäer bei den Mohammedanern im Geruch des Barbarentums standen, haben wir bereits erwähnt; und ähnlich urteilten auch die Byzantiner, deren Befremden über die mangelnden Umgangsformen der Kreuzritter deutlich aus den Berichten ihrer Historiker spricht.[5] Zur Zeit der Renaissance schließlich waren es die Italiener, die sich als Sachwalter des antiken Erbes fühlten und dies den umliegenden Völkern deutlich zu verstehen gaben; so finden sich im Werk Petrarcas und seiner Zeitgenossen manche Ausfälle gegen die Wildheit und Kulturlosigkeit der fränkischen und germanischen Völker.

Die abfälligen Charakteristika, welche antike und mittelalterliche Kulturvölker ihrem Vorwurf des Barbarentums folgen ließen, finden sich fast unverändert im Vokabular wieder, welches die Seefahrer der europäischen Kolonialgeschichte zur Beurteilung der Überseebewohner verwandten. Rauh und grobschlächtig, dumpf und hinterhältig, ohne Gesetz und Ordnung lebend, tierisch und ausschweifend – dies sind einige der häufigsten Attribute, die bis zum Beginn des achtzehnten Jahrhunderts zur Beschreibung überseeischer Völker verwendet wurden: wir haben auf den vorausgehenden Seiten einige Beispiele zitiert und auch auf die ästhetischen und theologischen Deutungsversuche hingewiesen, die darauf abzielten, die Grenze zwischen Zivilisierten und Barbaren als möglichst unaufhebbar darzustellen.

Interessant ist nun, daß die pejorativen Epitheta, wie antike und moderne Ethnographen sie fremden Völkern zudachten, in ihrer negativen Eindeutigkeit nicht immer profiliert hervortreten und gelegentlich sogar ein verstecktes Lob zu enthalten, eine kaum eingestandene Sehnsucht zu verraten scheinen. Strabon, der griechische Geograph aus der Zeit von Christi Geburt, folgt in seiner Beschreibung der Skythen zwar den bisher gängigen Mustern, deutet aber die Rauheit und Anspruchslosigkeit ihres Lebens positiv in Verzicht auf unnötigen Luxus und in Einfachheit der Sitten um. Seneca bedauert zwar die harten Lebensbedingungen, in denen jene Völker, welche die »Pax Romana« nicht erreiche, ihr Dasein fristen müßten; zugleich aber wagt er, von den Germanen sprechend, die provozierende Frage: »Sie streifen über vereiste Sümpfe und nähren sich von der Jagd auf wilde Tiere; aber erscheinen sie uns deshalb als unglücklich?« Und er antwortet sich selbst: »Niemand ist unglücklich, den seine Sitten auf dem Pfad der Natur wandeln lassen.«⁶ Auch in Caesars »De bello gallico« wird die Primitivität barbarischer Daseinsbewältigung immer wieder ins Positive gewendet: die Einfachheit der Existenzform bei unzivilisierten Völkern erweist sich als vorteilhaft zur Ertüchtigung des Körpers; die Kargheit der Natur führt zu engen zwischenmenschlichen Kontakten und fördert damit die Tugend der Gastfreundschaft; das Fehlen von Ackerbau und persönlichem Besitz hat den Wegfall von Neid und Mißgunst zur Folge.⁷

Arthur O. Lovejoy und George Boas haben an zahlreichen Textbeispielen antiker Autoren verfolgt, wie es zu einer solchen Umdeutung des an sich negativen Tatbestandes der Barbarei kommen konnte und wie, in individuell sehr verschiedenartiger Abwandlung, charakterisierende Merkmale des Barbaren wie Grobschlächtigkeit, Dumpfheit oder Wollüstigkeit von lobenden Klischees wie Vitalität, Unvoreingenommenheit oder Sinnenfreudigkeit gleichsam überlagert werden konnten.⁸

Die Geschichte eines ähnlichen Bedeutungswandels ließe sich auch anhand der Reiseliteratur vom sechzehnten zum achtzehnten Jahrhundert schreiben, und zwar unabhängig davon, ob nun von Indianern, Afrikanern oder Asiaten die Rede ist. Wir haben gesehen, wie sehr sich etwa in der Beurteilung des kanadischen Indianers durch die Jesuitenmissionare Abneigung und Zuneigung benachbart sind, und vor allem: in welchem Maße beides der Faszination durch das Fremde, das Andersartige entspringt.

An dieser Stelle begnügen wir uns, zur weiteren Illustration ein paar Zitate einander gegenüberzustellen, die denselben westafrikanischen Negern gelten. Das erste Urteil stammt vom englischen Faktoreibeamten John Barbot und wurde um 1670 niedergeschrieben: »Die Schwarzen«, schreibt Barbot, »sind im allgemeinen äußerst sinnlich, spitzbübisch, rachsüchtig, unverschämt, lügnerisch, impertinent, gefräßig und zügellos in ihren Reden; sie fluchen, leben maßlos und verschwenderisch, trinken Schnaps, als ob es sich um Wasser handle; in ihren Abmachungen mit den Europäern wie untereinander sind sie nicht vertrauenswürdig und gehen soweit, sich bei Gelegenheit gegenseitig als Sklaven zu verkaufen; zudem sind sie, wie bereits angemerkt, dermaßen faul, daß sie, statt für ihren Lebensunterhalt zu sorgen, eher in den Wäldern, Wüsten und auf den Straßen auf Raub und Totschlag ausgehen ...«⁹ Demgegenüber bemerkt der französische Geistliche Demanet in seiner »Nouvelle histoire de l'Afrique française« aus dem Jahre 1767: »Dieses Volk, das keinerlei Reichtümer erstrebt, sich mit wenig zufrieden gibt und keinerlei Auslagen für seine Unterkünfte und Bekleidung hat, arbeitet nur, soweit dies nötig ist, um seinen Lebensunterhalt zu bestreiten; dieses Volk, sage ich, läßt die Erde ungenutzt, ahnt nichts von deren Fruchtbarkeit oder verachtet diese und kennt die übrigen Bequemlichkeiten des Lebens nicht. Dem Ehrgeiz, der Eitelkeit, dem Luxus und üppigen Tafelfreuden ist dieses Volk nicht verfallen; fremd sind ihm die Verleumdungen, Lästerungen, Prozesse, Verschlagenheiten, Betrügereien, Intrigen und sonstigen schreienden Ungerechtigkeiten, deren man sich anderswo bedient, um Reichtümer anzuhäufen oder deren Besitz zu konsolidieren, und es hat keinerlei Ursache, die Ruhe seiner Nachbarn zu stören.«[10] Jean-Baptiste Labat, dessen Beschreibung der Karaiben wir bereits zitiert haben, zeichnet in seinem Afrika-Bericht aus dem Jahre 1728 ein vorwiegend düsteres Bild derselben Senegal-Neger, beklagt deren Hang zur Götzendienerei, zu kindischer Unvernunft und ausschweifender Lebensart sowie ihren in frühester Jugend bereits verderbten Charakter und schließt seine Beurteilung mit dem Hinweis: »Die Freundschaft der Neger, ihre Treue, ihre Zuneigung und ihr Vertrauen können nur mit der äußersten Vorsicht in Rechnung gezogen werden, denn in der Regel sind sie launisch, betrügerisch und äußerst habgierig, und wer mit ihnen zu leben hat, wird sich vorsehen und darauf achten müssen, daß er sich nicht allein in ihrer Mitte aufhält...«[11] Ein anderer Franzose, Sylvain de Golbéry, der sich um 1785 im Senegal aufhielt, meint dagegen: »Alle Bedürfnisse und jedes Glücksverlangen der Neger wird erfüllt, ohne daß dies sie die geringste Anstrengung kostet, weder körperlicher, noch geistiger Natur; ihr Seelenzustand verharrt fast immer in friedlicher Gleichgültigkeit, die Unruhen, Aufregungen und stürmischen Leidenschaften sind ihnen fast völlig unbekannt, ihr Fatalismus hilft ihnen, allem mit Gleichmut entgegenzusehen, sich allem ohne Widerspruch zu unterwerfen. Ihr Leben fließt ruhig, in einer Art von lustvollem Behagen, das ihr höchstes Glück ausmacht, dahin, und in der Tat wird man die Neger zu jenen Geschöpfen zählen müssen, die von der Natur am meisten verwöhnt sind ... Den Kindern gleich verbringen selbst die bejahrtesten Neger ihre Tage mit sehr bedeutungslosen Verrichtungen und bei Gesprächen, die wir als bloßes Gegacker bezeichnen würden, deren unversiegbarer Fluß sich indessen aus gegenseitigem Vetrauen und gemeinsamem Frohmut nährt – solches läßt sich in unsern europäischen Gesellschaften kaum mehr beobachten.«[12]

Die hier konfrontierten Textproben sind – dies muß zur Ehrenrettung ihrer Verfasser gesagt werden – in ihrer Tendenz zur simplifizierenden Verallgemeinerung nicht unbedingt repräsentativ für den völkerkundlichen Gehalt der entsprechenden Berichte; sowohl Barbot und Labat als Demanet und Golbéry urteilen oft differenzierter, als es hier den Anschein macht. Auch die Gegensätzlichkeit des Urteils, die Schwarz-Weiß-Malerei der Verdikte, die durch die individuell verschiedenen Erfahrungen der einzelnen Betrachter, sowie durch den Zeitpunkt und die historischen Umstände der jeweiligen Aussage mitbedingt ist, würde beim Vergleich der Reiseberichte als Ganzes weniger scharf hervortreten. Derart weit auseinandergehende Meinungen in der moralischen Beurteilung des Afrikaners wie anderer Überseebewohner sind übrigens keine Eigentümlichkeit früherer Jahrhunderte – auch heute, wenn von der Gestaltung der Beziehung zwischen industrialisierten Ländern und der Dritten Welt die Rede ist, muß mit sehr kontroversen Auffassungen dieser Art gerechnet werden. Das Bedeutsame an den obigen Zitaten – die sich, wie gesagt, ähnlich auch zum Thema Indianer oder Inder versammeln ließen – scheint uns vielmehr darin zu liegen, daß gewisse Charaktermerkmale der schwarzen Überseebewohner zwar ähnlich konstatiert, aber sehr unterschiedlich bewertet werden. Wieder wird, wie in den Textbeispielen antiker Autoren, die Wildheit einer frühen Kulturstufe mit dem positiven Vorzeichen der ursprünglichen Lebensform versehen. Während Barbot den Afrikanern vorwirft, sie sorgten nicht für ihren Lebensunterhalt, sieht Demanet darin, daß für diese Art der Vorsorge keine Notwendigkeit zu bestehen scheint, gerade ein beneidenswertes Privileg der archaischen Völkerschaften. Das sinnliche und ausschweifende Betragen, welches Barbot wie Labat am Neger beobachten, wird im Text von Golbéry zu »lustvollem Behagen« (voluptueuse nonchalance) umfunktioniert. Und die Faulheit der Schwarzen, die kaum ein Reisender seit den ersten portugiesischen Entdeckungsfahrten als faktisches Charaktermerkmal ernstlich in Abrede stellte, erscheint in recht vorteilhaftem Licht, sobald sie, wie hier durch Golbéry, den Aufregungen der zivilisierten Gesellschaften gegenübergestellt wird.

Ohne Zweifel: das Klischee vom »Barbaren« ist mit dem Klischee vom »edlen Wilden«, wie dieses sich gegen Ende des achtzehnten Jahrhunderts besonders deutlich herausbilden sollte, eng verwandt. Eine große Zahl der lobenden Attribute, welche das Bild des »edlen Wilden« bestimmen sollten, gehen unmittelbar aus dem hervor, was man zuzeiten als Wesensmerkmale des Barbarentums zu erkennen glaubte: Einfachheit und Anspruchslosigkeit stehen in diesem Sinne komplementär zur Primitivität; Unschuld und Unvoreingenommenheit treten an die Stelle kindischer Unvernunft und Dumpfheit; Faulheit wird durch ruhiges Behagen, Gesetzlosigkeit durch natürliche Daseinsharmonie, Triebhaftigkeit durch unbesorgte Lebensfreude ersetzt.

Und nicht nur in den Berichten derjenigen, die sich als Vertreter einer höheren Kultur empfinden, vollzieht sich eine solche »Umwertung aller Werte«. Die Kreuzfahrer beispielsweise focht es wenig an, daß man sie Barbaren nannte; manche ihrer Chronisten nahmen mit Stolz auf, was als Schimpfwort gedacht war, und spielten ihre Vitalität gegen die dekadente Effeminiertheit der Byzantiner, Venezianer oder Mohammedaner aus.[13] Und die nördlich der Alpen lebenden Humanisten des sechzehnten Jahrhunderts ließen sich, auch wenn sie bewundernd nach den Stadtrepubliken Italiens blickten, nicht in ihrem Selbstbewußtsein verunsichern, sahen sie sich doch stolz als Nachfahren von Goten, Vandalen und Franken, deren ungebrochener Vitalität es, ihrer Meinung nach, zu danken war, wenn die klassische römische Kultur den Untergang des Reiches hatte überleben können.[14] Auch in der neuesten Zeit ist der Vorwurf des Barbarentums von jenen, denen er galt, durchaus nicht immer als Herabwürdigung hingenommen, sondern meistens zum persönlichen Verdienst umgedeutet worden. So wich etwa die Bewegung des »Sturm und Drang« in Deutschland der Herausforderung der französischen Aufklärung nicht aus, sondern stellte der höfischen Eleganz jenes Kulturgefühls trotzig und provokativ das Vollgefühl eigener Originalität entgegen. Als Verteidiger eines belebend auf die Geschichte wirkenden Einflusses ursprünglichen Barbarentums trat etwa Johann Gottfried Herder auf, wenn er in einer seiner berühmten Frühschriften ausrief: »Hätte euch der Himmel die barbarischen Zeiten nicht vorhergesandt und sie so lange unter so mancherlei Würfen und Stößen erhalten – armes, poliziertes Europa, das seine Kinder frißt oder relegiert, wie wärest du mit aller deiner Weisheit – Wüste.«[15] Und in unserem Jahrhundert nahm Oswald Spengler – man weiß mit welchen kulturpolitisch bedenklichen Folgewirkungen – Herders morphologischen Vitalismus auf, indem er Kultur und Zivilisation in einen spannungsvollen Gegensatz brachte und jener alle die Werte zusprach, welche im Vorwurf des Barbarentums seit jeher latent mitgeschwungen hatten: Kraft, Selbstverständlichkeit des Existenzgefühls, Seelenhaftigkeit, Symbolgehalt.[16]

Wir haben einleitend gesagt, der »Barbar« sei das Gegenteil dessen, wofür man sich halte. Dies gilt auch vom »edlen Wilden«, dem ins Positive gewendeten Spiegelbild des Barbaren. Beide Vorstellungen erwachsen einem betont ethnozentrischen Kulturbewußtsein, sind aber als eine Art von Archetypen des kollektiven Unbewußten keiner Kultur fremd.[17] Es gab sie, bevor es Entdeckungsreisen gab; der Gehalt beider Begriffe nährt sich nicht nur aus persönlicher Anschauung oder durch die Wissenschaft vermittelter Erfahrung, sondern aus der Art und Weise, wie die eigene Kultur intellektuell bewältigt werden kann. Die Vermutung liegt nahe, daß die Beschäftigung mit dem Barbaren und seinem attraktiven Doppelgänger in Zeiten an Interesse gewinnt, da der Mensch sich in seiner eigenen Kultur nicht mehr fraglos geborgen fühlt – den Nachweis für diese These anzutreten, fehlt hier der Raum. Jedenfalls ist auffällig, wie die Beschäftigung mit dieser Thematik genau zu dem Zeitpunkt, da die wohlgegründete, stabile Ideenwelt der Klassik der radikalen Infragestellung der Aufklärungsphilosophen weicht, erhöhte Aktualität gewinnt; und ebenso auffällig ist, wie diese Erscheinung sich wiederholt, als sich, vor und nach dem Ersten Weltkrieg, der Niedergang der bürgerlichen Gesellschaft ankündigt, und der exotische Mensch in der Bildenden Kunst, in der Abenteuerliteratur, im Tanz und in der Musik eine neue Faszinationskraft gewinnt, die, teilweise wenigstens, einem durchaus ethnozentrischen Unbehagen an der eigenen Kultur entspringt.[18]

Im achtzehnten Jahrhundert nun, das uns hier angeht, nahm die Auseinandersetzung darüber, ob die Überseebewohner als »Barbaren« oder als »edle Wilde« zu betrachten seien, einen vorwiegend theoretischen, oft in den Bereichen verspielter Geistreichelei sich bewegenden Verlauf – einen Einfluß auf die Gestaltung der kolonialen Beziehungen hatte sie kaum. Die Diskussionspartner verwendeten zwar Kenntnisse, die sie aus der Lektüre von Reiseberichten gewonnen hatten, aber meistens waren gerade jene, die am eifrigsten diskutierten, am wenigsten dazu bereit, ihren Beitrag zur wirklichen Forschung zu leisten: »Barbar« und »edler Wilder« hinderten im allgemeinen eher den wissenschaftlichen Elan, statt ihn zu beflügeln. Um es gleich vorwegzunehmen: Sieger dieser in leichtem Konversationstone geführten Auseinandersetzung sollten die Parteigänger des »edlen Wilden« bleiben, Sieger zumindest in dem Sinne, daß ihre Auffassungen, wie noch zu zeigen sein wird, gegen Ende des Jahrhunderts eine geradezu modische Verbreitung erfuhren.

Doch die Gegner der Freunde des »edlen Wilden«, die »ferini«, wie man sie in Italien nannte [19], gaben sich erst nach lebhaftem Widerstand geschlagen. Ihre Taktik bestand darin, der These von der Gutartigkeit des Menschen im Naturzustande mit konkreten Hinweisen auf die ausgeklügelten Torturen der Irokesen, auf die Menschenopfer der Azteken und die Diebereien der Südseeinsulaner zu begegnen. Die »ferini« bestritten zwar nicht, daß die Naturvölker in ihrer Lebensweise dem Naturzustand näher geblieben waren, aber, so fügten sie bei, dasselbe ließe sich auch von den Tieren behaupten. Sie warfen den Eingeborenen vor, daß deren Befähigung zu vernünftiger Überlegung sich in engen Grenzen hielte und jedenfalls nicht ausreichte, sich über die Erbärmlichkeit ihrer Lebenslage Rechenschaft zu geben und nach Mitteln zu suchen, die Möglichkeiten des eigenen Daseins zu nutzen. Besonders schwer wog in ihren Augen der Vorwurf des Kannibalismus, den man sowohl gegen die Karaiben, die diesem üblen Brauch den Namen gegeben hatten, als auch gegen die nordamerikanischen Indianer erheben mußte; auch bei vereinzelten afrikanischen Stämmen, ging das Gerücht, sei Anthropophagie beobachtet worden. Bedürfe es eines besseren Beweises, so fragten die »ferini«, um die animalische Daseinsform des Eingeborenen nachzuweisen, als die Tatsache, daß er sich an seinesgleichen gütlich täte und damit aufs unwiderleglichste in Widerspruch zu jeder göttlichen Weltordnung stelle? Darauf blieb den »anti-ferini« wenig zu entgegnen. Sie taten denn auch alles, um den unerfreulichen Tatbestand des Kannibalismus zu leugnen, zu verschleiern oder dadurch zu relativieren, daß sie ihm die ungemein blutigeren Greueltaten der zivilisierten Nationen gegenüberstellten; so beispielsweise Montaigne, wenn er schrieb: »Ich denke, daß es eine schlimmere Barbarei ist, einen Menschen lebendig zu fressen, als tot zu fressen, einen noch von Gefühlen belebten Körper mit Foltern und Qualen zu zerreißen, ihn bei langsamem Feuer zu rösten, ihn von Hunden und Schweinen zerbeißen und zerfleischen zu lassen (wie wir es nicht nur gelesen, sondern in jüngster Zeit gesehen haben, und dies nicht unter alten Feinden, sondern unter Nachbarn und Mitbürgern und, was noch schlimmer ist, unter dem Vorwand der Frömmigkeit und der Rechtgläubigkeit), als ihn zu braten und ihn zu verspeisen, nachdem er verendet ist.«[20] Und dem Baron La Hontan, einem der leidenschaftlichsten Verteidiger des Indianers, gelang es sogar, selbst im Tatbestand des Kannibalismus noch den Ausdruck einer spezifischen Begabung zu sehen; es sei bekannt, stellte er fest, daß die Indianer das feinere Fleisch der Franzosen dem zäheren der Engländer vorzögen: damit aber bewiesen sie zumindest einen hervorragenden Geschmack.[21]

Dem »edlen Wilden« stellten die »ferini« den hochzivilisierten Vertreter anderer Weltkulturen, den Ägypter, den Türken, den Perser oder den Chinesen entgegen. Wenn man schon außerhalb der eigenen Kultur nach menschlicher Vorbildlichkeit forschen wollte, so war sie bei diesen Völkern am ehesten zu finden, und zwar nicht, weil ihre Angehörigen auf Vernunft verzichteten, sondern weil sie von dieser den besten Gebrauch zu machen wußten. Vernunft stand nicht, wie Rousseau nahegelegt hatte, im Widerspruch zur Natur, sondern sie ermöglichte es dem Menschen, die natürlichen Gesetze zu erkennen und ihnen zu folgen. Vor allem rühmte man an den Orientalen die heitere Gelassenheit und geistige Vergnügtheit, womit sie allen Peripetien des Schicksals zu begegnen wußten. Der Wechsel der Weltbegebenheiten, die Hinfälligkeit von Ehre und Ruhm, die Unsicherheit der persönlichen Lebensumstände trafen den, der mit verallgemeinernder Reflexion und Ironie den Ereignissen die Spitze brach, weniger hart; und sie enttäuschten den nicht, der, wie der weise Chinese, durch Erfahrung darüber belehrt worden war, daß sich in den Menschen keine allzu großen Hoffnungen setzen ließen. Indem die »ferini« sich solcherart auf den zivilisierten Asiaten beriefen, setzten sie allerdings den Idolen der Freunde des »edlen Wilden« ihrerseits wieder ein Modell entgegen, das um keine Spur realer und im Grunde das Phantasieprodukt einer ähnlichen Bewußtseinslage war, wie sie die »anti-ferini« kennzeichnete.

Die Auseinandersetzung, welche die »ferini«, unter ihnen Samuel Johnson in England, Voltaire in Frankreich, mit ihren wesentlich zahlreicheren Gegnern führten, zog sich über das ganze Jahrhundert hin; ihr bekanntestes Dokument ist wohl der bereits erwähnte Brief, den Voltaire am 30. August 1755 an Rousseau schrieb. Es kam natürlich auch vor, daß Persönlichkeiten, die zuerst für den »edlen Wilden« eingetreten waren, brüsk ihre Meinung änderten und umgekehrt, so daß eine gewisse Verwirrung ins allgemeine Gespräch hineingetragen wurde. So wird etwa berichtet, daß die hochgespannten Hoffnungen, welche Napoleon Bonaparte nach der Lektüre von Rousseaus »Discours sur l'inégalité« in den archaischen Menschen gesetzt hatte, während dessen Ägyptenfeldzug sehr rasch verflogen seien. »Mir ist Rousseau«, soll der Feldherr lapidar geäußert haben, »seit ich den Orient gesehen habe, widerwärtig; der wilde Mensch ist ein Hund.«[22] Über elegante Spiegelfechtereien, die mehr über den eigenen Geisteszustand als über den Eingeborenen aussagten, kam man jedenfalls selten hinaus. Natürlich standen diese Rede- und Schreibduelle in einem geistigen Zusammenhang mit andern, gewichtigeren Fragestellungen der Aufklärungszeit, deren relativ später Widerhall sie lediglich waren. Hier trafen Gegner aufeinander, welche bereits zu anderen Problemen ihre Klingen gekreuzt hatten: Konservative stellten sich gegen Progressive, Anhänger von Hobbes gegen Anhänger von Rousseau, Skeptiker gegen Optimisten, Klassiker gegen Romantiker. Während indessen die Diskussionen über das fehlende Glied, über den Ursprung des Menschen, die Allgemeinverbindlichkeit der christlich-abendländischen Chronologie oder die Zuverlässigkeit der biblischen Offenbarung alle irgendwie an die Wurzeln des historischen Weltverständnisses rührten, blieb der Konflikt zwischen »ferini« und »anti-ferini« immer etwas im ahistorischen und unverbindlichen Raum reiner Abstraktion, und das Bild des archaischen Menschen, wie es in diesen Auseinandersetzungen vage und schillernd auftauchte, blieb zuletzt eine bloße Projektion unerfüllter Erwartungen und Sehnsüchte in die Entrücktheit der Ferne.

b) Archaismus und Futurismus

Die einleitend vorgebrachte Feststellung, daß die Umdeutung des »Barbaren« zum »edlen Wilden« auf dem Boden einer eindeutig ethnozentrischen Kulturverfassung gewachsen sei, muß nun freilich durch einen scheinbar paradoxen Aspekt erweitert werden. In der Tat ist jener Umdeutungsversuch nicht nur Ausdruck kultureller Befangenheit und Beschränktheit, sondern zugleich Ausdruck eines entschiedenen Willens, ebendieser Kultur zu entfliehen, allerdings nicht in die Realität archaischer Daseinsform, sondern in den Bereich von Traum- und Phantasievorstellungen. Arnold Toynbee hat in seinen morphologischen Studien zur Weltgeschichte diese Versuche, aus einer enttäuschenden Gegenwart auszubrechen, als »Archaismus« und »Futurismus« bezeichnet, denn tatsächlich zielen solche Ausbruchstendenzen nicht nur aus dem Raum, sondern auch aus der Zeit hinaus.[23] Auf den Topos des zum »edlen Wilden« gewordenen Barbars angewendet, bedeutet diese zweite Feststellung, daß es sich dabei nicht nur um eine Vorstellung handelt, die das repräsentiert, was man selber nicht ist, sondern zugleich um eine Vorstellung, die repräsentiert, was man vielleicht einmal war und möglicherweise wieder werden könnte.

Die Geisteshaltung des »Archaismus« kann sich in sehr verschiedenartigen Erscheinungsformen manifestieren, als aktualitätsscheue Nostalgie, als konservatives Beharren und politische Trägheit, als plötzlich zu höchster Virulenz gelangende revolutionäre oder pseudorevolutionäre Bewegung. Sie kann sich in jenem »antiquarischen Geschichtsverständnis« ausdrücken, dessen der Gegenwart abgewandte Passivität Friedrich Nietzsche in seiner zweiten »Unzeitgemäßen Betrachtung« getadelt hat. Archaistische Tendenzen sind auch dann am Werk, wenn es gilt, im gehobenen Sprachgebrauch der Diplomatie oder des Kanzleiverkehrs traditionelle Formeln der Kommunikation als Kontinuitätsnachweis weiterzupflegen. Dem Archaismus in hohem Maße verpflichtet sind jene oft sehr emotional an früheste Kulturtradition anknüpfenden Versuche zu religiöser oder nationaler Erneuerung, zu denen man auch den Faschismus rechnen müßte, den Toynbee als eine besonders »sinistre Selbstenthüllung des Archaismus« bezeichnet.[24] Und vielleicht die konsequenteste Ausprägung archaistischer Geisteshaltung ist wohl eben jene radikale Abkehr vom gegenwärtigen Kulturzustand, der als korrupter Spätzustand verworfen wird, und dem man die Vorstellung einer uranfänglichen Daseinsform der Menschheit entgegenstellt, die von allem frei war, was hier und heute des Menschen Mühsal ausmacht.

Dieser Mythus von einer paradiesischen Anfangsphase der Menschheitsgeschichte und der nachfolgenden Degradation des menschlichen Geschlechts ist vielen Weltkulturen eigen.[25] Wir begegnen ihm im achten Jahrhundert vor Christus im Werk des griechischen Dichters Hesiod, wenn dieser von einem goldenen, silbernen, ehernen und eisernen Zeitalter der Geschichte spricht und damit den Gedanken eines stetigen Abstiegs des Menschen von den Höhen ursprünglicher Göttergefälligkeit und Unschuld nahelegt.[26] Auch der christlichen Welt ist die Paradiesesvorstellung bekanntlich sehr vertraut, und die Bibel berichtet eingehend, wie der Mensch seines anfänglichen Glückszustandes verlustig ging und gezwungen wurde, inskünftig im Schweiße seines Angesichts sein Brot zu essen. Auch in den archaischen Kulturen sind solche Paradiesesvorstellungen weit verbreitet, und ähnlich wie bei den bereits erwähnten Schöpfungsmythen dieser Völker ergeben sich beim Vergleich auch hier erstaunliche Übereinstimmungen, etwa, was die Katastrophe des »Sündenfalles« und dessen Ursache anbetrifft.[27]

Weitgehend übereinstimmend werden auch in den zahlreichen entsprechenden Überlieferungen die Eigenschaften beschrieben, welche den Menschen jenes Urzustandes vom späteren auszeichneten. »In felicitate paradisi« lebte der Mensch noch nahe bei Gott und unterhielt sich mit diesem; Erde und Himmel standen in Verbindung. Jene glücklicheren Ahnen waren unsterblich, sie existierten, darin den Tieren ähnlich, außerhalb der Geschichte und in selbstverständlichem Einklang mit der Natur; sie kannten weder körperliche Leiden noch die ständige Sorge um die Fristung des Lebensunterhalts, verharrten im Stande der Unschuld, jenseits von Gut und Böse, und waren frei von jenen verzehrenden Leidenschaften wie Neid, Habgier, Ehrgeiz und Geltungssucht, die das Dasein des zivilisierten Menschen zum gefährlichen und aufreibenden Abenteuer werden ließen.

Was nun die Darstellung des »Wilden« in den europäischen Quellentexten betrifft, so findet sich diese Gleichsetzung der Existenz des Überseebewohners mit dem gemutmaßten Urzustand der Menschheit andeutungsweise oder gar als bestimmende Basis des Eingeborenenbildes wohl seit Menschen von verschiedener Kulturentwicklung sich gegenübertraten. Die bedeutsame Erfahrung, daß wir uns beim Reisen nicht nur im Raum, sondern zugleich in der Zeit bewegen, daß sich der Europäer, um das schöne Wort von Schiller nochmals aufzunehmen, in der Begegnung mit andern Kulturen in Erinnerung bringt, »was er selbst vormals gewesen und wovon er ausgegangen ist« – diese Erfahrung spricht bereits aus des Ritters Mandeville Reisen durch das gelobte Land, von denen im ersten Teil dieses Buches die Rede gewesen ist. Mandeville versagte sich und dem Leser zwar eine eigentliche Beschreibung des Paradieses; aber wenn er seinen Blick nach Osten, nach den Ländern der aufgehenden Sonne richtete, war dies zugleich ein Blick zurück zu den eigenen Ursprüngen. Die Kindheit indessen ist dem reifen Menschen unwiderruflich entschwunden und bleibt ihm nur als Verlockung gegenwärtig; Mandeville jedoch versuchte, jene Völker, die für ihn die Frühzeit menschlicher Entwicklung repräsentierten, wieder in die Erreichbarkeit räumlicher Distanzen hereinzuholen. So spielerisch, wie er mit Realität und Fiktion umging, so spielerisch bewegte er sich zwischen Jetztzeit und Urzeit: einerseits ließ er die Kunde aus der Ferne belebend auf die archaistischen Vorstellungen des eigenen kulturellen Horizontes einwirken; zugleich aber nutzte er die irrationalen Kräfte, die er so geweckt hatte, dazu, diesen Horizont zu sprengen.

Solche Paradiesessehnsucht ist unbestreitbar auch eine wesentliche Triebkraft bereits für die ersten Übersee-Expeditionen der Portugiesen und Spanier gewesen. Gewiß standen in den Erklärungen der frühen Kolonialtheoretiker, wie wir gesehen haben, kommerzielle, missionarische und wissenschaftliche Intentionen im Vordergrund, wobei faktisch dem kommerziellen Gesichtspunkt am meisten Gewicht zukam. Aber das Gold, nach dem man so begierig suchte, erschien nicht nur als Mittel zur persönlichen Bereicherung, war nicht nur, wie sich bald zeigen sollte, verhängnisvoller Anlaß zu Mißgunst und endlosen Streitigkeiten. Gold symbolisierte auch, zumindest im kunstvoll zum Schmuck verarbeiteten oder ungemünzten Zustand, das Vollkommene schlechthin; im Gold fing sich der irdische Abglanz des Himmels und des Göttlichen, und es war durch seine Reinheit und Makellosigkeit, im Unterschied zu andern Metallen, der Dienstbarkeit und berechnenden Verwendung gleichsam entrückt.[28]

Diese doppelte Faszination durch das Gold bezeichnet recht treffend bereits

28. Das Überseeterritorium als Schlaraffenland: so jedenfalls sah es Theodor de Bry, wenn er den Besuch, den Linschoten im Jahre 1598 der Insel Mauritius abstattete, für die Nachwelt festhielt. Daß die Tiere auf bestimmten neuentdeckten Inseln so zahm gewesen seien, daß man sie ohne Mühe habe einfangen können, wird wiederholt überliefert.

den Charakter der Konquista und im Grunde der Kolonialgeschichte überhaupt. Gewiß wollten die Konquistadoren in erster Linie reich werden. Zugleich aber waren sie, von oft sehr vagen Visionen inspiriert und halb uneingestandenermaßen, auf der Suche nach Formen einer besseren, glücklicheren Existenz, wie sie durch Reichtum allein nicht zu gewinnen war. Kolumbus glaubte daran, daß er sich immer mehr dem Paradies nähere und sah sich in diesem Glauben durch das friedfertige und gastfreundliche Verhalten der Arawak-Indianer bestärkt.[29] Die Begleiter des Cortés, unter ihnen der bereits erwähnte Bernal Diaz, waren überzeugt, als sie von einer Anhöhe auf das Tal von Mexiko mit seinen fruchtbaren Gärten, herrlichen Seen, Palästen und Tempelpyramiden herabblickten, im »Gelobten Land« angekommen zu sein.[30] Unzählbar sind die Legenden, die im Troß der anderen Konquistadoren, unter den Mitstreitern der De Soto, Pizarro, Hohermut und Federmann die Runde machten: da sprach man von den »sieben goldenen Städten von Cibola«, vom »letzten einsamen Kreise des Goldlandes«, vom »Tal der Schlösser« und von der »Paradiesesinsel«, und meistens schwang bei solchen Vorstellungen auch die Idee mit, man würde eines Tages auf die Idealform eines menschlichen Gemeinwesens stoßen.[31]

Aus solchen Erwartungen und einer entsprechenden Interpretation der Tatbestände setzte sich allmählich das Bild zusammen, das man sich in Europa vom Indianer machte. Die voranschreitende Ausrottung oder Vertreibung der Urbevölkerung leistete diesen Phantasiebildern Vorschub, und späte Reue floß nicht selten in die Legendenbildung ein und umgab die Gestalt des Indianers mit der sentimentalen Aureole des besiegten Helden. Die meisten Betrachter machten sich nicht mehr die Mühe, zwischen verschiedenen indianischen Völkern zu unterscheiden: in ihrer Vorstellung verband sich die archaische Einfachheit des westindischen Inselbewohners ganz unreflektiert mit dem vergleichsweise späten Lebensstil der Azteken, und hinzu fügte man wenn möglich noch, was man etwa aus Jesuitenberichten von den Huronen und den Guarani wissen mochte. So entstand einmal mehr ein sehr schillerndes Bild, auf das sich im Grunde sowohl die »ferini« wie die »anti-ferini« hätten einigen können.

Schließlich aber obsiegte die archaisierende Version; man entschied sich, im Indianer das Geschöpf einer frühen Phase im Verlauf der menschlichen Geschichte zu sehen. Diese Einschätzung formulierte niemand besser und wirkungsvoller als der Missionar Jean-Baptiste Du Tertre, dessen »Histoire générale des Isles« ein volles Jahrhundert vor Rousseaus »Discours«, um 1650, erschien. Wir geben hier die entsprechenden Passagen dieses Buches, die vielen Intellektuellen des achtzehnten Jahrhunderts geläufig waren, im Wortlaut wieder. Nachdem Du Tertre die westindischen Indianer gegen den Vorwurf des Barbarentums in Schutz genommen hat, fährt er fort: »Ich benutze hier die Gelegenheit ... zu zeigen, daß die Wilden, welche diese Inseln bewohnen, zu Völkern gehören, welche die zufriedensten, glücklichsten, tugendhaftesten, geselligsten, wohlgestaltetsten, von Krankheiten am wenigsten heimgesuchten der ganzen Erde sind. Denn diese Indianer leben, wie die Natur sie geschaffen hat, das heißt in großer Einfachheit und natürlicher Naivität; alle sind sich gleich, Eltern und Kinder begegnen sich ohne

Unterwürfigkeit. Niemand ist reicher oder ärmer als sein Gefährte, und alle beschränken ihre Wünsche auf das, was ihnen wirklich nützlich ist, und verachten alles Überflüssige als etwas, das zu besitzen sich nicht verlohnt ... Sie kennen keinerlei autoritäre Ordnung (police), sondern leben alle in völliger Freiheit, trinken und essen, wenn sie Durst oder Hunger haben, arbeiten und ruhen sich aus, wenn sie wollen, und haben keinerlei Sorgen, wenigstens, was den gegenwärtigen Tag betrifft. Sie fischen und jagen nur soviel, als sie für ihre Mahlzeit brauchen, ohne sich wegen der Zukunft zu beunruhigen, und ziehen es vor, sich mit wenigem zufrieden zu geben, statt sich mit einer Menge Arbeit das Vergnügen eines wohlgedeckten Tisches zu erkaufen.«[32]

In diesem Porträt des Indianers sind die meisten Bestandteile versammelt, welche die Vorstellunng des Überseebewohners als des Repräsentanten eines verloren gegangenen Naturzustandes besonders für das achtzehnte Jahrhundert so verlockend machen sollten. Daß die Lebensform dieser »Wilden« gegenüber derjenigen der zivilisierten Europäer Vorbildlichkeit beanspruchen dürfe, wird zwar im obigen Text noch nicht explizit ausgesagt; an anderer Stelle aber wird dieser Gedanke unverhohlen ausgesprochen, vor allem dann, wenn sich Du Tertre über die korrumpierten und dekadenten Wandel der französischen Kolonisten beklagt. Zu bedauern sei einzig, stellt der Dominikanerpater immer wieder fest, daß den Indianern die wahre christliche Religion unbekannt geblieben sei; sonst würde diesen unschuldigen und tugendhaften Menschen das Ewige Leben sicher sein.[33]

In Jean-Baptiste du Tertres »Histoire des Isles« findet sich untergründig bereits jenes Umschlagen vom Archaismus zum Futurismus, vom Vergangenen zum Wieder-Möglichen, das in der Zivilisationskritik des Aufklärungszeitalters eine so wichtige Rolle spielen sollte. Indem Du Tertre den Eingeborenen so schilderte, wie er es tat, und zugleich die Übeltaten der spanischen und französischen Kolonisten schonungslos bloßlegte, gewann jene archaische Lebensform unvermerkt den Charakter des Musterhaften und Erstrebenswerten. Die ursprüngliche Lebensform des Indianers erhielt, unter dem einzigen Vorbehalt einer Modifikation im Bereich des Religiösen, das Gewicht einer realisierbaren Alternative. Der Gedanke mußte sich aufdrängen, diese Dialektik polemisch durchzuspielen oder vielleicht sogar praktisch einer überzeugenden Auflösung zuzuführen.

c) Porträt des »edlen Wilden«

Doch verweilen wir noch kurz, bevor wir uns der literarischen Auseinandersetzung der europäischen Intellektuellen mit der überseeischen Welt zuwenden, bei der Figur des »edlen Wilden« selbst. Fassen wir den »edlen Wilden« dort, wo er uns zweifellos am reinsten entgegentritt: in der Gestalt des Südseeinsulaners. Und versuchen wir zu ergründen, welches die hervortretendsten Merkmale dieses Idealbildes waren.

Wir sind dem Südseeinsulaner bisher zweimal begegnet. Am Schluß des ersten Teils dieser Darstellung haben wir von den Besuchen Aotourous und Omais in den Jahren 1769 und 1775 gesprochen und von dem lebhaften und entgegenkommenden Interesse, das ihr Aufenthalt in Europa allgemein weckte. Und wir haben gezeigt, wie günstig die Beurteilung des Südseeinsulaners durch den Europäer ausfiel, vor allem, wenn man dessen äußere Erscheinung ins Auge faßte und, Analogien zu antikem Menschentum nahelegend, vom vollkommenen Äußeren auf einen ebenso vollkommenen Charakter schloß. Schon in diesem Zusammenhange haben wir darauf hingewiesen, wie die Bewunderer der Südseeinsulaner und insbesondere der Bewohner Tahitis nach 1775 dem eigentlichen Gegenstand ihrer Wertschätzung zunehmend ein reines Phantasieprodukt unterschoben, und zwar noch konsequenter, als das zuvor Du Tertre beim Indianer oder Autoren wie Adanson und Golbéry beim schwarzen Afrikaner getan hatten.

Diese Hochstilisierung des Südseeinsulaners zum »edlen Wilden« liegt zuerst wohl im banalen Faktum begründet, daß die Südsee sich bisher am beharrlichsten der europäischen Entdeckerneugierde entzogen hatte und daß ihre Inselgruppen von den gebräuchlichen Schiffahrtsrouten weitab lagen. Bereits die spanischen Seefahrer, welche ihre Erwartungen auf ein »irdisches Paradies« nicht oder nur vorübergehend hatten befriedigen können, knüpften an die Erkundung des Südpazifiks, der nach den Verträgen von Tordesillas (1494) und Saragossa (1529) in ihren Einflußbereich gefallen war, neue Hoffnungen. Fernández de Quiros, ein Portugiese in spanischen Diensten und der wichtigste Entdeckungsreisende in diesen Regionen vor Cook, beschrieb um 1600 die Bewohner der Marquesas-Inseln idealisierend und lobte überschwenglich den Reiz der Landschaft und der klimatischen Verhältnisse; in ihren physischen und moralischen Qualitäten waren die Insulaner, seiner Meinung nach, den amerikanischen Indianern weit überlegen.[34]

Auch die Mutmaßungen über die Existenz einer »Terra australis«, welche man während des siebzehnten Jahrhunderts anzustellen nicht müde wurde, verbanden sich ganz natürlich mit nicht minder einfallsreichen Visionen von der Existenz ferner Erdenbewohner, die, den Sorgen und Nöten der Alten Welt entrückt, ein unbeschwertes Inseldasein genössen. Versteckte Hinweise auf die beneidenswerte Glückseligkeit dieser Insulaner finden sich etwa in der 1756 erschienenen »Histoire des navigations aux Terres australes« von De Brosses, die aus Gründen des globalen Gleichgewichts der Landmassen das Vorhandensein eines Südkontinents behauptete. Und der englische Übersetzer dieses Werks, John Callander, wurde noch deutlicher, wenn er schrieb, daß nur im Pazifik, wenn überhaupt noch irgendwo, das »glaubwürdige Abbild der Unschuld und Einfachheit der ersten Zeitalter« zu finden sein werde.[35] Mehr oder weniger bewußt mochte an solchen Vorstellungen bereits damals der Gedanke beteiligt sein, daß es sich bei den dort zu erwartenden Völkern um Antipoden handeln mußte, womit implizite deren Andersartigkeit, ja Gegensätzlichkeit betont und die Möglichkeit einer Alternative mit kulturkritischer Zielrichtung angedeutet wurde.

Der eigentliche Prozeß einer zumindest im Ansatz von Fakten ausgehenden Idealisierung der Insulaner setzte ein, als Bougainville auf seiner Weltumsegelung im Jahre 1768 Tahiti berührte. Am Anfang stand das erregende Erlebnis einer großartigen Insellandschaft. Bougainvilles Seeleute und Begleiter hatten, wie später die Mannschaft von Cooks erster Reise, die Unwirtlichkeit der Felsenküste an der Magellan-Straße und am Kap Horn kennengelernt, die Mühsale der Pazifik-Traverse hatten sie gezeichnet, viele von ihnen waren erkrankt und geschwächt – da mußte der Anblick der Insel mit ihrem einladenden Hafen und der üppigen subtropischen Vegetation die Erfüllung manches sehnsüchtigen Wunschtraumes bedeuten. In ihrer Begeisterung über die landschaftliche Schönheit Tahitis stimmen denn auch die Kommentatoren ausnahmslos überein. Bougainville spricht in seinem Reisebericht von einer höchst reizvollen Szenerie, die des Pinsels eines Boucher würdig sei. »Ich glaubte mich«, fährt er fort, »in den Garten Eden versetzt: wir durcheilten weitgestreckte Rasenflächen, die mit schönen Obstbäumen bestanden und von Bächlein durchflossen waren, welche eine köstliche Frische ausströmten, ohne daß sich ihre Feuchtigkeit nachteilig bemerkbar gemacht hätte. Hier erfreut sich eine stattliche Bevölkerung der Schätze, welche die Natur mit vollen Händen austeilt. Wir fanden Gruppen von Männern und Frauen im Schatten der Baumgärten hingelagert, und alle grüßten uns freundlich ...«[36]

Während Bougainville nach Art des gebildeten Aristokraten den Reiz des bukolischen Idylls, wie die höfische Aufklärung es liebte, hervorhob, zeigte sich Georg Forster, der Begleiter von Cook auf dessen zweiter Reise, von der wild-romantischen Schönheit des Hinterlandes besonders beeindruckt. Forster erreichte Tahiti auf der West-Ostroute, nach gefährlicher und langwieriger Fahrt der Packeisgrenze entlang. »Dem Schiffe gerade gegenüber«, schreibt der deutsche Naturforscher, »öffnete sich zwischen den Bergen ein enges wohlbebautes Tal, das voller Wohnungen und auf beiden Seiten mit Wald bedeckten Hügeln eingefaßt war, die längs der ganzen weiten Strecke desselben in mannigfach gebrochenen Linien hinaufliefen und sich in verschiedenen Farben und Entfernungen zeigten. Über diese und das Tal hinaus ragten aus dem Innern des Landes mancherlei romantisch geformte steile Berggipfel hervor, davon besonders der eine auf eine malerisch-schöne, aber fürchterliche Weise überhing und gleichsam den Einsturz drohte. Der Himmel war heiter und warm; kurz, alles flößte uns neues Leben und neuen Mut ein.«[37]

Es gibt keinen frühen Tahiti-Reisenden, der sich in seinem Bericht nicht mehrmals mit den landschaftlichen Reizen der Insel befaßt hätte. Wie verschieden gefärbt die Schilderungen auch sein mögen – leise antikisierend im Falle Bougainvilles, voll jugendlichen Überschwanges wie bei Georg Forster, sachlich registrierend wie bei Cook – immer schwingt zumindest als Andeutung der Gedanke vom wiederaufgefundenen Paradies, vom »locus amoenus« der antiken Sage, mit.

Aber erst dank der Tatsache, daß in diesem idealen Milieu Menschen lebten, erfüllte sich die Vollkommenheit der Natur ganz. Es war die sorgsam gepflegte Kulturlandschaft, das allen Bedürfnissen seiner Bevölkerung genügende Land, das die Reisenden am meisten beeindruckte. Hier fanden sich Erdenbewohner, die, zwar bereits gesellig lebend und die natürlichen Reichtümer der Erde nutzend, noch nicht zu Opfern des Besitzstrebens, der Geltungssucht und eines anbrechenden technisierten Zeitalters geworden waren. Diese Inselbevölkerung stand, mit Rousseau zu reden, in der »rechten Mitte zwischen der trägen Gleichgültigkeit des ursprünglichen Zustandes und der unbändigen Aktivität unserer Eigenliebe«; sie schien jene glückliche Vorphase zu repräsentieren, die dem auf Privatbesitz basierenden Ackerbau und der Einführung der Metallurgie vorausging. Der Südseeinsulaner besaß alles, wonach er verlangte, in reichlichem Maß, und er hütete sich in weiser Selbstbescheidung, mehr zu wollen: Die Früchte des Brotbaumes, Kokosnüsse, Bananen und einige wenige Haustiere genügten ihm vollauf. »Alle diese Produkte«, schreibt Cook, »welche die Natur ganz selbstverständlich hervorbringt, werden hier mit sehr geringem Arbeitsaufwand gezogen; in dieser Hinsicht mag es fast scheinen, als sei dieses Volk vom Fluche unserer Vorväter befreit. Denn kaum ließe sich sagen, daß es das Brot im Schweiße seines Angesichtes esse, hat es doch die Natur nicht nur mit dem Nötigen, sondern mit der Überfülle versorgt.«[38]

Johann Reinhold Forster, Georgs Vater, der auf Cooks zweiter Reise ebenfalls mitfuhr und im allgemeinen ebenso nüchtern wie der Engländer urteilte, bemerkt ganz ähnlich: »Mit welchem Entzücken durchstreift man nicht auf O-Tahiti die Pflanzungen, wo Einfalt und Reichtum der Natur, wo Überfluß und Heiterkeit ein Volk beglücken, das unser Vorurteil nur gar zu unbedächtig mit dem Namen der Wilden belegt! Überall Herden von Schweinen, vor jeder Wohnung Hunde, eine zweite Gattung von Mastvieh; auf dem Rasen ... umher oder auf den Bäumen das schönste Federvieh. Den ganzen Tag hindurch erschallt das Lied der kleinen Sänger, und die Taube girrt dazwischen wie in unsern Wäldern. Die See liefert ihre mannigfaltigen Bewohner ...«[39]

Doch darin, daß die Natur den Bewohnern Tahitis jegliche Sorge um den täglichen Unterhalt abnahm, erschöpfte sich ihre Güte nicht. Immer wieder fiel den ersten europäischen Besuchern auf, wie jung sich die Inselbewohner dank der Gunst des Klimas und einer maßvollen Ernährung zu halten wußten; in manchen diesbezüglichen Feststellungen schwingt die Idee von der Unsterblichkeit der ersten Menschen mit. Bougainville, durchwegs ein überzeugter Vertreter der Milieutheorie im Sinne Montesquieus, schreibt es ganz den äußeren Umständen zu, wenn die Insulaner ihr »glückliches Alter ohne die geringste Unannehmlichkeit« erreichen.[40] Und Georg Forster betont vor allem, wie günstig sich der vollendete Einklang des Menschen mit der ihn umgebenden Natur auf dessen Psyche auswirken müsse. »Der Runzeln«, schreibt er beim Anblick eines alten Insulaners, »welche unter uns das Anteil der Greise sind, waren wenig; denn Kummer, Sorgen und Unglück, die uns so frühzeitig alt machen, scheinen diesem Volke gänzlich unbekannt zu sein.«[41]

Der Gedanke, daß die Insulaner in allen ihren Gefühlsregungen und Verrichtungen instinktiv den natürlichen Gesetzen folgten und daß alles, was sie täten, aus dieser stillschweigenden Übereinstimmung seine Rechtfertigung erfahre, geht als eigentliches Leitmotiv durch die ganze Tahiti-Berichterstattung dieser Zeit. Unverkennbar steht im Hintergrund solcher Überlegungen ein kulturgeschichtlicher Wandel in Europa: die allmähliche Ablösung von der Form- und Regelgläubigkeit des absolutistisch-barocken Kunstverständnisses durch ein neues Bewußtsein von der Freiheit des schöpferisch-empfindenden Naturells, wie sie sich in Richardsons »Pamela« (1740), in Rousseaus »Nouvelle Héloïse« (1761) und Goethes »Werther« (1774) literarisch manifestiert hatte. Was die europäischen Reisenden, zumindest die gebildeten Berichterstatter unter ihnen, am Südseeinsulaner vor allem faszinierte, waren die selbstverständliche Daseinsfreude und der zwanglose Lebensrhythmus, die sich von der natürlichen Umgebung auf die Bewohner übertrugen. »Eine glückliche Gleichförmigkeit«, schreibt Georg Forster, »prägt das ganze Leben der Tahitianer. Sie erheben sich mit der Sonne, eilen zu den Bächen und Brunnen, um ihre ebenso erquickenden wie gründlichen Waschungen vorzunehmen. Sie verbringen den Vormittag, bis die Hitze des Tages spürbar wird, bei der Arbeit oder auf Spaziergängen; dann ziehen sie sich in ihre Wohnungen zurück oder ruhen sich unter buschigen Bäumen aus. Sie vergnügen sich damit, ihre Haare geschmeidig zu machen, indem sie es mit wohlriechenden Ölen salben, oder sie blasen auf ihren Flöten, singen dazu oder lauschen dem Gesang der Vögel. Um neun Uhr oder etwas später begeben sie sich zum Essen. Nach ihren Mahlzeiten nehmen sie die friedliche Unterhaltung wieder auf, und in ihren Herzen verbreitet sich jenes Gefühl gegenseitiger Zuneigung, welches imstande ist, die heranwachsende Generation mit zarten Banden zu vereinen. Der lebhafte, aber gutartige Spott, die ungekünstelt vorgetragene Erzählung und ein schlichtes Abendessen vertreiben die Zeit bis zum Niedergang der Sonne, und ein weiterer Gang zum Fluß beschließt die Tätigkeit des Tages. Derart zufrieden mit ihrer einfachen Lebensform und umgeben von einer herrlichen Landschaft leben sie frei von Sorgen und sind glücklich in ihrer Unwissenheit.«[42]

Man mag aus heutiger Sicht dergleichen Betrachtungen bereits als sehr idealisierend empfinden. Verglichen mit der Natur- und Gefühlsemphase der zeitgenössischen Literatur im damaligen Europa indessen wirken die Zeugnisse von Bougainville und Georg Forster keineswegs sonderlich pathetisch, und James Cooks Darstellung erscheint – zumindest in der heute wiederhergestellten Originalfassung – als von einer auf jeden Überschwang verzichtenden Nüchternheit.[43] Im allgemeinen darf diesen Betrachtern durchaus attestiert werden, daß sie faktentreu berichten: was über die Ernährung der Eingeborenen, deren alltägliche Verrichtungen und die Landschaftsgestalt berichtet wird, kann von der völkerkundlichen Forschung nicht widerlegt werden.[44]

Daß durch die Art und Weise des stilistischen Arrangements bei Bougainville und Georg Forster manche Fakten in besonders heiterer Beleuchtung erschienen, kann nun allerdings nicht bestritten werden. Anderseits scheute man sich nicht, auf gewisse Eigentümlichkeiten im gesellschaftlichen Dasein der Insulaner hinzuweisen, welche den behaupteten vollkommenen Einklang zwischen Mensch und Natur wieder in Frage zu stellen drohten. Bei diesen Eigentümlichkeiten handelte es sich etwa um die offensichtliche Neigung der Tahitianer zum Diebstahl, um mangelndes Schamgefühl und sexuelle Libertinage, um das Vorhandensein kriegerischer Auseinandersetzungen und um die Sitte der Kindstötung; auch mußte man feststellen, daß es eine vollkommene soziale Gleichheit nicht gab, daß auch die Tahitianer Krankheiten kannten, daß sie schließlich, ähnlich wie die kanadischen Indianer, einen Hang zur Völlerei entwickeln konnten. Diese vor dem Hintergrund eines generell sehr wohlwollenden Urteils befremdlichen Aspekte sind von der Mehrzahl der frühen Berichterstatter nicht verschwiegen worden; freilich war die Regel, daß man sie entweder nur recht beiläufig erwähnte oder aber ins Positive umzudeuten suchte.

Diese zweite Möglichkeit eines beschönigenden oder in apologetischer Absicht verklärenden Verfahrens ist von Bougainville und Georg Forster gelegentlich benutzt worden. Von beiden Berichterstattern wird beispielsweise die Neigung der Südseeinsulaner zum Diebstahl auf ähnliche Weise entschuldigt: es sei nur natürlich, wird festgestellt, daß diese Eingeborenen, die nie auf den Gedanken kämen, sich gegenseitig etwas wegzunehmen, in ihrer Neugierde durch den Anblick europäischer Gebrauchsgegenstände derart gereizt würden, daß sie der Versuchung nicht mehr widerstehen könnten.[45] Eine ähnliche Auffassung vertraten übrigens gegen Ende des achtzehnten Jahrhunderts auch andere Reisende im Hinblick auf andere, ebenfalls als diebisch verrufene Eingeborenenvölker, so etwa der Forschungsreisende Mungo Park, wenn er in seinen »Travels« um Verständnis für dasselbe Laster bei den Westafrikanern wirbt.[46] Georg Forster geht sogar soweit, die Europäer für die Diebereien der Südseeinsulaner verantwortlich zu machen, wenn er bemerkt: »Wir sind also an dieser Untugend insofern selbst schuld, weil wir die erste Veranlassung dazu gegeben und sie mit Dingen bekannt gemacht haben, deren verführerischem Reiz sie nicht widerstehen können.«[47]

Auch die von den europäischen Reisenden sofort nach ihrer Ankunft beobachtete Neigung zu ausschweifendem sexuellem Lebenswandel wurde entschuldigt oder ins Positive umgedeutet. Während die Diebereien der Polynesier seit den Fahrten des Quiros geradezu sprichwörtlich geworden waren und von niemandem bestritten werden konnten, wurde allerdings der Hang der Insulaner zur Promiskuität und zu ähnlichem, wie Cook auf seiner zweiten Reise selbst feststellte, von den Europäern sehr übertrieben. Wohl gab es viele Insulanerinnen, die bereit waren, ihre Gunst und vielleicht auch ihre Unberührtheit gegen eine geringe Gabe wie einen eisernen Nagel oder ein Fetzchen Tuch wegzugeben, und gewiß zeigte man sich ohne jede Hemmung nackt und liebte es, sich in verführerischen, von den Seefahrern als aufreizend und anzüglich empfundenen Tänzen zu wiegen; aber dieses Verhalten zeigten vor allem Mädchen aus der unteren Gesellschaftsschicht, und es war nicht typisch, sondern die Folge des durch den Besuch der Europäer eingetretenen Sonderfalles.

Es scheint nicht, daß die Europäer vom Entgegenkommen mancher Insulanerinnen sehr schockiert gewesen wären oder sich ihrerseits Zwang angetan hätten. Wenige Mitreisende dürften standhaft die Vorzüglichkeit des abendländischen Moralstandpunktes, der in Seefahrerkreisen ohnehin nie sehr solid gewesen war, demonstriert haben. Von James Cook ist bekannt, daß er, vielleicht um seine Autorität fürchtend, entsprechende weibliche Anerbieten zurückwies, im Gegensatz zu seinem wissenschaftlichen Begleiter Joseph Banks, der die Sympathien der Tahitianerinnen galant zu erwidern liebte.[48] Und Johann Reinhold Forster, Georgs Vater, scheint sich vom allgemeinen Liebeswerben einigermaßen angewidert gefühlt zu haben; jedenfalls erhob er später der Tahiti-Berichterstattung gegenüber den Vorwurf der lasziven Effekthascherei und beschuldigte gar den damaligen Chef der englischen Admiralität, Lord Sandwich, »einen in allen Lüsten ersoffenen und schandlosen Mann«, dergleichen Tendenzen noch zu fördern.[49]

Sowohl Bougainville wie Georg Forster jedoch nahmen nicht Anstoß an der Sittenfreiheit der weiblichen Inselbevölkerung, im Gegenteil; besonders Bougainville, der in Anspielung auf die Liebesgöttin Venus der Insel den Namen »Nouvelle Cythère« gegeben hatte, fühlte sich vom lockeren Charme der »Damen« angesprochen. Er sieht in der Bereitwilligkeit dieser »Nymphen«, ihren Gefühlen freien Lauf zu lassen, ein Indiz für den von Moralvorschriften noch nicht belasteten paradiesischen Frühzustand der Menschheit; er bewundert, wie sich das Liebesangebot ganz natürlich mit der friedfertigen Zuneigung der Stammesangehörigen untereinander verbindet, und er lobt die physische Wohlgestalt der Tahitianer, die eines schmückenden Gewandes gar nicht bedürfe. Auch in Georg Forsters Betrachtungen erscheint die liberale Art der Insulanerinnen, über ihre Reize zu verfügen, keineswegs in nachteiligem Licht, obwohl der Deutsche bemüht ist, seine diesbezüglichen Sympathien etwas zu dämpfen; im übrigen tritt auch er dafür ein, des Lesers Verständnis für diese fremden Völker zu gewinnen, indem er immer wieder die Relativität der Sitten und die Ungerechtigkeit ethnozentrischen Urteilens hervorhebt.

Andere Eigentümlichkeiten polynesischer Lebensform, welche das schmeichelhafte Gesamtbild hätten trüben können und nicht so leicht ins Positive umzudeuten waren, wurden von diesen ersten Berichterstattern zwar keineswegs verschwiegen, jedoch nicht selten etwas unterspielt oder vertuscht. So entging Georg Forster beispielsweise nicht, daß die gesellschaftliche Struktur der Bevölkerung durch die Oberschicht der »Arioi« bestimmt war, die sich als Nachfahren einstiger Eroberer betrachteten; aber so sehr hatte der jugendliche Reisende darauf gehofft, auf Tahiti endlich die Gleichheit verwirklicht zu finden, daß er sich der Versuchung nicht entziehen konnte, jene Feststellung wieder zu verschleiern, indem er etwa schreibt: »Das gemeine Volk in Tahiti ließ bei allen Gelegenheiten gegen die Vornehmen der Nation so viel Liebe blicken, daß es schien, als sehen sie sich insgesamt nur für eine einzige Familie ...«[50] Auch Forsters Hoffnung, auf Tahiti den ewigen Frieden verwirklicht zu finden, ging nicht in Erfüllung, und der Reisende war redlich genug, sich dies einzugestehen; dennoch schwächt er in seinem Bericht ab, was er etwa von kriegerischen Auseinandersetzungen mit Nachbarvölkern oder vom Überfall der Insulaner auf die ersten englischen Besucher unter Samuel Wallis gehört hatte, indem er etwa von einer durch den Selbsterhaltungstrieb gebotenen Notwehr spricht. Und auch die aus demographischen Gründen von den Tahitianern praktizierte Kindstötung wird von Bougainville, Georg Forster und Cook zwar erwähnt, aber offensichtlich als ein befremdliches und die allgemeine Harmonie in unerklärlicher Weise störendes Faktum, über das man etwa unter dem Vorwand, Genaueres sei dazu nicht in Erfahrung zu bringen, hinweggeht.

Trotz diesen beschönigenden oder verharmlosenden Einseitigkeiten frühester Berichterstattung sind es nicht die bisher erwähnten Reisenden gewesen, die den Südseeinsulaner zum »edlen Wilden« hochstilisiert haben. Die Berichte von Bougainville, der beiden Forster und Cook repräsentieren, auch wenn sie Zeugnisse eines bestimmten Zeitgeistes und der Faszination durch ein außerordentliches Erlebnis sind, durchaus den respektablen Stand damaliger völkerkundlicher Forschung. Und sie beweisen eine hohe Einsicht in die Problematik und Folgewirkung dieses Kulturkontakts. Sowohl Bougainville als auch vor allem Georg Forster erkannten in aufrichtiger Sorge die Tragweite des europäischen Einbruchs in eine der letzten noch »verschonten« Regionen des Globus; Forster wirft in seinem Bericht geradezu selbstquälerisch immer wieder die Frage nach der eigenen Verantwortlichkeit auf und kommt zum Schluß: »Es ist wirklich im Ernste zu wünschen, daß der Umgang der Europäer mit den Einwohnern der Südsee-Inseln abgebrochen werden möge, ehe die verderbten Sitten der zivilisierten Völker diese unschuldigen Leute anstecken können, die hier in ihrer Unwissenheit und Einfalt so glücklich leben.«[51] Und selbst der überaus nüchterne Cook notiert, die Insulaner betreffend, in sein Tagebuch: »...wir verderben die Moral derer, die sich bereits für das Laster empfänglich zeigen, noch mehr und führen bei ihnen neue Bedürfnisse und vielleicht auch Krankheiten ein, welche bloß die glückliche Ruhe stören, welcher sie und ihre Vorfahren sich erfreuen. Sollte jemand die Wahrheit dieser Behauptung bestreiten, möge er doch sagen, was die Eingeborenen auf dem amerikanischen Kontinent damit gewonnen haben, daß sie mit den Europäern in Handelsbeziehungen getreten sind.«[52] Solche Skrupel bewegten die eigentlichen Schöpfer des »edlen Südseeinsulaners« ebensowenig wie die Verpflichtung zu exakter Information; ihnen ging es darum, den modischen Erwartungen einer großen Leserschaft, wie sie etwa durch die Besuche Aotourous und Omais geweckt worden waren, möglichst zu entsprechen. Was bei Bougainville, den beiden Forster und selbst bei Cook gelegentlich als halb unbewußte Insinuation mitgeklungen hatte – die Ideen der Harmonie zwischen Natur und Mensch, der Glück erzeugenden Bedürfnislosigkeit, der friedlichen Regelung aller zwischenmenschlichen Kontakte durch die alles überwölbende Leidenschaft der Liebe – dies alles wurde von wendigen Journalisten und raffinierten Zuträgern des Zeitgeschmacks aus dem Zusammenhang mit der realen Situation hinausgerissen, verklärt und absolut gesetzt.

Einer der erfolgreichsten dieser Propagandisten des »edlen Wilden« in seiner späten pazifischen Erscheinungsform war Philibert de Commerson, der als Schiffsarzt und Botaniker mit Bougainville gereist war und also als Augenzeuge auftreten konnte, zugleich aber als einer der schwärmerischsten Jünger Rousseaus ganz außerstande war, in seinen Reiseeindrücken etwas anderes als die Bestätigung sehr verstiegener Gesellschaftsvisionen zu sehen. Das Bezeichnende am Bericht Commersons, der übrigens Tahiti den Namen »Utopie« geben wollte, ist die durchgehende Neigung, den jeweils vielschichtigen Tatbestand unter Verzicht auf jede Differenzierung zu modellhafter Eindeutigkeit zu erheben. Wo andere Reisende ihre Vorbehalte, Zweifel, Einschränkungen anbrachten, reduzierte sich bei Commerson alles auf die einfachste Schlüssigkeit: »...ich kann euch sagen, daß es sich um den einzigen Winkel der Erde handelt, in dem Menschen ohne Laster, ohne Vorurteile, ohne Bedürfnisse und ohne Zwietracht wohnen.«[53] Wo andere Reisende, was sie am Lebensstil und an den Sitten der Tahitianer vielleicht befremdlich fanden, in seinen positiven Aspekten darzustellen oder apologetisch zu erklären suchten, nahm Commerson eine kühne Umwertung aller Werte vor, die über bloß beschönigende Umdeutung weit hinausging. So wird beispielsweise die Neigung der Inselbewohner zum Diebstahl nicht mit deren Neugierde oder der Verführungskraft europäischer Gegenstände entschuldigt, sondern, in Verkennung des für Polynesien geltenden tatsächlichen ethnologischen Sachverhalts, als Indiz für die Existenz einer klassenlosen Gesellschaft ohne Privatbesitz gedeutet. Die Liebe wird nicht nur als spontane und natürliche Gefühlsregung gerechtfertigt, sondern zum alles erhöhenden Kult erklärt: »Unter dem schönsten Himmel geboren, genährt von den Früchten einer ohne Bewirtschaftung reichlich spendenden Erde, eher von Familienvätern als von Königen regiert, kennen sie keinen andern Gott als die Liebe. Jeder Tag ist ihr gewidmet, die ganze Insel ist ihr Tempel, alle Frauen sind ihre Altäre und alle Männer ihre Oberpriester.«[54] Und zum subtil Blasphemischen gesellt sich, dem vorrevolutionären Zeitgeschmack entsprechend, das subtil Laszive: »Da üben Schamgefühl und Züchtigkeit ihre Tyrannei nicht mehr aus; die leichten Gazeschleier bewegen sich, wie der Wind und die Lüste es wollen; der Akt der Zeugung ist ein religiöser Akt, dessen Vorspiel von den guten Wünschen und Gesängen des versammelten Volkes ermutigt wird, und dessen Abschluß man mit allgemeinem Beifall feiert. Jeder Fremde ist eingeladen, sich an solch beseligender Festlichkeit zu beteiligen; dadurch wird es dem guten Utopier nicht nur möglich, sich allein zu freuen, sondern auch die Glücksempfindung des andern mitzugenießen.«[55]

Was immer Reisende kritisch am Südseeinsulaner beobachtet hatten, ist in den Augen Commersons bare Verleumdung oder Unverständnis: für diesen Berichterstatter steht nicht der Eingeborene zur Diskussion, sondern der Europäer, der dessen Vorbildlichkeit nicht zu würdigen weiß. Den Tahitianern zur Last gelegte Untugenden werden in der Darstellung Commersons nicht nur in ihr Gegenteil verwandelt, sondern das Urteilsvermögen des Europäers und dessen kulturelle Urteilsbasis werden radikal in Frage gestellt. Indessen zielt diese an sich berechtigte Infragestellung der eigenen Position nicht wieder befruchtend auf die Betrachtung des Insulaners zurück, sondern wird zum Ausscheren aus dem hermeneutischen Zirkel ins Nichtverpflichtende der Schwärmerei. Und selbst die kulturelle Selbstkritik erweist sich als unverbindlich und gespielt, nicht zuletzt darum, weil sie sich den Ansprüchen einer zwischen anakreontischer Idyllik und leichtlebiger Frivolität sich bewegenden literarischen Form so ganz widerspruchslos unterwirft.

Autoren wie Philibert de Commerson gab es gegen Ende des achtzehnten Jahrhunderts in Frankreich und England einige, und wo ihre Künste zur Verherrlichung des Südseeinsulaners nicht ausreichten, kamen ihnen Maler und Bühnenbildner zu Hilfe. Daß durch die vereinten Anstrengungen dieser Künstler die völkerkundliche Kenntnis erweitert oder das öffentliche Bewußtsein für die Hintergründigkeiten der europäisch-überseeischen Beziehung sensibilisiert worden wären, läßt sich freilich nicht behaupten. Während Commerson immerhin selbst noch die Reise unternommen hatte, gaben sich seine Gefolgsleute nicht einmal mehr Mühe, den Anschein genauer Kenntnis aufrechtzuerhalten. Tahiti war für diese Schriftsteller und Künstler kaum mehr als ein Vorwand, ihre Meinungen über Gott und die Welt in möglichst reizvoller Kostümierung ans Publikum zu bringen.

Der Möglichkeiten, dies zu tun, waren unzählige. In seinem im Jahre 1770 erschienenen Buch »Le sauvage de Taiti aux Français« legte beispielsweise ein Autor namens La Dixmerie einem imaginierten Insulaner die wohlklingenden Betrachtungen Commersons in den Mund und ließ diesen die Franzosen beschwören, sie sollten ihren Götzen, nämlich dem Ehrgeiz, dem Intrigenspiel, der Prunksucht und dem Hang nach Zerstreuung ganz entsagen und sich dem einen Gott der Liebe zuwenden.[56] Im Jahre 1782 schrieb ein gewisser Poncelin de la Roche-Tilhac, dessen Lobpreisung insulanischer Wohlgestalt wir bereits in anderem Zusammenhang zitiert haben, eine größtenteils frei ersonnene Geschichte Tahitis, die »Histoire des révolutions de Taiti«; der Verfasser entwickelte darin seine Vorstellungen eines Musterstaates und näherte sich damit stark der literarischen Utopie, von der später noch die Rede sein soll.[57] Ein anderer Franzose, Taitbout, ging in seinem »Essai sur l'Isle d'Otahiti« einen weiteren neuartigen Weg, indem er sich vornahm, erstmals zu einer »philosophischen Deutung« dieses Gegenstandes auszuholen und sich in der Folge tiefsinnigen Vergleichen zwischen dem zivilisierten und dem wilden Menschen zuwandte.[58]

In England war es das bereits erwähnte Theaterstück von John O'Keefe, »Omai, or a Trip round the World«, das nach Cooks dritter und für den Seefahrer verhängnisvollen Reise Tahiti nochmals in strahlendstem Licht erscheinen ließ. Das Stück wurde im Jahre 1785 zum erstenmal gegeben und erfuhr in derselben Saison fünfzig Aufführungen, davon eine auf Wunsch des Königs selbst.[59] Des Verfassers Absicht war, den reizvollen Hintergrund der Liebesinsel durch eine ebenso reizvolle Handlung mit England zu verknüpfen: Omai – derselbe, dem wir bereits anläßlich seines Englandbesuchs begegnet sind – wird nach der Rückkehr in seine Heimat von einem Wahrsager aufgefordert, wieder nach England zu fahren, um sich um die Hand der schönen Londina zu bewerben; er tut dies, das Paar reist in die pazifische Heimat zurück und wird in einer Schlußszene, welche sich bei Sonnenuntergang im Hafen von Tahiti abspielt, in die Herrschaft über die Insel eingesetzt. Die Uraufführung des Stücks endete mit einem grandiosen Finale: ein großes Porträt von Cook wurde entrollt, Seeleute stimmten einen Chorgesang an, und malerisch drapierte Völkergruppen aus den Regionen, die Cook zuletzt bereist hatte, promenierten über die Bühne. Der Bühnenbildner, der elsässische Landschaftsmaler Philip de Loutherbourg, sparte nicht mit Kostümen, Mondlichteffekten, Seestürmen und kostspieligen Tempelaufbauten; der Prunk und die raffinierte Organisation dieses Spektakels galt langezeit als musterhaft und wurde überall nachgeahmt, so auch in Paris, wo im Jahre 1788 ein Stück unter dem Titel

»La mort du Capitaine Cook« in vergleichbarer Ausstattung aufgeführt wurde. In England waren es schließlich die Romantiker, die am Traumbild von Tahiti weiterspannen, so Coleridge in seinem »Ancient Mariner« (1798) und George Byron, übrigens ein Enkel eines bedeutenden Pazifikfahrers, in seinem Gedicht »The Island« (1823), in dem beschrieben wird, wie die unschuldig-schöne Insulanerin Neuha sich mit dem blondhaarigen Torquil von den Hebriden in zarter Liebe verbindet.[60]

In Deutschland fand die Legende vom edlen Südseeinsulaner und der »Liebesinsel« einen etwas abgeschwächten Widerhall. Gewiß wurden die Ergebnisse von Cooks Reisen, an denen Vater und Sohn Forster einen nicht zu unterschätzenden Anteil gehabt hatten, mit Interesse registriert, und die Meldung vom Tod Cooks rief bei den Gebildeten eigentliche Bestürzung hervor. Die wissenschaftlichen Beziehungen zu England blieben weiterhin eng; in Fachjournalen wie dem von Georg Forster geleiteten »Göttingischen Magazin« oder Anton Friedrich Büschings »Wöchentlichen Nachrichten« war immer wieder von den Pazifikreisen die Rede, und Lichtenberg konnte sogar mit Stolz davon berichten, wie er während seines Londoner Aufenthaltes Omai vorgestellt worden war: »Es war mir nicht unangenehm, meine rechte Hand in einer anderen zu sehen, die gerade vom entgegengesetzten Ende der Erde kam.«[61] In der reichen Robinsonaden- und Utopienliteratur, die nach der Publikation von Johann Gottfried Schnabels »Insel Felsenburg« (1743) Mode wurde und von der im folgenden zu sprechen sein wird, findet sich oft die Bezugnahme zumindest auf die »Terra australis« und dort anzutreffende »glückliche Inseln«, so etwa bei Autoren wie Münchhausen, Stolberg und Sophie von La Roche.[62] Aber es will uns scheinen – was freilich erst ein eingehender Vergleich der Texte erweisen könnte –, als träten in der Vorstellungskraft deutschsprachiger Autoren sowohl der kulturkritische Aspekt als auch die provozierende Verführungskraft des »edlen Südseeinsulaners« weniger deutlich hervor.

Es verging einige Zeit, bis sich deutsche Seefahrer wieder in die Weiten des pazifischen Ozeans begaben. Erwähnt sei hier noch der vor allem als Verfasser von »Peter Schlemihls wundersamer Geschichte« bekannt gebliebene Adalbert von Chamisso, obwohl seine Weltumsegelung, die ihn an Bord des russischen Schiffes »Rurik« vor allem in den Nordpazifik und ins Bering-Meer führte, bereits ins neunzehnte Jahrhundert fällt. Während bei anderen Intellektuellen, die das Land Tahiti »mit der Seele suchten«, als Motivation ein Hang zur Träumerei, die Lust am künstlerischen Spektakel oder eine kulturkritische Ansicht in von Fall zu Fall sehr unterschiedlich dosierter Mischung bestimmend waren, erscheint die Sehnsucht nach der Südsee bei Chamisso als Ausdruck einer tragisch angelegten individuellen Existenz. Der Wunsch, seiner Umgebung, ja sich selbst zu entfliehen, tritt, wie sich auch im »Peter Schlemihl« erkennen läßt, ganz in den Vordergrund und mit ihm auch bereits das Wissen um die Vergeblichkeit solcher Flucht, die fatalistische Einsicht, daß der Mensch, wenn er seine Wünsche einholt, meist zugleich auch den Ertrag, den er sich von deren Erfüllung erhoffen mochte, zerstört. Bei Chamisso, der Tahiti nicht besuchte, aber mit der Inselbevölkerung von Hawai in engere Berührung kam, wird der Glaube an den »edlen Wilden«, individuellem Zweifel entsprungen, vom selben Zweifel auch bereits wieder in Frage gestellt.

Das Zeitalter, das den »edlen Wilden« zu einer seiner Idealfiguren erhob, ist für Chamisso vorbei; er sei stolz, sollte er kurz vor seinem Tode noch bemerken, wenigstens drei berühmten Männern einer versinkenden Epoche noch die Hand gedrückt zu haben: Sir Joseph Banks, Lafayette und dem König von Hawai, Tameiameia.[63] Und zwei Jahrzehnte später ist es der Weltreisende und Romancier Friedrich Gerstäcker, der die Folgewirkungen der Akkulturation an Ort und Stelle kritisch diagnostizierend, den Tod des »edlen Südseeinsulaners«, falls es diesen je gab, feststellt: »Auf O-Tahiti, auf O-Waihi verhüllen Missionshemden die schönen Leiber, alles Kunstspiel verstummt, und das Tabu des Sabbats senkt sich still und traurig über die Kinder der Freude.«[64] So hätte man im achtzehnten Jahrhundert noch nicht sprechen können: einerseits, weil der Tatbestand Tahiti die Idee, die man sich von ihm machte, noch nicht ankränkelte; zum anderen, weil, bei aller Vorliebe der Aufklärer für antiklerikale Äußerungen, die Mission als kolonisierender und verändernder Faktor noch nicht ins Schußfeld der Kritik gelangt war.

Im geistesgeschichtlichen Bereich hat sich die Neigung des achtzehnten Jahrhunderts zur Realitäts- und Gegenwartsflucht, zum »Eskapismus«, den wir hier thematisch am Beispiel des »edlen Wilden« darstellten, auch im formalen Bereich geltend gemacht: in den Utopien, Robinsonaden und phantastischen Reisebeschreibungen, die, als literarische Gattung teilweise bereits vor dem Aufklärungszeitalter hervortretend, erst in diesem ihre volle Bedeutung gewannen. Diesen Erscheinungen und ihren Bezügen zur Realität der europäisch-überseeischen Beziehung wenden wir uns im folgenden zu.

d) Die Utopie

In diesem Rahmen kann es sich natürlich nicht darum handeln, der staatsrechtlichen Bedeutung und reformpolitischen Wirkung von Utopien nachzugehen; das wäre ein Thema für sich, über das bereits, vor allem von angelsächsischer und französischer Seite, ausgiebig gearbeitet worden ist.[65] Nötig scheint uns indessen, darauf hinzuweisen, wie eng die Utopie mit der Erschließung der überseeischen Welt und dem weiteren Verlauf der Kolonialgeschichte verknüpft ist: Kirchenheim geht in seinem lesenswerten Büchlein »Schlaraffia politica« sogar so weit zu behaupten, sozialpolitisches Denken sei im Abendland erst nach der Entdeckung Amerikas möglich geworden.[66]

Schon in der Entstehungsgeschichte jenes Werkes von Thomas Morus, welches die Geschichte der Utopie zwar nicht begründete – sie kennt so illustre Vorläufer wie Platon und Plutarch –, aber der literarischen Gattung den Namen gab, wird der Zusammenhang mit dem kolonialen Geschehen der damaligen Zeit evident. Als Mitglied einer englischen Handelsdelegation hatte sich der 37jährige Jurist und Parlamentsabgeordnete Morus im Jahre 1515 nach Antwerpen begeben, dort im Hause des Stadtschreibers einen Weltreisenden getroffen und diesen nach

29. In zahllosen Varianten ist die Thematik der kulturellen Begegnung in utopischen Romanen abgehandelt worden. In seiner »Découverte australe« vom Jahre 1781 läßt Rétif de la Bretonne Vogelmenschen mit Affenmenschen zusammentreffen.

seinem abenteuerlichen Leben befragt. Soviel dürfte der Wahrheit entsprechen. Fiktiv wird die Geschichte spätestens dann, wenn Morus sich von seinem Gewährsmann, angeblich einem Begleiter des Amerigo Vespucci, die Insel »Utopia« schildern läßt, welche dieser während fünf Jahren bewohnt haben will und deren Bewohner ihm die beste aller vorstellbaren Formen gesellschaftlichen Zusammenlebens verwirklicht zu haben scheinen.

Doch nicht nur der Ansatz der Erzählung dieses Reisenden stützt sich auf historische und geographische Realitäten; auch die Darstellung des Idealstaates verrät den Leser von Reiseberichten und frühen Nachrichten von völkerkundlichem Gehalt. Daß Thomas Morus ein bestimmtes überseeisches Volk als Modell vorgeschwebt wäre, läßt sich allerdings schwerlich nachweisen; zu raffiniert und unentflechtbar vermischt der Verfasser Phantasie, Leseerfahrung und hintergründige Anspielung. Manches Detail weist unverkennbar auf die eigene Heimat hin: wie das damalige England gliedert sich Utopia nach vierundfünfzig Stadtbezirken; in der Stadt Amaurotum läßt sich unschwer London erkennen; und ähnlich wie die Briten leiten auch die Utopier aus der Isoliertheit ihrer Insellage ein eigentümliches Selbstbewußtsein ab. Andere Merkmale der Utopier und ihrer Lebensform lassen an den zentralistisch durchorganisierten Staat der Azteken in Mexiko denken: die Verpflichtung zu geregelter Arbeitsleistung im Dienste der Allgemeinheit, die den individuellen Freiheitsspielraum stark einschränkende staatliche Planung, der hochentwickelte Stand von Ackerbau, Technik und Wissenschaften. Denn obwohl Cortés die Eroberung Mexikos erst drei Jahre nach dem Erscheinen der »Utopia« in Angriff nahm, wäre es denkbar, daß sich Morus bereits auf Nachrichten spanischer Kolonisten über das mittelamerikanische Festland hätte stützen können.[67]

Anderes wiederum deutet bereits auf das Bild des »edlen Wilden« und die Vision eines idealen Naturzustandes hin. Die Inselbewohner des Thomas Morus sind genügsam und keine Sklaven übertriebener Bedürfnisse. Sie leben natürlich und gesund, indem sie sich während wenigen wohlangewendeten Stunden der Landwirtschaft und nützlichem Handwerk widmen. Sie kennen die korrumpierende Macht des Goldes und verachten es. Sie kennen wenig Gesetze und Verträge, die nur Anlaß zu juristischen Spitzfindigkeiten gäben, sondern vertrauen auf eine naturgegebene Solidarität zwischen den Menschen. Ähnlich wie die Indianer des Père Du Tertre leben die Utopier in einem von keinen heftigen Leidenschaften oder enger Moral bedrohten Dauerzustand einer maßvollen Glückseligkeit – mit einem wesentlichen Unterschied freilich: die Utopier sind nicht glücklich aus Instinkt, sondern aus rationaler Einsicht in die Gesetzmäßigkeiten der Natur.[68]

Diese doppelte Verknüpfung von Erzählhandlung und Erzählsubstanz mit dem außereuropäischen Erfahrungsbereich, wie Thomas Morus' »Utopia« sie einführt, findet sich bei den utopischen Romanen des siebzehnten und achtzehnten Jahrhunderts durchwegs. Immer bietet ein überraschender Zwischenfall, meist ein Schiffbruch, den Anlaß, einen reisenden Erzähler von der altbekannten Route abkommen und in den Raum utopischer Fiktion eintreten zu lassen. In Tommaso Campanellas »Città del Sole« (1623) ist es ein genuesischer Seefahrer, der sich auf eine Insel im Indischen Ozean verirrt. In Francis Bacons »Nova Atlantis« (1627) werden Reisende eines von Peru nach Japan fahrenden Schiffes durch einen Sturm ins Gebiet der Salomoneninseln entführt. Der Erzähler in »La terre australe connue« (1676) von Foigny überlebt nicht weniger als vier Schiffbrüche, bevor er im legendären Südkontinent landet und zu seinen sozialutopischen Betrachtungen ansetzen kann. Und eine Schiffbruchserzählung – die literarische Tradition solcher »Meertragödien« geht übrigens auf die Portugiesen zurück[69] – ist auch der Ausgangspunkt der »Histoire des Sévérambes« von Vairasse d'Allais (1677), deren Held ebenfalls in Australien an Land geschwemmt wird.

Ähnlich wie in den noch zu betrachtenden »phantastischen Reisebeschreibungen« ist den meisten utopischen Romanen seit Morus gemeinsam, daß ihre Verfasser entweder durch akribisch genaue Detailschilderung oder aber durch fortwährende Berufung auf die Zuverlässigkeit der befragten Gewährsleute und die eigene wissenschaftliche Redlichkeit unbedingt den Anschein seriöser Information wahren wollen, wobei dieses Verfahren bei manchen zur bloßen ironischen Spielform wird. So leistet sich beispielsweise der Autor der »Terre australe connue« den Spaß, die präzise Lage des Südkontinents mit imponierendem Aufwand an geographischen Kenntnissen zu beschreiben, und auch ein Autor wie Rétif de la Bretonne, der in seiner »Découverte australe« (1781) zur Abwechslung einmal fliegende Menschen auf Entdeckungsreisen schickt, hält es nicht anders.[70]

Die meisten der fernen Idealstaaten, welche diese fiktiven Reisenden durch den überraschenden Zufall einer unwiederholbaren Begebenheit kennenlernen, sind in einer Hinsicht jenen archaischen Gesellschaften sehr ähnlich und oft bewußt nachgestaltet, welche die wirklichen Seefahrer aufsuchten: der Privatbesitz ist bei ihnen unbekannt oder abgeschafft, und die aus dem Privatbesitz resultierenden Untugenden und dadurch notwendig gewordenen Gesetze sind weitgehend unbekannt. Die immer wieder bezeugte und der Wirklichkeit durchaus entsprechende Erfahrung der Überseereisenden, wonach die Eingeborenen eine Besitzordnung im europäischen Sinne nicht kannten, ist von den Utopisten recht eigentlich zur tragenden Grundlage ihrer Visionen gemacht worden.[71] So ist beispielsweise in der Sonnenstadt Campanellas das Münzgeld zwar bekannt, aber alle »Solarier« haben sich in weiser Einsicht darauf geeinigt, das Privateigentum abzuschaffen, um sowohl die degradierende Auswirkung des Reichtums wie der Armut zu vermeiden. »Sie behaupten auch«, sagt Campanella von den Bewohnern der Sonnenstadt, »daß harte Arbeit die Menschen niedriggesinnt, hinterlistig, betrügerisch, diebisch, intrigant, heimatlos, lügenhaft, zu falschen Zeugen usw. mache. Aber der Reichtum macht unverschämt, hochmütig, unwissend, verräterisch, eingebildet aufs Nichtwissen, prahlerisch, schmähsüchtig, herzlos usw. In einem wahren Gemeinwesen dagegen sind alle reich und arm zugleich, weil sie alle miteinander haben, was sie brauchen ...«[72] Bei den Severambern des Vairasse d'Allais ist es ein aufgeklärter Despot, der den persönlichen Besitz aufhebt: »Auf diese Weise«, meint der Autor, »gelang es ihm, den Besitzneid, die Steuern, die Hungersnöte und die Armut, die bei den verschiedenen Völkern der Erde soviel Unheil anrichten, zu verbannen.«[73] Und Vairasse fährt, diesmal mit deutlicher

Spitze gegen die europäischen Verhältnisse, fort: »Bei uns gibt es Leute, die vor Reichtum geradezu platzen, während andern alles fehlt. Manche verbringen ihr Leben im Müßiggang und Wohlbehagen, während andere unaufhörlich im Schweiße ihres Angesichtes ihr ärmliches Dasein verdienen müssen ... Bei den Severambern jedoch besitzen alle, was sie zum Leben brauchen, und jedermann nimmt an den öffentlichen Vergnügungen und Zerstreuungen teil, ohne daß er Körper und Seele mit harter und bedrückender Arbeit zu belasten braucht.«[74] Einzelne Utopienschreiber gehen schließlich soweit, eigentliche Gesetzesentwürfe auszuarbeiten, in denen die Abschaffung des Privatbesitzes vorgeschlagen wird, so neben dem bereits genannten Rétif de la Bretonne etwa der Franzose Morelly in seinem »Code de la nature« (1755), in dem gefordert wird: »1. Nichts in der Gesellschaft kann im Privatbesitz oder Eigentum eines einzelnen stehen. Ausgenommen hiervon sind lediglich die Artikel des täglichen Gebrauchs, das heißt die Gegenstände, welche der einzelne für seine Bedürfnisse, für sein Vergnügen oder für seine tägliche Arbeit benötigt; 2. Jeder Bürger gehört dem Staate und wird auf Kosten und zum Besten der Gesamtheit unterhalten und beschäftigt; 3. Jeder Bürger ist verpflichtet, nach seinen Kräften, seinen Anlagen und seinem Alter zum allgemeinen Wohl beizutragen.«[75]

Die Möglichkeiten der Utopienschreiber des siebzehnten und achtzehnten Jahrhunderts, ihren Idealstaat dem geneigten Leser vorzuführen, sind recht vielfältig gewesen. Bald begnügte man sich mit der distanzierten Rekonstruktion eines Gesellschaftsmodells und vermied sorgfältig jeden Bezug, bald spielte man dieses bewußt gegen die herrschenden Zustände aus und löste sich gar zuletzt vom formalen Muster der utopischen Erzählung, um zur Theorie staatsrechtlicher Projekte vorzustoßen. Auch bei der Beschreibung jener »Solarier«, »Australier«, »Severamber« oder »Megapatagonier«, deren Vorbildlichkeit man suggerierte, ließ man die größte Freiheit walten, wobei man sich allerdings an die zeitgenössische Systematik ethnographischer Darstellung hielt, von der bereits die Rede gewesen ist. Daß dennoch in der Utopienliteratur immer wieder das verhältnismäßig einfach strukturierte Klischee vom »edlen Wilden« durchschlägt, liegt bestimmt weitgehend am durchgehenden Charakteristikum einer glückverheißenden menschlichen Besitzlosigkeit. In einem wesentlichen Punkte indessen unterscheiden sich die Phantasiebewohner der Utopien seit dem Erscheinen von Thomas Morus' »Utopia« vom »edlen Wilden«: wo dieser spontan und instinktiv das Richtige tut, um glücklich zu werden, bedürfen jene meist der scharfsinnig ausgeklügelten und geradezu totalitär durchorganisierten Staatsapparate, um Ähnliches zu erreichen.

Auch zahlreiche andere Merkmale, nicht nur jenes der Besitzlosigkeit, verbinden die Phantasievölker der Utopienliteratur mit dem »edlen Wilden« und den Eingeborenen der Reiseliteratur. So ist es etwa auch die sorglose Hingabe der Eingeborenen an den Daseinsgenuß, welche häufig auf das Existenzverhalten der jeweiligen Utopier übertragen wird. Im sechzehnten Jahrhundert hatte Sir Walter Raleigh bei der Betrachtung nordamerikanischer Indianer festgehalten: »Wir fanden ein sehr gutartiges, liebenswertes, vertrauenswürdiges Volk, das, frei von

Arglist und Tücke, so lebte, wie man im Goldenen Zeitalter gelebt haben mag. Und die Erde brachte alles im Überfluß hervor, wie am Anfang der Schöpfung, so daß die Menschen es nicht nötig hatten, sich abzurackern.«[76] Diese Deutung eingeborener Lebensform als einer Mischung von paradiesischem Urzustand und idyllischem, ja schlaraffischem Wohlbehagen, ist in der Reiseliteratur seit den Ausfahrten des Kolumbus anzutreffen – wir sind ihr auf diesen Seiten gelegentlich begegnet. Die Verfasser der Utopien des siebzehnten und achtzehnten Jahrhunderts haben diese Thematik annähernd so häufig wie jene der Besitzlosigkeit übernommen und vielfältig abgewandelt. Dadurch bereicherte sich die sozialutopische und staatsrechtliche Konstruktion um eine hedonistische Komponente: die Utopie wurde zugleich zu einem Brevier des Lebensgenusses, zu einer Anleitung in der Kunst des Müßiggangs. Jener problemlose Einklang zwischen Mensch und Natur, den Reisende wie Raleigh, Lafitau oder Du Tertre in Übersee verwirklicht oder noch intakt gefunden hatten, wurde im utopischen Roman künstlerisch nachvollzogen.

In der Utopienliteratur gibt es zahllose Passagen, welche diesen Befund zu belegen imstande sind. Thomas Morus weist etwa darauf hin, daß die religiösen und moralischen Grundsätze der Europäer allzu oft auf eine Verminderung des Daseinsgenusses hinausliefen; im Gegensatz dazu hätten die Bewohner Utopias begriffen, daß man, wenn man seiner Natur folge, sowohl tugendhaft als glücklich sein könne.[77] Eine große Anzahl von Autoren suchen jenen verlorengegangenen Einklang des Menschen und der Natur, indem sie ihre Musterbürger mit besonderer Hingabe das Geschäft des Ackerbauern betreiben lassen: am poetischsten wird diese Thematik vielleicht in den »Aventures de Télémaque« von Fénelon (1699) behandelt. Beatica, das Traumland des Fénelon, zeichnet sich durch sein angenehm-südliches Klima, seine Fruchtbarkeit und die stille Zufriedenheit und Friedfertigkeit seiner Bewohner aus, welche »ihre ganze Weisheit allein aus dem Studium der Natur geschöpft haben«, die allen ihren Bedürfnissen vollauf genügt. Der Erzähler, der sich von einem phönikischen Kapitän eingehend über die Gebräuche dieses Inselvolkes hat unterrichten lassen, fließt über von Bewunderung: »O wie sehr sind doch diese Sitten«, ruft er aus, »von den eitlen und ehrsüchtigen Sitten jener Völker entfernt, die sich für die weisesten halten! Wir sind derart verdorben, daß wir kaum glauben können, diese so natürliche Einfachheit des Lebens sei wirklich; wir betrachten die Sitten dieses Volkes als eine schöne Fabel, und die unsrigen müssen in ihren Augen als monströse Träume erscheinen.«[78]

Während in den Utopien, welche die Gleichheit und den gemeinschaftlichen Besitz imaginierter Völker betonen, eine naturrechtlich-progressive Tendenz unverkennbar ist, neigen die Utopien, die den bukolischen Daseinsgenuß preisen, der Rückbesinnung und apolitischen Nostalgie zu – einmal mehr schlägt, was zumindest als Möglichkeit futuristisch gedacht war, in Archaismus um. Die Vision des gesellschaftlichen Idealzustandes reduziert sich hier auf die Idylle, setzt beim Leser kaum mehr revolutionäre Kritik frei, sondern appelliert vielmehr an den Evasionsdrang des anakreontischen Schwärmers. Es ist nicht zufällig, daß die

Blüte der den Hirtenliedern von Theokrit und Horaz nachempfundenen ländlichen Utopien zeitlich mit den agrarwirtschaftlichen Theorien der Physiokraten zusammenfällt: beide Phänomene sind letztlich als eine rückwärtsgewandte Reaktion auf den gegen 1760 sich abzeichnenden Umbruch der Industriellen Revolution zu verstehen.[79]

Neben den Themenkreisen der individuellen Besitzlosigkeit und des Daseinsgenusses sind in den Utopien des siebzehnten und achtzehnten Jahrhunderts manche anderen Beobachtungen verwertet, wie sie sich aus der europäischen Begegnung mit archaischen Völkern ergaben. Es ist indessen hier nicht der Ort, eine vergleichende Untersuchung von Reisebericht und Utopie vollständig durchzuführen: eine Studie dieser Art müßte auch etwa auf die beiden Gattungen gemeinsamen Themen wie die Promiskuität, die Nacktheit und das Fehlen von Schamgefühlen, die Anbetung der Sonne oder die Frage des ewigen Friedens eingehen.

Haben die Utopien, deren Gehalt so deutlich vom Faktum der europäisch-überseeischen Beziehungen bestimmt worden ist, ihrerseits auch wieder auf die Gestaltung dieser Beziehungen eingewirkt? Oder konkreter gefragt: Gibt es einen Zusammenhang zwischen jenen Schilderungen erdachter und erhoffter gesellschaftlicher Idealstaaten und den Koloniegründungen im ersten und zu Beginn des zweiten Entdeckungszeitalters?

Von den Kennern der utopischen Literatur ist immer wieder zumindest auf eine Parallele hingewiesen worden, die in der Tat frappierend ist: auf die bis ins Detail gehende Übereinstimmung zwischen Campanellas Vision des »Sonnenstaats« und den Jesuitenreduktionen des siebzehnten und achtzehnten Jahrhunderts in Südamerika. Der italienische Rechtsgelehrte war zwar kein Jesuit, sondern Dominikaner, und er befand sich, wegen ihm zur Last gelegter staatsfeindlicher Umtriebe, um dieselbe Zeit in einem neapolitanischen Gefängnis, als man die berühmten Siedlungen am Oberlauf des Paraná gründete; aber es ist durchaus wahrscheinlich, daß italienische, deutsche oder französische Jesuitenmissionare, die in der ersten Hälfte des siebzehnten Jahrhunderts nach Südamerika ausreisten, vom 1632 in lateinischer Sprache erschienenen Werk Campanellas Kenntnis hatten. Jedenfalls ist die Übereinstimmung von Theorie und Praxis erstaunlich: die Anlage der Stadt, die völlige Verschmelzung des religiösen und des weltlichen Daseins, die unbedingte Achtung vor dem priesterlichen Amt, die Verpönung des Privatbesitzes, die Beschränkung auf den Tauschhandel, die straff geordnete und einheitlich geregelte Erziehung der Guarani-Indianer – alle diese Grundprinzipien des Jesuitenstaats, von denen bereits im ersten Teil unserer Darstellung kurz die Rede war, scheinen bereits von Campanella vorgezeichnet. Ob als Vorbild auch das Inkareich in Peru eine Rolle spielte und ob vielleicht sogar dieses Vorbild von Campanella verarbeitet und durch seine Vermittlung gleichsam auf dem Umweg über Europa in Südamerika wirksam wurde, läßt sich wohl nie klären. Fest steht indessen, daß der Jesuitenstaat im Zeitalter der Aufklärung gelegentlich mit der Gesellschaftsordnung der präkolumbischen Hochkulturen verglichen worden ist, so etwa von Raynal in seiner weitverbreiteten »Histoire philosophique et politique des deux Indes«.[80]

Auch in den Gründungsverträgen, den »Charters«, der englischen Kolonien in Nordamerika und in internen Absprachen der Kolonisten wie im »Mayflower-Contract« lassen sich mühelos utopische Elemente feststellen. Allein das Bewußtsein, auf gleichsam unberührtem Boden neu beginnen zu können, trägt einen Keim zu utopischem Denken in sich. Allerdings war bei diesen kolonialen Siedlungsgemeinschaften die Idee der religiösen und sittlichen Erneuerung bestimmender als der Wille zu revolutionärer Veränderung auf naturrechtlicher und genossenschaftlicher Basis. In mancher Hinsicht indessen, etwa in den das individuelle Verhalten der Bürger kontrollierenden sittlichen Regelungen und Übereinkünften oder im Bestreben einzelner Kolonien nach wirtschaftlicher Autarkie und in ihrer Neigung zur geistigen Introvertiertheit sind durchaus Anklänge an die Utopienliteratur zu beobachten. Gelegentlich, so etwa bei den puritanischen Siedlungsgemeinschaften in Massachusetts am Ende des siebzehnten Jahrhunderts, ließe sich vielleicht sogar insofern von einer Pervertierung des Utopiegedankens sprechen, als hier eine strengstens durchorganisierte Gesellschaftsordnung nicht auf eine Erhöhung des Daseinsgenusses, sondern geradezu auf dessen Verminderung abzielt.[81]

Zu Neusiedlungen auf laizistisch-kommunistischer Grundlage sollte es in Nordamerika erst einige Zeit nach dem Unabhängigkeitskrieg kommen, als der ehemalige Spinnereidirektor Robert Owen von England in die Staaten reiste, sich in Indiana das Dorf »New Harmony« kaufte und hier im Jahre 1826 seine »New Harmony Community of Equality« gründete. »Ich bin in dieses Land gekommen,« schrieb Owen damals, »um ein völlig neues Gesellschaftssystem einzuführen; von einem ignoranten, egoistischen System soll es in ein aufgeklärtes, soziales System umgewandelt werden, das nach und nach alle Einzelinteressen zu einem gesamten vereinen soll, und in dem alle Motive für den Konkurrenzkampf beseitigt werden ...«[82]

Auch auf dem afrikanischen Kontinent kam es noch vor der Französischen Revolution zu vereinzelten Siedlungsversuchen ähnlicher Art; meistens blieb es freilich beim Projekt. Verschiedene englische Pläne, wonach am Gambia-Fluß in Westafrika landwirtschaftliche Siedlungsgemeinschaften begründet werden sollten, wurden nach 1780 erwogen und bald darauf wieder verworfen. Zukunftsträchtiger schien ein Projekt des Naturforschers Henry Smeathman, der sich in Sierra Leone aufgehalten hatte und mit der Unterstützung von Quäkern und andern Philanthropen dort eine Musterkolonie zu errichten gedachte.[83] Smeathman glaubte an die Fruchtbarkeit des Bodens, die Wohltätigkeit des Klimas, an die Überlegenheit freier Arbeitsleistung gegenüber Sklavenfron; und er glaubte vor allem, daß sich eine europäisch-afrikanische Mischgesellschaft begründen ließe, die der Glückseligkeit des Naturzustandes sehr nahekommen würde, ohne doch die Annehmlichkeiten der Zivilisation entbehren zu müssen. Nach Smeathmans Tod verfolgte Granville Sharp, eine führende Persönlichkeit der englischen Antisklavereibewegung, den nur wenig modifizierten Plan weiter. Die neue Kolonie sollte sich, seiner Meinung nach, zwar unter den Schutz der Krone stellen, aber über eine unabhängige, selbstgewählte Regierung verfügen, die allerdings englischen Rechtsgrundsätzen verpflichtet bleiben sollte. Sorgfältig würde darauf geachtet werden, daß Siedler von schwarzer und weißer Hautfarbe in den Genuß derselben Rechte kämen; dennoch war eine klassenlose Gesellschaft nicht beabsichtigt: es würde Bedienstete geben, die erst nach einer bestimmten Anzahl von Dienstjahren Vollberechtigung erlangen konnten; und auch auf die Sklaven wollte Sharp, genauso wie einst Thomas Morus, nicht ganz verzichten. Im Jahre 1787 verließ tatsächlich ein Auswandererschiff mit über vierhundert Schwarzen und einigen ins Elend geratenen Weißen England; doch bereits zwei Jahre nach der Ankunft dieser Siedler in Sierra Leone war die Hälfte von ihnen an Tropenkrankheiten gestorben, und der Rest zerstreute sich. Andere Pläne hatten ebensowenig Erfolg. So scheiterte etwa auch ein Versuch des schwedischen Kolonialtheoretikers Carl Berns Wadström, eines Swedenborgianers, im Senegal ein »New Jerusalem« zu gründen, in dem die Menschen sich einträchtiglich zu einem »vergleichsweise unschuldigen Dasein« zusammenfinden sollten.[84]

Utopisches Denken spielte auch bei den Vorbereitungen zur Gründung einer Sträflingskolonie in Australien mit, die nötig wurde, weil man, nachdem die nordamerikanischen Besitzungen ihre Unabhängigkeit erlangt hatten, die englischen Strafgefangenen nicht mehr nach der Neuen Welt abschieben konnte. Der Umstand, daß es sich bei diesen Siedlern um kriminelle Elemente handelte, scheint die Erwartungen der Initianten nicht allzusehr getrübt zu haben, im Gegenteil: man glaubte an die reinigende Kraft ländlicher Betätigung fern von den verhängnisvollen Versuchungen der europäischen Gesellschaft und zweifelte nicht daran, daß aus den Bösewichtern in Kürze wertvolle Glieder der menschlichen Gesellschaft werden würden.[85] Die erste Gruppe von Sträflingen, die im Jahre 1788 an der Botany Bay eintraf, hatte zu Beginn schwer um ihr Überleben zu ringen. Erst nach der Jahrhundertwende wurde es möglich, die Siedlung zu konsolidieren, und obwohl sie zum Ausgangspunkt eines ganzen europäisch besiedelten Kontinents wurde – ein Idealstaat, wie die Utopisten ihn sich erhoffen mochten, ist aus ihr nicht herausgewachsen.

Trotz dieser meist mißlungenen Realisierungsversuche und trotz der unleugbaren Neigung der meisten Utopisten, sich bald zurückblickend und bald vorausschauend in entlegene Traumwelten einzuspinnen, stellt das utopische Denken eine geistesgeschichtliche Realität erster Ordnung dar. Immer ist die Utopie eine mehr oder weniger radikale, mehr oder weniger verhüllte Absage an die Gegenwart und darum in ihrem kultur- und gesellschaftskritischen Gehalt ernstzunehmen. Für den Historiker sind die Werke der Utopienschreiber, wie Lucien Febvre betont hat, nicht nur interessante Zeugnisse menschlicher Phantasie und Einbildungskraft, sondern zugleich »Zeugnisse für den innersten Zustand einer Gesellschaft«.[86] Zu dieser dokumentarischen Realität der utopischen Literatur, die darin besteht, daß sich an ihr der Pulsschlag einer Epoche fühlen läßt, tritt eine in gewichtigerem Sinne historische Realität: die Utopie zielt auf Veränderung ab, ist also ein Agens geschichtlichen Handelns. Im Unterschied zum »futuristischen Roman«, der erst im neunzehnten Jahrhundert zur Blüte gelangen sollte[87] und im Unterschied auch zu den Zukunftsvisionen von Fortschrittsoptimisten wie Condorcet rechnet die Utopie nicht auf die selbsttätige Wirkung einer zeitlichen Entwicklung; das Ideal, das sie anbietet, ist nicht nach und nach, in geduldiger Alltagsbemühung und politischer Kleinarbeit, auf reformerischem Wege zu erreichen. Die Utopie will – und darin liegt ihr anarchistischer Zug – den unbedingten Bruch und Neubeginn: »Die Utopie«, sagt Bronislaw Baczko, »akzeptiert Teillösungen und Abbau der Mängel nicht; sie zielt auf radikale Veränderung ab, schlägt den Kompromiß aus, richtet sich nicht im Relativen ein, sondern trachtet nach dem Absoluten. Sie visiert den radikalen Bruch mit der existierenden Realität an, die weiterzuführen sie verweigert, und sie fordert einen Neubeginn ex nihilo.«[88] In diesem Absolutheitsanspruch liegt die Schwäche, aber auch die potentielle Gewalt des utopischen Denkens, nicht zuletzt für die Gestaltung der europäisch-überseeischen Beziehung.

e) Die Robinsonaden

Robinsonaden sind darin den Utopien nah verwandt, daß ihr Held durch irgendeinen Zufall auf lange Zeit aus dem Lebensbereich seiner angestammten Kultur verbannt wird; sie unterscheiden sich von den Utopien dadurch, daß dieser Held sich nicht mit einer Betrachterrolle zufrieden gibt, sondern den Aufbau seiner neuen Existenz selbst tatkräftig an die Hand nimmt. Ähnlich wie zwischen Reisebericht und Utopie sind auch die Grenzen zwischen Utopie und Robinsonade fließend. Elemente beider literarischen Gattungen vermischen sich etwa in der wohl bedeutendsten Robinsonade deutscher Sprache, in Johann Gottfried Schnabels »Insel Felsenburg«[89], und auch in Daniel Defoes »The Life and Strange Surprizing Adventures of Robinson Crusoe« taucht gegen den Schluß die Thematik der Gründung eines beispielhaften Idealstaates auf, wird aber nicht konsequent ins Utopische weiterverfolgt. Und fließend ist übrigens auch die Grenze zwischen der Robinsonade und dem authentischen oder phantastischen Reisebericht: der erste Teil des »Robinson Crusoe« liest sich über weite Passagen wie zeitgenössische Reiseberichterstattung, und dasselbe gilt von den zahllosen Nachahmungen von Defoes berühmtem Werk, die bis um die Mitte des neunzehnten Jahrhunderts in den Niederlanden, Frankreich, den Vereinigten Staaten, Schweden oder der Schweiz entstanden sind.[90]

Auch der englische Robinson, der dem literarischen Genre den Namen gab, hat seine Vorläufer gehabt. Erwähnenswert ist vor allem Grimmelshausens Schelmenroman vom »Abenteuerlichen Simplicissimus«, dessen Titelheld, nach einer Reihe glücklich bestandener Lebensbegebenheiten, zuletzt noch Schiffbruch erleidet und zusammen mit einem Gefährten auf eine Insel irgendwo zwischen Afrika und der sagenhaften »Terra australis incognita« gespült wird.

Bei der Schilderung dieses Inselaufenthalts dürfte sich Grimmelshausen, wie die Forschung nachgewiesen hat, vornehmlich auf zwei Quellen gestützt haben.[91] Im Jahre 1667 war man angeblich auf einer Insel in der Nähe von Madagaskar völlig überraschend auf englische Siedler gestoßen und hatte erfahren, daß es sich dabei um die Nachfahren einiger Schiffbrüchiger handelte, die vor rund achtzig Jahren hier gelandet waren, und dank der Tatkraft eines Schiffbuchhalters namens George Pine nicht nur überlebt, sondern sich auch fortgepflanzt hatten. Diese Geschichte, an deren Garn Seeleute aller Zeiten immer wieder gesponnen haben dürften, wurde vom englischen Schriftsteller Henry Nevil unter dem Titel »The Isle of Pines« nacherzählt und zirkulierte kurze Zeit darauf in Deutschland in Form eines Flugblattes, das Grimmelshausen bekannt war und an dessen Inhalt er sich weitgehend hielt. Ferner benutzte Grimmelshausen die große, prachtvoll illustrierte Sammlung der Reiseberichte, welche Theodor de Bry zu Beginn des siebzehnten Jahrhunderts herausgebracht hatte, besonders jenen Teil, der sich mit Ostindien befaßt und Fruchtbarkeit und Reichtum jener Weltgegenden rühmt. Liest man die Schlußkapitel des »Simplicissimus« nach, so wird man etwa an den Kupferstich De Brys erinnert, der die Ankunft von Kapitän Johann Hugo van Linschoten auf der Insel Mauritius darstellt: hier wie dort labt man sich am Überfluß der Natur, erquickt sich mit Palmwein und geht auf mühelosen Vogelfang. Wohl müssen sich Simplicissimus und sein Gefährte etwas umstellen und allerlei ingeniöse Pläne aussinnen, um die natürlichen Reichtümer auszuschöpfen, aber bald ist jede Schwierigkeit behoben: »...also daß wir endlich gar nichts zu klagen hatten, sondern wie die Leut in der ersten güldenen Zeit lebten«.[92]

Doch das Thema der Existenzsicherung ist für Grimmelshausen noch keineswegs zentral; ihm geht es vorrangig darum, dem Leser staunenswerte Ereignisse zu präsentieren: so läßt er eine verführerische »Abessinierin« auftreten, die sich – zeitgenössischem Klischee folgend – als Sendbotin Satans erweist. Ihre bösen Intrigen trüben bald das unbeschwerte Inselglück; der Gefährte des Simplicissimus trinkt sich am Palmwein zu Tode und taucht als Geist wieder auf.

Erst mit Daniel Defoe wird das Thema der Daseinsbewältigung in ungewohnter Umgebung und unter notgedrungener Beschränkung auf wenige Hilfsmittel bestimmend, auch dann übrigens, wenn wie in Schnabels »Insel Felsenburg« oder im »Schweizerischen Robinson« von Johann David Wyss gleich eine Gruppe von Schiffbrüchigen sich zu helfen suchen muß. Dadurch, daß Defoes Robinson ganz auf sich allein gestellt ist, gewinnt er allerdings an exemplarischer Bedeutung. Und der Umstand, daß der Held eigentlich ein Anti-Held, jedenfalls ein Mann ohne jegliche besonders auszeichnenden Begabungen ist, mag wesentlich dazu beitragen, dem Leser eine Identifikation zu erleichtern. Erst gegen Ende seines Inselaufenthaltes erhält Robinson Gesellschaft in Gestalt des Eingeborenen Freitag; zu diesem Zeitpunkt aber hat er die Leistung, die ihn interessant macht, erbracht und ist in der Lage, dem »Wilden« von der Position einer selbstgeschaffenen Überlegenheit aus zu begegnen.

Robinson ist, so einfach er uns in seiner Persönlichkeitsstruktur erscheinen mag, eine in viele geistesgeschichtliche Bezüge hineinzustellende Figur, die nach einer sorgfältig abwägenden Deutung ruft, wie wir sie hier nicht zu leisten vermögen.[93] Sicher wäre es falsch, in ihm einen Zivilisationsflüchtling zu sehen: die Abenteuerlust, welche ihn aus dem Elternhaus treibt, spiegelt weit eher ein individual-psychologisches Entwicklungsproblem als eine bewußt vollzogene Abwendung von der eigenen Kultur. Man wird sich immer gegenwärtig halten müssen, daß Robinsons Aufenthalt auf der Insel akzidentell bedingt ist – ohne sein Seefahrtspech würde der junge Mann wohl fraglos seinen Weg im Geschäftsleben gemacht haben. Die Ungesellschaftlichkeit Robinsons, die Jean-Jacques Rousseau sosehr faszinierte, daß er das Buch seinem »Emile« als erste Lektüre in die Hand drücken wollte[94] – diese Ungesellschaftlichkeit hat Defoes Held keineswegs selbst gewählt. Nur dank seiner in Selbstgesprächen und im Gebet sich nach und nach vertiefenden Religiosität gelingt es Robinson überhaupt, seine Isolation psychisch zu verarbeiten, der aufgezwungenen Askese einen Sinn zu geben.

Nachdem es Robinson gelungen ist, sich innerlich mit seiner Situation abzufinden, gelangt er nun freilich zu Überlegungen, welche die Zivilisationsmüden wie die Bewunderer des »edlen Wilden« unter seinen Lesern besonders ansprechen mußten, so etwa, wenn er folgende Bilanz seines Inseldaseins zieht: »Erstlich war ich hier aller Schlechtigkeit der Welt entrückt. Ich kannte weder Fleischeslust, noch Neid und Hoffart. Ich begehrte nichts, denn ich hatte alles, was ich zu meinem Glück brauchte. Ich war Herr über das Ganze und konnte mich, wenn ich wollte, König oder Kaiser dieses Landes nennen, das ich besaß. Hier gab es keine Mißgünstigen oder Rivalen, die in der Lage gewesen wären, meine Souveränität und Oberherrschaft in Frage zu stellen ...«[95]

Daß Robinson physisch zu überleben vermag, liegt in einem anthropologischen Tatbestand begründet, den die Aufklärungsphilosophen immer wieder hervorgehoben haben: in der Perfektibilität des Menschen, oder besser, auf die Situation von Defoes Helden bezogen, in der menschlichen Adaptationsfähigkeit. Im Gegensatz zum Tier erweist sich der Mensch als befähigt, sich sehr unterschiedlicher natürlicher Umgebung anzupassen, aus den verschiedenartigsten Verhältnissen seinen Nutzen zu ziehen. Er erreicht dies, indem er sich den Anforderungen seines Milieus entsprechend spezialisiert und als »homo faber« auf die Herausforderungen mit erfinderischer Tatkraft antwortet. Diese Erfahrung hatte gerade der bisherige Verlauf der Kolonialgeschichte, trotz gelegentlichen Rückschlägen, aufs eindrücklichste bestätigt – in Daniel Defoes Roman wurde sie dem europäischen Leser erstmals bis ins kleinste Detail vorgelebt.

Ein eigentlicher Tatmensch ist Robinson freilich nicht; seine Anstrengung, sich im Leben einzurichten, behält immer etwas Defensives. Einen Vorläufer der Physiokraten wird man ihn ebensowenig nennen wollen wie den Inbegriff eines aktionsfreudigen Kolonisten – obwohl sich in der Tat sowohl Physiokraten als auch Kolonialtheoretiker immer wieder auf ihn berufen haben. Wohl wird von Defoe aufs anschaulichste gezeigt, wie sich sein Held der natürlichen Reichtümer der Insel zu bedienen weiß und welches tiefe Vergnügen es ihm bereitet, sich von seiner eigenen Hände Arbeit zu ernähren; aber die Beschränkung auf das Leben eines Landmannes und Jägers ist durch die Umstände gegeben, und Robinson würde, böte sich ihm Gelegenheit, diese Beschränkung zu sprengen suchen, wie ja auch seine Sehnsucht, von der Insel wegzukommen, immer intakt bleibt.

Auch Kolonisationsprojekte sind Robinson im Grunde fremd. Auf eine Fußspur, die er im Sande findet und die ihm die Anwesenheit anderer Menschen auf seiner Insel anzeigt, reagiert er sehr erschreckt, und nicht nur, weil er in ihnen

Kannibalen vermutet; die Aussicht, Spanier könnten zu ihm stoßen, stimmt ihn besorgt, und nicht nur, weil es sich um die traditionellen Gegner der Engländer handelt – in beiden Fällen beunruhigt Robinson auch der Gedanke, einem kolonialen Gemeinwesen vorstehen oder sich ihm eingliedern zu müssen. Zwar bildet sich zuletzt auf der Insel tatsächlich eine ständige Kolonie aus englischen und spanischen Seeleuten, und Robinson stattet ihr, nachdem er England wieder erreicht, seine geschäftlichen Angelegenheiten geordnet und eine Familie gegründet hat, sogar einen Besuch ab; doch dieser Inselstaat gewinnt in der Beschreibung Defoes weder die Vorbildlichkeit einer Utopie noch die Vorbildlichkeit eines kolonialen Modells.

Wenn also mit Bestimmtheit gesagt werden darf, daß Defoe mit seinem Roman eine Einwirkung auf die Realitäten des europäisch-überseeischen Verhältnisses nicht beabsichtigt hat, so ist doch zugleich offensichtlich, daß die genaue Kenntnis dieser Realitäten ein Buch wie den »Robinson Crusoe« überhaupt erst möglich machte. Es ist bekannt, daß Defoe sich von der Geschichte des schottischen Seemanns Alexander Selkirk inspirieren ließ, die im Jahre 1713 in der Zeitschrift »The Englishman« erschien. Selkirk hatte sich nach heftiger Auseinandersetzung mit dem Kapitän seines Schiffes auf der Inselgruppe Juan Fernandez vor der chilenischen Küste aussetzen lassen und hatte dort über vier Jahre in völliger Abgeschiedenheit und, wie es im erwähnten Artikel heißt, »in einem Zustand fortdauernden Wohlbefindens«[96] verbracht.

Aber nicht nur der Umstand, daß Defoe, von einer wirklichen Begebenheit, deren Hauptfigur er wahrscheinlich auch persönlich kannte, ausgehen konnte, trug zur Wirklichkeitsnähe des Romans bei. Und nicht allein die vom Autor im Vorwort geäußerte Absicht, daß er eine »history of fact« ohne Trug und Erfindung schreiben wolle, verbürgte die hohe Authentizität dieses Werks, welche in der Geschichte dieser literarischen Gattung wohl nur noch von Frederick Marryats »Masterman Ready« übertroffen werden sollte. Entscheidend für den Realitätsgehalt dieses Buches blieb wohl zuletzt die Persönlichkeit seines Verfassers, der selber durchaus nicht als Betrachter dem Leben gegenüberstand, sondern sich, wie kaum einer, mit einer Mischung von puritanischem Pflichtgefühl und kommerziellem Ehrgeiz den Forderungen des Alltags stellte. Durch mehrere Reisen in England und auf dem Kontinent, über die er mit großer journalistischer Fertigkeit berichtete, sowie dank seinen Geschäftsbeziehungen nach Übersee gelang es Defoe, sich einen Grad von Weltkenntnis zu erwerben, wie er in den Mittelstandskreisen, denen er entstammte, nicht häufig anzutreffen war. Vieles von dieser Erfahrung ist in »The Life and Strange Surprizing Adventures of Robinson Crusoe« eingegangen.

Gewiß nahm sich Defoe, was den Handlungsverlauf seines Romans anbetraf, gegenüber seinem Quellenmaterial gewisse Freiheiten. Im Unterschied jedoch zu den Verfassern von Utopien, deren Realismus immer zuvor der dezidierte Sprung ins Fiktive vorausgeht, gibt Defoes Fiktion die Verbindung mit der Realität nicht auf, sondern stellt sich jederzeit einer möglichen Überprüfung. Der Leser des »Robinson Crusoe« nimmt »en passant« unzählige Fakten auf, die, unabhängig vom Verlauf der Romanhandlung, im Sinne der Aufklärung unterrichtend, nützlich und weiterverwendbar sind. Diese Eigentümlichkeit von Defoes berühmtestem Werk ist von den meisten Nachahmern imitiert worden, und manche Beispiele der literarischen Gattung entwickelten sich in der Folge zu eigentlichen Naturgeschichten und Erdbeschreibungen mit ausgesprochenem didaktischen Anspruch.

f) Die phantastischen Reisebeschreibungen

Es ist auf diesen Seiten ausführlich von Reiseberichten und von der Entwicklung der Reiseberichterstattung die Rede gewesen. Mit einer Sonderform dieser Literatur indessen haben wir uns bisher noch nicht näher befaßt: mit dem phantastischen Reisebericht. Im Gegensatz zum tatsächlichen Reisebericht oder zur Kollektion, die vom mehr oder weniger erfolgreichen und mehr oder weniger gründlichen Bemühen der Autoren getragen wurden, Tatbestände festzuhalten und dem Verständnis des Publikums nahezubringen, entspringen die phantastischen Reiseberichte entweder der Lust des Verfassers an purer Erfindung und Fabuliererei, oder aber einer meist etwas hochstaplerisch gefärbten Absicht der Irreführung. P.G. Adams unterscheidet in seinem Buch »Travelers and Travel Liars« zwischen zwei Typen der phantastischen Reisebeschreibung: zwischen dem Bericht, der sich dem Leser sofort als Lügengeschichte zu erkennen gibt, und dem, der, oft mit den raffiniertesten Mitteln, den Anschein der Authentizität um jeden Preis aufrechtzuerhalten sucht.[97] Wiederum ist es nicht immer leicht, die literarischen Gattungen auseinanderzuhalten. So können Utopien oder Robinsonaden über weite Passagen hin den Charakter eines phantastischen Reiseberichts annehmen, und darüber, ob es sich bei einem bestimmten Werk um einen tatsächlichen oder einen imaginierten Reisebericht handle, kann nicht selten erst eine exakte Kenntnis seiner Entstehungsgeschichte entscheiden.

Wie bei den Utopien und den Robinsonaden wird der Aktionsraum der phantastischen Reiseberichte meist irgendwo weit außerhalb Europas angenommen. Eine Ausnahme von dieser Regel macht etwa »Baron Munchhausen's Narrative of His Marvellous Travels and Campaigns in Russia«, die in ihrer ersten englischen Fassung auf Europa beschränkt blieb; später freilich verspürte der Verfasser, der auch an der Übersetzung von Georg Forsters »A Voyage round the World« ins Deutsche beteiligt gewesen war, das Bedürfnis nach einer Erweiterung und fügte eine Reihe von Seeabenteuern hinzu – in dieser ergänzten Fassung ist das Buch durch Gottfried August Bürger in Deutschland populär geworden.[98]

Zu den in Europa spielenden phantastischen Reiseberichten wären am Rande auch Romane oder Teile von Romanen wie Hermes' »Sophiens Reise von Memel nach Sachsen« oder das siebente Buch von Laurence Sternes »Tristram Shandy« zu zählen, in denen der Ortswechsel einer Hauptfigur durchgängig oder zeitweilig zur Handlungsgrundlage wird; und natürlich ist auch möglich, daß ein im übrigen ganz in europäischen Verhältnissen beheimateter Roman seinen Helden überraschend nach Übersee entschwinden läßt – so in Rabelais großem Roman »Gargantua et Pantagruel«, der nebenbei auch Ansätze zu einer Utopie erkennen läßt.[99]

Das klassische Beispiel eines phantastischen Reiseberichts, der sich dem Leser deutlich als solcher zu erkennen gibt, ist Jonathan Swifts »Gulliver's Travels«, dessen erste Ausgabe im Jahre 1726 erschien, fast gleichzeitig mit Montesquieus »Lettres persanes«. In zwei einleitenden Briefen und im Schlußkapitel zeigt sich Swift zwar bemüht, das in der Reiseliteratur seiner Zeit allgemein übliche Wahrhaftigkeitsbekenntnis abzulegen. Er hätte, stellt der fingierte Erzähler Gulliver fest, seine Leser sehr wohl mit merkwürdigen und unwahrscheinlichen Geschichten verblüffen können, habe es jedoch vorgezogen, den simplen Tatbestand in betont schmuckloser Darstellungsweise und Schreibart mitzuteilen, sei es doch nicht seine Absicht zu unterhalten, sondern zu unterrichten.[100] In geographischer und seemännischer Hinsicht nicht weniger bewandert als Defoe, gefällt sich Swift immer wieder darin, die Ernsthaftigkeit des dokumentarischen Berichterstatters vorzutäuschen – die stupend gehandhabte Parodie des Reiseberichtes ist recht eigentlich ein konstituierendes Stilprinzip von »Gulliver's Travels«. Auch die der Originalausgabe beigefügten Karten, auf denen die jeweiligen Aufenthaltsorte des reisenden Gulliver unter Bezug auf bereits bekannte Landstriche säuberlich eingetragen sind, zielen darauf ab, den Anschein einer vertrauenswürdigen Erlebnisschilderung zu erwecken. Doch diese Maske fällt bald. Kaum hat sich nach der obligaten Schiffbruchsgeschichte der allein überlebende Gulliver auf seine Insel gerettet und in wohligem Schlafe von seinem Abenteuer erholt, wird dem Leser das Tor zur Fiktion weit und unbekümmert geöffnet: Gulliver findet sich, man weiß es, vom Zwergenvolk der Liliputaner überrascht, an die Erde festgepflockt und für eine Weile unschädlich gemacht.

Vom kolonialhistorischen Gesichtspunkt her gesehen, liegt die Bedeutung von Swifts phantastischem Reisebericht in der durch das neugewonnene Bewußtsein vom globalen Pluralismus der Kulturen gegebenen Möglichkeit des Positionswechsels, der Distanzierung und der Infragestellung des eigenen Standorts. Obwohl diese intellektuelle Möglichkeit von Montaigne und anderen bereits vorausgeahnt worden war, und obwohl sie sich um die Mitte des achtzehnten Jahrhunderts ins modische Gewand häufig verwendeter literarischer Erzählformen zu kleiden liebte, ist diese Thematik wohl nie nuancenreicher, verwirrender, vielschichtiger, verquerer und raffinierter durchgespielt worden als bei Jonathan Swift. Das Diktum »Andere Länder – andere Sitten«, von der Naturwissenschaft des Aufklärungszeitalters meist hingenommen und mit der Oberflächlichkeit platter Kausalschlüsse erklärt, gewinnt bei Swift seine ganze Tiefgründigkeit. In jeder seiner vier Reisen wird Gullivers ethnozentrisches Selbstgefühl mehr erschüttert. Neugierig, wie dieser fiktive Reisende im Unterschied zur Mehrzahl der wirklichen Reisenden seiner Zeit ist, neugierig und bereit, von sich Rechenschaft zu geben und sich dem Urteil seiner sonderbaren und fremdartigen Gesprächspartner zu stellen, erfährt Gulliver nicht nur manch Wissenswertes, das sich den bisherigen Erfahrungen problemlos eingliedern läßt, sondern er gewinnt vor allem neue Einsichten, die ihm die Relativität dieser Erfahrungen beunruhigend bewußt machen. Dadurch, daß Gulliver sich im Niemandsland zwischen eigener und fremder Kulturform einrichten muß, erwirbt er sich jedoch zugleich eine neue Unabhängigkeit des Urteilens, woran der Umstand nichts ändert, daß die Gültigkeit solchen Urteils immer wieder in Frage gestellt wird.

Vor dem Hintergrund von Fremdkulturen, und besonders von so klug ersonnenen, verliert das Angestammte und längst Gewohnte seine Selbstverständlichkeit. Swift läßt seinen Helden Gulliver auf das scheinbar Vertraute kritisch aufmerksam werden und bezieht den Leser in diesen Sensibilisierungsprozeß mit ein. Zu diesem Zweck bedient er sich hauptsächlich der Verfahrensweisen von Angleichung oder Kontrastierung: er zeigt entweder, daß anderswo die Verhältnisse gleich sein können, wie zu Hause, oder er zeigt, daß sie anderswo nicht notwendig gleich zu sein brauchen. Im ersten Falle gewinnt Swifts Aussage eine zeitkritische Dimension, so etwa, wenn er am Beispiel des degenerierten Staatswesens der Liliputaner, ihrer Parteienzwiste und religiösen Streitigkeiten die Zustände im England vor der »Glorious Revolution« geißelt, wobei ihm die fiktive Örtlichkeit als Alibi dient. Im zweiten Falle nähert sich Swift der Sehweise des Utopienschreibers, so wenn er Gulliver auf dessen vierter Reise auf das Inselvolk der Houyhnhnms treffen läßt, denen Tugendhaftigkeit und Wahrheitsliebe derart zur Gewohnheit geworden sind, daß sie sich des Reisenden Schilderung heimatlicher Verhältnisse mit ungläubigem Entsetzen anhören. Und auch der »edle Wilde« und das »irdische Paradies« sind nicht mehr fern. Gulliver, den seine abenteuerlichen Reiseerfahrungen mehr und mehr zum Misanthropen haben werden lassen, kann für eine Weile aufatmen: »›Hier begegnete ich‹«, berichtet er, »›weder dem Verrat oder der Unbeständigkeit eines Freundes, noch der Verleumdung eines versteckten oder offenen Feindes. Ich brauchte niemand zu schmeicheln, niemand zu bestechen, mich mit niemand zu zwielichtigem Handel zu verbinden, um mir die Gunst eines großen Mannes oder seines Günstlings zu sichern. Ich bedurfte keiner Schutzwehr gegen Betrug oder Unterdrückung; hier gab es weder Ärzte, die meinen Körper, noch Rechtskundige, die mein Vermögen ruinieren konnten; und es gab keine Schnüffler, die meinen Reden und Taten nachspürten oder mich gegen Bezahlung verleumdeten ...«[101]

Neben Jonathan Swifts »Gulliver's Travels« und den mehr dem Typus des Reiseromans zuneigenden Werken wie Voltaires »Candide« und Johnsons »The Prince of Abissinia« gab es im achtzehnten Jahrhundert nicht allzuviele offensichtlich phantastische Reiseberichte von etwas anspruchsvollerem Tiefgang. Meist beschränkten sich die Autoren darauf, durch die tollsten Ausgefallenheiten, die abseitigsten Konstruktionen und frivolsten Erfindungen das Erstaunen des Lesers hervorzurufen, und oft ersetzte Exzentrizität die mangelnde Originalität.

Auch mit der Sachkenntnis, welche dem Luftschloß, das die Autoren phantastischer Reiseberichte konstruierten, als Fundament hätte dienen können, war es nicht immer zum besten bestellt. Man nahm unbekümmert Anleihen bei der Sagen- und Märchenliteratur auf und scheute sich nicht vor Wiederholungen, die sich vielleicht bis zur Odyssee und der Geschichte von Sindbad dem Seefahrer zurückverfolgen ließen. Allein was das jeweilige Fortbewegungsmittel der fiktiven

Reisenden anbetrifft, finden sich immer wieder stereotype Vorstellungen: man
läßt seinen Helden vom Geier durch die Lüfte tragen, auf dem Delphin davonschwimmen, in Siebenmeilenstiefel schlüpfen oder einfach vom Sturmwind wegtragen... Als phantastischer Reisebericht vom üblichen Durchschnittsformat
wäre etwa »Schelmuffskys curiose und sehr gefährliche Reisebeschreibung« zu
erwähnen, die der Student Christian Reuter im Jahre 1696 im Karzer der Universität Leipzig verfaßte. Interessant als ein Dokument der Auflehnung gegen die
Hohlheiten der höfischen Barockkultur, ist »Schelmuffsky« für die Analyse der
geistesgeschichtlichen Beziehungen Europas zu Übersee ziemlich belanglos; Reuter versteht es nicht, die Problematik wechselnder Kultursituationen ins Spiel zu
bringen, und was er vom fernen Mogulreich zu berichten weiß, ist, gemessen am
zeitgenössischen Informationsstand, mehr als dürftig.[102]

Auch unter jenen phantastischen Reiseberichten, die darauf abzielten, die Leser
hinters Licht zu führen, ließen sich mehr oder weniger gelungene und mehr oder
weniger aufschlußreiche unterscheiden. Zu den bekanntesten und umstrittensten
Werken dieser Art gehört fraglos Chateaubriands »Voyage en Amérique«. Fest
steht, um die Fakten vorwegzunehmen, daß der bedeutende romantische Schriftsteller, ein Abkömmling von bretonischen Seefahrern und Korsaren, im Jahre
1791 einen Teil der Vereinigten Staaten bereiste, in der vergeblichen Hoffnung,
sich als Entdecker der Nord-Westpassage unvergänglichen Ruhm zu sichern. »Ich
erstrebte nichts Geringeres«, schreibt Chateaubriand im Vorwort zu seinem
Bericht, »als die Nord-Westpassage und das Polarmeer zu entdecken...«[103] Fest
steht ferner, daß der junge Aristokrat in Baltimore das amerikanische Festland
betrat, in der Kutsche nach Philadelphia weiterreiste, wo er – das scheint schon
unsicherer – George Washington getroffen haben soll, darauf Boston und New
York einen Besuch abstattete und schließlich durch das Gebiet der Irokesen bis zu
den Kanadischen Seen vorstieß. Und fest steht schließlich, daß diese Reise den
Anstoß zum in literarischer Hinsicht wegweisenden Liebesroman »Atala« gab,
der 1802 erschien und in Louisiana, im Stammesgebiet der Natchez-Indianer,
spielt.

Wenn indessen Chateaubriand den Leser seiner »Voyage en Amérique« glauben machen will, er sei über den Ohio in südlicher Richtung vorgestoßen und bis
ins damals spanische Florida gelangt, wird ihm dieser seine Gefolgschaft versagen
müssen, und die Forschung hat zweifelsfrei gezeigt, daß dem Schriftsteller Reisen
von diesem Umfang allein schon aus zeitlichen Gründen unmöglich gewesen
wären.[104] Wohl versucht Chateaubriand, auch wenn er vom Unterlauf des Mississippi, von Louisiana und von Florida spricht, als Augenzeuge aufzutreten. Die
exakten und lebensvollen persönlichen Erlebnisschilderungen, die sich im ersten
Teil des Buches noch finden, fehlen jedoch ganz, und an ihre Stelle treten ausführliche natur- und völkerkundliche Beschreibungen, die deutlich den Kompilator
verraten, der sich aus den tatsächlichen Reisejournalen anderer ein recht flüchtiges Resümee zusammengeschrieben hat. Da hilft es denn wenig, wenn Chateaubriand im Vorwort zu »Atala« behauptet, dieses Buch sei »in der Wüste und in
den Hütten der Wilden« geschrieben worden[105], und wenn er im Vorwort seiner

»Voyage en Amérique« die eigene Leistung keck in die Entdeckungsgeschichte der Erde einreiht – der trocken inventarisierende Erzählstil weiter Passagen entlarvt solche Mystifikationen. Wenn es bis zum Beginn unseres Jahrhunderts dauerte, bis man den Schlichen Chateaubriands auf die Spur kam, so dürfte der Grund dazu wohl vor allem darin zu suchen sein, daß man einem Schriftsteller, dessen Hauptwerk »Le génie du christianisme« hohe Bewunderung verdient, nicht mangelnde Wahrheitsliebe vorzuwerfen wagte.[106]

Chateaubriand begnügte sich in Wahrheit mit einer angenehmen Kavaliersreise im amerikanischen Nordosten und beschrieb eine ausgedehnte Expedition durch zum Teil noch unerschlossene Gebiete; andere Autoren trieben es nicht weniger schlimm.[107] Im Jahre 1704 erschien in London die »Historical and Geographical Description of Formosa« eines George Psalmanazar, dessen wahrer Name nie bekannt geworden ist; da »Nachrichten aus Formosa« zu diesem Zeitpunkt Seltenheitswert hatten, wurde das Buch zum Erfolg, obwohl sein Verfasser die Insel, von der er sprach, nie betreten hatte.

Auch Daniel Defoe verfaßte neben seinen literarischen Hauptwerken eine ganze Reihe phantastischer Reiseberichte, welche ihre Leser zu täuschen wußten, so etwa eine »Voyage Round the World« mit den üblichen Zwischenfällen wie Sturm, Meuterei und Überfall und in deutlich spürbarer kolonialpropagandistischer Absicht. Im Jahre 1722 erschien in Paris ein Bericht mit dem Titel »Voyages de François Coréal aux Indes occidentales«, der aus lauter Exzerpten aus den Arbeiten wirklicher Reisender geschickt zusammengesetzt war und die größte Wirkung auf Rousseau ausgeübt haben soll, der ihn auch im »Discours sur l'inégalité« mehrmals zitiert.[108]

Diesen und manchen andern phantastischen Reiseberichten, deren Autoren von der Absicht zur Fälschung geradezu ausgingen, wären schließlich auch zahlreiche Werke zuzurechnen, deren Verfasser nicht nur ihre Leser, sondern auch sich selbst betrogen. Manche Reisenden wurden von Gelehrten, deren Redlichkeit unbestritten ist, nach ihren zeitlich oft etwas zurückliegenden und verblassenden Erfahrungen befragt und täuschten sich, vielleicht auch, weil sie den Erwartungen ihres Interviewers entgegenkommen wollten: so etwa David Ingram, dessen Bericht über Gegenden, die er bloß glaubte bereist zu haben, in Richard Hakluyts Reisekollektion aufgenommen wurde.

Und von anderen Reisenden müßte gesagt werden, daß sie geradezu in der Absicht, sich täuschen zu lassen, auszogen. Dies gilt etwa von manchen Befürwortern der Sklaverei, die sich im achtzehnten Jahrhundert nach Westindien begaben, um nach flüchtigem Augenschein mit der Bestimmtheit von Kennern festzustellen, daß die Existenz auf den Sklavenfarmen einer Idylle gleichkomme. Zu ähnlichen Opfern ihrer Voreingenommenheit wurden jene zahlreichen europäischen Reisenden, die nach dem Unabhängigkeitskrieg die Vereinigten Staaten aufsuchten und sich, je nachdem, ob es sich um Monarchisten oder Republikaner handelte, zu lobenden oder tadelnden Pauschalurteilen über Land und Staatsform hinreißen ließen, die selten durch eingehendere Kenntnis gestützt wurden. Doch mit der Erwähnung solcher Aufzeichnungen, deren Unzuverlässigkeit keine beabsichtige und mehr oder weniger kunstvoll erzeugte war, nähern wir uns bereits wieder dem authentischen, gegen Irrtümer freilich auch nicht gefeiten Reisebericht, der sich, wie erwähnt, nicht immer scharf von seinem phantasievolleren und oft auch erfolgreicheren Rivalen abheben läßt.

Wir versuchten in diesem Kapitel die geistesgeschichtliche Thematik, wie sie dank einer vertieften Reflexion der Überseebeziehung ins europäische Schrifttum und ins kulturelle Leben eingeflossen ist, zu umreißen. Als Forschungsbereich ist dieser Gegenstand trotz wichtiger Arbeiten von Gelehrten wie Hazard, Fairchild, Chinard, Adams, Baudet noch weitgehend unerschlossen. Über den Umschlag vom Archaismus zum Futurismus, vom »Barbar« zum »edlen Wilden«, wären durch eingehenden Nachweis anhand der zeitgenössischen Reiseliteratur manche bedeutenden Aufschlüsse zu gewinnen. Das Phänomen der Utopien- und Robinsonadenliteratur des achtzehnten Jahrhunderts müßte mit den wirtschaftlichen und sozialen Existenzbedingungen jener Zeit konfrontiert werden, wie dies in vielversprechenden Ansätzen von Lucien Goldmann und Bronislaw Baczko eingeleitet worden ist.[109]

Auch im philologischen Bereich wäre durch Textvergleiche der verschiedenen Darstellungsformen, in denen sich das Faktum der überseeischen Welt niedergeschlagen hat, einiges zur gründlicheren Kenntnis von Utopie, Robinsonade und Reisebericht zu leisten.

Was nun freilich eine wissenschaftliche Beschäftigung mit diesem Themenbereich nicht sehr attraktiv erscheinen läßt, ist neben dem verwirrenden Reichtum schriftlicher Zeugnisse von sehr unterschiedlichem Wert die Tatsache, daß in der Mehrzahl dieser literarischen Dokumente nur sporadisch ein Engagement des Autors wirklich faßbar wird. Wer, über die bloße literarisch-ästhetische Wertung einzelner Hauptwerke hinauszielend, die Autoren auf einer klaren Stellungnahme zum Problem der Kulturbegegnung behaften möchte, wird es nicht leicht haben. Und wer die meist artifizielle Vorbildlichkeit des »edlen Barbaren«, wie man vielleicht zutreffender sagen müßte, auf ihre kulturkritische Relevanz reduzieren möchte, wird auf fast unüberwindliche Hindernisse stoßen.

In der Tat läßt sich der Verdacht nicht beiseite schieben, daß die Problematik der Kulturbegegnung an der »literarischen Heimatfront« zwar nicht mit brutalen Mitteln, aber im Grunde kaum befriedigender gelöst worden ist als draußen in den Kolonien. Begegnete man in Übersee der Herausforderung der Kulturbegegnung mit machtpolitischen Ambitionen und heilsgeschichtlicher Ethnozentrik, so neigte man zuhause dazu, sie entweder ins Utopische oder Phantastische zu verdrängen, oder aber im geistreichen Spiel unverbindlicher Belletristik zu entschärfen. Im Werk von Autoren wie Swift und Defoe und zahllosen anderen wurde alles diskutiert und nichts entschieden, vieles transparent gemacht und doch nicht bis zum tiefsten Grund ausgelotet, manches mit feinsinnigster Kritik angedeutet und doch nicht konsequent bis zu jenem Punkt weitergedacht, wo einzig noch die drängende Verantwortlichkeit zur Tat möglich bleibt. So ist denn die überaus reiche und vielfältig schillernde Literatur mit Bezügen zur kolonialen Welt, wie sie vor allem das achtzehnte Jahrhundert sowohl in England und

Frankreich wie auch in Deutschland kennt, zwar ein nicht zu übersehendes Indiz für zeitgenössischen Wissensstand und Zeitgefühl; als bewegendes geschichtliches Moment aber kann sie wohl nur in sehr beschränktem Sinne gelten.

2. Die Infragestellung der eigenen Kulturposition

a) Voltaires »L'ingénu«

Nicht immer blieb die im belletristischen Schrifttum sich spiegelnde Auseinandersetzung mit der überseeischen Welt auf das artistische Spiel mit verschiedenen Denkmöglichkeiten, auf Rollentausch und pittoreske Kostümierung, auf utopische Vorgaukelung beschränkt. Das achtzehnte Jahrhundert kennt eine ganze Reihe literarischer Arbeiten, welche die Herausforderung durch den Überseebewohner nicht nur aufnahmen und variantenreich abwandelten, sondern konsequent bis zur Infragestellung der eigenen Position vorantrieben. Was in den Utopien, Robinsonaden und phantastischen Reisebeschreibungen über längere oder kürzere Passagen hin mehr oder weniger polemisch und zeitkritisch bereits hervorgetreten war, wurde in solchen Werken recht eigentlich zum bestimmenden formalen und gesellschaftskritischen Prinzip.

Dieses Verfahren konsequenter Infragestellung vom archimedischen Punkt der überseeischen Kulturform aus konnte grundsätzlich auf drei verschiedene Arten durchgeführt werden. Es war möglich, daß der Autor einen Eingeborenen durch den Zufall eines phantasievoll erdachten Abenteuers nach Europa versetzte; man konnte einen Europäer irgendwo in Amerika oder Asien mit einem Überseebewohner ins Gespräch kommen lassen, welcher von dessen Herkunftsland keine Ahnung hatte; und man konnte schließlich diesen Dialog noch um eine pikante Note bereichern, indem man den überseeischen Gesprächspartner als weitgereist und mit den abendländischen Sitten vertraut erscheinen ließ. Wir wollen uns im folgenden mit drei ausgewählten Werken befassen, in denen eine dieser Möglichkeiten jeweils exemplarisch durchgeführt worden ist: mit Voltaires »L'ingénu«, Diderots »Supplément au voyage de Bougainville« und La Hontans »Voyages dans l'Amérique septentrionale«.

Einen Einfall aufnehmend, den bereits Montesquieu und Goldsmith am Beispiel von Persern und Chinesen entwickelt hatten, läßt Voltaire einen von England herkommenden Huronen als Vertreter archaischer Lebensform an der bretonischen Küste auftauchen: der Indianer trifft auf den Prior eines Klosters, wird in die gehobenen Kreise der Provinz eingeführt, zum wahren Glauben bekehrt und alsogleich getauft. Bestimmt ist Voltaire, indem er einen Huronen zur Hauptgestalt seines Werkes erhebt, weit entfernt, seinen Ressentiments gegenüber den archaischen Menschen abzuschwören oder gar seinen Frieden mit den Rousseauisten zu machen.[110] Den französischen Philosophen interessiert überhaupt nicht, daß sein Hurone der Repräsentant eines verlorengegangenen Naturzustandes sein könnte, und übrigens stellt sich bald heraus, daß dieser französischer Abstammung ist und bloß nach Huronenart erzogen wurde. Wichtig ist für Voltaire die geistige Distanz, welche den Huronen von französischen Zuständen trennt und diesen gegenüber allem, was ihm begegnet, ein unvoreingenommenes und unabhängiges Urteil fassen läßt. Schon in den ersten Gesprächen, die der Hurone mit Franzosen führt, verblüfft er durch die direkte und klare Art seiner Argumentation. Er mag zwar zuerst harmlos und treuherzig wirken, worauf auch sein Name hindeutet, aber die von einer unverhohlenen und scheinbar naiven Neugierde bestimmten Fragen, die er stellt, setzen seine Gesprächspartner immer wieder in größte Verlegenheit und decken überraschende Einsichten auf. »Man hat mich immer ›l'ingénu‹ genannt«, läßt Voltaire seinen Helden sagen, »und man hat mir diesen Namen auch in England gegeben, weil ich immer unbekümmert sage, was ich denke, und tue, was ich will.«[111]

Dieser von weither zugereiste Indianer hört nur auf die Stimme seiner naturgegebenen Vernunft. Offensichtlich ist es John Locke, den Voltaire so sehr bewunderte, welcher dieser literarischen Figur Pate gestanden hat. Aber wenn »l'ingénu« noch ganz und gar unverbildet ist, so ist er doch durchaus nicht bildungsunfähig: die Bücher, die er liest, die Erfahrungen, die er macht, lassen ihn auf dem Wege seiner intellektuellen Vervollkommnung überraschend schnell voranschreiten. Und indem er sich dergestalt als perfektibles Wesen erweist, gelingt es ihm zugleich dank seinem untrüglichen Sinn für den natürlichen Zusammenhang der Dinge, jene Verwirrungen und Entstellungen des Denkens zu vermeiden, die beschränkter und überheblicher Voreingenommenheit so gern eigen sind.

Nicht seiner huronischen Erziehung oder einer problemlosen Daseinsform in den kanadischen Wäldern verdankt »l'ingénu« diese glückliche Disposition seines Geistes. Überhaupt geht Voltaire, der im völkerkundlichen Schrifttum seiner Zeit doch ungemein belesen war, auf diesen exotischen Hintergrund nicht ein und erwähnt nur einmal kurz und dann mit deutlich negativem Akzent die bedauerliche Traditions- und Kulturlosigkeit der nordamerikanischen Indianer. »L'ingénu« ist kein »edler Wilder«; aber er ist allerdings ein in völligem Einklang mit den elementaren Naturgesetzen denkender und handelnder Idealtypus, dessen Schicksalsgunst nicht eigentlich darin besteht, von Huronen erzogen worden zu sein, sondern vielmehr, die Erziehung durch europäische Dogmatiker, Sophisten und Hypokriten nie gekannt zu haben. Und nochmals muß betont werden: »L'ingénu« ist kein Zivilisationsgegner; er tut im Gegenteil alles, um sich zu zivilisieren, liest die Werke der »philosophes«, lobt das Theater von Molière, Racine und Corneille und preist die Wahrhaftigkeit und Weisheit der hochentwickelten Chinesen, von denen er durch seine Lektüre Kenntnis enthält. Was Voltaires Hurone ablehnt, ist nicht die Fortentwicklung des menschlichen Geistes, die Verfeinerung des Geschmacks, die Veredelung der Sitten; was er ablehnt, ist die Pervertierung dieser Zivilisation durch deren unfähige Adepten.

Es soll hier nicht im Detail nachgezeichnet werden, welche wechselvollen Abenteuer Voltaire seinen Helden bestehen, welchen verschiedenartigen Personen er ihn begegnen läßt – dieses verwirrende Mosaik von Zufälligkeiten, das den verwickelten Handlungsablauf bestimmt, ist ja ein eigentliches Erkennungsmerkmal der aufgeklärten Romanliteratur überhaupt. Betont sei indessen die zeitgeschichtliche Relevanz, die brennende Aktualität der Fragen, mit denen »l'ingénu« – ähnlich wie zuvor »Candide« – konfrontiert wird. Im »Ingénu«, der 1767 erschien, trägt Voltaire, um ein bekanntes Wort von Stendhal abzuwandeln, einen Spiegel an seinen Zeitgenossen vorbei, in welchem diese sich erkennen sollen, oder richtiger: er läßt diesen Spiegel von einem Huronen vorbeitragen. Alles, was diesem Huronen zustößt – seine Begegnungen mit Klerus und Hofgesellschaft, mit Jesuiten und mit Jansenisten, mit der »Bastille« und dem Hof zu Versailles – ist auf die damalige Zeitsituation gemünzt und vom Leser so begriffen worden, wie übrigens auch von der Zensur, die das Buch kurze Zeit nach seinem Erscheinen verbot.

In der Kritik an den gesellschaftlichen Verhältnissen, wie sie im »Ingénu« zum Ausdruck kommt, ist Voltaire nun freilich wenig originell, ob man sie nun an seinem eigenen Schaffen oder am Werk anderer aufgeklärter Autoren mißt. Von Fall zu Fall wird zwar unverhüllt und scharf zu Zeitereignissen Stellung genommen, und die altvertraute Grundhaltung voltairianischer Skepsis ist in jedem Satz gegenwärtig; aber im Gegensatz zum »Candide« wird ein bestimmendes Leitmotiv solcher Kritik nicht sichtbar. Einmal mehr wird vieles berührt und in Frage gestellt, an jeder Anstößigkeit entfacht sich der Funke einer unnachahmlichen Geistigkeit; doch eine systematisch sich aufbauende Gegenposition fehlt.

Vertraut seit Montesquieus »Esprit des Lois« ist der im »Ingénu« erneut aufgegriffene Gedanke vom Gegenüber vom natürlichen und durch Übereinkunft geschaffenen Gesetz (loi naturelle et loi positive) und von der Schwierigkeit, beides in Übereinstimmung zu bringen. In einem Gespräch zwischen dem Huronen und einem Geistlichen wird dieses Nebeneinander von zweierlei Gesetz polemisch akzentuiert: »Der Geistliche wollte beweisen, daß das positive Gesetz alle Vorteile für sich beanspruchen dürfe und daß ohne zwischen den Menschen geschaffene Übereinkünfte das Naturgesetz kaum etwas anderes darstelle als einen Freipaß für ungehinderte Freibeuterei. Es braucht, sagte er, Notare, Geistliche, Zeugen, Verträge, Ermächtigungen. Der ›Ingénu‹ antwortete darauf mit einem Argument, das die Wilden immer wieder vorgebracht haben: ›Ihr seid folglich sehr unredliche Menschen, wenn ihr es nötig habt, derartige Vorsichtsmaßnahmen zu treffen.‹«[112] Bemerkenswert ist an diesem Zitat, daß Voltaire den Eingeborenen die Befähigung zur klugen Argumentation keineswegs abspricht, und weiter, daß er als Autor nicht in Anspruch zu nehmen scheint, dies als erster bemerkt zu haben – in der Tat hatte bereits La Hontan, dessen Buch Voltaire kannte, seinen Wilden die Grundsätze des Naturrechts vertreten lassen.[113]

In längeren Passagen seines Buches läßt nun Voltaire in der Tat seinen Huronen die Überlegenheit naturrechtlicher Denkweise demonstrieren. Was soll mich hindern, fragt der Hurone etwa, meine Taufpatin zu heiraten, wenn ich sie so anziehend finde und sie mich liebt? Mit welchem Recht verübelt man mir, wenn ich sage, was ich denke? Wieso will man mich zwingen, an die ausgeklügelten »Weltsysteme« der Theologen zu glauben, wo sich mir doch in der bloßen Anschauung der Phänomene deren innere Gesetzmäßigkeit von selbst enthüllt?

Mit solchen Fragen, die er auf die denkbar harmloseste Weise vorbringt, verunsichert »l'ingénu« seine Umgebung und erschüttert die selbstgefälligen Denkgewohnheiten seiner Gesprächspartner, und obwohl er sich durch die Unbedingtheit seiner Auffassungen manche Unannehmlichkeit zuzieht, verfehlt das Beispiel seiner Existenz die Wirkung auf andere nicht.

Nicht nur in Fragen der Weltanschauung und des sittlichen Verhaltens, auch in Fragen des Geschmacks findet sich »l'ingénu« am besten beraten, wenn er sich ganz seinem natürlichen Empfinden, dem Naturell überläßt. Der Hurone kann es nicht verstehen, daß sich der Klerus im Laufe der Jahrhunderte zusehends von den einfachen und klaren Weisungen der biblischen Offenbarung entfernt und bis zur lebensfremden und künstlichen Institution des Papsttums verstiegen hat; und ebenso entartet erscheint ihm die bürokratisch-steife Hierarchie der Hofgesellschaft. Einen Spaziergang in den gleichförmigen Gartenanlagen von Versailles findet er äußerst langweilig, und er mißbilligt das Theater, wenn es außerstande ist, seine Sinne anzusprechen und an Leidenschaften zu appellieren. Hinter dem Widerstand, den »l'ingénu« dem Moralkodex kirchlicher Kreise und den überlieferten Formen gehobener Gesellschaft entgegenbringt, sowie hinter seiner Kunstauffassung verbirgt sich eine hedonistische, auf den Genuß des Augenblicks gerichtete Lebensphilosophie. »Genieße, das ist die ganze Weisheit; laß genießen, das ist die einzige Tugend« – dieses Wort, das Pivert de Senancour gegen Ende des Jahrhunderts in seinen »Rêveries sur la nature primitive de l'homme« abwandeln sollte, könnte durchaus auch der Wahlspruch des Huronen sein.[114] Freilich mit dem wichtigen Zusatz, daß Lebensgenuß, wie ihn Voltaire durch seinen Helden fordern läßt, nicht wie später bei den Romantikern auch den Rausch und die Ausschweifung in sich schließen darf. Der Hurone weiß, daß, ähnlich wie gewisse Verdrehtheiten der »loi positive« die spontane Daseinsfreude behindern, dies auch Übertreibung und Überschwang zu tun vermögen, wenn sie die naturgegebenen Grenzen nicht respektieren.

Indem »l'ingénu« seine »Natur in sich vervollkommnet« und, Natur und Bildung in sich vereinigend, zu immer größerer intellektueller Bewußtheit gelangt, so daß er schließlich seinen Namen nicht mehr verdient, wirkt er bildend auf seine Mitmenschen ein. Dem Klerus zwar, besonders den Jesuiten, ist mit der Botschaft des Huronen nicht mehr zu helfen: ihr Verhältnis zur Realität des Daseins ist grundlegend gestört, sie zappeln – nicht zum ersten Mal im Werk Voltaires – als gräßlich grimassierende Marionetten an den Fäden ihrer sakrosankten Vorurteile. Aber da ist die Geliebte des »Ingénu«, die schöne und züchtige Mademoiselle de St. Yves, deren bislang versteckte Leidenschaftlichkeit das Ungestüm des Huronen ans Licht treten läßt, die aber allerdings zuletzt doch noch das Opfer ihrer Schuldgefühle wird. Und da ist der Jansenist Gordon, der Gesprächspartner des »Ingénu« im Gefängnis, erst dessen Lehrer, dann der Belehrte, welcher dank des Huronen Unterweisung seine sektiererische Verschrobenheit und Lebensfeindlichkeit aufgibt. »Er kannte die Liebe«, heißt es von ihm, »zuvor nur als eine Sünde, deren man sich in der Beichte bezichtigt. Nun begann er sie als ein ebenso edles wie zärtliches Gefühl kennenzulernen, das die Seele sowohl zu erheben als zu erweichen vermag und das zuweilen auch imstande ist, einige Tugenden zu wecken. Kurz – es geschah ein Wunder, daß ein Hurone einen Jansenisten bekehrte.«[115]

Voltaires »Ingénu« ist, wir sagten es, kein »edler Wilder«; er gewinnt seine Vorbildlichkeit nicht aus einer wie auch immer beschaffenen Zugehörigkeit zu einer archaischen Kulturform. Er ist aber auch kein Naturmensch im Sinne Rousseaus, der im Widerstand gegen den Fortschritt das Gute eines Vorzustandes zu bewahren sucht. Gelegentlich möchte der Leser fast meinen, es gehe Voltaire darum, mit seiner Titelfigur den Widerspruch zwischen Natur und Zivilisation aufzuheben oder gar die Nichtexistenz eines solchen Widerspruches nachzuweisen. Aber um dies zu leisten, hätte der Autor auf seinen Helden weit mehr schöpferische Aufmerksamkeit verwenden, hätte er seine Erzählung weit weniger improvisiert und journalistisch abfassen müssen. Und vor allem: der Widerspruch zwischen Natur und Zivilisation, zwischen Wesen und Wandel hätte sich literarisch wohl nur im Exemplarischen eines individuellen Entwicklungsganges überwinden lassen, so, wie dies etwa dem deutschen Bildungsroman des neunzehnten Jahrhunderts – zum Beispiel Novalis' »Heinrich von Ofterdingen« (1802) – gelingen sollte. Von künstlerischen Möglichkeiten dieser Art war Voltaire indessen weit entfernt. Für ihn blieb der »Ingénu«, wie die meisten übrigen Figuren seines literarischen Werkes, in erster Linie ein Modellgeschöpf, eine personifizierte geistige Verhaltensmöglichkeit, in deren objektiviertem Urteil eine Zeit und eine Gesellschaft sich in ihren Fragwürdigkeiten bloßstellten. Daß ein Philosoph wie Voltaire, um ein derartiges Modellgeschöpf zu präsentieren, auf einen »Huronen« verfiel, bleibt jedoch in mancher Hinsicht bemerkenswert genug.

b) Diderots »Supplément au voyage de Bougainville«

In seiner formalen Gestalt erinnert Diderots im Jahre 1796 erschienener »Nachtrag« zur Reise seines berühmten Landsmannes um die Welt nicht im geringsten an Voltaires Erzählung. Diderot bedient sich der von ihm bereits früher gern gehandhabten Darstellungsform des Dialogs, diesmal in besonders raffinierter und für den Leser etwas verwirrender Weise. In einer Rahmenhandlung treten zwei befreundete Gesprächspartner auf, A. und B., die sich zu einem Spaziergang von ihrer Gesellschaft entfernen und dabei auf die Weltumsegelung Bougainvilles und auf dessen Reisebericht zu sprechen kommen. Der Gesprächspartner B., hinter dessen Urteil sich Diderots persönliche Meinung verbirgt, erwähnt zwei der Öffentlichkeit bisher nicht bekannt gewordene Nachträge zur »Voyage autour du monde«, die gleich im Wortlaut wiedergegeben werden. Dabei handelt es sich zuerst um die – von Diderot frei erfundene – Abschiedsrede eines alten und weisen Südseeinsulaners an die französischen Seefahrer unter dem Titel »Les adieux du vieillard«. Ebenfalls fiktiv, aber im Detail mit einigen zutreffenden völkerkundlichen Reminiszenzen aus Bougainvilles Bericht gespickt, ist der zweite Nachtrag, bei dem es sich um die Wiedergabe einer Unterhaltung zwischen dem Schiffskaplan Bougainvilles und einem intelligenten und sprachbegabten Inselbewohner namens Orou handelt. Zum Abschluß von Diderots Werk wird der Dialog zwischen A. und B. wieder aufgenommen, und die beiden Freunde kehren, angeregt über den Gehalt und die philosophische Relevanz der genannten Dokumente reflektierend, wieder zu ihrer Gesellschaft zurück.[116]

Das zentrale Thema des »Supplément au voyage de Bougainville« ist, wie der Untertitel des Buches übrigens andeutet, die Frage, ob bestimmte Formen der menschlichen Verhaltensweise auf Grund allgemein verbindlicher moralischer Regeln beurteilt werden dürfen. Oder konkreter formuliert: Könnte die von den Südseeinsulanern so unverhüllt und verführerisch bezeugte Großzügigkeit im Liebesleben, die in Europa schockieren würde, von anderer ethischer Sicht aus nicht nur entschuldigt, sondern gar als vorbildlich angesehen werden? Indem Diderot diese Frage stellt, beantwortet er sie auch gleich, und er tut dies in einem Sinne, der ähnlichen Auffassungen Commersons oder Georg Forsters, wie wir sie bereits zitierten, entspricht: der Südseeinsulaner, stellt auch Diderot fest, folgt in der Liebe spontan den natürlichen Gesetzen; darin, und nicht in der mühsamen Befolgung künstlicher Verbote, verwirklicht er seine Unschuld.

So gesehen, kann der Kontakt der Europäer mit den Insulanern für die letzteren nur verderblich sein. Gleich in der Abschiedsrede des greisen Insulaners vor Bougainville läßt Diderot entsprechende Vorwürfe an die Adresse der Europäer laut werden. »Und du, Häuptling jener Räuber, die dir gehorchen«, ruft der Alte aus, »entferne dich mit deinem Schiffe schnell von unserem Gestade. Wir sind unschuldig, wir sind glücklich, und du kannst unserem Glück nur schaden. Wir folgen dem reinen Trieb der Natur; du aber hast versucht, seine Eigenart in unseren Gemütern auszulöschen. Hier gehört alles allen; du aber hast uns irgendeinen Unterschied von Mein und Dein – ich weiß nicht welchen – gepredigt. Unsere Töchter und unsere Frauen gehören uns allen; du hast dieses Vorrecht mit uns geteilt, hast in ihnen aber fremde Leidenschaften entfacht, rasende Leidenschaften. Sie wurden in deinen Armen toll, du wurdest in ihren Armen grausam. Sie fingen an, sich gegenseitig zu hassen; ihr brachtet euch ihretwegen um, und sie kehrten zu uns zurück, aber befleckt mit eurem Blut. Wir sind frei; du aber hast nun in unserem Boden den Vorwand für unsere künftige Versklavung vergraben.«[117]

Nun haben derartige Überlegungen für uns nachgerade nichts Aufsehenerregendes mehr; sie sind spätestens seit Du Tertres »Histoire générale« unabdingbarer Bestandteil jeder euphemistischen Darstellung des Überseebewohners und jeder mehr oder weniger expliziten Kolonialismuskritik. Aber Diderot bleibt bei der Schilderung einer unschuldigen, friedfertigen, bedürfnis- und sorglosen Inselgesellschaft nicht stehen. Im Dialog zwischen dem Inselbewohner Orou und dem Schiffskaplan, der als Exponent der abendländischen Kultur die Hauptverantwortung für die Folgen dieser Kulturberührung trägt, wird das Thema vertieft und in seiner inneren Widersprüchlichkeit sichtbar gemacht. Im Unterschied zu den »Adieux du vieillard«, welche die Problematik der Begegnung einer spontanen dem Naturgesetz folgenden Kultur mit einer durch selbstgeschaffenes Moralgesetz kontrollierten Kultur im Bereich der Geschichte abhandeln, wird im Dialog des Kaplans mit Orou dasselbe Problem als individuelle Existenzfrage gesehen. Die Frage, welche Diderot hier aufwirft, lautet nicht mehr ganz allgemein, wie sich koloniale Machtausübung gegenüber archaischen Kulturvölkern juristisch und menschlich rechtfertigen, wie sich deren schädliche Auswirkungen vermeiden ließen; gefragt wird vielmehr, von welcher Beschaffenheit moralische Übereinkünfte sein müßten, um eine freie und glückliche Entfaltung des Individuums gewährleisten zu können. Im Gegensatz zu einem verspielt frivolen Autor wie Commerson geht es nun Diderot nicht mehr darum, ein Plädoyer für die Abschaffung jeglicher Moral vorzutragen; seine Absicht ist vielmehr, indem er die Insulaner zum erhellenden Vergleich beizieht, nach dem Maß an Moral zu forschen, das dem Menschen entspricht.

Diderot setzt an bei der Frage nach dem naturgegebenen Zweck der sexuellen Vereinigung. Und er stellt ohne Umschweife fest: dieser Zweck kann einzig und allein in der Fortpflanzung der Gattung liegen. Alles, was dazu geeignet ist, dieser Pflicht des einzelnen gegenüber der Gemeinschaft und der Gattung zu dienen und das mit der entsprechenden Betätigung verbundene Vergnügen zu erhöhen, ist gut und ehrenwert; alles, was der Verwirklichung dieses Hauptzwecks irgendwie im Wege steht, ist abzulehnen. Bei den Bewohnern Tahitis sieht Diderot die Begegnung der Geschlechter auf das selbstverständlichste jenem Ziel der Fortpflanzung untergeordnet, und darin liegt die Überlegenheit von deren natürlicher Moral begründet, wie sie in ihrem Alltag vielfältig sichtbar wird: so in der ungezwungenen Vereinigung der Geschlechter, in der Achtung vor der schwangeren Frau und der Mutter, im Fehlen eines falschen Ehr- und Schamgefühls und in der Betonung der weiblichen Körperformen, die nicht, wie in Europa, ins Korsett modischer Künstlichkeit gezwängt werden. Anders als die Mehrzahl der übrigen aufgeklärten Kommentatoren verzichtet Diderot darauf, die Tahitianerinnen beschreibend dem europäischen Typus anzunähern, um sie leichter loben zu können. Und auch die beliebte antikisierende Betrachtungsweise, zu der etwa Georg Forster neigte, wird abgelehnt, da ihm Athen – ähnlich wie übrigens auch Rousseau – bereits als vergleichsweise späte Phase der menschlichen Entwicklungsgeschichte erscheint und seiner Meinung nach zur Analogie nicht herbeigezogen werden darf. So ist auch das Aussehen der Tahitianerinnen letztlich vom Naturgesetz der Fortpflanzung bestimmt und der Schönheitsbegriff der Inselbewohner von ihm geprägt. In Europa gehörten, so stellt Diderot fest, ein »blendendweißer Teint, eine hohe Stirn, große Augen, feine und zarte Gesichtszüge, ein schlanker Wuchs, ein kleiner Mund, kleine Hände, ein kleiner Fuß« zur üblichen Vorstellung von Schönheit; die Insulaner dagegen betrachteten mit guten Gründen jene Frau als am begehrenswertesten, deren Erscheinung auf möglichst viele Kinder hoffen lasse, und zwar auf »tüchtige, gescheite, mutige und kräftige Kinder«.[118]

Indem Diderot seinen Kaplan die Bekanntschaft der reizenden jungen Inselschönheit Thia machen läßt, gelingt es ihm, die unzulängliche Motiviertheit und die Verlogenheit abendländisch-christlicher Moralbegriffe ins grellste Licht zu rücken. Mit maliziösem Spott schildert der Verfasser des »Supplément«, wie der Kaplan sich dem sehr deutlich geäußerten Herzensverlangen Thias betreten zu entziehen sucht, indem er sich etwas hilflos auf »seine Religion, seinen Stand, die guten Sitten und seine Ehre« beruft; schließlich aber wird er zum Opfer von Thias Verführungskünsten und scheint schuldig gerade darum, weil er diesen einen so unsinnigen Widerstand glaubte entgegensetzen zu müssen.

Dergestalt physisch bereits besiegt, versucht der Kaplan im Gespräch mit Orou, sich zumindest auf intellektueller Ebene wirksam zu verteidigen, muß aber auch hier die Waffen strecken. Insbesondere die Institution der Ehe und der katholische Glaube werden vom Insulaner attackiert, ohne daß dem Seelsorger überzeugende Gegenargumente einfielen. Die Ehe stellt sich für Orou als ein Akt gegenseitiger Inbesitznahme dar, welcher mit den individuellen Freiheitsrechten im Widerspruch stehe, die Entfaltung der Persönlichkeit behindere und unausweichlich Neid und hinterhältige Begierden wecken müsse. Und die Kirche erscheint als eine höchst gefährliche Gesetzgeberin, die sich, beispielsweise mit dem Zölibat, völlig vom Naturgesetz entfernt habe und mit ihren Vorschriften und Restriktionen der reinen Empfindung gerade jene Verderbtheiten mitteile, welche sie zu bekämpfen vorgebe. Fast will es zuletzt so scheinen, als habe Orou den Geistlichen für seine Überzeugungen gewonnen, und fest steht jedenfalls, daß keiner der immer schwächer werdenden Rechtfertigungsversuche des Kaplans den Insulaner zu überzeugen vermag. »Ach, was für ein garstiges Land!« ruft Orou zuletzt im Blick auf die französischen Zustände aus. »Wenn dort alles so eingerichtet ist, wie du mir sagst, seid ihr barbarischer als wir!«[119]

In dem nun wieder einsetzenden Gespräch zwischen A. und B. wird der Dialog zwischen dem Kaplan und dem Insulaner nochmals zusammengefaßt und reflektiert. »Welche nützlichen Folgerungen«, fragt Diderot, »können wir überhaupt aus den sonderbaren Bräuchen und Sitten eines nicht zivilisierten Volkes ziehen?«[120] Und diesmal zielt die Frage über kulturphilosophische Erwägungen hinaus mitten hinein in den Bereich individueller Lebensgestaltung. So wie die Dinge bei uns nun einmal liegen, sagt sich Diderot, und insbesondere angesichts der Tatsache, daß man bei uns in das Innere des natürlichen Menschen einen künstlichen Menschen eingeschmuggelt hat, der mit jenem in beständigem Widerstreit lebt – welcher Weg ist für uns gangbarer: der Weg zurück zum Naturzustand oder der Weg voraus zur Sublimation aller sogenannt niedrigen Instinkte? Und an dieser Stelle seiner Analyse, wo ein La Hontan und später Rousseau dezidiert den Weg zurück vorschlugen, und Voltaire, aber vor allem auch Condorcet, sich zur fortschreitenden Zivilisation bekannten, zögert Diderot. Fest steht für ihn, daß der Tahitianer, welchen er exakt in jener kulturgeschichtlichen Entwicklungsphase des Rousseauschen »homme naturel« ansiedelt, im allereigensten Interesse auf dieser glücklichen Stufe beharren soll – wenn er irgend noch kann. Fest steht auch, daß die staatlichen Verordnungen und religiösen Moralgesetze in ihrem dem Naturgesetz häufig widersprechenden und – vor allem was die Religion betrifft – dieses geradezu vergewaltigenden Anspruch den aufgeklärten Menschen in eine beklagenswerte Situation der individuellen Unfreiheit und Unaufrichtigkeit gedrängt haben. Anderseits aber spricht sich Diderot deutlich gegen eine Aufhebung jeder moralischen Verantwortung aus, die zu anarchischen

Zuständen und zur Reduktion der Geschlechterbeziehung auf den sexuellen Akt führen müßte.

Was also bleibt? »Wir werden gegen die unsinnigen Gesetze (lois insensées) reden, bis man sie ändert«, heißt es am Schluß des »Supplément«, »und uns ihnen für die Zwischenzeit unterwerfen. Ist man mit Verrückten verrückt, so hat man weniger Unannehmlichkeiten, als wenn man ganz allein einsichtig ist. Rufen wir uns selbst und den anderen immer wieder zu, daß man Schande, Strafe und Schmach an Handlungen geknüpft hat, die an sich harmlos sind; aber begehen wir sie nicht, denn Schande, Strafe und Schmach sind die allergrößten Übel. Verhalten wir uns wie jener gute Kaplan, der in Frankreich Mönch war, in Tahiti dagegen Wilder.«[121]

Mit dieser Antwort führt Diderot von der theoretischen Auseinandersetzung um Natur- und Moralgesetz herüber in den individuellen Bereich der praktischen Verwirklichung des jeweils Möglichen. Dem Radikalismus und den revolutionären, ja anarchistischen Tendenzen jener Diskussion werden der Wille zur Reform, konstruktive Kritik und staatsbürgerliches Augenmaß als realisierbare Alternativen gegenübergestellt. Aber bedeutet dieser Ratschlag an die Adresse des aufgeklärten Lesers, man solle in Frankreich Mönch und in Tahiti Wilder sein, oder, wie es an anderer Stelle heißt, man solle »den Rock des Landes anziehen, das man besucht, und den Rock des Landes aufbewahren, aus dem man stammt«, nicht eine Kapitulation der Idee vor der Realität? Rät Diderot damit nicht zur Flucht in feigen Konformismus und zu einer intellektuellen Wechselreiterei, welche sich von der hypokritischen Doppelmoral, die er beim Klerus so abscheulich findet, kaum mehr unterscheidet?

Derartige Fragen wären Diderot zweifellos nicht erspart geblieben, hätten ihn die radikalen Revolutionstheoretiker aus der geistigen Umgebung Robespierres und Marats wirklich gelesen. Doch in den Jakobinerklubs war Diderot vor allem als Enzyklopädist bekannt.[122] Ein Denker von maßgeblichem politischem Einfluß, wie Voltaire und Rousseau es bei allen Mißverständnissen ihrer Interpreten waren, ist Diderot nie geworden. Die Einsichten, die der Autor des »Supplément« aus seiner Betrachtung Tahitis gewann, waren primär nicht gesellschaftspolitischer Natur, und die Lebensform der Insulaner, insofern sie von deren Sozialordnung her determiniert war, beschäftigte ihn nur am Rande. Diderot dachte immer zuerst an die individuelle Selbstverwirklichung des Menschen in Freiheit und erst, wenn diese erreicht sein würde, an die Veränderung der Gesellschaft; der Künstler stand ihm näher als der Bürger. Obwohl auch er sich auf die Natur berief, war ihm bewußt, daß der Mensch nicht zur Unschuld seiner Anfänge zurückgeführt werden konnte, sondern ein zwischen Gut und Böse schwankendes Geschöpf blieb, und er zögerte – hierin skeptischer als Rousseau – diese Gespaltenheit des Einzelnen durch die scheinbare Fraglosigkeit einer »volonté générale« zu überspielen. So gelangte er denn zu jener halb stoischen, halb kritisch-progressiven Form geistigen Verhaltens, die eine äußerliche Anpassung an die herrschenden Verhältnisse in Kauf nahm, wenn gerade dadurch ein privater Freiheitsspielraum des vorurteilslosen Denkens und der spontanen Empfindung gesichert werden konnte. In dieser Unbedingtheit eines individuellen Denkens, das die Fragen nicht ängstlich niederhielt, sondern ständig provozierte und mit Originalität und Leidenschaft verfolgte, war nun Diderot allerdings ganz ein Kind seiner Zeit, und seine bloße Existenz mußte bei andern Kräfte freilegen helfen, die, auf die politische Situation seiner Zeit übertragen, nur subversiv wirken konnten.[123]

c) La Hontans »Voyages dans l'Amérique septentrionale«

Vom Baron La Hontan ist bereits die Rede gewesen, als es uns zu Beginn des zweiten Teils dieser Darstellung darum ging, die geistesgeschichtliche Tragweite der Erschließung der überseeischen Welt im kurzen Überblick festzuhalten. Wir bemerkten, daß der fiktive Dialog La Hontans mit dem Huronen Adario, der etwa ein Drittel der »Voyages dans l'Amérique« ausmacht, zu den frühesten und schärfsten Kritiken an Kirche und Gesellschaft des absolutistischen Frankreich zu rechnen ist. An dieser Stelle sei noch etwas näher auf den Inhalt dieses um 1700 entstandenen Dialogs, insbesondere auch im Blick auf die Geistesgeschichte des vorrevolutionären Frankreichs, eingegangen.

Auch La Hontan kommt, wenn er die Figur seines indianischen Gesprächspartners entwickelt, von der Naturrechtsidee John Lockes her. Adario ist freilich als geistige Potenz einfacher strukturiert als »l'ingénu«. Der Hurone erscheint als das vollkommene Produkt eines Idealstaates, in dem Freiheit, Gleichheit und Brüderlichkeit von Anbeginn selbstverständlich vorgegeben sind; er ist eine makellose Verkörperung des gesunden Menschenverstandes, des »Bon-sens«, an der kaum mehr Reste seiner ethnischen Eigentümlichkeit zu erkennen sind. Hinzu kommt, daß Adario, im Unterschied zum »Ingénu« wie zu Orou, nicht in einem durch den Kulturkontakt provozierten Bildungsprozeß begriffen ist; er räsonniert wie jemand, der seine Erfahrungen ein für alle Mal gemacht hat und dessen Meinungen nicht mehr zu erschüttern sind – in diesem Punkt zeigt sich, so will uns scheinen, seine Herkunft aus dem Denkstil des siebzehnten Jahrhunderts. Der klaren und wenig differenzierenden Grundhaltung Adarios, die gerade darum, weil sie sich auf ihre Unvoreingenommenheit soviel einbildet, zum Vorurteil zu werden droht, entspricht die radikale Aggressivität seiner Kritik an den Überzeugungen des französischen Gesprächspartners und an französischen Zuständen. Adario treibt sein Gegenüber nicht mit harmlos scheinenden Fragen in die Enge; er stellt fest und urteilt.

Die Kritik Adarios hat zwei Schwerpunkte: Christentum und Staatswesen. Seine Religionskritik geht vornehmlich vom Tatbestand der kanadischen Mission aus und stellt, obwohl sie sich geradezu gehässig gegen die Jesuiten wendet, im Grunde nichts anderes fest als das, was diesen bereits aufgefallen war. Was den Jesuiten indessen als beklagenswerter Mißstand und Fehlleistung erschien, ist für La Hontan alias Adario Grund zu einer kühnen Generalabrechnung mit dem Christentum überhaupt. Adario bejaht die altvertraute Frage danach, ob die Indianer eine Religion besäßen, ähnlich positiv wie die meisten Missionare auch; aber er sieht in dieser Religion nicht etwa eine Verirrung oder die Vorstufe zum wahren Glauben, sondern ein den Absolutheitsanspruch der christlichen Kirche in Frage stellendes Faktum. Ähnlich wie die Vertreter der Mission registriert auch Adario den Konkurrenzkampf zwischen verschiedenen Mönchsorden und Vertretern christlicher Nationen; allerdings werden solche Differenzen und Spaltungen für ihn zum Beweis einer dem göttlichen Ratschluß widerstrebenden Entwicklung des Christentums. Und übereinstimmend mit der Mehrzahl der Missionare tadelt auch Adario das rücksichtslose Betragen und den ausschweifenden Lebenswandel vieler Kolonisten, sieht aber darin nicht den Ausdruck allgemeinmenschlicher Schwachheit und Sündhaftigkeit, sondern den schlagenden Beweis dafür, daß dem Christen jene dominierende Rolle, die er sich in Übersee anmaße, aus ethischen Gründen nicht zustehe. Ebenfalls nicht neu, aber in der Unbedingtheit und Schärfe ihrer Formulierung eindrücklich, sind die in diesem Zusammenhang stehenden antikolonialistischen Bemerkungen La Hontans. »Die Tugend, die Nächstenliebe und die aus aufrichtigem und großmütigem Verzicht sich herleitende Ruhe des Geistes«, läßt er Adario etwa sagen, »sind die drei Eigenschaften, die Gott vom Menschen fordert. Während wir jedoch in unsern Siedlungen sorgfältig und ohne Widerstreben diese Gebote beachten, kennt ihr Europäer eine solche liebenswerte Unschuld nur dem Namen nach; es gibt kein Verbrechen, das euch erschrecken könnte, und euer hauptsächlichstes Verlangen besteht darin, euch gegenseitig auszustechen und zu vernichten. Ihr seid die Beute eurer ausschweifenden Begierden, und die Sucht, immer neue Reichtümer anzuhäufen, hält euch in beständiger Unruhe.«[124]

Auch Adarios Kritik am französischen Staatswesen geht vom kolonialen Bereiche aus. Die französische Herrschaft in Übersee ist nicht nur abzulehnen, weil sie ethisch auf schwachen Füßen steht, sondern auch, weil sie in ihrem hierarchisch-monarchistischen Aufbau der gesellschaftlichen Ordnung der Eingeborenen weit unterlegen ist. Die Stelle, an der Adario diesen Gedanken entwickelt, sei hier in extenso wiedergegeben: »Die Gouverneure von Kanada behaupten seit fünfzig Jahren, daß wir uns unter der Herrschaft ihres großen Königs und Kriegsherrn befänden. Dagegen erwidern wir folgendes: Wir leben, ohne jemandem untertan zu sein, in völliger Gleichheit; ein gemeinsamer Geist und ein gemeinsames Gefühl bewegen uns. Wir unterwerfen uns nur unserem Gott und sind dadurch ungleich achtenswerter als euer Volk, das aus einem Haufen von Sklaven besteht, die dem Willen eines einzelnen Menschen ausgeliefert sind. Die Rechtsanmaßung der Franzosen ist ebenso lächerlich als ungerecht. Mit welcher Begründung, mit welchem Recht, kraft welcher Vereinbarung hat euer König uns erobert? Haben wir ihn herbeigerufen? Haben wir uns ihm verkauft? Haben wir abgemacht, daß wir uns ihm unterwürfen und er uns beschütze? Es sind im Gegenteil die Franzosen gewesen, welche die Meere überquert haben, um auf uns zu stoßen; das ganze Land, das sie usurpiert haben, gehört seit unvordenklichen Zeiten den Algonkins, und so hätten wir eigentlich weit mehr Grund, über die Franzosen zu herrschen. Aber die Einsicht hält uns zurück; wir wollen die Klügeren sein. Mögt ihr euch doch mit den trügerischen Früchten eurer Gewaltsamkeit brüsten – wir lassen es aus Selbstachtung zu und um Auseinandersetzungen und Konflikte zu vermeiden.

Bekenne doch, mein lieber Freund, daß die Vernunft Frankreichs eine närrische Vernunft ist!«[125]

Von dieser Philippika ausgehend, attackiert Adario, indem er immer wieder eine völlig utopische Vorstellung des Huronenstaates zum Vergleich beizieht, Staat und Gesellschaft des französischen Mutterlandes. Da er Frankreich »besucht hat« und da er, hierin den europäischen Monogenisten vergleichbar, an die elementare Gleichartigkeit der Vernunft innerhalb der menschlichen Gattung glaubt, tut er seinem Urteil nicht den geringsten Zwang an. Die Einsicht in die Relativität der kulturellen Werte, wie sie bei Voltaire und vor allem Diderot durchgängig spürbar ist, wird bei La Hontan noch ganz durch eine vom abstrakten Gesichtspunkt der reinen Vernunft ausgehende generalisierende Betrachtungsweise ersetzt. Das Gespräch zwischen Adario und dem mehr und mehr sich in die Defensive zurückziehenden La Hontan wird so zu einer beredt geführten Aufklärungskampagne gegen einen Gegner, den seine konservative, selbstgerechte, chauvinistische und beschränkte Denkart im voraus zum Unterlegenen stempelt.

Beschränkt ist freilich auch der Spielbereich von Adarios Argumentation. Unermüdlich werden dieselben Einwände, Vorwürfe und Invektiven vorgetragen, wobei die Übelstände, die angeprangert werden, nicht immer präzisiert werden. Und überall wird dasselbe simple Denkmodell sichtbar, das sich auf den Merkspruch bringen ließe: Wer sich nicht an die natürlichen Gesetzmäßigkeiten hält, irrt. Darum gibt es in Frankreich Verbrecher, die mit unmenschlichen Foltern zum Geständnis gezwungen werden müssen. Darum gibt es den Besitzneid, der mit Polizeimaßnahmen kontrolliert werden muß, und Vorurteile, die zu allgemein verbindlichen Verhaltensmaximen, zur »Moral«, erhoben werden. Darum gibt es nationalistische Arroganz und die daraus entspringenden Kriegswirren, denen erst noch in sonderbarer Verkennung der wirklichen Beweggründe der Glorienschein der Heldentat zuerkannt wird. Darum gibt es soziale Ungerechtigkeiten, die, wie sich die Benachteiligten einreden lassen, gottgewollt und durch persönliches Verdienst selbstredend gerechtfertigt sind. Und selbst die paar Tugenden, die sich allenfalls den Franzosen noch nachsagen ließen, Großzügigkeit etwa und Toleranz, entspringen, sieht man genauer hin, der Eigenliebe und egoistischen Berechnung und nicht dem naturgewollten Gemeinschaftssinn des einzelnen gegenüber dem Mitmenschen.

Es versteht sich, daß in einem Land, dessen Institutionen derart verwerflich sind, auch die Franzosen, welche diese vertreten, nicht auf die Nachsicht des Kritikers hoffen dürfen. Es gibt, vom Bauersmann abgesehen, kaum einen Berufsstand, den Adario gelten läßt: die Kaufleute sind abgefeimte Betrüger, die Geistlichen verlogene Heimlichtuer, die Richter korrupte Phrasendrescher, die Soldaten Subalternnaturen, die Ärzte Scharlatane. Sie alle sind, aus welchen Gründen immer, vom wahren Pfade der Natur abgewichen und zu Liebedienern, Profiteuren oder Sklaven eines verlogenen Systems geworden.

Doch Adario läßt es nicht bei der bloßen Aufzählung solcher Mißstände bewenden; er denkt sich aus, wie Abhilfe zu schaffen wäre. Als geeignetstes Mittel schlägt er eine gewaltsame Volkserhebung vor, ohne daß er allerdings die Frage berührt, ob eine derartige Revolution mit dem Naturrecht zu vereinbaren sei. Eine Volkserhebung, argumentiert der Hurone, gehe am besten von der Armee, vom Soldatenstande, aus, und an ihrem Erfolg sei nicht zu zweifeln, weil das zahlenmäßige Verhältnis zwischen Herrschern und Unterdrückten, zwischen Reichen und Armen, sehr zuungunsten der letzteren ausfalle. »Ich bitte dich«, fährt Adario, an den Baron gewendet, fort, »sag mir doch, wie es mit den ungefähr dreitausend Soldaten bestellt ist, die euer Monarch in seinem Reich unterhält, und die ihn so mächtig und hochmütig machen? Sind das nicht dreitausend Bettler, die sich wegen ein paar Sous Tagelohn umbringen lassen, und zwar vom ersten bis zum letzten Mann, einzig und allein, um dem König zu ermöglichen, seine Machtfülle weiter zu bewahren, seine Vergnügungen und Ausschweifungen fortzuführen und sein Wohlbefinden zu steigern? Verschaffen aber diese dreitausend Soldaten durch das Vergießen ihres Blutes und den Verlust ihres Lebens den Angehörigen ihrer Schicht und ihrer Klasse, ich will sagen: den um ihren Besitz geprellten Landsleuten, auch nur den geringsten Vorteil? Überhaupt nicht; sie tragen im Gegenteil dazu bei, das Elend zu vergrößern... Es hängt folglich einzig von diesen Truppen ab, ob sie die Nation wieder in deren Rechte einsetzen, den Privatbesitz abschaffen und die Güter gleichmäßig und gerecht verteilen wollen, mit einem Wort, ob sie willens sind, eine so menschliche und ausgewogene Regierungsform zu errichten, daß alle Glieder der Gesellschaft, jedes entsprechend seinen Möglichkeiten, zur allgemeinen Glückseligkeit beitragen können.«[126]

Mit diesen kurzen Hinweisen haben wir Adarios Kritik an französischen Zeitumständen bereits vollständig umrissen und auch die radikale Maßnahme, die La Hontan zur Beseitigung der Mißstände vorschwebt, festgehalten. Wir haben leider nicht in Erfahrung bringen können, auf welche intellektuellen Vorläufer La Hontan sich bei seiner Stellungnahme im einzelnen bezogen hat. Sicher ist, daß des angriffigen Barons Urteil über sein Mutterland nicht durch ein besonders fundiertes Wissen über die Vorzüge des Huronenstaates ausgelöst worden ist. Wohl schickt La Hontan seinem Dialog mit dem Indianer einen ganz interessanten, auf persönlichen Erlebnissen basierenden Reisebericht aus Kanada voraus; aber beim Lesen dieses Dialogs vergißt man leicht, daß Adario kein Europäer ist, und man denkt nicht mehr an eine Waldlichtung in Kanada, sondern an einen Salon im Faubourg Saint-Honoré.

Im übrigen scheint La Hontan gleichermaßen von Erfahrungen geprägt, welche die Lektüre der utopischen und staatsphilosophischen Literatur des siebzehnten Jahrhunderts vermitteln konnte, wie von solchen, welche sich aus der Anschauung der Zeitgeschichte unmittelbar ergaben. Es ist wahrscheinlich, daß der Baron ein Buch wie Francis Bacons »Nova Atlantis« kannte: der von La Hontan immer wieder aufgegriffene Gedanke, Macht rechtfertige sich einzig aus der persönlich desinteressierten Einsicht in die Gesetzmäßigkeiten der Natur und deren Nachvollzug, könnte dem Werk des Engländers entnommen sein. Nicht minder wahrscheinlich scheint uns, wie erwähnt, der Einfluß von John Locke, möglicherweise von dessen »Two Treatises of Government« (1690), wobei allerdings La Hontan weit hinter seinem Vorbild zurückbleibt. Während Locke aus der natürlichen Vernunft des Individuums und aus seinem Verantwortungsbewußtsein gegenüber der Gemeinschaft die gesetzlichen Regelungen zum Schutz der Freiheitsrechte, des Besitztums und der staatlichen Sicherheit sorgfältig zu entwickeln suchte, beruft sich der Franzose bei den Angriffen auf das absolutistische System seines Vaterlandes zwar auch auf die Vernunft, stützt aber in Wahrheit seine weltfremde Vorstellung einer gesellschaftspolitischen Alternative vorwiegend auf das ab, was er das »selbstverständliche Funktionieren der menschlichen Instinkte« nennt. Einer philosophischen Ergründung und Vertiefung von Begriffen wie Vernunft und Instinkt, Reflexion und Empfindung, geschaffenem und natürlichem Recht weicht La Hontan durchweg ängstlich aus.

Offensichtlich ist schließlich, daß La Hontan die geschichtlichen Vorgänge zu seiner Zeit, insbesondere in England, aufmerksam verfolgt haben muß. Der Sturz der Stuarts wird von dem enragierten Jesuitengegner mit Befriedigung registriert, die gastfreundliche Aufnahme der Hugenotten erweckt ebenso seine Bewunderung, wie deren Vertreibung durch Ludwig XIV. seinen Ärger, und die aktive Teilnahme des Militärs an der »Glorious Revolution« dient ihm, wie wir gesehen haben, als Leitbild für eigene revolutionäre Projekte. Die Lösung freilich, die Wilhelm von Oranien mit der Umwandlung der absolutistischen in eine konstitutionelle Monarchie ermöglichen sollte, konnte für La Hontan nichts Wegleitendes haben – sie war ihm zu wenig radikal. Und ebensowenig vermochte ihn der Gedanke eines »aufgeklärten Despotismus«, der den Herrscher zum Sachwalter einer natürlichen Ordnung statt der feudalen gemacht hätte, zu fesseln – darin unterschied er sich von der Mehrzahl der späteren Philosophen und Physiokraten. Anderseits aber reifte in La Hontan die Idee der naturrechtlich begründeten Volksherrschaft nicht zur politischen Virulenz von Rousseaus Begriff der »volonté générale« – hier neigte der Baron, obwohl er Rousseau in mancher glücklichen Formulierung vorwegnahm, zu sehr zu anarchistischer Schwärmerei, um Weiterwirkendes zu stiften. So kommt man vielleicht der Wahrheit am nächsten, wenn man im Erfinder der Adario-Figur den etwas verwirrten Repräsentanten einer Übergangsepoche sieht, wie sie durch Namen wie Descartes, Newton und Locke bezeichnet wird, einen Mann von ungestümem und unsystematischem Charakter, in dem sich aus einer Mischung von persönlicher Ranküne gegenüber dem absolutistischen Beamtenstaat Colberts und schwärmerischer Begeisterung für das Unübliche und Unfranzösische schließlich ein extremer Hang zur geistigen Libertinage entwickelte. Einen »Vorläufer« des revolutionären Zeitalters wird man La Hontan nur bedingt nennen dürfen.

Allen diesen literarischen Werken, in denen der Überseebewohner bei im einzelnen recht verschiedenartiger Darstellung seines Wesens zum Dialogpartner des Europäers wird, ist im Grunde eines gemeinsam: der Eingeborene ist als solcher kaum mehr erkennbar. Völkerkundliche Kenntnisse sind bei der Lektüre der hier behandelten und unzähliger ähnlicher Texte nicht zu holen, das Lokalkolorit blättert bald von den Figuren – ob Hurone oder Insulaner – ab; Diderot gibt sogar freimütig und halb sich entschuldigend zu, Orou drücke sich doch eigentlich zu europäisch aus. Man wird auch diese Adario-Gestalten nicht mehr oder nur mit Einschränkung als »edle Wilde« bezeichnen dürfen, ist es doch ein Hauptkennzeichen dieses »edlen Wilden«, daß er samt der exotischen Aura, welche ihn umgibt, den Sehnsüchten des urbanen und an seiner Zivilisation bereits leidenden Europäers als verführerischer Fluchtpunkt zu dienen hat. »L'ingénu«, »Orou« und »Adario« haben indes, genau besehen, dieses Verlokkend-Andersartige weitgehend eingebüßt. Sie sind durch die Macht des Geistes, der sich das Fernste heranzuholen weiß, zum »alter ego« des Europäers geworden und begleiten diesen sowohl als Ausdruck eines über die existentiellen Realitäten hinausgreifenden Willens wie als Verkörperung seines schlechten Gewissens. In diesen Dialogen wird die Infragestellung der eigenen kulturellen Position vielleicht am weitesten getrieben, weiter als bei der Utopie und der Robinsonade, die dem Evasionsbedürfnis des Lesers stärker entgegenkamen, weiter auch als in den phantastischen Reiseberichten, in denen dem geistreichen Spiel mit relativierten kulturellen Daseinsformen eine Priorität zukam. Der »Wilde« dieser Dialoge ist aber auch ein anderer als der, den die Naturalisten in Linnés Gefolge mit den ihnen zur Verfügung stehenden wissenschaftlichen Mitteln zu ergründen suchten; er ist nicht mehr Gegenstand einer auf Wissensbereicherung abzielenden Beobachtung, sondern Ausgeburt eines tiefgründigen Unbehagens an der Kultur. Indem der »Wilde« zum Dialogpartner des Europäers wurde, trat er aus seiner Funktion sowohl als wissenschaftliches Objekt wie als modellhaftes Idealbild heraus; und was er dadurch in wissenschaftlicher und ästhetischer Hinsicht verlieren mochte, gewann er als mächtig aktivierender Impuls des kulturpolitischen Gesprächs. Als Ferment ist dieser »Wilde«, der kein »Wilder« mehr ist, aus der Geistesgeschichte der europäischen Aufklärung nicht wegzudenken.

V. Schlußwort

Bilanz und Ausblick

Hat die Reflexion über das Phänomen der europäisch-überseeischen Begegnung, wie wir sie hier verfolgten, die eigentliche »Ereignisgeschichte« zu bestimmen vermocht? Bedingt wie diese Reflexion durch die jeweilige politische und ökonomische Situation war – hat sie ihrerseits diese Situation sichtbar verändert?

Diese Frage muß, wenn wir vom individuellen Sonderfall und eher marginalen Experiment absehen, im Ganzen verneint werden. Las Casas und dessen Anhänger haben zwar die Einführung gesetzlicher Regelungen zum Schutz der Indianer erreichen, deren Ausrottung auf den westindischen Inseln aber nicht verhindern können. Das utopische Denken von Thomas Morus oder Campanella hat nicht oder nur in sehr schwer nachprüfbarer Weise auf die Schaffung rassisch gemischter Siedlungskolonien eingewirkt, und solche Siedlungskolonien waren wenig zahlreich und hatten kaum Bestand. Georg Forster hat, so aufrichtig er es sich auch wünschen mochte, die Südseeinsulaner nicht vor den schädlichen Einflüssen der Zivilisation zu bewahren vermocht. Die klügsten Köpfe des Aufklärungszeitalters, die fast ausnahmslos für die Völker fremder Rasse und Kultur eintraten, haben nicht verhindern können, daß der Sklavenhandel gerade zu ihren Lebzeiten einen besonders steilen Aufschwung nahm. Und selbst ein häufig zitiertes Beispiel engagierten geistigen Wirkens in derselben Richtung, Harriet Beecher-Stowes »Uncle Tom's Cabin« aus der Zeit um 1850, darf in seiner Bedeutung für die Sezession der Südstaaten und den anschließenden Bürgerkrieg nicht überschätzt werden.[1]

Die Beispiele solcher Aktivitäten ohne nennenswerte positive Auswirkungen ließen sich endlos häufen, zumal im Bereich der frühen Kolonialgeschichte, welche, unter diesem Blickpunkt betrachtet, recht eigentlich als Muster für die Vergeblichkeit humaner Einsicht erscheinen müßte. Es ist, so gesehen, kein Zweifel möglich: die Europäer haben ihre intellektuelle Verantwortung gegenüber den überseeischen Völkern in aller Regel nicht wahrzunehmen gewußt, nicht im passiven und nicht im aktiven Sinne – weder verstanden sie es, dem Überseebewohner zumindest einen Freiraum an eigenständiger Existenz zu belassen, noch gelang es ihnen, diese Völker auf eine ethisch verantwortbare Weise der eigenen Kultur zu integrieren.

Nun wird man sich allerdings davor hüten müssen, die Frage nach der Wirkung der Idee auf den Gang des äußeren Geschehens über die Relevanz geistesgeschichtlicher Vorgänge entscheiden zu lassen. Wer die Bedeutung der Geistesgeschichte allein oder vorwiegend nach ihrem realen Veränderungseffekt veranschlagt, setzt Kräfte sehr verschiedenartiger Beschaffenheit zueinander in ein

Verhältnis einfacher Kausalität und neigt dazu, komplizierte Probleme der Kommunikation und Interaktion, des allgemeinen Bildungsstandes und der Bewußtseinslage auszuklammern. Anderseits darf die Geistesgeschichte als die Geschichte der Apperzeption und Reflexion von Tatbeständen durch die Zeitgenossen keineswegs isoliert betrachtet werden: die Tat ist von der Überlegung dessen, der sie unternimmt oder auch nur kommentiert, nicht zu lösen. »Geschichtliches Handeln«, sagt Thomas Nipperdey, »ist wie alles soziale Handeln intentionales Handeln, das sich in einem jeweiligen gesellschaftlichen und kulturellen Auslegungshorizont, einer vorgängigen Welt- und Selbstinterpretation als Orientierungs- und Wertsystem bewegt. Und alles Verhalten und Handeln ist an die Verarbeitung der Wirklichkeit im Wort und anderen symbolischen Ausdrücken gebunden. Nur durch die Analyse dieses Horizontes und der Selbstauslegung einer Intention ist vergangene menschliche Wirklichkeit uns zugänglich. Soziale oder historische Tatsachen an sich – unabhängig von Intention und Auslegung – gibt es nicht.«[2] Sicher erscheint die Einflußnahme kritischer Selbst- und Zeitreflexion auf die Schaffung neuer materieller Verhältnisse, gemessen an der Präponderanz wirtschaftlicher, demographischer oder sozialer Faktoren, im allgemeinen als gering. Aber auch solche Reflexion fließt in den neuen Tatbestand ein und verleiht diesem erst seine anthropologische Dimension und plastische Hintergründigkeit.

In diesem Sinne betrachtet, sind es vornehmlich zwei kolonialhistorische Vorgänge des späten achtzehnten und beginnenden neunzehnten Jahrhunderts gewesen, die ohne Kenntnis der geistesgeschichtlichen Entwicklung nicht zu verstehen wären: die Abschaffung des Sklavenhandels und die Ansätze zu einer Reform des kolonialen Herrschaftssystems in Übersee. Beide Vorgänge fallen nicht mehr oder nur teilweise in den von uns überblickten Zeitraum; aber das intellektuelle Instrumentarium zur Diskussion dieser Fragen war im Lauf der Zeit geschaffen worden; das Arsenal von Argumenten und Ideen war vorbereitet. Von Abolition und Kolonialreform muß deshalb im Rahmen eines abschließenden und zugleich weiterweisenden Kapitels noch die Rede sein.

Der Widerstand gegen den Sklavenhandel und die Sklavenwirtschaft setzte in Europa sehr spät, nach 1750, ein. Wir haben erwähnt, daß es vor diesem Zeitpunkt zwar schon vereinzelte kritische Stimmen gab, so etwa jene Lockes und Montesquieus, die von naturrechtlicher Basis aus urteilten, und jene der Quäker, welche die Sklaverei nicht mit ihren Vorstellungen von christlicher Nächstenliebe vereinbaren konnten. Erst in den sechziger Jahren aber scheinen die am Sklavenhandel irgendwie interessierten Seeleute, Plantagenbesitzer und Handelsherren ein gewisses Bedürfnis nach Selbstrechtfertigung verspürt zu haben: ein deutliches Anzeichen für die eben erwachte Kritik an ihren Aktivitäten. Die Verteidigung dieser Kreise stützte sich in der Regel auf die folgenden Überlegungen: Sklavenhandel und Sklavenwirtschaft, sagte man, seien unter afrikanischen Eingeborenen seit jeher üblich gewesen und also von den Europäern nicht erfunden, sondern lediglich anderen Verhältnissen angepaßt worden; billige Arbeitskräfte stellten das einzige Mittel dar, den Reichtum der Kolonien auszuschöpfen und das wachsende Bedürfnis der Europäer nach exotischen Produkten, insbesondere Zucker und Kaffee, zu befriedigen.

Der letzte dieser Rechtfertigungsversuche hatte fraglos am meisten Gewicht – dem eigenen Interesse kam eindeutig die Priorität vor humanitären Erwägungen zu. Auch Persönlichkeiten des geistigen Lebens, die sich schließlich ganz für die Sache des Abolitionismus einsetzen sollten, konnten sich von diesem Interessenstandpunkt nur schwer lösen. So notierte Edmund Burke um 1760, nichts könne einen Handel rechtfertigen, dessen Unterhalt den Tod mehrerer Tausend Unschuldiger pro Jahr verursache, es sei denn die Notwendigkeit, in der das englische Mutterland sich befinde, seine Kolonien zu besiedeln.[3] Und Adam Smith begründete in seinem 1776 erschienenen Hauptwerk über »The Wealth of Nations« seinen Widerstand gegen die Sklavenwirtschaft primär mit dem rein ökonomischen Argument, daß sich durch die aus freiwilligem Antrieb geleistete Arbeit die Produktion erhöhen lasse.[4]

Ein allgemeineres Verständnis für die bedauernswerte Lage der versklavten Afrikaner begann sich erst zu regen, als das Problem dem Europäer in Europa selbst auf den Leib rückte. Um 1770 lebten in England gegen 10 000 Sklaven als Bedienstete von Pflanzern und Handelsherren, die hier auf Besuch weilten oder sich in den Ruhestand zurückgezogen hatten. Immer wieder kam es vor, daß diese Sklaven ihren Herren davonliefen, und Philanthropen machten auf das Elend dieser Flüchtlinge aufmerksam, die, falls sie nicht eingefangen und grausam bestraft wurden, in den Slums der Hafenstädte jämmerlich verkamen.

Das Schicksal dieser »Runaway-Slaves« wurde zum Gegenstand einer sich schnell verbreitenden rührseligen Literatur, die an eine auf Aphra Beens »Oroonoko« zurückweisende Tradition anknüpfen konnte. Größter Beliebtheit erfreute sich beispielsweise ein längeres Gedicht, das unter dem Titel »The Dying Negro« 1773 in erster Auflage erschien und laufend nachgedruckt werden mußte.[5] Das Gedicht beruhte, wie die beiden Verfasser, Thomas Day und John Bicknell versicherten, auf einer tatsächlichen Begebenheit. Ein Negersklave verliebt sich in eine weiße Frau und möchte diese, die ihn ebenfalls liebt, heiraten. Sein Herr, ein Sklavenkapitän, läßt sich weder von den Bitten des Schwarzen um Freilassung noch von der Leidenschaftlichkeit seiner Liebesempfindungen rühren. Der Sklave beschließt in der Verzweiflung, seinem Leben ein Ende zu setzen; bevor er aber zum Dolche greift, hält er sich selbst die Totenrede, und dieser pathetische Monolog wird zum Kern des Gedichts. Der Neger schildert die Entbehrungen und die Schrecknisse seiner Gefangenschaft und beruft sich voll Wehmut auf die glückseligen Kindheitstage im afrikanischen Busch. Eine Katastrophe habe ihn aus süßer Unschuld gerissen und den Einklang zwischen ihm und der Natur zerstört. Aber auch als Sklave bleibe er, was er immer gewesen sei: ein Geschöpf Gottes, wohlgeraten gleich allen Kreaturen aus Seiner Hand, ehrenhaft, mutig und bereit, den Tod der Knechtschaft vorzuziehen und für die Aufrichtigkeit seiner Gefühle das Leben hinzugeben.

In diesem Gedicht und zahllosen ähnlichen poetischen Gebilden zum selben Thema wird deutlich, in wie starkem Maß sich im Laufe eines latenten Prozesses ein allgemeines Bewußtsein der Überseeproblematik herausgebildet hatte, welches dem Verständnis, ja der mitfühlenden Sympathie für den versklavten Afrikaner keine Widerstände mehr entgegensetzte. Manche Faktoren hatten diese Entwicklung gefördert: Reiseberichte hatten zur exakteren Kenntnis Afrikas und seiner Bewohner beigetragen; der Streit zwischen Polygenisten und Monogenisten war zugunsten der letzteren entschieden worden; Naturrechtler und »Physico-Theologen« hatten sich im Glauben an eine gerecht und sinnvoll konzipierte Welt gefunden; Rousseau und die Physiokraten hatten den zivilisierten urbanen Menschen auf Fragwürdigkeiten seiner Lebensform aufmerksam gemacht; man las von Afrikanern, die, nach Europa versetzt, Natur und Bildung harmonisch zu verbinden wußten; die eben sich anbahnende Erforschung der Südsee gab den Sehnsüchten nach einem irdischen Paradies und der Idee vom »edlen Wilden« neuen Auftrieb; und schließlich schärfte die eben einsetzende Industrielle Revolution das Bewußtsein für soziale Fragen.

Das Zusammenwirken aller dieser geistesgeschichtlichen Faktoren erleichterte zweifellos das Wirken der führenden Abolitionisten in England, ermöglichte dieses vielleicht erst eigentlich. Bereits im Jahre 1772 wurde die Sklaverei im englischen Mutterland durch den sogenannten »Mansfield-Entscheid« aufgehoben; man stützte sich dabei auf die in englischer Tradition tief verwurzelte und seit dem sechzehnten Jahrhundert belegte Auffassung, daß jeder, der die Insel betrete, Anspruch auf den vollen Genuß seiner bürgerlichen Rechte habe.[6] Die Abschaffung des Sklavenhandels freilich verzögerte sich über zwei Jahrzehnte hinaus, zuerst infolge der Priorität der mit dem Abfall der nordamerikanischen Besitzungen verbundenen Fragen, dann durch die geschickte Obstruktions- und Verzögerungstaktik der Abolitionsgegner im Unterhaus, schließlich infolge der Reaktionen auf die Revolutionswirren in Frankreich. Aber es gelang den unermüdlichen Verfechtern des englischen Abolitionismus, Männern wie Granville Sharp, Thomas Clarkson, William Wilberforce und John Newton, durch eine propagandistische Tätigkeit modernen Stils die Unterstützung weiter Teile der Bevölkerung, insbesondere der bürgerlichen Mittelschicht, zu gewinnen und so eine Massenbewegung auszulösen, die nach dem Urteil der Historiker als eine der bedeutendsten der neueren Geschichte gelten darf.[7] Bei den Sympathisanten dieser Bewegung handelte es sich um Leute in bescheidenen Lebensverhältnissen, oft auch um Methodisten von großer sittlicher Integrität und geistiger Aufgewecktheit, die sich eine Veränderung der gesellschaftlichen Zustände freilich nicht sosehr in sozialer, als in individuell-ethischer Hinsicht erhofften. Ihrer Ansicht nach konnte die Abschaffung des Sklavenhandels und der Sklavenwirtschaft nur aus einem Geiste neuer christlicher Selbstbesinnung hervorgehen; man vermied es deshalb auch folgerichtig, den propagandistischen Eifer gegen irgendwelche staatlichen Institutionen zu richten.

Über das Gewicht des Einflusses dieser stark im Emotionalen wurzelnden Antisklavereibewegung auf die 1807 erfolgende Abschaffung und die schließliche Aufhebung der Sklaverei im Gesamtbereich des »British Empire« im Jahre 1833 haben sich die Historiker bis heute nicht einig werden können. Die These des bereits im ersten Teil dieser Arbeit zitierten Sklavereispezialisten Williams, wonach die Veränderung der wirtschaftspolitischen Situation – die durch den Abfall Nordamerikas ausgelöste Krise der Plantagenwirtschaft, der Wandel der Produktionsverhältnisse durch die Industrielle Revolution in England, die Interessenverlagerung nach Afrika und Indien – die Abschaffung des Sklavenhandels gleichsam erzwungen habe, ist heute wieder ins Wanken geraten.[8] Auch wenn die frühere These des Kolonialhistorikers Coupland, der das Verdienst der Abolition dem uneigennützigen propagandistischen Wirken insbesondere der tiefreligiösen »Clapham-Sect« zuschreibt, nach wie vor mit Vorsicht aufzunehmen ist, läßt sich nicht mehr leugnen, daß besonders in England ein Prozeß der Gewissenserforschung und politisch-moralischen Bewußtwerdung bedeutendes geistesgeschichtliches Gewicht beanspruchen darf, und sei es nur insofern, als die Aktionen der Abolitionisten einer weiten Öffentlichkeit zunehmend klar machten, daß sich die respektierteste Seemacht der Erde, Großbritannien, fern von zuhause Untaten leistete, die einer aufgeklärten Nation unwürdig waren.[9] Als im Jahre 1808 endlich die vom Parlament verfügte Abschaffung des Sklavenhandels in Kraft trat und die Ausführung dieses Beschlusses von der englischen Marine auch tatsächlich überwacht wurde, gewann sich England international ein außerordentliches moralisches Prestige, das vor allem auch in den Kommentaren deutscher Zeitgenossen zum Ausdruck kam. Niemand konnte es sich nun noch leisten, den Sklavenhandel in aller Öffentlichkeit zu verteidigen. Wie selbstverständlich die Ächtung dieser Form kommerzieller Aktivität inzwischen geworden war, zeigt die diesbezügliche Deklaration der Wiener Kongreßmächte vom 8. Februar 1815, in welcher im Namen aller »zivilisierten Staaten« der Sklavenhandel als inhuman und der »morale universelle« zuwiderlaufend verurteilt wurde: eine Erklärung, der allerdings keine normative Rechtsverbindlichkeit zukam.[10]

Auch in Frankreich hatten sich seit 1770 die Stimmen gemehrt, die für eine Abschaffung des Sklavenhandels und der Sklavenwirtschaft eintraten: Voltaire, Diderot, Rousseau, Condorcet gehörten zu ihnen, und der vehementeste war fraglos der Abbé Raynal, der sich in seiner »Histoire philosophique et politique dans les deux Indes« in wahre Haßtiraden gegen die Sklavenhändler hineinsteigerte.[11] Im Jahre 1789 wurde auf persönliche Initiative des englischen Abolitionisten Clarkson die »Société des Amis des Noirs« gegründet. Entsprechend dem radikalen gesellschaftskritischen Kurs der französischen Aufklärung zielten die Überlegungen der »Amis des Noirs« nicht so sehr auf individuelle Erneuerung auf dem Gebiete christlicher Nächstenliebe, als vielmehr auf die Ablösung absolutistischer Regierungsform und die Beseitigung feudalwirtschaftlicher Verhältnisse ab. Ein zeitgenössischer englischer Kommentator, Bryan Edwards, erkannte dies deutlich, wenn er schrieb: »Die Gesellschaft der ›Amis des Noirs‹ hatte, indem sie tatkräftig für eine allgemeine und sofortige Abschaffung nicht nur des Sklavenhandels, sondern der Sklaverei überhaupt, eintrat, im geheimen den Sturz des ›Ancien Régime‹ im Auge.«[12]

Den Bestrebungen der »Amis des Noirs« kam die von Toussaint Louverture angeführte Sklavenrevolte auf Saint Domingue im Jahre 1791 zuvor, und die

Rache- und Vandalenakte, die Raynal für den Fall prophezeit hatte, daß die Sklaven sich selbst erheben würden, ließen nicht auf sich warten. In gänzlich verfahrener Situation wählte der Nationalkonvent in Paris die Flucht nach vorn; im Februar 1794 dekretierte Danton die Abschaffung nicht nur des Sklavenhandels, sondern der Sklaverei in allen französischen Kolonien: »Am heutigen Tage rufen wir vor aller Welt die universelle Freiheit aus... Der Konvent hat seine Pflicht getan.«[13] Den Bestimmungen dieses Dekretes wurde in Westindien, wenn nicht die Negersklaven bereits die Macht an sich gerissen hatten, nicht oder nur widerwillig Folge geleistet. Bereits Napoleon Bonaparte sah keinen Grund mehr, für die Sache der Abolitionisten einzutreten; während seines Ägyptenfeldzuges befahl er einem seiner Generäle, Desaix, daß zweitausend Sudanneger für sein Expeditionskorps eingekauft werden sollten, und im Jahre 1802 machte er die Bestimmungen gegen die Sklaverei rückgängig und ließ Toussaint Louverture gefangennehmen.

Es versteht sich, daß die rechtliche Befreiung des Sklaven nicht automatisch dessen soziale und wirtschaftliche Besserstellung nach sich zog: eine derartige Veränderung hätte selbstredend einen entscheidenden Wandel des Herrschaftsverhältnisses und der Strukturen der Plantagenwirtschaft vorausgesetzt. Bereits der »Mansfield-Entscheid« in England hatte gezeigt, daß juristische Maßnahmen allein bei weitem nicht genügten; er hatte zur Folge gehabt, daß zahlreiche Sklaven, die aus ihrem früheren Dienstverhältnis herausgetreten waren, ihren Lebensunterhalt nicht mehr zu verdienen vermochten und sich in den Hafenstädten mit Gelegenheitsarbeiten und Diebstahl eine kümmerliche Existenz sichern mußten. Auch die Bemühungen der Philanthropen zur Gründung von »Committees for the Relief of the Black Poor« vermochten daran auf die Dauer nichts zu ändern.

Ebenso bedeutete die nach 1770 zu beobachtende wachsende Sympathie für den versklavten Afrikaner, die sich zunehmend auch unter den Sklavenhaltern verbreitete, keineswegs eo ipso, daß sich die materielle Situation des Sklaven oder selbst des Freigelassenen objektiv verändert hätte. Aus humanitärer Einsicht geförderte und schließlich verwirklichte Sklavenbefreiung darf mit der Emanzipation des Schwarzen nicht gleichgesetzt werden. Auch wenn man den als besonders wertvoll erscheinenden Sklaven mit Lob überschüttete und in den Familienkreis integrierte, bestand noch keinerlei Gewähr, daß sich das Dienstbarkeitsverhältnis grundsätzlich wandelte. Die Vorstellung vom »edlen Wilden« und das Lippenbekenntnis zum Naturrecht bewahrten, wie neulich von marxistischer Seite gezeigt worden ist, den Neger nicht vor Ausbeutung; beides konnte im Gegenteil dazu dienen, diesen Vorgang zu beschönigen oder zu verschleiern. Indem man den Neger lobte und vor anderen auszeichnete, hinderte man ihn daran, sich seine Situation bewußt zu machen; er gewöhnte sich an, in den Kategorien seiner weißen Meister zu denken, übernahm im Umgang mit seinesgleichen die Kulturarroganz der Vorgesetzten und erlitt so einen kaum mehr rückgängig zu machenden Identitätsverlust.[14]

Die Belletristik des späten achtzehnten und beginnenden neunzehnten Jahrhunderts griff bereitwillig diese Figur des Afrikaners, der sich als Europäer fühlte, im Grunde aber Sklave geblieben war, auf. Es entstand eine neue Variante des Negerbildes, jene, wenn man so will, des »netten Wilden«, den Vertrauenswürdigkeit, Diskretion, Zurückhaltung und Hilfsbereitschaft auszeichneten, alles Eigenschaften, die trotz ihres positiven ethischen Gehalts eben doch typische Eigenschaften des Subalternen sind. In der Phantasie mancher Schriftsteller verwandelte sich die Sklavenplantage, deren Schrecken man eben noch theatralisch beschworen hatte, unter der Hand in den idyllischen Ort eines harmonischen Zusammenlebens der Rassen: »Alle diese guten Leute«, schreibt der Autor eines 1798 erschienenen Romans mit dem Titel »Adonis ou le bon nègre«, »leben inmitten des Friedens, leiden an nichts Mangel und sehen sich vereinigt durch die süßen Bande der Freundschaft, der Offenheit und der Dankbarkeit.«[15] Die apologetische und reaktionäre Tendenz solcher Sehweise, als deren vielleicht raffiniertestes Produkt die noch im Jahre 1901 erschienene Autobiographie Booker T. Washingtons »Up from Slavery« gewertet werden muß, ist offensichtlich: den Autoren geht es nicht mehr um den politischen Kampf gegen eine als ungerecht erkannte Form menschlicher Existenz, sondern darum, die objektive Konfliktsituation zwischen Herr und Knecht im künstlerisch verklärten Sonderfall zu entschärfen.[16] So zeigt sich denn zuletzt, daß die Bedeutung der geistesgeschichtlichen Entwicklung für die Abschaffung von Sklavenhandel und Sklavenwirtschaft nicht nur in ihrem Veränderungseffekt schwer quantifizierbar ist, sondern daß sie auch keineswegs ausschließlich progressive Kräfte freisetzte. Dies ändert indessen nichts daran, daß es diese Entwicklung gab und daß sie zum unablösbaren und mitbestimmenden Bestandteil der eigentlichen Ereignisgeschichte geworden ist.

Nicht anders verhält es sich mit der Kritik am Kolonialismus und dessen Bedeutung für die zu Beginn des neunzehnten Jahrhunderts einsetzenden Bemühungen um Reform der Kolonialherrschaft; allerdings wäre es hier womöglich noch schwieriger, den »Einfluß« geistig-humaner Bemühung auf die sich wandelnde Stellung der Kolonie zum Mutterland exakt nachzuweisen. Im Unterschied zur Kritik am Sklavenhandel, welcher dem Faktum selbst hintennachhinkte, gab es Kolonialismuskritik fast vom selben Augenblick an, da Europäer ihren Fuß auf einen überseeischen Kontinent setzten: wir haben im ersten Teil vom Protest der spanischen Dominikaner, insbesondere von Las Casas, gesprochen. Die französischen Jesuitenmissionare in Kanada nahmen die Argumentation der Dominikaner in oftmals verblüffender Übereinstimmung wieder auf, und auch unter den englischen Kolonisten in Nordamerika regte sich, weit seltener zwar, Kritik in religiösen Kreisen. In Europa, sowohl bei den Reiseberichterstattern und Kompilatoren wie bei den »philosophes« überhaupt, ist bereits vor der Mitte des achtzehnten Jahrhunderts die Bereitschaft, Unzulänglichkeiten und Auswüchsen kolonialer Herrschaftsausübung entgegenzutreten, allgemein: die Tatsache etwa, daß einzelne Schriften des Las Casas in England und Frankreich übersetzt und zustimmend kommentiert werden, ist dafür nicht weniger bezeichnend als die dem Finanzdesaster von John Laws »Compagnie des Indes« folgende Ernüchterung in bezug auf die lukrativen Möglichkeiten eines Engagements in Übersee.

Zum Zeitpunkt des Erscheinens von Rousseaus »Discours sur l'inégalité« besteht unter europäischen Intellektuellen nahezu Einstimmigkeit darüber, daß Kolonisation sich aus dem Bewußtsein militärischer oder kultureller Überlegenheit und mit Hinweisen auf das ökonomische Interesse des Mutterlandes allein nicht mehr zureichend begründen läßt und daß der Europäer, wo immer er in Übersee auftritt, gewisse Verantwortungen zu übernehmen und zu erfüllen hat, um seine Präsenz zu rechtfertigen. Das einschlägige Schrifttum der Aufklärungszeit mißt den Kolonisten nicht mehr an der wagemutigen Pioniertat im Dienst des Glaubens und des Vaterlandes; wichtig wird nun die Frage, inwieweit er dank persönlicher Vorbildlichkeit und der Uneigennützigkeit seines Bestrebens zur sittlichen Erziehung, zur »Zivilisierung« des als perfektibel erkannten Eingeborenen beizutragen imstande ist. Nicht daß solch humaner Einsicht nun das kommerzielle Kalkül allmählich zu weichen hätte; aber man bezieht den geschäftlichen Aspekt verpflichtend in die zivilisatorische Sendung des Europäers ein; der Handel wird, ähnlich wie ehemals die Religion, zum Vehikel für den Fortschritt des Eingeborenen. Daß die europäischen Kommentatoren im Hinblick auf die Art und Weise ihres erzieherischen Bemühens und die »Lernziele« im einzelnen noch sehr verschiedener Meinung sein können, je nachdem, ob es sich um Rousseauisten, Methodisten, Jesuiten, Freihändler oder Physiokraten handelt, versteht sich von selbst. Dennoch wird man von einem weitgehenden, in dieser Deutlichkeit neuartigen Konsensus bezüglich einer grundsätzlichen ethischen Verantwortung des Kolonisten sprechen dürfen. Von einer derartigen geistigen Position aus urteilend, gelang es beispielsweise Voltaire, der die Quäker verehrte und die Jesuiten nicht mochte, über das kolonisatorische Verhalten beider konfessioneller Gruppen recht abgewogen zu urteilen: »Die Quäker in Nord- und die Jesuiten in Südamerika«, heißt es im »Essai sur les moeurs«, »haben der Welt ein neuartiges Schauspiel vorgeführt. Die Quäker haben die Sitten der in der Gegend von Pennsylvanien lebenden Indianer verfeinert, haben diese durch ihr Beispiel unterrichtet, ohne deren Freiheit einzuschränken... Die Jesuiten haben sich in Wahrheit der Religion bedient, um die Völker von Paraguay ihrer Freiheit zu berauben: aber es ist ihnen gelungen, diesen Gesetz und Ordnung beizubringen und sie geschickt und erfinderisch zu machen... Es scheint, als seien die Quäker gerechter, die Jesuiten staatsmännischer verfahren.«[17]

Auf die unaufhebbare Verknüpfung von kolonisatorischer Aktion und humaner Verantwortung ist wohl von niemandem mit leidenschaftlicherem innerem Engagement hingewiesen worden als von jenem Abbé Raynal, der uns bereits als Abolitionist begegnet ist. Am besten wäre es gewesen, schreibt Raynal, wenn Amerika nie entdeckt worden wäre; nun aber, da dieses katastrophale Ereignis einmal eingetreten sei, da Tausende von innerlich entwurzelten, den Versuchungen plötzlichen persönlichen Machtzuwachses widerstandslos preisgegebenen Elementen nach Übersee strömten, müsse unbedingt eine verbindliche und glaubwürdige ethische Basis gefunden werden, wenn sich das Wirken der Kolonisten nicht zuletzt gegen diese selbst richten sollte. Die ungeheuerliche Schuld, die der Europäer bereits auf sich geladen habe, sei nur durch eine gänzliche Erneuerung seiner inneren Haltung wiedergutzumachen und die Landnahme nur durch wohltätige Werke und Fruchtbarmachung dieses Territoriums zu rechtfertigen.[18] Sehr ähnlich äußerte sich in Frankreich der Physiokrat Turgot, der die Verpflichtung des Kolonisten vor allem in dessen christlicher Überzeugung begründet sah: das Christentum war für ihn das einzig Dauernde im Auf und Ab geschichtlicher Begebenheiten und das entscheidende Stimulans für den allmählichen Fortschritt archaischer Kulturen. Durch eine aus christlichem Geist erfolgende Zivilisierung der überseeischen Völker, die keineswegs von den Missionaren allein, sondern von jedem verantwortungsvollen Kolonisten angestrebt werden sollte, müßte schließlich, so hoffte Turgot, die völlige Emanzipation der Kolonie herbeigeführt werden. »Die Kolonien«, schrieb der Franzose ahnungsvoll, »sind wie Früchte, die vom Baum fallen, sobald sie reif geworden sind. Sobald sie sich selber zu genügen vermögen, wird eintreten, was einst im Falle Karthagos geschah, und was in Amerika geschehen wird.«[19]

Es war dieser von Turgot prophezeite Abfall der nordamerikanischen Besitzungen, der die europäische Kolonialismuskritik, vor allem in England, um einen zusätzlichen Aspekt bereicherte. Mit Nachdruck muß allerdings festgehalten werden, daß in der Argumentation für eine liberalere Gestaltung der englisch-amerikanischen Beziehungen, wie sie Josiah Tucker, Adam Smith und Edmund Burke bestritten, ökonomische Fragen den Hauptgegenstand ausmachten.[20] Das wichtige Problem einer Neuregelung der Beziehung zu den nordamerikanischen Urbewohnern wurde nicht berührt: selbst in der sehr eingehenden Parlamentsrede Burkes vom März 1775 zur amerikanischen Frage ist nur einmal, und fast beiläufig, von der Sklavenfrage die Rede.[21]

Bedeutsam für eine auf dem Geist der Verantwortlichkeit basierende Neuordnung der Beziehung zu überseeischen Völkern wurde der Abfall Nordamerikas vor allem durch seine Auswirkung auf die Schaffung eines »Second Empire« in Indien. Hier nun ging es nach 1780 darum, die wirtschaftspolitischen, administrativen und juristischen Fehlentscheidungen, die man im Falle Amerikas getroffen hatte, tunlichst nicht mehr zu wiederholen; und hier, in Indien, wo sich der englische Einfluß auf eine Bevölkerung von gegen 200 Millionen Asiaten erstreckte, ließ sich das Problem der Kulturbegegnung nicht mehr durch Verdrängung und Liquidation verhältnismäßig kleiner ethnischer Gruppen lösen. Die Erweiterung der Machtposition Großbritanniens in Indien hatte sich im Laufe des achtzehnten Jahrhunderts in kaum organisierter Weise vollzogen, »in einem Augenblick der Gedankenlosigkeit«, wie Winston Churchill etwas pointiert geschrieben hat.[22] Der sich rapide beschleunigende Rhythmus der Industrialisierung im Mutterland, die zwischen 1750 und 1770 bei den Exportindustrien eine Produktionssteigerung von achtzig Prozent bewirkte und eine Ausweitung der kolonialen Absatzmärkte forderte; der nach 1707 einsetzende Zerfall des islamischen Mogulreiches, der in Indien ein machtpolitisches Vakuum entstehen ließ; die weltweite Schwächung der französischen Kolonialmacht im Siebenjährigen Krieg – dies waren die hauptsächlichsten Voraussetzungen für die schließlich völlig unbestrittene Dominanz der »Englisch-Ostindischen Kompanie« in diesem Teil der Erde.

Von allem Anfang an war deutlich, daß Indien nicht zu einer englischen Siedlungskolonie werden würde; schon allein die demographischen Gegebenheiten verhinderten eine Nachahmung des nordamerikanischen Modells und ließen die Schaffung eines Handelsimperiums, das sich nach niederländischem Muster auf ein Netz von Stützpunkten, Faktoreien und Versorgungsstationen stützte, als angemessener erscheinen. Nach 1760 zeigte es sich, daß die Beamten der »Englisch-Ostindischen Kompanie« in Bengalen nicht mehr in der Lage waren, eine halbwegs gerechte Verwaltung des mächtigen Territoriums sicherzustellen: viele von ihnen ermangelten einer entsprechenden Ausbildung und neigten zu Korruption und Konquistadorengebaren; die Direktoren und Aktionäre der Kompanie in London aber waren allein an der Erhöhung der Einkünfte interessiert. Es kam zu Unruhen in der indischen Bevölkerung und selbst unter den englischen Kolonialtruppen. Die ins Mutterland zurückgekehrten Angestellten der Kompanie, die sogenannten »Nabobs«, bestärkten durch ihr arrogantes Benehmen und ihren ausschweifenden und luxuriösen Lebenswandel die Öffentlichkeit im Verdacht, in Indien würden die Interessen der Nation auf eine moralisch sehr anfechtbare Weise vertreten. »In allen Kreisen von Einfluß und Macht«, schreibt der Historiker Parry, »herrschte einhellige Entrüstung über den vermeintlichen Schaden, den die Kompanie dem Ruf Englands und dem Gewissen der Nation durch wucherische und tyrannische Herrschaft in Indien zugefügt hatte.«[23] Unter dem Druck der moralischen Entrüstung einer Bevölkerung, die durch die Kampagne der Abolitionisten und die Diskussion des Verhältnisses zu Nordamerika sensibilisiert worden war, entschloß sich die Regierung zur Übernahme von Kontrollfunktionen gegenüber der »Englisch-Ostindischen Kompanie«: in der »Regulating Act« von 1773 und in der »India Act« von 1784 wurden eine Informationspflicht der Kompanie gegenüber der Regierung festgelegt, die Einrichtung eines Obersten Gerichtshofes und eines Generalgouvernats in Kalkutta beschlossen und das Direktorium einer staatlichen Aufsichtskommission unterstellt – alles zwar auch auf Profitmaximierung bedachte Maßnahmen, die aber, wie die Zukunft zeigen sollte, zugleich geeignet waren, die Grundlage für eine gerechtere Verwaltung zu schaffen.

Wie sehr man sich inzwischen in England mit dem Gedanken befreundet hatte, wirtschaftspolitische Macht und zivilisatorische Verantwortung seien voneinander nicht zu trennen, zeigte nichts deutlicher als jene parlamentarische Untersuchung, welche nach 1788 gegen den ersten Generalgouverneur in Indien, Warren Hastings, eingeleitet wurde, um die Korrektheit seiner Amtsführung zu überprüfen. Man weiß heute, daß die meisten Zweifel an der persönlichen Integrität und administrativen Leistung dieser hervorragenden Persönlichkeit unbegründet waren: Hastings verkörperte sogar ausgesprochen den damals seltenen Typ des an indischer Bevölkerung und Kultur aufrichtig interessierten Kolonialengländers, und sein Regierungsstil räumte einer weitgehenden Selbstverwaltung großen Spielraum ein. Doch die zum Teil sehr aufgebauschten Informationen über Mißwirtschaft und Korruption in Indien und das in der Tat sehr arrogante Auftreten Hastings' genügten den »Whigs« zur Begründung ihrer massiven Anklagen, die allerdings zuletzt widerlegt werden konnten. Wieder war es Edmund Burke, der, nachdem er sich eingehend in Fragen der indischen Kolonialverwaltung eingearbeitet hatte, in die Debatte eingriff. Der Historiker Macaulay hat in seinem berühmten Essay über Hastings das humane Engagement Burkes zugunsten der Inder mit dem Eintreten des Las Casas für die Indianer verglichen – was die Leidenschaftlichkeit der Stellungnahme und die scharfe Polemik der Anklage betrifft, zweifellos zu Recht. Im Unterschied zum spanischen Kolonialkritiker aber konnte Burke seine Argumentation auf die Naturrechtslehre John Lockes und den seit dem siebzehnten Jahrhundert belegten Begriff der Treuhänderschaft der englischen Krone stützen. Dieser Idee der »Trusteeship« zufolge waren die Exekutive, der König also, ebenso wie die Legislative, das Parlament, in ihren Entscheidungen dem Volk gegenüber verantwortlich, das heißt, diese Entscheidungen erhielten ihre Rechtfertigung allein insofern, als sie geeignet waren, zum Wohl der Allgemeinheit beizutragen. Obwohl Edmund Burke zu sehr persönlicher Antipathie und emotionaler Rhetorik nachgab, bleibt es sein Verdienst, daß er als erster diese Idee der »Trusteeship« auf die »Englisch-Ostindische Kompanie« als Instrument von Parlament und Krone, sowie auf deren Verhältnis zur indischen Bevölkerung übertrug: Indien habe das Recht, rief Burke aus, nach denselben unverletzlichen Prinzipien von Gleichheit und Menschlichkeit regiert zu werden wie England selbst, und die Ehre der englischen Nation könne nicht dulden, daß diesem Grundsatz zuwidergehandelt würde.[24]

Es kann sich hier für uns nicht darum handeln, die Evolution der Kolonialdoktrinen in England oder Frankreich im Verlauf des neunzehnten Jahrhunderts zu verfolgen. Bekanntlich verlief diese Entwicklung auf verschiedenen Wegen: in Frankreich tendierte man im Gefolge der Großen Revolution zur wirtschaftlichen und kulturellen Assimilation und weitgehend direkten, zentralistischen Verwaltung der Überseegebiete; in England dagegen neigte man zur Betonung des föderalistischen Prinzips der »indirect rule«. In der praktischen Anwendung dieser Theorien ergaben sich natürlich, der jeweiligen geographischen Situation und wirtschaftspolitischen Bedeutung des betroffenen Territoriums entsprechend, beträchtliche Abweichungen; auch wird man sich nicht vorstellen dürfen, die Auseinandersetzung um die Ausgestaltung des europäisch-überseeischen Verhältnisses sei auch weiterhin so lebhaft geführt worden wie gerade gegen Ende des achtzehnten Jahrhunderts. Die Geistesgeschichte der ersten Hälfte des neunzehnten Jahrhunderts verzeichnet im Gegenteil einen deutlichen Abfall des Interesses an derartigen Fragestellungen: man fand sich nun vordringlich mit Aufgaben zu Hause konfrontiert, und die Diskussion über liberale Regierungsform, soziale Probleme und nationale Einheit in Europa war den Intellektuellen wichtiger geworden.

Im imperialistischen Zeitalter belebte sich zwar die Kolonialismusdebatte, vor allem in ihren ökonomischen, administrativen und technischen Aspekten, neu; zugleich aber hatte sich das naturrechtlich-kosmopolitische Element eines aufgeklärten Humanismus, wie er um 1770 die Auseinandersetzung mitbestimmt hatte, offensichtlich zurückgebildet: »Pazifizierungsaktionen« wie die Errichtung eines französischen Protektorats in Tunesien (1881) und die Niederwerfung des Mahdi-Aufstandes durch die Engländer im Sudan (1898) wären hundert Jahre zuvor von der Öffentlichkeit der betreffenden Länder kaum geduldet, geschweige denn gefeiert worden. Die aufgeklärte Idee von der zivilisatorischen Verpflichtung des Kolonisten war zwar keineswegs in Vergessenheit geraten; aber wenn sie nicht als bloß rhetorischer Vorwand diente, so neigten die Theoretiker des Imperialismus doch dazu, die »Führerrolle« des Europäers in sehr kulturchauvinistischem Licht zu sehen.[25] Man müsse den Überseebewohner, lautete eine beliebte Argumentation, im höheren Wissen um sein Bestes zu zivilisieren suchen, auch wenn dieser sich dagegen zur Wehr setze – und diese Überlegung steht als profane Variante der christlich-iberischen Kolonialdoktrin dem Kolonialismusverständnis des sechzehnten Jahrhunderts näher als dem Denken der Aufklärung.

Wenn es den Abolitionisten immerhin gelang, ihre humanitären Ziele in einem Teilbereich der europäisch-überseeischen Beziehungen allmählich zu verwirklichen, so führte die Kolonialismuskritik des achtzehnten Jahrhunderts den Europäer nicht zum freiwilligen Verzicht auf usurpierte Rechte in Übersee und damit zu einem klärenden Akt der Selbstreinigung. Dies lag gewiß auch daran, daß sich durch zunehmende Besiedlung die Verhältnisse jenseits der Meere komplizierten. Zugleich aber steht außer Frage, daß dieser Kolonialismuskritik der Mut zur Konsequenz ständig fehlte, daß sie nie wirklich »antikolonialistisch« war. Selbst so leidenschaftlich-radikalen Kritikern wie Raynal und Burke ging es zwar um die Bekämpfung des kolonialen Machtmißbrauchs, nicht aber um die Beseitigung der kolonialen Machtstellung überhaupt, und jene resignierte Einsicht vereinzelter Reisender, wie sie in Georg Forsters etwas hilflosem Ausruf »Wären wir doch nie hergekommen!« zum Ausdruck kommt, half allein auch nicht weiter. So blieb es in der zweiten Hälfte dieses Jahrhunderts den Überseebewohnern überlassen, sich selbst jene Rechte zu erkämpfen, welche ihnen die europäischen Aufklärer theoretisch zwar bereits zuerkannt hatten, die ihnen in der Praxis aber, unter welchen Vorwänden, Ausflüchten und hinhaltenden Versprechungen auch immer, verweigert oder nur sehr zögernd und partiell eingeräumt wurden.

Auch im Bereich der wissenschaftlichen Beschäftigung mit den überseeischen Völkern läßt sich nicht von einem kontinuierlichen Fortschritt in dem Sinne sprechen, daß nach 1800 die während dreier Jahrhunderte geschaffene Grundlage des Wissens laufend erweitert, die Forschungsmethoden verfeinert, die philosophisch-anthropologischen Erörterungen vertieft worden wären. Die nach den napoleonischen Kriegen einsetzende Rückbesinnung Europas auf sich selbst führte hier ebenfalls zu einer Zäsur. Was die Aufklärung auf dem Gebiet der Geographie, der Naturwissenschaften und der Völkerkunde verwirklicht oder in vielversprechenden Ansätzen angebahnt hatte: die Verbesserung der quellenkritischen Methode; die Befreiung von heilsgeschichtlich-christozentrischer Befangenheit; größere Einsicht in die Relativität und Dynamik geschichtlicher Vorgänge ohne Aufgabe des universalen Wissensanspruchs; die Verbindung von historischer und zeitkritischer Überlegung; eine humane Ironie, die in Frage zu stellen wagte, ohne zu verurteilen; eine spontaner Neugierde entspringende, nationale wie soziale Schranken vielfach überwindende Belebung der Forschungstätigkeit – dies alles war vollständig und intakt nicht ins neunzehnte Jahrhundert hinüberzuretten.

Einige hervorragende Gelehrte wie Alexander von Humboldt und Carl Ritter haben freilich, das Erbe der Aufklärung weiterführend, in monumentalen »Naturgemälden« die Einheit im Ganzen eines globalen Organismus beschreibend festzuhalten versucht, und ihre Wirkung ist keineswegs so abgetan, wie es scheinen möchte: ein Pionierwerk der modernen französischen Geschichtsschreibung, Lucien Febvres »La terre et l'évolution humaine« stützt sich deutlich auf diese Tradition. Aber schon in der Epoche der Romantik stellte sich, von unserem Themenkreis aus gesehen, eine Verengung des Wissenshorizontes ein, und auch wenn durch die Besinnung auf eigenes Volkstum etwa in der Mythen- und Märchenforschung, in der Linguistik und Völkerpsychologie Wichtiges geleistet wurde, das später wieder befruchtend auf das Studium außereuropäischer Kulturen zurückwirken sollte, war eine Spezialisierung und Zersplitterung nicht aufzuhalten.

Es ist uns hier, ebenso wie im geschichtlichen Abschnitt, versagt, die weitere Entwicklung bis zur Gegenwart nachzuzeichnen.[26] Aber evident ist doch wohl, daß die an sich hochbedeutenden volkskundlichen Leistungen der Romantik sowie Charles Darwins Evolutions- und Selektionstheorien, die endlich über bloßes Klassifizieren hinausführten, nicht mehr in jenem Geist toleranter Universalität rezipiert wurden, wie er für das achtzehnte Jahrhundert weitgehend bezeichnend gewesen war. In biologischem und ethischem Sinne wertende Rassentheorien, ja eine daraus resultierende Diffamierungs- und Liquidationspolitik wären im Aufklärungszeitalter undenkbar gewesen. Anderseits haben die großen Binnenreisen in Afrika, Asien und Australien während der zweiten Hälfte des neunzehnten Jahrhunderts die »Summe des Wissens« mächtig erweitert und die Kenntnis überseeischer Kulturen in einer Weise vertieft, wie man sich das im achtzehnten Jahrhundert nicht vorzustellen vermochte. Das Beispiel Afrikas ist in dieser Hinsicht besonders eindrücklich. Heinrich Barth, Livingstone, Burton, de Brazza, Foucauld, Nachtigal – um bloß einige Afrikareisende zu nennen, waren Forscherpersönlichkeiten, die, bei einer oft das Pathologische streifenden Eigenwilligkeit, über eine fast unglaubliche Energie und ein hohes wissenschaftliches Vermögen verfügten. Wenn, sehr vereinfachend resümiert, der Forscher des sechzehnten und siebzehnten Jahrhunderts oft noch dem Konquistadorenverhalten verhaftet blieb und der Forscher der Aufklärungszeit gelegentlich nicht von einer gewissen intelligenten Nonchalance des »Bildungsreisenden« loskam, so zeichneten sich die Binnenreisenden des späten neunzehnten Jahrhunderts durch eine Beharrlichkeit im Aufspüren gesellschaftlicher und kultureller Zusammenhänge im Leben fremder Völker aus, die bereits der einst von Winterbottom propagierten Methode moderner Feldforschung entsprach.[27] Die Leistungen dieser Männer wurden nicht nur in den zahlreichen neugegründeten wissenschaftlichen Gesellschaften und deren Fachorganen (zum Beispiel: Société éthnologique de Paris, 1839; American Ethnological Society, 1842; Ethnological Society of London,

1843; Berliner Gesellschaft für Anthropologie, Ethnologie und Urgeschichte, 1869) verarbeitet; sie gewannen auch vielfach – ein neues Faktum in der Geistesgeschichte der europäisch-überseeischen Beziehungen – durch die Tagespresse ein weites Echo.

Gewiß ist die Mehrzahl dieser bedeutenden Leistungen nicht vom Expansionsdrang des imperialistischen Zeitalters zu trennen, und manche Forscher waren bis in unser Jahrhundert zugleich Kolonialadministratoren mit sehr bestimmten wirtschaftspolitischen Aufträgen und Intentionen. Und gewiß vermochten auch hier die Ergebnisse eines von humaner Verantwortung getragenen wissenschaftlichen Bemühens die Ereignisgeschichte nur wenig zu beeinflussen – sonst hätte sich die »Aufteilung Afrikas« in den drei Jahrzehnten vor dem Ersten Weltkrieg nie mit derartiger Gleichgültigkeit über die ethnischen und geographischen Tatbestände dieses Kontinents hinwegsetzen können. Unbestreitbar aber ist, daß gerade der wissenschaftlichen Arbeit des imperialistischen Zeitalters dadurch ein besonderes Gewicht zukommt, daß es ihr weitgehend gelang, durch exakte Beschreibung, Strukturanalysen und die Fixierung oraler Überlieferung die Lebensform ethnischer Gruppen noch unmittelbar vor dem technisch-industriellen Kulturzusammenstoß der neuesten Zeit festzuhalten und vielerorts auch den Überseebewohner selbst an der wissenschaftlichen Ergründung seiner Geschichte und Existenz zu interessieren.

Die Zeiten einer Reflexion des europäisch-überseeischen Verhältnisses, wie sie dieses Buch darzustellen suchte, sind vorbei. Doch manche von den Fragen, die man damals aufwarf, stellen sich uns noch heute – auch wenn die Antworten schwieriger, die Probleme bedrängender geworden sind. Niemand spricht mehr leichthin von »Wilden« und »Zivilisierten«, von Unterentwickelten und Entwickelten; in derart simple Kategorien läßt sich eine in ihrer Widersprüchlichkeit und Vielschichtigkeit erfahrene Welt nicht pressen. Die Spannungen kultureller Begegnung sind erhalten geblieben, werden erhalten bleiben müssen, wenn nicht eintreten soll, was der letzte Verfasser einer großen »Kolonialutopie«, Aldous Huxley, in »The Brave New World« beklemmend prognostiziert hat: das Reservatdasein der letzten Menschen, welche diesen Namen noch verdienen. Doch gerade die Tendenzen einer weltweiten Nivellierung, wie sie im Gefolge der verbesserten technischen und intellektuellen Kommunikation und des normierenden Einflusses der Industrialisierung sichtbar geworden sind, scheinen den Anspruch unserer überseeischen Partner auf ihre »identité culturelle« nicht erschüttert, sondern im Gegenteil neu legitimiert zu haben. Und so stellt sich dem in weltpolitischer Hinsicht weitgehend entmachteten Europäer unverändert die alte Aufgabe: das Andersartige als solches achten zu lernen und sich ihm gleichzeitig vor dem Hintergrund einer elementaren menschlichen Gleichartigkeit verwandt zu wissen.

Anmerkungen

Erster Teil

I. Welterfahrung und Weltkenntnis

1. Chaunu, P., Conquête et exploitation des nouveaux mondes (Paris, 1969), S. 177.
2. Das Problem des Südkontinents behandeln aus zeitgenössischer Sicht: De Brosses, Ch., Histoire des navigations aux Terres Australes (Paris, 1747); ebenso Dalrymple, A., An Account of the Discoveries Made in the South Pacific Previous to 1764 (London, 1769).
3. Vgl. Parry, J. H., Trade and Dominion (London, 1971), S. 220 ff. Der neuseeländische Historiker Beaglehole, J.C., gibt im Vorwort zu The Journals of Captain Cook on his Voyages of Discovery (Cambridge, 1955) eine nützliche Zusammenfassung.
4. Zur technologischen Entwicklung in Navigationstechnik und Schiffbau vgl. Taylor, E.G.R., The Haven Finding Art (London, 1956); Cipolla, C.M., Guns, Sails and Empires. Technological Innovation and the Early Phases of European Expansion 1400–1700 (New York, 1965).
5. Cartier, J., Navigations to Newe Fraunce; in: March of America Facsimile Series, Bd. X (Ann Arbor, 1966), S. 32.
6. Zur Geschichte der Schiffsmedizin vgl. Lloyd, C. and Coulter, J.S.L.,Medecine and the Navy 1200–1900, Bd. III (Edinburgh and London, 1961).
7. Zit. n. Boxer, C.R., The Dutch Seaborne Empire 1600–1800 (London, 1965), S. 73 f.
8. Vgl. Newton, J., The Journal of a Slave Trader 1750–1754 (London, 1962).
9. Forster, G., Werke in vier Bänden, Bd. I (Frankfurt, 1967), S. 462 f.
10. Vgl. Peillard, L., Premier voyage autour du monde (Paris, 1964).
11. Vgl. Prestage, E., The Chronicle of the Discovery and Conquest of Guinea (London, 1896).
12. Das Thema des phantastischen Reiseberichts, auf das wir ausführlich zurückkommen werden, wird behandelt von Adams, P.G., Travelers and Travel Liars 1660–1800 (Berkeley, 1962).
13. Vgl. L'Honoré Naber, S.P., Reisebeschreibungen von deutschen Beamten und Kriegsleuten im Dienst der niederländischen West- und Ostindischen Kompanien 1602–1797 (Den Haag, 1930).
14. Mahn-Lot, M., Controverses autour de Bartolomé de las Casas; in: Annales (1966), S. 875 ff.
15. Vgl. den Überblick über die Entwicklung der Berichterstattung von Penrose, B., Travel and Discovery in the Renaissance 1420–1620 (Harvard Univ. Press, 1952).
16. Zit. n. Cassirer, E., Lessings Denkstil; in: Wege der Forschung (Darmstadt, 1968), S. 54 ff.
17. Vgl. Las Casas, B., The Spanish Colonie; in: March of America Facsimile Series, Bd. VIII (Ann Arbor, 1966).

18. Zit. n. Konetzke, R., Entdecker und Eroberer Amerikas (Frankfurt, 1963), S. 59.
19. Hérubel, M., Bougainville. Voyage autour du monde (Paris, 1966), S. 24.
20. Beaglehole, J.C., The Journals of Captain Cook on his Voyages of Discovery, Bd. I (Cambridge, 1955), S. CCLXXXII.
21. Ibidem, S. CCLXXX.
22. Forster, G., Werke in vier Bänden, Bd. II (Frankfurt, 1969), S. 123.
23. Vgl. im zweiten Teil dieses Buches das Kapitel »Die Summe des Wissens«.
24. Riverain, J., Dictionnaire des explorations (Paris, 1966), S. 253.
25. Hérubel, M., Bougainville. Voyage autour du monde, S. 180. Über den neuen Stil der Entdeckungsreisen vgl. auch: Plischke, H., Kulturgeschichtl. Studien über die Grundlagen der Entdeckungserfolge der Seereisen am Ende des 18. Jhs.; in: Petermanns Geogr. Mitteilungen (1938).
26. Die wesentlichsten Verdienste Cooks hielt bereits der Zeitgenosse Forster in seinem Aufsatz »Cook, der Entdecker« fest. Vgl. Forster, G., Werke, Bd. II (Frankfurt, 1969), S. 105 ff. Zum Stand der modernen Besiedlungstheorien vgl. Nevermann, H., Die Besiedlungsgeschichte Polynesiens; in: Saeculum (1965), S. 42 ff.
27. Vgl. Gessain, R., Anthropologie et démographie; in: Population (1948), S. 485 ff.
28. Beaglehole, J.C., The Journals of Captain Cook on his Voyages of Discovery, Bd. I, S. 134.
29. La Pérouse, J.-F., Voyage autour du monde (Paris, 1798), Bd. II.
30. Vgl. die Auszüge aus den Tagebüchern von Commerson und Véron bei Hérubel, M., Bougainville. Voyage autour du monde.
31. Zit. n. Cameron, H.C., Sir Joseph Banks (London, 1966), S. 15.
32. Chaunu, P., Conquête et exploitation, S. 220 ff.
33. Zu den portugiesischen Entdeckungsreisen nach Afrika vgl. besonders Hamann, G., Der Eintritt der südlichen Hemisphäre in die europäische Geschichte (Wien, 1966). Zur port. Kolonisation vgl. Prestage, E., The Portuguese Pioneers (London, 1933), Hart, H. H., Sea Road to the Indies (New York, 1950).
34. Zit. n. Rein, A., Die europäische Ausbreitung über die Erde (Potsdam, 1931), S. 122.
35. Mahn-Lot, M., Controverses autour de Bartolomé de las Casas, S. 875 ff.
36. Sahagún, B. de, Florentine Codex. General History of the Things of New Spain (Salt Lake City, 1950–1963), 10 Bde.
37. Zur Bewertung des Experiments bei den genannten Autoren vgl. Hérubel, M., Bougainville. Voyage autour du monde, S. 101 F.; Montesquieu, Esprit des lois (Paris, 1951), S. 268; Tulard, J., L'Amérique espagnole en 1800 vue par un savant allemand: Humboldt (Paris, 1965), S. 83 f. Ferner: Konetzke, R., Zur Geschichte der Jesuitenreduktionen in Paraguay; in: Vierteljahresschr. f. Sozial- und Wirtschaftsgesch. (1960).
38. Malouet, P.-V., Voyage de Surinam (Paris, 1777), zit. n. Duchet, M., Anthropologie et histoire au siècle des lumières (Paris, 1971), S. 46.
39. Morison, S.E., The European Discovery of America. The Northern Voyages 500–1600 (New York, 1971).
40. Vgl. Bakeless, J., The Eyes of Discovery (New York, 1950), S. 299 ff.
41. Friederici, G., Der Charakter der Entdeckung und Eroberung Amerikas durch die Europäer (Stuttgart, 1936), Bd. II, S. 327.
42. Vgl. Duchet, M., Anthropologie et histoire au siècle des lumières, S. 39.
43. Die Relationen der französischen Missionare liegen gesammelt vor in Thwaites, R.G., The Jesuit Relations (Cleveland, 1896–1901), 73 Bde.
44. Zit. n. Le Gentil, G., La découverte du monde (Paris, 1954), S. 126.

I. Welterfahrung und Weltkenntnis

45. Vgl. Cartier, R., Europa erobert Amerika (München, 1962), S. 148 ff.
46. Vgl. Meek, C.K., The Niger and the Classics; in: Journal of African History (1960). Ebenso: Beck, H., Geographie (Freiburg, 1973), S. 19 ff. und Müller, K.E., Geschichte der antiken Ethnographie und ethnologischen Theoriebildung (Wiesbaden, 1972), S. 101 ff.
47. Semler, J.S., Erleuterung der egyptischen Altertümer (Breslau und Leipzig, 1748), S. 106 f.
48. Lhote, H., A la découverte du Tassili (Paris, 1958). Zu mutmaßlichen Afrika-Umschiffungen im Altertum vgl. Seel, O., Antike Entdeckerfahrten (Zürich, 1961).
49. Zum Afrikabild des Plinius und anderer antiker Autoren auch Hallett, R., The Penetration of Africa (New York, 1965), S. 44 ff.
50. Vgl. Tooley, R.V. and Bricker, Ch., Landmarks of Mapmaking (Amsterdam, 1968), S. 21.
51. Rennell, J., The Geographical System of Herodotus, Examined and Explained (London, 1800). Zur außerordentlichen Wirkung Ptolemäus' vgl. Stahl, W.H., Ptolemy's Geography. A Select Bibliography (New York, 1953), S. 5 ff.
52. Moore, F., Travels into the Inland Parts of Africa (London, 1738); vgl. Temporal, J., Description de l'Afrique, tierce partie du monde (Paris, 1898).
53. Zur afrikanischen Vorgeschichte vgl. Alimen, H., Préhistoire de l'Afrique (Paris, 1955) und Oliver, R. and Fage, J.D., A Short History of Africa (London, 1966), S. 13–112.
54. Vgl. Tooley, R.V. and Bricker, Ch., Landmarks, S. 9 f.
55. Vgl. Balandier, G., La vie quotidienne au Royaume de Congo (Paris, 1965).
56. Über Adanson, Golbéry, Demanet, Jobson und andere Pioniere der afrikanischen Inlanderforschung orientiert Bitterli, U., Die Entdeckung des schwarzen Afrikaners (Zürich, 1970).
57. Thunberg, C.P., Travels in Europe, Africa and Asia (London, 1795); Sparrmann, A., Voyage au Cap de Bonne-Espérance (Paris, 1786); ferner die bedeutende frühe Darstellung von Kolb, P., Vollständige Beschreibung des afrikanischen Vorgebirges der Guten Hoffnung (Nürnberg, 1719).
58. Vgl. Moorehead, A., The Blue Nile (London, 1964), S. 22 f.
59. Hallett, R., Records of the African Association 1788–1831 (London, 1964), S. 45. Vgl. auch Plumb, J.H., Men and Places. Essais on African Exploration (London, 1966), S. 190 ff.
60. Park, M., Travels in the Interior Districts of Africa (London, 1799).
61. Zu den kolonialen Aspekten der Kreuzzüge vgl. etwa Runciman, S., Geschichte der Kreuzzüge, Bd. III (München, 1960), S. 359 ff. Ebenso: Beck, M., Kolonialismus als Agens der mittelalterlichen Geschichte; in : Europa und der Kolonialismus (Zürich, 1962).
62. Zu den Handelsbeziehungen vgl. Atiya, A.S., Crusade, Commerce and Culture (Bloomington, 1962).
63. Zur Diskussion des Kultur- und Zivilisationsbegriffs, auf die wir nicht eintreten können, gibt es eine verwirrend reiche Literatur, sowohl von anthropologischer wie geschichtsphilosophischer Denkposition aus. In deutscher Sprache liegen zu dieser Auseinandersetzung beispielsweise vor: Gehlen, A., Der Mensch, seine Natur und seine Stellung in der Welt (Frankfurt, 1966); Plessner, H., Conditio Humana; in: Propyläenweltgesch. (Berlin, 1961); Gadamer, H.G., ed., Kulturanthropologie (Stuttgart, 1973), mehrere Bde.
64. Vgl. Hunke, S., Allahs Sonne über dem Abendland (Frankfurt, 1960).

65. Die Reaktion der Europäer wird auch in arabischen Quellen sichtbar. Vgl. neuerdings: Gabrieli, F., Die Kreuzzüge in arabischer Sicht (Zürich, 1973).
66. Publiziert in: Bergeron, P., Voyages faits principalement en Asie dans les XIIe, XIIIe, XIVe et XVe siècles (Den Haag, 1735). Vgl. Euler, H., Die Begegnung Europas mit den Mongolen im Spiegel abendländischer Reiseberichte; in: Saeculum (1970).
67. Rockhill, Rubruk's Itinerarium, Hakluyt Society (London, 1900), Bd. IV, S. 165 f. Vgl. Dawson, H.C., The Mongol Mission (London, 1955). Ferner: Herbst, H., Der Bericht des Franziskaners Rubruk über seine Reise ins Innere Asiens (Leipzig, 1925) und Risch, F., Johann de Plano Carpinis Geschichte der Mongolen; in: Veröffentl. d. Forschungsinst. f. vergl. Religionsgesch. (Leipzig, 1930).
68. Vgl. Franke, H., Westöstliche Beziehungen im Zeitalter der Mongolenherrschaft; in: Saeculum (1968), S. 91 f.
69. Zit. n. Rübesamen, H.E., Die Reisen des Venezianers Marco Polo (München, 1963), S. 20 f. Vgl. Yule, H., The Book of Sir Marco Polo, 2 Bde. (London, 1875).
70. Vgl. Crone, G.R., The Discovery of America (London, 1969), S. 55 ff.
71. Zu den europäisch-ostasiatischen Beziehungen vgl. Franke, H., Europa in der ostasiatischen Geschichtsschreibung des 13. und 14. Jahrhunderts; in: Saeculum (1951).
72. Stemmler, T., John Mandeville; in: Neue Zürcher Zeitung, 15. 3. 1970.
73. Vgl. Baudet, H., Paradise on Earth (New Haven and London, 1965), S. 17.
74. Vgl. Tooley, R.V. and Bricker, Ch., Landmarks of Mapmaking, S. 17.
75. Mandeville, J., Die Reisen eines Ritters durch das gelobte Land (Stuttgart, 1966), S. 194.
76. Ibidem, S. 142 f.
77. Franke, W., China und das Abendland (Göttingen, 1962), S. 26 ff.
78. Vgl. Völkl, E., Das russische Pazifik-Imperium. Aufbauversuche und Rückzug; in: Saeculum (1965). Die russisch-chinesischen Beziehungen sind für das 17. Jahrhundert neuerdings auch näher untersucht worden: Chen, V., Sino-Russian Relations in the Seventeenth Century (Den Haag, 1966). Vgl. auch Nolde, B., La formation de l'Empire russe (Paris, 1952).
79. Charliat, P.-J., Histoire universelle des explorations, Bd. III (Paris, 1955), S. 123.
80. Etiemble, Les Jésuites en Chine 1552–1773 (Paris, 1966), S. 80 ff.
81. Vgl. Bernard-Maître, H., Le Père Mathieu Ricci et la société chinoise de son temps, 2 Bde. (Tien-Tsin, 1937).
82. Olearius, A., Oft begehrte Beschreibung der neuen orientalischen Reise (Schleswig, 1647).
83. Gundolf, F., Anfänge deutscher Geschichtsschreibung (Amsterdam, 1938), S. 109 f.
84. Hazard, P., La crise de la conscience européenne 1680–1715 (Paris, 1961), S. 17.
85. Chardin, J., Journal d'un voyage du chevalier Chardin en Perse et aux Indes orientales (Londres, 1686), Vorwort.
86. Vgl. Hennig, R., Indienfahrten abendländischer Christen im frühen Mittelalter; in: Archiv für Kulturgeschichte (1935).
87. L'Honoré Naber, S.P., Reisebeschreibungen von deutschen Beamten und Kriegsleuten im Dienst der Niederländischen West- und Ostindischen Kompanien 1602–1797, Bd. VII.
88. Du Halde, P., Description géographique, historique, chronologique, politique et physique de la Chine et de la Tartarie, 4 Bde. (Paris, 1735). Über die Bedeutung dieses Werkes vgl. Boxer, C.R., Einige Aspekte der westlichen Geschichtsschreibung über den Fernen Osten 1500–1800; in: Saeculum (1957).

I. Welterfahrung und Weltkenntnis 445

89. Vgl. Van Kley, E. J., Europe's »Discovery« of China and the Writing of World History; in: American Historical Review (1971), S. 358 ff. Eine interessante Darstellung der Entwicklung der geistesgeschichtlichen Beziehungen zwischen Europa und China gibt Dawson, R., The Chinese Chameleon. An Analysis of European Conceptions of Chinese Civilization (New York, 1967).
90. Zit. n. Franke, W., China und das Abendland, S. 54.
91. Zum Chinabild Leibniz' und Wolffs vgl. neben der eben erwähnten knappen Darstellung von Franke etwa Ho, J., Quellenuntersuchung zur Chinakenntnis bei Leibniz und Wolff (Hong Kong, 1962). Ebenso: Merkel, R.F., Leibniz und China; in: Leibniz. Zu seinem 300. Geburtstag 1646–1946 (Berlin, 1952), S. 1–38.
92. Voltaire, Dictionnaire philosophique (Paris, 1964), S. 112.
93. Sartre, J.-P., Situations V (Paris, 1964). Zu den künstlerischen Einflüssen Chinas auf Europa vgl. Paul-David, M., Influences chinoises dans l'art européen; in: Aspects de la culture. Publications du Musée Guimet, Bd. II (Paris, 1959).
94. Zit. n. Baxter, P. and Sansom, B., Race and Social Difference (London, 1972), S. 99. Ein ernsthaftes China-Interesse setzte in neuester Zeit mit Ferdinand von Richthofens entsprechenden Studien (Berlin und Leipzig 1877–1912) ein.
95. Schwebell, G.C., Die Geburt des modernen Japan (Düsseldorf, 1970), S. 19 ff. Eine hervorragende Gesamtdarstellung der entscheidenden Pionierphase europäisch-japanischer Kontakte gibt Keene, D., The Japanese Discovery of Europe (New York, 1952). Vgl. auch Goodman, G.K., The Dutch Impact on Japan (Leiden, 1967).
96. Schwebell, G.C., Geburt des modernen Japan, S. 78 f.
97. Über Herkunft und Bildungsgang Engelbert Kaempfers vgl. Flaskamp, F., Engelbert Kemper; in: Archiv für Kulturgeschichte (1966).
98. Zit. n. Schwebell, G.C.., Geburt des modernen Japan, S. 29 f.
99. Zur Bedeutung der wissenschaftlichen Leistung Kaempfers vgl. Beck, H., Große Reisende, S. 73 ff.
100. Gaudon, C., Le Japon au XVIIIe siècle vu par un botaniste suédois (Paris, 1966), S. 16.
101. Ibidem, S. 69.
102. Ibidem, S. 185.
103. Vgl. Beck, H., Große Reisende, S. 88 ff.
104. Vgl. Kägi, W., Die rechtliche Entwicklung vom Kolonialregime zur nationalen Unabhängigkeit; in: Europa und der Kolonialismus (Zürich, 1961), S. 123.
105. Vgl. zu dieser Problemstellung Washburn, W. E., The Meaning of »Discovery« in the Fifteenth and Sixteenth Centuries; in: American Historical Review (1962), S. 1 ff. Ebenso: Chaunu, P., Christophe Colomb en proie aux historiens; in: Annales (1963) und Laubenberger, F., Ringmann oder Waldseemüller; in: Erdkunde (1959).
106. Vgl. Rein, A., Die europäische Ausbreitung über die Erde, S. 56. Rein ist in seinem Hauptwerk bereits deutlich von einem allzu ethnozentrischen Standpunkt abgerückt.
107. Morison jedenfalls, wohl der bedeutendste Kolumbus-Kenner, glaubt nicht, daß Kolumbus über die Fahrten der Wikinger unterrichtet gewesen sei. Vgl. Morison, S.E., The European Discovery of America. The Northern Voyages 500–1600.
108. Burckhardt, J., Die Kultur der Renaissance in Italien (Stuttgart, 1958), S. 264.
109. Beck, H., Große Reisende, S. 387. Vgl. auch Beck, Geographie. Europäische Entwicklungen (Freiburg und München, 1973).
110. Vgl. Loetscher, H., Neue Zürcher Zeitung, 6. 5. 1973. Die zurzeit eingehendste Untersuchung des portugiesischen Vorgehens an der afrikanischen Westküste gibt

Hamann, G., Der Eintritt der südlichen Hemisphäre in die europäische Geschichte (Wien, 1966).
111. Zit. n. Konetzke, R., Entdecker und Eroberer Amerikas, S. 13.
112. Parry, J.H., Trade and Dominion (London, 1971), S. 203 ff.
113. Vgl. Gollwitzer, H., Geschichte des weltpolitischen Denkens, Bd. I (Göttingen, 1972), S. 228 f.
114. Bernard, J.-F., Recueil des voyages du Nord, 4 Bde. (Amsterdam, 1715).
115. Russel-Woods, A.J.R., Fidalgos and Philanthropists (London, 1969), Vorwort.
116. Perham, M. and Simmons, J., African Discovery (London, 1957), S. 14 f.
117. Vgl. Bitterli, U., Die Entdeckung des schwarzen Afrikaners, S. 197 ff.
118. Barraclough, G., An Introduction to Contemporary History (London, 1964). Vgl. auch Sachs, I., Européo-centrisme et découverte du Tiers Monde; in: Annales (1966).
119. Zit. n. Pouillon, J., L'oeuvre de Claude Lévi-Strauss, in: Lévi-Strauss, Cl., Race et Histoire (Paris, 1961), S. 89.
120. Gadamer, H.G., Wahrheit und Methode (Tübingen, 1965), S. 283.

II. Europäer und Eingeborene: Formen der Begegnung

1. Zum Problem der kulturellen Begegnung gibt es eine reiche, in terminologischen Fragen recht kontroverse Literatur. So unterscheidet etwa Banton, M., in seinem Werk »Race Relations« (London, 1967) sechs Formen dieser Beziehung: periphere Koexistenz, Kontakte, Akkulturation, Domination, Paternalismus, Integration. Für die Frühzeit des Kolonialismus scheint uns unsere Unterteilung zureichend; vgl. auch Bitterli, U., Berührung, Durchdringung, Vermischung von Kulturen; in: Zeitschrift für Kulturaustausch, No. 1 (1974). Ferner: Maistriaux, R., Psychologie du contact humain; in: Revue de psychologie des peuples, No. 1 (1966) und Poirier, J., Ethnies et cultures; in: Ethnologie régionale, Bd. I (Paris, 1972). Zur bibliographischen Erfassung der Arbeiten vgl. Keesing, F., Culture Change: An Analysis and Bibliography of Anthropological Sources to 1952 (Stanford, 1953).
2. Crone, C.R., The Voyages of Cadamosto (London, 1937), S. 49.
3. Defoe. D., The Life and Adventures of Robinson Crusoe (London, 1965), S. 50 f.
4. Jannequin, C., Voyage de Lybie au Royaume de Sénégal, le long du Niger (Paris, 1643), S. 43 f.
5. Lévi-Strauss, Cl., Race et Histoire (Paris, 1961), S. 20. Der psychologische Mechanismus, der, im dunklen Bewußtsein der humanen Unzulänglichkeit erster Kulturberührungen, den Europäer zum negativen Klischeebild des »Wilden« oder »Barbaren« greifen ließ, ist von Manès Sperber schön beschrieben worden: »Man haßt total nur jene, die man entmenscht hat; man entmenscht, um total hassen zu können. Daher die Klischees: Untermenschen, tollwütige Hunde, giftige Schlangenbrut und dergleichen, die im totalitären Sprachgebrauch Andersdenkende bezeichnen, besonders jene, die der Demütigung und schließlich der Vernichtung anheim fallen sollen.« Vgl. Sperber, M., Ansprache zur Verleihung des Hansischen Goethe-Preises (1973).
6. Zu den ersten, welche auf einen Zusammenhang zwischen Handel und Moral auch im kolonialen Bereich hinwiesen, gehörten, lange vor Marx, Adam Smith und Edmund Burke.
7. Cumming, W.P., Skelton, R.A., Quinn, D.B., The Discovery of North America (London, 1971), S. 81.

II. Europäer und Eingeborene: Formen der Begegnung 447

8. Vgl. Staden, H., Wahrhafftige Historia und Beschreibung einer Landschaft der Wilden (Frankfurt, 1654); in: Jahn, J., Wir nannten sie Wilde (München, 1964), S. 116 ff.
9. Beaglehole, J.C., The Journals of Captain Cook, Bd. II, S. 121 f.
10. Morison, S.E., Admiral of the Ocean Sea. A Life of Christopher Columbus (Boston, 1942), S. 235.
11. Ibidem, S. 229.
12. Madariaga, S. de, Christoph Kolumbus (Stuttgart, 1951), S. 267.
13. Vgl. Hawkesworth, S., Geschichte der Seereisen und Entdeckungen im Südmeer, welche auf Befehl Sr. Großbritann. Majestät unternommen und von Comm. Byron, Capt. Carteret, Capt. Wallis und Cook ausgeführt worden sind (Berlin, 1774–1780), S. 210.
14. Hérubel, M., Bougainville. Voyage autour du monde, S. 189.
15. Ibidem, S. 190.
16. Zit. n. Léon-Portilla, M., Rückkehr der Götter (Köln, 1962), S. 33 f.
17. Lévi-Strauss, C., Tristes Tropiques (Paris, 1955), S. 59.
18. Frobenius, L., Aus den Flegeljahren der Menschheit (Hannover, 1901). Vgl. auch etwa: Mitscherlich, A., Die Idee des Friedens und die menschliche Aggression (Frankfurt, 1969), S. 43 f.
19. Crone, G.R., The Discovery of America, S. 106.
20. Forster, G., Werke in vier Bänden, Bd. I, S. 407.
21. Konetzke, R., Entdecker und Eroberer Amerikas, S. 37.
22. Vgl. Larquié, C., Les esclaves de Madrid à l'époque de la décadence 1650–1700; in: Revue historique (1970).
23. Park, M., Travels in the Interior Districts of Africa, S. 255 und Moore, F., Travels into the Inland Parts of Africa, S. 110.
24. Vgl. Le Goff, J., Kultur des europäischen Mittelalters (München, 1970), S. 495.
25. Davidson, B., Vom Sklavenhandel zur Kolonialisierung (Hamburg, 1966), S. 46 f.
26. Vgl. Deroure, F., La vie quotidienne à Saint-Louis par ses archives; in: Bulletin de l'Institut français d'Afrique noire (1964), S. 407 ff. Vgl. auch: Blake, J., Europeans in West-Africa 1460–1560, 2 Bde. (London, 1942).
27. Davidson B., A History of West Africa (London, 1965), S. 213.
28. Labat, J.-B., Nouvelle relation de l'Afrique, Bd. III (Paris, 1728), S. 223.
29. Landolphe, J.F., Mémoires du Capitaine Landolphe rédigées sur son manuscript par J.S. Quesné, Bd. I (Paris, 1823), S. 95 ff.
30. Bosman, W., A New and Accurate Description of the Coast of Guinea (London, 1721), S. 167.
31. Delcourt, A., La France et les établissements français du Sénégal entre 1713 et 1763 (Dakar, 1952), S. 49.
32. Davidson, B., Vom Sklavenhandel zur Kolonialisierung, S. 62.
33. Davies, K.G., The Royal African Company (London, 1951), S. 286.
34. Labarthe, P., Voyage au Sénégal pendant les années 1784 et 1785 (Paris, 1802), S. 99.
35. Vgl. Deschamps, H., Histoire de la traite des noirs (Paris, 1971), S. 118.
36. Saugnier, Relations de plusieurs voyages à la côte d'Afrique, au Maroc, au Sénégal, à Gorée, à Galam (Paris, 1791), S. 325.
37. Vgl. dazu z. B. Gaston-Martin, Histoire de l'esclavage dans les colonies françaises (Paris, 1948), S. 35 ff. Und: Sheridan, R.B., Africa and the Carribean in the Atlantic Slave Trade; in: American Historical Review (1972).
38. Prestage, E., The Chronicle of the Discovery and Conquest of Guinea, Bd. I, S. 84.

39. Nettelbeck, J., Des Seefahrers und aufrechten Bürgers wundersame Lebensbeichte (München, 1910), S. 168.
40. Newton, J., Thoughts upon the African Slave Trade (London, 1788).
41. Vgl. Boahen, A.A., Topics on West African History (London, 1966), S. 113.
42. Vgl. Davis, D.B., The Problem of Slavery in Western Culture (London, 1970), S. 129 ff.
43. Vgl. Coquery, C., La découverte de l'Afrique (Paris, 1965), S. 87 ff.
44. Vgl. Balandier, G., La vie quotidienne au Royaume de Congo, S. 41.
45. Zit. n. Blanke, F., Mission und Kolonialpolitik; in: Europa und der Kolonialismus (Zürich, 1962), S. 92.
46. Vgl. Schärer, H., Die Begründung der Mission in der katholischen und evangelischen Missionswissenschaft; in: Theologische Studien, Heft 16 (Zürich-Zollikon, 1944).
47. Ibidem, S. 12 f.
48. Psalm 72, Matth. 28, 18 zit. n. Zwingli-Bibel (Zürich, 1957).
49. Zur Wirkung des Apostels Paulus vgl. Hahn, F., Das Verständnis der Mission im Neuen Testament (Neukirchen, 1963), S. 80 ff.
50. Cartier, R., Europa erobert Amerika, S. 74 ff.
51. Vgl. Douville, R., et Casanova, J.-D., La vie quotidienne des Indiens du Canada (Paris, 1967), S. 242.
52. Für die geschichtlichen Fakten der kanadischen Kolonisation vgl. Bonnault, C., Histoire du Canada français 1534–1763 (Paris, 1950).
53. Zit. n. Parkman, F., The Jesuits in North America (Boston, 1918), S. 19.
54. Ibidem, S. 126.
55. Ibidem, S. 125.
56. Ibidem, S. 55.
57. Vgl. etwa Lepsius, C.R., Standard Alphabet for Reducing Unwritten Languages and Foreign Graphic Systems to an Uniform Orthography in European Letters (London, 1860).
58. Zit. n. Kennedy, J.H., Jesuit and Savage in New France (New Haven, 1950), S. 134.
59. Vgl. Malinowski, B., The Problem of Meaning in Primitive Languages; in: Ogden, C.K. and Richards, I.A., The Meaning of Meaning (London, 1944). Ebenso: Allier, R., La psychologie de la conversion chez les peuples non civilisés, Bd. I (Paris, 1925), S. 55 ff. Und: Hymes, D., Toward Ethnographies of Communication; in: American Anthropologist (1964).
60. Zit. n. Parkman, F., The Jesuits, S. 162.
61. Ibidem, S. 137.
62. Charlevoix, P.-F.-X. de, Histoire et description générale de la Nouvelle-France, Bd. III (Paris, 1744), S. 142.
63. Zit. n. Parkman, F., The Jesuits, S. 37.
64. Ibidem, S. 123.
65. Vgl. Kennedy, J.H., Jesuit and Savage, S. 87 ff.
66. Ibidem, S. 85.
67. Zit. n. Parkman, F., The Jesuits, S. 89.
68. Zit. n. Douville, R. et Casanova, J.-D., La vie quotidienne des Indiens, S. 135.
69. Ibidem, S. 135.
70. Ibidem, S. 130.
71. Pouliot, L., Etude sur les relations des Jésuites (Montréal, 1940).

72. Sagard, S.-T., Histoire du Canada et voyages que les Frères Mineurs Recollects y ont faits (Paris, 1632). Vgl. Chinard, G., L'Amérique et le rêve exotique dans la littérature française au XVIIe et XVIIIe siècle (Paris, 1934), S. 118f.
73. Zit. n. Chinard, G., L'Amérique et le rêve exotique dans la littérature française, S. 119.
74. Douville, R. et Casanova, J.-D., La vie quotidienne des Indiens, S. 211.
75. Vgl. Chinard, G., L'Amérique et le rêve exotique dans la littérature française, S. 139.
76. Thwaites, R.G., The Jesuit Relations and Allied Documents, Bd. VI (Cleveland, 1897), S. 244.
77. Lafitau, P.-F., Moeurs des sauvages américains comparées aux moeurs des premiers temps, 2 Bde. (Paris, 1724).
78. Ibidem, Bd. I., S. 119.
79. Zit. n. Vogelsanger, C., Pietismus und afrikanische Kultur an der Goldküste (Diss. Zürich ungedr.), S. 72.
80. Zit. n. Kennedy, J.H., Jesuit and Savage, S. 149.
81. Zit. n. Becker-Donner, E., Einleitung zu Florian Paucke, Zwettler-Codex 420, Bd. I (Wien, 1959), S. 41.
82. Ibidem, Bd. I., S. 323.
83. Lafargue, P., Der Jesuitenstaat in Paraguay; in: Kautsky, K., Die Vorläufer des modernen Sozialismus, Bd. II (Berlin, 1895).
84. Freyre, G., Maîtres et esclaves (Paris, 1952), S. 102.
85. Hérubel, M., Bougainville, S. 105.
86. Zit. n. Becker-Donner, E., Einleitung zu Florian Paucke, Bd. I., S. 78.
87. Vgl. Schlatter, W., Geschichte der Basler Mission, Bd. I (Basel, 1916) und Allier, R., La psychologie de la conversion, Bd. I.
88. Sauer, C.O., The Early Spanish Main (Berkeley and Los Angeles, 1966), S. 104.
89. Vgl. Morison, S.E., Admiral of the Ocean Sea, S. 430ff.
90. Chaunu, P., L'Expansion européenne, S. 216. Haïti bietet keineswegs das einzige Beispiel für ein derartiges Genozid. Vgl. etwa: Ellenberger, V., La fin tragique des Bushmen (Paris, 1953) oder die Ausrottung der Tasmanier.
91. Morison, S.E., Admiral of the Ocean Sea, S. 216.
92. Las Casas, B. de, A Brief Narration of the Destruction of the Indies by the Spanyardes (Ann Arbor, 1964).
93. Zit. n. Mahn-Lot, M., Controverses autour de Bartolomé de Las Casas; S. 881.
94. Vgl. Sauer, C.O., The Early Spanish Main, S. 200ff. und Chaunu, P., Conquête et exploitation des nouveaux mondes, S. 121ff.
95. Konetzke, R., Entdecker und Eroberer Amerikas, S. 32.
96. Ibidem, S. 41.
97. Ibidem, S. 41.
98. Vgl. Davies, D.B., The Problem of Slavery in Western Culture (London, 1970), S. 85ff.
99. Zit. n. Konetzke, R., Entdecker und Eroberer Amerikas, S. 40.
100. Collier, J., Indians of the Americas (New York, 1947), S. 101.
101. Die Heirat von John Rolfe mit der »Indianerprinzessin« Pocahontas erregte um 1615 weltweites Aufsehen. Pocahontas besuchte zusammen mit ihrem Gatten London und verkehrte dort, im Gegensatz zu diesem, in Hofkreisen; sie starb in Europa. Vgl. Barbour, P.L., Pocahontas and her World (Boston, 1969).
102. Barbour, Ph.L., ed., The Jamestown Voyages under the first Charter, 1606–1609, 2 Bde. (Cambridge, 1969), Bd. I., S. 51f.
103. Ibidem, Bd. I., S. 141f.

104. Wright, L.B., Religion and Empire. The Alliance between Piety and Commerce in English Expansion 1558–1625 (Chapel Hill, 1943), S. 95.
105. Zit. n. Wright, L.B., Religion and Empire, S. 82.
106. Vgl. Vaughan, A.T., New England Frontier: Puritans and Indians (Boston, 1965).
107. Zit. n. Collier, J., Indians of the Americas, S. 115.
108. Zu diesen Fragen vgl. die eingehende Gesamtdarstellung von Andrews, Ch. M., The Colonial Period of American History, 4 Bde. (New Haven, 1934).
109. Zit. n. Nevins, A. und Commager, H.S., Kurze Geschichte der Vereinigten Staaten (Wiesbaden, undat.), S. 196f.
110. Vgl. Turner, F.J., The Frontier in American History (New York, 1931) und Wright, L.B., Culture on the Moving Frontier (Bloomington, 1955).
111. Zit. n. Mittler, O., Eroberung eines Kontinentes. Der große Aufbruch in den amerikanischen Westen (Zürich, 1968), S. 88.
112. Friedrici, G., Der Charakter der Entdeckung und Eroberung Amerikas durch die Europäer, Bd. II, S. 474ff. Vgl. auch Nostitz, S. von, Die Vernichtung des Roten Mannes (Düsseldorf, 1970).
113. Collier, J., Indians of the Americas, S. 130ff.
114. Ibidem, S. 124.
115. Zit. n. Jackson, H.H., A Century of Dishonour (New York, 1887), S. 103f.
116. Collier, J., Indians of the Americas, S. 132.
117. Neue Zürcher Zeitung, 25. III. 1973.
118. Solche Erscheinungen der kulturellen Verflechtung werden etwa in der frühen Negerliteratur der Vereinigten Staaten (um 1850) dargestellt, zu einem Zeitpunkt, da der schwarze Mann, wenn es ihm gut ging, geneigt war, seine Dienstbarkeit als schicksalhafte Fügung zu akzeptieren. Vgl. Douglass, F., Narrative of the Life of Frederick Douglass (Boston, 1845) und Henson, J., The Life of Josiah Henson (Boston, 1849).
119. Coupland, R., The British Anti-Slavery Movement (London, 1933), S. 272.
120. Marx, K., Das Kapital, Bd. I (Berlin, 1955), S. 564f.
121. Pope-Hennessy, J., Geschäft mit schwarzer Haut (Wien, 1970), S. 135.
122. Marx, K., Historisch-kritische Gesamtausgabe, Bd. III (Frankfurt, 1927), S. 83f.
123. Ibidem, S. 83. Interessanten Einblick in die wirtschaftliche Rolle des Sklaven im merkantilistisch-kapitalistischen System gibt die Arbeit von Williams, E., Capitalism and Slavery (London, 1964).
124. Vgl. Bitterli, U., Die Entdeckung des schwarzen Afrikaners.
125. Vgl. Pares, R., War and Trade in the West Indies (Oxford, 1936). Ebenso Deschamps, H., Pirates et flibustiers (Paris, 1962). Zur Etymologie der Begriffe »Bukanier« und »Flibustier«: »to boucan« oder »boucaner« bedeutet, Fleischstücke bei kleinem Feuer grillieren; die Bukaniere, auch Küstenbrüder genannt, pflegten derart geräuchertes Fleisch auch den vorbeifahrenden Matrosen anzubieten. Das Wort Flibustier kommt wahrscheinlich vom holländischen »vrijbouter« (dtsch. Freibeuter) und wurde im 18. Jahrhundert im Englischen und Französischen gebräuchlich.
126. Das Pionierverdienst überseeischen Zuckeranbaus gebührt den Portugiesen, die bereits im 16. Jahrhundert auf Madeira, São Tomé und in Brasilien große Plantagen anlegten. Vgl. Parry, J.H., Trade and Dominion, S. 32ff.
127. Vgl. Bertaux, P., Afrika. Von der Vorgeschichte bis zu den Staaten der Gegenwart (Frankfurt, 1966), S. 149: »Der aus Sevilla stammende Bischof des mexikanischen Bistums Chiapa, Bartolomé de Las Casas, regte 1498 die Überführung von Negern nach Mexiko an.« Diese Feststellung ist umstritten.

II. Europäer und Eingeborene: Formen der Begegnung

128. Ich halte mich an die Zahlen von Deschamps, H., Histoire de la traite des noirs, S. 133 f.
129. Curtin, Ph.D., The Atlantic Slave Trade. A Census (University of Wisconsin, 1969).
130. Vgl. Burns, A., History of the British West Indies (New York, 1965), S. 54f.
131. Girod-Chantras, Voyage d'un Suisse dans différentes colonies d'Amérique (Neuchâtel, 1785), S. 137.
132. Vgl. etwa Adanson, M., Histoire naturelle du Sénégal (Paris, 1757), S. 33f. oder Golbéry, S.M.X., Fragmens d'un voyage en Afrique (Paris, 1802), Bd. II, S. 347f.
133. Pope-Hennessy, J., Geschäft mit schwarzer Haut, S. 178.
134. Zit. n. Gisler, A., L'esclavage aux Antilles françaises (Fribourg, 1965), S. 44.
135. Ibidem, S. 44.
136. Pope-Hennessy, J., Geschäft mit schwarzer Haut, S. 183.
137. Die ersten umfassend orientierenden Werke über die Antillen sind die von uns gelegentlich beigezogenen Darstellungen von Charlevoix, F.X., Histoire de l'île espagnole de Saint-Domingue, 2 Bde. (Paris, 1730–31); Du Tertre, J.B., Histoire générale des Antilles habitées par les Français (Paris, 1667); Labat, J.B., Nouveau voyage aux îles de l'Amérique, 2 Bde. (Den Haag, 1724). Detaillierte Untersuchungen zur Sklavenwirtschaft in den Antillen aus neuester Zeit stammen von Debien, G., Planteurs et esclaves à Saint-Domingue (Dakar, 1962).
138. Vgl. Gisler, A., L'esclavage aux Antilles françaises, S. 54.
139. Zur Aufstandsbewegung auf Santo-Domingo vgl. Stoddard, T.L., The French Revolution in San Domingo (New York, 1914). Ebenso Gaston-Martin, Histoire de l'esclavage dans les colonies françaises (Paris, 1948), S. 209 ff.
140. Zit. n. Gisler, A., L'esclavage aux Antilles françaises, S. 24.
141. Charlevoix, F.X., Histoire de l'île espagnole de Saint-Domingue (Paris, 1631), Bd. II, S. 502.
142. Zit. n. Pope-Hennessy, J., Geschäft mit schwarzer Haut, S. 181.
143. Hall, B., Travels in North America in 1827 and 1828 (London, 1830), S. 190 f.
144. Godwyn, M., The Negro's and Indians Advocate (London, 1680).
145. Interessant ist die vergleichende Studie zur Behandlung der Sklaven in Nord- und Lateinamerika von Tannenbaum, F., Slave and Citizen. The Negro in the Americas (New York, 1947). Vgl. auch Degler, C.N., Slavery in Brazil and the United States. An Essay in Comparative History; in: American Historical Review (1970), S. 1004 ff.
146. Burns, A., History of the West Indies, S. 633.
147. Vgl. die Arbeiten von Debien, Delafosse, Hondaille, Massio, Richard u. a. im »Bulletin de l'Institut français d'Afrique noire« (1961, 1963, 1965 etc.).
148. Vgl. dazu vor allem das Urteil eines schwarzen Historikers: Boahen, A.A., Topics in West African History (London, 1966), S. 108 ff.
149. Leyden, J.A., Historical an Philosophical Scetch of the Discoveries and Settlements of Europeans in Northern and Western Africa at the Close of the 18th Century (Edinburgh, 1799), S. 105.
150. Vgl. das in Zusammenarbeit zwischen einem Historiker und einem Soziologen verfaßte Buch Meier, A., Rudwick, E.M., From Plantations to Ghetto: An Interpretative History of American Negroes (New York, 1966).
151. Myrdal, G., An American Dilemma (New York, 1964), S. 75 ff.
152. Ich zitiere nach der französischen Übersetzung: Herskovits, M.J., Les bases de l'anthropologie culturelle (Paris, 1967), S. 216. Zur Definition des Begriffs vgl. auch Dupront, A., De l'acculturation; in: Rapports du comité international des sciences

historiques (Wien, 1965), Bd. I, S. 7ff. sowie Poirier, J., Ethnies et cultures, in: Ethnologie régionale (Paris, 1972).
153. Malinowski, B., The Dynamics of Culture Change (New Haven, 1945), S. 4ff.
154. Ogburn, W.F., Social Change with Respect to Culture and Original Nature (New York, 1923).
155. Balandier, G., Sociologie des Brazzavilles noires (Paris, 1955).
156. Zu dieser Problematik vgl. Lapierre, J.W., Le développement et la mort des cultures; in: Esprit (1970).
157. Bastide, R., Le proche et le lointain (Paris, 1970), S. 142.
158. Ibidem, S. 137f.
159. Vgl. Bitterli, U., Schriftsteller und Kolonialismus: Malraux, Conrad, Greene, Weiss (Zürich, 1973).
160. Zit. n. Bitterli, U., Schriftsteller und Kolonialismus, S. 112.
161. Parry, J.H., Europäische Kolonialreiche. Welthandel und Weltwirtschaft im achtzehnten Jahrhundert (München, 1972), S. 56.
162. Freyre, G., Maîtres et esclaves, S. 157.
163. Ibidem, S. 101.
164. Zit. n. Reichert, R., Brasilien – Schmelztiegel der Rassen; in: Rassenkonflikte in der Welt (Frankfurt, 1966). Über die gesellschaftlichen Verhältnisse in Brasilien um 1800 orientieren auch die Aufzeichnungen des Deutschen Wilhelm Ludwig von Eschwege, deren Publikation zurzeit von Hanno Beck und seinem Bonner Arbeitskreis vorbereitet wird.
165. Freyre, G., Maîtres et esclaves, S. 232.
166. Reichert, R., Brasilien – Schmelztiegel der Rassen, S. 110f.
167. Freyre, G., Maîtres et esclaves, S. 318ff.
168. Bastide, R., Le proche et le lointain, S. 191ff.
169. Freyre, G., Maîtres et esclaves, S. 84.
170. Vgl. Freyre, G., Quelques aspects de la civilisation qui peut être considérée comme luso-tropicale; in: Le portugais et les tropiques (Paris, 1961), S. 55f.
171. Zit. n. Randa, A., Das Weltreich (Olten, 1962), S. 188.
172. Vgl. Blake, J.W., Europeans in West-Africa, Bd. II, S. 174f.
173. Churchill, W., Frontiers and Wars (London, 1962), S. 295f.
174. Zit. n. Hanke, L., The Spanish Struggle for Justice in the Conquest of America (Philadelphia, 1949), S. 17.
175. Ibidem, S. 57.
176. Ibidem, S. 73.
177. Williams, E.E., Capitalism and Slavery, S. 174.
178. Vgl. Davis, B.D., The Problem of Slavery in Western Culture, S. 136ff.
179. Smith, A., An Inquiry into the Nature and Causes of the Wealth of Nations, Bd. I (London, 1950), S. 83. Zur Abschaffung des Sklavenhandels vgl. Mathieson, W.L., British Slavery and the Abolition (London, 1926) und Daget, S., La France et l'abolition de la traite des Noirs (Paris, 1969).

III. Eingeborene auf Besuch

1. Vgl. Prestage, E., The Chronicle of the Discovery and Conquest of Guinea, Bd. I, S. 81f.

III. Eingeborene auf Besuch

2. Vg. Madariaga, S. de, Christopher Columbus, S. 219.
3. Zit. n. Cumming, W. O., Skelton, R. A., Quinn, D. B., The Discovery of North America (London, 1971), S. 53.
4. Winsor, J., Narrative and Critical History of America, Bd. II (Boston, 1886), S. 239.
5. Vgl. Hodgen, M. T., Early Anthropology in the Sixteenth and Seventeenth Centuries (Philadelphia, 1964), S. 112.
6. Montaigne, M. de, Essais (Zürich, 1953), S. 242f.
7. Ibidem, S. 243.
8. Montesquieu, Lettres persanes; in: Oeuvres complètes, Bd. I (Paris, 1949), S. 176.
9. Ibidem, S. 177.
10. Goldsmith, O., The Citizen of the World (London, 1900), S. 234f.
11. Vgl. Bitterli, U., Die Entdeckung des schwarzen Afrikaners, S. 92f.
12. Mc Cloy, S. T., The Race Question in Late Eighteenth Century France; in: Atlantic Quarterly (1961), S. 41.
13. Vgl. Casanova, J. D., La vie quotidienne des Indiens du Canada, S. 218f.
14. Ibidem, S. 218.
15. Cartier, R., Europa erobert Amerika, S. 225f.
16. Thwaites, R. G., The Jesuit Relations, Bd. I, S. 87.
17. Martin-Allanic, J. E., Bougainville et les découvertes de son temps, Bd. II, S. 965.
18. Ibidem, S. 964.
19. Beaglehole, J. C., The Journals of Captain Cook, Bd. II, S. 949f. Kritik gegen die Überführung der Südseeinsulaner nach Europa regte sich übrigens auch in Deutschland. Herder spricht etwa von „armen Schlachtopfern", die man von den Südseeinseln hergeholt habe; vgl. Herder, J. G., Suphan-Ausgabe, Bd. VIII, S. 223.
20. Zu Omais Englandaufenthalt vgl. Moorehead, A., The Fatal Impact. An Account of the South Pacific 1767–1840 (London, 1970), S. 64ff.
21. Beaglehole, J. C., ed., The Journals of Captain Cook, Bd. III (Cambridge, 1967), S. 5.
22. Ibidem, S. 211f.
23. Vgl. Haddon, A. C., History of Anthropology (London, 1934).
24. Cuvelier, J. et Jadin, L., L'ancien Congo d'après les archives romaines (Bruxelles, 1954), S. 17.
25. Vgl. Mc Cloy, S. T., The Negro in France (Kentucky, 1961), S. 13.
26. Ibidem, S. 18.
27. Beaglehole, J. C., The Journals of Captain Cook, Bd. II, S. 949.
28. Vgl. Smith, B., European Vision and the South Pacific 1768–1850 (Oxford, 1960), S. 80ff.
29. Vgl. Moorehead, A., The Fatal Impact, S. 69.
30. Forster, G., Reise um die Welt, Bd. I, S. 581.
31. Ibidem, S. 626.
32. Behn, A., Les aventures curieuses et intéressantes d'Oroonoko, Prince Africain (Paris, 1755). Original englisch (London, 1688).
33. Vgl. Curtin, P. D., Africa Remembered (Madison, 1968), S. 17ff.
34. Astley, T., The New General Collection of Voyages and Travels, Bd. III (London, 1734–47), S. 237.
35. Die Geschichte seiner Rückkehr nach Afrika wird erzählt bei Moore, F., Travels into the Inland Parts of Africa (London, 1738).
36. Vgl. Martin-Allanic, J. E., Bougainville et les découvertes de son temps, Bd. I, S. 971.
37. Ibidem, S. 684.

38. Vgl. Malson, L., Les enfants sauvages (Paris, 1964), S. 89ff.
39. Vgl. Groves, L. P., The Planting of Christianity in Africa (London, 1948), S. 152.
40. Wadström, C. B., An Essay on Colonization (London, 1794), S. 123ff.
41. Vgl. Curtin, P. D., Africa Remembered, S. 60ff.
42. Vgl. Warner, O., William Wilberforce and his Times (London, 1962), S. 42.
43. Curtin, P. D., Africa Remembered, S. 99ff.
44. Vgl. Hallett, R. H., The Penetration of Africa, S. 147f.
45. Vgl. Senghor, L. S., Négritude et humanisme (Paris, 1964).
46. Vgl. Bastide, R., Le proche et le lointain, S. 141ff.
47. Moorehead, A., The Fatal Impact, S. 69. Zur dritten Reise Cooks und zum Rücktransport Omais gibt es eine interessante deutsche Quelle, des Matrosen Heinrich Zimmermanns »Reise um die Welt mit Capitain Cook« (Mannheim, 1783).
48. Zit. n. Douville, R. et Casanova, J. D., La vie quotidienne des Indiens du Canada, S. 218. Dasselbe berichtet, um ein weiteres von zahlreichen Beispielen zu erwähnen, Labat, J.-B., in »Voyage aux Isles de l'Amérique«, Bd. I, S. 25. Hier handelt es sich um einen in Europa christlich erzogenen Afrika-Negersklaven, der nach seiner Rückkehr nach Westindien sogleich wieder in den »Glauben seiner Väter« zurückgefallen sei.
49. Boxer, C. R., The Dutch Seaborne Empire, S. 153.

Zweiter Teil

I. Die Weltläufigkeit aufgeklärter Wissenschaft

1. Knight, W. S. M., The Life and Works of Hugo Grotius (London, 1925), S. 122f.
2. Atkinson, G., Extraordinary Voyage in French Literature 1700 to 1720 (Paris, 1922), S. 10.
3. Hazard, P., La crise de la conscience européenne (Paris, 1961), S. 3ff.
4. Vgl. Sachs, I., Européo-centrisme et découverte du Tiers Monde; in: Annales (1966).
5. Vgl. Duchet, M., Anthropologie et histoire au siècle des lumières, S. 227ff.
6. Poirier, J., Histoire de la pensée éthnologique; in: Ethnologie générale (Paris, 1968), S. 22f. Derselbe Autor spricht in seiner Arbeit zur »Histoire de l'éthnologie« (Paris, 1969) von »Para-Ethnologie«, S. 19ff.
7. Vgl. Meyer-Abich, A., Alexander von Humboldt (Hamburg, 1967), S. 9ff.
8. Lévi-Strauss, Cl., Jean-Jacques Rousseau, fondateur des sciences de l'homme; in Berenstein, M., ed., Rousseau (Neuchâtel, 1963), S. 239ff.
9. Willey, B., The Eighteenth Century Background (London, 1965), S. 10.
10. Fontenelle, B., Entretiens sur la pluralité des mondes (La Haye, 1686), S. 13f.
11. Ehrard, J., L'idée de nature en France à l'aube des lumières (Paris, 1970), S. 43ff.
12. Zit. n. Crombie, A. C., Von Augustinus bis Galilei. Die Emanzipation der Naturwissenschaft (Frankfurt, 1966), S. 550f. Vgl. auch etwa: Hall, A. R., Die Geburt der naturwissenschaftlichen Methode 1630–1720 (Gütersloh, 1965).
13. Hazard, P., European Thought in the Eighteenth Century (London, 1963), S. 39.
14. Blumenbach, J. F., De generis humani varietate nativa (Göttingen, 1775).
15. Vgl. Bitterli, U., Die Entdeckung des schwarzen Afrikaners, S. 113ff.
16. Vgl. Plischke, H., Johann Friedrich Blumenbachs Einfluß auf die Entdeckungsreisenden seiner Zeit; in: Abhandlungen der Gesellschaft der Wissenschaften zu Göttingen, philolog.-hist. Klasse (Göttingen, 1937).

I. Die Weltläufigkeit aufgeklärter Wissenschaft

17. Vgl. Lovejoy, A. D., The Great Chain of Being (Harvard, 1936).
18. Zit. n. Willey, B., The Eighteenth Century Background, S. 45.
19. Vgl. Cassirer, E., Philosophie der Aufklärung (Tübingen, 1932), S. 85 ff.
20. Moore, F., Travels into the Inland Parts of Africa (London 1738), S. 107.
21. Zur Diffusion von Nahrungsmitteln vgl. Capus, G., Les produits coloniaux d'origine végétale (Paris, 1930).
22. Vgl. Bettex, A., Die Entdeckung der Natur (München und Zürich, 1965), S. 161 ff.
23. Zur Biographie Banks vgl. Cameron, H. C., Sir Joseph Banks (London, 1966), S. 75 ff.
24. Joyaud, M., Notices sur la vie, les travaux, les découvertes, la maladie et la mort de M. Adanson (Paris, 1806).
25. Winterbottom, Th., An Account of the Native Africans in the Neighbourhood of Sierra Leone (London, 1803), S. 202.
26. Vgl. Kup, A. P., A History of Sierra Leone 1400–1787 (Cambridge, 1961), S. 173.
27. Gaxotte, P., Histoire de la révolution française (Paris, 1928), S. 63. Vgl. auch Huard, P., Les enquêtes scientifiques françaises et l'exploration du monde exotique aux XVIIe et XVIIIe siècle; in: Bulletin de l'Ecole française d'Extrême-Orient (1964).
28. Über die wissenschaftlichen Gesellschaften vgl. Thomson, T., The History of the Royal Society (London, 1812), S. 222 ff. Purver, M., The Royal Society, Concept and Creation (Cambridge, Mass., 1967). Myers, J. H., Learned Societies (Oxford, 1922).
29. D'Alembert, J., Discours préliminaire (Paris, 1751). Zit. n. Hirschberg, E., Einleitung in die französische Enzyklopädie (Leipzig, 1912).
30. Diderot, D., Philosophische und politische Texte (München, 1969), S. 79.
31. Ibidem, S. 119.
32. Ibidem, S. 174.
33. Zedler, J. H., Großes vollständiges Universallexikon aller Wissenschaften und Künste (Halle und Leipzig, 1732 ff.), Vorrede.
34. Zit. n. Rychner, M., Antworten. Aufsätze zur Literatur (Zürich, 1961), S. 163.
35. Vgl. Duchet, M., Anthropologie et histoire au siècle des lumières, S. 236.
36. Michaelis, J. D., Fragen an eine Gesellschaft gelehrter Männer, die auf Befehl Ihro Majestät des Königs von Dänemark nach Arabien reisen (Frankfurt a. M., 1762). Vgl. auch Niebuhr, C., Entdeckungen im Orient. Reise nach Arabien und anderen Ländern 1761–1767 (Tübingen und Basel, 1773).
37. Stephen, L., History of English Thought in the Eighteenth Century, Bd. I (London, 1876), S. 34 ff.
38. Zit. n. Duchet, M., Anthropologie et histoire au siècle des lumières, S. 237.
39. Vgl. Pflug, G., The Development of Historical Method in the Eighteenth Century; in: History and Theory, Beiheft 11 (Wesleyan University Press, 1971).
40. Voltaire, Remarques pour servir de supplément à l'Essai sur les moeurs (Paris, 1820), S. 429.
41. Meinecke, F., Die Entstehung des Historismus, Bd. I (München und Berlin, 1936), S. 111 f.
42. Vgl. Montesquieu, Causes de la grandeur des Romains; in: Oeuvres complètes (Paris, 1951), S. 173.
43. Montaigne, Essais; zit. n. Lüthy, H., Essais (Zürich, 1953), S. 230.
44. Vgl. Raymond, M., Montaigne devant les sauvages d'Amérique; in: Etre et dire (Neuchâtel, 1970), S. 13 ff.
45. Du Tertre, J.-B., Histoire générale des isles Christophe de la Guadeloupe, de la Martinique, et autres dans l'Amérique, S. 397.

46. Zit. n. Chinard, G., L'Amérique et le rêve exotique dans la littérature française au XVIIIe siècle, S. 147.
47. La Hontan, Voyages du Baron de La Hontan dans l'Amérique septentrionale, Bd. I (Amsterdam, 1705), S. 244.
48. Vgl. dazu: Atkinson, G., The Extraordinary Voyage in French Literature (New York, 1920–22).
49. Vgl. Bitterli, U., Der Eingeborene im Weltbild der Aufklärungszeit; in: Archiv für Kulturgeschichte (1971).
50. Rousseau, J.-J., Discours sur l'origine et les fondements de l'inégalité parmi les hommes; in: Oeuvres complètes, Bd. III (Paris, 1964). Ich zitiere in den folgenden Kapiteln nach dieser Ausgabe.
51. Zur Dialektik in Rousseaus Discours vgl. Starobinski, J., Sur l'origine de l'inégalité; in: Rousseau, J.-J., Oeuvres complètes, Bd. III.
52. Vgl. Lévi-Strauss, Cl., J.-J. Rousseau, fondateur des sciences de l'homme, S. 240.

II. Die Summe des Wissens

1. Zu verweisen wäre hier auf die bibliographischen Hilfsmittel wie etwa Paulitschke, P., Die Afrika-Literatur in der Zeit von 1500–1750 (Wien, 1882); Böhme, M., Die großen Reisesammlungen des 16. Jahrhunderts und ihre Bedeutung (Hamburg, 1904); Coxe, E. G., A Reference Guide to the Literature of Travel (Seattle, 1935–38); Bibliothèque Nationale, Catalogue O: Historia exotica (Paris, 1864).
2. Ramusio, G. B., Delle navigatione e viaggi (Venezia, 1559).
3. Hakluyt, R., The Principall Navigations, Voiages, Traffiques and Discoveries of the English Nation (London, 1589).
4. Vgl. Gollwitzer, H., Geschichte des weltpolitischen Denkens, Bd. I (Göttingen, 1972), S. 127 ff.
5. Vgl. Parks, G. B., Richard Hakluyt and the English Voyages (New York, 1928).
6. Purchas, S., Hakluytus Posthumus or Purchas His Pilgrimes (London, 1625).
7. Churchill, A. and J., A Collection of Voyages and Travels (London, 1704) und Harris, J., A Complete Collection of Voyages and Travels (London, 1705).
8. Churchill, A Collection of Voyages and Travels, Bd. I, Vorwort.
9. Astley, Th., A New General Collection of Voyages and Travels (London, 1743–47).
10. Ibidem, Bd. I, Vorrede.
11. Ibidem, Bd. I, Vorrede.
12. Ibidem, Bd. I, Vorrede.
13. Ibidem, Bd. II, S. 301.
14. Ibidem, Bd. I, Vorrede.
15. Ibidem, Bd. II, S. 289 ff.
16. Ibidem, Bd. I, Vorrede.
17. Ibidem, Bd. I, Vorrede.
18. Vgl. Boxer, C. R., The Dutch Seaborne Empire 1600–1800, S. 164 f.
19. Commelin, I., Begin ende Voortgangh van de Vereenighde Nederlantsche Geootroyeerde Oost-Indische Compagnie (Amsterdam, 1646) und Van der Aa, P., Naukeurige Verdameling der Gedenkwaardigste Zee en Land-Reysen (Amsterdam, 1706–08).
20. Barlaeus, C., Rerum per octennium in Brasilia (Amsterdam, 1647) und Valentyn, F., Oud en Nieus Oost-Indien (Dordrecht, 1724–26).

II. Die Summe des Wissens

21. Zu Dapper vgl. Dozy, Ch. M., Olfert Dapper; in: Tijdschrift van het Aardrijkskundig-Genootschap (1881).
22. Dapper, O., Umständliche und Eigentliche Beschreibung Afrikas (Amsterdam, 1670), Vorrede.
23. Léry, J. de, Histoire d'un voyage fait en la terre du Brésil, autrement dite Amérique (Genève, 1578).
24. Thévenot, M., Relations des divers voyages curieux, 4 Bde. (Paris, 1663). Vgl. Duchet, M., Anthropologie et histoire au siècle des lumières, S. 75.
25. Rousseau, J.-J., Sur l'origine de l'inégalité, S. 212 f.
26. Labat, J.-B., Nouveau voyage aux Isles de l'Amérique, 2 Bde. (Paris, 1722).
27. Ibidem, Vorrede.
28. Vgl. Banbuck, C. A., Histoire politique, économique et sociale de la Martinique sous l'Ancien Régime (Paris, 1935), S. 283.
29. Vgl. Hodgen, M. T., Early Anthropology in the Sixteenth and Seventeenth Centuries, S. 168 ff.
30. Labat, J.-B., Nouveau voyage aux Isles de l'Amérique, Bd. I, S. 39.
31. Du Tertre, Histoire des Isles de l'Amérique, S. 397 f.
32. Labat, J.-B., Nouveau voyage aux Isles de l'Amérique, Bd. I, S. 26.
33. Ibidem, S. 77.
34. Labat, J.-B., Nouvelle relation de l'Afrique, 5 Bde. (Paris, 1728). Vgl. dazu Mercier, P., L'Afrique noire dans la littérature française (Dakar, 1962), S. 55.
35. Labat, J.-B., Nouvelle relation de l'Afrique, Bd. I, Vorwort.
36. Durand, L., Voyage au Sénégal, 2 Bde. (Paris, 1802).
37. Bruns, P. J., Versuch einer systematischen Erdbeschreibung der entfernten Welttheile, 6 Bde. (Nürnberg, 1799).
38. Charlevoix, P. F. X. ist der Verfasser der bereits erwähnten und zu ihrer Zeit berühmten »Histoire et description générale de la Nouvelle-France (Paris, 1744).
39. Prévost, Abbé, Histoire générale des voyages, 24 Bde. (Den Haag, 1747 ff). Ich benutze, wenn nicht anders bemerkt, diese Ausgabe. Die französische Erstausgabe erschien in den Jahren 1746–1759 in Paris in 16 Bänden unter dem Titel »Histoire générale des voyages par mer et par terre qui ont été publiés jusqu'à présent dans les différentes langues.« Die Sammlung wurde nach 1760 von andern Autoren fortgeführt.
40. Prévost, Histoire générale, Titelblatt.
41. Ibidem, Vorrede.
42. Vgl. Duchet, M., Anthropologie et histoire au siècle des lumières, S. 81 ff.
43. Prévost, Histoire générale, Bd. II, S. IV.
44. Huber, S., Pizarro et ses frères (Paris, 1964).
45. Schmidel, U., Newe Welt: Das ist, Wahrhafftige Beschreibung aller schönen Historien von Erfindung viler unbekannten Königreiche (Frankfurt, 1567), S. 169 f.
46. Zit. n. Jahn, J., Wir nannten sie Wilde, S. 117 f.
47. Vgl. Hantzsch, V., Deutsche Reisende des 16. Jahrhunderts (Leipzig, 1898), S. 2.
48. Zu John White und De Bry vgl. Cumming, W. P., The Discovery of North America (London, 1971), S. 195 f.
49. Zit. n. Rein, A., Die europäische Ausbreitung über die Erde, S. 213.
50. Goethe, J. W. von, Gespräche mit Eckermann. Artemis-Gedenkausgabe, S. 371.
51. Meiners, Ch., Grundriß der Geschichte der Menschheit (Leipzig, 1786), Vorwort.
52. Schiller, F., Was heißt und zu welchem Ende studiert man Universalgeschichte? (Jena, 1789).

53. Bruns, P. J., Neue systematische Erdbeschreibung, IV. Teil (Nürnberg 1799), S. 1. Vgl. auch Junius, ed., Historischer Bericht von den sämtlichen durch Engländer geschehenen Reisen um die Welt und den neuesten dabey gemachten Entdeckungen in einem getreuen Auszuge aus der Seefahrer Tagebüchern (Leipzig, 1775). Eine andere Kollektion, von August Mylius verlegt, erschien unter dem Titel »Sammlung der besten und neuesten Reisebeschreibungen in einem ausführlichen Auszuge« 1773 in Berlin. Zu erwähnen wäre auch: Finke, L. L., Versuch einer allgemeinen medicinisch-praktischen Geographie, 3 Bde. (Leipzig 1792), ein Pionierwerk in seiner Art.
54. Tooley, R. V., Bricker, Ch., Crone, C. R., Landmarks of Mapmaking (Amsterdam, 1968), S. 65 f.
55. Vgl. Bagrow, L., Skelton, R. A., Meister der Kartographie (Berlin, 1973), S. 222.
56. Vgl. Plumb, J. H., Men and Places, S. 197.
57. Zit. n. Hallett, R. H., The Penetration of Africa, S. 94.
58. Tooley, Landmarks of Mapmaking, S. 141.
59. Parry, J. H., Europäische Kolonialreiche, S. 499 f.
60. Buron, E., Pierre d'Ailly, Imago Mundi (Paris, 1930).
61. Mac Nutt, F. A., Marty Anglieri, De Orbe Novo, 2 Bde. (New York, 1912). Vgl. Rowe, J. H., The Renaissance Foundations of Anthropology; in: American Anthropologist (1965).
62. Münster, S., Cosmographia oder Beschreibung der gesamten Welt (Basel, 1628). Vgl. Burmeister, K.-H., Sebastian Münster. Versuch eines biographischen Gesamtbildes (Basel und Stuttgart, 1963), S. 108 ff.
63. Münster, S., Cosmographia. Vorrede.
64. Ibidem, Vorrede.
65. Vgl. Beck, H., Geographie. Europäische Entwicklung in Texten und Erläuterungen (Freiburg und München, 1973), S. 115 f.
66. Vgl. Eliade, M., Kosmos und Geschichte. Der Mythos der ewigen Wiederkehr (Düsseldorf, 1953), S. 100 f. Ebenso: Rein, G. A., Das Problem der europäischen Expansion in der Geschichtsschreibung (Göttingen, 1961).
67. Derham, W., Physico-Theology, or a Demonstration of the Being and Attributes of God from His Works of Creation (London, 1713), S. 15.
68. Zit. n. Beck, H., Geographie, S. 170.
69. Vgl. Willey, B., The Eighteenth Century Background, S. 39 ff.
70. Ibidem, S. 40.
71. Ibidem, S. 45.
72. Zit. n. Beck, Geographie, S. 170.
73. Wolff, Ch., Von Gott; in: Brüggemann, F., Das Weltbild der deutschen Aufklärung (Darmstadt, 1966), S. 112.
74. Ibidem, S. 133.
75. Lovejoy, A. O., The Great Chain of Being, S. 191.
76. Vgl. Cassirer, E., La philosophie des lumières (Paris, 1966), S. 94 f. und Ehrard, J., L'idée de nature en France, S. 351 f.
77. Cassirer, E., Philosophie des lumières, S. 155 ff. Hinweis nach der franz. Übersetzung der »Philosophie der Aufklärung«.
78. Willey, B., The Eighteenth Century Background, S. 42.
79. Vgl. Bitterli, U., Die Entdeckung des schwarzen Afrikaners, S. 134 ff.
80. Mornet, D., Les sciences de la nature au XVIIIe siècle (Paris, 1912), S. 194 ff.
81. Vgl. Morize, A., Candide (Paris, 1957), S. XIII ff.

82. Vgl. Benz, T., Die Anthropologie in der Geschichtsschreibung des 18. Jahrhunderts (Bonn, 1932) und Mühlmann, W. E., Geschichte der Anthropologie (Frankfurt, 1968), S. 52ff.
83. Kant, I., Entwurf eines Collegii 1757, zit. n. Hartenstein, G., Kants Werke, Bd. II (Leipzig, 1867), S. 4.
84. Kant, I., Nachricht von der Einrichtung seiner Vorlesungen im Winterhalbjahr 1765/66; in: Weischedel, W., Kants Werke in sechs Bänden, Bd. I (Darmstadt, 1966), S. 915.
85. Zit. n. Löwith, K., Weltgeschichte und Heilsgeschehen (Stuttgart, 1953), S. 129.
86. Vgl. Meinecke, F., Die Entstehung des Historismus, Bd. I, S. 122f.
87. Voltaire, Essai sur les moeurs et l'esprit des nations, Bd. I (Paris, 1963), S. 205ff.
88. Ibidem, S. 222.
89. Zit. n. Duchet, M., Anthropologie et histoire, S. 288.
90. Ibidem, S. 288.
91. Ibidem, S. 298.
92. Voltaire, Essai sur les moeurs. Introduction.
93. Lafitau, P., Moeurs des sauvages américains, comparées aux moeurs des premiers temps, 2 Bde., Bd. I (Paris, 1724), S. 3. Vgl. dazu: Voltaire, Essai sur les moeurs, S. 29.
94. Zit. n. Seeber, E. D., Anti-Slavery in France During the Second Half of the 18th Century (Baltimore, 1957), S. 59.
95. Voltaire, Essai sur les moeurs, Bd. I. S. 22ff.
96. Ibidem, S. 25. Vgl. auch Bd. II, S. 321.
97. Zit. n. Duchet, M., Anthropologie et histoire, S. 305f.
98. Vgl. Brumfit, J. H., Voltaire Historian (Oxford, 1958), S. 76ff. und Bestermann, Th., Voltaire (London, 1969), S. 407ff.
99. Voltaire, Essai sur les moeurs, Bd. I, S. 36.
100. Ibidem, S. 26.
101. Ibidem, S. 9.
102. Ibidem, S. 11.
103. Ibidem, S. 68.
104. Ibidem, S. 61 und Bd. II, S. 321.
105. Ibidem, S. 33f.
106. Voltaire, Le siècle de Louis XIV, Bd. I (Paris, 1960), S. 35ff.
107. Montesquieu, Considérations sur les causes de la grandeur des Romains et de leur décadence; S. 171f.
108. Voltaire, Essai sur les moeurs, Bd. II, S. 804.
109. Ibidem, Bd. I, S. 23.
110. Ibidem, S. 23.
111. Vgl. Charliat, P. J., Histoire universelle des explorations, Bd. III, S. 45.
112. Voltaire, Essai sur les moeurs, Bd. II, S. 330ff.
113. Voltaire, Précis du siècle de Louis XV; in: Oeuvres historiques (Paris, 1957), S. 1468.
114. Zit. n. Duchet, M., Anthropologie et histoire, S. 312f.
115. Vgl. Lettre à Voltaire; in: Rousseau, J.-J., Oeuvres complètes, Bd. III (Paris, 1964), S. 226ff.
116. Vgl. Chinard, G., L'Amérique et le rêve exotique, S. 357f.
117. Rousseau, J.-J., Oeuvres, Bd. III, S. 159f.
118. Vgl. Terrasse, J., J.-J. Rousseau et la quête de l'âge d'or (Bruxelles, 1970), S. 69.
119. Rousseau, J.-J., Oeuvres, Bd. III, S. 184.

120. Ibidem, S. 120.
121. Rousseau, J.-J., Emile; zit. n. Fetscher, J., Rousseaus politische Philosophie (Neuwied, 1960), S. 16.
122. Rousseau, J.-J., Oeuvres, Bd. III, S. 171.
123. Ibidem, S. 178.
124. Ibidem, S. 187.
125. Starobinski, J., Introduction au Discours de l'inégalité; in: Oeuvres, Bd. III, S. LIX.
126. Rousseau, J.-J., Oeuvres, Bd. III, S. 60.
127. Vgl. Bloch, E., Sozialutopie und Naturrecht (Frankfurt, 1961), S. 233 ff.
128. Zit. n. Baczko, B., Rousseau. Einsamkeit und Gemeinschaft (Zürich, 1970), S. 103.
129. Ibidem, S. 190.
130. Vgl. Gautier, J.-M., L'exotisme américain dans l'oeuvre de Chateaubriand (Manchester, 1951).
131. So etwa Reichhardt, R., Reform und Revolution bei Condorcet (Bonn, 1973), S. 9.
132. Condorcet, J.-A. de, Esquisse d'un tableau historique des progrès de l'esprit humain (Paris, 1797), S. 11.
133. Ibidem, S. 284.
134. Ibidem, S. 101 f.
135. Ibidem, S. 4.
136. Ibidem, S. 4.
137. Zit. n. Löwith, K., Weltgeschichte und Heilsgeschehen, S. 90.
138. Condorcet, J.-A. de, Esquisse d'un tableau historique, S. 257. Vgl. Delvaille, J., Essai sur l'histoire de l'idée de progrès jusqu'à la fin du XVIIIe siècle (Paris, 1910), S. 697.
139. Lüthy, H., Geschichte und Fortschritt; in: Meyer, R. W., ed. Das Problem des Fortschritts – heute (Darmstadt, 1969), S. 14.
140. Vgl. zum ökonomischen Hintergrund dieser Theorien Recktenwald, H. C., Geschichte der politischen Ökonomie (Stuttgart, 1971), S. 11ff. Allda auch weitere bibliographische Hinweise.
141. Aron, R., Les désillusions du progrès. Essai sur la dialectique de la modernité (Paris, 1969), S. 25 ff.
142. Bouissonouse, J., Condorcet. Le philosophe de la Révolution (Paris, 1962), S. 77.
143. Turgot, A. R. J., Premier discours pour l'ouverture et la clôture sorbonnique; in: Oeuvres, Bd. II (Paris, 1844), S. 591 f.
144. Turgot, A. R. J., Deuxième discours; in: Oeuvres, Bd. II, S. 602.
145. Condorcet, J.-A. de, Esquisse d'un tableau historique, S. 254.
146. Ibidem, S. 255.
147. Ibidem, S. 141 f.
148. Vgl. Mornet, D., Les origines intellectuelles de la Révolution française (Paris, 1967).
149. Condorcet, J.-A., de, Esquisse d'un tableau historique, S. 257.
150. Golbéry, S. M. X. de, Fragmens d'un voyage en Afrique, Bd. II (Paris, 1802), S. 46.
151. Durand, L., Voyage au Sénégal (Paris, 1802), S. 378.
152. Wadström, C. B., An Essay on Colonization, Bd. I (London, 1795), S. 19 f.
153. Gollwitzer, H., Geschichte des weltpolitischen Denkens, Bd. I, S. 148. Vgl. auch Deschamps, H., Méthodes et doctrines coloniales de la France (Paris, 1953), S. 34 ff.
154. Vgl. Delcourt, A., La France et les établissements au Sénégal entre 1713 et 1763 (Dakar, 1952), S. 356 ff.
155. Vgl. Williams, G., The Expansion of Europe in the Eighteenth Century (London, 1966), S. 217.

II. Die Summe des Wissens

156. Zit. n. Parry, J. H., Europäische Kolonialreiche, S. 537.
157. Vgl. Bittermann, J., Adam Smith's Empiricism and the Law of Nature; in: Journal of Political Economy (1940).
158. Smith, A., An Inquiry into the Nature and Causes of the Wealth of Nations, Bd. II (London, 1904), S. 121.
159. Ibidem, S. 432. Zu Smith und Tucker vgl. etwa: Schuyler, R. L., The Fall of the Old Colonial System (London, 1945), S. 38 ff.
160. Ibidem, S. 116.
161. Ferguson, A., An Essay on the History of Civil Society (Philadelphia, 1819), S. 58 ff.
162. Golbéry, S. M. X., Fragmens d'un voyage en Afrique, Bd. II, S. 493 f.
163. Williams, G., The Expansion of Europe, S. 252 ff.
164. Vgl. zum Studium solcher literarisch-historischer Querverbindungen etwa: Baudet, H., Paradise on Earth (New Haven, 1965); Fairchild, H. N., The Noble Savage (New York, 1928); Evans, B., Literature and Science (London, 1954).
165. Vgl. dazu vor allem die Werke von G. Chinard.
166. Vgl. die von Fritz Brüggemann edierte Sammlung »Deutsche Literatur in Entwicklungsreihen. Das Weltbild der Aufklärung« (Darmstadt, 1966).
167. Wezel, J. C., Belphegor, oder die wahrscheinlichste Geschichte unter der Sonne (Frankfurt, 1965), S. 150 ff.
168. Ibidem, S. 133.
169. Herder, J. G., Schriften. Eine Auswahl aus dem Gesamtwerk (München, 1960), S. 25 f.
170. Vgl. Brüggemann, F., Sammlung literarischer Kunst- und Kulturdenkmäler. Nicolai, Ch. F., Das Leben und die Meinungen des Herrn Magister Sebaldus Nothanker (Berlin und Stettin, 1773–76). Und: Hermes, J. T., Sophiens Reise von Memel nach Sachsen (Worms, 1776).
171. Zur Kunsttheorie der Aufklärung vgl. Starobinski, J., Die Erfindung der Freiheit (Genf, 1964), S. 115 f.
172. Vgl. etwa Nissen, C., Die botanische Buchillustration, Bd. I (Stuttgart, 1951).
173. Rouget, G., Ethnomusicologie; in: Ethnologie générale, S. 1340.
174. Vgl. Fischer, F. von, Die Begegnung der abendländischen Tonkunst mit der außereuropäischen Musik; in: Europa und der Kolonialismus (Zürich, 1962), S. 270 f.
175. Gusdorf, G., Pour une histoire des sciences de l'homme; in: Diogène (1957).
176. Poirier, J., Histoire de l'éthnologie (Paris, 1969), S. 20.
177. Mercier, P., Histoire de l'anthropologie (Paris, 1966), S. 6 f.
178. Zu Begriff des Dialogs, wie ich ihn hier verstehe, vgl. Buber, M., Das dialogische Prinzip (Zürich, 1954).
179. Swift, J., Gulliver's Travels (London, 1967), S. 43.
180. Balandier, G., Afrique ambiguë (Paris, 1957), S. 8.
181. Winterbottom, T., An Account of the Native Africans, S. V.
182. Degérando, J.-M., The Observation of Savage Peoples (London, 1969), S. 68.
183. Ibidem, S. 70.
184. Blumenbach, J. F., Die wissenschaftlichen Anweisungen, die Blumenbach Hornemann gab, aus dem Archiv der Familie Blumenbach zu Hannover; in: Abhandlungen der Gesellschaft der Wissenschaften zu Göttingen, philosophisch-historische Klasse (Göttingen, 1937).
185. Ibidem, S. 81.
186. Degérando, J.-M., Observation of Savage Peoples, S. 80.
187. Ibidem, S. 85.

188. Ibidem, S. 87.
189. Vgl. Péron, F., Freycinet, L., Voyage de découvertes aux terres australes, Bd. I (Paris, 1807).
190. Vgl. Flinders, M., A Voyage to Australia undertaken for the purpose of Completing the Discovery of that Vast Country, 2 Bde. (London, 1814).
191. Vgl. etwa Schneider, B., Einführung in die neuere Geschichte (Stuttgart, 1974), S. 29 ff.
192. Vgl. Plumb, J. H., Die Zukunft der Geschichte (München, 1971), S. 90 f.
193. Vgl. Varen, B., Cosmography (London, 1682), Einleitung.
194. Die Erforschung sozialer und mentaler Strukturen setzt ein vor allem nach dem Erscheinen von Lewis Henry Morgans »Ancient Society« im Jahre 1877. Vgl. etwa Cazeneuve, J., L'éthnologie (Paris, 1967), S. 92 ff. Und: Mühlmann, W. E., Geschichte der Anthropologie, S. 102 ff.
195. Vgl. Gadamer, H. G., Wahrheit und Methode (Tübingen, 1965), S. 428 ff.
196. Zit. n. Starobinski, J., Die Erfindung der Freiheit, S. 115 f.
197. Vgl. dazu Woodruff, Ph., The Men who Ruled India, Bd. I (London, 1939).
198. Zit. n. Hallett, R., The Penetration of Africa, S. 305.
199. Vgl. Cornevin, R., Histoire de l'Afrique, Bd. II (Paris, 1966), S. 385 ff.
200. Vgl. II. Teil. Kapitel IV: Der Überseebewohner als Vorbild und Herausforderung.
201. Gadamer, H. G., Nachwort zu »Auch eine Philosophie der Geschichte der Neuzeit« (Frankfurt, 1967), S. 146 ff.
202. Meinecke, F., Die Entstehung des Historismus, Bd. II, S. 416 f.
203. Herder, J. G., Sämtliche Werke (Suphan-Ausgabe), Bd. V, S. 509. Vgl. auch Grawe, Ch., Herders Kulturanthropologie (Bonn, 1967), S. 90 f.
204. Herder, J. G., Sämtliche Werke, Bd. V. S. 505.
205. Ibidem, Bd. XXX, S. 239.
206. Vgl. Wittram, R., Das Interesse an der Geschichte (Göttingen, 1959).
207. Vgl. etwa die Stelle in Herders »Reisejournal«, wo vom Enthusiasmus, den er dem Wilden entgegenbringe, die Rede ist: Sämtliche Werke, Bd. V, S. 168.
208. Vgl. Ehrard, J., L'idée de Nature en France, S. 200 ff.
209. Hanke, L., The Spanish Struggle for Justice in the Conquest of America (Philadelphia, 1949), S. 71 ff.
210. Endlösungsprojekte, wie sie K. D. Bracher in »Die deutsche Diktatur« (Köln, 1969), S. 456 f. knapp charakterisiert, gab es im kolonialgeschichtlichen Bereich nie.
211. Vgl. Poirier, J., Histoire de la pensée ethnologique; in: L' Ethnologie, S. 41 ff.
212. Degérando, J.-M., The Observation of Savage Peoples, S. 65 f.
213. Réau, L., L'Europe française au siècle des lumières (Paris, 1971), S. 13.
214. Maupertuis, P. L. de, La Vénus physique (Genf, 1780), S. 116.

III. Die anthropologische Diskussion

1. Herder, J. G., Sämtliche Werke (Suphan-Ausgabe), Bd. XIII, S. 15.
2. Ibidem, S. 9.
3. Ibidem, S. 137 ff.
4. Ibidem, S. 255. Herders Überlegungen zur Einheit der menschlichen Gattung erheben keinen Anspruch auf gedankliche Originalität; der Autor hat im Gegenteil aus verschiedensten Quellen geschöpft. Vgl. Grundmann, J., Die geographischen und völker-

III. Die anthropologische Diskussion 463

kundlichen Quellen und Anschauungen in Herders »Ideen zur Geschichte der Menschheit« (Berlin, 1900).
5. Ibidem, S. 196.
6. Kant, I., Rezensionen von J. G. Herders »Ideen zur Philosophie der Geschichte der Menschheit«; in: Werke, Bd. IV (Berlin, 1913), Teil I. Herders Ideen sollten in unserer Zeit übrigens von Teilhard de Chardin in »Die Zukunft des Menschen« (Olten, 1963) aufgenommen werden.
7. Buffon, G. L. L. de, Histoire générale des animaux et de l'homme, Bd. III (Berne, 1792), S. 162.
8. Montesquieu, Esprit des Lois, Livre I, Chapitre II (Paris, 1951), S. 235 f.
9. Kant, I., Anthropologie in pragmatischer Hinsicht abgefaßt; in: Werke, Bd. VIII (Berlin, 1922), S. 233 f.
10. Voltaire, Le siècle de Louis XIV, Bd. 1 (Paris, 1936), S. 37.
11. Buffon, G. L. L. de, Histoire générale, Bd. III, S. 147.
12. Kant, I., Bestimmung des Begriffs einer Menschenrasse; in: Werke, Bd. IV (Berlin, 1913), S. 225.
13. La Peyrère, I. de, Praeadamitae sive exercitatio super versibus 12, 13 et 14 capitis V Epistolae D. Pauli ad Romanos (Amsterdam, 1655). Haddon, A. C., History of Anthropology, S. 40, führt die Lehre des Präadamitismus bereits auf Paracelsus zurück.
14. Hume, D., Of National Character; in: The Philosophical Works, Bd. III (London, 1898), S. 252.
15. Long, E., History of Jamaica (London, 1774). Neuedition in drei Bänden (London, 1970).
16. Atkins, J., A Voyage to Guinea, Brasil and the West Indies (London, 1735), S. 39.
17. Matthews, J., A Voyage to the River Sierra Leone on the Coast of Africa (London, 1788), S. 159.
18. Grégoire, H., De la littérature des Nègres (Paris, 1808), S. 301.
19. Forster, G., Reise um die Welt, S. 172.
20. Forster, G., Noch etwas über die Menschenrassen; in: Werke in vier Bänden, Bd. II (Frankfurt, 1969), S. 97.
21. Ibidem, S. 86.
22. Linné, C. von, Systema Naturae (Vindobona, 1767), S. 28 ff.
23. Ibidem, S. 29.
24. Ibidem, S. 45.
25. Vgl. Tinland, F., L'homme sauvage (Paris, 1968), S. 63 ff. Vgl. auch Myres, J. L., The Influence of Anthropology on the Course of Political Science; in: University of California Publications in History (Berkeley, 1917).
26. Linné, C. von, Systema Naturae, S. 42.
27. Vgl. Tinland, F., L'homme sauvage, S. 49 ff.
28. Vgl. Lovejoy, A. O., The Great Chain of Being (Cambridge, Mass., 1966).
29. Zit. n. Toulmin, St. und Goodfield, J., Entdeckung der Zeit (München, 1970), S. 106.
30. Vgl. Tinland, F., L'homme sauvage.
31. Rousseau, J.-J., Sur L'origine de l'inégalité. Notes; S. 210.
32. Zedler, J. H., Großes vollständiges Universallexikon, Bd. XX, Stichwort: Mensch.
33. Tinland, F., L'homme sauvage, S. 104.
34. Ibidem, S. 111.
35. Ibidem, S. 115.

36. Zit. n. Seeber, E. D., The Anti-Slavery Opinion in France During the Second Half of the 18th Century (Baltimore, 1957), S. 59.
37. Lamettrie, J. O. de, Traité de l'homme machine (Paris, 1751), S. 320.
38. Buffon, G. L. L. de, Histoire générale, Bd. II, S. 171 f.
39. Sömmering, S. T., Über die körperliche Verschiedenheit des Negers vom Europäer (Frankfurt, 1785), S. XX.
40. Ibidem, S. XX. Daß im anthropologischen Denken der schwarzen Afrikaner der Affe eine sehr ähnliche Rolle spielt wie in Europa, wird nachgewiesen durch Baumann, H., Schöpfung und Urzeit des Menschen im Mythus der afrikanischen Völker (Berlin, 1936), S. 329.
41. Blumenbach, J. F., Über die natürlichen Verschiedenheiten im Menschengeschlecht (Leipzig, 1798), S. 216 f.
42. Winterbottom, Th., An Account of the Native Africans, S. 202.
43. Ibidem, S. 204.
44. Vgl. Heberer, G., Die Herkunft der Menschheit; in: Propyläenweltgeschichte, Bd. I (Berlin, 1961), S. 117.
45. Toulmin, S. und Goodfield, J., Entdeckung der Zeit, S. 209 ff.
46. Vgl. 1. Mose, Kap. IV. Ferner: Lexikon für Theologie und Kirche, Bd. V (Freiburg, 1960). Über Zusammenhänge zwischen Schwarzfärbung und Alchimie vgl. Jung, C. G., Psychologie und Alchemie (Zürich, 1944), S. 318.
47. Prestage, E., The Chronicle of the Discovery and Conquest of Guinea, Bd. I, S. 54.
48. Malfert, P., Mémoire sur l'origine des Nègres et des Américains (Paris, 1733). Vgl. Mercier, R., L'Afrique noire dans la littérature française (Dakar, 1962), S. 71 f. Ebenso: Steins, M., Das Bild des Schwarzen in der europäischen Kolonialliteratur 1870–1918 (Frankfurt, 1972), S. 35 ff.
49. 1. Mose, IX, 18.
50. Vgl. etwa Zedlers Universallexikon Bd. V (Halle und Leipzig, 1733), Stichwort: Cham.
51. De Brosses, Ch., Du culte des Dieux fétiches (Paris, 1760), S. 193.
52. Matth. II, 1–2.
53. Vgl. Baudet, H., Paradise on Earth (New Haven and London, 1965), S. 17 f.
54. Astley, Th., A General Collection of Voyages and Travels, Bd. III, S. 270. Statt »Cham« müßte es richtig »Noah« heißen.
55. Demanet, Abbé, Nouvelle histoire de l'Afrique françoise, Bd. II (Paris, 1767), S. 50.
56. Plischke, H., Johann Friedrich Blumenbachs Einfluß auf die Forschungsreisen seiner Zeit; in: Abhandlungen der Gesellschaft der Wissenschaften zu Göttingen, philosophisch-historische Klasse (Göttingen, 1937).
57. Meiners, Ch., Göttingisches Historisches Magazin, Bd. I (Göttingen, 1787), S. 227.
58. Léon-Portilla, M., Rückkehr der Götter (München, 1965), S. 34.
59. Herskovits, M. J., Les bases de l'anthropologie culturelle (Paris, 1967), S. 59 f.
60. Baumann, H., Schöpfung und Urzeit, S. 333. Über diesen afrikanischen Hang zur Selbsterniedrigung vgl. auch zeitgenössische Autoren, z. B. Sulzer, P., Schwarze Intelligenz (Zürich, 1955), S. 33.
61. Vgl. Lévi-Strauss, Cl., Race et histoire (Paris, 1960), S. 20.
62. Vgl. Grimm, Deutsches Wörterbuch (Leipzig, 1885), S. 2472.
63. Kant, I., Bestimmung des Begriffs einer Menschenrasse; in: Werke, Bd. IV, S. 237.
64. Zu diesen Fragen vgl. etwa: Sutter, J., Démographie, génétique et ethnologie; in: Ethnologie générale (Paris, 1968), S. 1504 ff.
65. Blumenbach, J. F., Handbuch der Naturgeschichte (Göttingen, 1814), S. 101.

III. Die anthropologische Diskussion 465

66. Blumenbach, J. F., Von den Kakerlaken; in: Beiträge zur Naturgeschichte, 1. Teil (Göttingen, 1806).
67. Blumenbach, J. F., Über die natürlichen Verschiedenheiten im Menschengeschlechte, S. 207.
68. Blumenbach, J. F., Einteilung des Menschengeschlechts in fünf Hauptrassen; in: Beiträge zur Naturgeschichte, 1. Teil.
69. Eine der ersten wissenschaftlichen Untersuchungen über den Ursprung der verschiedenen Hautfarben soll die Arbeit des Engländers Thomas Browne »Pseudodoxia epidemica« (London, 1646) sein; die Schrift ist mir unbekannt. Vgl. Mercier, P., L'Afrique noire dans la littérature française, S. 70.
70. Astley, Th., A New General Collection, Bd. III, S. 269.
71. La Pérouse, J. F., Voyage autour du monde, S. 188.
72. Buffon, G. L. L. de, Histoire générale, Bd. III, S. 158 f.
73. Voltaire, Essai sur les moeurs, Bd. I, S. 6.
74. Bernier, F., Nouvelle division de la terre, par les différentes espèces ou races d'homme qui l'habitent; Journal des Savans (Paris, 1684).
75. Voltaire, Essai sur les moeurs, Bd. I, S. 11.
76. De Brosses, Ch., Du Culte des Dieux fétiches, S. 66 ff.
77. Lafitau, P., Moeurs des sauvages américains, comparées aux moeurs des premiers temps, Bd. I (Paris, 1724), S. 34.
78. Ibidem, S. 49 f.
79. Buffon, G. L. L. de, Histoire générale, Bd. III, S. 147.
80. Ibidem, S. 80 und S. 113 f.
81. Montesquieu, Esprit des Lois, Buch XIX, Kapitel 4.
82. Iselin, I., Geschichte der Menschheit (Basel, 1768), S. 55 f.
83. Meiners, Ch., Grundriß der Geschichte der Menschheit (Lemgo, 1785), S. 31. Maupertuis, L. M. de, La Vénus physique (Genève, 1780), S. 116.
84. Meiners, Ch., Göttingisches Historisches Magazin, Bd. VIII (Hannover, 1791), S. 211 ff.
85. Barrère, P., Dissertation sur la cause physique de la couleur des Nègres (Paris, 1741), S. 57.
86. Maupertuis, L. M. de, La Vénus physique, S. 118 f.
87. Blumenbach, J. F., Über die natürlichen Verschiedenheiten im Menschengeschlechte, S. 97 f.
88. Lafitau, P., Moeurs des sauvages, Bd. I, S. 32.
89. Du Tertre, J. B., Histoire générale des Isles de l'Amérique, S. 398.
90. Plischke, H., Blumenbachs Einfluß auf die Entdeckungsreisenden seiner Zeit, S. 82.
91. Vgl. dazu etwa Mühlmann, W. E., Geschichte der Anthropologie, S. 54 ff.
92. Vgl. Haddon, A. C., History of Anthropology, S. 18.
93. Lavater, J. C., Physiognomische Fragmente zur Beförderung der Menschenkenntnis und Menschenliebe, Bd. I (Leipzig, 1775–1778), S. 33.
94. Starobinski, J., Die Erfindung der Freiheit, S. 134 ff.
95. Friedell, E., Aufklärung und Revolution (München, 1961), S. 196.
96. Meiners, Ch., Göttingisches Historisches Magazin, Bd. II (Hannover, 1788), S. 272.
97. Schiller, F., Die Räuber, 1. Akt 1. Szene.
98. Labat, J. B., Nouvelle histoire de l'Afrique occidentale, Bd. II, S. 140.
99. Le Maire, J., Les Voyages du Sieur Le Maire, S. 161.
100. Adanson, M., Histoire naturelle du Sénégal, S. 22.

101. Blumenbach, J. F., Beiträge zur Naturgeschichte, S. 79.
102. Vgl. Bastide, R., Le prochain et le lointain, S. 77 ff.
103. Vgl. etwa Loti, P., Le roman d'un spahi (Paris, 1954) und Steins, M., Das Bild des Schwarzen in der europäischen Kolonialliteratur, S. 82 ff. Zur oftmals beschönigenden Art der Darstellung des Afrikaners in der bildenden Kunst gibt es einen interessanten Aufsatz von Sachs, I., L'image du noir dans l'art européen; in: Annales (1969), der wegweisend für kunstgeschichtlich-anthropologische Untersuchungen bei andern Rassen sein könnte.
104. Zit. n. Chinard, G., L'Amérique et le rêve exotique, S. 137.
105. Lafitau, P., Moeurs des sauvages américains, Bd. I, S. 105.
106. Meiners, Ch., Göttingisches Historisches Magazin, Bd. VII (Hannover, 1790), S. 114 f.
107. Bougainville, A. de, Voyage autour du monde, Bd. (Neuchâtel, 1772), S. 22.
108. Beaglehole, J. C., The Journals of Captain Cook on his Voyages of Discovery, Bd. I, S. 124.
109. Forster, J. R., Bemerkungen über die Gegenstände der physischen Erdbeschreibung, Naturgeschichte und sittlichen Philosophie (Berlin, 1783), S. 204 f.
110. Forster, G., Reise um die Welt, S. 245.
111. Ibidem, S. 271.
112. Ibidem, S. 564.
113. Herder, J. G., Auch eine Philosophie der Geschichte zur Bildung der Menschheit; in: Suphan-Ausgabe, Bd. V, S. 509.
114. De la Roche-Tilhac, P., Histoire des révolutions de Taiti, (Paris, 1782), S. 14. Vgl. dazu auch das nächste Kapitel, bes. den Abschnitt: »Porträt des edlen Wilden«.
115. Montaigne, Von den Menschenfressern; in: Essais, S. 220 ff.
116. Lichtenberg, G. Ch., Über Physiognomik; in: Ausgewählte Werke in zwei Bänden, Bd. II (Frankfurt, 1970), S. 87.
117. Ibidem, S. 57.
118. Ibidem, S. 58.

IV. Der Überseebewohner als Vorbild und Herausforderung

1. Lévi-Strauss, Cl., Race et histoire, S. 22.
2. Hippocrates, De aere, aquis, locis; Kap. 18–23. Vgl. Lovejoy, A. O. und Boas, Primitivism and Related Ideas (New York, 1965), S. 316 ff.
3. Zit. n. Jones, W. R., The Image of the Barbarian in Medieval Europe; in: Comparative Studies in Society and History (1971), S. 398 f.
4. Ibidem, S. 400.
5. Vgl. etwa die Chronik des Niketas Choniates; in: Byzantinische Geisteswelt (Baden-Baden, 1958), S. 197 ff.
6. Seneca, De providentia, Kap. IV, 14–15.
7. Caesar, De bello gallico, Kap. VI, 21–23.
8. Weitere Hinweise geben Lovejoy und Boas, Primitivism and Related Ideas.
9. Barbot, J., A Description of the Coasts of Nigritia Vulgarly Called North Guinea; in: Churchill, A., Collection of Voyages, Bd. V. S. 34.
10. Demanet, Abbé, Nouvelle histoire de l'Afrique françoise, Bd. I, S. 226.
11. Labat, J.-B., Nouvelle relation de l'Afrique occidentale, Bd. III, S. 353.
12. Golbéry, S. M. X., Fragmens d'un voyage en Afrique, Bd. II, S. 347.

IV. Der Überseebewohner als Vorbild und Herausforderung

13. Eine solche Einschätzung geht etwa hervor aus Geoffroy de Villhardouins berühmter Schilderung der »Conquête de Constantinople«; in: Historiens et Chroniqueurs du Moyen Age (Paris, 1952), S. 97ff. Vgl. auch Kindlimann, S., Die Eroberung von Konstantinopel als politische Forderung des Westens im Hochmittelalter (Zürich, 1969).
14. Seguy, J., Des mythes des origines au mythe aryen; in: Annales (1970), S. 408.
15. Herder, J. G., Sämtliche Werke (Suphan-Ausgabe), Bd. V, S. 501.
16. Spengler, O., Der Untergang des Abendlandes (München, 1969), S. 450ff.
17. Vgl. Jung, C. G., Von den Wurzeln des Bewußtseins (Zürich, 1954), Einleitung. Ebenso: Eliade, M., Myths, Dreams and Mysteries (London, 1960).
18. Vgl. dazu Steins, M., Das Bild des Schwarzen in der europäischen Kolonialliteratur 1870–1918. Ebenso: Bitterli, U., Schriftsteller und Kolonialismus, S. 55ff.
19. Vgl. Hazard, P., European Thought in the 18th Century (London, 1967), S. 393.
20. Montaigne, Essais, S. 237.
21. Zit. n. Atkins, J., A Voyage to Guinea, Brasil and the West Indies, S. 24.
22. Gonnard, R., La légende du bon sauvage (Paris, 1946), S. 121.
23. Toynbee, A. J., Der Gang der Weltgeschichte, Bd. I (Zürich, 1961), S. 469ff.
24. Ibidem, S. 499.
25. Vgl. Eliade, M., Myths, Dreams and Mysteries, S. 39ff.
26. Mason, P., ed., Hésiode, Les travaux et les jours (Paris, 1951), S. 57f.
27. Eliade, M., Myths, Dreams and Mysteries, S. 57ff.
28. Jung, C. G., Psychologie und Alchemie, S. 465.
29. Baudet, H., Paradise on Earth, S. 27f.
30. Prescott, W. H., Die Eroberung von Mexiko (Berlin, 1956), S. 190.
31. Vgl. etwa Kirkpatrick, F. A., Die spanischen Konquistadoren (München, 1962), S. 223ff.
32. Du Tertre, J. B., Histoire générale des Isles, S. 397.
33. Ibidem, S. 459.
34. Vgl. Jaspers, R., Die missionarische Erschließung Ozeaniens (Münster, 1972), S. 16f.
35. Zit. n. Beaglehole, J. C., The Journals of Captain Cook, Bd. I, S. CLXXII.
36. Hérubel, M., ed., Bougainville, S. 195.
37. Forster, G., Reise um die Welt, S. 253.
38. Beaglehole, J. C., The Journals of Captain Cook, Bd. I, S. 121.
39. Forster, J. R., Bemerkungen über Gegenstände der physischen Erdbeschreibung, Naturgeschichte und sittlichen Philosophie, auf einer Reise um die Welt gesammelt (Berlin, 1783), S. 135f.
40. Hérubel, M., Bougainville, S. 210.
41. Forster, G., Reise um die Welt, S. 271.
42. Zit. n. Moorehead, A., The Fatal Impact (London, 1966), S. 60.
43. Dasselbe läßt sich nicht sagen von der Erstpublikation der Ergebnisse von Cooks erster Reise durch Hawkesworth, J., An Account of the Voyages undertaken for Making Discoveries in the Southern Hemisphere (London, 1773).
44. Vgl. Danielson, B., La Polynésie; in: Ethnologie régionale, Bd. I (Paris, 1972), S. 1236ff.
45. Hérubel, M., Bougainville, S. 194. und Forster, G., Reise um die Welt, S. 313.
46. Park, M., Travels in the Interior Districts of Africa (London, 1799), S. 233f.
47. Forster, G., Reise um die Welt, S. 313.
48. Moorehead, A., The Fatal Impact, S. 34f.

49. Forster, J. R., Tagebuch einer Entdeckungsreise nach der Südsee in den Jahren 1776–80 (Berlin, 1781), S. 157.
50. Forster, G., Reise um die Welt, S. 295 und S. 330 f.
51. Ibidem, S. 281.
52. Zit. n. Moorehead, A., The Fatal Impact, S. 55 f. Bezeichnend für die Besorgtheit solcher Überlegungen ist etwa auch die besonders zwischen englischen und französischen Gelehrten jener Zeit ausgefochtene Kontroverse darüber, wer für die Einführung der Geschlechtskrankheiten in die pazifische Inselwelt verantwortlich zu machen sei.
53. Commerson, P. de, Tahiti ou la Nouvelle Cythère; in: Hérubel, M., Bougainville, S. 392.
54. Ibidem, S. 392.
55. Ibidem, S. 392.
56. La Dixmerie, Le sauvage de Taiti aux Français (London, 1770), S. 24.
57. La Roche-Tilhac, P. de, Histoire des révolutions de Taiti (Paris, 1782).
58. Taitbout, Essai sur l'isle de Otahiti, située dans la Mer du Sud (Avignon, 1779).
59. Vgl. Smith, B., European Vision and the South Pacific (Oxford, 1960), S. 80 ff.
60. Vgl. Fairchild, H. N., The Noble Sauvage, S. 220 und S. 229 f.
61. Zit. n. Volk, W., Die Entdeckung Tahitis und das Wunschbild der seligen Insel in der deutschen Literatur (Heidelberg, 1934), S. 39.
62. Vgl. Volk, W., Die Entdeckung Tahitis.
63. Zit. n. Beck, H., Große Reisende, S. 181.
64. Zit. n. Volk, W., Die Entdeckung Tahitis, S. 25.
65. Vgl. etwa Servier, J., Histoire de l'utopie (Paris, 1967). Oder: Armytage, W. H. G., Heavens Below. Utopian Experiments in England 1560–1960 (London, 1961).
66. Kirchenheim, A. von, Schlaraffia politica. Geschichte der Dichtungen vom besten Staat (Leipzig, 1899), S. 63.
67. Servier, J., Histoire de l'utopie, S. 135 f.
68. Vgl. Morus, Th., Utopia (Stuttgart, 1964), bes. S. 60 ff.
69. Vgl. Loetscher, H., Aus den portugiesischen Meer-Tragödien; in: Neue Zürcher Zeitung, 12. 5. 1974.
70. Foigny, G. de, La terre australe connue (Paris, 1676), S. 87 ff. Und Rétif de la Bretonne, La découverte australe, Bd. I (Leipzig, 1781), S. 34 f.
71. Zur Frage des Privatbesitzes vgl. etwa Meek, C. K., Land Law and Custom in the Colonies (London, 1946).
72. Zit. n. Swoboda, H., Der Traum vom besten Staat (München, 1972), S. 118.
73. Vairasse d'Allais, D., Histoire des Sévérambes, Bd. I (Paris, 1677), S. 278.
74. Ibidem, S. 319 f.
75. Zit. n. Swoboda, H., Der Traum vom besten Staat, S. 226 f.
76. Zit. n. Cumming, W. P., Skelton, R. A., Quinn, D. B., The Discovery of North America (London, 1971), S. 200.
77. Morus, Th., Utopia, S. 95.
78. Fénelon, F. de, Les aventures de Télémaque (Den Haag, 1712), S. 157.
79. Vgl. Servier, J., Histoire de l'utopie, S. 178 ff.
80. Raynal, G.-T., Histoire philosophique et politique des établissements et du commerce des Européens dans les deux Indes, Bd. IV (Paris, 1762), S. 278.
81. Vgl. dazu die kritische Sicht dieser puritanischen Sozietät durch Adams, J. T., The History of New England (Boston, 1942).
82. Zit. n. Ungers, L. u. O., Kommunen in der Neuen Welt 1740–1972 (Köln, 1972), S. 8.

83. Vgl. Kup, A. P., A History of Sierra Leone 1400–1787 (Cambridge, 1961), S. 150 ff.
84. Vgl. Wadström, C. B., An Essay on Colonization (London, 1794), S. 18 ff.
85. Cameron, H. C., Sir Joseph Banks (London, 1952), S. 180 f.
86. Febvre, L., Pour une histoire à part entière (Paris, 1962), S. 136.
87. Das erste Werk dieser Art von Belang scheint Louis Sebastien Merciers »L'année 2440« (Paris, 1746) zu sein, das sofort nach seinem Erscheinen verboten wurde.
88. Baczko, B., Lumières et utopie. Problèmes et recherches; in: Annales (1971), S. 363.
89. Vgl. Brüggemann, F., Utopie und Robinsonade (Weimar, 1914), S. 33 ff.
90. Vgl. Sondernummer der Zeitschrift »Du« über die »Robinsonade«, Mai 1966.
91. Vgl. Schotte, J. H., Einleitung zu Grimmelshausens »Continuatio des abenteuerlichen Simplicissimus (Halle, 1939), S. XVIII ff.
92. Ibidem, S. 97.
93. Vgl. etwa Moore, J. R., Daniel Defoe. Citizen of the Modern World (Chicago, 1958).
94. Rousseau, J.-J., Emile, Buch III.
95. Defoe, D., Robinson Crusoe (London, 1965), S. 139.
96. Ibidem, S. 308.
97. Adams. P. G., Travelers and Travel Liars 1660–1800, Einleitung.
98. Bürger, G. A., Wunderbare Reisen zu Wasser und Lande des Freyherrn von Münchhausen (Göttingen, 1786).
99. Vgl. Atkinson, G., The Extraordinary Voyage in French Literature from 1700 to 1720 (Paris, 1922).
100. Swift, J., Gulliver's Travels (London, 1967), S. 340.
101. Ibidem, S. 325.
102. Reuter, Ch., Schelmuffskys curiose und sehr gefährliche Reisebeschreibung zu Wasser und zu Land (Leipzig, 1696).
103. Chateaubriand, F. R. de, Oeuvres complètes, Bd. VI (Paris, 1827), Vorwort.
104. Vgl. Bédier, J., Etudes critiques (Paris, 1903), S. 127 ff. Ebenso Chinard, G., L'exotisme américain dans l'oeuvre de Chateaubriand.
105. Chateaubriand, F. R. de, Atala (Paris, 1962), S. 5.
106. Vgl. Gsteiger, M., Chateaubriand in Amerika; in: Neue Zürcher Zeitung, 4. 9. 1968.
107. Vgl. Adams, P. G., Travelers and Travel Liars, S. 105 ff. Und: Aktinson, G., The Extraordinary Voyage.
108. Chinard, G., L'Amérique et le rêve exotique, S. 347 und S. 357.
109. Vgl. Goldmann, L., La pensée des lumières; in: Annales (1967).
110. Gonnard, R., La légende du bon sauvage, S. 97.
111. Voltaire, L'ingénu (Genève, 1957), S. 82.
112. Ibidem, S. 106.
113. Vgl. Jones, W. R., Einleitung zur von mir benutzten maßgeblichen Edition des »Ingénu«, S. 36 f.
114. Zit. n. Starobinski, J., Die Erfindung der Freiheit, S. 54.
115. Voltaire, L'ingénu, S. 149.
116. Zum Aufbau und zur Entstehung von Diderots Werk vgl. die Einleitung zur Edition von Dieckmann, H., Supplément au voyage de Bougainville (Genève, 1955), bes. S. CXXXIV f.
117. Zit. n. der deutschen Übersetzung des Suppléments (Frankfurt, 1965), S. 18.
118. Ibidem, S. 12.
119. Ibidem, S. 53.
120. Ibidem, S. 55.

121. Ibidem, S. 69.
122. Vgl. Mornet, D., Les origines intellectuelles de la Révolution française (Paris, 1967), S. 11.
123. Soboul, A., La civilisation et la Révolution française (Paris, 1970), S. 466f.
124. La Hontan, Baron de, Voyages dans l'Amérique septentrionale, Bd. II (Amsterdam, 1705), S. 238f.
125. Ibidem, S. 279f.
126. Ibidem, S. 248.

V. Schlußwort

1. Vgl. Wellek, R. und Warren, A., Theorie der Literatur (Bad Homburg, 1959), S. 113.
2. Nipperdey, Th., Die anthropologische Dimension in der Geschichtswissenschaft; in: Geschichte – heute (Göttingen, 1973), S. 236.
3. Zit. n. Davies, D. B., The Problem of Slavery in Western Culture, S. 429.
4. Smith, A., An Inquiry into the Nature and Causes of the Wealth of Nations, Bd. I (London, 1950), S. 83.
5. Vgl. Dykes, E. B., The Negro in English Romantic Thought (Washington, 1942), S. 21.
6. Vgl. etwa Warner, O., William Wilberforce, S. 43f.
7. So urteilt unter anderen Trevelyan, G. M., English History (London, 1964), S. 181.
8. Vgl. Ansley, R. A., Re-interpretation of the Abolition in the British Slave Trade; in: English Historical Review (1972).
9. Vgl. Coupland, R., The Abolition of the Slave Trade; in: Cambridge History of the British Empire (Cambridge, 1940), S. 188ff.
10. Berding, H., Die Ächtung des Sklavenhandels auf dem Wiener Kongreß 1814/15; in: Historische Zeitschrift (1974), S. 298f.
11. Raynal, G. F. T., Histoire philosophique et politique dans les deux Indes, Bd. IV, S. 235.
12. Zit. n. Gentlemen's Magazine, 1797, S. 321. Der Autor, Bryan Edwards, war Verfasser einer vielbeachteten, den Sklavenhandel apologetisch betrachtenden «History of the British Colonies in the West Indies» (London, 1794).
13. Zit. n. Deschamps, H., Histoire de la traite des noirs, S. 176.
14. Vgl. Sebbar-Pignon, L., Le mythe du bon nègre dans la littérature du XVIIIe siècle, in: Les temps modernes (1974).
15. Ibidem, S. 2603.
16. Vgl. Plessner, M., Onkel Tom verbrennt seine Hütte (Frankfurt, 1973), S. 64ff.
17. Voltaire, Essai sur les moeurs, Bd. II, S. 387.
18. Vgl. Deschamps, H., Méthodes et doctrines coloniales de la France, S. 78f.
19. Turgot, A. R., Deuxième Discours; in: Oeuvres, Bd. II, S. 602.
20. Vgl. Schuyler, R. L., The Fall of the Old Colonial System (Oxford, 1945), S. 38ff.
21. Burke, E., Über die Aussöhnung mit den Kolonien (Basel, 1944), S. 68f.
22. Churchill, W. S., History of the English Speaking Peoples, Bd. III (London, 1967), S. 224.
23. Parry, J. H., Trade and Dominion, S. 170; zit. n. d. deutschen Übersetzung.
24. Vgl. Schneebeli, R., Die zweifache Treuhänderschaft (Zürich, 1958), S. 28ff.
25. Vgl. Hanotaux, G., L'énergie française (Paris, 1902), S. 313. Zit. n. Zimmermann, L., Der Imperialismus, S. 25.

26. Vgl. dazu die Werke zur neueren Ethnologiegeschichte, z. B. Mühlmann, W. E., Geschichte der Anthropologie.
27. Vgl. etwa zur englischen Entdeckungsgeschichte Perham, M. and Simmons, J., African Discovery (London, 1961), besonders die Einleitung.

Bibliographie

Das Verzeichnis der Quellenliteratur soll einen repräsentativen Ausschnitt jenes ausgedehnten Schrifttums vermitteln, das sich vom 15. zum 18. Jahrhundert mit Übersee befaßte. Um einen Einblick in die Chronologie der geistesgeschichtlichen Entwicklung zu geben, ist nach Möglichkeit das Erscheinungsdatum der Erstausgabe vermerkt worden. Texte, die seither meines Wissens neu ediert worden sind, habe ich mit * bezeichnet.

Um den Umfang dieses Buches nicht zu sehr anschwellen zu lassen, gibt das Verzeichnis der Fachliteratur lediglich eine knappe Auswahl. Ich begnüge mich damit, zu jedem Teilgebiet meines Themenbereiches einige wenige Standardwerke zu nennen, die über einen nützlichen bibliographischen Anhang verfügen. Zum weiterführenden Studium einzelner Aspekte wird auf Aufsätze der einschlägigen Fachzeitschriften hingewiesen. Da sich dieses Buch zuerst an deutschsprachige Leser wendet, habe ich gelegentlich Werke in deutscher Sprache aufgeführt, auch wenn es zum selben Thema wichtigere englische oder französische Fachliteratur gibt.

A: *Quellen*

Aa, P. van der, Naukeurige Versameling der Gedenk-Waardigste Zee en Land-Reysen nach Oost en West-Indien (Amsterdam, 1706–08).
Adair, J., The History of the American Indians (London, 1975).*
Anghiera, P. M. de, De Orbe Novo (Sevilla, 1511).*
Anson, G., A Voyage round the World (London, 1748).*
Ailly, P. d', Imago Mundi (Löwen, 1483).*
Astley, Th., A New General Collection of Voyages und Travels (London, 1743–47).
Atkins, J., A Voyage to Guinea, Brasil and the West Indies (London, 1735).
Bacon, F., Nova Atlantis (London, 1627).*
Barlaeus, C., Rerum per octennium in Brasilia (Amsterdam, 1647).*
Barrère, P., Dissertation sur la cause physique de la couleur des Nègres (Paris, 1741).
Behn, A., Oronooko (London, 1688).*
Bernard, J.-F., Recueil des voiages du nord (Amsterdam, 1715).
Bernier, F., Nouvelle division de la terre, par les différentes espèces ou races d'homme qui l'habitent (Paris, 1684).
Biard, P., Relations de la Nouvelle-France (Paris, 1616).*
Blaeu, W. J., The Light of Navigation (Amsterdam, 1612).
–, Seespiegel (Amsterdam, 1640).
Bligh, W., A Voyage to the South Sea (London, 1792).*
Bluett, Th., Some Memoirs of the Life of Job, the Son of Solomon (London, 1734).*
Blumenbach, J. F., De generis humani varietate nativa (Göttingen, 1775).*
–, Einteilung des Menschengeschlechts in fünf Hauptrassen (Göttingen, 1806).
–, Von den Kakerlaken (Göttingen, 1806).
–, Handbuch der Naturgeschichte (Göttingen, 1814).*

Bosman, W., A New and Accurate Description of the Coast of Guinea (London, 1721).*
Bougainville, A. de, Voyage autour du monde par Louis-Antoine de Bougainville (Paris, 1772).*
Brosses, Ch. de, Histoire des navigations aux Terres Australes (Paris, 1747).
–, Du culte des Dieux fétiches ou parallèle de l'ancienne religion de l'Egypte avec la religion actuelle de la Nigritie (Paris, 1760).
Bruce, J., Travels to Discover the Sources of the Nile (Edinburgh and London, 1797).*
Brun, S., Samuel Brun des Wundartzet und Burgers zu Basel Schiffsfarten (Basel, 1624).*
Bruns, P. J., Neue systematische Erdbeschreibung (Nürnberg, 1799).
Bry, Th. de, Collectiones peregrinationum in Indiam orientalem et occidentalem (Frankfurt, 1590–1634).
–, Wahrhafftige Historie des Königreichs Guinea (Frankfurt, 1603).
Bürger, G. A., Wunderbare Reisen zu Wasser und Lande des Freyherrn von Münchhausen (Göttingen, 1778).*
Büsching, A. F., Erdbeschreibung (Hamburg, 1754).*
Buffon, G. L. L. de, Histoire générale des animaux et de l'homme (Paris, 1749–1804).*
Campanella, T., Civitas solis (Utrecht, 1623).*
Cartier, J., Bref récit de la Navigation faicte aux Isles du Canada (Paris, 1535).*
Casas, B. de las, Historia de las Indias (Mexiko, 1951).*
Champlain, S. de, Des Sauvages, ou voyage de Samuel Champlain de Brouage faict en la France Nouvelle (Paris, 1604).*
Chardin, J., Journal d'un voyage du chevalier Chardin en Perse et aux Indes orientales (Londres, 1686).*
Charlevoix, P. F. X., Histoire et description générale de la Nouvelle-France (Paris, 1744).
Chateaubriand, F. R. de, Atala (Paris, 1801).*
Churchill, A. and J., The Complete Geography (London, 1704).
Commelin, I., Begin ende Voortgangh van de Vereenighde Nederlantsche Geoctroyeerde Oost-Indische Compagnie (Amsterdam, 1646).
Condorcet, J.-A.-N. de, Esquisse d'un tableau historique des progrès de l'esprit humain (Paris, 1795).*
Dalrymple, A., An Account of Discoveries Made in the South Pacific Ocean, Previous to 1764 (London, 1769).
–, A Historical Collection of the Several Voyages and Discoveries in the South Pacific Ocean (London, 1770–71).
Dampier, W., A New Voyage Round the World (London, 1697).*
Dapper, O., Naukeurige Beschrijvinge der Afrikaensche gewesten (Amsterdam, 1668).*
–, Naukeurige Beschrijving von het Rijk des Grotten Mogols (Amsterdam, 1672).
–, Die unbekannte Neue Welt oder Beschreibung des Weltreichs America (Amsterdam, 1673).
Defoe, D., The Life and Adventures of Robinson Crusoe (London, 1719).*
Degérando, J.-M. de, Considérations sur les divers méthodes à suivre dans l'observation des peuples sauvages (Paris, 1796).*
Demanet, Abbé, Nouvelle histoire de l'Afrique françoise (Paris, 1767).
Derham, W., Physico-Theology, Or a Demonstration of the Being and Attributes of God from His Works of Creation (London, 1713).*
Diaz del Castillo, B., Historia verdadera de la Conquista de la Nueva España (Madrid, 1632).*
Diderot, D., Discours préliminaire de l'encyclopédie (Paris, 1750).*

–, Supplément au voyage de Bougainville (Paris, 1796).*
Du Halde, J. B., Description géographique, historique, chronologique, politique et physique de la Chine et de la Tartarie (Paris, 1735).
Durand, L., Voyage au Sénégal (Paris, 1802).*
Du Tertre, J.-B., Histoire générale des isles de Christophe de la Guadeloupe, de la Martinique et autres dans l'Amérique (Paris, 1654).
Equiano, O., The Interesting Narrative of the Life of Olaudah Equiano or Gustavus Vassa, the African (London, 1789).*
Fénelon, F. de, Suite du quatrième livre de l'Odyssée d'Homère, ou les avantures de Télémaque, fils d'Ulysse (Den Haag, 1699).*
Ferguson, A., An Essay on the History of Civil Society (Edinburgh, 1767).*
Fernández de Oviedo, G., Historia General y Natural de las Indias (Asunción, 1945).
Flinders, M., A Voyage to Australia Undertaken for the Purpose of Completing the Discovery of that Vast Country (London, 1814).*
Foigny, G., La terre australe connue (Paris, 1676).*
Fontenelle, B., Entretiens sur la pluralité des mondes (Den Haag, 1686).*
Forster, G., Reise um die Welt (Berlin, 1784).*
–, Noch etwas über die Menschenrassen (Weimar, 1786).*
–, Cook, der Entdecker (Leipzig, 1789).*
Forster, J. R., Observations Made During a Voyage Round the World, on Physical Geography, Natural History, and Ethic Philosophy (London, 1778).*
–, Tagebuch einer Entdeckungsreise nach der Südsee in den Jahren 1776–80 (Berlin, 1781).
Gellert, C. F., Inkle und Yariko; in: Fabeln und Erzählungen (Bern, 1769).*
Girod-Chantras, Voyage d'un Suisse dans différentes colonies d'Amérique (Neuchâtel, 1785).
Golbéry, S. M. X., Fragmens d'un voyage en Afrique (Paris, 1802).
Goldsmith, O., The Citizen of the World (London, 1762).*
Gómara, F. L. de, Historia de Mexico (Antwerpen, 1551).*
Grégoire, H., De la littérature des Nègres (Paris, 1808).
Grimmelshausen, H. J. Ch. von, Der abentheuerliche Simplicissimus Teutsch (Nürnberg, 1669).*
Hakluyt, R., The Principall Navigations, Voiages and Discoveries of the English Nation (London, 1600).*
Hall, B., Travels in North America in 1827 and 1828 (London, 1830).*
Harriot, T., A Briefe and True Report of the New Found Land of Virginia (London, 1588).*
Harris, J., A Complete Collection of Voyages and Travels (London 1744–48).
Hawkesworth, J., Voyages in the Southern Hemisphere (London, 1773).*
Herder, J. G., Auch eine Philosophie der Geschichte zur Bildung der Menschheit (Leipzig, 1774).*
–, Ideen zur Philosophie der Geschichte der Menschheit (Riga und Leipzig, 1785–1791).*
Hermes, J. T., Sophiens Reise von Memel nach Sachsen (Worms, 1776).*
Hume, D., An Essay Concerning Human Understanding (London, 1690).*
–, Of National Character (London, 1748).*
Kalm, P., Travels in North America (London, 1770–71).*
Kant, I., Bestimmung des Begriffs einer Menschenrasse (1785).*
–, Mutmaßlicher Anfang der Menschengeschichte (1786).*
–, Anthropologie in pragmatischer Hinsicht abgefaßt (1798).*

Kolb, P., Vollständige Beschreibung des afrikanischen Vorgebirges der Guten Hoffnung (Nürnberg, 1719).*
Labarthe, P., Voyage au Sénégal pendant les années 1784 et 1785 (Paris, 1802).
Labat, J.-B., Nouveau voyage aux Isles de l'Amérique (Den Haag, 1724).*
–, Nouvelle relation de l'Afrique occidentale (Paris, 1728).*
La Dixmerie, Le sauvage de Taiti aux Français (London, 1770).
Laet, J. de, De Imperio Magni Mogolis sive India (Leyden, 1631).
Lafitau, P. F., Moeurs des sauvages américains comparées aux moeurs des premiers temps (Paris, 1724).*
–, Histoire des découvertes et conquestes des Portugais dans le Nouveau Monde (Paris, 1734).
La Hontan, Voyages du Baron de La Hontan dans l'Amérique septentrionale (Amsterdam, 1705).
Lamettrie, J. O. de, Traité de l'homme machine (Paris, 1751).*
Landolphe, J. F., Mémoires du Capitaine Landolphe (Paris, 1823).
La Pérouse, J. F. de, Voyage autour du monde (Paris, 1798).*
La Peyrére, I. de, Relation du Groenland (Paris, 1647).
–, Praeadamitae (Amsterdam, 1655).
La Roche-Tilhac, P. de, Histoire des révolutions de Taiti (Paris, 1782).
Le Maire, J., Les voyages de Sieur Le Maire aux îles canaries, capverd, Sénégal et Gambie (Paris, 1695).
Léry, J. de, Histoire d'un voyage fait en la terre du Brésil, autrement dite l'Amérique (Genève, 1578).*
Lettres édifiantes et curieuses, écrites des missions étrangères par quelques missionnaires de la Compagnie de Jésus (Paris, 1702–1776).* Vgl. auch Thwaites, R. G., The Jesuit Relations (Cleveland, 1896–1901).
Leyden, J., A Historical and Philosophical Scetch of the Discoveries and Settlements of Europeans (Edinburgh, 1799).
–, Historical Account of Discoveries and Travels in Africa (Edinburgh, 1817).
Lichtenberg, G. Ch., Über Physiognomik wider die Physiognomen zur Beförderung der Menschenliebe und Menschenkenntnis (Göttingen, 1778).*
Lind, J., Essays on the Diseases Incidental to Europeans in Hot Countries (London, 1768).
Linné, C. von, Systema Naturae (Leiden, 1735).*
Linschoten, J. van, Itinerario, Voyage ofte Schipvaert (Amsterdam, 1595).*
Long, E., The History of Jamaica (London, 1774).*
Malfert, P., Mémoire sur l'origine des Nègres et des Américains (Paris, 1733).
Malouet, P.-V., Voyage de Surinam (Paris, 1777).
Mandelslo, A. von, Morgenländische Reisebeschreibung (Schleswig, 1688).
Mandeville, J., Voyage à Jérusalem (Lyon, 1480).*
Matthews, J., A Voyage to the River Sierra Leone on the Coast of Africa (London, 1788).
Maupertuis, P. L. de, La Vénus physique (Genève, 1780).*
Meiners, Ch., Grundriß der Geschichte der Menschheit (Leipzig, 1786).
–, Göttingisches Historisches Magazin (Göttingen, 1787–1791).
Mercator, G., Historia Mundi (London, 1635).*
Mercier, S. L., L'année 2440 (Paris, 1746).*
Michaelis, J. D., Fragen an eine Gesellschaft gelehrter Männer, die auf Befehl Ihro Majestät des Königs von Dänemark nach Arabien reisen (Frankfurt, a. M., 1762).
Montaigne, M. de, Essais (Bordeaux, 1582).*

Montesquieu, Lettres persanes (Amsterdam, 1721).*
–, Considérations sur les causes de la grandeur des Romains (Amsterdam, 1734).*
–, Esprit des Lois (Genève, 1748).*
Moore, F., Travels into the Inland Parts of Africa (London, 1738).
Morus, Th., Utopia (Löwen, 1516).*
Müller, W. J., Die africanische auf der Guinesischen Gold-Cust gelegene Landschaft Fetu (Hamburg, 1673).*
Münster, S., Cosmographia Universalis (Basel, 1544).*
Nettelbeck, J., Des Seefahrers und aufrechten Bürgers wundersame Lebensbeichte (München, 1910).
Newton, J., The Journal of a Slave Trader 1750–1754 (London, 1788).*
–, Thoughts upon the African Slave Trade (London, 1788).*
Nicolai, Ch. F., Das Leben und die Meinungen des Herrn Magister Sebaldus Nothanker (Berlin und Stettin, 1773–1776).*
Niebuhr, C., Entdeckungen im Orient (Kopenhagen, 1774).*
Nieuhof, J., Gedenkweerdige Brasiliaense Zee en Lantreize (Amsterdam, 1682).
Olearius, A., Oft begehrte Beschreibung der neuen orientalischen Reise (Schleswig, 1647).*
Ortelius, A., Theatrum Orbis Terrarum Abrahami Orteli (Antwerpen, 1570).
Pallas, P. S., Reise durch verschiedene Provinzen des Russischen Reiches (Petersburg, 1776).*
Park, M., Travels in the Interior Districts of Africa (London, 1799).*
Pauw, C. de, Recherches philosophiques sur les Américains (Berlin, 1769).
Péron, F., Voyage de découvertes aux terres australes (Paris, 1807).
Poivre, P., Voyages d'un philosophe, ou Observations sur les moeurs et les arts des peuples de l'Afrique, de l'Asie et de l'Amérique (Paris, 1768).*
Pope, A., An Essay on Man (London, 1711).*
Prévost, A.F., Histoire générale des voyages (Paris 1746).
Purchas, S., Hakluytus Posthumus or Purchas His Pilgrimes (London, 1625).*
Quiros, P. F. de, Terra Australis Incognita (London, 1617).
Raleigh, W., History of the World (London, 1700).*
Ramusio, G. B., Navigazioni e viaggi (Venezia, 1559).
Rauwolf, F. F., Aigentliche Beschreibung der Raiss inn die Morgenlaender (Laugingen, 1583).*
Raynal, G.-T., Histoire philosophique et politique des établissemens et du commerce des Européens dans les deux Indes (Paris, 1762).*
Rétif de la Bretonne, La découverte australe par un homme volant (Paris, 1781).*
Reuter, Ch., Schelmuffskys curiose und sehr gefährliche Reisebeschreibung zu Wasser und zu Land (Leipzig, 1696).*
Richardson, W., A General Collection of Voyages and Discoveries Made by the Portuguese and Spaniards (London, 1789).
Rousseau J.-J., Discours sur l'origine et les fondemens de l'inégalité parmi les hommes (Amsterdam, 1755).*
–, Du contract social ou Principes du droit politique (Paris, 1762).*
–, Emile ou de l'éducation (Den Haag, 1762).*
Rugendas, M., Voyage pittoresque dans le Brésil (Paris, 1835).*
Sagard, G., Histoire du Canada et voyages que les Frères Mineurs Recollects y ont faicts (Paris, 1632).*
–, Le grand voyage du pays des Hurons, situé en l'Amérique (Paris, 1632).*

Sahagún, B. de, The Florentine Codex (Salt Lake City, 1950–63).*
Schedel, H., Das Buch der Chroniken (Nürnberg, 1493).*
Schmidel, U., Warhafftige Historien einer wunderbaren Schiffart (Nürnberg, 1602).*
Schnabel, J. G., Wunderliche Fata einiger Seefahrer; Die Insel Felsenburg (Nordhausen, 1743).*
Schouten, W. C., Journal ou description du merveilleux voyage fait des années 1615, 1616, et 1617 (Amsterdam, 1618).
Sloane, H., A Voyage of Madera, Barbados, Nevis, and Jamaica (London, 1707).
Smith, J., The General Historie of Virginia (London, 1627).*
Sömmerring, S. T., Über die körperliche Verschiedenheit des Negers vom Europäer (Frankfurt, 1785).*
Sparrmann, A., Voyage au Cap de Bonne-Espérance (Paris, 1786).
Staden, H., Warhafftige Historie und Beschreibung einer Landschaft der Wilden Grimmigen Menschenfresser (Frankfurt, 1576).*
Swift, J., Travels into Several Remote Nations of the World by Lemuel Gulliver (London, 1726).*
Taitbout, Essai sur l'Isle d'Otahiti, située dans la mer du Sud (Avignon, 1779).
Thévenot, M., Relations des divers voyages curieux (Paris, 1663).
Thevet, A., Les singularitez de la France Antarctique autrement nommée Amérique (Paris, 1558).
Thunberg, C. P., Travels in Europe, Africa and Asia (London, 1795).*
Turgot, A. R. J., Premier discours pour l'ouverture et la clôture sorbonniques (Paris, 1750).*
–, Deuxième discours (Paris, 1758).*
Vairasse d'Allais, D., Histoire des Sévérambes, peuples qui habitent une partie du troisième continent (Paris, 1677).*
Valentyn, F., Oud en Nieuw Oost-Indien (Dordrecht und Amsterdam, 1724–26).
Varenius, B., Descriptio Regni Japoniae (Amsterdam, 1649).*
–, Geographia Generalis (Amsterdam 1650).*
Voltaire, Lettres philosophiques (Amsterdam, 1734).*
–, Le siècle de Louis XIV (Berlin, 1752).*
–, Essai sur les moeurs et l'esprit des nations (Bâle, 1754).*
–, Candide ou l'optimisme (Genève, 1759).*
–, Dictionnaire philosophique (Genève, 1764).*
–, L'ingénu (Utrecht, 1767).*
–, La Princesse de Babylone (Bouillon, 1778).*
Wadström, S. B., An Essay on Colonization (London, 1794).*
Wallis, S., Voyage Round the World (London, 1773).
Wezel, J. C., Belphegor, oder die wahrscheinlichste Geschichte unter der Sonne (Leipzig, 1776).*
Winterbottom, Th., An Account of the Native Africans in the Neighbourhood of Sierra Leone (London, 1803).*
Wolff, Ch., Deutsche Metaphysik (Leipzig, 1720).*
Wurffbain, J. S., Vierzehnjährige Ost-indianische Krieg- und Oberkaufmannsdienste in einem richtig geführten Journal und Tagebuch (Nürnberg, 1686).*
Zedler, J. H., Großes vollständiges Universallexikon aller Wissenschaften und Künste (Halle und Leipzig, 1732).
Zimmermann, H., Reise um die Welt mit Captain Cook (Mannheim, 1783).*

B. Fachliteratur

Adams, P. G., Travelers and Travel Liars 1660–1800 (Berkeley, 1962).
Allier, R., La psychologie de la conversion (Paris, 1925).
–, Les non-civilisés et nous (Paris, 1927).
Armytage, W. H. G., Heavens Below. Utopian Experiments in England 1560–1960 (London, 1961).
Atkinson, G., The Extraordinary Voyage in French Literature (Paris, 1922).
–, Les relations de voyage au XVIIe siècle et l'évolution des idées au XVIIIe siècle (Paris, 1924).
Baczko, B., Lumières et utopie. Problèmes et recherches; in: Annales (1971).
Bakeless, J., The Eyes of Discovery (New York, 1950).
Baker, J. N. L., A History of Geographical Discovery and Exploration (London, 1937).
Balandier, G., La vie quotidienne au Royaume de Congo (Paris, 1965).
Barbour, P. L., Pocahontas and her World (Boston, 1969).
Bastide, R., Le proche et le lointain (Paris, 1970).
Baudet, H., Paradise on Earth (New Haven and London, 1965).
Baumann, H., Schöpfung und Urzeit des Menschen im Mythus der afrikanischen Völker (Berlin, 1936).
Baxter, P. and Sansom, B., Race and Social Difference (London, 1972).
Beaglehole, J. C., The Exploration of the Pacific (London, 1934).
–, The Journals of Captain Cook on His Voyages of Discovery (Cambridge, 1961 ff.).
Beck, H., Entdeckungsgeschichte und geographische Disziplinhistorie; in: Erdkunde (1955).
–, Geographie. Europäische Entwicklung in Texten und Erläuterungen (Freiburg/München, 1973).
–, Große Reisende (München, 1971).
Benz, T., Die Anthropologie in der Geschichtsschreibung des 18. Jahrhunderts (Bonn, 1932).
Berding, H., Die Ächtung des Sklavenhandels auf dem Wiener Kongreß 1814/15; in: Historische Zeitschrift (1974).
Bettex, A., Welten der Entdecker (Zürich, 1960).
–, Die Entdeckung der Natur (München und Zürich, 1965).
Bitterli, U., Die Entdeckung des schwarzen Afrikaners (Zürich, 1970).
–, Der Überseebewohner im europäischen Bewußtsein der Aufklärungszeit; in: Wiener Beiträge zur Geschichte der Neuzeit (Wien 1976).
Blake, J., Europeans in West-Africa 1460–1560 (London, 1942).
Boxer, C. R., The Dutch Seaborne Empire 1600–1800 (London, 1965).
–, The Portuguese Seaborne Empire (London, 1969).
Brooke, G. R., The American Frontier in German Fiction; in: The Frontier re-examinded (University of Illinois, 1967).
Brüggemann, F., Utopie und Robinsonade (Weimar, 1914).
Burns, A., A History of the British West Indies (New York, 1965).
Charliat, P. J., Histoire universelle des explorations (Paris, 1955).
Chinard, G., L'exotisme américain dans la littérature française au XVIe siècle (Paris, 1911).
–, L'exotisme américain dans l'oeuvre de Chateaubriand (Paris, 1918).

–, L'Amérique et le rêve exotique dans la littérature française au XVIIe siècle (Paris, 1934).
–, Diderot. Supplément au voyage de Bougainville (Baltimore, 1935).
Chaunu, P., Christophe Colomb en proie aux historiens; in: Annales (1963).
–, Conquête et exploitation des nouveaux mondes (Paris, 1969).
–, L'expansion européenne (Paris, 1969).
Cipolla, C. M., Guns, Sails and Empires (New York, 1965).
Collier, J., Indians of the Americas (New York 1947).
Commager, H. S. und Nevins, A., Kurze Geschichte der Vereinigten Staaten (Wiesbaden, undat.).
Coquery, C., La découverte de l'Afrique (Paris, 1965).
Coupland, R., The British Anti-Slavery Movement (London, 1933).
Cox, E. G., A Reference Guide to the Literature of Travel (Seattle, 1936–1938).
Crone, G. R., The Discovery of America (London, 1969).
Cumming, W. P., Skelton, R. A., Quinn, D. B., The Discovery of North America (London, 1971).
Curtin, P. D., The Image of Africa 1780–1850 (London, 1965).
–, Africa Remembered (Madison, 1968).
–, The Atlantic Slave Trade (Madison, 1969).
Dadivson, B., Vom Sklavenhandel zur Kolonialisierung (Hamburg, 1966).
Davis, D. B., The Problem of Slavery in Western Culture (London, 1970).
Debbasch, Y., Poésie et traite. L'opinion française sur le commerce négrier au début du XIXe siècle; in: Revue française d'histoire d'Outre-Mer (1961).
Degler, C. N., Slavery in Brazil and the United States; in: American Historical Review (1970).
Deroure, F., La vie quotidienne à Saint-Louis par ses archives; in: Bulletin de l'Institut français d'Afrique noire (1964).
Deschamps, H., Méthodes et doctrines coloniales de la France (Paris, 1953).
–, Les Européens hors d'Europe de 1434 à 1815 (Paris, 1972).
Devèze, M., L'Europe et le monde à la fin du XVIIIe siècle (Paris, 1970).
Douville R., Casanova, J. D., La vie quotidienne des Indiens du Canada (Paris, 1967).
Duchet, M., Anthropologie et histoire au siècle des lumières (Paris, 1971).
Dupront, A., De l'acculturation; in: Rapports du comité international des sciences historiques (Wien, 1965).
Ehrard, J., L'idée de nature en France à l'aube des lumières (Paris, 1970).
Eliade, M., Myths, Dreams and Mysteries (London, 1960).
Evans, B., Literature and Science (London, 1954).
Fairchild, H. N., The Noble Savage (New York, 1928).
Flaskamp, F., Engelbert Kemper; in: Archiv für Kulturgeschichte (1966).
Franke, H., Europa in der ostasiatischen Geschichtsschreibung des 13. und 14. Jahrhunderts; in: Saeculum (1951).
–, Westöstliche Beziehungen im Zeitalter der Mongolenherrschaft; in: Saeculum (1968).
Franke, W., China und das Abendland (Göttingen, 1962).
Freyre, G., Maîtres et esclaves (Paris, 1952).
–, The Portuguese and the Tropics (Lissabon, 1961).
Friedrici, G., Der Charakter der Entdeckung und Eroberung Amerikas durch die Europäer (Stuttgart, 1936).
Gabrieli, F., Die Kreuzzüge in arabischer Sicht (Zürich, 1973).
Gadamer, H. G., ed., Kulturanthropologie (Stuttgart, 1973).

Gaston-Martin, Histoire de l'esclavage dans les colonies françaises (Paris, 1948).
Gautier, J.-M., L'exotisme américain dans l'oeuvre de Chateaubriand (Manchester, 1951).
Gisler, A., L'esclavage aux Antilles françaises (Fribourg, 1965).
Gollwitzer, H., Geschichte des weltpolitischen Denkens, Bd. I (Göttingen, 1972).
Gonnard, R., La légende du bon sauvage (Paris, 1946).
Grant, D., The Fortunate Slave (London, 1968).
Groves, L. P., The Planting of Christianity in Africa (London, 1948).
Gusdorf, G., Pour une histoire des sciences de l'homme; in: Diogène (1957).
–, L'avènement des sciences humaines au siècle des lumières (Paris, 1973).
Haddon, A. C., History of Anthropology (London, 1934).
Hallett, R., Records of the African Association 1788–1831 (London, 1964).
–, The Penetration of Africa (New York, 1965).
Hamann, G., Der Eintritt der südlichen Hemisphäre in die europäische Geschichte (Wien, 1966).
Hanke, L., The Spanish Struggle for Justice in the Conquest of America (Philadelphia, 1949).
Hazard, P., La crise de conscience européenne 1680–1715 (Paris, 1961).
Hennig, R., Indienfahrten abendländischer Christen im frühen Mittelalter; in: Archiv für Kulturgeschichte (1935).
Herskovits, M. J., Man and his Works (New York, 1939).
Hodgen, M. T., Early Anthropology in the Sixteenth and Seventeenth Centuries (Philadelphia, 1964).
Huard, P., Les enquêtes scientifiques françaises et l'exploration du monde exotique aux XVIIe et XVIIIe siècles; in: Bulletin de l'Ecole française d'Extrême-Orient (1964).
Hunke, A., Allahs Sonne über dem Abendland (Frankfurt, 1960).
Jacobs, P., Landau, S., Pell, E., Brüder, sollen wir uns unterwerfen? Die verleugnete Geschichte Amerikas (München, 1975).
Jahn, J., Wir nannten sie Wilde (München, 1964).
Jaspers, R., Die missionarische Erschließung Ozeaniens (Münster, 1972).
Jedin, H., Weltmission und Kolonialismus; in: Saeculum (1958).
Jones, W. R., The Image of the Barbarian in Medevial Europa; in: Comparative Studies in Society and History (1971).
Julien, Ch. A., Les voyages de découverte et les premiers établissements (Paris, 1948).
Keene, D., The Japanese Discovery of Europe (New York, 1952).
Kennedy, J. H., Jesuit and Savage in New France (New Haven, 1950).
Kirchenheim, A. von, Schlaraffia politica. Geschichte der Dichtungen vom besten Staat (Leipzig, 1899).
Kirkpatrick, F. A., Die spanischen Konquistadoren (München, 1962).
Klemp, E., ed., Afrika auf Karten des 12.–18. Jahrhunderts (Leipzig, 1968).
Konetzke, R., Zur Geschichte der Jesuitenreduktionen in Paraguay; in: Vierteljahresschr. f. Sozial- und Wirtschaftgeschichte (1960).
–, Entdecker und Eroberer Amerikas (Frankfurt, 1963).
Lapierre, J. W., Le développement et la mort des cultures; in: Esprit (1970).
Larquié, C., Les esclaves de Madrid à l'époque de la décadence 1650–1700; in: Revue historique (1970).
Le Gentil, G., La découverte du monde (Paris, 1954).
Léon-Portilla, M., Die Rückkehr der Götter (Köln, 1962).
Lévi-Strauss, Cl., Tristes tropiques (Paris, 1955).

–, Race et histoire (Paris, 1961).
–, Jean-Jacques Rousseau, fondateur des sciences de l'homme; in: Berenstein, M., ed., Rousseau (Neuchâtel, 1963).
Lhote, H., A la découverte du Tassili (Paris, 1958).
Loetscher, H., Aus den portugiesischen Meer-Tragödien; in: Neue Zürcher Zeitung, 12. 5. 1974.
Loewith, K., Weltgeschichte und Heilsgeschehen (Stuttgart, 1953).
Lovejoy, A. O., Monboddo and Rousseau; in: Essays in the History of Ideas (Baltimore, 1948).
–, Primitivism and Related Ideas in Antiquity (New York, 1965).
–, The Great Chain of Being (Cambridge Mass., 1966).
Lüthy, H., Die Epoche der Kolonisation und die Erschließung der Erde. Versuch einer Interpretation des europäischen Zeitalters; in: In Gegenwart der Geschichte (Berlin, 1967).
Madariaga, S. de, Christoph Kolumbus (Stuttgart, 1951).
Mahn-Lot. M., Controverses autour de Bartolomé de las Casas; in: Annales (1966).
Malinowski, B., The Problem of Meaning in Primitive Languages (London, 1944).
–, The Dynamics of Culture Change (New Haven, 1945).
Martin-Allanic, J. E., Bougainville et les découvertes de son temps (Paris, 1964).
Mauro, F., L'expansion européenne de 1600 à 1870 (Paris, 1964).
Mc Cloy, S. T., The Race Question in Late Eighteenth Century France; in: Atlantic Quarterly (1961).
–, The Negro in France (Kentucky, 1961).
Meek, C. K., The Niger and the Classics; in: Journal of African History (1960).
Memmi, A., Portrait du colonisé (Paris, 1973).
Mercier, P., L'Afrique noire dans la littérature française (Dakar, 1962).
–, Histoire de l'Anthropologie (Paris, 1966).
Mittler, O., Eroberung eines Kontinents (Zürich, 1968).
Moorehead, A., The Fatal Impact (London, 1970).
Morison, S. E., Admiral of the Ocean Sea. A Life of Christopher Columbus (Boston, 1942).
–, The European Discovery of America. The Northern Voyages 500–1600 (New York, 1971).
Mournier, R., Les Européens hors d'Europe aux XVIe et XVIIe siècles (Paris, 1956).
Mühlmann, W. E., Geschichte der Anthropologie (Frankfurt, 1968).
Myrdal, G., An American Dilemma (New York, 1964).
Needham, J., Science and Civilization in China (Cambridge, 1962).
Nevermann, H., Besiedlungsgeschichte Polynesiens; in: Saeculum (1965).
Nevins, A. und Commager, H. S., Kurze Geschichte der Vereinigten Staaten (Wiesbaden, undat.).
Nolde, B., La formation de l'Empire russe (Paris, 1952).
Nölle, W., Die Indianer Nordamerikas (Stuttgart, 1959).
Nostitz, S. von, Die Vernichtung des Roten Mannes (Düsseldorf, 1970).
Parkman, F., The Jesuits in North America (Boston, 1918).
Parry, J. H., Europe and a Wider World 1415–1715 (London, 1949).
–, The Age of Reconnaissance (New York, 1964).
–, Trade and Dominion (London, 1971).
Paul-David, M., Influences chinoises dans l'art européen; in: Aspects de la culture. Publications du Musée Guimet, Bd. II (Paris, 1959).

Penrose, B., Travel and Discovery in the Renaissance 1420–1620 (Harvard Univ. Press, 1952).
Pflug, G., The Development of Historical Method in the Eighteenth Century; in: History and Theory (1971).
Plessner, M., Onkel Tom verbrennt seine Hütte (Frankfurt, 1973).
Plischke, H., Johann Friedrich Blumenbachs Einfluß auf die Entdeckungsreisen seiner Zeit; in: Abhandlungen der Gesellschaft der Wissenschaften zu Göttingen, philologisch-historische Klasse (Göttingen, 1937).
Plumb, J. H., Men and Places. Essais on African Exploration (London, 1966).
Poirier, J., Histoire de la pensée ethnologique; in: L'ethnologie (Paris, 1968).
–, Ethnies et cultures; in: Ethnologie régionale, Bd. I (Paris, 1972).
Pope-Henessy, J., Geschäft mit schwarzer Haut (Wien, 1970).
Prescott, W. H., Die Eroberung von Mexiko (Berlin, 1956).
Prestage, E., The Portuguese Pioneers (London, 1933).
Quinn, D. B., Raleigh and the British Empire (London, 1973).
–, England and the Discovery of America 1481–1620 (London, 1974).
Raymond, M., Montaigne devant les sauvages d'Amérique; in: Etre et dire (Neuchâtel, 1970).
Rein, A., Die europäische Ausbreitung über die Erde (Potsdam, 1931).
Rein, G. A., Das Problem der europäischen Expansion in der Geschichtsschreibung (Göttingen, 1961).
Riverain, J., Dictionnaire des explorations (Paris, 1966).
Rose, J. H., ed., The Cambridge History of the British Empire (Cambridge, 1940ff.).
Rowe, J. H., The Renaissance Foundations of Anthropology; in: American Anthropologist (1965).
Runciman, S., Geschichte der Kreuzzüge (München, 1960).
Russell-Woods, A. J. R., Fidalgos and Philanthropists (London, 1969).
Sachs, I., Européo-centrisme et découverte du Tiers Monde; in: Annales (1966).
–, L'image du noir dans l'art européen; in: Annales (1969).
Salentiny, F., Lexikon der Seefahrer und Entdecker (Tübingen, 1974).
Sartre, J.-P., Situations V (Paris, 1964).
Sauer, C. O., The Early Spanish Main (Berkeley, 1966).
Schärer, H., Die Begründung der Mission in der katholischen und evangelischen Missionswissenschaft; in: Theologische Studien (Zürich-Zollikon, 1944).
Schlatter, W., Geschichte der Basler Mission (Basel, 1916).
Schlemmer, J., ed., Das Ende der Kolonialzeit und die Welt von morgen (Stuttgart, 1961).
Schramm, P. E., Deutschland und Übersee (Kiel, 1950).
Schurhammer, G., Franz Xaver. Sein Leben und seine Zeit (Freiburg i. Br., 1955–73).
Schuyler, R. L., The Fall of the Old Colonial System (London, 1945).
Schwebell, G. C., Die Geburt des modernen Japan (Düsseldorf, 1970).
Sebbar-Pignon, L., Le mythe du bon nègre dans la littérature du XVIIIe siècle; in: Les Temps Modernes (1974).
Seeber, E. D., Anti-Slavery Opinion in France During the Second Half of the 18th Century (Baltimore, 1957).
Servier, J., Histoire de l'utopie (Paris, 1967).
Sheridan, R. B., Africa and the Carribean in the Atlantic Slave Trade; in: American Historical Review (1972).
Sieber, E., Kolonialgeschichte der Neuzeit (Bern, 1949).

Silberschmidt, M., ed., Europa und der Kolonialismus (Zürich, 1962).
Simon, R., ed., La Correspondance de Pékin d'Atoine Gaubil (Genève, 1970).
Smith, B., European Vision and the South Pacific 1768–1850 (Oxford, 1960).
Steins, M., Das Bild des Schwarzen in der europäischen Kolonialliteratur (Frankfurt, 1972).
Tannenbaum, F., Slave and Citizen. The Negros in the Americas (New York, 1947).
Taylor, E. G. R., The Haven Finding Art (London, 1956).
Terrasse, J., J.-J. Rousseau et la quête de l'âge d'or (Bruxelles, 1970).
Tinland, F., L'homme sauvage (Paris, 1968).
Tooley, R. V. and Bricker, Ch., Landmarks of Mapmaking (Amsterdam, 1968).
Truyol y Serra, A., Die spanische Kolonialethik im »Goldenen Zeitalter«; in: Saeculum (1952).
Turner, F. J., The Frontier in American History (New York, 1931).
Ullrich, H., Robinson und Robinsonaden (Weimar, 1898).
Ungers, L. und O., Kommunen in der Neuen Welt 1740–1972 (Köln, 1972).
Van Kley, E. J., Europe's »Discovery« of China and the Writing of World History; in: American Historical Review (1971).
Villiers, A., The Voyages and Historic Discoveries of Captain James Cook; in: National Geographic (1971).
Volk, W., Die Entdeckung Tahitis und das Wunschbild der seligen Insel in der deutschen Literatur (Heidelberg, 1934).
Völkl, E., Das russische Pazifik-Imperium. Aufbauversuche und Rückzug; in: Saeculum (1965).
Washburn, W. E., The Meaning of »Discovery«; in: American Historical Review (1962).
Wernhardt, K. R., Karten und Globen als Quellen zur Ethnohistorie; in: Wiener Ethnohistorische Blätter (1970).
Williams, E., Capitalism and Slavery (London, 1964).
Williams, G., The Expansion of Europe in the Eighteenth Century (London, 1966).
Woldan, E., Die geographisch-ethnographische Quellenliteratur über Afrika im 15.–17. Jh; in: Wiener Ethnohistorische Blätter, Heft No. III (1971).
Woodruff, Ph., The Men who Ruled India (London, 1939).
Wright, L. B., Culture on the Moving Frontier (Bloomington, 1955).
Zimmermann, G., Die frühen Phasen aztekischer Reaktion auf die christliche Missionierung; in: Saeculum (1973).

Bibliographischer Nachtrag zur Neuauflage

Im folgenden wird eine knappe kommentierte Auswahl von Buchpublikationen gegeben, die nach 1976, also nach dem Erscheinungsdatum der »›Wilden‹ und ›Zivilisierten‹«, herausgekommen sind. Dabei steht thematisch die Reflexion der europäisch-überseeischen Beziehung durch Europa im Vordergrund, und es sind in erster Linie Werke von Historikern, die genannt werden.

Zur Überseegeschichte des 15.–18. Jahrhunderts ist in jüngster Zeit eine ausgedehnte Fachliteratur, vornehmlich in englischer Sprache, erschienen. Ich beschränke mich hier auf die Erwähnung zweier wichtiger Werke in deutscher Sprache. W. *Reinhard* hat es unternommen, in einer vierbändigen »Geschichte der europäischen Expansion« (Stuttgart, 1983 ff.) den Gesamtbereich der Überseegeschichte auf Grund des internationalen Forschungsstandes aufzuarbeiten; der Zeitraum der Frühen Neuzeit wird von den Bänden I und II abgedeckt. Unter der Leitung von *E. Schmitt* erscheint eine auf sieben Bände berechnete Reihe »Dokumente zur Geschichte der europäischen Expansion« (München, 1984 ff.), deren bereits vorliegende vier Bände sich mit den Ursprüngen der Expansion, den Entdeckungsreisen, dem Aufbau der Kolonialreiche sowie mit Wirtschaft und Handel in den Kolonien befassen.

Asien und Afrika sind die ersten Kontinente, deren Kulturen ins abendländische Bewußtsein vorgestoßen sind. Besonders zum Thema der Rezeption asiatischer Kulturen gibt es eine reiche neuere Literatur. Ein Standardwerk ist die mehrbändige Darstellung von *Lach, D. F.*, »Asia in the Making of Europe« (Chicago, 1965–1978). Die Teile I,1 und I,2 dieses Werks umfassen unter dem Titel »The Century of Discovery« den Zeitraum von 1500 bis 1800 und geben eine quellenorientierte Gesamtschau der europäischen Kenntnis der Gebiete östlich des Indus und der Rückwirkungen dieser Kenntnis auf die europäische Kultur. Eine wichtige Ergänzung zu dieser Darstellung ist das bereits 1950 in französischer Originalsprache erschienene, 1984 neu in englischer Übersetzung aufgelegte Buch von *Schwab, R.*, »The Oriental Renaissance: Europe's Discovery of India and the East, 1680–1880« (New York, 1984). Schwab geht dem europäischen Orient-Interesse vor allem auf den Gebieten der Literatur und Philosophie bis hin zu Schopenhauer und Nietzsche nach. Die zur Zeit fraglos beste Gesamtdarstellung zu Genese und Wandel des Chinabildes vom Altertum bis zum Ende des 18. Jahrhunderts gibt *Etiemble, R.*, »L'Europe chinoise«, 2 Bde. (Paris, 1988–1989). Das Werk unterteilt sich in den Band »De l'Empire romain à Leibniz« und »De la sinophilie à la sinophobie«. Eine originelle Ergänzung dazu bringt *Gernet, J.*, »Chine et christianisme. Action et réaction« (Paris, 1982). Das Buch, das unter dem Titel »Christus kam bis nach China« auch ins Deutsche übersetzt worden ist (Zürich, 1984), geht insofern neue Wege, als es erstmals die christliche Mission auf Grund der chinesischen Quellen untersucht. Über das Indienbild englischer Künstler orientiert das aus Anlaß einer Ausstellung des Victoria and Albert Museum, London, erschienene, schön illustrierte Buch von *Archer, M.* und *Lightbown, R.*, »India Observed. India as Viewed by British Artists, 1760–1860« (London, 1982). In denselben Zusammenhang gehört *Weinberger, Th. C.*, »L'Inde et l'imaginaire« (Paris, 1988). Dem hierzulande selten beachteten niederländischen Kolonialbereich widmet sich die Studie von *Fisch, J.*, »Hollands Ruhm in

Asien« (Stuttgart, 1986), die am Beispiel des monumentalen Geschichtswerks von François Valentyn kulturelle Urteile und Vorurteile einer kritischen Überprüfung unterzieht. Das Orientbild in der Reiseberichterstattung des 18. und vor allem des 19. Jahrhunderts ist Gegenstand der Untersuchung von *Kabbani, R.,* »Europe's Myths of Orient« (Bloomington, 1986). Eine wichtige Arbeit über die Europa-Kenntnis des Islams, die der bekannte Arabien-Spezialist *B. Lewis* unter dem Titel »The Muslim Discovery of Europe« (London, 1982) vorgelegt hat, zeigt, daß die Bereitschaft, Vertreter von Fremdkulturen als Barbaren zu betrachten, kein europäisches Privileg gewesen ist. Dieses Buch ist auch ins Deutsche übersetzt worden: »Die Welt der Ungläubigen. Wie der Islam Europa entdeckte« (Frankfurt, 1983). Eine anregende Kontroverse hat 1978 die englische Originalausgabe von *Said, E. W.,* »Orientalism« (auch deutsch: »Orientalismus«, Frankfurt, 1981) ausgelöst. Es handelt sich um das provokante Buch eine Palästinensers, das im wesentlichen die These vorträgt, Europa habe, indem es sich ein Bild vom Orient machte, vor allem ein entlarvendes Bild seiner selbst entworfen. Ähnlichen Überlegungen folgt das Buch von *Charnay, J.-P.,* »Les Contre-Orients ou comment penser l'autre selon soi« (Paris, 1980).

Über das Afrikabild der Europäer sind nach dem Pionierwerk von *Curtin, Ph. D.,* »The Image of Africa. British Ideas and Action, 1780–1850« (London, 1965) wesentlich weniger größere Arbeiten erschienen. Es sei deshalb ausnahmsweise auf den Zeitschriftenaufsatz von *Eberdorfer, H.,* »Africa Utopica«, in: Geschichte und Gegenwart, 6. Jhg., Hefte 1 und 2 (1987) hingewiesen, welcher weiterführende bibliographische Auskünfte vermittelt und den Zeitraum vom Mittelalter bis zum 19. Jahrhundert ins Auge faßt. Einen guten Überblick über die Beschäftigung Frankreichs mit Afrika mit besonderen Schwerpunkten auf dem sich wissenschaftlich begründenden Rassismus des 19. Jahrhunderts gibt *Cohen, W. B.,* »The French Encounter with Africans: White Responses to Black, 1530–1880« (Indianapolis, 1980; auch französisch: Paris, 1981). Eine umfassende, prachtvoll illustrierte und kommentierte Dokumentation zur Darstellung des schwarzen Menschen in der Bildenden Kunst vom Altertum bis zum 20. Jahrhundert ist in vier großformatigen Bänden herausgegeben worden von *Bugner, L.,* ed., »The Image of the Black in Western Art« (Cambridge, Mass., 1979 ff.). Für unsern thematischen Zusammenhang sind besonders wichtig die von *J. Devisse* und *M. Mollat* betreuten Bände II,1 und II,2. Lesens- und bedenkenswert sind die Überlegungen von *Lips, J.,* »Der Weiße im Spiegel der Farbigen« (Leipzig, 1983). Dieses Buch, das zuerst unter dem englischen Titel »The Savage Hits Back« (London, 1937) vor fünfzig Jahren erschienen ist, enthält nahezu erschöpfendes Dokumentationsmaterial von in europäischen Museen gesammelten bildlichen Darstellungen des Weißen durch den schwarzen Afrikaner. Das Buch von *Debrunner, H. W.,* »Africans in Europe. Presence and Prestige« (Basel, 1979) enthält die zur Zeit vollständigste Auflistung von afrikanischen Persönlichkeiten, die vor 1918 unsern Kontinent aufgesucht haben.

Zu Amerika gibt es wiederum eine reiche neuere Fachliteratur. Eine knappe, gut lesbare Einführung in Vorstellungen des weißen Mannes über den Indianer vermittelt *Berkhofer, R. F.,* »The White Man's Indian: Images of the American Indian from Columbus to the Present« (New York, 1978). Die Lektüre dieses Buches wird sinnvoll ergänzt durch *Pearce, R. H.,* »Savagism and Civilization. A Study of the Indian and the American Mind« (Berkeley, 1988), ein Buch, dessen Hauptgewicht auf dem 18. und 19. Jahrhundert liegt. Die Auswirkung der frühen Entdeckungen jenseits des Atlantiks auf das gebildete Europa werden von zahlreichen kompetenten Autoren behandelt in den zwei von *F. Chiapelli* herausgebenen Bänden »First Images of America: The Impact of the New World on the Old« (Berkeley, 1976). Dieses Werk gehört zu denen, die dadurch besonders nützlich sind, daß sie ergiebige Wege künftiger Forschung erschließen helfen. Dieselbe Thematik wird aufgegriffen von *Gewecke, F.,* »Wie die neue Welt in die alte kam« (Stuttgart, 1986). Zur Rezeption der Amerika-Erfahrung ist ferner beizuziehen der von *W. Reinhard* herausgegebene Sammelband »Humanismus und Neue Welt« (Weinheim, 1987); das Bändchen enthält fundierte Beiträge insbesondere zur spanischen und französischen Einschätzung. Ein Pionierwerk zur europäischen Befassung mit Amerika von der Aufklärung zum 19. Jahrhundert ist das bereits 1955 erschienene Buch von *Gerbi, A.,* »La disputa del Nuovo Mondo: Storia di una polemica, 1750–1900« (Milano, 1955). Dieses Buch ist unter der Mitarbeit seines Autors von *J. Moyle* ins Englische übersetzt und erweitert worden; es ist nun unter dem Titel »The Dispute of the New World: The History of a Polemic, 1750–1900« (Pittsburgh, 1973) wieder greifbar. Zum Kulturkontakt zwischen den Weißen und den Indianern ist in den letzten Jahren besonders viel publiziert worden. Das Werk von *Axtell, J.,* »The Invasion Within. The Contest of Cultures in Colonial North America« (New York, 1985) versteht sich als »Ethnohistory« und darf als eine der tiefschürfendsten Überblicksdarstellungen bezeichnet werden. Wichtig ist auch *Jennings, F.,* »The Invasion of America: Indians, Colonialism and the Cant of Conquest« (Chapel Hill, 1978), ein Buch, das besonders auch die Rechtfertigungsmechanismen der europäischen Kolonialrhetorik kritisch analysiert. Eine hervorragende Fallstudie zum französisch-indianischen Kulturkontakt hat *C. J. Jaenen* verfaßt: »Friend and Foe. Aspects of French-Amerindian Cultural Contact in the Sixteenth and Seventeenth Centuries« (New York, 1976). Die Bedeutung einer sorgfältigen Interpretation der Reiseberichterstattung für das Verständnis des Kulturkontakts ist vor allem von amerikanischen Autoren wiederholt hervorgehoben worden. Als Beispiel sei genannt: *Franklin, W.,* »Discoverers, Explorers, Settlers: The Diligent Writers of Early America« (Chicago, 1979). Eine Deutung des Einflusses der Reiseberichterstattung auf den Aufschwung der Naturwissenschaften im Nordamerika des 18. und 19. Jahrhunderts gibt *H. Savage* in seinem 1959 erstmals erschienenen, seither neu aufgelegten Werk »Discovering America, 1700–1875« (New York, 1979). Für Südamerika liegt seit kurzem das mit Illustrationen hervorragend ausgestattete Werk von *Duviols, J. P.,* »L'Amérique espagnole vue et revée« (Paris, 1985) vor. Das Buch bietet profunden Einblick in die Reiseliteratur seit Kolumbus und vermittelt erschöpfende bibliographische Hinweise. Über das Bild der Indianer vom weißen Mann, wie es sich zwischen den Zeilen der europäischen Reiseberichterstattung erschließen läßt, äußert sich *Rosenstiel, A.,* »Red and White: Indian Views of the White Man, 1492–1982« (New York, 1983). Von den zahlreichen meist illustrierten Werken, die über die künstlerische Darstellung Amerikas und seiner Bewohner erschienen sind, seien hier genannt: *Parry, E. C.,* »The Image of the Indian and the Black Man in American Art, 1590–1900« (New York, 1974) und *Honour, H.,* »The European Vision of America« (Cleveland, 1975). In deutscher Sprache gibt es in großzügiger Aufmachung den Bildband von *Gaeghtgens, Th. W.,* Hg., »Bilder aus der Neuen Welt. Amerikanische Malerei des 18. und 19. Jahrhunderts« (München, 1988).

Zu Australien und dem pazifischen Raum bietet das Buch von *Smith, B.,* »European Vision and the South Pacific«, das in einer trefflich illustrierten Neuauflage erschienen ist (New Haven, 1985), eine vorzügliche Einführung. Beizuziehen ist ferner *Joppien, R.* und *Smith, B.,* »The Art of Captain Cook's Voyages«, 3 Bde. (New Haven, 1985 ff.). Aus Anlaß des 200-jährigen Jubiläums der Besiedlung Australiens sind mehrere Werke zur Geschichte dieses Kontinents erschienen. Hervorgehoben sei hier das Buch von *Williams, G.,* und *Frost, A.,* »Terra Australis to Australia« (Melbourne, 1988), das auf eindrückliche Weise zeigt, wie sich im Gefolge der frühen Entdeckungsreisen die zuerst sehr lückenhafte und irreführende Vorstellung dieses Erdteils vervollständigt und berichtigt hat. Ergänzend kann *White, R.,* »Inventing Australia. Images and Identity, 1688–1980« (Sydney, 1981) beigezogen werden. Eine schöne Studie über den Aufenthalt eines Südseeinsulaners im England des 18. Jahrhunderts hat *Mc Cormick, E. H.,* verfaßt: »Omai. Pacific Envoi« (Auckland, 1977).

Das Thema des »Wilden« als eines von der europäischen Zivilisation entweder negativ oder positiv abgehobenen Geschöpfs ist zu Beginn der achtziger Jahre mit modisch anmutender Häufigkeit behandelt worden, allerdings oft in Publikationen, die wenig Neues gebracht haben. Auch hier beschränke ich mich auf wenige Hinweise. Im Jahre 1985 behandelte der »Congrès International des Lumières« in Brüssel in einer seiner Sektionen das Thema »L'Européen et la découverte de l'autre«. Als eines der Ergebnisse dieser Tagung erschien der Sammelband von *Droixhe, D.* und *Gossiaux, P. P.,* eds., »L'homme des lumières à la découverte de l'autre« (Bruxelles, 1985), dessen Beiträge einen guten Überblick über aktuelle Forschungstendenzen geben. Eine der wertvollsten größeren Arbeiten zu diesem Themenbereich ist *Dickason, O. P.,* »The Myth of the Savage and the Beginnings of French Colonialism in the Americas« (Edmonton, 1984). Wichtige Einsichten in die Vorstellungswelt der Reisenden zwischen Aufklärung und Romantik vermittelt der großzügig illustrierte Band von *Stafford, B. M.,* »Voyage into Substance: Art, Nature, and the Illustrated Travel Account, 1760–1840« (Cambridge, Mass., 1984). In einer Reihe von Werken steht der ethnologiegeschichtliche Aspekt im Vordergrund. Erwähnt seien: *Dudley, E.* und *Novak, M.* eds., »The Wild Man Within. An Image in Western Thought from the Renaissance to Romanticism« (Pittsburgh, 1972) und *Pagden, A.,* »The Fall of Natural Man: The American Indian and the Origins of Comparative Ethnology« (Cambridge, 1982). In deutscher Sprache gibt es das Buch des Ethnologen *Kohl, K.-H.,* »Entzauberter Blick. Das Bild vom Guten Wilden und die Erfahrung der Zivilisation« (Berlin, 1981). Eine verstärkte Zusammenarbeit zwischen Historikern und Ethnologen wäre sehr zu wünschen, wird aber durch unterschiedliche Methoden der wissenschaftlichen Annäherung erschwert. Immer wieder aber erscheinen ethnologische Arbeiten, die auch für den Historiker erhellend sind. Ich nenne hier als Beispiele *Sahlins, M. D.,* »Islands of History« (Chicago, 1985) und *Geerts, C.,* Works and Lives. The Anthropologist as Author« (Stanford, 1988; auch deutsch: »Die künstlichen Wilden. Anthropologen und Schriftsteller«, München, 1990). Auch die Geistesgeschichte hat zum Thema des »Edlen Wilden« und den damit verbundenen utopischen Visionen ihr Wort zu sagen. Die zur Zeit beste deutschsprachige Darstellung zur Thematik des irdischen Paradieses gibt *Börner, K. H.,* »Auf der Suche nach dem irdischen Paradies. Zur Ikonographie der geographischen Utopie« (Frankfurt, 1984). Beizuziehen ist auch der Bildband von *Müller, M.,* »Das Schlaraffenland. Der Traum von Faulheit und Müßiggang« (Wien, 1984).

Verschiedene Gesamtdarstellungen, teils aus globaler Perspektive verfaßt, haben in den letzten Jahren den Rahmen traditioneller Überseegeschichtsschreibung bewußt gesprengt und methodisch Neuland erschlossen. *O. Mannoni* hat mit seinem Buch »Prospero et Caliban. Psychologie de la colonisation« (Paris, 1984) eine rege Diskussion ausgelöst. *D. W. Meinig* unternimmt mit dem ersten Band seines Werkes »The Shaping of America. A Geographical Perspective on 500 Years of History« (New Haven, 1986) den großangelegten Versuch, die gegenseitige Verflechtung von historischen und geographischen Konzepten im Prozeß der Übersee-Expansion sichtbar zu machen. *E. R. Wolf* bemüht sich in »Europe and the People Without History« (Berkeley, 1982; auch deutsch: »Die Völker ohne Geschichte«, Frankfurt, 1986) darum, »die Erkenntnisse der Anthropologie im Lichte einer neuen, historisch orientierten Politischen Ökonomie« neu zu durchdenken. In seinem Werk »Cross Cultural Trade in World History« (Cambridge, 1984) untersucht

Ph. D. Curtin weltweit unterschiedliche Formen kommerzieller Kulturbegegnung und *A. W. Crosby* konzentriert sich in seiner überaus originellen Arbeit »Ecological Imperialism. The Biological Expansion of Europe, 900–1900« (Cambridge, 1986) auf die Frage, welchen ökologischen Wandel die europäische Besiedlung Amerikas gezeitigt hat. Im globalen Zusammenhang stehen auch die Überlegungen von *Marshall, J.-P.* und *Williams, G.,* »The Great Map of Mankind. Perceptions of New Worlds in the Age of Enlightenment« (Cambridge, 1982).

Im letzten Jahrzehnt haben im deutschsprachigen Kulturbereich zahlreiche Ausstellungen die Begegnung der Weltkulturen thematisiert, und viele Ausstellungskataloge haben reiches Bildmaterial zugänglich gemacht. Am Anfang dieser Publikationen steht der Bildband von *Kohl, K.-H.,* Hg., »Mythen der Neuen Welt. Zur Entdeckungsgeschichte Lateinamerikas« (Berlin, 1982). Aus Anlaß der Ausstellung des Instituts für Auslandsbeziehungen und des Württembergischen Kunstvereins «Exotische Welten – europäische Phantasien« in Stuttgart sind gleich mehrere großzügig ausgestattete Kataloge erschienen, so der von *T. Osterwold* und *H. Pollig* herausgegebene Hauptkatalog (Stuttgart, 1987) oder die Begleitkataloge von *U. Degenhart* »Entdeckungs- und Forschungsreisen im Spiegel alter Bücher« (Stuttgart, 1987) und *I. Heermann,* »Mythos Tahiti. Südsee – Traum und Realität« (Stuttgart, 1987). Das vierte Festival der Weltkulturen in Berlin hat seinen Niederschlag im dickleibigen Werk von *Sievernich, G.* und *Budde, H.,* Hg., »Europa und der Orient 800–1900« (Berlin, 1989) gefunden, und zu einer Ausstellung im Haus der Kunst in München haben *Chr. Feest* und *P. Kann* den Katalog »Gold und Macht. Spanien in der Neuen Welt« (München, 1987) redigiert. Aus Anlaß des 37. Deutschen Historikertages in Bamberg, dessen Rahmenthema »Europa und die außereuropäische Welt« lautete, hat eine Ausstellung über das niederländische Kolonialreich orientiert, und der von *E. Schmitt, Th. Schleich* und *Th. Beck* herausgegebene Katalog ist unter dem Titel »Kaufleute als Kolonialherren: Die Handelswelt der Niederländer vom Kap der Guten Hoffnung bis Nagasaki 1600–1800« (Bamberg, 1988) erschienen. Ferner haben Museen und Bibliotheken immer wieder ihre Übersee betreffenden Schätze zugänglich gemacht. Hervorgehoben seien hier die Publikationen aus den Sammlungen der Herzog August Bibliothek in Wolfenbüttel, zum Beispiel *Haase, Y. A.* und *Jantz, H.,* Hg., »Die Neue Welt in den Schätzen einer alten europäischen Bibliothek« (Braunschweig, 1976) und *Walravens, H.,* Hg., »China illustrata. Das europäische Chinaverständnis im Spiegel des 16. und 18. Jahrhunderts« (Weinheim, 1987). Zur wissenschaftlichen Erschließung und Auswertung dieses immensen Bildmaterials, welches das anhaltende Interesse Europas für Übersee über Jahrhunderte hin dokumentiert, bleibt allerdings noch viel zu tun. Fast möchte man angesichts der Fülle opulenter und kostspieliger Publikationen mit Montaigne ausrufen: »Ich fürchte fast, daß unsere Augen größer sind als unsere Mägen und unsere Neugierde größer als unsere Fassungskraft.« (Montaigne, Essais, »Von den Menschenfressern«).

Zu den Abbildungen

Wenn ich mich entschlossen habe, diesem Buch eine Reihe von Abbildungen mitzugeben, so vor allem darum, weil die Illustrationen oft integrierender Bestandteil früher Reiseberichterstattung waren und einen entsprechend hohen Quellenwert besitzen. Die erhellende Bedeutung eines Holzschnitts oder eines Kupferstichs beruht freilich nicht immer auf der Treue der Wirklichkeitsschilderung; oft sind es gerade die Abweichungen von der Realität, bald mangelnder Kenntnis, bald fabulierender Phantasie entspringend, welche für des Europäers Vorstellung von Übersee aufschlußreich sind.

Die wissenschaftliche Sichtung dieses Bildmaterials steckt noch in den Anfängen; daß hier interessante Aufschlüsse zu gewinnen wären, zeigen Arbeiten wie jene von Hulton und Quinn, The American Drawings of John White (London, 1964) und Sachs, L'image du noir dans l'art européen; in: Annales (1969).

Wenig Aufmerksamkeit von seiten der Kolonialhistoriker haben bisher auch die sogenannten »Weltkreis-Allegorien« gefunden, bildliche Darstellungen der vier (später fünf) Kontinente, die seit dem 17. Jahrhundert verbreitet sind, zum Beispiel Jan van Kessels »Vier Erdteile« in der Alten Pinakothek zu München oder die Deckengemälde Tiepolos im Mailänder Palazzo Clerici.

Bei der Auswahl der Abbildungen für dieses Buch habe ich nach Möglichkeit selten oder nie reproduzierte Schwarz-Weiß-Originale aus verschiedenen europäischen Bibliotheken und Archiven beigezogen. Meinem Thema entsprechend wählte ich vorwiegend Darstellungen aus, welche den Überseebewohner oder dessen Kontakt mit dem Europäer festhalten; sucht man die Summe des Bildmaterials von Reiseberichten und Kompilationen vom 16. zum 18. Jahrhundert zu überblicken, wird man feststellen, daß nicht figürliche Illustrationen, sondern Tier-, Pflanzen- und Landschaftsdarstellungen (Karten verschiedenster Art) dominieren – insofern ist diese Auswahl nicht repräsentativ.

Die Abbildungen stammen aus den folgenden Bibliotheken und Archiven: Arquivo Histórico Ultramarino, Lissabon (No. 1); British Museum, London (No. 2, 15, 18); Kantonsbibliothek, Aarau/Schweiz (No. 3, 5, 16, 21, 24); Scheepvart Museum, Amsterdam (No. 4, 6, 7, 10, 11, 12, 17, 19, 23, 27, 28); Bibliothèque Nationale, Paris (No. 9, 22, 29); Archives Nationales, Paris (No. 14, 20); Zentralbibliothek, Zürich (No. 25). Ferner wurden die folgenden Bildbände beigezogen: Tooley, R. V., Landmarks of Mapmaking (No. 8); Rugendas, J. M., Viagem Pitoresca Através do Brasil (No. 13); Harriot, Th., A Briefe and True Report of the New Found Land Virginia (No. 26).

Personenregister

Aa, P. van der, 132, 139, 246
Adair, J., 40
Adams, P. G., 405, 410
Adanson, M., 48, 221, 359, 382
Africanus, L., 46–47, 309
Ailly, P. d', 262
Alembert, J. d', 195, 223
Alexander III., Papst, 57
Alexander VI., Papst, 240
Alexander d. Große, 370
Alfons I. vom Kongo, 107, 191
Allais, D. V. d', 395
Amiot, J. M., 308
Amo, A. W., 197, 201
Amundsen, R., 20
Anson, G., 23, 258
Anville, J.-B. d', 65, 260
Aotourou, 185–187, 191, 195–197, 381, 388
Aristoteles, 54
Askia d. Große, 47
Astley, Th., 298, 311, 316, 342, 349; seine Reisekompilation 241–246, 253–254
Atkins, J., 330
Augustinus, A., 264
Augustus, röm. Kaiser, 44
Aulneau, J.-P., 117
Aurangzeb v. Indien, 306
Aveiro, J. A., 48
Averroës, 54
Ayllón, V. de, 181
Azurara, G. E. de, 24, 104, 180, 340

Bacon, F., 29, 395, 423
Bacon, R., 262
Baczko, B., 287, 401, 410
Balandier, G., 164, 311
Banks, J., 34, 187, 220, 308, 386, 392
Barbot, J., 244, 371–373
Barläus, C., 246
Barraclough, G., 78

Barrère, P., 353
Barth, H., 91, 221, 438
Bartók, B., 308
Bastide, R., 166, 172, 201
Battell, A., 335
Baudet, H., 6, 410
Baudin, N., 311–312, 314–315
Bauer, F., 308
Baumann, H., 344
Bayle, P., 63, 224, 230–231, 280, 321
Beaufoy, H., 50
Becher, J. J., 256
Beck, H., 73–74
Beecher-Stowe, H., 426
Behn, A., 193, 428
Bering, V., 20, 60
Berkeley, G., 228
Bernard, J. F., 312
Bernier, F., 350
Biard, P., 113–114, 120, 185
Bicknell, J., 428
Blaeu, J., 246, 259
Bloch, E., 286
Bluett, Th., 193
Blumenbach, J. F., 183, 189, 257, 312; zur Rassenlehre 214–215, 327, 333, 337 bis 338, 343, 345, 347–348; zum Problem der Hautfärbung 354–355
Boas, G., 371
Bontekoe, I., 246
Boone, D., 40
Bosman, W., 100
Bossuet, J. B., 106, 268, 270–272, 276, 283
Boucher, F., 383
Boufflers, S. de, 184
Bougainville, L. A. de, 21, 28, 38, 77, 81, 127, 288, 411; geistesgeschichtl. Bedeutung seiner Entdeckungsreise 29, 31–34; anthropol. Beobachtungen 185–186, 196; sein Besuch auf Tahiti 90, 324, 361, 363, 383–388; im Werk Diderots 415–416

Brazza, S. de, 438
Brébeuf, J., 113, 117
Brosses, Ch. de, 195, 248, 341, 350, 362, 382
Bruce, J., 49
Bruns, P. J., 253, 258, 316
Bry, Th. de, 82, 256, 360, 363, 369, 379, 402
Buffon, G. L. L. de, 195, 253, 283, 285, 333, 346; seine naturwissenschaftl. Methode 214, 217, 222, 227, 229, 238; seine monogenet. Auffassung 326–328, 337; über die Hautfärbung 349–350
Burckhardt, J., 73
Buren, M. van, 145
Bürger, G. A., 391, 405
Burke, E., 292, 428, 434, 436–437
Burns, A., 158
Burton, R. F., 438
Büsching, A. F., 265–266, 391
Byron, G. 391

Cabot, J., 39
Cabot, S., 181
Cabral, P. A., 168
Cadamosto, A. de, 81, 97
Caesar, J., 371
Callander, J., 382
Campanella, T., 394–395, 398, 426
Camper, P., 189, 327, 354, 356
Cantino, A., 181
Capitein, J. E., 202
Carteret, Ph., 21
Cartier, J., 22, 41, 109, 181, 248
Catesby, M., 218
Cervantes, M. de, 303
Césaire, A., 200
Chamisso, A. von, 391–392
Champlain, S. de, 41, 87, 109, 184, 248
Chardin, J., 61–62, 219, 248, 258
Charlevoix, X., 17, 116, 157, 253
Charliat, P.-J., 60
Chateaubriand, F. R. de, 126, 288, 408–409
Chaunu, P., 19
Chavannes, A. C., 309
Chicora, F. de, 181
Chihouatenhoua, J., 119

Chinard, G., 410
Churchill, A. u. J., 241
Churchill, W., 175, 434
Clark, W., 142
Clarkson, Th., 177, 429–430
Clive, R., 260
Coen, J. P., 70
Colbert, J. B., 42, 109, 156, 298, 308
Coleridge, S. T., 391
Commelin, I., 100, 246
Commerson, Ph., 34, 388–389, 416–417
Comte, A., 293
Condillac, E. B., 197, 313
Condorcet, A., 269–270, 283, 319, 400, 418, 430; seine Zivilisationstheorie 289–297
Conrad, J., 167
Cook, J., 81, 87, 122, 186–187, 191–192, 201, 218, 220, 258, 261, 288, 314, 318, 363; Bedeutung seiner Entdeckungsreisen 20–23, 28–35, 73–74; Besuch auf Tahiti 94–95, 361, 382–385, 387–388, 390–391
Cooper, J. F., 40, 121, 142
Corneille, P., 412
Coronado, V. de, 37
Corte-Real, G., 180
Cortés, H., 27, 37, 138, 279, 380, 394
Couperin, F., 308
Coupland, R., 148, 430
Crazy Horse, 146
Cresques, A., 258
Croghan, G., 40
Crook, R., 146
Cummings, W. P., 6
Curtin, Ph. D., 150
Custer, G. A., 146
Cuvier, G., de, 346, 355

Dalrymple, A., 30
Damas, L., 200
Dance, N., 31
Danton, G., 431
Dapper, O., 44, 47, 52, 243, 246–249, 312
Darwin, Ch., 229, 331, 347, 438
Davidson, B., 98, 102
Davies, K. G., 102
Day, Th., 428

Personenregister

Defoe, D., 83, 304; Robinson Crusoe 401–406, 409–410
Degérando, J.-M. de, 311–314, 316, 323
Delcourt, A., 100
Demanet, Abbé 48, 343, 371–373
Derham, W., 216, 265, 267–268
Desaix, L. Ch. A., 431
Descartes, R., 27, 213, 227–228, 424
Diallo, A. S., 194
Dias, B., 43
Diaz del Castillo, B., 27, 380
Diderot, D., 195, 235, 254, 304, 317, 430; als Enzyklopädist 222–224; Supplément au voyage de Bougainville 411–412, 416–420, 424
Dilthey, W., 79
Drake, F., 20, 23, 76
Dschingis-Khan, 54
Dudley, R., 259
Du Halde, J. B., 62, 65, 70, 260, 273
Durand, L., 253, 296
Durkheim, E., 322
Du Tertre, J.-B., 152, 233, 249, 251, 281, 353, 355; Bild des »edlen Wilden« 380–382, 394, 397

Eden, W., 303
Edwards, B., 430
Ehinger, A., 255
El Bekri, 47
Elcano, J. S., 22
El Idrisi, 46–47, 54
Equiano, O., 198
Erasmus v. Rotterdam, 303
Ernesti, J. A., 228
Etzlaub, E., 259
Everest, G., 261

Fairchild, H. N., 410
Febvre, L., 400, 438
Federmann, N., 255, 380
Fénelon, F., 63, 397
Ferdinand v. Aragon, 263
Ferguson, A., 269, 302
Flinders, M., 308, 315
Foigny, G., 395
Fontenelle, B., 212–213, 290, 325
Forster, E. M., 167

Forster, G., 23, 30, 94, 288, 311, 361–362, 391, 405, 416–417, 426, 437; Beurteilung des Südseeinsulaners 383–388
Forster, J. R., 311, 384, 386, 388, 391
Foucauld, Ch. de, 438
Franklin, B., 41
Franz I. v. Frankreich, 109
Freising, O. von, 57
Freyre, G., 126; seine luso-tropische Kulturidee 168–173
Friedell, E., 357
Friederici, G. 41, 143
Friedrich III. v. Holstein, 61
Friedrich d. Große, 54, 353
Frobenius, L., 92

Gadamer, H.-G., 79, 319
Galilei, G., 226
Gama, V. da, 19, 72–73
Garakontié, 119
Garnier, Ch., 116
Garrick, D., 198
Gaubil, A., 62
Georg III. v. England, 187, 222
Gerstäcker, F., 392
Gesner, C., 333
Ghadafi, M., 165
Gilbert, H., 40
Gist, Ch., 40
Godefroy, J., 87
Godwin, M., 158
Goethe, J. W. von, 222, 256, 282, 317, 365, 385
Golbéry, S. M. X. de, 48, 296, 302, 372, 382
Goldmann, L., 410
Goldsmith, O., 183, 304, 411
Green, Ch., 34
Greene, G., 167
Grimmelshausen, H. J. Ch. von, 304, 401–402
Grotius, H., 75, 106, 208
Guancanagari, 131
Gundolf, F., 61
Gusdorf, G., 309

Haeckel, E., 229
Hakluyt, R., 30, 37, 40; seine Sammlung v. Reiseberichten 240–241, 256; 298, 409

Hales, St., 220
Haller, A. von, 205, 218, 265
Hannibal, A., 191
Harriot, Th., 360
Harris, J., 241
Harrison, J., 22, 75
Hasselquist, F., 218
Hawkins, J., 23
Haxthausen, A. L. M. von, 215
Hazard, P., 61, 208, 214, 410
Hegel, G. W. F., 271, 293
Heinrich VII. v. England, 181
Heinrich d. Seefahrer, 19, 24–25, 56, 74, 78, 97, 106, 340
Helvétius, Cl. A., 195, 293
Herder, J. G., 209, 226, 230, 244, 269, 283, 290, 293, 311, 356, 364; sein Historismus 319–320, 362; Naturbegriff u. Weltvorstellung 325–328, 333–334, 373–374
Hermes, J. T., 306, 405
Herodot, 24, 43–44, 264, 309
Herskovits, M. J., 162, 164
Hesiod, 377
Hippokrates, 368
Hitler, A., 322
Hobbes, Th., 106, 268, 282, 284, 376
Hobson, J. A., 5
Hodges, W., 31, 363
Hoffmann, S. Ch., 62, 255
Hohermuth, G., 255, 380
Holbach, P. H. d', 216, 248, 267, 325
Homer, 24, 361
Horaz, 398
Hornemann, F., 257, 312, 343, 355
Houtmans, C., 246
Humboldt, A. von, 38–39, 128, 211, 215, 226, 438
Hume, D., 209, 228–229, 300, 313, 329
Hutten, Ph. von, 255
Huxley, A., 439

Ibn Battuta, 47
Ibn Khaldun, 47
Ibn Roschd s. Averroës
Ingram, D., 409
Innozenz IV., Papst, 54
Isabella v. Kastilien, 263

Iselin, I., 226, 269, 352
Itard, J., 197

Jackson, A., 145
Jakob I. v. England, 185
Jannequin, C., 84, 243–244
Jefferson, Th., 142
Jobson, R., 48, 243
Jogues, I., 117
Johannes, Priesterkönig, 49, 57–58, 62, 106, 342
Johnson, S., 187, 334, 376, 407
Jolliet, L., 42
Jussieu, J. de, 221

Kaempfer, E., 67–70, 248, 255, 308
Kalm, P., 41
Kant, I., 265, 270, 317; als Monogenist 326–328; sein Rassenbegriff 345–348; 356, 366
Karl V., röm.-dt. Kaiser, 29
Karl IX. v. Frankreich, 182
Katharina d. Große v. Rußland, 222
King, M. L., 160
Kirchenheim, A. von, 392
Kolumbus, Ch., 19, 37, 39, 56, 65, 180, 208, 250, 310, 333, 380, 397; Kulturbegegnung 72–74, 76, 81, 88–89, 94, 130–131; Karthographie 258–259, 262 bis 263
Konfuzius, 60, 64
Kremer, G., 259
Kublai-Khan, 56

Labarthe, P., 103
Labat, J.-B., 99, 243–244; über Westindien 249–253, 316; über Westafrika 358, 372–373
La Condamine, Ch. M. de, 39, 185, 195
La Dixmerie, 390
Laet, J. de, 246
La Fargue, P., 126
Lafayette, M. J. P. de, 392
Lafitau, J. F., 33, 122, 274, 362–363; vom Ursprung d. Rassen 350–352, 354, 359
La Hontan, L. A. de, 119, 234–235, 281, 323, 375, 411, 413, 418; Voyages dans l'Amérique 420–425

Lallemant, Ch., 112
Lamarck, J.-B., de, 217, 229, 339, 355
Lambton, W., 261
Lamettrie, J. O. de, 216, 267, 325, 337
Landolphe, J.-F., 100
Langsdorff, G. H. von, 215
La Pérouse, J. F. de, 21, 76, 312, 318, 349; entdeckungsgeschichtl. Bedeutung 31 bis 35
La Peyrère, I. de, 329
La Salle, C. de, 42
Las Casas, B. de, 27–28, 38, 96, 129, 150, 208, 279, 296–297, 426, 432, 436; zur Indianervernichtung 132, 134, 136; zur Mission 175–177, 321
Lavater, J. K., 356–357
Law, J., 432
Leibniz, G. W., 64, 266, 268, 276, 325, 353
Le Jeune, P., 112, 115–116, 121, 124, 202, 359
Le Maire, J., 244, 359
Le Mercier, F., 112
Léry, J. de, 248
Lescarbot, M., 184, 248
Lessing, G. E., 28, 230, 356
Le Tardif, O., 87
Lévi-Strauss, Cl., 79, 91, 211, 368
Lévy-Bruhl, L., 322
Lewis, M., 142
Leyser, P., 265
Lhote, H., 44
Lichtenberg, G. Ch., 205, 365–366, 391
Lind, J., 22
Linné, C. von, 34, 41, 49, 69, 72, 189, 227, 232, 310, 346–347, 425; sein Natursystem 213–215, 217–218; das fehlende Glied 332–333, 336, 338
Linschoten, J. H. van, 247, 379, 402
Livingstone, D., 72, 91, 438
Locke, J., 106, 178, 228, 313, 334, 427, 436; sein Einfluß auf die Franzosen 275, 412, 420, 423–424
Löffling, P., 218
Long, E., 329–330
Lopez, M., 191
Loutherbourg, Ph. de, 192, 390
Lovejoy, A. O., 267, 371
Ludwig d. Heilige, 54–55

Ludwig XIV. v. Frankreich, 191, 299, 328, 424
Ludwig XV. v. Frankreich, 222
Ludwig XVI. v. Frankreich, 294
Lully, J.-B., 308
Lüthy, H., 292

Mabillon, J., 315
Macaulay, Th., 65, 436
Madariaga, S. de, 90
Magellan, F., 19, 22, 24, 76
Mahdi, M. A., 165, 368, 437
Maillet, B. de, 274
Major, J., 136, 333
Malebranche, N. de, 63
Malfert, P., 341
Malinowski, B., 162
Malouet, P.-V., 39
Malthus, Th. R., 292
Mandeville, J., 57–58, 264, 370, 378
Mansa Musa, 259
Mansfield, W. M., 183, 429, 431
Manuel I. v. Portugal, 180
Marat, J. P., 419
Marie Antoinette, 184
Marquette, J., 42, 248
Marryat, F., 404
Martyr, P., 262–263
Marx, K., 148–149, 293
Massé, E., 113
Matthews, J., 330
Maupertuis, L. M. de, 324, 346, 352–353
Maxwell, G., 260
May, K., 121
Mc Cloy, S. T., 184
Mead, M., 6
Meinecke, F., 319
Meiners, Ch., 189, 226, 257, 343, 352 bis 353; zur Rassenphysiognomik 360 bis 361
Memmi, A., 7
Mendel, G. J., 347
Mercator s. Kremer
Mercier, P., 309
Merian, M. S., 308
Merklein, J. J., 255
Meurs, J. de, 47
Michaelis, J. D., 228, 257

Michaud, A., 218
Mohammed, 64
Molière, 309, 412
Monboddo, J., 333, 337
Montaigne, M. de, 205, 209, 232–233, 303, 324, 365, 369, 375, 406; Eingeborene auf Besuch 181–182, 187
Montesinos, A., de, 176
Montesquieu, Ch. L. de, 38, 62–63, 106, 178, 209, 222, 238, 253, 272, 278, 300, 321, 324, 333, 413, 427; Eingeborene auf Besuch 182–183, 406, 411; Milieutheorie 231–232, 339, 352, 384; als Monogenist 327–328
Moore, F., 46
Morelly, C., 396
Morison, S. E., 39
Morus, Th., 303, 392, 394–397, 400, 426
Münchhausen s. Bürger, G. A.
Münster, S. 263–264
Myrdal, G., 160

Nachtigal, G., 438
Naimbanna, J. H., 197
Napoléon Bonaparte, 215, 318, 350, 376, 431
Nettelbeck, J., 105
Nevil, H., 402
Newton, I., 27, 35, 213–214, 217, 267–268, 275, 424
Newton, J., 23, 105, 227, 429
Nicolai, F., 306
Nicolet, J., 87
Niebuhr, B. G., 309
Niebuhr, C., 76, 222, 228, 311–312
Nietzsche, F., 290, 377
Nikolaus V., Papst, 108
Nipperdey, Th., 427
Nordenskiöld, N. A. E., 20
Novalis, 415

Ockley, S. E., 199
Oelschläger, A., 61, 255
Ogburn, W. F., 163
O'Keefe, J., 192, 390
Olearius s. Oelschläger
Omai, 186–187, 191–192, 201, 381, 388, 390–391

Osbeck, P., 218
Ovando, N. de, 132, 135
Oviedo, F. de, 27, 134
Owen, R., 399

Park, M., 50, 77, 91, 97, 260, 288, 312, 315, 349, 386
Parry, J. H., 74, 168, 261, 435
Pascal, B., 267–268
Pastechouan, 202
Paucke, F., 124–125
Paulus, 109
Penn, W., 142
Pereira, P., 97
Perham, M., 77
Perry, M., 66
Peter d. Große v. Rußland, 59, 64, 191
Petrarca, F., 370
Pian de Carpine, J., 54–55, 368
Pickersgill, R., 20
Pigafetta, A., 24, 26, 76, 263, 333
Pine, G., 402
Pitt d. J., W., 303
Pizarro, F., 37, 279, 380
Plato, 221, 264, 392
Plinius d. Ae., 43–44, 47, 264
Plutarch, 392
Pocahontas, 184
Poirier, J., 211
Poivre, P., 17, 222
Polo, M., 24, 56–57, 65, 259, 262
Polyklet, 364
Pope, A., 268, 339
Pope-Henessy, J., 152, 154
Poulet, G., 317
Pouliot, L., 120
Prescott, W. H., 135
Prévost, A.-F., 253–254, 258, 281, 298, 304
Psalmanazar, G., 409
Ptolemäus, Cl., 20, 24, 43–44, 46, 57, 264, 316
Purchas, S., 335
Puschkin, A., 191

Quaque, Ph., 198
Quesnay, F., 300
Quiros, P. F. de, 20, 73, 382, 386

Rabelais, F., 303, 405
Racine, J. B., 412
Raleigh, W., 17, 40, 220, 396–397
Rameau, J. Ph., 308
Ramusio, G. B., 30, 46, 239
Ray, J., 265–267
Raynal, G. F. T., 253, 398, 430–431, 433, 437
Red Cloud, 146
Redouté, P.-J., 308
Reichard, C. G., 260
Rennell, J., 46, 260–261
Réstif de la Bretonne, N. E., 393, 395–396
Reuter, Ch., 408
Reynolds, J., 187
Ricci, M., 60, 63
Richelieu, A. J., 109, 150
Ritter, C., 226, 438
Rivarol, A., 323
Robert, N., 308
Roche-Tilhac, P. de la, 364, 390
Roger II. v. Sizilien, 46, 54
Rolfe, J., 138, 184–185
Ross, J., 145
Rousseau, J.-J., 120, 186, 190, 249, 269–270, 274, 293, 295, 297, 300, 333, 403, 417–419, 424, 429–430; Discours sur l'inégalité 210–211, 236–238, 280–289, 290–291, 313, 323, 335–336, 380, 409, 415, 433; über den »edlen Wilden« 361, 375–376, 384–385, 388
Rubruk, W. von, 54–55
Rugendas, M., 146

Sade, D. A. F. de, 304
Sagard, G., 87, 120, 234
Sahagún, B. de, 27, 38, 90
Saint-Pierre, B. de, 253, 288
Saladin, Sultan, 51
Sale, G., 199
Sales, D. de, 287
Sancho, I., 198
Sandwich, J. M., 387
Sartre, J.-P., 65
Sauer, C. O., 131
Saugnier, F., 103
Saussure, H.-B. de, 218
Savignon, 184, 201

Schaal, A., 63
Schedel, H., 333
Schelichow, G., 60
Scheuchzer, J. C., 70
Schiller, F., 205, 257, 358, 378
Schlözer, A. W., 257
Schmidel, U., 255–256
Schnabel, J. G., 391, 401–402
Schouten, W. C., 92
Selkirk, A., 404
Semler, J. S., 228
Senancour, P. de, 414
Seneca, 368, 370
Senghor, L. S., 200
Sepúlveda, G. de, 208
Shaftesbury, A., 266, 300, 325
Shakespeare, W., 303
Sharp, G., 399, 400, 429
Shelbourne, W. P., 300–301
Sloane, H., 70, 194, 218, 336
Smeathman, H., 399
Smith, A., 17, 50, 75, 178, 300–302, 428, 434
Smith, J., 242
Snoep, J., 23
Solander, D. C., 34, 186, 218
Solomon, J., 193–194, 199
Sömmering, S. Th., 189, 327, 337–338, 354
Soto, H. de, 37, 380
Sowerby, J., 308
Sparrmann, A., 49, 69, 222
Spengler, O., 373
Spinoza, B., 268
Staden, H. von, 255–256
Stanley, H. M., 72
Starobinsky, J., 285
Stendhal, 413
Sterne, L., 198, 405
Stolberg, F. L., 391
Strabon, 370
Sully, M. de, 109
Swift, J., 235, 304, 311, 317, 406–407, 410

Tacitus, 368
Taitbout, 390
Tameiameia, 392
Tasman, A. J., 20–21
Tassin, R.-P., 316

Tekakouita, C., 119
Terry, A. H., 146
Theokrit, 398
Thévenot, M., 248
Thevet, A., 335
Thomas von Aquin, 108
Thunberg, C. P., 49, 67–70, 72, 218, 222
Tizian, 363
Torres, L. V. de, 20
Toussaint Louverture, F. D., 156, 430–431
Toustain, Ch.-F., 316
Toynbee, A. J., 377
Tucker, J., 301, 434
Turgot, A. R., 248, 294–295, 300, 319, 434
Turner, F. J., 142
Tyson, E., 336–337

Usman dan Fodio, 17

Vaillant, S., 221
Vairasse D. d', s. Allais
Valentyn, F., 224, 246, 306
Varenius, B., 265, 316
Varnhagen v. Ense, K. A., 226
Vassa, s. Olaudah
Véron, P., 34
Verrazano, G. da, 83
Vespucci, A., 73, 75, 132, 168, 180, 394
Vitoria, F. de, 208
Voltaire, 58, 195, 209, 222, 231, 238, 248, 253, 283, 286–287, 289, 300, 304–305, 317, 319, 328, 331, 334, 337, 347, 364, 376, 407, 419, 422, 430, 433; über China 63–64; Essai sur les mœurs 268–281; L'ingénu 411–415, 418

Wadström, C. B., 296, 302, 400
Wagenaer, L. J., 246
Waldseemüller, M., 73, 259
Wallis, S., 21, 32, 73, 90–91, 387
Walpole, R., 235
Washington, B. T., 432
Washington, G., 144, 408
Wesley, J., 178, 198
Wezel, J. C., 304
White, Ch., 355
White, J., 256, 360
Wied, M. zu, 215
Wilberforce, W., 177–178, 198, 429
Willey, B., 212, 268
Williams, E. E.; 177, 430
Winckelmann, J. J., 359
Winterbottom, Th., 48, 221, 311, 338, 349, 438
Witt, G. F. de, 70
Wittram, R., 320
Wolff, Ch., 64, 266–268
Wurffbain, J. S., 255
Wyss, J. D., 402

Xavier, F., 59

Zedler, J. H., 224, 336
Zimmermann, J., 123
Zola, E., 6
Zurara, G. E. de s. Azurara

Buchanzeigen

Werke zur außereuropäischen Geschichte und Kultur

Urs Bitterli
Alte Welt – neue Welt
Formen des europäisch-überseeischen Kulturkontaktes
vom 15. bis zum 18. Jahrhundert
1986. 242 Seiten. Broschiert

Urs Bitterli
Die Entdeckung Amerikas
Von Kolumbus bis Alexander von Humboldt
1991. 544 Seiten mit 48 Karten. Leinen

Werner Ende / Udo Steinbach (Hrsg.)
Der Islam in der Gegenwart
Unter redaktioneller Mitarbeit von Michael Ursinus.
3. Auflage. 1991. 768 Seiten, 8 Abbildungen und 2 Karten. Leinen

Brian M. Fagan
Die ersten Indianer
Das Abenteuer der Besiedlung Amerikas
Aus dem Englischen übersetzt von Christine Goetz.
1990. 232 Seiten, 47 Abbildungen und 78 Tafelabbildungen. Gebunden

Ulrich Haarmann (Hrsg.)
Geschichte der arabischen Welt
Unter Mitwirkung von Ulrich Haarmann, Heinz Halm, Barbara
Kellner-Heinkele, Helmut Mejcher, Tilman Nagel, Albrecht Noth,
Alexander Schölch, Hans-Rudolf Singer, Peter von Sivers.
2. Auflage. 1991. 720 Seiten, 14 Karten. Leinen

Jürgen Osterhammel
China und die Weltgesellschaft
Vom 18. Jahrhundert bis in unsere Zeit
1989. XVI, 607 Seiten, 2 Karten. Leinen

Verlag C. H. Beck München

Dokumente zur Geschichte der europäischen Expansion

Herausgegeben von Eberhard Schmitt

Band 1: Die mittelalterlichen Ursprünge der europäischen Expansion

Herausgegeben von Charles Verlinden und Eberhard Schmitt.
1986. XVII, 450 Seiten, 19 Abbildungen, 15 Karten. Leinen

Band 2: Die großen Entdeckungen

Herausgegeben von Matthias Meyn, Manfred Mimler,
Anneli Partenheimer-Bein und Eberhard Schmitt.
1984. XX, 649 Seiten. Leinen

Band 3: Der Aufbau der Kolonialreiche

Herausgegeben von Matthias Meyn, Manfred Mimler,
Anneli Partenheimer-Bein, Susanne Petersen-Gotthardt,
Horst Pietschmann, Thomas Schleich und Eberhard Schmitt.
1987. XIX, 632 Seiten, 13 Karten, 32 Abbildungen. Leinen

Band 4: Wirtschaft und Handel der Kolonialreiche

Herausgegeben von Piet C. Emmer, Manfred Mimler,
Anneli Partenheimer-Bein, Susanne Petersen-Gotthardt,
Thomas Schleich, Eberhard Schmitt und Jürgen Schneider.
1988. XVIII, 761 Seiten, 10 Karten, 4 Graphiken und
46 Abbildungen. Leinen

Verlag C. H. Beck München